Execução
Penal

ALEXIS COUTO DE BRITO

Execução Penal

9ª edição
2025

- O autor deste livro e a editora empenharam seus melhores esforços para assegurar que as informações e os procedimentos apresentados no texto estejam em acordo com os padrões aceitos à época da publicação, *e todos os dados foram atualizados pelo autor até a data da entrega dos originais à editora*. Entretanto, tendo em conta a evolução das ciências, as atualizações legislativas, as mudanças regulamentares governamentais e o constante fluxo de novas informações sobre os temas que constam do livro, recomendamos enfaticamente que os leitores consultem sempre outras fontes fidedignas, de modo a se certificarem de que as informações contidas no texto estão corretas e de que não houve alterações nas recomendações ou na legislação regulamentadora.

- Data do fechamento do livro: 28/11/2024

- O autor e a editora se empenharam para citar adequadamente e dar o devido crédito a todos os detentores de direitos autorais de qualquer material utilizado neste livro, dispondo-se a possíveis acertos posteriores caso, inadvertida e involuntariamente, a identificação de algum deles tenha sido omitida.

- Direitos exclusivos para a língua portuguesa
  Copyright © 2025 by
  Saraiva Jur, um selo da SRV Editora Ltda.
  Uma editora integrante do GEN | Grupo Editorial Nacional
  Travessa do Ouvidor, 11
  Rio de Janeiro – RJ – 20040-040

- **Atendimento ao cliente: https://www.editoradodireito.com.br/contato**

- Reservados todos os direitos. É proibida a duplicação ou reprodução deste volume, no todo ou em parte, em quaisquer formas ou por quaisquer meios (eletrônico, mecânico, gravação, fotocópia, distribuição pela Internet ou outros), sem permissão, por escrito, da **SRV Editora Ltda.**

- Capa: Tiago Dela Rosa

- **DADOS INTERNACIONAIS DE CATALOGAÇÃO NA PUBLICAÇÃO (CIP)**
  ODILIO HILARIO MOREIRA JUNIOR – CRB-8/9949

B862e   Brito, Alexis de Couto
Execução Penal / Alexis de Couto Brito. – 9. ed. - São Paulo: Saraiva Jur, 2025.

664 p.
ISBN 978-85-5362-777-6

1. Direito. 2. Direito penal. 3. Execução penal. 4. Direito Constitucional. 5. Juízo da Execução. 6. Regimes. I. Título.

	CDD 345
2024-3445	CDU 343

Índices para catálogo sistemático:
1. Direito penal   345
2. Direito penal   343

Ao mestre, mentor e amigo, Jacy de Souza Mendonça, figura humana de valor incontestável, paradigma de profissional, e cujos ensinamentos e oportunidades, sabendo eu ser incapaz de retribuir, serão eternamente lembrados e perpetuados por todos os alunos e profissionais ansiosos por uma referência de sabedoria.

Agradecimentos

Ao reitor do Direito Penal Moderno, professor René Ariel Dotti, pela inestimável contribuição intelectual a esta obra, e por todos os instantes em que prontamente atendeu a mais um de seus alunos e admiradores. Meus sinceros e públicos agradecimentos e desculpas por qualquer inconveniente causado.

Ao amigo Ângelo Patricio Stacchini, não só pelas valiosas considerações que por muitas vezes mudaram o curso deste trabalho, mas por estar sempre presente.

Ao professor Luiz Flávio Gomes, pela confiança depositada em mim e pelas oportunidades que me concedeu.

E especialmente ao professor Antonio Luís Chaves Camargo, que com sua lisura e credibilidade – publicamente reconhecidas – me aceitou como um de seus aprendizes; e que com seu profundo conhecimento sobre o Direito Penal abre os horizontes de seus alunos e os encoraja ao questionamento da dogmática jurídico-penal nacional.

Prefácio à 5ª edição

Não consigo libertar-me da ideia de que o prefácio – texto que antecede ao escrito do autor – deva ter uma função mais ampla. Na era das comunicações, o prefácio avança conceitualmente. Além da análise do conteúdo do livro ou da feitura de apreciações sobre o autor, o prefácio é também o espaço, o ponto de encontro do autor com o leitor e o prefaciador não passa de alguém que se põe de permeio entre ambos. Não se trata, portanto, de tecer loas à obra ou ao autor, mas sim de proporcionar ao leitor a chance de encontrar e de avaliar conceitos relevantes, dando-lhe oportunidade também de conhecer melhor quem os produziu.

O tema do livro é a execução penal, isto é, o termo final do sistema punitivo, o qual é o menos discutido, o menos aparelhado e aparentemente o menos importante desse sistema. Esse repetitivo *menos* revela a preconceituosa ideia de que interessa ao sistema punitivo o posicionamento do legislador e do juiz, mas não tem nenhuma relevância teórica ou prática o terceiro protagonista da cena delitiva: o condenado enquanto cumpridor de uma pena.

A simples opção pela temática da execução da pena já evidencia, por parte de Alexis Couto de Brito, a presença de duas características significativas: a) a capacidade científica e a curiosidade jurídica endereçadas a um assunto que tem sido pouco explorado no direito penal e no processual penal brasileiro; b) a sensibilidade que se espraia na análise de problemática que diz respeito tão de perto aos direitos humanos e aos direitos fundamentais do cidadão.

As reflexões feitas sobre o que se poderia denominar de parte geral da execução penal, o autor põe à luz os figurantes mais expressivos do sistema punitivo: o legislador, o juiz e o condenado.

Dissertar sobre o legislador é pôr em foco sua enorme capacidade, dentro de uma democracia representativa, de produzir leis penais que provocam uma irrefreável sobrecarga da última etapa do sistema punitivo. O que explica, em verdade, a tendência cada vez mais forte no sentido da expansão ilimitada do Direito Penal? Há, sem sombra de dúvida, uma demanda social por maior proteção, alimentada muitas vezes, em termos populistas, e canalizada outras tantas, pelos meios comunicacionais. A sensação social de insegurança perpassa inquestionavelmente toda a complexa sociedade moderna, e o surgimento de novos riscos cria uma atmosfera de inquietação e de sobressaltos. A isso aliam-se os meios de comunicação social, essas terríveis fábricas de produção do medo, que provocam um imediato apelo à ampliação da proteção penal, para que se ponha fim, ao menos nominalmente, à angústia derivada da insegurança. Como entender que, num Estado Democrático e Social de Direito, possa existir um Direito Penal desenfreado e arbitrário em lugar de um Direito Penal de menor incidência? Como explicar que se definam novos crimes; que se exacerbem as sanções de tipos já compostos; que se relativizem os tipos com o emprego de conceitos ambíguos ou porosos; que se alarguem desmesuradamente as medidas cautelares; que se inverta, com acinte, o ônus da prova e que se considere culpado quem não provar sua inocência? Por que o Direito Penal se torna cada vez mais abrangente e severo e o Direito Processual Penal mais lasso e menos garantista? A intimidação é a resposta imediata. As normas penais mais abrangentes e as penas mais rigorosas têm o objetivo de propagar o conformismo no seu público-alvo: os descartáveis, os excluídos, os desempregados, os ninguéns.

Como ter um Código Penal que dispensa a devida hierarquia dos bens jurídicos, dando ênfase aos crimes patrimoniais em detrimento dos crimes contra a pessoa humana e a um sistema punitivo desproporcionado, de forma que se pune um homicídio com seis anos de reclusão e a falsificação de um produto para fins farmacêuticos ou medicinais, com a pena de dez anos de reclusão? Como admitir um projeto de novo Código Penal, em via de ser aprovado, contendo a mesma inversão hierárquica de bens jurídicos e igual desproporcionalidade no sistema de penas? É evidente que o legislador, pelas causas já explicitadas, provocará, afinal, a repercussão de seu posicionamento na última fase do sistema punitivo.

E como o juiz, indispensável figurante do sistema de punição, se conduz diante de uma legislação penal marcada por flagrante repressividade e evidente desigualdade punitiva? A vinculação entre juiz e Constituição é algo que não pode ser desprezado. Entre os dois vige uma relação de intimidade: direta, imediata, completa. Há, em verdade, um nível de cumplicidade que os atrai e, em princípio, os enlaça. O juiz moderno deve renunciar à função de boca repetidora da lei ou à função salvadora dela. Não pode ser um técnico insensível, um enfadonho burocrata, um temeroso respeitador de formalidades, um seguidor fiel de regras porque elas existem e, por isso, têm validade formal. É imprescindível que a função judicante tenha uma dimensão diversa: não se acomoda mais ao dogma da existência formal da lei. Requer um juízo mais aprofundado, ou seja, o da compatibilidade dos termos legais com as normas constitucionais substanciais e com os direitos fundamentais por elas estabelecidos. É, portanto, um garantidor dos direitos fundamentais consagrados na Constituição e dos valores axiológicos nela incorporados, mas um garantidor, em nível vertical, que proteja a todos de cima a baixo, e não simplesmente, em nível horizontal que garanta apenas as camadas sociais mais privilegiadas.

Mas representaria o juiz, em concreto, o papel garantidor que lhe foi destinado? Essa indagação traz à colação a personalidade e os valores que lhe são próprios. Os juízes, em sua esmagadora maioria, provêm de segmentos sociais mais elevados e trazem consigo posicionamentos que não são compartilhados pela maioria da população. Bem por isso, sobretudo na área penal, encontram dificuldades, de pronto, na própria contactação com o cliente do sistema: o réu. Antes de tudo, em razão da própria e até incompreensível linguagem do homem comum que adentra, temeroso, num prédio que apresenta sempre uma arquitetura grandiosa. Os dois, em verdade, não falam de forma compreensível a um e a outro. Mas não é só isso que dificulta a relação juiz-réu. Há ainda diferenças sociais que demarcam a distância entre o homem encarapitado sobre um estrado e o outro que o olha de baixo para cima. E isso não basta. Os valores sociais que presidiram a educação de um juiz e de um réu não se aproximam, antes se distanciam e é comum o confronto sobre o perfil desses valores. Além disso, não se pode deixar de lado uma certa insensibilidade do juiz em relação à quantificação da pena. O *quantum* de pena que a norma penal estipula é a duração abstrata e objetiva da pena. E o tempo da pena, posto sob tal mensuração, expressa apenas a extensão e o número. É o tempo que a sociedade estatui para que o delinquente fique excluído do espaço social e deixe de participar do tempo social no qual transcorre a vida cotidiana. O tempo de pena tem significados diferentes na vida cotidiana e na vida na prisão. Naquela, esse tempo constitui algo totalmente indiferente; nesta, o tempo de pena incorpora-se à vida do condenado. Aí, o tempo de pena não é apenas o fluir do tempo natural: é o tempo de pena vivido por um ser concreto, de carne, de ossos e de sangue. É o SEU tempo de pena, o SEU tempo existencial. Como enfatiza Ana Messuti (*O tempo como pena*, trad. Tadeu Antonio Dix Silva e Maria Clara Veronesi de Toledo, São Paulo: Revista dos Tribunais, 2003, p. 44), "se cada pessoa sente por si mesma também viverá, por si mesma, a pena, como experiência intransferível, única. Ainda que a pena esteja prevista e quantificada, de modo uniforme, objetivo, cada um viverá como própria. Cada um viverá sua própria pena". Daí a dificuldade de compreender o alargamento punitivo, em número de anos – que se mostra por vezes muito acima do mínimo legal –, como se isso não tivesse nenhum significado para quem tem de cumpri-lo.

O derradeiro protagonista do sistema punitivo é, sem nenhuma margem de dúvida, o condenado, isto é, o centro do próprio sistema e, ao mesmo tempo, o elo mais frágil. Parece, à primeira vista, haver uma contradição entre ser o centro do sistema punitivo e ao mesmo tempo o protagonista mais debilitado. Um exame perfunctório da problemática do condenado põe à mostra, no entanto, uma série de elementos demonstrativos da realidade enfocada.

Se se examinar a questão do condenado, sob a angulação constitucional, não se poderá fugir à conclusão de que a conexão juiz/constituição não se encontra à margem do momento da execução penal. O sistema progressivo de cumprimento de pena é, em verdade, o precipitado lógico, a decorrência natural, o resultado de princípios que participam da Constituição Federal. É o ponto de interseção onde se cruzam, *do ponto de vista penal*, os princípios da legalidade, da individualização, da personalidade da pena, da humanidade da pena e de sua isonomia e, *do ângulo processual penal*, os princípios da jurisdicionalização, do estado de inocência, do devido processo legal, do contraditório e da ampla defesa. Não cabe aqui bater na mesma tecla. Alexis Couto de Brito examinou, um a um, cada princípio constitucional e demonstrou a inequívoca necessidade de que o juiz da execução penal tenha às mãos os instrumentos constitucionais no exercício de sua atividade judicante. Dizer mais alguma coisa seria despiciendo.

Mas aqui tem pertinência a indagação: será que o juiz da execução penal leva em conta o papel constitucional que lhe foi reservado? As dúvidas a respeito são muitas e graves.

O juiz da execução, dotado de todo o arsenal constitucional, não pode transitar por uma zona cinzenta – e de forte contingente tensional –, entre a jurisdicionalização e a administratividade. Os incidentes da fase de execução da pena e outras questões eventualmente surgidas no decorrer dessa fase são inquestionavelmente subordinados à decisão do juiz. Destarte, nenhum órgão da administração penitenciária, seja ele qual for, pode sobrepor-se à atuação judicial, e o silêncio ou a indefinição desse órgão não tem o condão de inerciar o juiz. Além disso – e essa se trata de questão de especial relevo –, não só o arcabouço constitucional, mas também a Lei de Execução Penal atribuem ao juiz da execução não apenas "zelar pelo correto cumprimento da pena", mas também uma atividade especial de "inspecionar, MENSALMENTE, os estabelecimentos penais tomando providências para o adequado funcionamento e promovendo, quando for o caso, a apuração de responsabilidade" e de "interditar, no todo ou em parte, estabelecimento penal que estiver funcionando em condições inadequadas ou com infringência aos dispositivos desta Lei" (incisos VI, VII e VIII do art. 66 da Lei de Execução Penal). A omissão do juiz da execução penal nas tarefas de zelar pelo cumprimento correto da pena e de inspecionar mensalmente os estabelecimentos penitenciários, interditando-os quando necessário, constitui a ofensa mais grave ao princípio da dignidade da pessoa humana.

Ninguém ignora a situação falimentar do sistema penitenciário. Os equipamentos prisionais estão esgotados e não suportam a enorme carga de sua clientela. O Estado-Administração – que deve estar presente também na execução da pena – oferece um espetáculo deprimente: os cárceres acanhados e imundos abrigam seres humanos, colados uns aos outros. Não há o espaço mínimo que se exige em torno de qualquer pessoa: o movimento corporal sofre uma redução máxima e a privacidade é zero. São, na realidade, jaulas em que se obrigam às pessoas o ato de entredevorar-se. É essa a realidade, sem panos quentes, nem acomodações, do sistema prisional. Não causaria surpresa que, nesse terreno tão fértil, surgissem facções criminosas que lutam pelo domínio dos presídios e que deles tomam conta internamente, projetando-se inclusive extramuros.

Diante dessa situação quase catastrófica, a omissão ou o desinteresse do juiz da execução penal acarretam consequência de extrema gravidade. A Constituição Federal deu-lhe uma incumbência bem explícita e diversa: é ele antes de tudo um garantidor dos direitos fundamentais da pessoa humana se tal pessoa, por qualquer fundamento, foi privada, em definitivo, de sua liberdade. O condenado não perde sua condição humana, nem a titularidade de outros direitos subjetivos que não dizem respeito com a própria liberdade de locomoção. E, como garantidor de direitos fundamentais, não pode ele transigir com tratamentos degradantes, desumanos ou cruéis, impostos às pessoas presas. O silêncio do juiz é, nessa matéria embaraçante e não o libera da pesada carga de culpa que tem em relação à problemática prisional. A intervenção atuante do juiz é, portanto, imprescindível para que se reconheça o princípio constitucional fundamental da dignidade da pessoa humana.

A execução penal é, portanto, um tema extremamente rico e Alexis Couto de Brito soube explorá-lo de forma abrangente e aprofundada na quinta edição de sua obra *Execução penal*. Nada passou longe de seu olhar. A pauta principiológica, a estrutura da execução penal, a classificação dos estabelecimentos penitenciários, a execução dos variados tipos de pena, a medida de segurança, os incidentes da própria execução e tantos outros temas constantes da Lei de Execução Penal e de leis extravagantes, tudo isso foi analisado com rigor científico e acompanhado de jurisprudência atualizada.

Como prefaciador, só poderia recomendar ao leitor que tenha o livro em mãos e que o leia, com redobrada atenção e em toda sua extensão. Creio ter podido contatar como a melhor obra sobre a execução penal até aqui publicada. Alexis Couto de Brito abriu horizontes para efeito de aclarar as múltiplas indagações e as profundas perplexidades que ensejam os rumos da execução penal no Brasil. Numa linguagem apropriada, sem floreios, Alexis Couto de Brito foi capaz, na presente edição, de descobrir, na temática da execução penal, novas trilhas, o que me permite identificá-lo como o caminhante de que fala o poeta António Machado (*Poesias completas*, 19. ed. Madrid: Espasa Calpe, 1994, p. 239):

> "Caminante, son tus huellas
> el camino, y nada más;
> caminante, no hay camino,
> se hace camino al andar".

Alberto Silva Franco
São Paulo, outubro de 2018.

Prefácio à edição original

A Execução Penal ou Direito de Execução Penal, no nosso país, nunca mereceu a mesma atenção que os dogmáticos sempre conferiram ao Direito Penal e Processo Penal. O penalista moderno, entretanto, jamais terá formação completa se não se dedicar também aos outros ramos das ciências penais (destacando-se, dentre elas, a Política Criminal, a Criminologia e a Execução Penal). O Direito Penal não será compreendido nunca em sua integralidade sem que sejam conhecidas suas conexões e interconexões com as demais ciências criminais.

O livro que estou tendo a honra de prefaciar, de Alexis Couto de Brito, na medida em que evidencia essa preocupação que deve nortear o moderno dogmático penal, recupera uma das mais históricas e importantes lições de Von Liszt, que já no final do século XIX defendia a ideia de uma "ciência global do Direito Penal" (*gesamte Strafrechtswissenschaft*).

Na atualidade tornou-se quase que impossível ser um enciclopedista da ciência do Direito. A especialização apresenta-se como um caminho inevitável. Mas, no âmbito das ciências criminais, nenhum especialista pode perder de vista a sua globalidade.

Alexis Couto de Brito, com este livro sobre Execução Penal, revela-se como um desses especialistas enciclopedistas. É Mestre em Direito Penal pela PUCSP e Doutor, na mesma área, na USP (Faculdade de Direito do Largo de São Francisco). Sua brilhante formação acadêmica conta, ainda, com estudos de pós-graduação na Espanha (Universidad Castilla-La Mancha, em Toledo). É Pesquisador convidado do Instituto de Filosofia do Direito da Universidade Ludwig Maximilian de Munique (Alemanha). Professor de Direito Penal e Processo Penal da Universidade Mackenzie – São Paulo. É, ainda, Membro-fundador do IPan – Instituto Panamericano de Política Criminal, da AIDP e do IBCCrim.

Com seu cabedal de conhecimento, achava-se e acha-se, sem sombra de dúvida, capacitado para nos brindar com um verdadeiro Manual de Execução Penal.

Nenhum instituto dessa área do conhecimento humano ficou sem a devida atenção. Todos os temas intrincados e atuais da Execução Penal, como a progressão de regime nos crimes hediondos, a remição pelo estudo, requisitos para a progressão etc., foram abordados nesta obra, que se apresenta bastante completa e de utilidade singular não só para o acadêmico senão sobretudo para o profissional do Direito. No final de cada capítulo houve a preocupação de se citar a jurisprudência pertinente à matéria. Esse vínculo que se faz entre a teoria e a prática reflete uma metodologia extremamente acertada.

A obra, em síntese, é uma daquelas que dizemos digna de encômios. A começar pela notável preocupação principiológica. Todos os princípios relacionados com a Execução Penal foram tratados em seu devido momento.

Houve um tempo em que a distribuição da Justiça era guiada por puros silogismos (premissa maior, premissa menor e conclusão). Os direitos valiam pelo que estavam contemplados no texto legal. Esse panorama legalista já está ultrapassado (ou, no mínimo, está com seus dias contados). A clara tendência hoje consiste no manejo dos princípios, sobretudo dos constitucionais, para a solução dos conflitos. A supremacia da Constituição vem sendo reconhecida em cada instante.

Exemplo marcante do que acaba de ser dito vem retratado no recente julgamento do STF, proferido no HC 82.959. Admitiu-se a progressão de regime nos crimes hediondos e julgou-se inconstitucional o § 1º do art. 2º da Lei n. 8.072/90 (Lei dos Crimes Hediondos), em razão do seu antagonismo com o princípio da individualização da pena.

Desse tema e de centenas de outros que ostentam a mesma relevância, o caro leitor terá conhecimento, lendo-se o livro que ora encontra-se em suas mãos. Que a obra tenha, de todos, o acolhimento merecido.

Luiz Flávio Gomes
Diretor-Presidente da Rede de Ensino Telepresencial LFG

NOTA DO AUTOR À 4ª EDIÇÃO

Vem a lume a 4ª edição de nossa *Execução penal*, agora pela editora Saraiva. Quando iniciamos o trabalho há pouco mais de uma década não imaginávamos que teríamos tão calorosa e carinhosa acolhida. A pretensão era a de trazer um novo olhar à execução da pena, não tão comum nos livros editados à época – ressalvando-se algumas raras e excelentes exceções – que além de analisar o texto legal e sua aplicação sistemática pelos tribunais buscasse também trazer o olhar humanitário à pessoa condenada, em conformidade com a Constituição Federal de 1988.

Esta, como dito, audaciosa pretensão chega à sua mais recente edição por meio de uma revisão de alguns conceitos formulados há mais de 4 anos, principalmente em virtude de algumas alterações legais, a destacarem-se as Leis n. 12.850/2013, 13.163/2015, 13.167/2015 13.190/2015, bem como de novas posturas jurisprudenciais em matéria penal. Nesse sentido, o aspecto da delação premiada em fase de execução, que defendíamos desde a primeira edição, foi definitivamente abordado pelo legislador na nova Lei de Crime Organizado. Algumas importantes modificações com relação ao estudo no cárcere, terceirização de serviços, ambiente penitenciário e separação de condenados foram descritas e acompanhadas de posicionamento crítico a respeito. Com relação ao texto-base, alguns conceitos foram reforçados e outros mais bem explicados a fim de consagrar a finalidade da execução penal de, em primeiro lugar, obedecer ao mandamento penal de controle do poder punitivo do Estado, e, em segundo lugar, garantir a máxima proteção dos direitos fundamentais da pessoa presa com vistas a colocá-la o mais rápido possível em liberdade. Nesse mister, a reafirmação dos conceitos de direitos subjetivos – e não benefícios – é essencial para uma alteração de cultura no tratamento e aplicação dos institutos consagrados à Lei de Execução Penal.

Os méritos deste mais completo texto devem ser repartidos com todos aqueles que dedicaram parte de seu precioso e escasso tempo para ler e debater as ideias que nele foram agregadas. A aceitação da obra como material básico de cursos de graduação e pós-graduação e sua utilização e citação em trabalhos técnicos e judiciais fez com que a discussão sobre a matéria e, consequentemente, sobre o que aqui se expõe alcançasse uma evolução que, acreditamos, justifica uma nova, revista e ampliada edição. Mas, como toda e qualquer obra jurídica, esta também sempre será uma obra inacabada, e, no desejo de podermos reeditá-la por mais vezes, esperamos mais uma vez que mereça igualmente a atenção do atento leitor.

São Paulo, dezembro de 2017.

Sumário

Agradecimentos VII
Prefácio à 5ª edição IX
Prefácio à edição original XV
Nota do autor à 4ª edição XVII

1. Natureza, objeto e objetivos da execução penal 1
   1.1. Introdução 1
   1.2. Natureza jurídica 3
        1.2.1. Jurisdicionalização da execução da pena 4
        1.2.2. Ação pública 5
        1.2.3. Jurisdição especial 6
   1.3. Objeto da execução 7
   1.4. Objetivos 8
        1.4.1. Fins da pena 8
        1.4.2. Fins da execução penal 10
   1.5. Jurisprudência selecionada 16
2. Princípios da execução penal 19
   2.1. Legalidade 19
   2.2. Humanidade 20
   2.3. Isonomia 21
   2.4. Jurisdicionalidade 21
   2.5. Individualização da pena 22
   2.6. Intranscendência ou personalidade 23

	2.7.	Devido processo legal	24
	2.8.	Estado de inocência	24
	2.9.	Contraditório e ampla defesa	25
	2.10.	Jurisprudência selecionada	26
3.	Evolução histórica		33
4.	Aplicação da Lei de Execução Penal		37
	4.1.	Nomenclatura: Direito Penitenciário ou Direito da Execução Penal?	37
	4.2.	Fontes positivas da execução penal	38
		4.2.1. Constituição Federal	38
		4.2.2. Lei de Execução Penal (Lei n. 7.210/84)	39
		4.2.3. Código de Processo Penal	39
		4.2.4. Código Penal	39
		4.2.5. Regras Mínimas para o Tratamento dos Presos e outras normas internacionais	39
		4.2.6. Lei dos Juizados Especiais (Lei n. 9.099/95)	40
	4.3.	Jurisprudência selecionada	40
5.	Sujeitos passivos da Lei de Execução Penal		43
	5.1.	Preso provisório	43
	5.2.	Condenado	43
		5.2.1. Classificação do condenado	44
		5.2.2. Exame criminológico	45
		5.2.2.1. Origem histórica do exame e análise crítica	47
		5.2.2.2. A falta de exigência legal do exame para progressão	49
		5.2.3. Periculosidade e agente imputável (criminoso "perigoso")	50
		5.2.3.1. Identificação do perfil genético do condenado	56
		5.2.4. Comissões de classificação	60
		5.2.4.1. Comissão Técnica de Classificação (CTC)	60
		5.2.4.2. Comissão junto ao juízo da execução	60
		5.2.5. Beneficiário de *sursis*	60
		5.2.6. Libertado condicionalmente	60
		5.2.7. Crime político	60
		5.2.8. Crime militar	61
		5.2.9. Crime eleitoral	61
		5.2.10. Crime de competência federal	62
	5.3.	Submetido à medida de segurança	63
	5.4.	Prisão civil	63
	5.5.	Prisão administrativa	64
	5.6.	Egresso	64

	5.7.	Estrangeiro ou condenado no estrangeiro	64
		5.7.1. Transferência de estrangeiros para cumprimento da pena em seus países	65
		5.7.2. Execução de sentença penal estrangeira no Brasil	66
	5.8.	Indígena	67
	5.9.	Participante de acordo de não persecução penal	68
	5.10.	Jurisprudência selecionada	68
6.	Assistência ao preso	77
	6.1.	Assistência material	77
	6.2.	Assistência à saúde	79
	6.3.	Assistência jurídica	81
	6.4.	Assistência educacional	82
	6.5.	Assistência social	84
	6.6.	Assistência religiosa	85
	6.7.	Assistência ao egresso	86
	6.8.	Auxílio-reclusão	88
	6.9.	Jurisprudência selecionada	89
7.	Trabalho	95
	7.1.	Finalidades	95
	7.2.	Regras	97
	7.3.	Remuneração e outros direitos	98
	7.4.	Remição	101
	7.5.	Trabalho interno	102
	7.6.	Trabalho externo	102
	7.7.	Casos excepcionais	104
		7.7.1. Lei das Contravenções Penais	104
		7.7.2. Crime político	104
		7.7.3. Submetido à medida de segurança	104
	7.8.	Jurisprudência selecionada	105
8.	Deveres	109
9.	Direitos	111
	9.1.	Direitos constitucionais fundamentais	113
		9.1.1. Quanto à pena	113
		9.1.2. Quanto à prisão	114
		9.1.3. Quanto ao preso condenado	115
	9.2.	Direitos das Constituições estaduais	116

9.3.	Direitos da Lei de Execução Penal		121
	9.3.1.	Proteção da imagem do condenado	123
	9.3.2.	Lazer	123
	9.3.3.	Visitas	123
		9.3.3.1. Visita virtual	124
		9.3.3.2. Visitas íntimas	125
	9.3.4.	Entrevista pessoal e reservada com advogado	128
	9.3.5.	Entrevista com o diretor	129
9.4.	Restrição dos direitos		130
9.5.	Direitos retirados		130
9.6.	Direitos suspensos		131
	9.6.1.	Direitos políticos	131
	9.6.2.	Direito de dirigir	133
9.7.	Direito de fugir?		134
9.8.	Transporte		135
9.9.	Sigilo de correspondência		135
9.10.	Jurisprudência selecionada		138
10. Disciplina			145
10.1.	Tipicidade e anterioridade da infração		146
10.2.	Competência disciplinar		147
10.3.	Faltas graves		148
10.4.	Faltas médias e leves		151
10.5.	Sanções		152
10.6.	Uso de algemas		154
10.7.	Regime Disciplinar Diferenciado (RDD)		156
	10.7.1.	RDD e política criminal	163
10.8.	Recompensas		164
10.9.	Procedimento, aplicação das sanções e intimação das decisões		165
10.10.	Prescrição da sanção administrativa		167
10.11.	Classificação da conduta carcerária e reabilitação administrativa		168
10.12.	Jurisprudência selecionada		169
11. Órgãos do Sistema de Execução Penal			177
11.1.	Conselho Nacional de Política Criminal e Penitenciária (CNPCP)		177
11.2.	Departamentos penitenciários		178
	11.2.1.	Do Departamento Penitenciário Nacional (DEPEN)	178
	11.2.2.	Departamentos Penitenciários Locais	180
11.3.	Conselho penitenciário		180
11.4.	Juízo da execução		182

		11.4.1.	Lei posterior	182
		11.4.2.	Extinção da punibilidade	183
		11.4.3.	Soma ou unificação das penas	184
		11.4.4.	Progressão ou regressão de regime	185
		11.4.5.	Detração e remição	186
		11.4.6.	Suspensão condicional da pena (*sursis*)	187
		11.4.7.	Livramento condicional	187
		11.4.8.	Saídas temporárias	187
		11.4.9.	Cumprimento, conversão e fiscalização da pena restritiva de direitos	188
		11.4.10.	Medida de segurança	188
		11.4.11.	Remoção para outra unidade da Federação	188
		11.4.12.	Inspeção e interdição dos estabelecimentos penais	189
		11.4.13.	Monitoração eletrônica	189
		11.4.14.	Formação do Conselho da Comunidade	190
		11.4.15.	Atestado de pena a cumprir	190
		11.4.16.	Incidentes da execução	190
		11.4.17.	Zelar pelo correto cumprimento da pena e da medida de segurança	190
	11.5.	Ministério Público		191
	11.6.	Patronato		192
	11.7.	Conselho da Comunidade		193
	11.8.	Defensoria Pública		195
12.	Estabelecimentos penais			197
	12.1.	Classificação e separação		197
	12.2.	Instalações especiais		199
	12.3.	Local		200
	12.4.	Lotação. Vagas		202
	12.5.	Estabelecimentos em espécie		203
		12.5.1.	Penitenciárias comuns e de segurança máxima (regime fechado)	203
		12.5.2.	Penitenciárias com Regime Disciplinar Diferenciado (RDD)	205
		12.5.3.	Penitenciárias federais de segurança máxima	205
		12.5.4.	Casa de Detenção de São Paulo (Carandiru)	207
		12.5.5.	Colônia Penal Agrícola, Industrial ou similar (regime semiaberto)	207
		12.5.6.	Casa do Albergado (regime aberto)	208
		12.5.7.	Centro de Observação Criminológica	210
		12.5.8.	Hospital de Custódia e Tratamento Psiquiátrico	210
		12.5.9.	Ambulatório	211
		12.5.10.	Cadeia pública	211
		12.5.11.	Centro de Detenção Provisória	212

	12.6. A iniciativa privada	212
	12.7. Jurisprudência selecionada	214
13.	Execução das penas privativas de liberdade	217
	13.1. Execução provisória	218
	13.2. Pena privativa de liberdade	221
	13.3. Guia de recolhimento ou guia de execução (antiga carta de guia)	222
	13.4. Liquidação das penas	225
	13.5. Prisão especial	226
	13.6. Regimes	228
	13.6.1. Regime fechado	230
	13.6.2. Regime semiaberto	231
	13.6.3. Regime aberto	231
	13.6.4. Regime aberto domiciliar	232
	13.6.5. Progressão	234
	13.6.6. Regressão	243
	13.7. Remição	246
	13.7.1. A remição pelo trabalho	247
	13.7.2. A remição pelo estudo e pela leitura	249
	13.7.3. Remição pela superlotação	252
	13.7.4. Procedimento de declaração da remição	254
	13.7.5. Perda dos dias remidos	255
	13.8. Detração	256
	13.9. Autorizações de saída	258
	13.9.1. Permissão de saída	258
	13.9.2. Saída temporária	259
	13.9.3. Perda do direito à saída	263
	13.9.4. Recuperação do direito à saída	264
	13.10. Alvará de soltura	264
	13.11. Jurisprudência selecionada	265
14.	Execução das penas restritivas de direitos	287
	14.1. Código Penal	289
	14.1.1. Prestação pecuniária	289
	14.1.2. Perda de bens e valores	291
	14.1.3. Prestação de serviço à comunidade ou a entidades públicas	291
	14.1.4. Interdição temporária de direitos	292
	14.1.5. Limitação de fim de semana	294
	14.2. Lei de Abuso de Autoridade (Lei n. 13.869/2019)	295
	14.3. Código de Defesa do Consumidor (Lei n. 8.078/90)	295

	14.4.	Código de Trânsito (Lei n. 9.503/97)...................................	296
		14.4.1. Suspensão ou proibição de obter a permissão ou a habilitação para dirigir veículo automotor................................	296
		14.4.2. Multa reparatória...	297
	14.5.	Lei de Crimes Ambientais (Lei n. 9.605/98)............................	298
		14.5.1. Prestação pecuniária.......................................	299
		14.5.2. Prestação de serviços à comunidade........................	299
		14.5.3. Interdição temporária de direito............................	299
		14.5.4. Suspensão de atividades...................................	299
		14.5.5. Recolhimento domiciliar..................................	299
		14.5.6. Pessoa jurídica..	300
	14.6.	Lei Geral do Esporte (Lei n. 14.597/2023).............................	300
	14.7.	Lei de Falência (Lei n. 11.101/2005)..................................	301
	14.8.	Aplicação e execução..	302
	14.9.	Suspensão da execução das penas restritivas...........................	304
	14.10.	Prescrição..	304
	14.11.	Jurisprudência selecionada..	304
15	Execução da pena de multa...		307
	15.1.	Valor...	308
	15.2.	Pagamento...	309
	15.3.	Não pagamento..	310
	15.4.	Suspensão..	310
	15.5.	Execução...	311
	15.6.	Prescrição..	312
	15.7.	Transcendência da pena de multa.....................................	312
	15.8.	Jurisprudência selecionada..	313
16.	Medida de segurança..		317
	16.1.	Aplicação...	318
	16.2.	Espécies..	319
	16.3.	Prazo...	320
	16.4.	Substituição da pena por medida de segurança para o semi-imputável.....	321
	16.5.	Execução...	321
	16.6.	Cessação da periculosidade...	322
	16.7.	Desinternação ou liberação condicional...............................	323
	16.8.	Extinção da medida de segurança.....................................	324
	16.9.	Tratamento médico da Lei n. 11.343/2006............................	324
	16.10.	Jurisprudência selecionada..	325

17. Suspensão condicional da execução da pena (*sursis*) 327
    17.1. Período de suspensão 328
    17.2. Requisitos 328
    17.3. Concessão 329
    17.4. Crimes hediondos 330
    17.5. Fixação das condições 330
    17.6. Condições em espécie 331
        17.6.1. *Sursis* simples 331
        17.6.2. *Sursis* especial 331
        17.6.3. *Sursis* etário 332
        17.6.4. *Sursis* humanitário 332
    17.7. Registro e averbação 332
    17.8. Perda de eficácia 332
    17.9. Fiscalização 333
    17.10. Revogação 333
        17.10.1. Revogação obrigatória 333
        17.10.2. Revogação facultativa 334
    17.11. Prorrogação do período de prova 335
    17.12. Extinção 336
    17.13. Jurisprudência selecionada 336
18. Livramento condicional 339
    18.1. Requisitos 340
        18.1.1. Pena mínima igual ou superior a 2 (dois) anos 340
        18.1.2. Cumprimento mínimo da pena 341
            18.1.2.1. Livramento condicional simples ou ordinário 341
            18.1.2.2. Livramento condicional especial ou qualificado 341
            18.1.2.3. Livramento condicional extraordinário 342
        18.1.3. A soma das penas como base de cálculo para o livramento 342
        18.1.4. Bom comportamento, ausência de falta grave e bom desempenho no trabalho 343
        18.1.5. Aptidão para autossubsistência 343
        18.1.6. Reparação do dano 344
        18.1.7. Presunção de não reincidência 345
    18.2. Gravidade do crime 345
    18.3. Procedimento para a concessão 346
    18.4. Condições 348
        18.4.1. Obter ocupação lícita 349
        18.4.2. Comunicação periódica da ocupação 349

		18.4.3.	Prévia autorização para mudança de comarca	350
		18.4.4.	Autorização para mudança de endereço	350
		18.4.5.	Recolhimento à habitação em hora fixada	350
		18.4.6.	Proibição de frequentar determinados lugares	350
		18.4.7.	Monitoração eletrônica	350
		18.4.8.	Outras condições	350
	18.5.	Acompanhamento		351
	18.6.	Suspensão		351
	18.7.	Revogação		352
		18.7.1.	Revogação obrigatória	353
		18.7.2.	Revogação facultativa	353
		18.7.3.	Cálculo da pena após a revogação	353
	18.8.	Interrupção do prazo		354
	18.9.	Prorrogação		354
	18.10.	Cumprimento da pena em livramento condicional		355
	18.11.	Jurisprudência selecionada		355
19.	Monitoramento eletrônico			359
	19.1.	Possibilidades técnicas		360
	19.2.	O monitoramento como pena		360
	19.3.	Regime fechado e monitoramento		361
	19.4.	Prisão preventiva e monitoramento		362
	19.5.	O monitoramento na Lei de Execução Penal		362
	19.6.	Regulamentação		363
	19.7.	Jurisprudência selecionada		365
20.	Incidentes na execução			367
	20.1.	Conversões		368
		20.1.1.	Conversão da pena privativa de liberdade em restritiva de direitos	368
		20.1.2.	Conversão da pena restritiva de direitos em privativa de liberdade	369
			20.1.2.1. Prestação de serviços à comunidade	370
			20.1.2.2. Limitação de final de semana	371
			20.1.2.3. Interdição temporária de direitos	372
		20.1.3.	Conversão da pena privativa de liberdade em medida de segurança	372
		20.1.4.	Conversão do tratamento ambulatorial em internação	374
		20.1.5.	Conversão das penas pecuniárias	374
	20.2.	Excesso ou desvio		374
	20.3.	Anistia		375
	20.4.	Indulto		377
	20.5.	Graça (indulto individual)		383

20.6. Comutação da pena... 384
20.7. Delação (colaboração) premiada 384
20.8. Remição.. 388
20.9. RDD (Regime Disciplinar Diferenciado) 388
20.10. Unificação de penas... 388
20.11. *Novatio legis in mellius* 389
20.12. Jurisprudência selecionada 389
21. Procedimento judicial 393
    21.1. Código de Processo Penal e Lei de Execução Penal... 393
    21.2. Código Penal e Lei de Execução Penal........................ 394
    21.3. Rito processual 394
    21.4. Recursos 396
        21.4.1. Agravo em execução.. 396
        21.4.2. Recurso em sentido estrito 397
        21.4.3. Carta testemunhável... 398
        21.4.4. Correição parcial 398
        21.4.5. Embargos infringentes 398
    21.5. Mandado de segurança 398
    21.6. Revisão criminal 398
    21.7. *Habeas corpus*... 398
    21.8. Jurisprudência selecionada 399
22. Reabilitação... 405
    22.1. Natureza 405
    22.2. Competência 406
    22.3. Objeto e alcance 406
    22.4. Requisitos 407
    22.5. Procedimento 407
    22.6. Revogação 409
    22.7. Recursos 410
    22.8. Jurisprudência selecionada 410

Bibliografia 413

NATUREZA, OBJETO E OBJETIVOS DA EXECUÇÃO PENAL   1

1.1. INTRODUÇÃO

A execução penal pressupõe, obviamente, uma pena concreta. E a pena, para ser aplicada, necessita de um processo. Neste, assim que apurada a existência do fato e sua autoria, aplicar-se-á a pena abstratamente cominada para tipo de crime praticado. Como consequência, todos os envolvidos no episódio receberão sua parte. A sociedade: o exemplo; o condenado: o tratamento; e a vítima: o ressarcimento.

Nessa distribuição de efeitos é muito oportuna a reflexão de Collin, que analisa com maestria esta perfeita máquina teórico-prática do Direito Penal. Diz o autor: "ninguém contestará que no momento da pronúncia da sentença nós conquistamos o ponto culminante do processo repressivo. O juiz, depois de haver constatado a existência da infração e a identidade do autor, lhe inflige o castigo prescrito pela Lei. Sim, neste momento a sociedade é virtualmente vingada, a ordem é restabelecida. A calma e o esquecimento tomam o lugar da inquietude, da irritação e do desejo de vingança causados nos cidadãos honestos pela perpetração do delito. A repressão é, portanto, virtualmente perfeita com o pronunciamento da pena. O mesmo se diz pelo que concerne à prevenção geral, o trabalho da imprensa dos tribunais repressivos constitui uma prova permanente e tangível que a criminalidade não é um mister vantajoso. A marcha regular de todos os órgãos do poder judiciário contribui mais do que todas as outras coisas a promover a obediência às leis. Esta é a prova que poucas infrações ficam impunes, e inspira um terror salutar a todos aqueles que estariam tentados pelo fascínio do fruto proibido" (in: BATTAGLINI. *Il progetto Rocco nel pensiero giuridico contemporaneo*).

A maestria, porém, não se atém a essa citação. Em verdade, para os fins deste trabalho, ajusta-se muito mais às linhas subsequentes: "depois da condenação o silêncio sucede ao rumor dos salões judiciários e o esquecimento à atenção geral. O público se desinteressa pela sorte dos condenados. É muito raro que o nome de um deles retorne aos lábios, ou reapareça nas colunas de um jornal. A prisão é uma tumba onde se enterram os vivos. Nenhum epitáfio recorda aos passantes o nome daqueles que estão reclusos atrás daquelas grandes muralhas de pedra" (in: BATTAGLINI. *Il progetto Rocco nel pensiero giuridico contemporaneo*, p. 129).

A execução penal não tem recebido a atenção correta, tanto em matéria legislativa como em matéria doutrinária. Como na citação de Collin, esquecemo-nos de vigiar o legislador no momento da elaboração de uma medida executiva, e anos de conquistas em caminho de uma execução mais humana da pena escoam entre nossos dedos. A doutrina parece sucumbir diante do sensacionalismo e envergonha-se de defender posições favoráveis a uma execução penal com fulcro na dignidade humana, entendida esta como o mínimo espiritual que faz do homem ser *humano*. Felizmente, as poucas vozes que se insurgem são fortes e sua autoridade não tem permitido uma situação pior.

Ao se falar da execução da pena, surgem os problemas quanto ao seu fundamento e à sua finalidade. Esta – a finalidade – deve progredir de um fim abstrato e geral ligado ao Direito Penal para uma individualização concreta e material, centrada no condenado. Tal como Roberto Lyra asseverava, a atividade executiva penal visa obter a finalidade da pena em relação a cada sentenciado. Em toda matéria penal, não há nenhum outro aspecto no qual se tornam mais impróprios os critérios da intimidação e da expiação, e mais insignificantes as sutilezas técnicas esterilizadas pelo formalismo das generalizações e das abstrações. Trata-se da quase impossível função de "*prender* o homem para *libertá-lo* dos fatores que condicionaram o crime" (LYRA. *Comentários ao Código de Processo Penal*, p. 9. v. VI).

Destaca-se, no pensamento de Roberto Lyra, a pena de prisão, indubitavelmente o alicerce da maioria dos sistemas penais conhecidos. A principal sanção – não de hoje – demonstra seus reconhecidos males insanáveis, que se agregam àqueles devidos à rotina da execução desse tipo de sanção. A prisão, para quem a conhece, não é apta para reformar o homem, podendo apenas servir como um meio de segregá-lo. Nas palavras de Marcos Rolim, "sentenciar pessoas à prisão costuma ser uma forma bastante eficaz de lhes oferecer chances inéditas para associação criminosa e para o desenvolvimento de novas e mais sérias vocações delinquentes" (ROLIM. Prisão e ideologia: limites e possibilidades para a reforma prisional do Brasil. In: CARVALHO. *Crítica à execução penal,* p. 86). E essa segregação do convívio social, embora possamos entender que nunca irá encontrar justificativa cabal, revela-se menos acintosa se o efeito for submeter o homem a um tratamento adequado (PIMENTEL. *Estudos e pareceres de direito penal*, p. 20).

Sabemos que o Direito Penal está em crise, e com ele sua principal sanção, a pena de prisão. A sociedade, ameaçada e acuada pelo crescimento da violência pressiona o Estado, em busca de soluções.

Então, o que fazer? Aumentar os tipos penais e a duração das penas? Na arguta crítica de Francisco de Assis Toledo, no Brasil, como em muitos outros países, ainda existe a falsa noção, na opinião pública, de que "a cadeia é o remédio para todos os males" (TOLEDO. A lei, o crime, a pena. In: BARRA; ANDREUCCI (coords.). *Estudos jurídicos em homenagem a Manoel Pedro Pimentel*, p. 131). Novas penas alternativas ou alternativas à pena? Cremos que primeiro deve-se colocar efetivamente em prática as que aí estão. Se um sistema é engendrado para funcionar com um certo número de peças e recursos, cada qual com sua medida e especificação, não se pode condená-lo ou nem sequer dele exigir funcionamento escorreito se nele colocamos peças irregulares, energia insuficiente ou o relegamos à própria sorte, sem a manutenção periódica necessária. A execução penal, hoje, no Brasil, funciona desta forma: ora com voltagem errada, ora com peças trocadas, e ora somente pela inércia, que chega a desafiar as leis da Física diante de todo o atrito que não consegue fazê-la parar.

Hodiernamente, é a opinião pública quem tem conduzido a política criminal, não aquela pregada por Liszt e lapidada por Roxin, mas inadvertidamente aquela explorada e distorcida por alguns meios de comunicação, a "imprensa marrom", que não tem nenhum interesse em que a convivência social interrompa a sua atividade rentável. Não como único fator, mas, como um preponderante, legisladores, juízes e promotores sentem-se acuados e constrangidos em seguir a Constituição, e nem ao menos à legislação rendem atenção. Leis endurecem as penas e restringem os direitos, castrando a individualização da pena. Juízes não têm liberdade de julgar o réu antes de condená-lo, ato praticado previamente pela imprensa. E promotores buscam aumentar as estatísticas de quantos malfeitores denunciaram publicamente. A prisão provisória transformou-se em castigo, uma solução imediata para salvar a Justiça Pública da desmoralização.

Inicialmente, não se pede mais do que se tem. O mero cumprimento da Constituição Federal e da Lei de Execução Penal poderia, sensivelmente, modificar o quadro atual de superpopulação carcerária e reincidência crônica. Em uma rápida leitura do Código Penal constatamos que a maioria dos delitos possui pena máxima inferior a oito anos. Pelo estatuto penal vigente, os infratores deveriam cumprir suas penas em regime semiaberto ou aberto, considerados mais humanistas e mantenedores dos vínculos sociais e familiares, freios morais, e reconhecidamente controladores das condutas desviadas.

A execução penal precisa começar pela individualização, lastreada na Constituição Federal e legislação penal. Por meio de um devido processo legal, ser conduzida não com vistas no passado, já tratado no processo de conhecimento, mas mirando o futuro, o retorno do condenado à sociedade. Este aspecto – a natureza processual – será o primeiro a ser examinado.

1.2. NATUREZA JURÍDICA

A execução penal tem natureza de direito penal. Na execução não se faz outra coisa senão restringir a liberdade do cidadão, ou seja, executar a pena, instituto central de todo o sistema. Portanto, por determinação constitucional, a Lei de Execução Penal não deve retroagir sempre que prejudicar o condenado.

Por muito tempo entendeu-se que a execução da pena fosse atividade de caráter estritamente administrativo, como aplicação da Lei pelos órgãos encarregados de tutelar o condenado. Excepcionalmente, algum incidente passava às mãos do Judiciário, o que sempre foi encarado como desnecessário. Um dos principais motivos para esse entendimento era a ausência de um processo, em sua acepção judicial e bem explorada pelo Direito Civil.

A consequência natural do distanciamento do Judiciário da execução é a completa discricionariedade do administrador prisional, o que levou ao subterrâneo o reconhecimento da dignidade da pessoa presa, tratada por vezes como um *non cives*.

Para a compensação dessa situação, passou-se a reconhecer a jurisdicionalidade da execução, mesmo que em alguns atos, mas ainda negando-se a existência de um processo. Neste viés, no tocante à natureza processual da execução, destacam-se os pensamentos de alguns estudiosos do tema que não negam a natureza jurisdicional da execução, mas sim a existência de um *processo de execução* nos moldes traçados pelo Direito Civil. E o motivo é o fato de que da norma aplicada, ou seja, da sentença, deriva automaticamente sua própria execução (GALATI; SIRACUSANO; TRANCHINA; ZAPPALÀ. *Diritto processuale penale*, p. 581). Vicente Greco Filho entende não existir ação de execução penal, por não haver pedido de tutela jurisdicional específica, e a execução da pena ser apenas um procedimento complementar à sentença, com incidentes próprios. O fundamento é o mesmo de Tranchina, em que a sentença se executa por força própria, de ofício (*per officium judicis*) independentemente da instauração de nova relação processual (GRECO FILHO. *Manual de processo penal*, p. 101).

Mas esse era exatamente o fundamento para uma condução puramente administrativa da execução penal. Se não existe processo de execução, então a pena proferida após o processo realiza-se forçadamente como direito substantivo deduzido em juízo, ou seja, o fundamento jurídico da execução é a própria norma que conecta a sanção com a violação do preceito (GRISPIGNI. *Derecho penal italiano*, p. 288). Para o exercício de uma função administrativa, não se necessita de um juiz, podendo fazê-lo o próprio órgão executivo.

Mirabete posiciona-se da mesma forma. Não nega que ao se falar de execução da pena fala-se em processo, mas como a derradeira etapa do processo penal. A execução penal tem características muito peculiares, que a diferenciam de um processo de execução civil, como, por exemplo, o fato de ser sempre forçada e nunca espontânea, pois o condenado não poderá sujeitar-se voluntariamente à pena; o juiz agirá sempre de ofício; a não ocorrência de nova citação ou nem sequer contestação (MIRABETE. *Execução penal,* p. 34).

Posicionar-se pela ausência de um processo autônomo é reduzir o âmbito da execução penal judicial. Um melhor entendimento segue no sentido de negar que a execução seja a derradeira fase do processo de conhecimento. A execução é processo, mas ostenta autonomia na jurisdição especializada e volta-se para o futuro, enquanto o processo de conhecimento tenta reconstruir o passado (PITOMBO. Breves notas sobre a novíssima execução penal. In: TOLEDO et al. *Reforma penal*, p. 131).

Por via de regra, a execução penal não é voluntária. O condenado não pode cumprir por sua vontade a pena aplicada. É reservada ao Estado e demonstra-se como execução forçada, na qual a vontade do condenado, a rigor, não influirá nem mesmo para antecipar seu início. Dizemos "a rigor" porquanto em alguns casos, como no pagamento da pena de multa, o condenado poderá cumpri-la espontaneamente (SANTORO. *Manuale di diritto processuale penale*, p. 696). Isso não lhe retira o caráter jurisdicional, atribuído pela Lei, garantido na condução e controle de um juiz de direito de jurisdição especializada, com suas particularidades, incidentes e recursos, e que se destaca completamente do momento anterior, reservado à comprovação do fato e aferição da culpa.

Diante do embate jurisdição-administração na condução da execução penal, daremos um pouco mais de atenção à matéria.

1.2.1. Jurisdicionalização da execução da pena

A execução penal, em um passado não tão distante, sempre foi relegada aos órgãos administrativos. A função do juiz era apenas a de calcular a pena. A partir daí a tarefa era entregue ao Estado em sua função executiva, que cuidava de executar a pena em todos os seus limites, resolvendo sobre seus incidentes. As progressões e regressões, bem como os benefícios e indultos eram concedidos pelo Chefe do Executivo ou diretor do estabelecimento penal.

Na Itália e na França, ainda que uma pequena parcela dos doutrinadores discordasse, preponderava o entendimento da execução como uma atividade meramente administrativa (GOULART. *Princípios informadores do direito da execução penal*, p. 55-56). Esse panorama foi revertido e atualmente, a exemplo da Alemanha e de grande parte dos países europeus, Itália e França reconhecem a jurisdicionalidade da execução da pena.

A execução penal brasileira é eminentemente judicial. O processo é conduzido pelo Judiciário, dentro dos ditames do devido processo legal e todos os demais princípios constitucionais referentes a um processo penal, como a ampla defesa, o contraditório, presunção de inocência etc. Também é de competência do juiz a resolução dos incidentes e demais questões que sobrevenham à execução da pena. Nem mesmo a direção dos estabelecimentos penais por uma autoridade administrativa elide o caráter jurisdicional das decisões sobre os rumos da execução. O juiz, a todo momento, é chamado a exercer plenamente sua função jurisdicional.

Por meio da Lei de Execução Penal (Lei n. 7.210/84), os órgãos judiciários adquiriram a integral competência para conduzir o *processo de execução*, não mais relegado ao Executivo, inclusive com a previsão de recurso próprio (agravo) ao juiz competente para a solução das questões que venham a surgir da execução da pena. Mas não se pode olvidar que a participação e a incidência dos órgãos administrativos são marcantes, inclusive com autonomias na condução de alguns atos, como é o caso da remoção de presos entre os estabelecimentos de um mesmo estado ou da permissão para o trabalho externo. Por isso, a maioria dos autores a qualifica como uma atividade mista.

É certo, como bem coloca Guglielmo Sabatini, que no momento da execução os institutos de direito material e processual se fundem, e assim a atividade jurisdicional com a administrativa. A execução da pena é regulada, ao mesmo tempo, pelo Código Penal, Processual Penal e pelos regulamentos administrativos (SABATINI. *Istituzioni di diritto penale*, p. 193).

Esta é a essência da afirmação de Ada Pellegrini Grinover, sempre citada pelos escritores da matéria, ao escrever que a execução penal desenvolve o entrosamento dos planos jurisdicional e administrativo, mas cada qual mantém sua atividade cabendo ao executivo e ao direito administrativo a aplicação concreta da pena, e ao judiciário e ao direito processual a efetivação da sanção penal, por meio de um verdadeiro processo de execução (GRINOVER; BUSANA. *Execução penal*, p. 7).

Porém, jamais se poderá olvidar que o cerne da execução deve ser judicial, ou seja, que a orientação, condução e fiscalização devem ser ponderadas e determinadas pelo juiz de direito, para que se garanta a execução da pena dentro dos ditames de um Estado de Direito.

1.2.2. Ação pública

No processo penal existem duas espécies de ação: a pública, cujo titular é o Ministério Público, e a privada, a qual tem sua titularidade transferida ao ofendido (vítima) pelo delito.

A execução penal é uma relação de Direito Público, com a intervenção do Estado como titular de potestades soberanas e interesses públicos (MANZINI. *Tratado de derecho procesal penal*, p. 312). Não se imagina uma execução penal de natureza privada.

O *jus puniendi* pertence somente ao Estado, e, ainda que o titular da ação seja o particular, somente o Estado por meio do juiz é quem poderá aplicar a sanção. Não existe a possibilidade de transferir-se ao particular o comando do processo de execução da pena. A Lei de Execução Penal não contempla, em nenhum momento, a participação da vítima da infração penal e, consequentemente, também não dá oportunidade ao assistente da acusação. O sistema processual penal considera que o único interesse do ofendido é ver o autor da infração condenado, ou seja, ver o sujeito ativo da infração responsabilizado penalmente pelo ato praticado. Com a condenação, seu interesse foi absolutamente satisfeito, motivo pelo qual não se justificaria a participação da vítima no processo de execução.

A ausência da vítima na execução penal não significa o afastamento completo de qualquer particular no feito. Ela aparece, ainda que diminutamente, contemplada na exigência de reparação do dano em casos de *sursis* (art. 81, II, CP). A presença das entidades sociais e da sociedade civil também é importante na engrenagem da execução penal, no alcance dos fins previstos como os ideais da exasperação de uma sanção penal.

1.2.3. Jurisdição especial

A especialização de determinadas jurisdições tem demonstrado ser medida salutar para o bom andamento da justiça. A complexidade de certos casos obriga ao conhecimento específico de outras áreas do saber humano ou envolve profissionais de diversas atividades, o que certamente prejudica a prestação jurisdicional, se espalhados por todas as varas criminais.

O mesmo acontece com a execução penal. O processo, que se pensava terminado definitivamente com a sentença imutável, renasce para uma particular finalidade, limitada e com objetivos determinados, com seus incidentes e suas decisões especificamente delineadas (cf. SANTORO. *Manuale di diritto processuale penale*, p. 739). Mais uma vez ressaltamos que não se trata de simples continuidade da relação processual de conhecimento, pois o pressuposto, a natureza, o fundamento, a estrutura, os elementos, a atuação, a finalidade da execução são diversos (LYRA. *Comentários ao Código de Processo Penal*, p. 16).

Consistindo em um processo intrincado, conduzido com um enorme número de incidentes possíveis e a participação de órgãos judiciais e administrativos, conta ainda com uma forte presença da sociedade civil e de profissionais da área médica e das ciências humanas.

Nesse contexto, é demanda natural a especialização da execução penal, como anuncia a exposição de motivos da Lei n. 7.210/84, conforme preceitua o Item 15 da Exposição de Motivos da Lei de Execução Penal.

Ao preconizar a especialização das varas de execução, pende-se ao reconhecimento da autonomia do Direito da Execução Penal (SILVA; BOSCHI. *Comentários à lei de execução penal*, p. 21; BEMFICA. *Da lei penal, da pena e sua aplicação, da execução da pena*, p. 208). É mandamento previsto no art. 65 da Lei que a execução penal competirá ao juiz indicado na Lei local de organização judiciária, o que significa a instalação de uma vara especializada. Excepcionalmente, na sua ausência, caberá ao juiz da sentença substituir o juízo da execução.

Portanto, a competência para a execução das penas será da Vara das Execuções Penais, onde houver, e, excepcionalmente, do juiz da sentença. Cabe às leis de organização judiciária dos Estados definir a estrutura e competência territorial das varas de execução.

O importante é que o juízo da execução seja o mais próximo possível da localidade onde se encontra o estabelecimento penal no qual o preso ou condenado se encontra, o que garantirá um acompanhamento mais efetivo por parte do juiz da execução e maior facilidade para o peticionamento e cumprimento das determinações judiciais. Por conta de alguns casos de violência contra magistrados da execução penal, alguns Estados têm deslocado o juízo da execução para comarcas distantes, mais frequentemente para as capitais estaduais, na tentativa de conter qualquer tipo de represália ao juiz da execução. A medida tem sido adotada com relação aos estabelecimentos designados para o alojamento de pessoas consideradas de maior índice criminoso (p. ex., Regime Disciplinar Diferenciado – RDD), embora não seja a mais indicada. O ideal seria que o Estado proporcionasse meios de proteger suas atividades de forma mais eficaz, o que significa garantir ao juiz segurança apropriada. Mas, caso a medida de afastamento da execução do local do estabelecimento seja adotada, o importante é se garantir uma linha especial de comunicação e de execução das medidas de forma que a distância não prejudique a análise e a adoção de medidas relativas ao cumprimento da pena.

A execução será conduzida por um juiz singular, exceto quando a competência para o processo penal de conhecimento for originária dos tribunais superiores, pois caberá a estes a execução de suas sentenças. Esta conclusão é fornecida por Francisco Bemfica, que roga vigência ao art. 668, parágrafo único, do Código de Processo Penal (BEMFICA. *Da lei penal, da pena e sua aplicação, da execução da pena*, p. 255).

1.3. OBJETO DA EXECUÇÃO

O objeto da execução penal é a sentença penal. Nesta, haverá uma pena concreta (que poderá ser suspensa) ou uma medida de segurança aplicada no que se chama absolvição imprópria. Diz-se que a sentença é condenatória quando dá provimento ao pedido da acusação, que é o de condenar o réu. Se a sentença não dá provimento ao pedido, absolvendo-o, será absolutória. Pressupõe-se que da absolvição não derive consequência penal ao réu. Porém, sendo ele inimputável, será absolvido por inexistência de culpabilidade, mas receberá uma medida de segurança. A doutrina intitula essa sentença de absolutória imprópria.

De acordo com a legislação penal, as penas permitidas são a *privativa de liberdade, restritiva de direitos* e *multa*.

As *privativas de liberdade* podem assumir a espécie de reclusão, detenção e prisão simples. As duas primeiras (reclusão e detenção) estão previstas para os crimes, e a última (prisão simples) é aplicável às contravenções penais. O Direito Penal brasileiro ainda faz uma separação entre a reclusão e a detenção, algo que os países que de certa forma influenciaram nossa legislação não mais adotam.

As penas *restritivas de direitos* estão previstas no Código Penal e na legislação extravagante. As seguintes penas estão previstas no Código Penal: prestação pecuniária, perda de bens e valores, prestação de serviços à comunidade ou a entidades públicas, interdição temporária de direitos, limitação de final de semana. Além dessas, a legislação penal extravagante pode trazer outras penas restritivas, como é o caso da Lei n. 9.503/97 (Código de Trânsito Brasileiro), que prevê a suspensão ou proibição de se obter a permissão ou a habilitação para dirigir veículo automotor com duração de dois meses a cinco anos, da Lei de Crimes Ambientais (Lei n. 9.605/98), que acrescenta a suspensão parcial ou total de atividades e o recolhimento domiciliar, ou ainda do Código de Defesa do Consumidor (Lei n. 8.078/90), que prevê a publicação em órgãos de comunicação de grande circulação ou audiência, às expensas do condenado, de notícia sobre os fatos e a condenação. Todas serão tratadas no Capítulo 14.

E, por fim, existe a pena de *multa*, que pode estar prevista no Código Penal (art. 49) ou em leis extravagantes, como é o caso da previsão do Código de Trânsito Brasileiro, que prevê a multa reparatória que consiste no pagamento, mediante depósito judicial em favor da vítima, ou de seus sucessores, de quantia calculada com base no disposto no § 1º do art. 49 do Código Penal, sempre que houver prejuízo material resultante do crime.

As *medidas de segurança* são a internação para tratamento em hospital psiquiátrico e o tratamento ambulatorial.

A execução da sentença penal com seus atos ordinários e seus incidentes serão detalhados mais adiante em capítulos próprios.

1.4. OBJETIVOS

1.4.1. Fins da pena

O problema da finalidade da pena nasceu com o Direito Penal. A pena a ser aplicada nunca foi consenso, seja pela sua qualidade, quantidade ou legitimidade. O Direito nasceu pelo Direito Penal, e a pena aplicada sempre foi a capital. A pena de prisão pode ser considerada um progresso, por substituir as penas de morte ou corporais como os flagelos e as galés. Mas não podemos olvidar que a pena de prisão não nasceu com esta finalidade, a de servir como sanção penal, mas sim como forma de garantir a execução das outras penas. Não tardou a demonstrar sua impropriedade e a causar debates sobre a sua real finalidade.

Nas primeiras fases de seu desenvolvimento, a pena assumiu simplesmente o caráter retributivo. O criminoso praticou um mal e deve receber um mal equivalente. A pena de prisão somente tinha essa finalidade, a de castigar o autor de um delito.

Logo se tentou rechaçar essa teoria e rogar à pena uma finalidade preventiva. Diz-se preventiva geral negativa por tentar inibir a prática de delitos pelos membros da sociedade, em geral. E preventiva especial negativa quando aplicada ao infrator, para que ele, especificamente, não mais cometa crimes. Estas são as finalidades da pena em uma síntese muito apertada, mas suficiente para os interesses deste trabalho.

Modernamente, os autores tendem a renegar o caráter retributivo da pena. Mas a crueldade com que doutrinadores como Bettiol expõem a verdade perturba os penalistas.

Se, do ponto de vista formal, a pena é a sanção como consequência do delito, do ponto de vista substancial, a pena é *malum passionis propter malum actionis*. A pena não perde sua nota de ser um castigo (BETTIOL. *El problema penal*, p. 176). Ela é e sempre será retributiva (BETTIOL. *Direito penal*, p. 85 e s. v. 3).

Para contra-argumentar, socorremo-nos de Roxin. Se considerarmos que a pena impõe somente um mal, negando-lhe qualquer outro efeito, então a ressocialização do agente não será missão da execução da pena, muito pelo contrário, terá que atuar como um mal mediante a privação da liberdade e a restrição de direitos normalmente garantidos ao cidadão. Por exemplo, deveríamos condenar o infrator a catar papéis ou alimentá-lo somente de pão e água (ROXIN. *Iniciación al derecho penal de hoy*, p. 141).

A ideia de expiação da culpa era típica do período medieval, marcado pelo despotismo e pela confusão entre Igreja e Estado. Na sociedade moderna, o Estado é o meio para a realização individual do ser humano, e não um fim em si mesmo.

A orientação político-criminal da pena justifica-se de forma teórico-política. O poder estatal emana do povo para assegurar aos cidadãos uma convivência livre e pacífica, e a pena deve referir-se a isso, e não a motivos metafísicos. Imaginar que a pena pode compensar ou expiar a culpabilidade é uma ideia metafísica. Roxin completa dizendo que, como o povo não é uma instância metafísica e as sentenças não são proferidas em nome de Deus, mas em nome do povo, não se concebe um juiz como o braço da justiça divina, senão unicamente como administrador de interesses terrenos (ROXIN. *Iniciación al derecho penal de hoy*, cit., p. 142-143).

Temos como fato que a pena é um mal. Quando aplicada, toda pena se revela um castigo, um mal, até mesmo uma retribuição, ainda que essa palavra aflija a doutrina. Mas o fulcro da questão não é o seu predicado depois de aplicada ou sofrida pelo condenado. O foco reside na fundamentação de sua aplicação. A pena não pode ser aplicada sob o fundamento de se castigar o autor do crime. Isso, no entanto, não lhe retirará o caráter de um mal, quando vier a ser sofrida pelo condenado. É o fundamento que deve despir-se da qualidade de retribuição, do "mal pelo mal".

E, no mais, é perspicaz e válida a observação de Carnelutti, que, quando se contrapõe ao fato cometido uma pena, esta poderá talvez apenas evitar novos delitos, e não eliminar o já cometido. A retribuição, muito mais intuitiva que concebida, não nos esclarece o porquê da aplicação da pena, a não ser que, quando retribuímos, estamos prevenindo novos delitos (*El problema de la pena*, p. 20). O conceito de retribuição deságua, incondicionalmente, no conceito de prevenção.

Se o crime pode ser entendido como a manifestação de um desajustamento do seu autor às normas e comportamentos estabelecidos e aprovados pelo grupo social (PIMENTEL. *Estudos e pareceres de direito penal*, p. 20-21), as várias causas desse desajustamento não podem ser alvo apenas de uma retribuição. A pena não deve ser considerada, no atual estágio da ciência penal, como castigo, devendo ser eliminado do seu conteúdo qualquer colorido de retribuição. Mantê-la como retribuição é negar a ela uma finalidade social.

O Direito Penal moderno enfrenta o indivíduo de três maneiras: ameaçando, impondo e executando penas. A cada uma dessas esferas de atuação estatal, em separado, impende justificação. E não somente isso: cada um desses estágios estrutura-se sobre o outro e, portanto, cada etapa deve acolher os princípios da precedente (Roxin. *Problemas fundamentais de direito penal*, p. 26). Para autores como Roxin, a retribuição não integra mais o fundamento da pena.

De fato, a única certeza sobre a função da pena é que deve garantir a liberdade dos cidadãos, controlando o poder punitivo do Estado. Nas consagradas palavras de Liszt, o Direito Penal é a magna carta delinquente. E a pena, então, deve continuar tendo essa função na fase de execução.

Como consequências esperadas da pena, a doutrina costuma afirmar que a cominação abstrata visa a prevenção geral. A aplicação concreta da pena teria, por fundamento e limite, a culpabilidade e, por finalidade, o exercício da prevenção geral e especial. E a execução da pena carrega a função de ressocializar o condenado (Roxin. *Problemas fundamentais de direito penal*, cit., p. 40. No mesmo sentido, Mir Puig. *Introducción a las bases del derecho penal*, p. 87).

Acompanhamos a doutrina que vislumbra, como consequência esperada da pena, a prevenção geral e especial. O fundamento da cominação e aplicação da pena é o controle do poder punitivo, e dentre as possíveis consequências que dele possam advir estaria a prevenção de que as condutas consideradas criminosas sejam cometidas, ainda que no plano normativo possamos atribuir à pena a finalidade de prevenção geral positiva. Mas, aparentemente, a grande deficiência da prevenção geral positiva é como fundamentar e o que dizer ao condenado que deverá sofrer com a restrição de sua liberdade.

Ao se falar em execução da pena, não descartamos a possibilidade de se obter o caráter preventivo especial, e, enquanto a imposição da sanção na medida da culpabilidade procura dissuadir o condenado de futuras condutas, a execução voltada ao desenvolvimento positivo do ser humano completa aquela finalidade.

1.4.2. Fins da execução penal

Em uma visão restrita ao formalismo, poderíamos dizer que o objetivo da execução penal é a realização do conjunto das normas jurídicas atinentes à execução de todas as penas. É o que escrevem Antônio Luiz Pires Neto e José Eduardo Goulart (*Execução penal – visão do TACrim-SP*, p. 50). Mas, a formalidade tem em vista sempre o enquadramento de um conteúdo que, certamente, é a razão de existência da forma.

Jason Albergaria, um dos participantes da comissão idealizadora do projeto que deu origem à Lei de Execução Penal, escreveu que "o objeto da execução da pena consiste na reeducação do preso e sua reinserção social. A prevenção especial da pena compreende a ressocialização do preso para evitar a reincidência. A moderna concepção da pena dá especial relevo aos fins da pena, sem desconsiderar a sua essência, a retribuição. A aparente antinomia entre prevenção e retribuição se resolveria com as teorias-margem ou teorias conciliatórias. A pena adequada à culpabilidade deve deixar margem aos fins da pena" (Albergaria. *Comentários à lei de execução penal*, p. 9). Em verdade, fala-se aqui de objetivo, e não de objeto.

No art. 1º da LEP consta, como seu objetivo, "efetivar as disposições de sentença ou decisão criminal e proporcionar condições para a harmônica integração social do condenado e do internado". Efetivar no sentido de tornar concreta a submissão do condenado à sanção imposta. E integração social harmônica porquanto, ao restringir sua liberdade, não poderá execrá-lo do convívio social ao qual deverá retornar. O dispositivo transmite a intenção de submeter o preso a um tratamento penitenciário, oferecendo-se ao condenado os meios necessários a uma participação construtiva na comunidade (SILVA; BOSCHI. *Comentários à lei de execução penal*, p. 20).

A execução penal no Brasil, no estágio em que se encontra, não revela muita eficácia "ressocializadora". E, mesmo antes da Lei de Execução Penal, Augusto Thompson, ao elaborar sua crítica ao sistema, prenunciava que a energia dos preceitos legais direcionada a destacar a reabilitação do preso não é páreo para os fins de punição e intimidação da pena carcerária, intocáveis e jamais desprezáveis, ainda que isso fosse necessário para o benefício da atividade reeducativa (THOMPSON. *A questão penitenciária*, p. 5).

O vocábulo "reeducação", para René Dotti, não se limita ao aspecto didático, mas expande-se a uma gama muito maior de motivos e finalidades que sejam capazes de fornecer ao condenado uma "visão melhorada das normas de cultura" (DOTTI. *A reforma penal e penitenciária*, p. 32). A definição da reeducação na visão de Manoel Pedro Pimentel é a de cooperar com a modificação da personalidade do homem que por erro na educação ou falta de educação adequada tornou-se uma presa dócil aos preconceitos, superstições, complexos, inibições, fanatismos e, principalmente, desconfiança, passividade e incompreensão do mundo em que vive (PIMENTEL. *Estudos e pareceres de direito penal*, p. 32).

E cooperar é a palavra-chave. Bettiol escreveu que (BETTIOL. O mito da reeducação. *Revista Brasileira de Criminologia e Direito Penal*, p. 11, n. 6) percebemos, nitidamente, que o "reeducar" é disponibilizar ao interessado as condições para que o homem enclausurado ou recém-libertado, em querendo, possa delas se aproveitar. Ninguém pode obrigar – e aí se inclui o Estado – o homem a voltar-se para o bem. Não se pode penetrar no íntimo da consciência humana e impor-lhe orientação. Na visão de Bettiol, o homem não pode ser constrangido à ação, constrangido à virtude, e a educação coacta do cárcere acarretará uma ferida profunda à liberdade de orientação e de consciência do detido, algo que, pelas linhas do autor, excede a competência do Estado. Mas sua reticência fica bem clara, poucas linhas depois: o evocar a reeducação como finalidade da execução da pena pode transformar-se, nas mãos de um retórico, arsenal para restringir a liberdade além da culpabilidade, violando o princípio da certeza da pena quanto à sua duração.

O argumento da "emenda do condenado" pode tornar-se um sofisma, e sobre este fundamento – o de única finalidade possível para a execução penal – a pena poderia durar o tempo necessário para a completa recuperação ou emenda. A única solução seria, como afirmava Petrocelli, a pena indeterminada (PETROCELLI. *Saggi di diritto penale*, p. 497).

Esse pensamento que preponderou em países como Estados Unidos, Suécia e Dinamarca, nos quais a prisão serviria como um lugar de tratamento ao condenado, foi abandonado no final dos anos 1960. As características dessa ideologia, conforme nos relata Jescheck, eram "eleição da classe e duração da sanção segundo a necessidade de tratamento do autor, investigação com a ajuda de peritos, introdução de privações de liberdade temporariamente indeterminadas com pena ou medida, determinação do momento de soltura por peritos sem *status* judicial, aplicação de tratamento médico, farmacológico e social-terapêutico sem consentimento da vítima, vinculavam o momento da soltura com a participação em programas de tratamento, introdução do tratamento pré-delitual, por meio de privação da liberdade, para formas de vida desviada e desaparecimento das garantias processuais frente aos abusos nas alternativas mencionadas, argumentando que esse modo de tratamento criminal era seguido para beneficiar a vítima" (JESCHECK, A nova dogmática penal e a política criminal em perspectiva comparada. In: ARAUJO JUNIOR. *Ciência e política criminal em honra de Heleno Fragoso*, p. 238).

Essa "emenda" ou "cura" do condenado era a proposta do sistema penal norte-americano, quando Robert Martinson escreveu seu famoso artigo "What works?", na década de 1970, a partir de dados coletados em uma pesquisa realizada no final da década de 1960, que devido à proibição de sua publicação pelo governo do Estado de Nova Iorque acabou adquirindo uma enorme reputação informal. Foi uma época conturbada nos Estados Unidos, e as crescentes e constantes rebeliões despertaram a sociedade para uma reforma prisional, questionando o pensamento ressocializador como viável. Martinson resolve fazer uma revisão da literatura e identificar o resultado dos tratamentos oferecidos pelo sistema prisional americano. Revisou as pesquisas que utilizavam métodos de tratamento voltados a não reincidência e comparava os detentos submetidos a eles a um grupo de controle formado por outros sem tratamento, e concluiu que, salvo raríssimas exceções, nenhum dos estudos existentes demonstrava que os esforços de reabilitação produziam algum efeito para evitar a reincidência (MARTINSON. What works? Questions and answers about prison reform. *The Public Interest*, p. 25). Mesmo sendo evidente que o texto de Martinson critica muito mais a falta de rigor e as deficiências materiais das pesquisas, sugere algumas deficiências dos programas: "a dificuldade pode estar na falta de aplicabilidade ao mundo que o recluso encontrará fora da prisão; ou talvez o tipo de educação e a instrução praticados simplesmente não têm muito a ver com a propensão individual para cometer um delito". E completa: "o que realmente sabemos é que, até hoje, educação e formação técnica não reduziram a reincidência reabilitando os criminosos" (tradução livre). Em seu texto, também critica as formas de aconselhamentos, psicoterapias, utilização de drogas ou cirurgias, isolamentos por maior ou menor tempo, todos utilizados nos estabelecimentos penitenciários. E, ainda que desconfiado dos resultados, reconhece que os infratores submetidos ao *probation* (equiparado a nossa suspensão condicional do processo) apresentaram melhores resultados em termos de degeneração das oportunidades sociais do que os submetidos ao *parole* (similar ao nosso livramento condicional) (What works..., cit., p. 41), bem como que os submetidos a tratamentos extramuros, se não se tornaram pessoas melhores, ao menos não foram "piorados" (What works..., cit., p. 48).

Martinson conclui seu estudo da seguinte forma: não quer dizer que os tratamentos aplicados não encontram nenhum sucesso ou sucesso parcial, mas sim que os métodos isolados não produzem nenhum padrão claro para indicar a eficácia de qualquer método específico de tratamento (What works..., cit., p. 49). O crime é tratado como uma "doença", e os tratamentos acompanham essa ideia.

A opção seria tratar o crime como "fenômeno social", o que significaria dirigir a atenção para longe de uma estratégia de "reabilitação", longe da noção de que se pode garantir uma melhor segurança pública por meio de uma série de "tratamentos" a ser imposta à força aos infratores condenados. Para Martinson, "estes tratamentos têm por vezes se tornado – e têm o potencial para se tornar – tão draconianos para ofender a ordem moral de uma sociedade democrática, e a teoria do crime como um fenômeno social sugere que esses tratamentos tanto podem ser ofensivos quanto ineficazes também. Esta teoria aponta, ao contrário, para uma desprisionização dos infratores de baixo risco e, presumidamente, para a manutenção dos infratores de alto risco nas prisões, que nada mais são (e têm como objetivo não ser nada mais) do que instituições de custódia. Além disso, não se pode ignorar o fato de que a punição de infratores é o principal meio que temos para dissuadir os infratores incipientes. Nós não sabemos quase nada sobre o 'efeito dissuasor', principalmente porque 'o tratamento' tem dominado nossa pesquisa, e as teorias da 'dissuasão' têm sido relegadas ao status de uma curiosidade histórica. Como não temos quase nenhuma ideia das funções de dissuasão que o nosso atual sistema executa ou que estratégias futuras possam ser adotadas, é possível que exista realmente algo que funcione – que, em certa medida, esteja funcionando agora bem defronte a nossos narizes, e que poderia ser estudado para funcionar melhor – algo que impeça, em vez de curar, algo que não reforme os condenados, mas que impeça o comportamento criminoso, em primeiro lugar. Mas se é esse o caso e, se for, quais estratégias serão encontradas para tornar o nosso sistema de dissuasão melhor do que o atual são questões que não poderão ser respondidas com os dados atuais até que um novo conjunto exista. Quando começarmos a apreender os fatos, estaremos em uma melhor posição do que estamos agora para julgar até que ponto a prisão se tornou um anacronismo e pode ser substituída por meios mais eficazes de controle social" (tradução livre) (What works..., cit., p. 50).

A partir das conclusões de Martinson, um acirrado debate tomou conta dos estudos que envolvem a determinação das sentenças e a finalidade do encarceramento. Muitos utilizaram os argumentos para pleitear o fim das penas de prisão indeterminadas, enquanto outros entenderam que as sentenças penais simplesmente deveriam atribuir uma retribuição pela infração cometida, sem se preocupar com qualquer tipo de tratamento.

Foi o próprio Martinson que, em um artigo de 1979, levantou uma forte oposição contra essa reforma apressada e desesperada, e reconheceu expressamente que, contrariamente ao que havia dito em seu artigo anterior, "alguns programas de tratamentos têm um apreciável efeito sobre a reincidência... alguns são de fato benéficos, e outros em igual significância, prejudiciais" (MARTINSON. New findings, new views: a note of caution regarding sentencing reform. *Hofstra Law Review*, p. 244). Explicando que seu artigo anterior baseava-se em dados e pesquisas que sugeriam a ineficácia dos tratamentos e criticando a repercussão que obteve na mídia que veiculava apenas o chavão *"nothing works!"* – o que nunca foi sua incondicional conclusão – reconhece que algumas medidas podem ser impotentes, outras prejudiciais, e outras ainda benéficas (New findings..., cit., p. 254). As condições nas quais os programas são desenvolvidos têm implicação direta com seu sucesso, e educação, trabalho, livramento condicional têm melhores resultados quando aplicados individualizadamente e regularmente acompanhados (New findings..., cit., p. 258).

A importância de Martinson consiste exatamente em denunciar que tratamentos isolados e próximos aos medicinais não têm relação com a finalidade da execução penal, que não é a de "tratar" doença alguma. A nula eficácia do tratamento terapêutico em situação de confinamento, o menosprezo da dignidade humana de um tratamento obrigatório, o reconhecimento do direito a "ser diferente", a possibilidade de abusos por parte das autoridades, a inexata utilização de vocabulário médico, a deslealdade na decisão sobre o momento em que o indivíduo deve ser colocado em liberdade são alguns dos principais motivos, segundo Jescheck, que inviabilizam o pensamento de cura ou melhora do condenado (op. cit., p. 238-239).

Fica nítido que se o escopo do "tratamento" decorre do desejo de racionalização e humanização da pena e de atingirmos objetivos penais preventivos, e não do desejo de encontrar novos sistemas repressivos por meio de coação, o oferecimento é a postura correta, em alternativa ao tratamento de maneira imposta (OLIVEIRA. *Polos essenciais da criminologia*: o homem e seu crime, p. 91). Atua muito mais como uma garantia individual e não de um direito da sociedade ou do Estado com relação ao recluso (TAMARIT SUMALLA et al. *Curso de derecho penitenciario*, p. 47).

A nosso ver, **são dois os objetivos da execução penal**, mas ligeiramente diferenciados dos expostos no art. 1º da Lei. O primeiro objetivo da execução penal é executar a pena de forma eficaz, submetendo o condenado ou internado à sanção imposta pelo Estado, colaborando para o reconhecimento dos valores dispostos na sociedade e seu crescimento em direção ao pacífico convívio social. Enfatizamos a finalidade preventiva especial da pena, como o centro de gravidade da sanção penal, mas de caráter positivo. Contudo, que fique bem claro: não se trata de uma imposição valorativa de caráter moral, algo tendente a alterar a individualidade de cada pessoa, torná-la desta ou daquela forma. Apenas oferecer-lhe meios de, estando disposta, não mais agir em desconformidade com o bem comum. No mais, **o importante é garantir ao condenado todos os direitos que não lhe foram tolhidos pela sentença**. Tentar incutir uma maneira de ser, como afirma Aranda Carbonel ecoando Muñoz Conde, "pressupõe a manipulação da personalidade, o que não tem cabimento em uma sociedade democrática" (ARANDA CARBONEL. *Reeducación y reinserción social. Tratamiento Penitenciario. Análisis teórico y aproximación práctica*, p. 26. No mesmo sentido, RODRIGUES. Consensualismo y prisión: nuevos desafíos. In: ARROYO ZAPATERO; BERDUGO GOMEZ DE LA TORRE. *Homenaje ao Dr. Marino Barbero Santos. In memoriam*, p. 382).

O segundo objetivo, indissociável do primeiro e diretamente ligado à função do direito penal e da pena, é **garantir que a execução procure devolver a liberdade o mais rápido possível**, pautando-se pelo devido processo legal e respeito à dignidade humana, para que qualquer "recuperação" ou "formação" do condenado tenha legitimidade. O que justifica a potestade estatal para a aplicação e execução da pena é a ilusória ideia de que a sanção pelo ilícito praticado será auferida com imparcialidade, proporcionalidade e razoabilidade, atributos que o ofendido pelo delito presumidamente não possui. Então, qualquer pena, para manter-se com esse escopo, não poderá se afastar do estado de direito, democrático e com foco na dignidade humana. Os reclusos perdem sua liberdade, mas não sua condição humana (SUÁREZ; VIZCARRA. Protección internacional de los derechos humanos de los reclusos. In: CESANO; PICÓN. *Teoría y práctica de los derechos fundamentales en las prisiones*, p. 7).

É a positiva influência que nos causa René Ariel Dotti, quando afirma que garantia real dos direitos não alcançados pela sentença e a perspectiva de recuperação dos tolhidos devem ser a base dogmática de uma Execução Penal orientada finalisticamente (DOTTI. *Bases e alternativas para o sistema de penas*, p. 142).

É a concretização de um "processo de diálogo" exaltado por Calliess, que deve criar possibilidades ao condenado de participação nos sistemas sociais oferecendo alternativas de comportamento. E para alcançá-las não se deve impor o "tratamento" ao condenado, mas contar com sua colaboração e participação em um processo ininterrupto e dialético entre aquele e o Estado, processo este que modificará a pena cegamente infligida na sentença (apud MIR PUIG. *Introducción a las bases del derecho penal*, p. 147). É o mesmo processo de diálogo destacado por René Ariel Dotti, entre o Estado e o condenado, que supera as concepções extremadas e antinômicas da dantesca pena segregadora e da salvadora pena ressocializadora, afeiçoando o condenado não mais como simples objeto de "medidas terapêuticas", mas como verdadeiro sujeito da execução penal (DOTTI. *Reforma penal brasileira*, cit., p. 271). Nas palavras de Anabela Miranda Rodrigues, é um novo tipo de intervenção baseado no reconhecimento da necessidade de se obter o consentimento inteligente e fundamentado de um recluso em condições de optar por aderir à intervenção e conseguir sua participação em qualquer tipo de "tratamento" (RODRIGUES. *Consensualismo y prisión...*, cit., p. 374).

Convém esclarecer que não existe a certeza de um tratamento eficaz e milagroso por meio do qual o Estado recebe em suas instituições o autor de uma infração penal, submete-o às fórmulas eleitas pela Lei e devolve-o recuperado, ressocializado ou reeducado. Mas em todas as situações nas quais haja a possibilidade desta recuperação, ressocialização, reeducação ou, como preferimos, *incremento pessoal*, o que deve sempre haver é a disposição do Estado em oferecer as condições para que o condenado, ao final do cumprimento de sua pena, tenha acrescido à sua personalidade a percepção da escala de valores da sociedade à qual está vinculado, e da inexorável necessidade de convivência em grupo, porquanto sua natureza humana o exige. Por isso, deve-se falar de *socialização*, e não de ressocialização. *Integração*, e não reintegração.

É evidente que a pena privativa de liberdade pessoal é em si mesma um mal: um mal para a pessoa sobre quem é imposta, mas também um mal para a sociedade constrangida a recorrer a ela, como mortificação pela falência da prevenção, falência da qual a pena é viva testemunha, com dispêndio de meios, com escassez de perspectiva de sucesso quanto à prevenção especial. Justamente por isso se propõe por meio da pena privativa de liberdade, como por meio da pena em geral, uma suposta finalidade educativa e socializante. Todavia, todos sabemos que a pena privativa de liberdade não nasceu de uma exigência de (re)educação ou de (res)socialização, mas sim de uma dupla intenção totalmente diversa: a necessidade de isolar o culpado da sociedade e a exigência de substituir com uma punição menos bárbara as penas desumanas, degradantes e extremas que marcaram por muito tempo o direito punitivo. Por quantos esforços se tenham feito e por quantos façamos sobre o terreno da humanização da pena detentiva e a favor de uma organização apta a assegurar-lhe uma função educativa, é certo que sobre este último aspecto a pena privativa de liberdade apresentará limites insuperáveis. Ela deverá procurar de todo modo absorver a finalidade de incremento, mas não poderá nunca ser prescrita como o melhor meio para realizar essa finalidade (VASSALLI. *Scritti giuridici*, p. 1.628. t. 1. v. 2).

É nessa esteira que Miguel Reale Júnior fala do retorno do condenado à vida social com o Estado exercendo um papel de suscitar novas atitudes, ou indicar o esforço por outros caminhos. O potencial é apenas o de sugerir, incitar, suscitar, indicar, estimular a autodeterminação do condenado a atitudes favoráveis à solução de suas dificuldades. O que não se pode pretender é modificar sua personalidade para moldá-la ao padrão de acomodação da sociedade (Reale Júnior. Fundamento e aplicação das sanções penais na nova parte geral. In: Toledo et al. *Reforma penal*, p. 64).

Nesse processo de diálogo, invocado linhas acima por Calliess e Dotti, será essencial dar-se a palavra à sociedade.

Tanto porque, como destaca Edmundo de Oliveira, existe o sentimento de alguns presos de que são "vítimas da sociedade", o que pode despertar um desejo de vingança e elevar sua agressividade, como forma de compensação ao que é submetido. Este sentimento de que a sociedade encontra-se em débito para com ele leva-o a tentar exercer seus direitos, incluindo o uso da violência, desmotivando-o da reabilitação (Oliveira. *Direitos e deveres do condenado*, p. 36). A garantia do respeito à dignidade humana, obedecendo-se aos direitos fundamentais não tolhidos pela privação da liberdade e o direcionamento educativo ou construtivo do submetido à pena poderão, ainda que precária ou infimamente, atribuir alguma finalidade à pena de prisão.

A Lei de Execução Penal preocupou-se com o envolvimento da sociedade civil no processo de "ressocialização". E a justificativa surge com clareza do texto de René Ariel Dotti: "a execução das penas e Medidas de Segurança à revelia da participação eficaz da sociedade, além de institucionalizar mais gravemente a *pena de proscrição*, ou seja, uma reprise em circuito fechado da antiga pena da *perda da paz* impede que o condenado possa alcançar a ressocialização como objetivo racional e dogmático de um fim social da pena e não como esperança mirífica da *recuperação moral*, tão recitada pelos samaritanos da redenção espiritual" (Dotti. *Reforma penal brasileira*, p. 273).

A pena é sofrida pelo autor e percebida pelos seus contemporâneos (Welzel. *Derecho penal alemán*, p. 281). Nessa categoria incluem-se familiares, vítimas e toda a sociedade, enquanto o homem existir. Submeter o cidadão a uma pena deve significar proporcionar ao Estado a reprovação do fato cometido e, ao condenado as condições de acréscimos pessoais rumo à sintonia com os valores e a cultura vivida em sua comunidade. É por isso que todos os institutos ligados à Execução Penal devem ter como finalidade *diminuir os efeitos ou evitar as consequências* danosas do cárcere, o que significa formular e aplicar institutos sempre voltados a diminuir a permanência do condenado na prisão. Nos moldes de uma execução construtivista da pena, deve-se procurar restabelecer as relações interpessoais entre os envolvidos (condenados, funcionários, técnicos, cidadãos livres), ainda que na condução dessa finalidade se possa abrir mão de métodos rigorosos de "tratamento".

1.5. JURISPRUDÊNCIA SELECIONADA

Fins da pena

"*Habeas Corpus*. Crime de roubo. Regime inicial. Aplicação das súmulas 718 e 719. Ordem concedida. 1. Nos crimes de roubo em que a pena aplicada seja inferior ou igual a oito anos, de acordo com as circunstâncias judiciais reconhecidas, é possível fixar o regime inicial semiaberto para o cumprimento da reprimenda. 2. A gravidade em abstrato considerada pelo magistrado não pode ser considerada para fins de fixação do regime de cumprimento da pena. 3. Para determinação do regime mais grave (fechado), é necessária fundamentação com base em fatos concretos, considerando-se os fins da pena" (STF, HC 83508/SP, 1ª T., j. 2-12-2003, rel. Min. Joaquim Barbosa, *DJ* 6-2-2004, p. 38).

"Sendo primário o condenado e já tendo cumprido mais de um sexto da pena de reclusão em regime semiaberto, observando comportamento adequado, concede-lhe autorização para frequentar curso profissionalizante limitada ao tempo necessário ao cumprimento das atividades discentes, uma vez que a medida se compatibiliza com os objetivos da pena. Recurso de *Habeas corpus* provido" (STF, HC 65884/GO, 2ª T., j. 4-3-1988, rel. Min. Carlos Madeira, *DJ* 8-4-1988, p. 7.473).

"O art. 59 do CP indica o sentido, a finalidade da pena: 'necessária e suficiente para reprovação e prevenção do crime'. Assim, se não reprovável a conduta (v.g. princípio da insignificância para a corrente doutrinária que o tem como mera exclusão de culpabilidade, embora melhor, pela estrutura do delito, dizer – exclusão de tipicidade) e não se fizer necessária porque dispensável no caso concreto, o magistrado poderá deixar (deverá fazê-lo) de aplicar a pena. O Direito Penal moderno não se restringe a raciocínio de lógica formal. Cumpre considerar o sentido humanístico da norma jurídica. E mais. Toda Lei tem significado teleológico. A pena volta-se para a utilidade" (STJ, REsp 112600/DF, 6ª T., j. 21-5-1998, rel. Min. Anselmo Santiago, rel. p/ acórdão Min. Luiz Vicente Cernicchiaro, *DJ* 17-8-1998, p. 96).

Jurisdição especializada

"2. A jurisprudência desta Corte, com fundamento no art. 65 da Lei de Execuções Penais, firmou entendimento de que o juízo competente para a execução penal é o indicado na lei local de organização judiciária do Juízo da condenação. É evidente que o fato de o processo executivo ser de competência de juízo que não corresponda ao do domicílio do réu não impede, por si só, que a pena possa ser cumprida neste último local, sob a supervisão de juízo que deve ser deprecado para essa finalidade. 3. A despeito de otimizar a ressocialização do preso e de humanizar o cumprimento da reprimenda, pela maior proximidade do preso aos seus familiares, a transferência de presídio depende da existência de vaga. 4. Agravo regimental não provido" (STJ, AgRg no CC 143.256/RO, rel. Min. Rogerio Schietti Cruz, 3ª S., j. 8-6-2016, *DJe* 17-6-2016).

"A Lei estadual n. 11.374/95, superveniente ao Código de Organização e Divisão Judiciárias do Estado do Paraná, estabeleceu, no seu art. 26, que a 'jurisdição da Vara de Execuções Penais e Corregedoria dos Presídios das Comarcas de Cascavel, Foz do Iguaçu e Ponta Grossa será fixada por Lei, oportunamente'. Até que sobrevenha Lei fixando essa jurisdição, aplica-se, com base no artigo 65 da Lei de Execução Penal (Lei n. 7.210/84), o disposto na Lei de Organização e Divisão Judiciárias, segundo a qual a Vara de Execuções Penais da Comarca de Curitiba tem jurisdição em todo o Estado. Não pode mera resolução administrativa alterar esse mandamento legal. Pedido deferido" (STF, HC 81393/PR, 1ª T., j. 18-2-2003, rel. Min. Ellen Gracie, *DJ* 4-4-2003, p. 50).

"1. O simples fato de o condenado ter sido preso em Comarca diversa em cumprimento de mandado de prisão expedido pelo Juiz prolator da sentença penal condenatória não constitui causa legal de deslocamento da competência originária para a execução da pena.

Ressalte-se que o enunciado n. 192 da Súmula do STJ se restringe aos casos nos quais o sentenciado já estava cumprindo pena em estabelecimento prisional estadual. Conflito conhecido para declarar competente o Juízo de Direito da Vara de Execuções Criminais de Juiz de Fora-MG, o suscitado" (STJ, CC 156.747/BA, rel. Min. Joel Ilan Paciornik, 3ª S., j. 25-4-2018, *DJe* 11-5-2018).

Prevenção geral e especial

"(...) A análise do segundo aspecto da culpabilidade, qual seja, a gravidade do fato, encontra maiores dificuldades, pois ela não pode ser confundida com o juízo acerca dos elementos que compõem o injusto (tipicidade e antijuridicidade), e, também, nela não pode ser incluída a prevenção geral ou especial. Importa consignar que os critérios de prevenção geral já estão contidos na criminalização da conduta, expressa no respectivo tipo do delito, e não podem ser avaliados novamente, sob pena de *bis in idem*. Por sua vez, os critérios de prevenção especial, que visam à 'harmônica integração social do condenado ou internado' (art. 1º da LEP), só podem ser invocados em benefício do autor e se situam fora do âmbito da avaliação acerca da gravidade do fato" (STF, Medida Cautelar no HC 115766/GO, rel. Min. Luiz Fux, j. 27-11-2012, *DJE* 29-11-2012).

"I. Prisão por pronúncia de réu já anteriormente preso: pressuposto de validade da prisão cautelar anterior. 1. Em princípio, se tem dispensado a motivação, na pronúncia, da manutenção da prisão preventiva anterior; com maior razão, se tem considerado suficiente que a pronúncia se remeta no ponto aos motivos da prisão cautelar que mantém. 2. Essa orientação pressupõe, contudo, a validade da prisão cautelar antes decretada (precedentes): se é nulo o decreto originário da preventiva, a nulidade contamina a prisão por pronúncia que só nela se fundar. II. Prisão preventiva: motivação inidônea. O apelo à preservação da "credibilidade da justiça e da segurança pública" não constitui motivação idônea para a prisão processual, que – dada a presunção constitucional da inocência ou da não culpabilidade – há de ter justificativa cautelar e não pode substantivar antecipação da pena e de sua eventual função de prevenção geral" (STF, HC 82797/PR, 1ª T., j. 1º-4-2003, rel. Min. Sepúlveda Pertence, *DJ* 2-5-2003, p. 38).

"Cuidando-se exclusivamente de definir a execução da pena de prisão imposta, o apelo exclusivo a gravidade da culpa não basta para fundar com razoabilidade a imposição do regime inicial mais gravoso: e a prevenção geral que domina a cominação legal da pena em abstrato e igualmente demarca os limites possíveis de sua individualização, no momento da aplicação judicial; mas, e patente que, aplicada a pena na sentença, ganha peso dominante a ponderação dos interesses da prevenção especial, já na verificação da conversibilidade da pena corporal de curta duração em sanções substitutivas, já, não sendo o caso de substituição, no momento final do processo de concretização de norma penal, que e o da definição do regime executivo da privação de liberdade" (STF, HC 70362/RJ, 1ª T., j. 5-10-1993, rel. Min. Sepúlveda Pertence, *DJ* 12-4-1996, p. 11.072).

Princípios da execução penal

2.1. LEGALIDADE

O cânone do Direito Penal possui ressonância na execução penal: não há pena sem lei anterior que a defina. E acrescentamos: não há execução da pena sem lei. O princípio da legalidade garante que tanto juiz como autoridade administrativa concorrerão para com as finalidades da pena, garantindo direitos e distribuindo deveres em conformidade com a lei.

É evidente que a parcela administrativa da execução da pena deverá ser regrada pela lei, mas isso não significa que os atos administrativos que serão praticados serão todos vinculados. Como bem sabemos, os atos praticados pela Administração Pública poderão ser vinculados e discricionários. Nos primeiros, a própria lei fornece o motivo que, acontecendo, impõe a prática do ato. Nos segundos, o Administrador é quem aponta o motivo, e atua de acordo com a conveniência e a oportunidade do ato. Na condução administrativa da execução penal, como em toda função administrativa do Estado, a maioria dos atos são discricionários, o que não lhes retira a legalidade, mas invoca a indicação do motivo e a fundamentação do servidor que os pratica.

Tampouco a legalidade qualifica a execução penal de atuação puramente administrativa, pois a jurisdicionalidade está assegurada pela indispensável condução do processo por um juiz de direito (ver Capítulo 1). Caberá a ele a decisão fundamentada do reconhecimento de direitos ou da aplicação de sanções, sempre que possam implicar a quantidade ou qualidade da pena.

É importante deixar claro que, quando se afirma que a legalidade deve ser obedecida na execução, um dos aspectos mais importantes diz respeito à restrição de direitos. Os direitos da execução da pena que enumeram os requisitos para concessão somente poderão possuir algum tipo de restrição quando previstos em lei. Não pode o magistrado utilizar-se de sua suposta discricionariedade para restringir ou negar um benefício ou direito com base em entendimentos próprios sobre a finalidade do instituto ou sobre o merecimento do beneficiário, pois quando se tem em mente que a execução tem como sujeito principal e razão de ser a pessoa presa, é por esta que se devem pautar as conclusões do magistrado. Isto quer dizer que, não havendo expressamente em lei a previsão de um requisito, não pode o juiz exigi-lo, e que, em havendo, caso seja dúbio, deverá prevalecer a posição mais favorável ao preso.

Como exemplo dessas situações citamos dois pesos e duas medidas. Por um lado, o STF vem decidindo que, não havendo vaga no regime adequado, o preso deverá aguardar sua vaga em regime mais benéfico, em uma interpretação pró-finalidade da execução penal, já que não há previsão legal de se aguardar no regime em que se encontra. Por outro lado, o mesmo STF entendeu que a exigência de exame criminológico, mesmo na ausência da previsão legal (atualmente restaurada), é legítima, e assim o magistrado poderá exigir tal exame, mesmo que isso na prática fatalmente acarrete o aguardo em regime mais grave do que o merecido e determinado pelas condições legais. Falaremos desse assunto com mais propriedade adiante (*vide* Capítulo 5, item 5.2.2.).

Sempre que a lei voltada à execução penal contiver *normativas sancionadoras* (novas infrações, novas sanções, pressupostos para liberdade etc.), deverá prevalecer a natureza penal dos princípios e não poderá retroagir exceto para beneficiar o condenado (SCHMIDT. A crise de legalidade na execução penal. In: CARVALHO. *Crítica à execução penal*, p. 40). E como se sabe, a data para a observação da irretroatividade é a data do cometimento do crime, pois o tempo do crime é o momento da ação, ainda que outro seja o momento do resultado (art. 4º do CP). Portanto, qualquer alteração legal da lei de execução que possa prejudicar o condenado ou a pessoa presa somente poderá ser aplicada aos que cometerem o delito após sua vigência.

2.2. HUMANIDADE

O sentimento de humanidade descende da natureza comum do ser humano, que repugna em sua sã consciência a aplicação de castigos cruéis e ofensivos à dignidade, que "sempre permanece, em maior ou menor escala, até no pior delinquente" (DOTTI. *Bases e alternativas para o sistema de penas*, p. 222).

O princípio de humanidade pressupõe uma execução humana e responsável, como assevera Jescheck. A imposição e a execução da pena devem levar em conta a personalidade do condenado, e, em face de uma sanção humanizada, preocupar-se com sua devolução à vida em sociedade (JESCHECK. *Tratado de derecho penal*, p. 29). Por esse princípio, a ressocialização ocupa o lugar da exagerada repressão.

Poeticamente, Cuello Calón comemora que paulatinamente foram transformando-se os duros e degradantes regimes carcerários, desapareceram os grilhões e as correntes, e o castigo corporal. A integridade corporal do preso, hoje, estaria a salvo. Já não se impõe aos reclusos raspar a cabeça, não os designam mais por números, desaparecem os infamantes trajes listrados, os trabalhos degradantes e improdutivos (CUELLO CALÓN. *La moderna penología*, p. 259).

Enquanto a humanidade não encontrar solução para a pena privativa de liberdade, deverá executá-la da melhor forma possível referencialmente ao homem condenado. Concorde-se ou não com a reinserção social e, talvez, moral do apenado, não se pode perder de vista a observância plena de seus direitos e da justa cobrança dos seus deveres sem os excessos habituais (Oliveira. *Direitos e deveres do condenado*, p. 17).

As penas não podem consistir em tratamentos contrários ao senso de humanidade e devem tender à reeducação do condenado. Desta diretiva, não somente devem informar-se os órgãos envolvidos na administração da pena (Executivo e Judiciário), mas também as futuras normas legislativas (Santoro. *L'esecuzione penale*, p. 281). A humanidade "deve ser respeitada durante todo o processo necessário para aplicação da sanção penal, ou seja, desde a investigação, passando-se pelo julgamento, até o último dia da execução da pena" (Smanio; Fabretti. *Introdução ao direito penal*, p. 181).

Um exemplo da humanização globalizada é a Convenção Americana de Direitos Humanos, que restringe a pena de morte e aconselha sua abolição. O Brasil o fez, constitucionalmente, aos delitos comuns, mas a manteve nos casos de guerra declarada (CF, art. 84, XIX).

A mesma Convenção preceitua em seu art. 5º, item 3, que ninguém deverá ser submetido à tortura, nem a penas ou tratos cruéis, desumanos ou degradantes. Toda pessoa privada de liberdade deve ser tratada com o respeito devido à dignidade inerente ao ser humano.

Nesse sentido, a Constituição Federal veda qualquer pena de caráter cruel, perpétuo, de trabalhos forçados e de banimento (art. 5º, XLVII), além de assegurar aos presos o respeito à integridade física e moral.

2.3. ISONOMIA

A isonomia ou igualdade não equivale à simples equiparação de todos os condenados, mesmo porque os homens não são iguais, e suas diferenças são importantes e devem ser consideradas na execução de sua pena. Com isonomia pretende-se assegurar que privilégios e restrições não serão reconhecidos indiscriminadamente, por motivos de raça, origem social ou política.

E, ao se falar em isonomia, impende-se falar da proporcionalidade. A igualdade objetivada pela lei não significa a igualdade subjetiva. O fiel da balança é justamente a proporcionalidade, "um dos caracteres da pena que deve traduzir os interesses da defesa social e a garantia individual consubstanciada no direito do condenado de não sofrer uma punição que exceda a medida do mal causado pela infração" (Dotti. O novo sistema de penas. In: *Reforma penal brasileira*, p. 92).

Talvez existam os delinquentes, que nunca deveriam ser soltos, como entende Theodolindo Castiglione. No entanto, se existem, não é tanto "porque a incorrigibilidade seja um mal irremediável, mas porque a nossa época ainda não alcançou a maturidade científica necessária capaz de extinguir ou neutralizar o impulso irrefreável que arrasta certos indivíduos para o crime" (*Estabelecimentos penais abertos e outros trabalhos,* p. 56).

2.4. JURISDICIONALIDADE

O princípio da jurisdicionalidade provê a execução da pena com um processo, mais que isso, um devido processo legal. E exige que um juiz de direito conduza o processo de execução.

Não só no Brasil, mas na maioria dos países de influência romano-germânica, a execução da pena sempre foi considerada como atividade meramente administrativa.

A consequência dessas conclusões foi, como ressalta René Ariel Dotti, a "atrofia dos direitos e das garantias individuais de maneira a tornar arbitrário o processo de execução do Direito Criminal em oposição à segurança que sempre se emprestou no campo do direito privado quando o excesso ou o abuso de execução poderiam ser prontamente corrigidos" (*A reforma penal e penitenciária*, p. 26-27).

Por natureza, o órgão encarregado da manutenção da justiça e garantia dos direitos é o Judiciário. Portanto, desde o momento em que se reconhecem direitos ao condenado, e os mesmos direitos que são dados aos homens em liberdade, salvo os perdidos ou restringidos pela condenação, tais direitos devem ser respeitados, exigência que dá um forte sentido de juridicidade à execução penal (CUELLO CALÓN. *La moderna penología*, p. 11).

2.5. INDIVIDUALIZAÇÃO DA PENA

O princípio focaliza a classificação dos condenados para que cada um, de acordo com sua personalidade e antecedentes, receba o tratamento penitenciário adequado. A orientação deflui da Exposição de Motivos da Lei de Execução Penal (item 26), e é revigorada com a Constituição Federal no art. 5º, XLVI.

Foram necessários 36 anos para que esse princípio integrasse o direito penitenciário. Chegou a ser nomeado, pela Constituição de 1946, como norma programática, mas somente veio a lume em 1977 com a reforma penal e penitenciária (DOTTI. *A reforma penal e penitenciária*, p. 25).

A individualização é algo que atinge os três poderes da República. É considerada em abstrato quando o legislador estipula limites máximos e mínimos para cada infração penal. É judicialmente aplicada quando o juiz, considerando as circunstâncias judiciais e legais, define a pena em concreto. E, por fim, é executada a cada condenado conforme seus méritos e deméritos, condições e circunstâncias pessoais. Embora a execução deva tornar efetivas as determinações da sentença, o destino do condenado é muito mais definido pela execução do que pela própria sentença. É durante a execução que se procura definir a personalidade do condenado, o que conduz ao encurtamento ou prorrogação do prazo de restrição da liberdade.

A terceira fase – a executória – é a mais importante da individualização, como também a considera Edmundo de Oliveira (*Direitos e deveres do condenado*, p. 39). Não pode ser conduzida sem que os órgãos aplicadores da pena atentem às observações científicas e às pesquisas etiológicas que investigam as causas do comportamento do autor, antes e depois do fato criminoso, e suas respostas aos estímulos externos, alterando o curso da execução sempre em direção a devolvê-lo ao mundo livre.

Não é outra a importância dada por Arturo Santoro. Para o autor, é certamente na execução da pena que decisivamente se concretiza a individualização, que somente agora poderá ser convenientemente adaptada à personalidade do sujeito ativo da infração, designando-o à espécie de estabelecimento correto dentre os tipos existentes (SANTORO. *L'esecuzione penale*, p. 253).

Por isso que a elaboração de legislações que impossibilitem a progressão de regime, a concessão de liberdade provisória ou livramento condicional bem como outros institutos individualizadores merece a crítica de toda a doutrina científica, por darem o mesmo tratamento a pessoas diferentes e que reagirão diversamente à aplicação da pena. Esses fundamentos deveriam ser observados pelo legislador ou seus assessores quando da gênese de um texto legal.

A garantia do princípio deve ser encontrada na motivação da sentença condenatória, como bem aponta René Ariel Dotti (O novo sistema de penas. In: *Reforma penal brasileira*, p. 91).

Como garantia fundamental, a Constituição Federal (art. 5º, XLVI) assegura que a lei regulará a individualização da pena e adotará, entre outras, privação ou restrição da liberdade, perda de bens, multa, prestação social alternativa e suspensão ou interdição de direitos. Em seguida, no inc. XLVIII determina que a pena deve ser cumprida em estabelecimentos distintos, de acordo com a natureza do delito, a idade e o sexo do apenado.

2.6. INTRANSCENDÊNCIA OU PERSONALIDADE

A pena é a sanção do direito que atinge o infrator da lei em sua pessoa. Assim, somente poderá ser dirigida à pessoa do condenado, considerado o autor da infração penal, não podendo ultrapassá-lo, do que deriva seu caráter de personalidade (GOULART. *Princípios informadores do direito da execução penal*, p. 96). Esta sempre foi a característica da pena: a responsabilidade pessoal pela violação da lei.

A personalidade justifica-se pela fundamentação da aplicação de uma pena a um indivíduo. Somente diante da *culpabilidade* é que o autor de uma conduta típica e ilícita receberá a reprovação pelo fato cometido. A culpabilidade é individual e intransferível, não sendo permitida sua compensação nem diante de violações mútuas.

A garantia vem estampada no art. 5º da Constituição Federal, em seu inc. XLV: "nenhuma pena passará da pessoa do condenado, podendo a obrigação de reparar o dano e a decretação do perdimento de bens ser, nos termos da lei, estendidas aos sucessores e contra eles executadas, até o limite do valor do patrimônio transferido".

Existem argumentos como os de Fontán Balestra, que nunca entendeu a pena pecuniária como possuidora de caráter pessoal. Para o autor, o fundamento de que a pena deve ser sofrida pelo delinquente e não por outra pessoa, é apenas teórico, pois se é verdade que juridicamente somente ele responderá pela pena, faticamente a diminuição de seu patrimônio afetará também o seu grupo familiar, como qualquer outra espécie de pena (*Tratado de derecho penal*, p. 377. t. III).

Infelizmente, a previsão constitucional é eivada de tremendo equívoco doutrinário e desafia os criminalistas. O dispositivo é autofágico, pois logo após assegurar que a pena não passará do condenado, permite que o faça no caso de perdimento de bens, estendendo-a aos sucessores. A morte do agente é uma das principais causas extintivas da punibilidade, o que foi ignorado pelo constituinte ao permitir que a pena de perdimento de bens atinja os sucessores. "Pena extinta não pode ser cumprida", destaca Cezar Roberto Bitencourt, que completa: "essa arbitrariedade inconstitucional não encontra paralelo nem entre os Estados totalitários, que respeitam o limite da personalidade da pena" (*Novas penas alternativas*, p. 123).

Atualmente, com a reforma trazida pela Lei n. 9.268/96 ao art. 51 do Código Penal, a pena de multa, após transitar em julgado, converte-se em dívida ativa da Fazenda, e, como tal, poderá ser cobrada dos sucessores, na medida da transmissão do patrimônio do condenado.

Outro importante aspecto da intranscendência e personalidade da pena diz respeito às punições administrativas que pode sofrer o condenado. Não raras vezes a administração carcerária aplica punições coletivas ou não devidamente identificadas. Também aqui se deve respeitar a personalidade da sanção e, somente após a completa e competente apuração do fato, aplicar-se a sanção ao autor da infração. A jurisprudência do STJ tem garantido o respeito ao princípio.

2.7. DEVIDO PROCESSO LEGAL

O item 16 da Exposição de Motivos da Lei de Execução Penal preconiza que "a aplicação dos princípios e regras do Direito Processual Penal constitui corolário lógico da interação existente entre o direito de execução das penas e das medidas de segurança e os demais ramos do ordenamento jurídico, principalmente os que regulam em caráter fundamental ou complementar os problemas postos pela execução".

Sendo a execução penal um processo jurisdicional, será regrada pelo princípio do *due process of law*, assumindo função garantidora dos direitos do sujeito processado (JUNQUEIRA; FULLER. Lei de execução penal. *Legislação penal especial*, p. 3; GRINOVER, *Execução penal*, p. 12).

No art. 5º do texto político, identificamos nos incs. LIII e LIV as marcas do devido processo: ninguém será processado nem sentenciado senão pela autoridade competente; e ninguém será privado da liberdade ou de seus bens sem o devido processo legal.

Em sede de execução penal, o princípio deve ser mantido, o que significa que qualquer alteração na execução que demande aplicação ou agravação de sanção deverá ser precedida de um devido processo e todos os demais princípios de garantia do acusado, em especial a ampla defesa e o contraditório (item 9).

2.8. ESTADO DE INOCÊNCIA

Durante a execução da pena o condenado poderá ser acusado de atos – penais ou administrativos – que implicarão consequências diretas em seu regime de cumprimento ou direitos como saídas temporárias, remição etc. É certo que, mesmo após sua condenação por um crime anterior, sua conduta posterior deve ser analisada caso a caso, e o estado de inocência deve acompanhá-lo, para que antes da revogação ou destituição de algum direito, possa provar sua inocência.

A garantia decorre, primeiramente, da Convenção Americana de Direitos Humanos (Pacto de São José da Costa Rica), da qual o Brasil é signatário, e que em seu art. 8º, item 2, dispõe que "toda pessoa acusada de um delito tem direito a que se presuma sua inocência, enquanto não for legalmente comprovada sua culpa. Durante o processo, toda pessoa tem direito, em plena igualdade, às seguintes garantias mínimas (...)".

A regra foi repetida pela Constituição Federal de 1988 no art. 5º, LVII, mas com redação *muito mais garantista e abrangente*: "ninguém será considerado culpado até o trânsito em julgado de sentença penal condenatória". Trata-se de uma questão de "estado", e não de impressão ou suposição. Com isso pretende-se dizer que, para o ordenamento constitucional brasileiro, mais do que uma impressão ou suposição (presunção), a inocência é um *status* que pertence ao cidadão como parte de sua dignidade e um estado que somente será alterado após o trânsito em julgado de uma decisão que atendeu ao devido processo legal. Como exercício da linguagem, o direito deve procurar utilizar-se das expressões que revelem a realidade dos conceitos, afastando-se daqueles que possam estimular uma retórica de desafio ou mitigação das garantias individuais fundamentais. Portanto, presunção de inocência ou, pior, "não culpabilidade", como prega uma pequena parcela de autores, não retrata com a segurança reclamada uma garantia individual fundamental.

Todos *são inocentes*. Essa afirmação, indubitavelmente, comunica muito mais corretamente a essência do princípio. É muito mais do que dizer que uma pessoa não é culpada (ainda), ou que deve ter sua inocência (apenas) presumida. Se são inocentes, tal estado deverá ser desconstruído por quem disso discorde, por meio do devido processo legal.

Ainda que somente se fale em sentença penal condenatória, o processo de execução incide diretamente sobre a liberdade do condenado, e a desconsideração desse princípio pode acarretar-lhe a permanência desnecessária no cárcere, como, por exemplo, ao revogar-lhe o livramento condicional por falta cometida sem a demonstração efetiva de conduta apta a isso.

2.9. CONTRADITÓRIO E AMPLA DEFESA

O art. 5º, LV, prevê que "aos litigantes, em processo judicial ou administrativo, e aos acusados em geral são assegurados o contraditório e ampla defesa, com os meios e recursos a ela inerentes". A execução penal, como vimos, tem natureza jurisdicional e, portanto, recebe a influência completa do inciso em questão. Durante o processo de execução, sempre que necessário o condenado poderá apresentar provas e questionar as apresentadas.

A ampla defesa é o direito de apresentar todas as provas admitidas pelo direito, e todas aquelas não vedadas. Durante a execução penal, o condenado estará sujeito a processos administrativos para a apuração de suas faltas e a decisões interlocutórias ou procedimentos incidentes nos quais poderá apresentar todos os meios de prova de que dispuser.

Às provas em seu desfavor, ser-lhe-á dada a oportunidade de contestação, o que caracteriza o contraditório. Nenhuma decisão deve ser proferida sem que antes se dê a oportunidade ao condenado de questionar e refutar a prova apresentada contra si.

E, como bem se sabe, nenhuma defesa e nenhum contraditório serão amplos o suficiente sem que se conceda ao preso ou condenado a paridade de armas, o que significa dar-lhe a assistência técnico-jurídica equivalente à que tem o Estado. Tratando-se de processo, seja ele administrativo ou criminal, *deve-se garantir a assistência de um advogado, constituído ou nomeado*.

Nesse sentido, em 2007 o STJ editou a *Súmula 343* com a seguinte redação: "É obrigatória a presença de advogado em todas as fases do processo administrativo disciplinar". O STF editou a *Súmula Vinculante 5* um ano depois, que dispõe exatamente o contrário: "A falta de defesa técnica por advogado no processo administrativo disciplinar não ofende a

Constituição"; mas o próprio STF tem posição em sentido contrário quando se tratar de procedimento administrativo relacionado com o preso (provisório ou definitivo), ou seja, *a Súmula Vinculante 5 não se aplica ao preso*. Pedimos licença para reproduzir os motivos utilizados no voto do Excelentíssimo Ministro relator no julgamento do HC 398.269/RS: "Ao compulsar os autos, verifica-se que o recorrente foi interrogado no procedimento administrativo, *praticando o ato de defesa sem a presença de defensor, conforme consta do termo de declaração (fl. 32)*. Não houve, assim, garantia de defesa plena ao acusado no procedimento administrativo disciplinar instaurado para apurar falta grave, estando em jogo a liberdade de ir e vir. Assim, entendo violados os princípios do contraditório e da ampla defesa. Segundo a jurisprudência sedimentada do Supremo Tribunal Federal, é nulo o ato formalizado para apurar o cometimento de falta grave por apenado, em procedimento administrativo disciplinar que viola os princípios do contraditório e da ampla defesa [...] Recentemente, o Supremo Tribunal Federal aprovou o texto da Súmula Vinculante 5, que dispõe: 'A falta de defesa técnica por advogado no processo administrativo disciplinar não ofende a Constituição'. *Todavia, esse Enunciado é aplicável apenas em procedimentos de natureza cível*. Em procedimento administrativo disciplinar, instaurado para apurar o cometimento de falta grave por réu condenado, tendo em vista estar em jogo a liberdade de ir e vir, deve ser observado amplamente o princípio do contraditório, com a presença de advogado constituído ou defensor público nomeado, devendo ser-lhe apresentada defesa, em observância às regras específicas contidas na Lei de Execução Penal (arts. 1º, 2º, 10, 44, III, 15, 16, 41, VII e IX, 59, 66, V, alínea *a*, VII e VIII, 194), no CPP (arts. 3º e 261) e na própria CF/1988 (art. 5º, LIV e LV). Esta Corte já se defrontou com a erronia da aplicação da Súmula Vinculante 5 para convalidar procedimento administrativo disciplinar com a finalidade de apurar o cometimento de falta grave por detento. É verdade que se conta apenas com decisões monocráticas, formalizadas em exame de pleitos liminares indeferidos, por ter-se entendido como ausente o requisito do *periculum in mora*. Todavia, esclarece bem a natureza do Enunciado (...)".

Em uma leitura constitucional, é evidente que o texto não faz ressalva e garante aos "acusados em geral" ampla defesa e contraditório. Também nos parece nitidamente incompreensível que uma pessoa, acusada tecnicamente pelo Estado – como é o caso do processo e da execução penal –, exerça uma ampla defesa sem o cabedal técnico de conhecimento da lei e de seus princípios. Permitir que um processo penal ou administrativo sancionatório materialize-se e que se aplique uma sanção sem a participação de um advogado é interpretar restritivamente o princípio constitucional citado, quer dizer, tentar fraudar a garantia por meio de uma interpretação *contra legem* que visa favorecer a deficiência estatal, algo muito conveniente para o Estado que nem mesmo assistência *ad hoc* oferece ao condenado.

2.10. JURISPRUDÊNCIA SELECIONADA

Legalidade

"*Habeas Corpus*. Execução Penal. Pedido de revogação da decisão que indeferiu a saída temporária, visto que o 'Pacote Anticrime' afasta o benefício para executados por crime hediondo, com resultado morte. Crime ocorrido antes da edição da norma. Paciente já vinha usufruindo do benefício, com parecer favorável do parquet, na origem. Inaplicabilidade da nova disciplina instituída pela Lei n. 13.964/2019, posto tratar-se de norma penal material prejudicial ao acusado. Irretroatividade. Art. 5º, XL, da CF. Ordem concedida" (TJ-SP, HC 20500795120208260000 SP 2050079-51.2020.8.26.0000, rel. Amable Lopez Soto, j. 16-6-2020, 12ª Câm. Crim., *DJe* 17-6-2020).

"1. A Lei n. 13.964/2019, em vigor a partir de 23-1-2020, implicou tratamento desfavorável àqueles que cumprem pena pela prática de crime hediondo, com resultado morte, vedando a estes sentenciados o direito à saída temporária. No entanto não se pode dispensar tratamento mais severo aos condenados por referidos delitos que até a entrada em vigor da referida lei podiam gozar da benesse em comento. É que a matéria regulada pelo novo dispositivo se refere à forma de expiação da pena carcerária e possui, portanto, nítida conotação material, ou substantiva, devendo-se reger pelo preceito *tempus regit actum*, cujo primordial consectário é o de condicionar a punibilidade (incluída aí a forma de execução da pena) às leis vigentes ao tempo do delito. Daí porque, afastada a retroatividade da *lex gravior*, *in casu*, o art. 122, § 2º da Lei de Execução Penal, emerge possível a concessão da saída temporária aos presos que tenham praticado crimes hediondos com resultado morte, em data anterior à vigência do referido dispositivo. 2. Recurso provido, a fim de afastar a vedação do artigo 122, § 2º da Lei de Execução Penal em relação ao agravante, que cometeu crime hediondo com resultado morte em data anterior à vigência da Lei n. 13.964/2019, garantindo ao reeducando nova apreciação do pedido de saída temporária pelo Magistrado do *a quo*" (TJ-ES, EP 0005660362 0208080014, rel. Sérgio Luiz Teixeira Gama, j. 20-1-2021, 2ª Câm. Crim., *DJe* 28-1-2021).

"RHC. Constitucional. Processual penal. Pena. Execução. Regime. O condenado conserva todos os direitos não atingidos pela pena. Nenhuma restrição maior pode ser imposta. Obediência ao princípio da legalidade. Já se disse, no início do século, o código penal é a constituição do réu. Se o Estado condena alguém a determinado regime, e não promove os meios para realizá-lo, não pode submeter o condenado a regime mais grave. Assim, na falta de casa de albergado, exigir a disciplina do regime fechado" (STJ, RHC 2.238/RS, 6ª T., j. 30-11-1992, rel. Min. José Cândido de Carvalho Filho, *DJ* 29-3-1993).

"De acordo com o art. 147 da Lei de Execuções Penais, o termo inicial da execução da pena restritiva de direitos é o trânsito em julgado da sentença condenatória. Precedente (HC 84.677, 1ª T., 23-11-2004, Cezar Peluso, Inf. STF/371)" (STF, HC 84.741/RS, 1ª T., j. 7-12-2004, rel. Min. Sepúlveda Pertence, *DJ* 18-2-2005).

Humanidade

"Recurso extraordinário representativo da controvérsia. Repercussão Geral. Constitucional. Responsabilidade civil do Estado. Art. 37, § 6º. 2. Violação a direitos fundamentais causadora de danos pessoais a detentos em estabelecimentos carcerários. Indenização. Cabimento. O dever de ressarcir danos, inclusive morais, efetivamente causados por ato de agentes estatais ou pela inadequação dos serviços públicos decorre diretamente do art. 37, § 6º, da Constituição, disposição normativa autoaplicável. Ocorrendo o dano e estabelecido o nexo causal com a atuação da Administração ou de seus agentes, nasce a responsabilidade civil do Estado. 3. 'Princípio da reserva do possível'. Inaplicabilidade. O Estado é responsável pela guarda e segurança das pessoas submetidas a encarceramento, enquanto permanecerem detidas. É seu dever mantê-las em condições carcerárias com mínimos padrões de humanidade estabelecidos em lei, bem como, se for o caso, ressarcir danos que daí decorrerem. 4. A violação a direitos fundamentais causadora de danos pessoais a detentos em estabelecimentos carcerários não pode ser simplesmente relevada ao argumento de que a indenização não tem alcance para eliminar o grave problema prisional globalmente considerado, que depende da definição e da implantação de políticas públicas específicas, providências de atribuição legislativa e administrativa, não de provimentos judiciais. Esse argumento, se admitido, acabaria por justificar a perpetuação da desumana situação que se constata em presídios como o de que trata a presente demanda. 5. A garantia mínima de segurança pessoal, física e psíquica, dos detentos, constitui dever estatal que possui amplo lastro não apenas no ordenamento nacional (Constituição Federal, art. 5º, XLVII, 'e'; XLVIII; XLIX; Lei 7.210/84 (LEP), arts. 10; 11; 12; 40; 85; 87; 88; Lei 9.455/97 – crime de tortura; Lei 12.874/13 – Sistema Nacional de Prevenção e Combate à Tortura), como, também, em fontes normativas internacionais adotadas pelo Brasil (Pacto Internacional de Direitos Civis e Políticos das Nações Unidas, de 1966, arts. 2; 7; 10; e 14; Convenção Americana de Direitos Humanos, de 1969, arts. 5º; 11; 25; Princípios e Boas Práticas para a Proteção de Pessoas Privadas de Liberdade nas Américas – Resolução 01/08, aprovada em 13 de março de 2008, pela Comissão Interamericana de Direitos Humanos; Convenção da ONU contra Tortura e Outros Tratamentos ou Penas Cruéis, Desumanos ou Degradantes, de 1984; e Regras Mínimas para o Tratamento de Prisioneiros – adotadas no 1º Congresso das Nações Unidas para a Prevenção ao Crime e Tratamento de Delinquentes, de 1955). 6. Aplicação analógica do art. 126 da Lei de Execuções Penais. Remição da pena como indenização. Impossibilidade. A reparação dos danos deve ocorrer em pecúnia, não em redução da pena. Maioria. 7. Fixada a tese: 'Considerando que é dever do Estado, imposto pelo sistema normativo, manter em seus presídios os padrões mínimos de humanidade previstos no ordenamento jurídico, é de sua responsabilidade, nos termos do art. 37, § 6º, da Constituição, a obrigação de ressarcir os danos, inclusive morais, comprovadamente causados aos detentos em decorrência da falta ou insuficiência das condições legais de encarceramento'. 8. Recurso extraordinário provido para restabelecer a condenação do Estado ao pagamento de R$ 2.000,00 (dois mil reais) ao autor, para reparação de danos extrapatrimoniais, nos termos do acórdão proferido no julgamento da apelação" (STF, RE 580.252/MS, rel. Min. Teori Zavascki, rel. p/ acórdão Min. Gilmar Mendes, Tribunal Pleno, j. 16-2-2017, DJe 11-9-2017).

"'*Habeas corpus*' – recurso ordinário – paciente recolhida ao sistema penitenciário local – precário estado de saúde da sentenciada, idosa, que sofre de grave patologia cardíaca, com distúrbios neuro-circulatórios – risco de morte iminente – comprovação idônea, mediante laudos oficiais elaborados por peritos médicos, da existência de patologia grave e da inadequação da assistência e do tratamento médico-hospitalares no próprio estabelecimento penitenciário a que recolhida a sentenciada-paciente – efetiva constatação da incapacidade do poder público de dispensar à sentenciada adequado tratamento médico-hospitalar em ambiente penitenciário – situação excepcional que permite a inclusão da condenada em regime de prisão domiciliar – observância do postulado constitucional da dignidade da pessoa humana – recurso ordinário provido. – A preservação da integridade física e moral dos presos cautelares e dos condenados em geral traduz indeclinável dever que a Lei Fundamental da República impõe ao Poder Público em cláusula que constitui projeção concretizadora do princípio da essencial dignidade da pessoa humana, que representa um dos fundamentos estruturantes do Estado Democrático de Direito (CF, art. 1º, III, c/c o art. 5º, XLIX). – O réu preso – precisamente porque submetido à custódia do Estado – tem direito a que se lhe dispense efetivo e inadiável tratamento médico-hospitalar (LEP, arts. 10, 11, inciso II, 14, 40, 41, inciso VII, e 43). – O reconhecimento desse direito apoia-se no postulado da dignidade da pessoa humana, que representa – considerada a centralidade desse princípio essencial (CF, art. 1º, III) – significativo vetor interpretativo, verdadeiro valor-fonte que conforma e inspira todo o ordenamento constitucional vigente em nosso País e que traduz, de modo expressivo, um dos fundamentos em que se assenta, entre nós, a ordem republicana e democrática consagrada pelo sistema de direito constitucional positivo. – A execução da pena em regime de prisão domiciliar, sempre sob a imediata e direta fiscalização do magistrado competente, constitui medida excepcional, que só se justifica – especialmente quando se tratar de pessoa condenada em caráter definitivo – em situações extraordinárias, apuráveis em cada caso ocorrente, como sucede na hipótese de o sentenciado ostentar, comprovadamente, mediante laudo oficial elaborado por peritos médicos designados pela autoridade judiciária competente, precário estado de saúde, provocado por grave patologia, e o Poder Público não dispuser de meios que viabilizem pronto, adequado e efetivo tratamento médico-hospitalar no próprio estabelecimento prisional ao qual se ache recolhida a pessoa sob custódia estatal. Precedentes. A Turma, por votação unânime, deu provimento ao recurso ordinário, nos termos do voto do Relator. Ausente, justificadamente, neste julgamento, a Senhora Ministra Ellen Gracie. 2ª Turma, 29-4-2008" (STF, RHC 94.358/SC, rel. Min. Celso de Mello, 2ª T., j. 29-4-2008, *DJe*-054 19-3-2014).

"Prisão (preventiva). Cumprimento (em contêiner). Ilegalidade (manifesta). Princípios e normas (constitucionais e infraconstitucionais). 1. Se se usa contêiner como cela, trata-se de uso inadequado, inadequado e ilegítimo, inadequado e ilegal. Caso de manifesta ilegalidade. 2. Não se admitem, entre outras penas, penas cruéis – a prisão cautelar mais não é do que a execução antecipada de pena (Cód. Penal, art. 42). 3. Entre as normas e os princípios do ordenamento jurídico brasileiro, estão: dignidade da pessoa humana, prisão somente com previsão legal, respeito à integridade física e moral dos presos, presunção de inocência, relaxamento de prisão ilegal, execução visando à harmônica integração social do condenado e do internado. 4. Caso, pois, de prisão inadequada e desonrante; desumana também. 5. Não se combate a violência do crime com a violência da prisão. 6. *Habeas corpus* deferido, substituindo-se a prisão em contêiner por prisão domiciliar, com extensão a tantos quantos – homens e mulheres – estejam presos nas mesmas condições" (STJ, HC 142.513/ES, 6ª T., j. 23-3-2010, rel. Min. Nilson Naves, *DJe* 10-5-2010).

"Recurso substitutivo de habeas-corpus. Art. 75 do código penal. Mudança do regime carcerário. A dignidade da pessoa humana, um dos fundamentos do Estado Democrático de Direito, ilumina a interpretação da lei ordinária. Ordem concedida" (STJ, HC 9.892/RJ, 6ª T., j. 16-12-1999, rel. Min. Hamilton Carvalhido, rel. p/ acórdão Min. Fontes de Alencar, *DJ* 26-3-2001).

Isonomia

"Agravo em processo de execução criminal. Recurso defensivo. Trabalho realizado por apenado do regime aberto. Remição. Possibilidade. Ausência de expressa vedação legal. Princípio da igualdade. Com fulcro no princípio constitucional da isonomia, a distinção da remição no aberto com os demais regimes seria uma afronta direta ao Estado Democrático de Direito [...]. Recurso defensivo provido. Unânime" (TJ-RS, Agravo em Execução 70052073764, 6ª Câm. Crim., rel. Des. Ícaro Carvalho de Bem Osório, j. 31-1-2013, DJe 21-2-2013).

"1. Encontrando-se os corréus na mesma situação fático-processual, cabe, a teor do Princípio da Isonomia e do art. 580 do Código de Processo Penal, deferir pedido de extensão de unificação de penas obtido por um deles. 2. *Habeas corpus* concedido para determinar a extensão dos efeitos do julgado proferido no Agravo em Execução 1.309.589/4, interposto pelo corréu Osvaldo Susuki, determinando, assim, que seja unificada as penas que lhe foram impostas nos processos 289/97 e 247/97, mantendo-se a exclusão do processo 672/97" (STJ, HC 26.884/SP, 5ª T., j. 11-11-2003, rel. Min. Laurita Vaz, DJ 15-12-2003).

Jurisdicionalidade do processo de execução

"Igualmente, temos que o Magistrado não está vinculado à conclusão dos exames criminológicos realizados, sendo certo que pode se utilizar dos diversos elementos constantes nos autos para formar sua opinião. Isto porque não se pode resumir a atividade jurisdicional como sendo de chancelaria, de modo a ser o Poder Judiciário mero órgão burocrático ratificador de documentos emitidos pela direção da unidade prisional ou mesmo pelos profissionais que elaboram o exame criminológico. Vincular o magistrado a tais documentos é tornar o juiz um mero homologador da atividade administrativa, num claro vilipêndio à jurisdicionalidade da execução da pena e ao princípio do livre convencimento motivado" (STJ, HC 428.600/SP, j. 30-5-2018, rel. Min. Antonio Saldanha Palheiro, DJe 4-6-2018).

"Direito instrumental. Organicidade e dinâmica. O Direito, especialmente o instrumental, é orgânico e dinâmico, somente sendo possível retornar a fase ultrapassada mediante autorização normativa. Regime de cumprimento da pena. Progressão. Ato do juízo da vara de execuções. Natureza. O ato mediante o qual o juízo defere a progressão no regime de cumprimento da pena é judicial – arts. 112 e 194 –, desafiando agravo – art. 197, todos da Lei de Execução Penal. Imutável ante o silêncio do Estado-acusador, descabe revê-lo e, potencializando o título judicial condenatório, suplantado em execução, indeferir, presente o enquadramento do crime na Lei 8.072/1990, os benefícios tão caros à ressocialização do preso, que são a visita periódica à família e o trabalho extra-muros. Precedente: *Habeas corpus* 79.385-1/SP, 1ª T., rel. Min. Sepúlveda Pertence, DJ 15-10-1999" (STF, HC 83.911/RJ, 1ª T., j. 2-3-2004, rel. Min. Marco Aurélio, DJ 23-4-2004).

Intranscendência ou personalidade

"Execução penal. Falta grave. Ato de terceiro. Princípio da intranscendência penal. Agravo desprovido. 1. O reconhecimento da falta grave exige prova da autoria, não se podendo fundar em mero juízo de probabilidade. A presunção de inocência somente está afastada do fato que justificou a pena imposta ao recorrido, jamais daqueles eventualmente praticados no curso da execução penal. 2. Afasta-se a ocorrência de falta grave quando não houver prova de que no ato, praticado por terceiro, existiu participação do apenado. Princípio da intranscendência penal" (TJ-ES, EP 0020025-37.2017.8.08.0035, rel. Des. Willian Silva, 1ª Câm. Crim., j. 11-4-2018, DJe 20-4-2018).

"*Habeas corpus.* Execução da pena. Procedimento administrativo. Constrangimento ilegal. Pleito de absolvição do paciente da tentativa de prática de falta disciplinar de natureza grave. Atipicidade. Aplicação do princípio da intranscendência. Constrangimento ilegal evidenciado. 1. A tentativa de apossamento de objetos que permitam ao apenado a comunicação intra e extramuros deve ser punida com a sanção correspondente à falta disciplinar grave consumada, nos termos do artigo 49, parágrafo único, da Lei n. 7.210/84. 2. Porém, se a tentativa de introduzir aparelho celular dentro do presídio não foi praticada pelo condenado, não pode ele sofrer sanção pela falta grave prevista no art. 50, VII, da LEP. 4. O princípio constitucional da intranscendência impede que a responsabilidade penal ultrapasse a esfera pessoal do agente. 5. Ordem concedida a ordem, parcialmente, de ofício, para desconstituir a homologação da falta disciplinar de natureza grave em razão de sua atipicidade" (STJ, HC 241.228/SP 2012/0090241-1, rel. Min. Moura Ribeiro, 5ª T., j. 20-3-2014, DJe 28-8-2014).

Estado de inocência

"Considerando que não há trânsito em julgado da sentença condenatória, deixo de reconhecer a falta grave, com aplicação dos demais consectários legais, visto que ofende o princípio constitucional da presunção de inocência. Decidir em sentido contrário seria totalmente injusto. Uma vez reconhecida a falta grave, com total prejuízo ao apenado durante a execução de sua pena, poderia gerar dano irreparável. [...] É certo que para ser reconhecido o fato novo deve haver sentença condenatória com trânsito em julgado, o que espancaria a dúvida de ser ou não o apenado o autor do delito. Como não é o que ocorre no fato presente, deixo de reconhecer a falta grave, sendo que nenhuma anotação deverá ser feita no prontuário do apenado. Dessa forma, constata-se a prejudicialidade deste *writ*, pois o Juízo de primeiro grau não reconheceu a suposta falta grave imputada ao paciente. À vista do exposto, com fundamento no art. 34, XX, do RISTJ, julgo prejudicado este *habeas corpus*. Publique-se e intimem-se" (STJ, HC 346.848/RS, rel. Min. Rogerio Schietti Cruz, 6ª T., j. 12-6-2018, DJe 15-6-2018).

Contraditório e ampla defesa

"Execução Penal. Recurso Extraordinário. Prática de falta grave. Prévio procedimento administrativo disciplinar. Desnecessidade. Repercussão geral reconhecida. 1. Nos termos das recentes decisões proferidas pelo Supremo Tribunal Federal, a oitiva do condenado pelo Juízo da Execução Penal, em audiência de justificação realizada na presença do defensor e do Ministério Público, afasta a necessidade de prévio Procedimento Administrativo Disciplinar (PAD), assim como supre eventual ausência ou insuficiência de defesa técnica no PAD instaurado para apurar a prática de falta grave durante o cumprimento da pena. 2. Assim sendo, a apuração da prática de falta grave perante o juízo da Execução Penal é compatível com os princípios do contraditório e da ampla defesa (art. 5º, LIV e LV, da CF). 3.

Reconhecimento da repercussão geral da questão constitucional suscitada" (STF, RE 972598/RS, Repercussão Geral no Recurso Extraordinário, rel. Min. Roberto Barroso, Tribunal Pleno, j. 6-4-2017, *DJe*-227 4-10-2017).

"Agravo em execução. Rito do recurso em sentido estrito. Aplicabilidade. Pedido de sustentação oral. Indeferimento. Princípios do devido processo legal, do contraditório e da ampla defesa. Inobservância. 1. 'A teor da iterativa orientação jurisprudencial desta Corte, aplicam-se ao recurso de agravo em execução, previsto no art. 197 da Lei de Execução Penal, as disposições acerca do rito do recurso em sentido estrito, previstas nos arts. 581 e seguintes do Código de Processo Penal. (Precedentes)' (HC 21.056, Min. Felix Fischer, *DJ* de 7-4-2003). 2. Consequentemente, o pedido de sustentação oral em julgamento de agravo em execução, a teor do parágrafo único do art. 610 do Cód. de Pr. Penal, não se subordina ao juízo de conveniência do colegiado julgador. Afinal, a inobservância de tal dispositivo – segundo a jurisprudência – viola as garantias constitucionais do devido processo legal, do contraditório e da ampla defesa. 3. *Habeas corpus* concedido a fim de determinar se proceda a novo julgamento do agravo em execução, assegurando o direito à sustentação oral. Mantida a liminar" (STJ, HC 109.378/GO, rel. Min. Nilson Naves, 6ª T., j. 16-12-2010, *DJe* 14-2-2013).

"1. Recurso extraordinário. 2. Execução criminal. Progressão de regime. 3. Processo administrativo disciplinar para apurar falta grave e determinar a regressão do regime de cumprimento da pena. Inobservância dos princípios do contraditório e da ampla defesa. 4. Recurso conhecido e provido" (STF, RE 398269, 2ª T., j. 15-12-2009, rel. Min. Gilmar Mendes, *DJe* 25-2-2010).

Evolução Histórica 3

Ainda que brevemente, faz-se necessária uma incursão na história legislativa referente à execução penal, ao menos no que se pode considerar como produto da nação brasileira, o que exclui da análise os dispositivos espalhados assistematicamente pelas Ordenações do Reino. Talvez, pelas linhas a seguir, fique evidenciado o desprezo pelo tema, e se possa entender por que ainda engatinhamos no desenvolvimento da matéria.

A Constituição Federal de 1824, outorgada por Dom Pedro I, nada previa acerca da execução penal. Alguns dispositivos do art. 179 poderiam ser entendidos como relacionados à matéria, como o número XX, que preconizava que nenhuma pena passaria da pessoa do delinquente, vedando a confiscação de bens e que a execração da honra (infâmia) do réu não se transmitiria aos parentes. E o número XXI, ao determinar que as cadeias deveriam ser limpas, seguras e arejadas, além de serem diversificadas quanto à separação dos réus pelas circunstâncias e natureza dos delitos.

Com o Código Criminal do Império, de 1830, alguns institutos foram regulados (arts. 33 a 67). O estatuto tratou das penas de galés e de prisão, do banimento e do desterro, bem como da pena de multa, já prevista como a preocupação de ressarcimento da vítima. Também abordou o trabalho na prisão e a pena de morte, permitida àquela época, que seria executada pela forca, após o cortejo da população ao condenado, e da leitura de sua sentença em voz alta. Quanto à aplicação, esboçava o atendimento à individualização, quando se preocupava com a pena imposta às mulheres, aos menores de 21 anos e aos maiores de 60, que poderiam ter suas penas de morte e galés comutadas pela de prisão com trabalhos.

Durante o Império, leis esparsas igualmente regulamentaram alguns poucos institutos como o cumprimento da pena de galés, em Fernando de Noronha, dos fabricantes de moedas falsas (art. 8º da Lei n. 52, de 3-10-1833), e o trabalho do preso que, em 1869, com o Decreto n. 1.696, de 15 de setembro, permitiu-se o cômputo do período trabalhado após a *sentença de primeira instância,* reduzido de 1/6, demonstrando a influência da legislação estrangeira no tocante à detração. Note-se que a detração somente foi consagrada após a Proclamação da República e com a edição do Decreto n. 774, de 20 de setembro de 1890, que, em seu art. 3º, permitia o cômputo do tempo de prisão preventiva na execução da pena.

Antes mesmo de uma nova Carta Política, em 1890 veio a lume o Código Penal dos Estados Unidos do Brasil. As penas previstas (prisão celular, banimento, reclusão, prisão com trabalho obrigatório, prisão disciplinar, interdição, suspensão e perda de cargo e multa) eram disciplinadas, a exemplo do Código anterior, em poucos 27 artigos (arts. 43 a 70).

A Constituição da República de 1891 também se limitou a repetir o mandamento da Constituição anterior. Após a publicação do Código, criticado desde seu nascimento, inúmeros textos legislativos tornaram extremamente difícil a sua aplicação, até que em 1932 todos foram coletados e sistematizados por Vicente Piragibe. São citados como os mais importantes o Decreto n. 16.588, de 6 de setembro de 1924, que introduziu o *sursis* no Direito brasileiro, e o Decreto n. 16.665, de 6 de novembro de 1924, que estabeleceu as regras para o livramento condicional previsto pelo Código Penal da República. No mesmo ano, o Decreto Federal n. 16.751, de 31 de dezembro, instituiu o Código de Processo Penal para o Distrito Federal, que abordava a execução da sentença, o *sursis*, o livramento condicional e a estatística penitenciária.

O que podemos constatar é que, até então, nunca houve uma preocupação com uma regulamentação efetivamente estruturada que voltasse a atenção ao regime carcerário ou, ao menos, à execução penal. Somente com a Constituição de 1934 definiu-se a competência à União para legislar sobre *Normas Fundamentais do Regime Penitenciário* (art. 5º, XIX, *c*). Porém, com a edição da Constituição de 1937, a matéria foi novamente relegada ao tratamento ordinário.

Aproveitando o apelo da Constituição de 1934, Cândido Mendes, Lemos Brito e Heitor Carrilho elaboraram um projeto de *Código Penitenciário da República*. Este projeto foi publicado no *Diário do Poder Legislativo* em 25 de fevereiro de 1937, mas, com a edição do Código Penal de 1940, foi abandonado por possuir pontos que em muito conflitavam com o novo estatuto penal. O texto trazia dispositivos inovadores, como a atuação do Judiciário na execução e o preparo técnico dos agentes administrativos ligados ao sistema. Em seu lugar, o livro IV do Código de Processo Penal foi aprovado contendo uma centena de artigos que, pela primeira vez na legislação nacional, dispusera sistematicamente sobre a execução da pena.

Ressurgindo com a Constituição de 1946 (art. 5º, XV, *b*) a preocupação com o regime penitenciário, a empreitada seguinte apareceu em 1951, com o Projeto n. 636 apresentado pelo Deputado Carvalho Neto, transformado na Lei n. 3.274, de 2 de outubro de 1957. Antes de sua aprovação, em 30 de julho de 1956, o Ministro da Justiça Nereu Ramos constituiu uma comissão presidida pelo Vice-presidente Oscar Penteado Stevenson e composta por Rodrigo Ulisses de Carvalho, Justino Carneiro e Aníbal Bruno, além do Padre Fernando Bastos de Ávila e do Major Victorio Caneppa. Esta comissão elaborou um anteprojeto de Código Penitenciário que infelizmente não foi contemplado com a aprovação.

Poucos anos mais tarde, em 1963, Roberto Lyra, que havia recusado o convite em 1956, foi convidado para elaborar outro anteprojeto para o regime da matéria, por ele batizado de *Código das Execuções Penais*. Os profundos conhecimentos criminológicos do autor proporcionaram a elaboração de um texto coeso e renovador que, em caso de aprovação, humanizaria o tratamento prisional à altura das legislações mais modernas.

Com a publicação do Código Penal de 1969, despontaram algumas preocupações que, se tivessem vigorado, acelerariam o processo de modernização da Execução Penal. Havia disposição quanto à individualização educativa da pena (art. 37), instituição de estabelecimentos industriais, agrícolas, ou abertos e prisão-albergue (arts. 39 e 40). Foi previsto o trabalho como obrigatório, remunerado e com a finalidade de proporcionar aprendizagem ou aperfeiçoamento de ofício para um meio de vida honesto (art. 37, § 2º). Os menores de 21 anos cumpririam as penas em local totalmente separado do destinado aos adultos (art. 37, § 5º).

O dispositivo da Constituição de 1946 sobre regime penitenciário foi repetido no texto constitucional de 1967 (art. 8º, XVII, c). Mantendo a denominação de Roberto Lyra, em 1970, uma comissão formada por Benjamim Moraes Filho e revista por uma Subcomissão constituída pelo autor e por Frederico Marques, José Salgado Martins e José Carlos Moreira Alves, apresentou em 9 de novembro de 1970 um novo anteprojeto, que também não logrou a conversão em texto legal.

A partir de 1970 intensificaram-se os movimentos de reforma, e um evento marcante foi o 1º Encontro Nacional de Secretários de Justiça e Presidentes de Conselho Penitenciário, originado da intenção de discussão sobre o projeto Benjamim Moraes Filho. No evento foi aprovada a "Moção de Nova Friburgo", que representava o pensamento da delegação do Estado de São Paulo composta por Francisco Papaterra Limongi Neto, Antonio Carlos Penteado de Moraes e Diwaldo de Azevedo Sampaio. Na Moção, acusava-se o anacronismo da legislação penal e processual de ser o causador das falhas do sistema penitenciário, principalmente pela conservação das ideias de que o único remédio para o tratamento do criminoso era a prisão, sem atenção à periculosidade do agente ou à gravidade do delito.

Três anos depois (1973), em Goiânia, realizou-se um Seminário de Direito Penal e Criminologia, em comemoração ao cinquentenário da morte de Rui Barbosa. A "Moção de Goiânia" preconizou o caráter de defesa social e recuperador do delinquente que deve possuir o Direito Penal, bem como de prevenção do cometimento de infrações penais, a inclusão da Criminologia na grade curricular dos Cursos Jurídicos, a necessidade da prisão aberta e prisão-albergue, humanização da pena como a preocupação da reinserção social do condenado, aplicação de perdão judicial, *sursis*, livramento condicional e outras medidas substitutivas da pena de prisão.

A magnitude e a sensatez do documento influenciaram a reforma de 1977, incorporando vários de seus princípios, que foram reiterados no 5º Congresso Nacional de Direito Penal e Ciências Afins, realizado, em 1975, em São Paulo.

O ápice crítico do sistema foi o relatório da Comissão Parlamentar de Inquérito instaurada pela Câmara dos Deputados em 1975, que denunciou as violações reiteradas dos direitos humanos e a promiscuidade entre primários e reincidentes, definitivos e provisórios, perigosos e não perigosos.

Em 1977, a Lei n. 6.416, de 24 de maio, alterou, significativamente, os Códigos Penal e Processual Penal, inclusive sobre o regime de execução da pena. Em sua Exposição de Motivos, Armando Falcão, então Ministro da Justiça, apontava a superlotação do sistema prisional e a promiscuidade que aumentava as consequências da repressão penal. Como resposta, pregava a manutenção do cárcere somente nos casos excepcionais, de maior periculosidade, em troca de maior ênfase às penas acessórias e à pena de multa, em muito prejudicada pela desvalorização da moeda.

Foi por meio do Ministro da Justiça Ibrahim Abi-Ackel que, em 1981, formou-se uma comissão composta pelos professores René Ariel Dotti, Benjamim Moraes Filho, Miguel Reale Júnior, Rogério Lauria Tucci, Ricardo Antunes Andreucci, Sérgio Marcos de Moraes Pitombo e Negi Calixto, sob a coordenação de Francisco de Assis Toledo, para a elaboração de um anteprojeto de Lei de Execução Penal. O projeto foi amplamente debatido pelas Associações de Magistratura e do Ministério Público, Ordem e Institutos dos Advogados, Universidades e organizações sociais. O destaque fica ao 1º Congresso Brasileiro de Política Criminal e Penitenciária realizado em Brasília, em setembro de 1981, que contou com a participação monumental de mais de 2.000 participantes. Desse evento erigiu uma "Carta de Princípios", pregando a prevenção da criminalidade, a defesa dos interesses sociais, a garantia dos direitos humanos e a eliminação da ilegalidade na execução penal.

Concluído no ano de 1982, o Projeto de Lei n. 1.657 foi encaminhado ao Congresso Nacional em 29 de junho de 1983, e publicado no *Diário do Congresso Nacional* em 1º de julho do mesmo ano.

Na Câmara dos Deputados, o Projeto sofreu algumas emendas, transformando-se na Lei n. 7.210, de 11 de julho de 1984, em vigor a partir de janeiro de 1985, seis meses após sua publicação.

APLICAÇÃO DA LEI DE EXECUÇÃO PENAL 4

4.1. NOMENCLATURA: DIREITO PENITENCIÁRIO OU DIREITO DA EXECUÇÃO PENAL?

A execução penal vem adquirindo, com a evolução doutrinária, o *status* de ramo independente, pois absorve normas de caráter administrativo, penal e processual penal. O conjunto de regras que trata da execução não permitiria mais que esta pudesse ser apenas um capítulo dentro de outras doutrinas. A autonomia do direito penitenciário é anunciada na obra de Armida Bergamini Miotto, e reverbera em muitos outros autores, tradicionais e modernos.

Muitos questionam sua denominação. Uns o intitulam Direito Penitenciário, outros de Direito da Execução Criminal (MESQUITA JÚNIOR. *Manual de execução penal*, p. 20).

O Penitenciário deriva de "penitência", ou seja, faz referência à pena. Adotando-se uma rígida regra etimológica, deveríamos renovar outras nomenclaturas como a de "Direito Penal", que passaria a se chamar Direito Criminal, por ter como objeto o crime. Assim, tudo o que fosse relacionado à pena chamar-se-ia "Penitenciário". Nossos juristas já discutiram essa questão no tocante ao predicado "Penal" ou "Criminal" para qualificar o ramo do Direito que estuda o crime, o criminoso e a pena. Venceu o Direito "Penal".

As normas e preceitos que se destinam a regrar a execução da pena mereceram a nomenclatura de Direito Penitenciário de Armida Bergamini Miotto. Para a célebre autora, o Direito da Execução Penal está inserido no Direito Penitenciário, como um de seus capítulos. A definição surgiu no Congresso de Palermo, pois não se restringia às formalidades do diário prisional e cercava-se de aspectos doutrinários e informadores da legislação (MIOTTO. *Temas penitenciários*, p. 44). É, inclusive, a expressão preferida pelo nosso constituinte (art. 24, I): "Compete à União, aos Estados e ao Distrito Federal legislar concorrentemente sobre: I – direito tributário, financeiro, *penitenciário*, econômico e urbanístico".

Atualmente, a maioria dos autores prefere a independência da designação *Direito da Execução Penal*, com fulcro na doutrina estrangeira de autores como Stanislaw Plawski, Juan Bustos Ramires (GOULART. *Princípios informadores do direito de execução penal*, p. 53) e, principalmente, Eugenio Cuello Calón.

De nossa parte, ao se optar pela separação do ramo, entendemos ser melhor a denominação Direito da Execução Penal pela natureza dogmática desenvolvida pela presente obra, e pela correta restrição e delimitação que atribui ao conjunto de regras que tem por objeto a execução normativa da pena e o cuidado ao egresso. Seu objetivo é consolidar a aplicação da pena dentro dos limites da sentença e com respeito aos preceitos legais, assegurando ao preso todos os direitos não tolhidos pela sentença e aqueles que especificamente lhe são conferidos pela sua situação especial de controlado pelo Estado.

Em verdade, o caminho correto seria o da integração dos diversos ramos da ciência penal. O Direito Penal, o Processual e a Execução são estudados quase que independentemente, o que causa um prejuízo em termos de aplicação dos conceitos e até mesmo de colaboração para a feitura de novos textos legais. Didaticamente, a nomenclatura Direito da Execução Penal pode ser adotada como a reunião das regras referentes à fase executiva. Independentemente da expressão que se adote, o que não se pode negar é a exigência de um processo com regras e competências próprias, de gênese jurisdicional, mas circundado por normas de caráter abundantemente administrativo. Como se verá nos capítulos seguintes, vários assuntos do Direito Penal substantivo e adjetivo e do Direito Administrativo serão abordados.

Outra expressão está associada à execução da pena, mas não se confunde com o Direito da Execução Penal. A *Penologia* é uma ciência de caráter não normativo que estuda a pena em suas vertentes teórica (história e evolução), legislativa (espécies, cominação abstrata e circunstâncias modificadoras), judiciária (cominação concreta) e penitenciária (execução) (MIOTTO. *Curso de direito penitenciário*, p. 38). Não se confunde com o Direito Penitenciário (ou Direito da Execução Penal), pois enquanto este aborda os aspectos jurídicos da pena, a Penologia preocupa-se com seus aspectos naturalísticos. Aproxima-se, muito mais, da Criminologia, que também se preocupa com os aspectos naturalísticos do crime e do criminoso.

4.2. FONTES POSITIVAS DA EXECUÇÃO PENAL

Sem nos envolvermos no mérito sobre as fontes do direito, aqui nos interessam as fontes positivas ou formais da execução da pena. Como matéria dogmática que se apresenta, solicita um elenco de normas positivas sobre as quais possam debruçar-se os estudiosos e militantes. O conjunto de regras e princípios que regulamentam a execução penal no Brasil não está reunido num único estatuto, e precisa ser colacionado de diversas fontes.

Dentro desse contexto, as fontes do Direito Penitenciário são: a Constituição Federal, a Lei de Execução Penal, os Tratados Internacionais, os Códigos Penal e de Processo Penal, as leis estaduais de execução penal e os atos administrativos emanados dos órgãos superiores de Política Penitenciária.

4.2.1. Constituição Federal

A principal fonte da execução da pena é a *Constituição Federal*. Principal porquanto anuncia os princípios que devem nortear o Estado na cominação, aplicação e execução da pena. Em um ordenamento jurídico sistemático, a Constituição Federal é a norma que ocupa o ápice da pirâmide legislativa, e todas as demais regras devem ser editadas por derivação. Nosso sistema atual é normatizado pela Lei Federal n. 7.210/84, portanto anterior à Constituição de 1988, e não obterá aplicação eficaz se não se utilizar desta medida principiológica.

4.2.2. Lei de Execução Penal (Lei n. 7.210/84)

A *Lei de Execução Penal, Lei Federal n. 7.210/84*, e suas posteriores alterações, é norma a ser completada pelas leis estaduais, pois a competência para legislar foi distribuída de forma concorrente entre a União e os Estados. Será o alvo central de nosso estudo.

4.2.3. Código de Processo Penal

A Lei n. 7.210/84 substituiu a normativa constante do *Livro IV do Código de Processo Penal* e, embora não o tenha revogado expressamente, o fez tacitamente no tocante à matéria cuidada. Os únicos dispositivos unanimemente aceitos pela doutrina como ainda em vigor são os estabelecidos sob os arts. 743 a 750, que regulam a Reabilitação, instituto praticamente em desuso pela pouca aplicação prática.

Alguns autores como Tourinho Filho também asseguram vigência ao art. 779, por conter matéria não abordada na Lei de Execução Penal, e dispor do perdimento de bens em favor do Estado, assunto totalmente alheio à Execução Penal. Francisco Vani Bemfica também roga vigência ao art. 668, parágrafo único, e art. 677, que trata da carta de guia.

Essas matérias estariam em vigor porquanto não houve revogação expressa pela Lei n. 7.210/84 e, tacitamente, não foram tratadas pelo novo estatuto.

A rigor, todos os artigos do Livro IV do Código de Processo Penal que não foram tacitamente tratados pela nova legislação poderiam ser aplicados. Outro exemplo não citado pelos autores acima é o art. 684, que assegura a recaptura do preso evadido sem a necessidade de expedição de um mandado de prisão. Certamente não haveria motivo para considerar tal artigo como revogado.

4.2.4. Código Penal

Pari passu com a Constituição Federal e com a Lei de Execução Penal estão o *Código Penal* e o *Código de Processo Penal*. São vários os atos e institutos previstos nestes diplomas e que encontram ou não reflexos na Lei n. 7.210/84. O Código de Processo Penal descreve o procedimento instrutório, as nulidades, os recursos, as provas etc. E o Código Penal traz os institutos da suspensão condicional da pena, do livramento condicional, da reabilitação, regimes de cumprimento, dentre outras regras explicadas ou somente repetidas pela Lei de Execução Penal.

4.2.5. Regras Mínimas para o Tratamento dos Presos e outras normas internacionais

Outro estatuto que exerce forte influência na produção legislativa e na execução material da pena são as *Regras Mínimas para o Tratamento dos Presos*, documento oficial da ONU aprovado no XII Congresso Penitenciário Internacional realizado em Genebra, de 22 de agosto a 3 de setembro de 1955 (revisadas em 2015), que acabou sendo considerado como o 1º Congresso da ONU para Prevenção do Delito e Tratamento do Delinquente. O documento se baseia em conceitos gerais admitidos na maioria dos sistemas jurídicos contemporâneos e tenta estabelecer princípios e regras de boa administração e tratamento dos reclusos, para estimular um constante esforço no aprimoramento e superação das dificuldades práticas da aplicação da pena. Não se trata de uma regulamentação detalhada e exaustiva de toda a matéria penitenciária, mas de uma carta de recomendações mínimas a serem adotadas pelos Estados-parte, conforme as peculiaridades de cada país. O Brasil adotou em grande parte as orientações das Regras Mínimas, que transparecem no texto da Lei de Execução Penal.

Para muitos, as Regras Mínimas constituem um "estatuto universal dos direitos do preso comum", como uma carta de princípios direcionados à proteção da dignidade, integridade física e moral, e a sua reintegração social, e a garantir que o preso não será submetido a condutas abusivas, ilegais ou extraordinárias à sentença (LEAL. O tratamento dos presos no Brasil e as regras mínimas da ONU. *Revista do Conselho Nacional de Política Criminal e Penitenciária*, p. 66. v. 4. n. 4).

Além das Regras Mínimas, outras devem ser consideradas, como as Regras de Bangkok para mulheres presas, os Princípios de Yogyakarta, a Convenção Internacional dos Direitos das Pessoas com Deficiência e a Convenção sobre Transferência de Pessoas Condenadas do Conselho da Europa.

4.2.6. Lei dos Juizados Especiais (Lei n. 9.099/95)

A Lei n. 9.099/95, que instituiu os Juizados Especiais Cíveis e Criminais, definiu em seu art. 1º a competência dessas varas especializadas para a conciliação, processo, julgamento e *execução* de suas causas.

Isso porquanto o juizado especial poderá realizar transação penal, que consiste na aplicação imediata de pena alternativa mediante o aceite do autor da infração. A execução dessa pena antecipadamente aplicada ficará a cargo do juizado especial.

Também poderá conduzir à execução das penas restritivas de direitos, mesmo que aplicadas alternativamente ao final do processo.

No entanto, se após o procedimento sumaríssimo da Lei n. 9.099/95 o magistrado aplicar pena privativa de liberdade, deverá encaminhar a carta de recolhimento ao juízo da execução, a quem caberá executar a sentença condenatória (LIMA; PERALLES. *Teoria e prática da execução penal*, p. 300).

4.3. JURISPRUDÊNCIA SELECIONADA

Código de Processo Penal

"Penal e processo penal. *Habeas corpus*. 1. Impetração substitutiva do recurso próprio. Não cabimento. 2. Agravo em execução. Pedido de sustentação oral. Pleito indeferido na origem. Ilegalidade. Rito recursal do RESE. Possibilidade de sustentação oral. Art. 197 e 2º da LEP, c/c art. 610, parágrafo único, do CPP. 3. *Habeas corpus* não conhecido. Ordem concedida de ofício. [...]. 2. O agravo em execução não possui disciplina própria na Lei de Execuções Penais. Nesse contexto, tem-se que o art. 2º da Lei n. 7.210/1984 remete à aplicação do Código de Processo Penal, entendendo-se, assim, que o agravo em execução deve observar o rito próprio do recurso em sentido estrito, o qual expressamente autoriza a realização de sustentação oral – Art. 610, parágrafo único, do Código de Processo Penal. Precedentes. 3. *Habeas corpus* não conhecido. Ordem concedida de ofício, para anular o julgamento do agravo em execução, para que outro seja realizado na origem, franqueando-se ao causídico a possibilidade de sustentar oralmente" (STJ, HC 354.551/SP, rel. Min. Reynaldo Soares da Fonseca, 5ª T., j. 17-5-2016, *DJe* 24-5-2016).

Lei n. 9.099/95

"*Habeas Corpus*. Sentença de Juizado Especial Criminal. Execução. Competência. Juizado Especial Criminal. Execução de seus julgados. Competência. Lei 9.099/1995, arts. 1º e 60. Consequência: improcedência da pretensão de ser o processo remetido ao juízo das execuções criminais. *Habeas corpus* indeferido" (STF, HC 81.784/RO, 2ª T., j. 23-4-2002, rel. Min. Maurício Corrêa, *DJ* 14-6-2002).

Súmula 81, TJSP: "Compete ao Juízo do Juizado Especial Criminal executar seus julgados apenas quando a pena aplicada é de multa ou restritiva de direitos, sendo irrelevante o fato de o réu estar preso em razão de outro processo".

SUJEITOS PASSIVOS DA LEI DE EXECUÇÃO PENAL
5

5.1. PRESO PROVISÓRIO

Considera-se preso provisório todo aquele que teve sua liberdade restringida em razão de uma das espécies de prisão processual: *Temporária* (Lei n. 7.960/89), *Flagrante* (CPP, arts. 301 e s.) e *Preventiva* (CPP, arts. 311 e s.). A partir da reforma processual promovida pela Lei n. 11.719/2008, que alterou o art. 397 e seus incisos I a IV e revogou o art. 594, não existe mais a prisão como um simples efeito decorrente da sentença condenatória. Também por força da nova redação do art. 408 e do art. 413, § 3º, não há mais previsão de prisão por simples ocorrência de pronúncia.

A ele aplicam-se os dispositivos da Lei de Execução Penal. Assim, terá direito à assistência material, à saúde, jurídica, educacional, social e religiosa, permissão de saída e todos os demais direitos expressamente concedidos pelo art. 41.

A competência para a garantia dos direitos previstos na Lei de Execução Penal será do juízo comum (da causa), se ainda não houver sentença de primeira instância, e do juízo da execução no caso de haver tal decreto. Fala-se de "execução provisória", que tem por sujeito o preso provisório, ao qual não haveria motivos para não se aplicarem os direitos da Lei (ver o Capítulo 13, item 13.1). Contudo, como veremos, o termo não é o mais correto por induzir entendimento de que é possível executar-se provisoriamente uma pena de qualquer natureza.

5.2. CONDENADO

Embora não seja o único, é o principal destinatário da Lei de Execução Penal. Aquele sujeito que teve contra si uma sentença condenatória transitada em julgado será o alvo central da Lei. Dentre as espécies de sanção poderá sofrer uma pena de prisão (reclusão, detenção ou prisão simples), restritiva de direitos e/ou multa.

5.2.1. Classificação do condenado

Todos são diferentes. Nesse sentido, o juiz deverá considerar as circunstâncias legais e judiciais no momento da aplicação da pena. A execução não poderá ser diferente, e caberá ao juiz individualizar também o cumprimento da pena em conformidade com as circunstâncias legais e particulares de cada condenado. Uma boa política carcerária começa pela obrigação de classificar os condenados e estabelecer o grupo com o qual conviverá durante a execução (Medeiros. *Prisões abertas*, p. 79).

Este mandamento vem estampado no art. 5º da LEP: "Os condenados serão classificados, segundo os seus antecedentes e personalidade, para orientar a individualização da execução penal". Os antecedentes evidenciam as peculiaridades objetivas do(s) fato(s) criminoso(s), e a personalidade e as características subjetivas de ordem psicológica e biológica do agente. A aplicação das penas com base somente na natureza do delito e dissociada da personalidade do acusado é um erro, que, no pensar de Rui Medeiros, torna a Justiça Criminal impotente e inócua (Medeiros. Op. cit., p. 44-45).

Odir Silva e Paganella Boschi asseveram que, quando esses fatores são analisados divorciadamente do crime em concreto, fala-se de um *exame de personalidade*. Ao passo que, se relacionamos esses exames a um fato delituoso, realizamos um *exame criminológico* (*Comentários à lei de execução penal*, p. 29). Os autores repetem a análise fornecida pela Exposição de Motivos da Lei de Execução Penal, em seu item 34. Esta é a vertente buscada pela Lei, porquanto se preocupa com a utilização dos resultados para a recuperação ou aprimoramento do condenado.

Foi em Bruxelas que surgiu, em 1907, o primeiro centro de estudos dos reclusos. Em 1920, na Alemanha, foi criado um serviço para o estudo dos reclusos da prisão de Straubing, na Baviera, que posteriormente foi transferido para Munique. A partir desses centros as ideias foram difundidas no meio científico, e a Comissão Internacional Penal e Penitenciária publicou, em 1937, um formulário sugerindo o exame científico dos reclusos para a utilização dos serviços de Antropologia e Biologia Criminal e a determinação da natureza do tratamento penitenciário a ser empregado ao preso, conforme suas características mentais e físicas e recomendadas a sua readaptação social (Oliveira. *Direitos e deveres do condenado*, p. 39).

O resultado da análise da personalidade constitui um *dossier* de personalidade ou *cartela biográfica* do recluso. Para dito exame é preciso pessoal especializado, que pode integrar o corpo administrativo ou ser contratado para realizar essa função nas prisões. Como resultado, obtém-se um diagnóstico da personalidade do apenado e se tem a base para assinalar-lhe o tratamento e o estabelecimento mais adequado (Bueno Arús. Panorama comparativo de los modernos sistemas penitenciarios. In: Baumann; Hentig; Klug. *Problemas actuales de las ciencias penales y la filosofía del derecho en homenaje al profesor Luis Jiménez de Asúa*, p. 399).

A classificação será feita por meio do Exame Criminológico, composto da observação e sujeição do condenado à análise por profissionais das áreas correlatas. Estes profissionais poderão ou não integrar a Comissão Técnica de Classificação, órgão ao qual caberá a elaboração do programa individualizador da pena privativa de liberdade adequada ao condenado. A Lei de Execução Penal, em seu art. 6º, inclui a submissão do *preso provisório* também a uma classificação realizada por essa comissão técnica, mas que evidentemente não poderá incluir a elaboração de um exame criminológico, por se tratar de flagrante incoerência já que este não possui, ainda, pena a cumprir.

5.2.2. Exame criminológico

A previsão da realização do exame criminológico decorre do art. 34 do Código Penal: "O condenado será submetido, no início do cumprimento da pena, a exame criminológico de classificação para individualização da execução". No início, conforme diz o texto legal.

Os estudos sobre a personalidade delinquente, como nota Álvaro Mayrink da Costa, procuravam concentrar-se naqueles condenados a penas longas, por permitirem observações mais aprofundadas (*Exame criminológico*, p. 207). Essas pesquisas, promovidas essencialmente pelos criminólogos, foram adquirindo importância e passaram a integrar as legislações modernas, como fator obrigatório para a individualização da pena. Além do Brasil, exames com as mesmas características estão previstos na legislação espanhola e na argentina, por exemplo.

Porém, cada vez mais os operadores do direito atendem aos clamores dos demais profissionais envolvidos no exame, e se convencem da impossibilidade de diagnosticar ou mesmo prognosticar as causas do crime.

A Lei de Execução Penal considera *obrigatório* o exame para os condenados a regime fechado, e *facultativo* àqueles sentenciados ao regime semiaberto (art. 8º). Na redação original da LEP, havia a previsão de realização facultativa de exame criminológico para a progressão do regime fechado ao semiaberto. Hoje, há previsão de realização obrigatória do exame para a progressão a qualquer regime. Uma infeliz previsão, que tem sua origem na pior fase do positivismo criminológico.

No Brasil, os autores sempre caminharam em favor do exame, principalmente pelo ambiente científico e das promessas de evitar a reincidência.

Jason Albergaria afirmava que "a observação científica é a base do tratamento reeducativo com a qual se estabelece o programa de reeducação e reinserção social do delinquente (condenado ou internado). A Fundação Internacional e Penitenciária indica os dois objetivos fundamentais da observação: o conhecimento da personalidade do delinquente e a proposição do tratamento, com vistas à reinserção social. O conhecimento da personalidade se obtém com a contribuição dos exames médico-biológico, psicológico, psiquiátrico, estudo social do caso, mediante uma visão interdisciplinar, com a aplicação dos métodos de Criminologia Clínica" (ALBERGARIA. *Comentários à lei de execução penal*, p. 16).

O estudo deveria ser, no sentir de Mirabete, científico, envolvendo aspectos biológicos e psicológicos, como temperamento, caráter, inteligência, e que transcenderão os autos do processo e invadirão outras fases de sua vida, razão pela qual a Lei admite entrevistas com as pessoas de seu relacionamento (*Execução penal*, p. 60). Estas quatro linhas de pesquisa (social, médica, psicológica e psiquiátrica) também são apontadas por Álvaro Mayrink da Costa (*Exame criminológico*, p. 150).

O exame teria por objetivo um diagnóstico criminológico e um prognóstico social, ou seja, as causas da inadaptação social e as possibilidades de recuperação. Essa segunda etapa seria a mais importante, já que essencialmente deveria indicar a probabilidade de reincidência do condenado. O crime, como forma de comportamento, envolve circunstâncias pessoais e externas, prolongadas no tempo ou momentâneas ao ato em si. Para uma proveitosa e correta análise da personalidade individual não se poderiam dispensar as situações vividas anteriormente ao crime, de sua história de vida (COSTA. Op. cit., p. 179).

Como curiosidade, as avaliações aplicadas abordariam quatro linhas.

Pelo estudo *biossomático* perquiriam-se os antecedentes familiares e pessoais, dados do exame biofisiológico, clínico e morfoantropométrico. O exame *psiquiátrico* seria um exame clínico, entrevista, aplicação de testes e eletroencefalograma, direcionados à avaliação do temperamento, sensibilidade, regularidade de ritmo, excitabilidade, estabilidade muscular e emocional. O exame *psicológico* consistiria em testes de inteligência, personalidade e orientação profissional. E a *investigação social* coletaria os dados que indicassem, sob o ponto de vista individual, familiar e social, sua condição econômica, sua atitude e estado de ânimo antes e depois do crime e durante ele, e quaisquer outros elementos que contribuíssem para a apreciação do seu temperamento e caráter (CPP, art. 6º, IX). Deveria investigar o meio circundante da gênese violenta reconstituindo a história do periciado e de sua família (COSTA. Op. cit., p. 150).

É certo que a probabilidade de elaborar um programa de tratamento para cada recluso é muito pequena, em vista da elevada população carcerária e da escassez de profissionais tecnicamente preparados. Mas deve-se almejar que cada condenado aproveite o máximo possível as características do regime penitenciário (OLIVEIRA. *Direitos e deveres do condenado*, p. 41).

Álvaro Mayrink da Costa conclama que o Exame deveria ser feito antes da prolatação da sentença judicial, para estabelecer uma ponte ou "transição criminológica" entre a fase processual e a executória (*Exame criminológico*, p. 23). Ousamos discordar do autor, pois, sob o império da presunção de inocência (cf. DOTTI. *Curso de direito penal*. Parte geral, p. 562), a realização antecipada do exame criminológico converter-se-ia em um constrangimento que, ao cabo, poderia ser absolutamente desnecessário. Este também foi o motivo invocado pelo item 30 da Exposição de Motivos da Lei de Execução Penal para a não inclusão do exame em fase anterior à execução.

É por isso que em nenhum momento a Lei de Execução Penal prevê a realização do exame para os *presos provisórios*, e aqui reside uma observação importante, pois sabemos que, por força da Súmula 716 do STF, são garantidos ao preso provisório os direitos da Lei n. 7.210/84, como a progressão de regime, e nestes casos não poderá o magistrado ou o Ministério Público exigir a realização do exame como condição ou pressuposto da concessão da progressão. Não se pode permitir, por melhor que seja a intenção, que em matéria de restrição de direitos possa o Estado, que atua nos estritos ditames da legalidade, exigir condição não prevista em lei, pois, do contrário, jamais poderemos controlar se o interesse público está sendo observado. Não podemos nos esquecer de que o Estado somente poderá concretizar o que está previsto em lei, ainda mais nos casos nos quais a vinculação do ato é exigida para se permitir a restrição de um direito. Exigir exame criminológico de um preso provisório é restringir indevidamente – diga-se sem nenhum amparo legal – o direito da pessoa presa.

Aliamo-nos a Giuliano Vassalli quando pondera que não é desejo do imputado ou de sua família, ou até mesmo da sociedade, um questionamento completo e penetrante do agente antes de um juízo definitivo sobre sua responsabilidade. Contudo, na execução da pena, quando sobre o sujeito tenha sido imposta uma pena ou medida de segurança, é desejo de todos, tanto para a sociedade quanto para o apenado, que a individualização do tratamento seja precedida e acompanhada ao máximo por aquele questionamento (La riforma della liberazione condizionale. *Scritti Giuridici*, p. 1.225. v. 1. t. II).

No âmbito da aplicação da pena, é a culpabilidade que deve conduzir a condenação. A elaboração de exames profundos como o criminológico poderia influenciar o juiz, a tal ponto que a pena poderia ser escolhida e dosada, tendo-se em conta as condições pessoais do agente, e não a natureza e circunstâncias do delito. Ao final, a pena ficaria a cargo das comissões e dos peritos, e não do juiz, o que até para Cuello Calón – que vê o exame antecipado com bons olhos – não é admissível (CUELLO CALÓN. *La moderna penología*, p. 42).

5.2.2.1. Origem histórica do exame e análise crítica

É certo que o exame das características físicas e psíquicas do criminoso foi alçado à categoria científico-penal pela escola positivista italiana. Lombroso foi o maior expoente desse estudo, utilizando-se de seus conhecimentos médicos para identificar o que foi chamado posteriormente de "criminosos natos".

No cenário mundial, um evento relevante para o impulso normativo do exame biopsicológico foi o XII Congresso realizado pela falecida Comissão Internacional Penal e Penitenciária, em 1950, em Haia, no qual se adotou a seguinte resolução: "na organização moderna da justiça criminal, é altamente desejável, para servir de base ao pronunciamento da pena e aos processos de tratamento penitenciário e de liberação, dispor-se de um relatório prévio ao pronunciamento da sentença, objetivando não somente as circunstâncias do crime, mas também os fatores relativos à constituição, à personalidade, ao caráter e aos antecedentes sociais e culturais do delinquente" (O exame biopsicossocial na justiça penal. *Revista Brasileira de Criminologia e Direito Penal*, n. 11, p. 123). A partir daí a ideia expandiu-se para quase todos os debates político-criminais que seguiram a escola criminológica italiana, especialmente, no Brasil, pela repercussão da escola positiva e de sua cientificidade.

Porém, em certo momento, a legislação brasileira projetada passou a tentar incluir a necessidade de tal exame, mas sem perceber qual sua moderna e efetiva destinação.

O exame criminológico surge no anteprojeto de Código de Processo Penal elaborado por Frederico Marques, nos arts. 391 a 395. Note-se que é a primeira vez que a expressão "exame criminológico" surge em solo pátrio, conforme reconhecimento do próprio autor do projeto. E seria possível de ser realizado tanto durante o processo de conhecimento quanto no início da execução penal. Por requerimento das partes, o exame seria determinado para os criminosos habituais, por tendência, ébrio habitual ou ao réu que houvesse cometido crime no exercício da função ou com grave violação de seus deveres profissionais. Como faculdade, poderia ser deixado para o período inicial do cumprimento da pena, de forma a ser discriminada em um futuro Código de Execuções Penais.

O exame criminológico seria realizado para os imputáveis, mas sua real aplicação seria aos inimputáveis. Segundo a exposição de motivos do anteprojeto, o objetivo da "novidade" pericial era avaliar a personalidade de determinados delinquentes, pois sem esse exame não seria possível "medir ou avaliar a periculosidade do criminoso por tendência, do criminoso habitual e daquele que deva sofrer medida de segurança". Ainda segundo a exposição de motivos de Frederico Marques, "sem um exame desta ordem, o juiz não se encontra suficientemente instruído para decidir sobre o grau de *periculosidade* que o acusado apresenta". E, por derradeiro: "criou o anteprojeto, por isso, essa prova pericial, com o *nomen juris* de 'exame criminológico', cuja regulamentação está contida nos arts. 391 a 395, e que será cabível em casos onde (*sic*) o juiz deva examinar problemas relacionados com *as medidas de segurança* e com a aplicação da *pena indeterminada*".

Portanto, o exame teve como gênese muito mais os que seriam submetidos à medida de segurança – periculosidade, ou, pior, a algo definido como a pena indeterminada, cunhada por Ferri, o que era aceitável apenas para a época, já que adotávamos o sistema duplo binário cumulativo (pena + medida de segurança).

Para acompanhar o projeto de Código de Processo Penal, surge o anteprojeto de execução penal de Benjamim Moraes Filho, que contou com a participação de Frederico Marques em sua comissão e, por isso, mantinha-se muito próximo do anteprojeto para o processo penal. Lá, no anteprojeto, já existia a Comissão de Classificação, com atribuição para realizar um exame de classificação (art. 30, parágrafo único, I), previsto no art. 41 do projeto, e que deveria abranger exame médico, psiquiátrico, situação sociofamiliar, nível ético, grau de instrução, tendência ou aptidão profissional e grau de inadaptação social. A execução da pena consistiria em três fases: classificação, tratamento e livramento condicional. Como conteúdo da segunda fase – a de tratamento – os estágios de orientação, adaptação e semiliberdade, este último a ser cumprido em estabelecimento aberto. O anteprojeto previa no parágrafo único do art. 150 que o ingresso do sentenciado em estabelecimento penal aberto deveria sempre ser precedido de exame de classificação. Sem fazer menção a qualquer tipo de exame, o anteprojeto também previa como requisito para a concessão do livramento condicional algo semelhante ao que foi adotado pela redação do art. 83 do CP/40: as circunstâncias atinentes à personalidade do condenado e de seu meio social devem permitir a suposição de que não voltará a delinquir.

Se prestarmos atenção, concluiremos que a atual Lei n. 7.210/84 não se afastou desse projeto.

Além dessa crítica histórica que aponta o equívoco da previsão do exame, do ponto de vista dos profissionais envolvidos, é quase impossível que o exame tenha alguma aplicação, principalmente pelo diagnóstico a que se propõe: prever o futuro. Não há forma de dizer, pelo exame, se o sujeito voltará ou não a delinquir. No máximo, diante de uma deficiência física ou psíquica comprometedora se pode dizer de sua propensão, o que de fato demonstraria que não merece ou merecia uma pena, e sim uma medida de segurança (para uma análise completa e uma crítica mais apurada, *vide* Brito, Alexis Couto de. Análise crítica sobre o exame criminológico. In: Rascovski, Luis (coord.). *Temas relevantes de direito penal e processo penal*. São Paulo: Saraiva, 2012).

É extremamente "perverso" – como afirma Salo de Carvalho – utilizar o discurso da psiquiatria junto ao jurídico para criar um modelo de controle social, sempre na esperança de que a medição da periculosidade aponte a propensão ao delito, causas da delinquência, personalidade criminosa, tudo na mais evidente aproximação de Lombroso, para que possa servir de parâmetro seguro para o sistema de execução penal (Carvalho. *Crítica à execução penal*, p. 162).

5.2.2.2. *A falta de exigência legal do exame para progressão*

No Capítulo 13 discorreremos sobre a progressão de regime. A redação do art. 112 da LEP não mais previa a realização de exame criminológico para a progressão até 2024, mas o STJ e o STF mantinham o entendimento de que o juiz poderia exigir tal exame, mesmo sem previsão legal.

Do ponto de vista jurídico, *data maxima venia*, entendemos que a interpretação dada pelo STF ao assunto não correspondia ao sistema jurídico-penal pátrio, e seu fundamento padecia de uma falácia lógica.

A Lei de Execução Penal prevê a realização do exame, de forma *obrigatória* para o regime fechado e *facultativa* para o aberto. Eis a redação do art. 8º:

> "Art. 8º O condenado ao cumprimento de pena privativa de liberdade, em regime fechado, *será* submetido a exame criminológico para a obtenção dos elementos necessários a uma adequada classificação e com vistas à individualização da execução.
> Parágrafo único. Ao exame de que trata este artigo *poderá* ser submetido o condenado ao cumprimento da pena privativa de liberdade em *regime semiaberto*" (*destacamos*).

Por isso, a antiga redação do art. 112 previa que o exame criminológico poderia ser feito – uma faculdade –, quando necessário, na progressão para o semiaberto. Eis a *antiga redação (anterior à reforma introduzida pela Lei n. 10.792/2003)*:

> "Art. 112. A pena privativa de liberdade será executada em forma progressiva, com a transferência para regime menos rigoroso, a ser determinada pelo juiz, quando o preso tiver cumprido ao menos 1/6 (um sexto) da pena no regime anterior e seu mérito indicar a progressão.
> Parágrafo único. A decisão será motivada e precedida de parecer da Comissão Técnica de Classificação *e do exame criminológico, quando necessário*" (*destacamos*).

O exame para a progressão ao regime semiaberto jamais foi previsto como algo obrigatório. Se nunca foi obrigatório para o regime semiaberto desde o início do cumprimento da pena, portanto não poderia ser obrigatório para a progressão.

Curiosamente, com a revogação do texto original e da expressa falta de previsão do exame para a progressão, alguns autores começaram a defender que *antes*, na antiga redação, o exame era obrigatório, e *agora*, com a nova redação, passou a ser facultativo. Pela simples leitura do texto, verificamos que essa premissa é absolutamente falsa.

Do ponto de vista político-criminal, basta acessarmos a exposição de motivos da exclusão do exame do art. 112 para comprovarmos que jamais foi intenção do legislador permitir – facultar – a realização do exame. Eis as palavras do parlamento em defesa da nova redação:

"Hoje, cumprido um sexto da pena, o prisioneiro tem de submeter-se a um exame que não se realiza nunca, tem de requerer a sua libertação ao Conselho Penitenciário, que nunca tem número e que nomeia um relator que nunca dá parecer rapidamente, e o sexto da pena, muitas vezes, é dobrado e triplicado na sua extensão temporal sem que a Justiça emita alvará de soltura. Pelo substitutivo, *o réu que cumprir um sexto da pena não tem de requerer coisa alguma e seu advogado terá apenas de requerer ao Juiz da Execução a imediata liberação do alvará de soltura, porque não haverá mais dependência do Conselho Penitenciário nem exame criminológico algum.* Ele cumpriu a pena que lhe foi imposta e não deve ser submetido à burocracia judiciária, sempre demorada e confusa" (*destacamos*) (Deputado Ibrahim Abi-Ackel, relator da Comissão de Constituição e Justiça e de Redação. Câmara dos Deputados – Detaq, sessão: 033.1.52.0, data: 1º-4-2003, p. 888).

A questão que se colocava com a edição da Súmula Vinculante 26 era a possibilidade de criar restrições à liberdade sem previsão legal, o que pelo nosso ordenamento constitucional se mostra inviável, diante do princípio da estrita legalidade. Assim, não seria correto, como prega a Súmula, que o juiz tivesse a faculdade de inventar alguma restrição sem que esta possua parâmetros legais que possam verificar sua correição e benefício social. Portanto, acompanhamos o entendimento dissidente do Excelentíssimo Ministro Marco Aurélio, que, no debate sobre a edição da Súmula Vinculante 26, expôs argumento no sentido do que aqui defendemos.

5.2.3. Periculosidade e agente imputável (criminoso "perigoso")

Na literatura penal moderna, ainda encontramos uma situação, no mínimo, curiosa. Ao dissertarem sobre as medidas de segurança, a maioria dos autores afirma, categoricamente, que o critério para a aplicação da pena é a culpabilidade, enquanto a periculosidade determina a aplicação de medida de segurança.

Como contribuição histórica, apenas lembramos que as maiores e mais coerentes críticas ao conceito de periculosidade partiram do italiano Gemelli. Diz o autor: "periculosidade quer dizer imprevisibilidade e nada há mais imprevisível que a ação humana. Como fixar os critérios para prever as ações humanas, que precisamente enquanto tais são o que há de mais absolutamente imprevisível?" (apud GRISPIGNI, Filippo. *Derecho penal italiano*, p. 98). A consequência seria a dependência da sanção de um evento incerto, já que a periculosidade depende da previsibilidade ou probabilidade.

Todavia, ao compulsarmos os manuais de Direito Penal, verificamos que os autores acabam por cometer deslizes e utilizam o vocábulo "periculosidade" ou "perigoso" para criminosos considerados culpáveis, ou melhor, imputáveis. Apenas como um exemplo arbitrariamente escolhido, em sua obra, o mestre Cezar Roberto Bitencourt o faz quando recomenda que "as penas privativas de liberdade limitem-se às condenações de longa duração e àqueles condenados efetivamente *perigosos* e de difícil recuperação" (BITENCOURT, *Novas penas alternativas*, p. 3).

Nem mesmo o Conselho Nacional de Política Criminal e Penitenciária escapa à confusão. Nas Diretrizes Básicas da Política Penitenciária Nacional, editadas pela Resolução n. 7, de 11 de julho de 1994, encontramos o seguinte trecho: "enquanto persistirem causas geradoras da criminalidade violenta, enquanto não se reformular o sistema penal brasileiro – destinando-se às prisões somente aos *efetivamente perigosos* – , nenhum governo regional conseguirá equilibrar o sistema penitenciário".

Aparentemente o que se percebe é a utilização indevida ou leiga da palavra "perigoso" como um adjetivo atribuído ao criminoso contumaz ou de impulsos violentos ou descontrolados. Mas, afinal, o imputável pode ser considerado ou tratado como perigoso, ou melhor, pode-se atribuir periculosidade ao culpável?

Com a evolução dos conceitos de culpabilidade e periculosidade, a primeira ficou adstrita ao imputável, e a segunda ao inimputável, como fundamento de aplicação da sanção penal. A reforma promovida pelas Leis n. 7.209/84 e 7.210/84 baniu, aparentemente, a periculosidade do agente imputável. Diz-se aparentemente porquanto arraigada no pensamento legislativo, executivo e judiciário fatalmente retornaria sob obscuras medidas. Esse detalhe não passou despercebido à leitura de Manoel Pedro Pimentel. Em sua exata apreciação, mesmo que a periculosidade não viesse mais como fundamentação da aplicação da pena, continuaria a ser a "pedra de toque" do novo sistema, que repetiria o vigente até então. A periculosidade do agente, no entender desse autor, estaria ainda presente, pois se não cautelosamente aferida, a lei acabaria por não conceder qualquer um de seus benefícios (O drama da pena de prisão. *Reforma penal brasileira*, p. 57).

E, na esteira de uma "periculosidade camuflada", o texto legal mantém certas previsões que, ainda que evitem a palavra "periculosidade", consistem na adoção desse critério, mesmo aos imputáveis.

Positivamente encontramos algumas expressões que apontam para um disfarçado critério de periculosidade. Vejamos.

O Código Penal havia substituído a expressão "ausência ou cessação da periculosidade" da legislação anterior por "comportamento satisfatório", na redação sobre livramento condicional. O art. 83, III, do Código Penal rezava que "comprovado *comportamento satisfatório* durante a execução da pena, bom desempenho no trabalho que lhe foi atribuído e aptidão para prover à própria subsistência mediante trabalho honesto" (*destacamos*).

Como bem observado por Ariosvaldo de Campos Pires, embora muito mais objetiva, a mudança na nomenclatura não se alheia à constatação da periculosidade, se ausente ou cessada (O livramento condicional e a realidade da pena. *Estudos jurídicos em homenagem a Manoel Pedro Pimentel*, p. 116).

O parágrafo único do mesmo artigo exige comprovação de que "o condenado não voltará a delinquir". Assim diz o art. 83, parágrafo único, *in verbis*: "Para o condenado por crime doloso, cometido com violência ou grave ameaça à pessoa, a concessão do livramento ficará também subordinada à constatação de condições pessoais que façam presumir que *o liberado não voltará a delinquir*" (*destacamos*). Mas é exatamente o "não voltar a delinquir" que define nuclearmente o conceito de periculosidade.

Ao analisar o assunto, Heitor Piedade Júnior conclui que, se a periculosidade tem como pressuposto jurídico a existência de um crime, "para ser legalmente reputado perigoso, seu autor deverá apresentar predisposição à prática de atos delituosos, *ad futurum*". Notamos que o termo utilizado pela lei é o mesmo utilizado pelo doutrinador para definir o que vem a ser a periculosidade, qual seja, a possibilidade de novas práticas criminosas.

A periculosidade sempre pôde ser considerada tendo-se em vista dois momentos distintos: antes ou depois da prática do delito.

Antes da infração é chamada de *periculosidade social* e constatada nos psiquicamente anormais, insanos mentais ou outros portadores de anormalidades psíquicas. Por via de regra, constatada a anormalidade, presume-se a periculosidade.

Após a prática do delito é denominada *periculosidade criminal*, observada no autor da conduta em razão do fato criminoso praticado. Deve ser aferida a partir de critérios objetivos de comprometimento das condutas posteriores, ou seja, de dados objetivos de que o autor não poderá controlar-se e evitar atitudes danosas.

A primeira pertence ao direito preventivo e a segunda, ao direito repressivo. Assim, para se falar em periculosidade no Direito Penal pressupõe-se, obrigatoriamente, a prática de uma infração penal (PIEDADE JÚNIOR. *Personalidade psicopática, semi-imputabilidade e medida de segurança*, p. 165). Admitindo-se o conceito da periculosidade pré-delitual estaríamos ampliando em demasia o âmbito do direito penal, "incluindo-se nele a prevenção indireta ou remota da delinquência, hoje compreendida no programa complexo e vasto da política criminal" (MARTINS. *Sistema de direito penal brasileiro*, p. 283).

É somente a partir do cometimento de uma infração que a aferição da periculosidade adquire relevância, primeiro em um diagnóstico do estado da pessoa que comete o crime, e em seguida em um prognóstico sobre os fatos futuros a serem provocados. Heitor Piedade Júnior assevera que "o julgamento do estado perigoso contém, ao mesmo tempo, segundo os autores médicos e juristas, um diagnóstico e um prognóstico: é um diagnóstico na medida em que procura determinar, em um indivíduo, a existência de particularidades psíquicas segundo as quais um indivíduo deve ser considerado perigoso; é um prognóstico na medida em que quer prever a conduta criminal futura do mesmo indivíduo. Diagnóstico e prognóstico se encontram ligados entre si como dois termos de uma equação algébrica. Não há diagnóstico sem prognóstico, e ambos podem ser favoráveis ou desfavoráveis, seguros ou hesitantes, definitivos ou suscetíveis de retificação a qualquer tempo" (*Personalidade psicopática, semi-imputabilidade e medida de segurança*, p. 168). Na verdade, as palavras são de Filippo Grispigni, a quem o autor não cita (GRISPIGNI. *Derecho penal italiano*, p. 95. v. 1b).

Afinal, a periculosidade pode ser encontrada no agente imputável, seja antes ou depois, na aplicação e execução da pena?

Não temos dúvidas em afirmar que não. Periculosidade e culpabilidade são conceitos distintos, assim como imputabilidade e inimputabilidade.

O crescimento do pânico urbano acaba por pressionar as autoridades, pertençam elas a qualquer um dos poderes da República, a adotarem medidas de contenção ou de "defesa social". O aumento dos crimes violentos ou da criminalidade organizada inflaciona a legislação penal e endurece a execução da pena. O subjetivismo prepondera sobre as observações objetivas e compromete a execução da pena concretamente aplicada. Certos discursos de defesa social são proferidos como necessidade da comunidade social desde o momento em que se comprova o estado perigoso, seja de um responsável ou de um incapaz.

Notando tal descompasso, Roberto Bergalli chega a questionar a legitimidade de uma execução penal que se orienta excessivamente pela política do "tratamento" do detento pela insegurança jurídica transmitida pelo imenso poder que adquirem os informes das equipes de observação e tratamento. Discorre o autor que os juízos prognósticos dessas equipes "assentam-se na substituição do princípio da culpabilidade pelo fato cometido que permitiu estabelecer jurisdicionalmente a condenação penal, por um juízo de periculosidade assentado na conduta anterior do sujeito e a observada durante o sequestro carcerário. Essa assinalação de periculosidade pode não só alterar o fundamento liberal e iluminista da responsabilidade criminal, senão que também pode incorrer na violação do princípio *non bis in idem*, sustento do moderno processo penal. Com efeito, o arbítrio com que são emitidos os informes das equipes técnicas acresce ante a restrita capacidade com que a jurisdição penitenciária pode limitar o emprego discricionário desses ditames. Mas, o poder regredir de grau um condenado sobre uma base predita tão incerta como a que ministram saberes indecisos, fazendo depender a decisão de uma conduta sujeita a disciplina institucional – com tudo o que isto possa supor de uma maior ou menor simulação do interno – constitui a realização de outro julgamento muito alheio à certeza e racionalidade que supõe o processo penal e altera o sentido da pena justa. Ademais, ao levar-se a cabo este tipo de julgamento científico sem as formas do devido processo, aumenta sensivelmente o risco de que se viole a garantia da defesa em juízo" (Pánico social y fragilidad del Estado de Derecho. In: *Criminología crítica y control social*, p. 55-56).

Nessas sábias palavras, Bergalli destaca que a culpabilidade é um juízo de reprovação do fato, e não do autor. E mais: que o direito penal moderno deve ser um conjunto de regras voltadas à repressão do fato.

A crítica atém-se ao fato de que todo o discurso da culpabilidade proferido na fase antecedente à pena é esquecido, e o réu, no momento em que se transforma em condenado, passa a ser perigoso. Esta etiqueta da "periculosidade" o acompanha e influencia subjetivamente a execução da pena, e será considerada durante o processo executório. Como *exempli gratia* a identificamos no instituto do livramento condicional. Sob o pretexto de ser uma pessoa "perigosa", o condenado terá negado seus direitos, em clara contradição com a própria finalidade da pena, que é disponibilizar àquele as condições apropriadas para que conduza sua vida de forma lícita.

O que passa despercebido é que a culpabilidade é, e deve continuar sendo, a única medida de reprovação do delito e que a pena é aplicada em reprovação do fato, e não do autor. Toda a censura consubstanciada na pena teve, como referência, a culpabilidade e todas as circunstâncias do fato foram consideradas pelo juiz para a aplicação do montante da pena.

Nesse diapasão, não é lícito considerar-se a personalidade perigosa ou o meio de vida do condenado para condução da execução.

Não há que se confundir *personalidade criminosa com personalidade perigosa*. Ainda que criminoso contumaz, o condenado imputável receberá a pena conforme o fato praticado, que se pressupõe suficiente para a prevenção da reincidência. A cada fato cometido, receberá sua pena, na medida exata de sua culpabilidade, considerada pelo magistrado no momento da sentença. Os rigores da execução também estarão ligados à culpabilidade, com a determinação do regime inicial, redução de benefícios etc., mas pautados pela sentença concreta e pena aplicada, e não pela personalidade do criminoso.

A formação da personalidade criminosa pode ser evidenciada sem a mácula da periculosidade. Edmundo Oliveira contribui para a conceituação expondo que "com a socialização e aculturação, o homem adquire a vivência operacional capaz de guiar as disposições biológicas, aprendendo a discernir, refletir, optar, enfim formar a sua liberdade interior. Assim como os fatores socioculturais e econômicos são fundamentais para a afirmação do homem na sociedade, eles podem interferir negativamente estimulando a expansão do comportamento agressivo. A tensão provocada pelas frustrações, misérias, abandono, ignorância, superstição, angústias, desgastes emocionais excessivos podem fazer com que a agressividade biológica, normal e adaptativa, se transforme em agressividade patológica, socialmente adquirida, explicada pela psicanálise como oriunda das carências pessoais e falta de segurança nas relações sociais, algumas vezes precoces desde a infância" (OLIVEIRA. *Polos essenciais da criminologia*: o homem e seu crime, p. 43).

O mesmo autor completa seu pensamento afirmando que "à medida que o mundo exterior vai tomando lugar na vida do homem, progressivamente vão ocorrendo mutações concomitantemente nas ações, na percepção, na volição e na maneira de sentir. Se essas mudanças não encontram, no âmbito familiar e no próprio ambiente comunitário, os estímulos salutares para acompanhar as modificações no caráter, pode ser que sobrevenha o triste fim de sujeição do indivíduo às regras do desajuste ou mesmo da delinquência" (OLIVEIRA. Op. cit., p. 49).

Convém deixar claro que não há personalidade de criminoso. Como bem notou Roberto Lyra, o que há é a personalidade desse ou daquele autor de crime. "Procura-se o homem criminoso e encontra-se o homem mesmo, sob a ação externa na personalidade ou a despersonalização pela ação externa. A própria palavra – personalidade – induz a peculiaridades" (LYRA. *Direito penal científico*, p. 179).

Esses fatores da personalidade podem ser considerados no momento da sentença, mas não qualificam o criminoso de perigoso. Sua entrega às atividades criminosas não significa uma oligofrenia, nem assegura uma vida exclusivamente de atos ilícitos. Esta certeza – de vida eternamente desregrada – não é possível de ser aferida nem mesmo na presença de uma anormalidade biológica ou psicológica que caracterizam a periculosidade, pois o "perigoso" não escapa de um juízo de probabilidade que se formula diante de certos indícios. Como um juízo empiricamente formulado, está sujeito a erros graves, ainda mais quando a ordem social a qual o sujeito deve ajustar-se é imposta pelo tempo e lugar, e não admite questionamento (FRAGOSO. *Lições de direito penal*, p. 499).

A diferença está, justamente, na capacidade de assimilação do imputável, que inexiste no inimputável. Este, segundo a clássica definição doutrinária que não necessariamente se adota, é possuidor de uma personalidade perigosa, pois não responde às qualidades da pena, e não se submete aos seus fatores preventivos. Por outro lado, o imputável, mesmo que dotado de uma personalidade criminosa, tem o potencial de assimilar a pena e atender às suas possíveis finalidades preventivas, mesmo que assim não queira proceder. Esta possibilidade de entender o caráter da pena estará presente mesmo que tenha várias condenações e é o que o distingue do sujeito perigoso. Sendo o imputável dotado de livre-arbítrio, o Estado deve apostar que a execução penal irá proporcionar-lhe a influência preventiva especial. Se assim não fosse, os etiquetados de perigosos deveriam ser exterminados, ou trancafiados *ad eternum*, pois reconhecemos que a pena não tem qualquer finalidade.

Roberto Lyra bem disse que periculosidade eventual tem todo homem e onde está o homem está o perigo. Mas não é esse sentido leigo que se empresta à periculosidade no Direito Penal. "Para a livre criação científica, o estado perigoso individual não pode reduzir-se à previsão da incidência ou da reincidência até em crimes socialmente irrelevantes." Se o autor é imputável, deve ser julgado pelo delito cometido, em suas particularidades, e não se considerando fatos passados ou futuros. A lição é do criminólogo Roberto Lyra: "a bem dizer, quem reincide é o Estado e não o criminoso pela criação, pela conservação e até pelo cultivo das causas. O julgamento versa sobre a falta atual e não sobre a falta anterior ou posterior, donde o risco de exagero, impropriedade ou insuficiência da sanção" (*Direito penal científico*, p. 181-182).

Até mesmo Exner afirmou que se deve ter em conta que o delito é um conceito jurídico, seu conteúdo se transforma segundo lugar e tempo, correspondendo às ideias, riscos e necessidades da sociedade, e, por isso, não é possível esperar, de antemão, que pudéssemos encontrar na substância genética algum tipo de disposição pré-formada que indicasse a tendência a provocar somente aqueles tipos de manifestações consideradas "delitivas" (*Biología criminal en sus rasgos fundamentales*, p. 208).

O entendimento de que o criminoso pode ser considerado geneticamente perigoso nos remete ao pensamento de Garofalo da "temibilidade", que uma vez e outra aparece em acórdãos do Supremo Tribunal Federal, ou mesmo às pesquisas de Lombroso sobre o criminoso nato. Os malfeitores privados de senso moral, como disse Garofalo, têm uma crueldade instintiva que os torna capazes de atuar por motivos absolutamente egoístas (*Criminologia*, p. 507). Aos delinquentes incapazes de adaptação deveríamos aplicar a forma mais absoluta de eliminação, pois a enormidade do mal que eles são capazes de provocar não pode permitir ao poder tutelar da sociedade deixar que persista mesmo uma difícil probabilidade de recidiva (Lopez-Rey. *Criminologia*, p. 452). Esse é o argumento a autorizar a *pena de morte*, pois se o imputável é incapaz de submeter-se à finalidade da pena, o tratamento e até mesmo o cárcere são inócuos, não restando alternativa senão o extermínio do problema.

Não podemos olvidar que as malchamadas leis de defesa social classificam como perigosas e sujeitas a medidas diversas pessoas que não possuem tal condição, mas que, conforme o regime socioeconômico e político imperante, são estimadas como uma moléstia, uma ameaça ou um perigo. Nesse contexto, Manuel Lopez-Rey afirma que o que é perigoso é o "estado perigoso", pela ameaça constante que representa para os direitos humanos.

E atualmente sabemos a que ponto chegam as teorias que permitem a distinção entre supostas espécies de seres humanos ou cidadãos, a exemplo do equivocado Direito Penal do Inimigo desenvolvido teoricamente por Jakobs e defendido na prática por alguns poucos que apressadamente tomam contato com tais ideias.

A reflexão tem por finalidade demonstrar que, embora o termo "periculosidade" tenha sido afastado dos dispositivos relacionados com o imputável, outros textos legais – como é o caso da Lei de Execução Penal – bem como doutrina e jurisprudência continuam utilizando o termo e seu conceito com o propósito de suplantar a culpabilidade do fato, e atingir a personalidade do sujeito. Regressão nefasta à finalidade retributiva desregrada, porquanto não se contenta em somente apenar para retribuir, mas a manter o castigo ao sabor do aplicador.

Em suma, o que se pretende pontuar é que, por mais que o meio de vida ou a repercussão jornalística atribua a alguém a pecha de perigoso, tratando-se de imputável, não poderá ter sua execução exacerbada ou desviada em função do predicativo. A pena concretizada na sentença deve ser suficiente para a repressão da conduta e sua assimilação aos recursos disponibilizados pela execução da pena deve orientar sua progressão e concessão de direitos. Nesse sentido, deve-se evitar a utilização de critérios de aferição de periculosidade, como "não voltará a delinquir", quando se trata do agente imputável. Embora a não reincidência seja um efeito esperado da execução penal, deve ser atingida por meio da concretização das finalidades premiais contidas nos institutos previstos na Lei de Execução Penal, e não ser convertida em fundamento *a priori* para a aplicação desses institutos.

Se a periculosidade não é predicativo do imputável (e nem sequer do inimputável), não o deve ser tanto na fase processual quanto na fase executória.

5.2.3.1. *Identificação do perfil genético do condenado*

Por meio da Lei n. 12.654/2012, a Lei de Execução Penal recebeu o acréscimo do art. 9º-A, também alterado pela Lei n. 13.964/2019, que possui a seguinte redação:

> "Art. 9º-A. O condenado por crime doloso praticado com violência grave contra a pessoa, bem como por crime contra a vida, contra a liberdade sexual ou por crime sexual contra vulnerável, será submetido, obrigatoriamente, à identificação do perfil genético, mediante extração de DNA (ácido desoxirribonucleico), por técnica adequada e indolor, por ocasião do ingresso no estabelecimento prisional.
> § 1º A identificação do perfil genético será armazenada em banco de dados sigiloso, conforme regulamento a ser expedido pelo Poder Executivo.
> § 1º-A A regulamentação deverá fazer constar garantias mínimas de proteção de dados genéticos, observando as melhores práticas da genética forense.
> § 2º A autoridade policial, federal ou estadual, poderá requerer ao juiz competente, no caso de inquérito instaurado, o acesso ao banco de dados de identificação de perfil genético.
> § 3º Deve ser viabilizado ao titular de dados genéticos o acesso aos seus dados constantes nos bancos de perfis genéticos, bem como a todos os documentos da cadeia de custódia que gerou esse dado, de maneira que possa ser contraditado pela defesa.
> § 4º O condenado pelos crimes previstos no *caput* deste artigo que não tiver sido submetido à identificação do perfil genético por ocasião do ingresso no estabelecimento prisional deverá ser submetido ao procedimento durante o cumprimento da pena.
> § 5º A amostra biológica coletada só poderá ser utilizada para o único e exclusivo fim de permitir a identificação pelo perfil genético, não estando autorizadas as práticas de fenotipagem genética ou de busca familiar.

§ 6º Uma vez identificado o perfil genético, a amostra biológica recolhida nos termos do *caput* deste artigo deverá ser correta e imediatamente descartada, de maneira a impedir a sua utilização para qualquer outro fim.
§ 7º A coleta da amostra biológica e a elaboração do respectivo laudo serão realizadas por perito oficial.
§ 8º Constitui falta grave a recusa do condenado em submeter-se ao procedimento de identificação do perfil genético".

Em tese, a aplicação prática desse dispositivo consistiria em o servidor do sistema penitenciário, após receber a sentença condenatória para dar-lhe cumprimento, obrigatoriamente submeter o condenado, mesmo contra sua vontade, à extração do material ("serão submetidos, obrigatoriamente"). Tal determinação deverá conter especificamente o método e o local de extração, que deverá ser regulamentado oficialmente pelo poder público a partir de um Decreto Regulamentar, para que se garantam a isonomia e a uniformidade do processo para atender à Lei no tocante ao método "adequado e indolor" nela previsto. Assim, tratando-se de **Lei Penal em Branco**, há necessidade de um regulamento, ato exigido inclusive expressamente pelo § 1º-A. Em março de 2013, a Presidência da República editou o Decreto n. 7.950 (alterado pelo Decreto n. 9.817/2019) e entregou a um Comitê Gestor a coordenação das ações dos órgãos gerenciadores e a integração dos dados entre os entes federativos. Em seu art. 5º, o Decreto atribui a este Comitê a padronização de procedimentos e técnicas de coleta, análise de material genético e inclusão, armazenamento e manutenção dos perfis nos bancos de dados. O Comitê Gestor, por meio da Resolução n. 10, de 28 de fevereiro de 2019, definiu os procedimentos relativos à coleta compulsória do material, sugerindo a coleta de células da mucosa oral e desautorizando a coleta de sangue. Quanto à decisão sobre a coleta, a Resolução expressamente prevê que deverá haver manifestação judiciária contendo a determinação, e, em caso de recusa do condenado, o fato será consignado em documento próprio, e a autoridade judiciária será comunicada para decidir sobre a submissão compulsória ou outras providências. A Resolução não estipula como se consumará a obtenção da amostra, ou seja, por quais meios de coação será feita a coleta.

A alteração acompanha a novel previsão de identificação criminal por meio da coleta de perfil genético prevista na Lei n. 12.037/2009, que regulamenta a identificação criminal do civilmente identificado. Nesta Lei, por despacho fundamentado da Autoridade Judiciária no qual reconheça a essencialidade da coleta, o juiz poderá determinar que se o faça por meio de material biológico que permita a obtenção do perfil genético (art. 5º, parágrafo único). Essa autorização judicial poderá ser concedida ainda em fase de investigação, e, por isso, a previsão do § 4º do art. 9º-A, que ressalva o fato de o condenado já haver sido identificado.

A medida não é estranha aos ordenamentos jurídicos estrangeiros, como é o caso do espanhol e do alemão, para citar alguns exemplos. Neles permite-se que, por ordem judicial, colete-se material biológico durante o processo penal.

A ideia do legislador certamente é atualizar os métodos de identificação que atualmente são pautados quase que exclusivamente no sistema de identificação papiloscópica desenvolvido por Vucetich e que consiste na coleta das impressões das papilas dos dedos da mão e catalogação conforme uma série de sinais identificáveis em todas elas (BRITO, Alexis Couto de et al. *Processo penal brasileiro*, p. 66). Nesse aspecto, a inovação seria louvável.

Contudo, entendemos que a forma com a qual o legislador introduz tal radical mudança em nosso sistema é reprovável. Ao menos, por três aspectos que merecem ser discutidos.

Primeiro por selecionar quais pessoas deverão ser identificadas pelo método. A mudança seleciona que apenas os condenados pelos crimes citados **poderão** ser identificados.

Percebe-se que a finalidade da identificação ficará reduzida a apenas mais um constrangimento ao qual se submeterá o investigado ou condenado, já que do ponto de vista prático em pouco poderá auxiliar em futuras investigações, que é a natureza de qualquer tipo de identificação. O método papiloscópico utilizado atualmente tem alguma chance de funcionar porque todos os habitantes, sem exceção, são submetidos civilmente a tal identificação, o que possibilita a formação de um banco de dados que pode ser utilizado a qualquer tempo. Na prática, esse método não funciona adequadamente, mas não pela sua característica universal, e sim pela deficiência técnica na coleta do material em local de crime ou pela ausência de instrumentos tecnológicos de comparação, já que na maior parte das vezes, quando se consegue coletar uma impressão digital no local de crime, a comparação com o banco de dados é feita manualmente, e não digitalmente como seria o ideal. Por isso, a universalidade é critério indispensável para um banco de dados que não pretenda ser simplesmente discriminatório e sim possuir utilidade prática no procedimento de investigação. Se substituíssemos o sistema civil geral de coleta de dados ou acrescentássemos a ele a identificação do código genético, em futura investigação sobre um determinado crime, poderíamos coletar uma amostra de DNA no local do fato e submetê-la a uma comparação com o banco de dados universal. Se, por um lado, evidentemente essa constatação não seria suficiente para condenar uma pessoa, por outro seria mais um meio de prova a ser analisado e corroborado por outras evidências do delito, o que hoje é exatamente o que representa a coleta e identificação de uma impressão digital no local do crime. Se a finalidade da lei foi não submeter o cidadão a um constrangimento acaba por atuar exatamente ao contrário, pois o caráter discriminatório constrangerá ainda mais o sujeito que for submetido a esse tipo de identificação.

Segundo porquanto permitir que se obtenha e se armazene uma identificação tão valiosa e íntima talvez refuja à própria finalidade do instituto e sobrepasse a possibilidade de intromissão do Estado na privacidade do cidadão, por permitir que se possam manipular dados ou de alguma forma direcionar tão preciosa informação para outras finalidades.

Terceiro, por ignorar absolutamente o princípio de não autoacusação (*nemo tenetur se detegere*) consagrado por nossa Constituição Federal (art. 5º, LXIII). A Lei n. 12.037/2009, com a nova redação, prevê no § 1º de seu art. 5º-A que "as informações genéticas contidas nos bancos de dados de perfis genéticos não poderão revelar traços somáticos ou comportamentais das pessoas, exceto determinação genética de gênero, consoante às normas constitucionais e internacionais sobre direitos humanos, genoma humano e dados genéticos". Assim, do ponto de vista constitucional, a previsão legal violaria claramente o mandamento do art. 5º da CF/88. E do ponto de vista internacional, conforme uma dessas regras, especificamente a Declaração Universal sobre o Genoma Humano e os Direitos Humanos adotada pela Conferência Geral da Organização das Nações Unidas para a Educação, Ciência e Cultura (UNESCO) na sua 29ª sessão, em 11 de novembro de 1997, e endossada pela Assembleia Geral das Nações Unidas na sua Resolução n. 53/152, de 9 de dezembro de 1998, seu art. 10 prevê expressamente que "nenhuma investigação na área do genoma humano ou respectivas aplicações, em particular nas áreas da biologia, da genética e da medicina, deve prevalecer sobre o respeito pelos direitos humanos, pelas liberdades fundamentais e pela dignidade das pessoas ou, se for caso disso, dos grupos de pessoas". No caso em questão, a expressão "respectivas aplicações" se encaixa perfeitamente ao caso, ou seja, a aplicação da identificação do código genético ser aplicada na identificação criminal de um sujeito, que nos moldes da legislação brasileira deverá ser submetido compulsoriamente à extração do material, ainda que de forma "indolor". O art. 14, 2, g, do Pacto Internacional sobre Direitos Civis e Políticos, bem como o art. 8º, 2, g, do Pacto de São José da Costa Rica que inspiram nossa Constituição Federal pregam o princípio da não autoacusação, ao dispor que toda pessoa tem o "direito de não ser obrigada a depor contra si mesma, nem a confessar-se culpada", fatia positivada do princípio em questão. Nem mesmo uma suposta "supremacia do interesse público" justificaria excepcionar o princípio do *nemo tenetur se detegere*, pois, como bem pontuam Giancarlo Silkunas Vay e Pedro Rocha da Silva, "quando se está a falar em direitos individuais (fundamentais), em muito se distancia a conceituação dicotômica de 'interesse público' e 'interesse privado' tão própria do Direito Administrativo" (A identificação criminal mediante coleta de material biológico que implique intervenção corporal e o princípio do Nemo tenetur se detegere. In: *Boletim IBCCRIM*. São Paulo: IBCCRIM, ano 20, n. 239, p. 13-14). E maior absurdo ainda é considerar, como faz o § 8º, que a recusa em submeter-se ao exame configurará falta grave. Infelizmente, a 3ª Seção do STJ decidiu que a recusa da pessoa presa em ser identificada configura falta grave (AgRgHC 856.624/PR).

Se o objetivo é concluir uma investigação, pura e simplesmente e não se adotar uma nova forma de catalogação civil, o ideal é que se continue investigando pelos métodos já existentes e não invasivos, como, por exemplo, deferindo mandados de busca e apreensão domiciliar, por meio do qual se poderá apreender material genético expelido pelo investigado naturalmente, como é o caso de coleta de fios de cabelo em banheiros ou saliva em escovas de dente etc. e posteriormente se faça uma comparação com material semelhante encontrado no local do crime. Tal previsão, em sede de execução penal, não demonstra qualquer tipo de finalidade.

De qualquer forma, o STF reconheceu a repercussão geral do tema no RE 973.837 ainda pendente de julgamento.

Construído o banco de dados, a exclusão do perfil genético do condenado poderá ser requerida por ele ou sucessor interessado após o prazo de 20 (vinte) anos do cumprimento da pena (Lei n. 12.037/2009, art. 7º-A, II).

5.2.4. Comissões de classificação

5.2.4.1. Comissão Técnica de Classificação (CTC)

Em todo estabelecimento penal haverá uma Comissão constituída pelo Diretor, seu presidente, e mais a participação de dois chefes de serviço, um psiquiatra, um psicólogo e um assistente social (art. 7º).

O elenco deveria ser ampliado segundo Jason Albergaria, porquanto, com a ênfase que se dá ao princípio da corresponsabilidade da comunidade na execução do tratamento penitenciário, seria de bom alvitre que participassem da comissão também alguns representantes da pastoral carcerária, de universidades e empresas privadas. "Essa abertura da administração penitenciária à comunidade ensejaria maior apoio e confiança do público e oportunidade de melhor aceitação do preso pela sociedade" (*Comentários à lei de execução penal*, p. 26).

A Comissão, após ser constituída, deverá elaborar o Programa Individualizador, e contará com a colaboração do Centro de Observação Criminológica (COC) ou da Seção de Observação do estabelecimento penal.

A Comissão também possuía a atribuição de acompanhar a execução da pena, propondo progressões, regressões e conversões, competência que lhe foi subtraída com a alteração promovida pela Lei n. 10.792/2003.

5.2.4.2. Comissão junto ao juízo da execução

Essa Comissão será composta de fiscais do serviço social, e deverá atuar nos casos de penas restritivas de direito, conforme se depreende do parágrafo único do art. 7º. Para as penas privativas de liberdade, ocorrerá a atuação de Comissões Técnicas de Classificação, existentes nos estabelecimentos penais.

5.2.5. Beneficiário de *sursis*

A suspensão condicional da pena (Capítulo 17), conhecida por *sursis*, é um direito subjetivo do condenado à pena de até 2 anos, e, excepcionalmente, à pena de até 4 anos. Durante o período de prova, o condenado estará sujeito ao controle do Juízo da Execução Penal. Descumprindo alguma das condições impostas pelo juiz, o direito será revogado, e o condenado será recolhido à prisão. Sobre o *sursis*, vide Capítulo 17.

5.2.6. Libertado condicionalmente

Após o cumprimento de determinado período de sua pena e atendendo aos requisitos para a concessão, o condenado poderá condicionalmente deixar o cárcere, e cumprir o restante de sua pena em liberdade (Capítulo 18).

5.2.7. Crime político

A doutrina sempre considerou que os crimes políticos eram os definidos nas leis de segurança nacional, pois supostamente protegiam o regime democrático, sendo que a última em vigor foi a Lei n. 7.170/83. Atualmente, a persistir este entendimento, crimes políticos são os previstos no Capítulo XII do Código Penal. A competência para o julgamento é da Justiça Federal (CF, art. 109, IV).

Por se tratar de um crime de competência da Justiça Federal, o processo de execução também deverá ser conduzido pelo Judiciário da União. Assim, caso o condenado seja recolhido a um dos poucos presídios federais, será de competência da Vara de Execuções Federais a execução da pena. Da mesma forma, se a condenação for à pena restritiva de direitos ou o procedimento transcorrer pelo Juizado Especial Criminal Federal.

Caso o condenado seja submetido ao sistema penal estadual, por conveniência da execução penal ou outro motivo administrativo, caberá à Vara de Execuções Penais do Estado em que estiver recolhido o condenado conduzir a execução da pena.

5.2.8. Crime militar

Os crimes militares, tipificados no Código Penal Militar (Decreto-lei n. 1.001/69), são julgados pela justiça castrense, e a execução se fará nos termos da legislação militar.

Excepcionalmente, caso fiquem sujeitos ao regime penitenciário da justiça comum, o parágrafo único do art. 2º da LEP dispõe expressamente que deverão ter o mesmo tratamento previsto para os condenados da justiça ordinária. Ainda assim, o STJ editou a Súmula 192, que preconiza que "compete ao Juízo das Execuções Penais do Estado a execução das penas impostas a sentenciados pela Justiça Federal, *Militar* ou Eleitoral, quando recolhidos a estabelecimentos sujeitos à administração estadual" (*destacamos*).

Pelo princípio constitucional da igualdade ou isonomia, caso o militar seja recolhido ao estabelecimento prisional comum, estará submetido ao juízo da Execução Penal e, como tal deverá ser tratado, pois, do contrário, estar-se-ia assegurando um regime jurídico diferenciado para presos em mesma situação. O art. 2º da LEP claramente preconiza que o tratamento deverá ser o mesmo, o que implicará a aplicação dos institutos e direitos da legislação comum ao condenado pela justiça castrense. Odir Pinto da Silva e José Paganella Boschi nos trazem um exemplo dessa situação: "se um militar for condenado à pena por delito que inadmita a suspensão condicional da execução e, em decorrência de exclusão da força, vier a cumpri-la em estabelecimento prisional sujeito à jurisdição ordinária, passará a fazer jus ao benefício, desde que a pena privativa de liberdade não seja superior a dois anos. É o caso do militar condenado por infração ao art. 160 do Código Penal Militar, sem *sursis* (art. 88 do mesmo estatuto), que, recolhido a presídio comum civil, faz jus ao aludido benefício. Em tal sentido, aliás, já se posicionou o Tribunal de Justiça Militar do Estado do Rio Grande do Sul em julgamento de *habeas corpus* (Ver. De Jur. Penal Militar de 1977, pág. 175)" (*Comentários à lei de execução penal*, p. 21).

No mais, embora a execução penal seja regulamentada pelo Código de Processo Penal Militar, na ausência de algum direito, deve-se utilizar como complementar a Lei de Execuções Penais, ainda que o militar esteja cumprindo sua pena em estabelecimento militar, conforme autoriza expressamente o art. 3º do CPPM.

5.2.9. Crime eleitoral

O STJ já determinou que a competência para decidir sobre a execução da pena será do juiz eleitoral, sempre que o condenado estiver recolhido a um estabelecimento federal.

Mas, a exemplo do condenado por crime militar, se o agente condenado por crime eleitoral estiver submetido ao regime estadual, deverá ter o tratamento conduzido pelo juiz estadual. Do contrário, a coerência do sistema legal e sumular estaria sendo contrariada.

5.2.10. Crime de competência federal

A competência federal criminal vem definida na Constituição Federal de 1988 no art. 109 da seguinte forma:

> "I – as causas em que a União, entidade autárquica ou empresa pública federal forem interessadas na condição de autoras, rés, assistentes ou oponentes, exceto as de falência, as de acidentes de trabalho e as sujeitas à Justiça Eleitoral e à Justiça do Trabalho;
> (...)
> IV – os crimes políticos e as infrações penais praticadas em detrimento de bens, serviços ou interesse da União ou de suas entidades autárquicas ou empresas públicas, excluídas as contravenções e ressalvada a competência da Justiça Militar e da Justiça Eleitoral;
> V – os crimes previstos em tratado ou convenção internacional, quando, iniciada a execução no País, o resultado tenha ou devesse ter ocorrido no estrangeiro, ou reciprocamente;
> V-A – as causas relativas a direitos humanos a que se refere o § 5º deste artigo;
> VI – os crimes contra a organização do trabalho e, nos casos determinados por lei, contra o sistema financeiro e a ordem econômico-financeira;
> VII – os *habeas corpus*, em matéria criminal de sua competência ou quando o constrangimento provier de autoridade cujos atos não estejam diretamente sujeitos a outra jurisdição;
> (...)
> IX – os crimes cometidos a bordo de navios ou aeronaves, ressalvada a competência da Justiça Militar;
> X – os crimes de ingresso ou permanência irregular de estrangeiro (...)
> (...)
> § 5º Nas hipóteses de grave violação de direitos humanos, o Procurador-Geral da República, com a finalidade de assegurar o cumprimento de obrigações decorrentes de tratados internacionais de direitos humanos dos quais o Brasil seja parte, poderá suscitar, perante o Superior Tribunal de Justiça, em qualquer fase do inquérito ou processo, incidente de deslocamento de competência para a Justiça Federal".

Além da previsão constitucional, a Lei n. 11.671/2008, alterada pela Lei n. 13.964/2019, também atribui competência ao juiz federal das execuções penais a competência para as ações de natureza penal que tenham por objeto fatos ou incidentes relacionados à execução da pena ou infrações penais ocorridas no estabelecimento penal federal".

A principal referência ao crime federal é ter como objeto de lesão os bens e interesses da União ou de suas entidades públicas e privadas. No cometimento de um crime considerado federal, o julgamento e a execução da pena deveriam permanecer a cargo da Justiça Federal.

No tocante à execução penal, em tese um estabelecimento federal poderá receber um condenado estadual e vice-versa, não havendo impedimento jurídico para tanto. A competência jurisdicional deverá respeitar a natureza do estabelecimento (Estadual ou Federal). Assim, nos casos dos condenados pela Justiça Federal, se estiverem cumprindo a pena em estabelecimentos estaduais, a competência para a execução da pena será do juízo das execuções do Estado. É o teor da Súmula 192 do STJ. Da mesma forma, os condenados pela Justiça Estadual que estiverem em estabelecimentos federais ficarão submetidos à jurisdição federal.

Atualmente existem penitenciárias federais que muito mais se destinam a presos estaduais que supostamente exijam segurança máxima do que para receber presos condenados por crimes federais. Sobre a penitenciária federal, *vide* Capítulo 12, item 12.5.3.

5.3. SUBMETIDO À MEDIDA DE SEGURANÇA

A imputabilidade tem sido considerada como um dos elementos da culpabilidade. É definida legalmente como a capacidade de entender o caráter ilícito do fato e de determinar-se de acordo com este entendimento (CP, art. 26).

A ausência de imputabilidade implica a não culpabilidade do autor de um tipo penal, e para justificar a imposição de uma medida, surge o conceito de *periculosidade*.

Outros entendem que a periculosidade deve ser substituída pela prognosticabilidade (possibilidade e probabilidade) de reincidência, pois sendo aquela uma representação pertencente ao observador, como tal não pode ser mensurada pelos instrumentos clínicos habituais (CAMARGO, ELLERMAN E RAMON. El concepto de peligrosidad en la psiquiatría forense: una revisión crítica, con propuesta de revisión contextual. *Revista do Conselho Nacional de Política Criminal e Penitenciária*, p. 86. v. 1. n. 6).

O inimputável será internado em hospital de tratamento ou submetido ao cuidado ambulatorial (*vide* Capítulo 16).

5.4. PRISÃO CIVIL

A prisão civil somente poderá ser decretada em razão de não pagamento de pensão alimentícia e ao depositário infiel (CF, art. 5º, LXVII), se bem que o Supremo Tribunal Federal, reconhecendo a preponderância do Pacto de São José da Costa Rica, não vem mais admitindo a prisão do depositário infiel (Súmula Vinculante 25).

Essa prisão é regulada pelo Código de Processo Civil, art. 528, § 3º (Pensão Alimentícia).

O art. 201 da LEP preconiza que "na falta de estabelecimento adequado, o cumprimento da prisão civil e da prisão administrativa se efetivará em seção especial da Cadeia Pública". O Código de Processo Civil dispõe que a prisão civil será cumprida em regime fechado, mas o devedor deverá ficar separado dos presos por motivo penal (art. 528, § 4º).

Isso significa que os direitos previstos na Lei de Execução Penal serão todos estendidos ao preso por mandado do juiz civil.

5.5. PRISÃO ADMINISTRATIVA

Coadunamos com a doutrina que fundamenta que, após a Constituição Federal de 1988, deixou de existir a prisão administrativa (cf. OLIVEIRA. *Curso de processo penal*, p. 539). Essa modalidade de prisão assim era denominada por ser decretada por razões administrativas e pela autoridade administrativa.

No entanto, o STF já decidiu que essa prisão poderá ser decretada, mas somente por um juiz de direito. É chamada de administrativa porquanto o fundamento da prisão não é um processo penal, mas sim a ocorrência de um procedimento administrativo. Um exemplo da manutenção da existência da prisão administrativa seria a detenção do estrangeiro antes de ser decretada sua expulsão, denominada pela Lei n. 13.445/2017 como "prisão cautelar". A rigor, tal prisão não seria decretada por motivos de cautelaridade processual penal por fato ocorrido no Brasil, mas sim para "assegurar a executoriedade da medida de extradição (art. 84 da Lei n. 13.445/2017). O melhor entendimento seria a conjugação da previsão do *caput* e seu § 2º, o qual, como requisito da decretação desta prisão cautelar, exige documentação que comprove a existência de ordem de prisão proferida pelo país estrangeiro. Sendo assim, ausente a ordem no país requerente, não seria possível decretar-se a prisão cautelar para extradição.

Em caso de admitir-se a prisão administrativa, deve ser atendido o art. 201 da LEP, e, não havendo outro lugar apropriado, o preso permanecerá em seção especial da Cadeia Pública.

5.6. EGRESSO

Considera-se egresso todo ex-condenado pelo período de um ano após o término de sua pena, ou o liberado condicionalmente (art. 26). O termo "egresso" é utilizado para indicar o indivíduo que deixou o grupo a que pertencia, o que saiu de uma situação para outra.

Após a liberação, o egresso ainda permanecerá sob a tutela da Lei de Execução Penal, que lhe garante assistência social, alojamento, alimentação e empenho na obtenção de um trabalho. Nesse processo tem grande importância o Patronato (Capítulo 11).

5.7. ESTRANGEIRO OU CONDENADO NO ESTRANGEIRO

A Constituição Federal, em seu art. 5º, assegura a igualdade, perante a Lei, aos brasileiros e aos estrangeiros residentes no país. Estes possuirão os direitos e garantias individuais preconizados no citado artigo. Da mesma forma, a Lei de Migração (Lei n. 13.445/2017) assegura ao migrante condição de igualdade com os nacionais, a inviolabilidade do direito à vida, à liberdade, à igualdade (art. 4º).

A própria Constituição faz algumas ressalvas, como a impossibilidade de os estrangeiros alistarem-se como eleitores (CF, art. 14, § 2º), à investidura em cargos públicos nos termos da Lei (CF, art. 37, I), à adoção (CF, art. 227, § 5º) etc.

O *sursis* ao estrangeiro foi proibido pelo Decreto-lei n. 4.865/42, em seu art. 1º: "É proibida a concessão da suspensão condicional da pena imposta aos estrangeiros que se encontrem no território nacional em caráter temporário". No entanto, este dispositivo foi considerado inconstitucional pelo Supremo Tribunal Federal (*RT* 605/386).

A Lei de Execução Penal não tratou da matéria, mas sempre entendemos pretensiosamente que a solução era simples. O estrangeiro condenado por crime cometido no território brasileiro deverá cumprir sua pena no sistema carcerário nacional. Aqui estando, receberá o mesmo tratamento que os demais. Se preencher os requisitos para a concessão e estiver em situação regular ou que possa ser regularizada de permanência, poderá desfrutar do *sursis*. Pautando-se a execução pela estrita legalidade e sendo a previsão anterior à Constituição de 1988, não havendo impedimento na Carta maior e tampouco na Lei n. 7.210/84, o correto é conceder o *sursis* ao estrangeiro.

Da mesma forma – por expressa ausência de previsão legal e proibição de *analogia in malam partem* – não poderia lhe ser negado o livramento condicional (SOUZA. *Presos estrangeiros no Brasil. Aspectos jurídicos e criminológicos*, p. 221).

Quanto à progressão do regime fechado para o semiaberto, sempre defendemos não haver qualquer impedimento, o que foi expressamente autorizado pelo art. 30, § 2º da Lei de Migração. Ousamos discordar de Francisco Vani Bemfica, que afirma que o estrangeiro com decreto de expulsão não poderá obter o benefício da progressão, pois poderia frustrar a expulsão decretada (BEMFICA. *Da lei penal, da pena e sua aplicação, da execução da pena*, p. 221). Não deveríamos esquecer que o regime semiaberto não possui como característica a saída do estabelecimento, o que desautoriza os argumentos de frustração da expulsão por conta de suposta fuga. Em decisão recente o STF já havia reconhecido ao condenado estrangeiro a progressão de regime, mesmo sendo paciente de processo de expulsão e não tendo residência fixa (HC 97.147/MS). O mesmo argumento era válido para a progressão ao regime aberto.

Atualmente, a Lei de Migração expressamente prevê no § 3º de seu art. 54 que nem o processamento da expulsão do condenado estrangeiro poderá afetar seus direitos da execução: "O processamento da expulsão em caso de crime comum não prejudicará a progressão de regime, o cumprimento da pena, a suspensão condicional do processo, a comutação da pena ou a concessão de pena alternativa, de indulto coletivo ou individual, de anistia ou de quaisquer benefícios concedidos em igualdade de condições ao nacional brasileiro".

5.7.1. Transferência de estrangeiros para cumprimento da pena em seus países

Hodiernamente os países têm aprimorado a *cooperação judicial internacional*. O Brasil tem celebrado tratados com vários países para garantir que um brasileiro (nato ou naturalizado) possa cumprir a sentença imposta por outro país em prisões brasileiras. A medida se justifica por se coadunar com os ideais de reintegração e diminuição dos males do cárcere, já que o nacional poderá cumprir a sentença próximo do seu meio social e de seus familiares, principalmente em sistemas de liberdade progressiva como é o caso do brasileiro. Busca-se atender a questões de cunho humanitário, minorar o sofrimento daquele que, além de estar encarcerado, está distante de seus familiares.

É a partir da década de 80 que os Estados – principalmente os europeus – iniciam a celebração de tratados visando à matéria. Historicamente, o primeiro convênio no âmbito das Nações Unidas, nesse sentido, foi a Convenção de Viena, de 20 de dezembro de 1988, sobre tráfico de entorpecentes, pelo qual se facilitou a cooperação policial e judicial internacional.

O Brasil é participante da Convenção Interamericana sobre o Cumprimento de Sentenças Penais no Exterior, aprovada pelo Decreto Legislativo n. 293, de 12 de julho de 2006, e internalizada pelo Decreto Federal n. 5.919, de 3 de outubro de 2006. Também faz parte da Convenção sobre Transferência de Pessoas Condenadas do Conselho da Europa, por meio do Decreto Legislativo n. 134/2022, e internalizada pelo Decreto Federal n. 12.056/2024.

A Lei de Imigração (Lei n. 13.445/2017) trata do tema em seus arts. 103 a 105. As condições da transferência poderão depender dos termos de cada acordo em espécie, mas é possível identificar entre os tratados já realizados certa constância das seguintes condições, que obedecem normalmente à Convenção Interamericana:

- que o condenado seja nacional do Estado Recebedor;
- que o condenado não tenha sido sentenciado à pena de morte, salvo se comutada;
- que o restante da pena pendente de cumprimento, no momento em que a solicitação for apresentada, seja de pelo menos seis meses ou indeterminado (esta quantidade pode variar a depender do tratado);
- que a sentença seja definitiva;
- que o condenado ou seu representante legal, em seu nome, por razão de seu estado físico ou mental, solicite e consinta, por escrito, na transferência;
- que os atos ou omissões que tenham causado a condenação constituam um crime, conforme a legislação de ambas as partes;
- que a aplicação da sentença não seja contraditória com o ordenamento jurídico interno do Estado receptor.

A iniciativa do traslado pode derivar do Estado remetente ou do receptor. Alguns tratados restringem-se à solicitação ao país no qual o preso foi condenado (p. ex., o Tratado Brasil-Espanha). A partir do interesse do Estado será enviada uma solicitação formal ao Ministério responsável (que, no Brasil, será o da Justiça), contendo cópia da sentença, as informações relevantes como dados de qualificação do preso, tempo de pena já cumprida, atestado de comportamento carcerário e, principalmente, o formal consentimento do preso.

Os custos do traslado, normalmente, ficam a cargo do país receptor.

Além dos 68 países que integram o Tratado Europeu, há mais 112 países signatários desse mesmo convênio.

5.7.2. Execução de sentença penal estrangeira no Brasil

Em termos legais, essa situação é, por via de regra, excepcional (Souza. *Presos estrangeiros no Brasil. Aspectos jurídicos e criminológicos*, p. 257). Pela redação do art. 9º do Código Penal, as sentenças estrangeiras não podem ser reconhecidas pelo Estado brasileiro para fins penais. Reza o artigo que a sentença penal estrangeira, quando homologada, somente produz as mesmas consequências no Brasil para:

- obrigar o condenado à reparação do dano, a restituições e a outros efeitos civis; e
- sujeitá-lo à medida de segurança.

Em 2017, com a aprovação da Lei de Migração (Lei n. 13.445), o ordenamento jurídico-penal nacional passou a contar com regulamentação positiva sobre o tema em seus arts. 100 a 124. A legislação reconheceu plena validade aos termos dos acordos internacionais e praticamente repetiu em seu texto o que vinha sendo acordado. As novidades foram a determinação de homologação do pedido de transferência pelo STJ (art. 101, § 1º) e a definição da competência federal da execução nos casos de transferência do brasileiro condenado no estrangeiro e que passará a cumprir a pena no Brasil (art. 102, parágrafo único). É evidente que, ainda que a competência da execução seja federal, nos termos do que já ocorre atualmente, estando o condenado submetido a um estabelecimento estadual, caberá ao juiz estadual competente a execução da sentença. Entendemos que o sistema legal existente e a jurisprudência consolidada sobre o tema deverão ser mantidos e, encontrando-se o estrangeiro ou sendo recebido o nacional em estabelecimento estadual, a execução deve permanecer a cargo do juiz estadual. Não vemos motivo para que o estrangeiro que esteja cumprindo sua pena e solicite a transferência para seu país tenha a competência da sua execução alterada por este simples fato. O mesmo se pode dizer da inconveniência de a execução ser conduzida por juiz federal de um nacional condenado no estrangeiro e que é recebido em um estabelecimento estadual para o cumprimento restante de sua pena.

No tocante à execução da sentença, esta deverá ser respeitada pelo juiz brasileiro, no que diz respeito ao montante de anos a que o réu foi condenado. Se a condenação não for a de prisão, o STJ deverá lidar com o tema e realizar a equiparação da pena restritiva ou da de multa aplicada. O importante é que se respeite a decisão estrangeira em sua determinação da pena. No mais, a lei brasileira é a que deverá reger a execução como um todo, e todos os direitos previstos na LEP deverão ser garantidos, como prazos de progressão e de livramento, saídas temporárias, trabalho etc.

Contudo, há outras particularidades que dizem respeito ao direito material e que não foram tratadas pela Lei de Imigração. Os sistemas de direito penal material podem não coincidir, o que deverá ser sempre considerado em favor do réu. Se, por exemplo, um determinado delito for classificado como hediondo no Brasil, mas tal classificação não existir no país da condenação, a execução não poderá ser conduzida com as restrições da lei brasileira, já que no país onde o delito foi cometido não havia tal classificação. Em outras palavras, não havendo a hediondez no país da condenação, não caberá ao juiz da execução do Brasil atribuir o qualificativo ao delito, pois isso equivaleria a alterar o mérito da decisão, o que não compete ao juiz brasileiro nem mesmo em casos de condenação nacional. Da mesma forma, não poderá uma sentença estrangeira impedir a progressão de regime, pois a execução caberá ao ordenamento brasileiro, que proíbe a vedação de progressão.

5.8. INDÍGENA

O indígena também recebeu proteção especial. A Lei n. 6.001/73 garante ao indígena o cumprimento da pena de prisão, sempre que possível, em regime especial de semiliberdade, não em colônias penais, mas no órgão federal de assistência mais próximo de seu local de habitação (Lei n. 6.001/73, art. 56, parágrafo único). Como a ressalva cinge-se ao local, os demais elementos da execução obedecerão, no que forem compatíveis, à Lei de Execução Penal.

Em 2019, o CNJ expediu a Resolução n. 287, sobre o tratamento penal adequado a ser oferecido a indígenas acusados criminalmente. Juntamente com a Resolução, produziu-se um manual de orientação para magistrados, tribunais e demais operadores do Direito quanto ao trato adequado aos povos indígenas. A autoridade judicial deverá preferir sempre penas restritivas de direitos às de privação da liberdade, adaptando, ainda, os prazos processuais e locais de cumprimento da pena à realidade indígena, considerando as características culturais, sociais e econômicas, suas declarações e a perícia antropológica. Se for o caso de cumprimento de pena privativa de liberdade, esta deverá ser cumprida preferencialmente em regime de semiliberdade, nos termos da Lei n. 6.001/73, e articulada com as comunidades indígenas da Comarca ou Seção Judiciária e com a Funai. Tratando-se de prisão domiciliar, o domicílio do indivíduo será o território ou circunscrição geográfica da comunidade indígena.

Destaque-se ainda que a Resolução prevê o respeito aos direitos do CPP à mulher indígena no tocante à gestante, mãe ou responsável por criança ou pessoa com deficiência, permitindo o cumprimento da pena na comunidade indígena.

Quanto aos direitos reafirmados em razão da execução penal, a Resolução trata, ainda, de visitas, alimentação, assistência à saúde, religião, trabalho e educação, que sempre devem respeitar a cultura e os costumes indígenas.

5.9. PARTICIPANTE DE ACORDO DE NÃO PERSECUÇÃO PENAL

A partir da edição da Lei n. 13.964/2019, que alterou vários dispositivos do Código de Processo Penal, introduziu-se, no art. 28-A, o instituto do acordo de não persecução. Em breves linhas, se trata de um acordo entre acusação e acusado que, confessando formalmente a prática da infração penal sem violência ou grave ameaça cuja pena mínima seja inferior a 4 (quatro) anos, não será processado criminalmente, desde que aceite cumprir as condições previstas nos incisos I a V do mesmo art. 28-A.

O acordo será homologado pelo juiz singular, mas o art. 28-A determina que, após tal homologação, os autos serão devolvidos ao Ministério Público, que deverá promover a execução junto ao juiz de execução penal (art. 28-A, § 6º). A competência para o acompanhamento será do Ministério Público, que, identificando o descumprimento de uma das cláusulas, deverá comunicar o juiz de execução penal, requerendo a rescisão do acordo para posterior oferecimento de denúncia (art. 28, § 10º). O que se percebe da redação é que o pedido de rescisão somente será feito para fins de oferecimento da denúncia e, portanto, o descumprimento de uma cláusula não implica imediatamente a rescisão do acordo que, com natureza contratual, poderá ser revisto para evitar a rescisão.

5.10. JURISPRUDÊNCIA SELECIONADA

Crime de competência federal

"I. Compete ao Juízo da Vara de Execuções Comum Estadual a deliberação sobre os incidentes da execução da pena, ainda que provisória, de preso condenado pela justiça federal e que se encontra cumprindo pena em presídio sujeito à administração estadual, na hipótese da existência de sentença condenatória pendente de recurso, mas já tendo ocorrido o trânsito em julgado do *decisum* para a acusação, ou seja, quando efetivamente iniciado o cumprimento da pena" (STJ, REsp 291730/RS, 5ª T., j. 20-8-2002, rel. Min. Gilson Dipp, *DJ* 16-9-2002).

Crime federal e regime aberto

"Agravo regimental em conflito negativo de competência. Pena aplicada pela justiça federal. Cumprimento em estabelecimento estadual. Progressão de regime para o aberto. Manutenção da competência do juízo estadual. Incidência da Súmula 192 do STJ. 1. A execução penal compete ao Juiz indicado na lei local de organização judiciária e, na sua ausência, ao da sentença. Sem ferir o art. 109 da CF/88, o verbete n. 192 da Súmula do Superior Tribunal de Justiça excepciona referida disciplina, nos casos em que o apenado, condenado pela Justiça Federal, encontrar-se em estabelecimento penitenciário estadual. 2. Transferida, de início, para a Justiça Estadual a competência para o processo de execução penal, em virtude da permanência do condenado em estabelecimento penitenciário estadual, tem-se que a competência não se transfere de volta, automaticamente, pela simples progressão a regime no qual não seja mais necessário o encarceramento. 3. Admitir que a progressão remeta os autos à Justiça Federal e a regressão os devolva à Justiça estadual geraria desnecessário tumulto à execução penal. 4. Mantida, assim, a competência do Juízo de Direito da Vara de Execução de penas e medidas alternativas de Foz do Iguaçu/PR, ora suscitado, para dar continuidade à execução de pena imposta pela Justiça Federal, mesmo após a progressão de regime para o meio aberto. 5. Agravo regimental a que se nega provimento" (STJ, AgRg no CC 139.877/PR, rel. Min. Reynaldo Soares da Fonseca, 3ª S., j. 26-8-2015, *DJe* 4-9-2015).

Crime eleitoral

"Recurso criminal. Condenação criminal transitada em julgado. Agravo em execução penal eleitoral. Penas restritivas de direitos. Competência da justiça eleitoral. [...]. 1 – O Juízo competente para executar, acompanhar o cumprimento da pena restritiva de direito e decidir sobre os incidentes relativos à execução é o Eleitoral. Precedentes: TRE/MG, TRE/RJ e TRE/SC. [...]" (TER-SP, RECC: 973 SP, rel. André Guilherme Lemos Jorge, j. 20-10-2015, *DJE* TER-SP: 27-10-2015).

"Compete à Justiça Eleitoral fazer cumprir as obrigações impostas em *sursis* concedido a réu condenado por crime eleitoral, já que inexiste qualquer afetação a presídio estadual sujeito ao controle do juízo. Conflito conhecido" (STJ, CC 16941/SP, 3ª S., j. 8-10-1997, rel. Min. Vicente Leal, *DJ* 15-12-1997).

Crime militar

"Criminal. *Habeas corpus*. Crime militar. Execução da pena em estabelecimento penal militar. Progressão de regime. Ausência de previsão na legislação castrense. Princípio da individualização da pena. Aplicação subsidiária da Lei de Execução Penal nos casos omissos. Possibilidade. Precedente do Supremo Tribunal Federal. Requisitos objetivos e subjetivos examinados pelo juízo das execuções. Ordem concedida. I. Hipótese em que o paciente, cumprindo pena em estabelecimento militar, busca obter a progressão de regime prisional, tendo o Tribunal *a quo* negado o direito com fundamento na ausência de previsão na legislação castrense. II. Em que pese o art. 2º, parágrafo único, da Lei de Execução Penal, indicar a aplicação da lei apenas para militares 'quando recolhido a estabelecimento sujeito à jurisdição ordinária', o art. 3º do Código de Processo Penal Militar determina a aplicação da legislação processual penal comum nos casos omissos. III. O Supremo Tribunal Federal, no julgamento do *habeas corpus* n. 104.174/RJ, afirmou que a exigência do cumprimento de pena privativa de liberdade no regime integralmente fechado em estabelecimento militar contraria, não só o texto constitucional, como todos os postulados infraconstitucionais atrelados ao princípio da individualização da pena. IV. Pela observância deste princípio, todos os institutos de direito penal, tais como, progressão de regime, liberdade provisória, conversão de penas, devem ostentar o timbre da estrita personalização, quando de sua concreta aplicabilidade. V. Deve ser cassado o acórdão combatido para reconhecer o direito do paciente ao benefício da progressão de regime prisional, restabelecendo-se a decisão do Juízo de 1º grau, que verificou a presença dos requisitos objetivos e subjetivos exigidos por lei e fixou as condições para o cumprimento da pena no regime mais brando. VI. Ordem concedida, nos termos do voto do Relator" (STJ, HC 215.765/RS, rel. Min. Gilson Dipp, 5ª T., j. 8-11-2011, *DJe* 17-11-2011).

"A sentença condenatória há de ser cumprida tal como se contém. Previsto o regime aberto e a execução da pena em quartel, descabe a transferência do condenado para a área civil, incumbindo ao Poder Público competente as providências devidas" (STF, RHC 71712/PA, 2ª T., j. 20-9-1994, rel. Min. Paulo Brossard, rel. p/ acórdão Min. Marco Aurélio, *DJ* 1º-6-2001).

Estrangeiro e livramento condicional: admissibilidade

"Penal e processo penal. Execução. Agravo regimental em *habeas corpus* substitutivo de recurso. Progressão de regime. Estrangeiro em situação irregular. Processo de expulsão em andamento. Impedimento ao benefício não configurado. Agravo improvido. 1. 'esta corte superior consolidou entendimento no sentido de que a situação irregular do estrangeiro no país não é circunstância, por si só, capaz de afastar o princípio da igualdade entre nacionais e estrangeiros, razão pela qual a existência de processo ou mesmo decreto de expulsão em desfavor do estrangeiro não impede a concessão dos benefícios da progressão de regime ou do livramento condicional, tendo em vista que a expulsão poderá ocorrer, conforme o interesse nacional, após o cumprimento da pena, ou mesmo antes disto' (HC 324.231/SP, rel. Min. Reynaldo Soares da Fonseca, 5ª T., j. 3-9-2015, *DJE* 10-9-2015) 2. Agravo regimental improvido" (STJ, AgRg no HC 321.157/SP, rel. Min. Nefi Cordeiro, 6ª T., j. 5-4-2016, *DJe* 18-4-2016).

"1. *Habeas corpus*. 2. Extradição e expulsão. 3. Extraditando condenado pela Justiça brasileira, por crimes capitulados nos arts. 12 e 16 da Lei 6.368/1976, a sete anos e sete meses de reclusão. 4. Após a condenação, o Presidente da República decretou a expulsão do paciente, 'ficando a medida condicionada ao cumprimento da pena a que estiver sujeito no País e à liberação pelo Poder Judiciário'. 5. Hipótese em que, na execução da pena, veio a ser concedido ao paciente livramento condicional, sem recurso do Ministério Público. 6. Com base no mandado de prisão preventiva para extradição expedido pelo STF, foi o paciente, de novo, posto sob custódia, com vistas à entrega ao Estado requerente. 7. Dispõe o

Presidente da República da prerrogativa legal, *ut* Lei 6.815/1980, art. 89, *caput, in fine*, de natureza discricionária, como Chefe de Estado, de ordenar, com prejuízo da própria execução da sentença, a efetivação imediata da entrega extradicional do súdito estrangeiro às autoridades do Estado requerente. 8. No caso concreto, o Decreto de expulsão, posterior à decisão do STF deferindo, em parte, o pedido de extradição, condicionou efetivar-se a medida após o cumprimento da pena. Esse decreto não foi alterado, nem ocorreu exercício, pelo Presidente da República, da citada faculdade prevista no art. 89, *caput, in fine*, da Lei 6.815/1980. 9. Nessas circunstâncias, o paciente deve permanecer, em execução da pena, no regime de livramento condicional deferido pelo Juízo das Execuções Penais competente, somente podendo suceder sua entrega ao Estado requerente após 18-11-1999, quando ocorrerá o cumprimento integral da pena que lhe foi imposta, salvo, à evidência, se o Presidente da República usar da faculdade do art. 89, da Lei 6.815/1980 aludida. 10. *Habeas corpus* deferido, para que o paciente seja posto em liberdade e prossiga no regime de livramento condicional, se por al não houver de ser revogado, até o cumprimento final da pena" (STF, HC 79.157/CE, Tribunal Pleno, j. 10-6-1999, rel. Min. Néri da Silveira, *DJ* 6-8-1999).

Estrangeiro e livramento condicional: impossibilidade

"Ementa: *habeas corpus*. Execução penal. Decreto de expulsão de estrangeiro. Pedido de livramento condicional. Inadmissibilidade. Ordem denegada. 1. É firme a jurisprudência deste Supremo Tribunal no sentido de que o decreto de expulsão, de cumprimento subordinado à prévia execução da pena imposta no País, constitui empecilho ao livramento condicional do estrangeiro condenado. 2. A análise dos requisitos para concessão do benefício de livramento condicional ultrapassa os limites estreitos do procedimento sumário e documental do *habeas corpus*. 3. Ordem denegada" (STF, HC 99400, rel. Min. Cármen Lúcia, 1ª T., j. 27-4-2010, *DJe*-096 divulg. 27-5-2010, public. 28-5-2010 Ement Vol.-02403-03 PP-01046 *RT* v. 99, n. 899, 2010, p. 492-495).

Estrangeiro e progressão ao regime semiaberto: admissibilidade

"*Habeas corpus. Writ* substitutivo de recurso próprio. Execução penal. Estrangeiro em situação irregular no país. Progressão de regime. Indeferimento. Constrangimento ilegal evidenciado. Ordem concedida de ofício. 1. A progressão de regime de cumprimento da pena, tanto do nacional quanto do estrangeiro, deve ser pautada pelo respeito à dignidade da pessoa humana e pela observância aos princípios da igualdade e da individualização da pena, com avaliação dos critérios objetivo e subjetivo a que alude o art. 112 da LEP. 2. O benefício não pode, assim, ser negado pelo simples fato de o apenado estar em situação irregular no país ou, mesmo, de haver decreto de expulsão expedido contra ele, motivos que, por si sós, conforme jurisprudência uníssona desta Corte, não seriam idôneos para tanto. 3. *Habeas corpus* não conhecido. Ordem concedida, de ofício, para cassar o acórdão impugnado e restabelecer a decisão que deferiu a progressão ao regime semiaberto" (STJ, HC 309.825/SP, rel. Min. Rogerio Schietti Cruz 6ª T., j. 5-3-2015, *DJe* 12-3-2015).

"Penal – processo penal – *habeas corpus* – estrangeiro condenado por tráfico internacional de entorpecentes – art. 33, § 4º, da Lei n. 11.343/2006. Pena inferior a quatro anos – concessão da progressão do regime semiaberto para aberto – súmula 440 STJ. [...] 3. A condição de estrangeiro, por si só, não constitui obstáculo à concessão de eventual progressão de regime prisional, considerando as diretrizes da Constituição Federal que reconhece os mesmos direitos e garantias individuais tanto a brasileiros como a estrangeiros, ainda que estes últimos estejam somente em trânsito pelo país. 4. Ordem concedida para determinar, em caráter provisório, o cumprimento da pena no regime inicial aberto" (TRF 3ª Região, 5ª T., HC 68978 – 0017682-84.2016.4.03.0000, rel. Des. Federal Mauricio Kato, j. 5-12-2016, *e-DJF3 Judicial* 1: 13-12-2016).

"Pena privativa de liberdade. Progressão de regime. Admissibilidade. Condenação por tráfico de drogas. Estrangeira sem domicílio no país e objeto de processo de expulsão. Irrelevância. HC concedido. Voto vencido. O fato de o condenado por tráfico de droga ser estrangeiro, estar preso, não ter domicílio no país e ser objeto de processo de expulsão, não constitui óbice à progressão de regime de cumprimento da pena" (STF, HC 97147, 2ª T., j. 4-8-2009, rel. Min. Ellen Gracie, rel. p/ acórdão Min. Cezar Peluso, *DJe* 11-2-2010).

"Agravo. Execução penal. Progressão a regime aberto. Concessão a sentenciada estrangeira. Insurgência do Ministério Público. Cumprimento dos requisitos objetivo e subjetivo. Necessidade de aplicação dos princípios da igualdade, individualização da pena e dignidade da pessoa humana. Precedentes desta Colenda 15ª Câmara de Direito Criminal e do Colendo Superior Tribunal de Justiça. Decisão mantida. Recurso desprovido, com determinação" (TJSP, Agravo de Execução Penal 0052116-61.2015.8.26.0000; Rel. Camargo Aranha Filho; 15ª Câmara de Direito Criminal; Foro Central Criminal Barra Funda – 2ª Vara das Execuções Criminais; j. 28-4-2016; Data de Registro: 3-5-2016).

Estrangeiro e progressão ao regime semiaberto: impossibilidade

"A jurisprudência do Supremo Tribunal Federal e desta corte é no sentido de ser a progressão ao regime semiaberto incompatível com a situação do estrangeiro cujo cumprimento da ordem de expulsão esteja aguardando o término da pena privativa de liberdade por crimes praticados no Brasil. Reservas feitas pelo Ministro Relator quanto a esse entendimento, tendo em vista que a condição de "estrangeiro" erigida em critério discriminatório, não encontra amparo em norma legal expressa e a finalidade que se quer atribuir a essa discriminação não tem justificativa razoável, visto que o regime semiaberto é, na verdade, regime semifechado, cumprido em penitenciária agrícola, industrial ou estabelecimento similar (art. 35, § 1º, CP), oferecendo garantias contra fugas, permitindo, pois, a execução da ordem de expulsão" (STJ, HC 3596/SP, 5ª T., j. 4-10-1995, rel. Min. Assis Toledo, *DJ* 26-2-1996).

Exame criminológico

Súmula Vinculante 26: "Para efeito de progressão de regime no cumprimento de pena por crime hediondo, ou equiparado, o juízo da execução observará a inconstitucionalidade do art. 2º da Lei 8.072, de 25 de julho de 1990, sem prejuízo de avaliar se o condenado preenche, ou não, os requisitos objetivos e subjetivos do benefício, podendo determinar, para tal fim, de modo fundamentado, a realização de exame criminológico".

Exame criminológico e fundamentação

"3. Caso em que há flagrante ilegalidade a ser reconhecida. De acordo com as alterações trazidas pela Lei n. 10.792/03, o exame criminológico deixa de ser requisito obrigatório para a progressão de regime, podendo, todavia, ser determinado de maneira fundamentada pelo juízo da execução ou pelo tribunal, de acordo com as peculiaridades do caso. Assim, não sendo requisito para a progressão, não pode ser imposto em sede de agravo em execução pelo Tribunal *a quo* sem fundamentação idônea. Enunciados sumulares 439/STJ e 26/STF. 4. *Writ* não conhecido. Ordem concedida de ofício para restabelecer a decisão de primeiro grau" (STJ, HC 269.237/SP, rel. Min. Maria Thereza de Assis Moura, 6ª T., j. 20-6-2013, *DJe* 1º-7-2013).

Indígena

"Tendo a pena sido fixada no grau mínimo, já considerada a situação da ré ante o disposto no art. 56 do Estatuto do Índio, com a atenuação da pena que, porém, não pode ser inferior ao mínimo. Referentemente à pretensão de ficar a ré em regime de semiliberdade, no local de funcionamento de repartição federal de proteção aos índios é questão que se situa no âmbito de decisão do juiz de execuções criminais, que deverá, portanto, deliberar a respeito" (STF, RE 100319/PR, 2ª T., j. 30-3-1984, rel. Min. Aldir Passarinho, *DJ* 15-6-1984).

"[...] 5) Da Procedência do Pleito de Modificação do Regime Inicial de Cumprimento de Pena (Formulado pelo Apelante Alessandro Braz Mota). Redimensionadas as penas definitivas para 1 (um) ano e 8 (oito) meses de reclusão, a modificação do regime inicial de cumprimento das sanções é medida de rigor, sobretudo diante da favorabilidade das circunstâncias judiciais previstas no artigo 59 do Código Penal. Destarte, modifica-se o regime inicial de cumprimento das reprimendas para o aberto. Preenchidos os requisitos previstos no artigo 44 do Código Penal, impõe-se a substituição das reprimendas privativas de liberdade por duas restritivas de direitos, que deverão ser especificadas pelo Juízo das Execuções Penais, observado o disposto na Resolução n. 287/2019 do CNJ, por ser o Apelante Alessandro Braz Mota indígena, *vide* fls. 79/80" (TJ-BA, APL 00006451020158050220, rel. Eduarda de Lima Vidal, 2ª Câm. Crim., 2ª T., *DJe* 10-10-2019).

"Agravo em execução. Transferência da execução. Possibilidade de cumprimento da reprimenda em órgão federal de assistência ao índio e não na própria aldeia. 1. Consoante previsão contida no Estatuto do Índio (art. 56, parágrafo único, Lei 6001/73), o condenado poderá cumprir a reprimenda em regime de semiliberdade, em órgão federal de assistência ao indígena, e não dentro de sua própria aldeia. 2. O apenado não tem direito líquido e certo para escolher o local de cumprimento da pena, já que o interesse coletivo da segurança pública e paz social prevalecem sobre o direito individual. 3. Agravo não provido" (TJMG – Agravo em Execução Penal 1.0105.13.009341-9/001, rel. Des. Antônio Armando dos Anjos, 3ª Câm. Crim., j. 30-7-2013, publicação da súmula em 5-8-2013).

"Agravo criminal – Silvícola – Regime semiaberto – Pretendida autorização para comparecimento no período diurno na aldeia onde o agravante é capitão – invocação do art. 56 da Lei 6.001/73 – Impossibilidade – Lei reservada ao silvícola não aculturado – Faculdade do Juiz – Agravante com restrição na própria aldeia onde pretende comparecer – Improvimento" (TJ-MS, AGV 10379 MS 2006.010379-9, rel. Des. Carlos Stephanini, j. 26-7-2006, 2ª T. Crim., *DJe* 10-8-2006).

Perfil genético

"Penal e execução penal. *Habeas corpus*. Coleta de material genético. Paciente condenado por crime com violência contra a pessoa e crime hediondo. Preenchimento dos requisitos. Ausência de constrangimento ilegal. Ordem denegada. 1. Segundo o art. 9º-A da Lei de Execução Penal, os condenados por crime praticado, dolosamente, com violência de natureza grave contra pessoa, ou por qualquer dos crimes previstos no art. 1º da Lei n. 8.072, de 25 de julho de 1990, serão submetidos, obrigatoriamente, à identificação do perfil genético, mediante extração de DNA – ácido desoxirribonucleico, por técnica adequada e indolor. 2. No caso em exame, o paciente cumpre pena pela prática dos crimes de homicídio qualificado (duas vezes), ocultação de cadáver, crueldade contra animais e posse irregular de arma de fogo de uso permitido, restando atendidos, assim, os requisitos legais estatuídos pelo dispositivo supracitado: condenação por crime com violência de natureza grave contra pessoa ou aqueles constantes do rol do art. 1º da Lei n. 8.072/1990. 3. *Habeas corpus* denegado" (STJ, HC 536114 MG 2019/0290604-2, rel. Min. Nefi Cordeiro, j. 4-2-2020, 6ª T., *DJe* 10-2-2020).

"Recurso de agravo em execução penal. Identificação perfil genético. Lei n. 12.654/2012. Art. 9º-A da Lei de Execução Penal. Operacionalização a cargo da autoridade custodiante. Intervenção judicial em caso de recusa do sentenciado à colheita material da identificação. 1. A colheita do material para a identificação do perfil genético do condenado pode ser requerida diretamente pelo órgão da acusação, cabendo à autoridade custodiante as medidas para a operacionalização do procedimento. 2. Somente em caso de recusa do condenado em se submeter à identificação do perfil genético a questão será resolvida pelo Juízo da Execução. 3. Negado provimento ao recurso do Ministério Público" (TJ-DF 20180020004629 DF 0000462-58.2018.8.07.0000, rel. Des. João Timóteo de Oliveira, j. 12-4-2018, 2ª T. Criminal, *DJe* 23-4-2018, p. 227-247).

Periculosidade e agente imputável

"Recurso ordinário em *habeas corpus*. Tráfico de drogas. Prisão preventiva. Gravidade abstrata do delito. Fundamentação inidônea. Periculosidade do recorrente não demonstrada. Constrangimento ilegal evidenciado. Recurso provido, ratificada a liminar. 1. Sabe-se que o ordenamento jurídico vigente traz a liberdade do indivíduo como regra. Desse modo, antes da confirmação da condenação pelo Tribunal de Justiça, a prisão revela-se cabível tão somente quando estiver concretamente comprovada a existência do *periculum libertatis*, sendo impossível o recolhimento de alguém ao cárcere caso se mostrem inexistentes os pressupostos autorizadores da medida extrema, previstos na legislação processual penal. 2. Na espécie, a motivação das instâncias ordinárias consiste na gravidade abstrata do delito e na potencial periculosidade do agente, o que não se pode aceitar como fundamentação válida para a decretação de custódia cautelar. Com efeito, não se revelou a periculosidade do recorrente, pois foi absolvido da imputação anterior por envolvimento com o tráfico de entorpecentes, de modo que tal fundamento não pode ser utilizado para a decretação da custódia cautelar. 3. Ademais, a referência à diversidade de entorpecente apreendido não se mostra, isoladamente, suficiente para a custódia cautelar, especialmente quando inexpressiva a quantidade de droga encontrada em poder do recorrente, qual seja, 8,44 g (oito gramas e quarenta e quatro centigramas) de maconha e 14,42 g (quatorze gramas e quarenta e dois centigramas) de crack. 4. Recurso provido, ratificada a liminar" (STJ, RHC 89.953/MG, rel. Min. Antônio Saldanha Palheiro, 6ª T., j. 1º-3-2018, *DJe* 12-3-2018).

Preso provisório

Súmula 716/STF: "Admite-se a progressão de regime de cumprimento da pena ou a aplicação imediata de regime menos severo nela determinada, antes do trânsito em julgado da sentença condenatória".

"*Habeas corpus*. Preso provisório. Progressão de regime. Juízo da condenação. 1. O entendimento pretoriano firmou-se no sentido de que a competência para decidir sobre progressão de regime de cumprimento de pena em relação aos presos provisórios, ou seja, no período que medeia entre a publicação da sentença condenatória e o seu trânsito em julgado é do juiz da condenação. 2. Reconhecida a incompetência ao TJMT, dado que a sentença condenatória foi proferida por juiz de Direito no exercício de competência federal, com remessa dos autos ao TRF – 1ª Reg." (STJ, HC 7955/MT, 6ª T., j. 1º-12-1998, rel. Min. Fernando Gonçalves, *DJ* 17-2-1999).

"Condenado o réu com o início do cumprimento da pena em estabelecimento estadual, sujeito a jurisdição do juízo da vara das execuções penais, não há empeço a que esse juízo delibere mesmo não transitada em julgado a sentença condenatória sobre a pretensão de transferência para outro estabelecimento prisional. A inexistência de guia de recolhimento, no juízo das execuções estadual não impede que se defina a pretensão do paciente. A restrição não encontra amparo legal. Os incidentes da execução são da competência do juiz da execução" (STJ, HC 6908/MS, 5ª T., j. 14-4-1998, rel. Min. José Arnaldo da Fonseca, *DJ* 25-5-1998).

Prisão civil

Súmula Vinculante 25: "É ilícita a prisão civil de depositário infiel, qualquer que seja a modalidade do depósito".

"'HABEAS CORPUS' – prisão civil (meio de coerção processual destinado ao cumprimento de determinada obrigação jurídica) e prisão penal (sanção decorrente de condenação decretada pela prática de diversos delitos) – natureza, causa e finalidade distintas de ambas as modalidades de prisão – doutrina – jurisprudência – impossibilidade de simultâneo cumprimento da prisão civil e da prisão penal, sob pena de frustração e de completo esvaziamento da finalidade coercitiva da prisão civil – pretendida execução da prisão civil em regime domiciliar – inadmissibilidade em razão do caráter coercitivo dessa modalidade de custódia – precedentes – pedido indeferido" (STF, HC 83479, rel. Min. Celso de Mello, 2ª T., j. 23-3-2004, acórdão eletrônico *DJe*-250 Divulg. 17-12-2013, public. 18-12-2013).

Prisão civil e progressão de regime

"Não cabimento. O regime de progressão da pena previsto no art. 33, § 1º, *a*, *b*, e *c*, do Código Penal, é ínsito à condenação criminal e não se aplica à prisão civil que, na hipótese, deve ser mantida. *Habeas corpus* deferido parcialmente na parte conhecida" (STF, HC 77527/MG, Tribunal Pleno, j. 23-9-1998, rel. Min. Marco Aurelio, rel. p/ acórdão Min. Moreira Alves, *DJ* 16-4-2004).

Prisão civil e regime de cumprimento

"6. O acórdão proferido pela Corte local destoa do art. 528, § 4º, do Código de Processo Civil de 2015 que prevê, expressamente, que, em caso de inadimplemento de prestação alimentícia, 'a prisão será cumprida em regime fechado, devendo o preso ficar separado dos presos comuns'. 7. Recurso especial provido" (STJ, REsp 1557248/MS, rel. Min. Ricardo Villas Bôas Cueva, 3ª T., j. 6-2-2018, *DJe* 15-2-2018).

ASSISTÊNCIA AO PRESO   6

Quando o Estado-juiz determina a custódia de uma pessoa, surge a obrigação de fornecer a ela os elementos mínimos para a manutenção de suas necessidades diárias quanto à alimentação, vestuário, acomodação, ensino, profissionalização, religiosidade e quaisquer outras que não confrontem com a natureza da execução da pena. A reclusão somente poderá reeducar para a liberdade enquanto o modo de vida do recluso esteja prudentemente disposto para essa finalidade (CARNELUTTI. *El problema de la pena*, p. 48).

Com efeito, o art. 10 da LEP expõe a assistência como um dever do Estado, o que deverá ser estendido a todos os que estiverem sujeitos à execução penal com o condenado, o provisório, o internado, o egresso etc. (*vide* Capítulo 5).

6.1. ASSISTÊNCIA MATERIAL

A legislação preconiza que o Estado deverá fornecer alimentação, vestuário e instalações higiênicas ao preso (LEP, art. 12).

O texto apenas especifica algumas condições acerca das instalações penitenciárias, determinando que o condenado deverá ser alojado em cela individual de no mínimo seis metros quadrados contendo dormitório, aparelho sanitário e lavatório, e que possua aeração, insolação e condicionamento térmico adequado. As Regras Mínimas para o Tratamento do Recluso exprimem com detalhes o que seriam as condições consideradas ideais à salubridade do recluso:

- celas ocupadas por apenas um detento;
- exigências de higiene de acordo com o clima, volume de ar, superfície mínima, iluminação, calefação e ventilação;
- nos locais de convívio e trabalho as janelas deverão ser suficientemente grandes para que o recluso possa ler e trabalhar com luz natural e deverão estar dispostas de forma a permitir a entrada de ar fresco;

- a luz artificial deverá ser suficiente para que não lhe cause prejuízo à visão;
- as instalações sanitárias deverão ser adequadas para que o recluso possa satisfazer suas necessidades naturais no momento oportuno, de forma asseada e decente;
- as instalações de banho deverão ser adequadas para que cada recluso possa tomar um banho a uma temperatura adaptada ao clima e com a frequência que requeira a higiene geral segundo a estação do ano e região geográfica;
- as áreas frequentadas regularmente deverão ser mantidas limpas;
- serão facilitados aos reclusos meios para o cuidado com o cabelo e a barba;
- todo recluso a quem não se permita utilizar suas próprias roupas receberá as apropriadas ao clima, não deverão ser degradantes ou humilhantes, e deverão ser trocadas e lavadas com frequência;
- cada recluso disporá de uma cama individual e de roupa de cama individual suficiente, mantida convenientemente e trocada com regularidade a fim de assegurar sua limpeza;
- todo recluso receberá da administração em horas certas uma alimentação de boa qualidade, bem preparada e servida, cujo valor nutritivo seja suficiente para a manutenção de sua saúde e de suas forças;
- todo recluso deverá ter possibilidade de prover-se de água potável quando necessite.

Essas condições dispostas pelas Regras Mínimas colacionam procedimentos considerados indispensáveis aos reclusos e nenhum pode ser considerado como regalia ou luxo. A leitura tranquila dos direitos enunciados evidencia a natureza de *minimum* de dignidade a quem perdeu a liberdade.

Não podemos concordar com pensamentos como os de Paulo Lúcio Nogueira que consideram que "dar ao preso uma *cela individual*, com toda comodidade, ou mesmo colocar apenas *dois presos* numa cela" é uma medida "perfeitamente dispensável" ou um "benefício" (NOGUEIRA. *Comentários à lei de execução penal*, p. 17 e 26). E, muito menos, com seu fundamento: "a própria vida em sociedade demonstra que a convivência humana é indispensável. Se os estudantes vivem em repúblicas, partilhando suas necessidades, anseios e perspectivas de melhores condições de vida; se muitas famílias amargam nas favelas a promiscuidade de uma vida apertada e difícil, continuando, entretanto, honestas e trabalhadoras; se não existem habitações suficientes para a maioria da população, que se vê obrigada a suportar e dividir espaços insuficientes; por que privilegiar o condenado com uma cela individual espaçosa?". Talvez pudéssemos responder apenas com as palavras do próprio autor: "pelos inconvenientes da cela coletiva, como a promiscuidade existente, a companhia desagradável de certos presos, as depravações que podem surgir" (p. 121-122).

Mas preferimos a eloquente pergunta de Fragoso: "como fica a dignidade quando o homem é preso numa jaula com mais 30 ou 40 pessoas, sem lugar para repousar, usando, para satisfazer as próprias necessidades, um *vaso turco*, à vista de todos?" (FRAGOSO; CATÃO; SUSSEKIND. *Direitos dos presos*, p. 40).

Parece-nos que se as condições do mundo livre não estão de acordo com os anseios do primeiro autor citado que, em vez da mobilização para que estas condições sejam implementadas, passemos a piorar a situação dos demais, incluindo-se a dos detentos. A finalidade da vida em sociedade, imposição da natureza humana, é conjugar as ações individuais para que as condições para a realização de cada individualidade sejam incrementadas e não degeneradas ou niveladas pelo pior. E, como o próprio Paulo Nogueira ressalta, as prisões brasileiras têm se apresentado como "verdadeiros depósitos de presos e constituem a falência do nosso sistema penitenciário" (NOGUEIRA. Op. cit., p. 37).

Reforçamos a ideia de que a intenção de disponibilizar ao preso uma cela individual decorre da própria natureza do ser humano. Não se pode sujeitar uma pessoa aos extremos como um convívio contínuo ou segregação completa. Os motivos são vários, desde a reflexão interna ou preparação para o estudo, à concentração religiosa ou terapêutica. Os reflexos no comportamento e na estrutura psicológica de quem é submetido a esse tratamento podem prejudicar ou, até mesmo, condenar os dispostos a aderirem ao programa penitenciário.

É o que encontramos na autorizada doutrina de Cuello Calón. Ele observa que "a imposição de conviver incessantemente com uma massa humana na que abundam os sujeitos perversos, tendenciosos e agressivos, e não poucas vezes dominados por vícios repugnantes, não é aconselhável; todo recluso deve ter sua cela individual, não só para o repouso noturno, senão para isolar-se em certas ocasiões, todo homem precisa de momentos de solidão; obrigar o condenado a passar todas as horas do dia em companhia dos demais presos é uma tortura" (CUELLO CALÓN. *La moderna penología*, p. 340).

A restrição da liberdade, ainda que provida de qualquer conforto, jamais será aceita como algo "bom" ou nem sequer como uma "melhoria" de vida e, certamente, o indivíduo comum, sempre que puder optar, o fará pela liberdade precária em detrimento da estadia confortável de uma cela individual.

6.2. ASSISTÊNCIA À SAÚDE

Como qualquer pessoa, o recluso também terá direito ao atendimento médico. O estabelecimento penal deverá contar com uma equipe ou um número mínimo de profissionais que regularmente zelem pelas condições de saúde, compreendendo o atendimento médico, farmacêutico e odontológico (LEP, art. 14).

É ideal, por razões de celeridade, que o estabelecimento penal possua locais apropriados para esses atendimentos, evitando-se que a demora na prestação de socorro agrave a situação do enfermo ou até mesmo cause sua morte. E também por medidas de segurança, uma vez que não dispondo desses recursos o recluso deverá ser encaminhado ao hospital civil mais próximo.

Como providência ideal, as Regras Mínimas aconselham que, nos estabelecimentos cuja importância (ou magnitude) exija o serviço ininterrupto de um ou vários médicos, no mínimo um deles deverá residir no local, ou em suas imediações. Se o estabelecimento não exigir essa medida, o médico deverá visitar diariamente os presos, e não residir muito distante para, em casos de emergência, ser localizado com presteza.

Havendo a necessidade de internação, o detento deverá ser transferido para um hospital penitenciário, evitando-se sua permanência em hospitais comuns, estritamente por motivos de segurança. Se o tratamento requerido não puder ser prestado nesse estabelecimento, a administração deverá tomar as cautelas necessárias para a remoção do enfermo ao hospital conveniado do Sistema Único de Saúde que possa prestar-lhe os cuidados devidos. Em qualquer das hipóteses, ao preso será permitido pagar por um atendimento particular, podendo ser acompanhado por um médico de sua confiança, ou internar-se em estabelecimento privado.

Os tribunais já decidiram que, diante da ineficiência do Estado em prestar a assistência médica adequada, ao condenado será concedida a prisão domiciliar até o seu restabelecimento. O Superior Tribunal de Justiça já assentou esse entendimento (HC 28588/RS).

O bem-estar físico e mental dos reclusos poderá ser mantido por meio de atividades recreativas e culturais. O ideal seria que as atividades pudessem acontecer dentro e fora do estabelecimento penal, a exemplo do Estado de São Paulo, onde, mediante prévia autorização, muitos presos concedem apresentações públicas ou comparecem a determinados eventos.

As Regras Mínimas sugerem algumas medidas que integrariam a assistência à saúde, como:

- o recluso que não se ocupe de um trabalho ao ar livre deverá dispor, se o tempo permitir, de uma hora de trabalho ao ar livre;
- os reclusos que disponham de condição física receberão educação física e recreativa, recebendo os equipamentos necessários;
- todo estabelecimento penitenciário disporá dos serviços de um médico qualificado que deverá possuir alguns conhecimentos psiquiátricos;
- os enfermos cujo estado requeira cuidados especiais serão transferidos para estabelecimentos penitenciários especializados ou a hospitais;
- todo recluso deve poder utilizar os serviços de um dentista qualificado;
- os estabelecimentos para mulheres devem possuir instalações especiais para o tratamento das reclusas grávidas, das que acabaram de dar à luz e das convalescentes;
- quando se permita às mães reclusas conservarem seus filhos, deverão ser tomadas medidas para a guarda dos infantes, com pessoal qualificado, com o qual ficarão as crianças quando não estiverem sendo atendidas por suas mães;
- o médico deverá examinar cada recluso assim que ingresse e posteriormente, sempre que necessário, em particular para determinar a existência de uma enfermidade física ou mental e tomar as medidas necessárias. Deve assegurar o isolamento dos reclusos suspeitos de sofrer enfermidades infecciosas ou contagiosas, assinalar as deficiências físicas e mentais que possam constituir um obstáculo para a readaptação, e determinar a capacidade física de cada recluso para o trabalho;
- o médico deverá visitar diariamente a todos os reclusos enfermos, a todos os que se queixarem de enfermidades e a todos aqueles para os quais sua atenção seja chamada;
- o médico apresentará informes ao diretor toda vez que estime que a saúde física ou mental de um recluso tenha sido ou possa ser afetada pela prolongação, ou por uma modalidade qualquer de reclusão;
- o médico fará inspeções regulares e assessorará o diretor a respeito da quantidade, da qualidade, da preparação e da distribuição dos alimentos; da higiene e da lim-

peza dos estabelecimentos e dos reclusos; das condições sanitárias, da calefação, da iluminação e da ventilação do estabelecimento; da qualidade e da limpeza das roupas e da cama dos reclusos; da observância das regras relativas à educação física e desportiva quando esta seja organizada por pessoal não especializado.

Em alteração promovida pela Lei n. 14.326/2022 a atenção à mulher grávida foi reforçada. Desde 2009 a Lei de Execução Penal assegurava o cuidado pré-natal e pós-parto da mãe e do recém-nascido e o Código de Processo Penal veda o uso de algemas durante os atos preparatórios, durante o parto e no puerpério consequente (art. 292, parágrafo único). Com a alteração legal garante-se também que o tratamento seja humanitário com assistência integral à mãe e ao recém-nascido. Um tratamento humanitário ou humanizado significa, dentre outras coisas, a informação completa e periódica sobre os procedimentos e condições de saúde, atendimento individualizado de forma a estabelecer confiança com o paciente tratando-o pelo nome, empatia pelo caso, respeito às crenças.

Em atendimento assistencial à saúde do recluso, o governo federal adotou importante medida por meio de seus Ministérios da Saúde e da Justiça. Com a edição da Portaria Interministerial n. 628/2002, aprovaram o Plano Nacional de Saúde no Sistema Penitenciário e definiram que a atenção integral às pessoas presas será cofinanciada pelos setores de saúde e de justiça dos níveis federal e estadual, mediante um convênio com as secretarias estaduais. O Plano Nacional de Saúde foi alterado com a edição da Portaria Interministerial n. 1.777/2003, que expressamente revogou a Portaria n. 628/2002. Na atual Portaria n. 2.048/2009, do Ministério da Saúde, que aprova o Regulamento do Sistema Único de Saúde, há criação, no primeiro Anexo (Seção X, arts. 465 a 477), de Incentivo para Atenção à Saúde no Sistema Penitenciário.

A preocupação do governo federal é integrar as administrações penitenciárias locais, e sua intervenção fundamenta-se na estimativa de que, em decorrência de fatores de risco a que está exposta a grande parte dessa população, ocorra um número significativo de casos de DST/AIDS, tuberculose, pneumonias, dermatoses, transtornos mentais, hepatites, traumas, diarreias infecciosas, além de outros problemas prevalentes na população adulta brasileira, tais como hipertensão arterial e diabetes *mellitus*. A administração federal reconhece a importância da realização de estudos de abrangência nacional que revelem o perfil epidemiológico da população presidiária brasileira e possibilitem ações de promoção da saúde e de prevenção de doenças em todos os presídios.

6.3. ASSISTÊNCIA JURÍDICA

Por meio do art. 15 da Lei de Execuções Penais, garante-se ao recluso hipossuficiente assistência jurídica, no intuito de impedir que seus direitos sejam preteridos, ou até mesmo que, ao final do cumprimento de sua pena, seja mantido no cárcere.

A Lei ainda determina que o estabelecimento penal deverá possuir instalações de assistência judiciária para a prestação desse serviço junto ao recluso, para que tenha um rápido acesso ao Judiciário. A assistência judiciária visa à proteção dos direitos do preso e o patrocínio de seus interesses perante a Justiça.

Um dos pilares básicos para a disciplina penitenciária é a assistência jurídica. A conclusão é de Manoel Pedro Pimentel, ao afirmar que nenhum preso se conforma com a privação de sua liberdade e, caso o fizesse, jamais deixaria de ansiar por ela. A falta dessa perspectiva ou a sensação de indefinição da pena retira sua tranquilidade, e reflete, de algum modo, na disciplina interna. É "importante que o preso sinta ao seu alcance a possibilidade de lançar mão das medidas judiciais capazes de corrigir eventual excesso de pena, ou que possa abreviar os dias de prisão". E sendo fato que a clientela do sistema, em grande parte, não possui recursos para contratar advogado, o profissional deverá ser fornecido pelo Estado (*O crime e a pena na atualidade*, p. 188).

6.4. ASSISTÊNCIA EDUCACIONAL

O art. 205 da Constituição Federal preconiza a educação como direito de todos e dever do Estado. Não exclui a importância da família e da sociedade, mas aponta a educação como condição para o desenvolvimento da pessoa, seu preparo para o exercício da cidadania e sua qualificação para o trabalho.

E, como dever do Estado, o art. 208, I, assegura o ensino fundamental como obrigatório e gratuito inclusive para todos os que a ele não tiveram acesso na idade própria. Para a Lei Maior, o acesso ao ensino obrigatório e gratuito é direito público subjetivo (CF, art. 208, § 1º).

Cada vez mais cresce a corrente sobre a importância do estudo no ambiente carcerário. Ao lado do trabalho, a educação tem ocupado as principais posições nos debates acadêmicos e profissionais, como elemento apto a implementar o processo de inclusão.

No "tratamento reformador", na linguagem de Cuello Calón, a educação intelectual dos condenados é um dos elementos básicos, já que a instrução proporciona ao condenado maiores facilidades para ganhar licitamente o sustento, no momento em que reconquistar sua liberdade. Em todas as partes se concede grande importância à educação como um instrumento para facilitar sua recuperação social (CUELLO CALÓN. *La moderna penología*, p. 382-383).

É muito comum que encontremos, na população carcerária, indivíduos que não receberam ou não completaram seus estudos, sejam eles fundamentais, médios ou superiores. A execução penal não tem a finalidade de segregar o autor de um delito, mas sempre que possível contribuir para o seu crescimento e integração social. Nesse processo, deverá possuir um assento a empreitada educacional, como valoração da dignidade humana e instrumento a possibilitar o exercício de atividades ao egresso. Ainda que não constitua o único fator, as estatísticas demonstram que um preocupante indicador da criminalidade é o desemprego, e a maior parte da população carcerária ainda é composta por autores de delitos contra o patrimônio.

A inclusão do egresso em um universo social, econômico e cultural faz parte dos chamados "freios morais", que atuam de forma a inibir a conduta criminosa. Na verdade, trata-se muito mais de não excluir ainda mais o condenado do convívio social a que tem direito.

Em termos legais, a instrução dos analfabetos e dos reclusos jovens é obrigatória e a administração deverá prestar-lhes particular atenção.

A instrução dos reclusos deverá coordenar-se, no que for possível, com o sistema de instrução pública a fim de que ao ser libertado possam continuar, sem dificuldades, sua preparação.

A assistência educacional compreenderá a instrução escolar e a formação profissional do preso e do internado (Lei n. 7.210/84, art. 17). A legislação prevê o ensino fundamental e médio, regular ou supletivo, como educação obrigatória, e de responsabilidade administrativa e financeira dos sistemas estaduais de educação, justiça e administração penitenciária, com o apoio da União (Lei n. 7.210/84, art. 18-A, § 1º).

Pelo texto depreende-se que o estabelecimento deverá possuir instalações adequadas para o estudo, contando com sala de aula, material didático e professor habilitado. Atualmente poderá contar com equipamentos expositivos modernos como projetores, televisores e computadores. A metodologia deverá ser a mesma aplicada nas escolas pertencentes ao sistema público educacional, principalmente para que o condenado, ao readquirir sua liberdade, possa continuar seus estudos. No entanto, a administração penitenciária poderá celebrar convênios com entidades públicas e privadas para que executem essa atividade ou ofereçam *intramuros* os cursos especializados (Lei n. 7.210/84, art. 20). Aos condenados que estejam cumprindo suas penas em regime semiaberto e aberto será permitida a frequência aos cursos supletivos e profissionalizantes em instituições externas (CP, arts. 35 e 36).

A educação escolar do condenado adquire relevância não só na melhoria de suas capacidades, mas também como fator de sua reinserção na comunidade. Por isso a preocupação em permitir ao sentenciado que frequente esses cursos em estabelecimentos privados, gradativamente recolocando-o no contexto social, familiar e profissional, sem que perca o contato com as técnicas e equipamentos com os quais deverá operar quando retornar à sociedade (ALBERGARIA. *Comentários à lei de execução penal*, p. 43).

Também existe a previsão de ensino profissional, ministrado de acordo com a necessidade do recluso. Se este não possuir a profissionalização em nenhum grau, ser-lhe á prestada em nível de iniciação. Caso já possua conhecimento, ser-lhe-á proporcionado o aperfeiçoamento técnico.

O Decreto Federal n. 7.626/2011 institui o PEESP – Plano Estratégico de Educação no âmbito do Sistema Penitenciário – e define que os Ministérios da Educação e da Justiça ficarão encarregados de viabilizar o plano, em cooperação com Estados, Distrito Federal e Municípios, órgãos ou entidades da administração pública direta ou indireta e instituições de ensino, e atendendo às diretrizes do Conselho Nacional de Educação e do Conselho Nacional de Política Criminal e Penitenciária.

Para possibilitar o ensino e complementar os estudos, o estabelecimento poderá contar com uma biblioteca, que, além de manter um acervo de livros didáticos e instrutivos, conterá obras de cunho recreativo para todas as categorias de reclusos. As Regras Mínimas da ONU pontuam como obrigatória a instrução dos analfabetos e dos jovens.

Para acompanhar a evolução da assistência à educação, o censo penitenciário deverá apurar o nível de escolaridade dos presos, a existência dos cursos fundamental e médio, o número de presos atendidos, a implementação de cursos profissionais e a existência de bibliotecas e suas condições gerais.

Acrescente-se à formação a vantagem direta e prática de remição por meio do estudo, o que será abordado com detalhes no Capítulo 13.

6.5. ASSISTÊNCIA SOCIAL

Por assistência social não se pretende a adoção paternalista e bajuladora ao destinatário. As tarefas e atribuições do assistente social têm por finalidade "ajudar o outro a se ajudar", o que definitivamente se mostra muito mais complexo e delicado do que possa parecer. Armida Bergamini Miotto destaca que o bom desempenho de tais tarefas e atribuições não depende de "simples habilidade pessoal, mas supõe aptidão profissional de nível universitário". O profissional deve possuir graduação em Serviço Social e, para a autora, também dominar outros conhecimentos, como Ética, Psicologia, Sociologia, Direito, Estatística e Economia Política (MIOTTO. *Curso de direito penitenciário*, p. 419. v. 2).

Em continuação à sua análise, Armida Bergamini Miotto justifica o nível elevado de preparação do profissional, porquanto os "clientes" do serviço social penitenciário encontram-se em uma situação vital e jurídica muito específica, surgida da sentença condenatória passada em julgado – o *status* de condenados. "Esse *status* não é mera e singelamente um sinal que marca o delinquente, pois que dele decorrem direitos e deveres específicos, o que não deve e não pode ser esquecido pelo serviço social penitenciário, ou pelos assistentes sociais penitenciários, em cuja especialização devem ter entrado sólidas noções também a respeito da pena, da sentença condenatória dos direitos e deveres do condenado" (*Curso de direito penitenciário*, p. 433. v. 2). A assistência esporádica prestada às famílias dos presos por entidades privadas ou individualmente pelo particular, limitada a comemorações religiosas ou cívicas, não possui nenhum, ou escasso, benefício, quando não envolvem os órgãos competentes. A autora preocupa-se em esclarecer que não quer afastar a comunidade do problema, ao contrário, a comunidade deve participar da assistência às famílias dos presos e internados como membros que são, "mas é preciso também que essa participação obedeça às normas legais e às regras da ciência e da técnica do serviço social e – o que é de capital importância – esteja integrada nos programas e atividades dos serviços e órgãos específicos. No caso presente, isso é muitíssimo importante, porque a assistência à família do preso e do internado tem repercussão sobre eles, com reflexos sobre as funções da sanção penal que lhes foi aplicada. Se for bem-feita, contribuirá, como veremos adiante, para que o condenado se sinta responsável, tenha boas disposições para a emenda e, se for o caso, para a cura e a reeducação, tendo em vista o ajustamento ou reajustamento social. Se, ao contrário, for malfeita, for uma pseudoassistência, poderá até mesmo contribuir para que familiares do condenado se desencaminhem e para que o hoje condenado venha a ser, amanhã, reincidente" (*Curso de direito penitenciário*, p. 567).

E também é indispensável que a obra de assistência ao egresso não seja vista como uma obra de caridade, mas como responsável serviço social, e alçada a um nível tal que assegure a consolidação da reeducação carcerária e a readaptação à vida em liberdade (NUVOLONE. O problema da reeducação do condenado. *Revista Brasileira de Criminologia e Direito Penal*, p. 12. n. 11).

> "Art. 22. A assistência social tem por finalidade amparar o preso e o internado e prepará-los para o retorno à liberdade.

Art. 23. Incumbe ao serviço de assistência social:

I – conhecer os resultados dos diagnósticos ou exames;

II – relatar, por escrito, ao diretor do estabelecimento, os problemas e as dificuldades enfrentadas pelo assistido;

III – acompanhar o resultado das permissões de saídas e das saídas temporárias;

IV – promover, no estabelecimento, pelos meios disponíveis, a recreação;

V – promover a orientação do assistido, na fase final do cumprimento da pena, e do liberando, de modo a facilitar o seu retorno à liberdade;

VI – providenciar a obtenção de documentos, dos benefícios da Previdência Social e do seguro por acidente no trabalho;

VII – orientar e amparar, quando necessário, a família do preso, do internado e da vítima".

Em casos de falecimento do recluso, de doença ou de acidente graves, seus parentes ou seu cônjuge deverão ser avisados. No caso inverso, de falecimento ou doença grave de um parente ou de seu cônjuge, a assistência social deverá informar ao condenado e fornecer-lhe o amparo necessário. Além dessas, de outra gama de sofrimentos, necessidades e problemas podem padecer a família como consequências indiretas da condenação, da aplicação da pena ou de Medida de Segurança a um dos seus membros, especialmente pelo fato de a condenação criminal estender seus reflexos a outras disciplinas jurídicas (MIOTTO. *Curso...*, cit., p. 564).

No outro polo do fenômeno criminoso, da mesma forma, o crime reflete não só sobre a vítima, mas sobre todos os membros da sua família. A assistência abrange desde a religiosa, a moral, a social e a econômica, até a jurídica. Nos casos de morte da vítima, conforto da religião para superar o sofrimento causado pela morte de um dos seus; apoio afetivo, consolação para evitar os sentimentos de ódio, vingança; cuidados para manter a integração da família; ajuda, orientação, assistência para resolver questões de Direito Civil (tais como pátrio poder, tutela, curatela, registros de nascimento e morte, inventário, legalização de uniões de fato), de Direito do Trabalho, Previdência Social, indenização do dano; eventual ajuda econômica etc. Tirante o caso de morte, a vítima pode ter ficado impossibilitada física ou psicologicamente para o trabalho e outras atividades corriqueiras; traumas profundos nos casos de crimes contra os costumes, e uma infinidade de sequelas que merecem a atenção do serviço social do Estado (MIOTTO. *Curso...*, cit., p. 582-583).

Enfim, a atuação do assistente social é fundamental para desenvolver o fortalecimento das relações entre os condenados e a sociedade, promovendo a inclusão social dos apenados e a desmistificação da identidade socialmente construída (GUINDANI. Tratamento penal: a dialética do instituído e do instituinte. In: CARVALHO (coord.). *Crítica à execução penal*, p. 180).

6.6. ASSISTÊNCIA RELIGIOSA

A execução penal, sempre que possível, deverá proporcionar o resgate de freios morais que possam colaborar com a recuperação do condenado. A religião, sem dúvida, exerce uma forte persuasão sobre o fiel, e não pode ser negada ao crente.

De acordo com as Regras Mínimas, se o estabelecimento prisional possuir um número suficiente de reclusos que pertençam a uma mesma religião, nomear-se-á ou admitir-se-á um representante autorizado para esse culto, que deverá prestar o serviço em caráter contínuo, caso as circunstâncias permitam. Ainda que não exista um representante contínuo, nunca se deverá negar ao recluso o direito de comunicar-se com o sacerdote de sua religião ou manter em seu poder livros de instrução religiosa.

A fé pode atuar como um norte ao condenado, e os socorros espirituais ou a religião "podem servir para o bem-estar do preso (do internado), como assim servem a qualquer ser humano. Estar bem com Deus, poder confiar nos ministros da sua religião, faz bem a qualquer ser humano, e encoraja a suportar as adversidades, a vencer as dificuldades e tentações, com equilíbrio psicológico e moral" (MIOTTO. *Curso de direito penitenciário*, p. 471).

A cautela ficará a cargo do respeito à inviolabilidade da liberdade de consciência, mandamento constitucional (art. 5º, VI) que assegura o livre exercício dos cultos religiosos e garante, na forma da Lei, a proteção aos locais de culto e de suas liturgias. A Lei de Execução Penal, embora anterior à Constituição Federal, dispõe dessa forma, garantindo a assistência religiosa com liberdade de culto.

A assistência será prestada aos presos e aos internados, conforme suas convicções religiosas, e garantida a realização e participação em seus cultos, com os objetos e livros necessários para tanto. As Regras Mínimas preconizam que, havendo um número suficiente de reclusos pertencentes a uma mesma religião, poderá ser nomeado, ou admitir-se, um representante oficial do culto (padre, pastor etc.). Essa assistência deve ir além, permitindo-se visitas frequentes do representante para confortar, aconselhar e orientar o recluso em sua fé.

Aqueles que não possuírem culto ou religião não poderão ser forçados a participar dessas atividades, sem que isso possa implicar desprestígio ao seu comportamento carcerário ou empecilho para o reconhecimento de algum direito. A liberdade deve sempre ser respeitada, e ainda que o recluso pratique certa religião, não desejando por qualquer motivo a visita de um representante, sua vontade deverá ser acatada.

A Lei Federal n. 9.982/2000 assegura aos religiosos de todas as confissões o acesso aos hospitais e aos estabelecimentos prisionais civis ou militares, para dar atendimento religioso aos internados, desde que em comum acordo com estes. Ressalva apenas a obediência às determinações legais e normas internas de cada instituição penal, a fim de não pôr em risco a segurança do ambiente prisional.

6.7. ASSISTÊNCIA AO EGRESSO

Egresso é a pessoa que foi recentemente liberada. Aquele que deixa o estabelecimento penal pelo cumprimento da pena, pelo prazo superveniente de um ano, será considerado egresso. Também será egresso o liberado condicionalmente, enquanto estiver em livramento condicional.

É certo que, desde o início do cumprimento da pena, o Estado e a sociedade deverão considerar o momento de retorno do condenado ao convívio social. O alento ao recluso para que não perca seus vínculos pessoais e a criação de órgãos e entidades especiais de suporte são investimentos indispensáveis para a readaptação social. Portanto, durante o cumprimento da pena os representantes das entidades e órgãos de amparo ao egresso devem ter total acesso aos estabelecimentos e entrevistarem-se com os reclusos. Essa é a indicação das Regras Mínimas da ONU que ainda sugerem que essas entidades participem dos projetos de individualização da pena e de readaptação.

Após o cumprimento da pena, na qual o condenado ficou afastado das situações normais de convivência, é natural que tenha certa dificuldade para reintegrar-se à sociedade. O Estado deve prestar essa assistência, acompanhando de perto seu desempenho e subsidiando-o com o mínimo material. Trata-se de uma fase de suma importância para a finalidade da pena e, principalmente, de redução da reincidência.

Segundo o art. 25 da LEP:

> "Art. 25. A assistência ao egresso consiste:
> "I – na orientação e apoio para reintegrá-lo à vida em liberdade;
> II – na concessão, se necessário, de alojamento e alimentação, em estabelecimento adequado, pelo prazo de 2 (dois) meses".

A orientação deverá ser provida pelo serviço de Assistência Social que integra o sistema penitenciário. O acompanhamento do egresso em sua família e ambiente de trabalho, aconselhando-o e apoiando-o, faz parte das finalidades que justificam a intervenção do Estado na liberdade do cidadão.

Além da orientação, também está prevista a provisão material de alojamento e alimentação. Muitas vezes, ao deixar o cárcere, o condenado não mais possui uma família estruturada, por motivos de falecimentos, doenças ou simples negação de seus parentes. Deixado à sua própria sorte será facilmente recrutado pela ilicitude.

Mas a carência pode demonstrar-se muito maior. Por isso, as Regras Mínimas da ONU aconselham que, na medida do possível, o amparo estenda-se ao fornecimento de documentos, vestuário adequado ao clima, transporte para o local de residência, e até mesmo ajuda em dinheiro ou trabalho temporário (regra 81).

O prazo para a prestação do auxílio material (alojamento e alimentação) também merece críticas por ser demasiadamente curto. Há previsão para que seja prestado por dois meses, prorrogável por igual período mediante declaração do assistente social e comprovado o empenho na obtenção de emprego. Parece-nos que o estigma carcerário carregado pelo egresso é fator suficiente para dificultar-lhe a obtenção do emprego. Some-se a isso a realidade nacional, submetida a índices altíssimos de desemprego. Seria conveniente que não houvesse um prazo máximo e que a definição da necessidade permanecesse a cargo do assistente social.

Ressalte-se que as Regras Mínimas reclamam o empenho de toda a sociedade. Seu dever (e do Estado) não termina com a liberação do recluso, e tanto os órgãos governamentais quanto os privados devem empenhar-se para diminuir os prejuízos do cárcere e permitir que o liberado readapte-se à comunidade (regra 64).

6.8. AUXÍLIO-RECLUSÃO

O condenado, na maioria das vezes, possui família constituída, ou ao menos alguém que economicamente dependa dele. Encarcerado, nem sempre lhe é garantido o direito ao trabalho, ainda que assim determine a legislação. Se assim o fosse, ainda que não condizentemente poderia auxiliar a família que deixou além dos muros da prisão.

Pensando nisso, a *Constituição Federal de 1988,* ao regrar a Previdência Social em seu art. 201, após preconizar que será "organizada sob a forma de regime geral, de caráter contributivo e de filiação obrigatória, observados critérios que preservem o equilíbrio financeiro e atuarial", entrega à lei ordinária a proteção aos dependentes do condenado, garantindo-lhes, no mínimo, auxílio-reclusão para os de baixa renda (inc. IV).

A lei ordinária a cuidar do tema – Lei n. 8.213/91 – dispõe sobre o *auxílio-reclusão* em seu art. 80: "O auxílio-reclusão, cumprida a carência prevista no inciso IV do *caput* do art. 25 desta Lei, será devido, nas condições da pensão por morte, aos dependentes do segurado de baixa renda recolhido à prisão em regime fechado que não receber remuneração da empresa nem estiver em gozo de auxílio-doença, de pensão por morte, de salário-maternidade, de aposentadoria ou de abono de permanência em serviço". A referência ao art. 25, IV, exige, para a concessão do direito, tempo mínimo de contribuição de 24 (vinte e quatro) meses.

O auxílio-reclusão poderá ser requerido ao Instituto Nacional de Previdência Social, instruído com a certidão do efetivo recolhimento à prisão e a qualificação dos dependentes. No caso de qualificação de dependentes após a reclusão ou detenção do segurado, deverá ser comprovada a preexistência da dependência econômica.

A data de início do benefício será fixada na data do efetivo recolhimento do segurado à prisão, se requerido até trinta dias depois desta, ou na data do requerimento, se posterior. O beneficiário deverá apresentar trimestralmente atestado de que o segurado continua detido ou recluso, firmado pela autoridade competente (Decreto Federal n. 3.048/99, art. 117, § 1º). Trata-se de condição obrigatória para a manutenção do benefício. O auxílio-reclusão sempre foi devido durante o período em que o segurado estiver recolhido à prisão sob regime fechado ou semiaberto, pela paridade que os dois regimes possuem. Mas recentemente com a alteração da Lei n. 8.213/91 pela Lei n. 13.846/19 e do Decreto Federal n. 3.048/99, alterado pelo Decreto n. 10.410/2020, retirou-se o regime semiaberto da possibilidade do auxílio, medida nada razoável e totalmente infundada.

O art. 80 da Lei n. 8.213/91 prevê ao auxílio-reclusão o mesmo procedimento da pensão por morte, tratada nos arts. 74 a 78.

A Portaria Interministerial n. 15, de 2013, celebrada entre o Ministro da Previdência Social e o da Fazenda, já havia definido compatibilidade com o valor do salário mínimo, ou seja, não poderia ser inferior a seu valor. Atualmente, a Portaria SEPRT n. 477/2021 da Secretaria Especial de Previdência e Trabalho do Ministério da Economia assegura que o valor do auxílio-reclusão será de R$ 1.100,00 (mil e cem reais). O auxílio-reclusão será devido aos dependentes do segurado cujo valor de contribuição seja igual ou inferior a R$ 1.503,25, independentemente da quantidade de contratos e das atividades exercidas, e desde que não esteja em gozo de outro auxílio como incapacidade temporária, pensão por morte, salário-maternidade, aposentadoria ou abono de permanência de serviço. Há aparente contradição entre a Lei n. 8.213/91 e o Decreto n. 3.048/99, que a regulamenta, pois a lei expressamente reza que "o exercício de atividade remunerada do segurado recluso, em cumprimento de pena em regime fechado, não acarreta a perda do direito ao recebimento do auxílio-reclusão para seus dependentes" (art. 80, § 7º) e o Decreto impede a concessão do auxílio ao recluso que receber "remuneração da empresa". Entendemos que esta "empresa" a que se refere o Decreto é aquela à qual o recluso estava empregado antes de ser preso, e não àquela que porventura venha a pagar seu salário pelo trabalho exercido dentro do estabelecimento penitenciário.

A Lei de Execução Penal aponta o trabalho como um dever e um direito do condenado. O exercício dessa atividade remunerada pelo recluso em cumprimento de pena em regime fechado ou semiaberto, desde que contribua na condição de segurado, não acarretará a perda do direito ao recebimento do auxílio-reclusão pelos seus dependentes.

No caso de fuga, o benefício será suspenso e, se houver recaptura do segurado, será restabelecido a contar da data em que esta ocorrer, desde que esteja ainda mantida a qualidade de segurado. Se houver exercício de atividade dentro do período de fuga, o mesmo será considerado para a verificação da perda ou não da qualidade de segurado.

O Estado deverá prestar o benefício sem atrasos, ainda que falte a habilitação de outro possível dependente, e qualquer inscrição ou habilitação posterior que importe em exclusão ou inclusão de dependente só produzirá efeito a contar da data da inscrição ou habilitação. O cônjuge ausente não exclui do direito à pensão por morte o companheiro ou a companheira, que somente fará jus ao benefício a partir da data de sua habilitação e mediante prova de dependência econômica, e o cônjuge divorciado ou separado judicialmente ou de fato que recebia pensão de alimentos concorrerá em igualdade de condições com os demais dependentes referidos pela lei.

O direito à parte do auxílio cessará nas hipóteses previstas no art. 77, § 2º, da Lei n. 8.213/91.

Caso o detento venha a falecer no interior da prisão, o benefício do auxílio-reclusão automaticamente será convertido em pensão por morte, diante da equiparação jurídica dos institutos. É vedada a concessão do auxílio-reclusão após a soltura do segurado.

6.9. JURISPRUDÊNCIA SELECIONADA

Assistência jurídica

"No processo penal não se há de impor o rigor de somente admitir-se a atuação do advogado mediante formal nomeação por meio do instrumento de mandato. Quando a constituição assegura a assistência de advogado ao preso e assistência jurídica integral e gratuita aos desprovidos de recursos além da ampla defesa, bem assim permitindo o Código de Processo Penal que a constituição do defensor se faça por mera indicação no interrogatório, dispensada a procuração, se há de compreender que assim possa fazê-lo ao prestar declarações à polícia. O juiz não pode desconhecer esse fato e nomear 'AD HOC', se não há renúncia formal do defensor" (STJ, RHC 3791/PR, 5ª T., j. 3-8-1994, rel. Min. Jesus Costa Lima, *DJ* 22-8-1994, p. 21.273).

Auxílio-reclusão

"Recurso repetitivo, tema 896 STJ + 89 STF: Recurso Especial. Matéria repetitiva. Art. 543-C do CPC/1973 (atual 1.036 do CPC/2015) e resolução STJ 8/2008. Recurso representativo de controvérsia. Auxílio-reclusão. Segurado desempregado ou sem renda em período de graça. Critério econômico. Momento da reclusão. Ausência de renda. Último salário de contribuição afastado. Controvérsia submetida ao rito do art. 543-c do CPC/1973 (atual 1.036 do CPC/2015) 1. A controvérsia submetida ao regime do art. 543-C do CPC/1973 (atual 1.036 do CPC/2015) e da Resolução STJ 8/2008 é: 'definição do critério de renda (se o último salário de contribuição ou a ausência de renda) do segurado que não exerce atividade remunerada abrangida pela Previdência Social no momento do recolhimento à prisão para a concessão do benefício auxílio-reclusão (art. 80 da Lei 8.213/1991)'. Fundamentos da resolução da controvérsia 2. À luz dos arts. 201, IV, da Constituição Federal e 80 da Lei 8.213/1991, o benefício auxílio-reclusão consiste na prestação pecuniária previdenciária de amparo aos dependentes do segurado de baixa renda que se encontra em regime de reclusão prisional. 3. O Estado, através do Regime Geral de Previdência Social, no caso, entendeu por bem amparar os que dependem do segurado preso e definiu como critério para a concessão do benefício a 'baixa renda'. 4. Indubitavelmente o critério econômico da renda deve ser constatado no momento da reclusão, pois nele é que os dependentes sofrem o baque da perda do seu provedor. 5. O art. 80 da Lei 8.213/1991 expressa que o auxílio-reclusão será devido quando o segurado recolhido à prisão 'não receber remuneração da empresa'. 6. Da mesma forma o § 1º do art. 116 do Decreto 3.048/1999 estipula que 'é devido auxílio-reclusão aos dependentes do segurado quando não houver salário de contribuição na data do seu efetivo recolhimento à prisão, desde que mantida a qualidade de segurado', o que regula a situação fática ora deduzida, de forma que a ausência de renda deve ser considerada para o segurado que está em período de graça pela falta do exercício de atividade remunerada abrangida pela Previdência Social (art. 15, II, da Lei 8.213/1991). 7. Aliada a esses argumentos por si sós suficientes ao desprovimento do Recurso Especial, a jurisprudência do STJ assentou posição de que os requisitos para a concessão do benefício devem ser verificados no momento do recolhimento à prisão, em observância ao princípio *tempus regit actum*. (...) 8. Para a concessão de auxílio-reclusão (art. 80 da Lei 8.213/1991), o critério de aferição de renda do segurado que não exerce atividade laboral remunerada no momento do recolhimento à prisão é a ausência de renda, e não o último salário de contribuição. (...)" (STJ, REsp 1485417/MS, 1ª S., j. 22-11-2017, rel. Min. Herman Benjamin, *DJe* 2-2-2018).

"Processual civil e previdenciário. Violação ao art. 1.022 do CPC/2015. Não ocorrência. Auxílio-reclusão. Prisão domiciliar. Reconhecimento administrativo. Instrução normativa n. 85/2016. Direito. [...] 2. Nos termos dos arts. 80 da Lei n. 8.213/1991, 116, § 5º, e 119 do Decreto n. 3.048/1999, o auxílio-reclusão será devido durante o período em que o apenado estiver recluso, seja em regime fechado ou semiaberto. 3. Hipótese em que a pretensão recursal da autarquia está em dissonância com sua própria orientação interna, porquanto desde 19-2-2016, por meio da Instrução Normativa n. 85 PRES/INSS, reconhece que o cumprimento de pena em prisão domiciliar não impede a percepção do benefício, se o regime previsto for o fechado ou semiaberto, caso dos autos. 4. Recurso especial desprovido" (STJ, REsp 1672295/RS, 1ª T., j. 17-7-2017, rel. Min. Gurgel de Faria, *DJe* 26-10-2017).

"Previdenciário. Auxílio-reclusão. Segurado sem renda em período de graça. Valor do benefício. Cálculo com base no salário de benefício. 1. O acórdão recorrido entendeu que o valor do benefício de auxílio-reclusão deve corresponder a um salário mínimo mensal quando o segurado não possui renda por estar em período de graça, na data do seu efetivo recolhimento à prisão. 2. Não há previsão legal de para que, na ausência de salário de contribuição, o valor do benefício do auxílio-reclusão seja de um salário mínimo. Da interpretação dos arts. 28, 29, 33, 75 e 80, da Lei 8.213/1991, extrai-se que a apuração do valor do salário de benefício do auxílio-reclusão segue os mesmos critérios da pensão por morte, de modo que será apurado com base na média aritmética simples dos maiores salários de contribuição correspondentes a oitenta por cento de todo o período contributivo. 3. Recurso Especial provido" (STJ, REsp 1808750 SP 2019/0100377-7, rel. Min. Herman Benjamin, j. 25-6-2019, 2ª T., *DJe* 2-8-2019).

Assistência religiosa

"A concessão de autorização para que o reeducando compareça a cultos religiosos duas vezes por semana, bem como a concessão da autorização para laborar, contribui significativamente para a ressocialização do reeducando" (TJ-MS, AgE 0000537-46.2016.8.12.0027, 1ª Câm. Crim., j. 22-11-2016, rel. Des. Manoel Mendes Carli, *DJ* 2-12-2016).

"Hipótese em que se vislumbra do voto condutor do acórdão hostilizado, a inexistência de constrangimento ilegal sofrido por um dos pacientes, ante a ausência de prisão especial, para cumprimento de segregação cautelar, desde que lhe foi dispensado tratamento diferenciado, como isolamento de outros presos, possibilidade de receber a família e amigos, assistência religiosa e médica, nas condições possíveis para o estabelecimento prisional. Quanto ao excesso de prazo e a alegação de ausência de motivos que autorizem a manutenção da constrição preventiva, cumpre dizer que a matéria que não houver sido apreciada na instância inferior, em regra, também não pode ser apreciada por este Egrégio Tribunal Superior, sob pena de se acarretar supressão da mesma. Ordem denegada" (STJ, HC 8821/GO, 5ª T., j. 4-5-1999, rel. Min. José Arnaldo da Fonseca, *DJ* 31-5-1999, p. 161).

Assistência à saúde

"1. O Superior Tribunal de Justiça assentou o entendimento de que, excepcionalmente, concede-se regime prisional mais benéfico ao condenado portador de doença grave que, recolhido no regime fechado ou semiaberto, demonstra a impossibilidade de prestação da devida assistência médica pelo estabelecimento penal em que se encontra recolhido. 2. O apenado deve, na via mandamental, demonstrar de plano, mediante a apresentação de documentos e laudos médicos, que o tratamento de saúde prestado no estabelecimento prisional é ineficiente e inadequado, o que, *in casu*, não restou comprovado. 3. Precedentes do STJ. 4. Ordem denegada" (STJ, HC 28588/RS, 5ª T., j. 18-9-2003, rel. Min. Laurita Vaz, *DJ* 19-12-2003, p. 526).

"1. O Superior Tribunal de Justiça, em caráter excepcional, tem entendido ser possível a concessão do benefício de aguardar o julgamento em liberdade em face de comprovada doença grave, se o tratamento médico necessário não puder ser ministrado no presídio em que se encontra o apenado. 2. *In casu*, restou demonstrado, de forma inequívoca, que o paciente é portador de doença grave e possui sequelas degenerativas decorrentes da evolução negativa de seu estado de saúde, ao longo dos três anos em que se encontra preso sob a custódia do Estado. 3. Excesso de prazo configurado na hipótese, em razão das diversas redistribuições dos autos, que tramitam há mais de 03 (três) anos sem, contudo, que a instrução criminal tenha sido encerrada. 4. Ordem concedida para que o paciente aguarde em liberdade o julgamento da ação penal" (STJ, HC 27914/BA, 5ª T., j. 19-8-2003, rel. Min. Laurita Vaz, *DJ* 15-9-2003, p. 339).

"A lei processual penal garante ao preso toda assistência de caráter preventivo e curativo, tanto médico e farmacêutico, como odontológico. Sendo-lhe garantida a remoção para um hospital penitenciário, e não sendo possível sua internação por falta de condições, cabe ao condenado provar a ausência de qualquer estabelecimento símile ou que o regime domiciliar pleiteado seja a melhor opção médica" (STJ, HC 5405/SP, 5ª T., j. 24-3-1997, rel. Min. Edson Vidigal, *DJ* 1º-9-1997, p. 40.850).

Falecimento do preso

"Recurso Extraordinário. Repercussão Geral. Responsabilidade Civil do Estado por morte de detento. Artigos 5º, XLIX, e 37, § 6º, da Constituição Federal. 1. A responsabilidade civil estatal, segundo a Constituição Federal de 1988, em seu artigo 37, § 6º, subsume-se à teoria do risco administrativo, tanto para as condutas estatais comissivas quanto para as omissivas, posto rejeitada a teoria do risco integral. 2. A omissão do Estado reclama nexo de causalidade em relação ao dano sofrido pela vítima nos casos em que o Poder Público ostenta o dever legal e a efetiva possibilidade de agir para impedir o resultado danoso. 3. É dever do Estado e direito subjetivo do preso que a execução da pena se dê de forma humanizada, garantindo-se os direitos fundamentais do detento, e o de ter preservada a sua incolumidade física e moral (artigo 5º, inciso XLIX, da Constituição Federal). 4. O dever constitucional de proteção ao detento somente se considera violado quando possível a atuação estatal no sentido de garantir os seus direitos fundamentais, pressuposto inafastável para a configuração da responsabilidade civil objetiva estatal, na forma do artigo 37, § 6º, da Constituição Federal. 5. *Ad impossibilia nemo tenetur*, por isso que nos casos em que não é possível ao Estado agir para evitar a morte do detento (que ocorreria mesmo que o preso estivesse em liberdade), rompe-se o nexo de causalidade, afastando-se a responsabilidade do Poder Público, sob pena de adotar-se *contra legem* e a *opinio doctorum* a teoria do risco integral, ao arrepio do texto constitucional. 6. A morte do detento pode ocorrer por várias causas, como, *v. g.*, homicídio, suicídio, acidente ou morte natural, sendo que nem sempre será possível ao Estado evitá-la, por mais que adote as precauções exigíveis. 7. A responsabilidade civil estatal resta conjurada nas hipóteses em que o Poder Público comprova causa impeditiva da sua atuação protetiva do detento, rompendo o nexo de causalidade da sua omissão com o resultado danoso. 8. Repercussão geral constitucional que assenta a tese de que: em caso de inobservância do seu dever específico de proteção previsto no artigo 5º, inciso XLIX, da Constituição Federal, o Estado é responsável pela morte do detento. 9. *In casu*, o tribunal *a quo* assentou que inocorreu a comprovação do suicídio do detento, nem outra causa capaz de romper o nexo de causalidade da sua omissão com o óbito ocorrido, restando escorreita a decisão impositiva de responsabilidade civil estatal. 10. Recurso extraordinário desprovido" (RE 841526, rel. Luiz Fux, Tribunal Pleno, j. 30-3-2016, acórdão eletrônico repercussão geral – mérito *DJe*-159 divulg. 29-7-2016, public. 1º-8-2016).

"Responsabilidade civil do Estado. Morte de detento. O ordenamento constitucional vigente assegura ao preso a integridade física (CF, art. 5º, XLIX) sendo dever do Estado garantir a vida de seus detentos, mantendo, para isso, vigilância constante e eficiente. Assassinado o preso por colega de cela quando cumpria pena por homicídio qualificado responde o Estado civilmente pelo evento danoso, independentemente da culpa do agente público" (STJ, REsp 5711/RJ, 1ª T., j. 20-3-1991, rel. Min. Garcia Vieira, *DJ* 22-4-1991, p. 4.771).

"Responsabilidade civil do estado – Danos morais e materiais – Falecimento de presa no interior penitenciária estadual – Ainda que demonstrada a ocorrência de suicídio da vítima o Estado responde objetivamente pelos danos causados, nos termos do art. 37, § 6º, da Constituição Federal – Dever de preservar e garantir a incolumidade daqueles que estão sob sua custódia – Precedentes do STF e do STJ – Sentença reformada – Recurso provido em parte" (TJ-SP, AC 10449104320178260053 SP 1044910-43.2017.8.26.0053, rel. Luís Francisco Aguilar Cortez, j. 24-5-2018, 1ª Câmara de Direito Público, *DJe* 24-5-2018).

TRABALHO 7

Enrico Ferri, expoente da Escola Positivista Criminológica, depositava profundas confianças de que o trabalho era o fundamento da vida penitenciária. Garantiria indenização ao erário, às partes lesadas pelo delito, além de servir de educação moral e técnica para um retorno mais seguro à vida normal (*Princípios de direito criminal*, p. 359). Muita coisa mudou desde seu tempo.

7.1. FINALIDADES

A finalidade de submeter o condenado ao trabalho não é a de agravar a pena, mas a de respeitar a dignidade humana daquele que possui capacidade para exercê-lo. A Lei de Execução Penal apresenta o trabalho como obrigatório ao condenado, e reflexamente é obrigação do Estado disponibilizá-lo a ele.

É certo que o trabalho não é somente um dever, mas antes um direito. Como corretamente formula Cuello Calón, à assertiva de trabalho imposto ao condenado contrapõe-se seu direito a trabalhar. Reconhece-se que o condenado não só tem o dever, senão também o direito ao trabalho. O trabalho é inerente à personalidade humana e o recluso tem o direito de pretender que sua força e sua capacidade de trabalho não sofram prejuízo nem menoscabo pelo fato de sua reclusão, conservando a plenitude de suas aptidões e de seus conhecimentos profissionais. O Estado extrapolaria sua missão caso, durante a execução penal, cometesse tal injustiça privando o condenado daquele direito (*La moderna penología*, p. 418).

Sua proibição ou mesmo o descaso quanto à sua importância, como bem nota Edmundo de Oliveira, invalidam os propósitos da execução, pois "a ociosidade ou mesmo o trabalho sem atender às diferenças de idade, saúde e cultura do preso, tornam inválidos os propósitos de evasão e ocupação, pois, pela sua intemperança, causam-lhe desvios naturais de produtividade e empreendimento" (*Direitos e deveres do condenado*, p. 34).

O recluso deve sentir-se quanto menos um excluído. O trabalho tem função social nesse sentido, pois pretende mantê-lo inserido no contexto do desenvolvimento econômico e social da comunidade, contribuindo com o bem comum, como seus demais destinatários (ALBERGARIA. *Comentários à lei de execução penal*, p. 54). Em reais condições de atender aos objetivos da pena, traduz-se em providência altamente benéfica, tanto à comunidade quanto ao condenado, e a este se converte em um neutralizador dos males físicos da pena (DOTTI. *A reforma penal e penitenciária*, p. 33).

Mesmo aqueles que não possuem uma profissão ao ingressar no sistema devem ser beneficiados pelo trabalho, tal como acentua Jason Albergaria. Na atividade oferecida pelo órgão estatal atribui-se ao preso uma profissão, reincorporando-o e reinserindo-o como força produtiva na população ativa da sua comunidade e da nação. "A reinserção social do preso como objetivo da pena retirou do trabalho o seu aspecto de castigo, opressão e exploração. O trabalho é um dos elementos do tratamento reeducativo. As atividades do trabalho são formativas, como ramo da pedagogia emendativa. O tratamento reeducativo pelo trabalho é a educação para o trabalho, como dever social. O trabalho, como elemento do tratamento reeducativo, atende às aspirações do condenado ou internado e às necessidades da sociedade. O trabalho como dever social ou obrigação do preso não é uma coação imposta à execução penal, mas um dos aspectos das responsabilidades pessoais que deve assumir todo homem ao tomar seu lugar na sociedade" (ALBERGARIA. *Comentários à lei de execução penal*, p. 55).

O condenado que retorna ao convívio livre sem o hábito ou mesmo capacidade de trabalhar figura, para Teodolindo Castiglione, como um "criminoso em perspectiva", pois não possuirá meios de sustentar-se de forma honesta (*Estabelecimentos penais abertos*, p. 54). É evidente que essa relação não é obrigatória e deve ter sido elaborada pelo autor como uma opinião relacionada aos crimes contra o patrimônio.

As Regras Mínimas dispõem sobre o trabalho do recluso negando-lhe o caráter aflitivo e sempre em consonância com a aptidão física e mental, com as necessárias atenções à idade e às pessoas com necessidades especiais. O exame criminológico a que se submete o preso no início do regime fechado e semiaberto deveria, no entender de Jason Albergaria, objetivar a orientação profissional do preso, por meio profissional ligado à psicologia (*Comentários à lei de execução penal*, p. 60).

A partir de suas qualidades, o trabalho deverá ser obrigatoriamente oferecido pelo Estado, de natureza produtiva e deverá perdurar pelo prazo comum de uma jornada regular de trabalho, mantendo-se, o máximo possível, em semelhança ao regime e condição dos que são oferecidos no mercado. O mandamento das Regras Mínimas é para que o exercício de uma atividade profissional possa manter ou aumentar a capacidade do detento em prover-se após sua liberação. Aqueles que necessitarem – especialmente os mais jovens – receberão formação profissional de modo a aproveitá-la futuramente.

Nesse sentido, alguns autores censuram o emprego de artesanato ou de recursos tecnológicos ultrapassados, por fomentarem a "indústria da miséria", dificultando ou até mesmo impedindo que a população prisional participe do contexto da economia nacional (ALBERGARIA. *Comentários à lei de execução penal*, p. 56). Ao contrário, deverá haver a preocupação de estímulo e formação às necessidades do mercado de trabalho (Lei n. 7.210/84, art. 32).

Para fins de reinserção social, o trabalho deve refletir aquele da sociedade livre, pois somente assim será possível que os egressos adquiram a preparação profissional, já que "o trabalho não tem o objetivo de manter ocupados os detidos durante a jornada de trabalho, mas sim o de administrar-lhes uma idônea preparação com vistas a sua reentrada na sociedade" (Marchetti. El tratamiento penitenciario: el trabajo en la función reeducativa. In: Arroyo Zapatero; Berdugo Gómez de la Torre. *Homenaje al Dr. Marino Barbero Santos. In memoriam*, p. 397). Todavia, não se pode deixar de reconhecer a equivalência dos trabalhos artísticos, artesanais ou culturais que possam ser desenvolvidos e que merecem o mesmo tratamento do trabalho produtivo convencional, especialmente para fins de remição.

E deve-se enfatizar o trabalho profissionalizante de caráter autônomo (p. ex.: mecânica, carpintaria, serralheria etc.), redutor do estigma social e da perpetuação da situação de egresso, pois, como bem nota Rui Medeiros, "ao autônomo não se indaga seu passado ou seus antecedentes pessoais" (*Prisões abertas*, p. 62). Em uma sociedade altamente preconceituosa, o aceite do ex-detento torna-se mais fácil na medida em que não é obrigado a declarar sua situação de ex-condenado.

Em uma tentativa de minimizar o preconceito que tem o mercado de trabalho com relação ao condenado e ao egresso, publicou-se o Decreto n. 9.450, de 24 de julho de 2018, que institui a Política Nacional de Trabalho no âmbito do Sistema Prisional – Pnat – que estabelece algumas regras, tendo dentre elas, como uma das mais importantes, a previsão de que, nas contratações com a administração pública, as empresas privadas contratadas deverão admitir condenados em qualquer um dos regimes ou egressos do sistema prisional nas seguintes proporções (art. 6º):

> "I – três por cento das vagas, quando a execução do contrato demandar duzentos ou menos funcionários;
> II – quatro por cento das vagas, quando a execução do contrato demandar duzentos e um a quinhentos funcionários;
> III – cinco por cento das vagas, quando a execução do contrato demandar quinhentos e um a mil funcionários; ou
> IV – seis por cento das vagas, quando a execução do contrato demandar mais de mil empregados".

Caberá ainda à empresa contratada providenciar transporte, alimentação, uniforme, equipamentos de proteção, inscrição no regime Geral de Previdência Social (quando em regime semiaberto) e, evidentemente, remuneração nos termos da legislação, que, como defendemos, deverá ser a mesma do trabalhador livre.

7.2. REGRAS

Na legislação brasileira, o trabalho do preso definitivo é obrigatório, mas facultativo ao preso provisório. Caso este opte por trabalhar, somente poderá realizar as atividades laborais internas, ou seja, disponibilizadas dentro do estabelecimento prisional (Lei n. 7.210/84, art. 31, parágrafo único). Permite-se ao preso provisório o exercício do trabalho, pois, além do benefício terapêutico, caso venha a ser condenado, poderá beneficiar-se com o instituto da remição (infra, n. 7.3).

Os *idosos*, os *doentes* e *deficientes físicos*, a *gestante* e a *parturiente*, assim como o preso provisório, estarão dispensados do trabalho.

A administração das colônias penais agrícolas ou industriais, segundo as Regras Mínimas, deverá, preferencialmente, ser conduzida pelo Poder Público.

Embora o trabalho do preso siga o estabelecido em normas de higiene, saúde e segurança, não estará sujeito ao regime da Consolidação das Leis do Trabalho, por expressa disposição legal. O motivo para a diferenciação é a relação de trabalho constituída, já que não se trata de um acordo de vontades regido pelo direito privado.

7.3. REMUNERAÇÃO E OUTROS DIREITOS

A tendência mundial, de há muito, é pelo reconhecimento dos direitos do trabalhador preso em relação de igualdade ao trabalhador livre. Os textos internacionais determinam que "o trabalho dos internos seja regido por normas de salário, segurança e higiene que rejam os trabalhadores livres", e é o que explicitamente reconhecem alguns países como Espanha, França e Bélgica (TAMARIT SUMALLA et al. *Curso de derecho penitenciario*, p. 291).

Ao detento que trabalhar será devido um salário, proporcional ao período trabalhado. Pela legislação ordinária (LEP), este valor será o equivalente a 75% do salário mínimo vigente. Se a condução do trabalho for plenamente estatal, o salário deverá ser patrocinado pelos cofres públicos. Se houver gerenciamento da iniciativa privada, esta deverá arcar com os pagamentos (SILVA; BOSCHI. *Comentários à lei de execução penal*, p. 41).

O dispositivo merece uma interpretação à luz da Constituição Federal de 1988 e ser assumido como não recepcionado pela nova ordem constitucional.

O direito ao trabalho é previsto constitucionalmente no artigo inaugural do texto maior. O art. 1º da Constituição Federal eleva à condição de valor fundamental do Estado brasileiro o valor social do trabalho e da livre-iniciativa. Como direito fundamental é exposto no art. 5º, XIII, como a liberdade do exercício de qualquer trabalho, ofício ou profissão, atendidas as qualificações profissionais que a lei estabelecer.

Ainda que a Lei de Execução Penal afirme que o trabalho é obrigação imposta ao condenado, na relação jurídica penitenciária de mão dupla, não pode ser olvidado como um direito, com todas as prerrogativas que recebe do texto constitucional. Por isso, discordamos das incongruências quanto à retribuição aquém do salário mínimo e do não cabimento de férias, remuneração extraordinária, dentre outras prerrogativas assentes ao demais trabalhadores.

Muitas das regras previstas na Consolidação das Leis Trabalhistas foram elevadas a preceitos constitucionais, com a Carta de 1988. Entre elas, o *salário mínimo*. Inicialmente, descartamos o argumento semântico de que o preso não se submete ao regime de trabalho comum e, portanto, não recebe salário. Além da palavra está seu significado pragmático, e o preceito constitucional visa garantir uma remuneração digna, qualquer que seja o nome técnico que se dê (salário, vencimento, pagamento etc.).

Por tudo o que se disse e se continuará dizendo sobre a importância do trabalho como respeito à dignidade do preso, não vemos motivos plausíveis para que o condenado seja remunerado com um estipêndio menor ao colocado como mínimo em todo o território nacional (no mesmo sentido, mas com fundamentos diferentes, ROXIN. *Iniciación al derecho penal de hoy*, p. 85). Como bem afirma Fragoso, o trabalho recompensado de forma injusta e extorsiva é substancialmente inútil para os efeitos de qualquer suposto "tratamento" carcerário (*Direitos dos presos*, p. 32). Certamente, não há dignidade alguma em rebaixar-se o valor do vencimento, rebaixando igualmente a qualidade de trabalhador do recluso. Por isso mesmo, não concordamos com alguns autores que pelos mesmos motivos defendem o salário mínimo, mas apenas ao condenado que trabalhe externamente, negando-o ao trabalhador *intramuros* (SILVA; BOSCHI. *Comentários à lei de execução penal*, p. 53). Se o trabalho é uma condição de dignidade pessoal, além do salário mínimo, deve ser remunerado como o trabalho livre, com direito à Previdência Social e ao seguro contra acidentes (FRAGOSO. *Direitos dos presos*, p. 33). Certamente, dentre os direitos que possa ter o trabalhador preso, o mais importante é o de uma retribuição justa (MARCHETTI. Op. cit., p. 400).

Sabemos que os direitos não suspensos por incompatíveis com a prisão deverão ser mantidos. Neste passo, embora o trabalho do preso não esteja sujeito à Consolidação das Leis do Trabalho, conforme expressamente dispõe o art. 28, § 2º, da Lei de Execução Penal, estará sujeito aos direitos constitucionalmente previstos e não atingidos pela condenação. Se o recluso exercer atividade laboral, nada impede, ao contrário, o ordenamento impõe o atendimento aos preceitos constitucionais relativos ao trabalho. Autores como Jason Albergaria, antes mesmo da promulgação da Constituição de 1988, já entendiam devidas a remuneração por *hora extraordinária* e o direito a *férias* (ALBERGARIA. *Comentários à Lei de Execução Penal*, p. 61; BUENO ARÚS. Panorama comparativo de los modernos sistemas penitenciarios. In: BAUMANN; HENTIG; KLUG et al. *Problemas actuales de las ciencias penales y la filosofía del derecho en homenaje al profesor Luis Jiménez de Asúa*, p. 404). Nesta mesma esteira, em outros países também notamos que a tendência é a de aplicação das garantias constitucionais devidas a todos os trabalhadores também ao trabalhador recluso (MARCHETTI. Op. cit., p. 413 e s.).

E, como muito bem observa Washington Luiz de Campos, recebendo salários condignos, o condenado encontrará estímulo para produzir, certo de que estará preparando algo para o seu futuro e de sua família (CAMPOS. *O direito do trabalho nas prisões*, p. 42).

No Brasil, a Constituição do Estado do Rio de Janeiro é a única que preconiza, em seu art. 27, § 3º, a remuneração igualitária entre o preso e o mercado livre: "O trabalho do presidiário será remunerado no mesmo padrão do mercado de trabalho livre, considerando-se a natureza do serviço e a qualidade da prestação oferecida". É a concretização da profecia de Arturo Santoro, que afirma a tendência de nivelamento do trabalho carcerário com o mundo livre, não somente quanto à jornada de trabalho de 8 horas, descanso semanal, previdência e assistência social, mas também quanto à remuneração (SANTORO. *L'esecuzione penale*, p. 283).

Insistimos no fato de que a remuneração deve ser fixada sobre a base dos salários dos trabalhadores livres. Se um preso em trabalho livre ganha certa soma, deve ganhar a mesma na prisão. Cuello Calón considera um "absurdo supor que o trabalho de um homem piora quando é recolhido a um estabelecimento penal" (CUELLO CALÓN. *La moderna penología*, p. 438).

Acatando a tese acima suscitada, a Procuradoria-Geral da República ajuizou Ação de Descumprimento de Preceito Fundamental (ADPF 336) com o fundamento de que "o estabelecimento de contrapartida monetária pelo trabalho realizado por preso em valor inferior ao salário mínimo viola os princípios constitucionais da isonomia e da dignidade da pessoa humana, além do disposto no artigo 7º, inciso IV, que garante a todos os trabalhadores urbanos e rurais o direito ao salário mínimo". Infelizmente e inexplicavelmente, o STF decidiu contrariamente. No voto, o relator Ministro Fux alegou que a relação de emprego não é regida pela CLT, argumento que não convence, pois a Constituição garante o salário mínimo aos "trabalhadores urbanos e rurais", e não aos livres, primários ou de bons antecedentes. Adiciona outros argumentos preconceituosos, ao dizer em seu voto que o intuito do menor salário é promover as chances de contratação e estimular os empregadores a contratar detentos em detrimento de indivíduos não inseridos no sistema penitenciário, e que boa parte das necessidades da pessoa presa já é atendida pelo Estado, como moradia (?), alimentação (!), educação (!) e saúde (!), mesmo tendo o próprio STF declarado o estado de inconstitucionalidade do sistema penitenciário brasileiro. Destacamos a divergência apresentada pelo Ministro Fachin, que ressaltou que a proteção constitucional ao salário mínimo foi estabelecer a retribuição mínima para todo e qualquer trabalhador.

Conforme as Regras Mínimas, com o produto de seu trabalho o detento poderá adquirir objetos pessoais não fornecidos pelo Estado. Poderá, ainda, enviar parte da remuneração à família, e o Estado deverá providenciar a constituição de um fundo alimentado com parte da remuneração, para possibilitar ao recluso o recomeço ou a retomada de suas atividades após sua liberação. Trata-se de um pecúlio em seu favor que compreenderia, segundo Jason Albergaria, três partes: a) o pecúlio de reserva, b) o pecúlio de garantia e c) o pecúlio disponível. "O pecúlio de reserva será entregue ao preso por ocasião de sua liberação. O pecúlio de garantia refere-se às indenizações dos danos causados pelo crime e às despesas do Estado. O pecúlio disponível destina-se às despesas pessoais do preso dentro ou fora da prisão. O recluso poderá depositar parte do pecúlio disponível em caderneta de poupança. O pecúlio de reserva não poderá ser usado no curso da execução penal, mas por motivo especial o juiz da execução poderá autorizar a utilização de parte deste pecúlio" (ALBERGARIA. *Comentários à lei de execução penal*, p. 58).

De acordo com o § 1º do art. 29 da LEP, a remuneração do preso será destinada:

"*a*) à indenização dos danos causados pelo crime, desde que determinados judicialmente e não reparados por outros meios;

b) à assistência à família;

c) a pequenas despesas pessoais;

d) ao ressarcimento ao Estado das despesas realizadas com a manutenção do condenado, em proporção a ser fixada e sem prejuízo da destinação prevista nas letras anteriores".

A parte restante será depositada, para a constituição do pecúlio, em caderneta de poupança, que será entregue ao condenado quando posto em liberdade.

As Regras Mínimas ressalvam a possibilidade do trabalho exercido às entidades e órgãos públicos, que poderão não retribuir financeiramente. Especificamente quanto à prestação de serviços à comunidade, espécie de pena alternativa, não haverá retribuição, pela própria natureza da sanção aplicada.

O recluso trabalhador terá direito a, pelo menos, um dia de descanso semanal e deverá dispor de tempo suficiente para os cursos, instruções e outras atividades realizadas com vistas à readaptação e reinserção social. Sua jornada será de, no mínimo, seis e, no máximo, oito horas, com descanso garantido aos domingos e feriados (LEP, art. 33). É evidente que, se a jornada diária, por determinação superior ou pelas peculiaridades do trabalho exercido, for executada em menos horas (p. ex., por 4 horas), tal situação não deverá ter reflexo no cômputo do trabalho. Igualmente se as horas não forem rigorosamente observadas (p. ex., os trabalhos são executados aleatoriamente) deve-se realizar alguma soma para que se compute como trabalho diário de 6 a 8 horas. Caso trabalhe nos dias de folga (domingos e feriados), o horário extra deverá ser computado para fins de remição, conforme corretamente já decidiu o STF (HC 96740).

Lembramos que o artigo 114, inciso I reza que somente poderá ingressar no regime aberto o condenado que estiver trabalhando ou comprovar a possibilidade de fazê-lo imediatamente. Se o condenado não exercitar seus dotes durante os regimes anteriores, certamente será muito mais difícil obter um emprego para satisfazer a exigência legal. Contudo, diante da realidade brasileira econômica e principalmente do preconceito com relação ao egresso, tal regra deverá ser flexibilizada, e ainda que não exista a relação de emprego ou sua promessa, o juiz poderá conceder a progressão, como já vêm decidindo alguns tribunais.

7.4. REMIÇÃO

A remição – de remir, perdoar, quitar – permite que o condenado submetido ao regime fechado ou semiaberto diminua sua pena por meio do trabalho, na razão de um dia de pena por três dias de trabalho (LEP, art. 126).

Por meio da remição, o condenado que cumpre a pena em regime fechado ou semiaberto poderá diminuir a duração de sua pena, contabilizando para cada três dias trabalhados, um dia de pena a mais cumprido.

O direito continua a ser contabilizado ainda que o preso, por acidente, fique impossibilitado de prosseguir no trabalho. Pelo que se nota da dicção da Lei, não se trata apenas de um desconto na pena cominada, mas de contagem fictícia de pena cumprida, pois o período remido poderá ser contabilizado para efeito de concessão de livramento condicional e indulto.

A autoridade administrativa encaminhará mensalmente ao juízo da execução cópia do registro de todos os condenados que estejam trabalhando e dos dias de trabalho de cada um deles. A remição será declarada pelo juiz da execução, ouvido o Ministério Público. Ao condenado dar-se-á relação de seus dias remidos.

Ao tratarmos da execução das penas (Capítulo 13), título sob o qual se inclui a remição no texto da Lei de Execução Penal, abordaremos detalhadamente o instituto.

7.5. TRABALHO INTERNO

A diretriz das Regras Mínimas para o fornecimento pelo Estado do trabalho foi seguida pela Lei de Execução Penal quando da sua elaboração, que, dando um passo além, permite o gerenciamento por fundação ou empresa pública que possuam, por objetivo, a formação profissional do condenado. Pela Lei n. 10.792/2003, garantiu-se maior autonomia a essas instituições, bem como se permitiu a participação da iniciativa privada, e todas deverão promover e supervisionar a produção e comercialização do resultado laboral dos detentos, retribuindo-lhes de forma pecuniária de acordo com o período trabalhado. A venda da produção é livre, podendo ser oferecida aos particulares, e, quando os objetos produzidos não puderem a eles ser oferecidos, os órgãos da Administração Direta ou Indireta da União, Estados, territórios, Distrito Federal e dos Municípios adquirirão, com dispensa de licitação pública, os bens ou produtos do trabalho prisional.

7.6. TRABALHO EXTERNO

Excepcionalmente, será permitido ao preso em regime fechado o trabalho externo, em obras e serviços públicos (CP, art. 34, § 3º; LEP, art. 36) realizados pela Administração Direta e Indireta. A Lei deixa aberta a possibilidade de trabalho externo em entidades privadas, desde que tomadas as cautelas necessárias contra a fuga e manutenção da disciplina (LEP, art. 36, *caput*, 2ª parte).

O legislador omitiu-se quanto ao preso em regime semiaberto. Nesse sentido, Odir Silva e Paganella Boschi apregoam que, além das regras próprias do regime previstas no art. 35, § 1º, do Código Penal, nada impediria a execução de trabalho externo (*Comentários à lei de execução penal*, p. 50).

Em ambos os casos, o trabalho externo deverá atender aos seguintes requisitos:

- autorização expressa da direção do presídio;
- o número de presos não poderá exceder a 10% do total de empregados (LEP, art. 36, § 1º);
- todas as precauções deverão ser tomadas para garantir a disciplina e evitar a fuga do recluso (LEP, art. 36, *caput*);
- quando se tratar de empresa privada, o emprego do recluso dependerá de sua expressa autorização (LEP, art. 36, § 3º);
- aptidão, disciplina e responsabilidade (LEP, art. 37);
- cumprimento mínimo de 1/6 (um sexto) da pena (LEP, art. 37);
- se o crime tiver sido cometido com violência ou grave ameaça, vigilância direta (LEP, art. 122, § 2º).

É competência do diretor do estabelecimento a autorização para o trabalho externo do recluso. Trata-se de uma das poucas exceções à condução jurisdicional do processo de execução. A autoridade administrativa responsável pela tutela do condenado é quem observará os requisitos acima e, estando presentes, terá competência para a autorização.

Isso não significa que, se a autoridade se negar injustificadamente a apreciar os requisitos ou a conceder autorização quando estes estiverem preenchidos, o condenado não poderá recorrer ao Judiciário para o controle da omissão administrativa. Neste caso, o juiz poderá autorizar ao condenado a execução do trabalho. Ainda que se trate de uma decisão que pode ser tomada administrativamente pelo diretor, a execução é procedimento eminentemente jurisdicional, e, como tal, é controlado pelo juiz da execução.

Existe um limite legal de 10% para o total de presos empregados "na obra" (*sic*). Interpretando-se literalmente o dispositivo, esse número não precisa ser respeitado se o trabalho for uma prestação de serviço. A limitação, no sentir de Odir Silva e Paganella Boschi, justificar-se-ia diante do alto índice de desemprego que assola o país, contribuidor da marginalização e do aumento da criminalidade. Os citados autores destacam que sem o limite, "considerando que a mão de obra do preso, por ser menos onerosa, representaria grande economia nas custas, chegaríamos ao paradoxo de ter de empregar delinquentes por força da obrigatoriedade de trabalho ao preso em detrimento do trabalhador honesto, o qual, cada vez mais esbarra em dificuldades de emprego" (*Comentários à lei de execução penal*, p. 52). A ideia é repetida por Paulo Lúcio Nogueira (*Comentários à lei de execução penal*, p. 47).

Respeitando a posição dos citados autores, não concordamos com o argumento. Basta lembrar que a disputa pela vaga no mercado de trabalho ainda dependerá das capacidades dos candidatos ao emprego, seja ele condenado ou cidadão livre. Assim, não há qualquer justificativa para limitar o percentual de vagas em obras públicas, desde que se garanta liberdade de competição e se empregue o que demonstrar melhores condições para o trabalho.

A disciplina ocupa dois momentos importantes: no preenchimento de condição necessária para obter o trabalho e, posteriormente, no cumprimento do trabalho obtido. O recluso deverá, no tempo em que permaneceu no estabelecimento prisional, demonstrar disciplina e organização que assegurem a correta execução do trabalho externo e, consequentemente, da pena. Na ausência dessa capacidade, esses itens são colocados em risco e compromete-se a execução da pena. Ainda que a legislação determine que se tomem as providências para garantir a disciplina e evitar a fuga do preso, uma parcela da confiança é depositada na autodisciplina requerida pela sistemática legal sempre que o preso tiver que deixar o estabelecimento.

A autodisciplina poderá ser constatada no período em que o preso deverá permanecer interno, fixado em 1/6 da pena quando estiver no regime fechado. Somente após esse período é que lhe será autorizada a saída para o trabalho. Ao adquirir a progressão, não precisará cumprir novamente mais 1/6 da pena, podendo imediatamente ser autorizado ao trabalho externo, pois o período cumprido em regime fechado será computado para os fins legais. O STJ editou a Súmula 40 nesse sentido: "Para a obtenção dos benefícios de saída temporária e trabalho externo, considera-se o tempo de cumprimento da pena no regime fechado". A lei não é clara quanto a esta mesma fração de 1/6 quando o regime for o semiaberto, e assim, em uma interpretação *pro reo*, não se deve exigi-la. Desse modo, iniciando a pena em regime semiaberto, o condenado poderá imediatamente se dedicar ao trabalho externo. Tal entendimento já foi até mesmo consolidado pelo STJ (HC 355.674/RS).

A autorização poderá ser revogada se o preso vier a praticar fato definido como crime, for punido por falta grave, ou demonstrar-se indisciplinado, irresponsável ou inapto para a espécie de trabalho.

7.7. CASOS EXCEPCIONAIS

7.7.1. Lei das Contravenções Penais

A Lei das Contravenções Penais preconiza em seu art. 6º, § 2º, que o condenado à pena de prisão igual ou inferior a 15 dias não estará obrigado ao trabalho. A justificativa é o curto período de tempo que em muito pouco auxiliará nas finalidades da pena. Mas, havendo o interesse, poderá exercê-lo e, caso o faça, obterá o direito à remição.

7.7.2. Crime político

Entendemos que não existe, atualmente, legislação que defina os crimes políticos. Para parcela da doutrina, os crimes políticos seriam os atualmente previstos na Lei n. 7.170/83 (Lei de Segurança Nacional), que entendemos não haver sido recepcionada pela Constituição Federal de 1988. Trabalhando-se com a hipótese de recepção, seguem os comentários sobre o condenado por crime político.

Conforme o disposto no art. 200 da Lei de Execução Penal, o trabalho também não será obrigatório.

Diante do princípio da isonomia, não vemos motivos para que o condenado por crime dessa natureza não se submeta ao trabalho, como qualquer outro condenado. Até mesmo a prisão especial garantida àquelas pessoas que por uma qualidade pessoal façam jus termina com o trânsito em julgado da sentença condenatória, transferindo-se o condenado ao estabelecimento comum.

Aqui não se trata de um curto prazo, como acontece com as Contravenções Penais, e que pode ser ignorado pela ausência de contribuição à execução da pena.

Entendemos que esse artigo não foi recepcionado pela Constituição Federal, por ofender crucialmente o princípio da igualdade ou isonomia.

7.7.3. Submetido à medida de segurança

Ao afirmarmos que o trabalho é tanto mais um direito quanto um dever, aplica-se ao internado a mesma disciplina. Aos doentes mentais capazes de trabalhar por permissão de seu estado mental, o trabalho deve ser, assim como para os idosos, ao menos, facultativo, sempre que seja adequado à sua enfermidade.

Essa postura é enfatizada por Eugenio Cuello Calón. Dentro dos limites da condição pessoal do internado e da benesse ao tratamento, o autor recomenda o trabalho para certos "alienados" e "anormais", em especial o trabalho agrícola, por seu reconhecido efeito terapêutico. Ademais – afirma o autor –, pode contribuir para levantar seu ânimo despertando nele a convicção de não haver perdido sua capacidade laboral, e lhes permite contribuir ao sustento de sua família, ainda que de forma modesta. Sua possibilidade de trabalhar dependerá do grau de sua enfermidade, o que poderá revelar-se bem escassa para alguns. Os beneficiados devem ser observados bem de perto e, diante de qualquer sinal de que o estado do enfermo o exija, deve suspender-se ou reduzir-se o trabalho. Quanto aos instrumentos, devem ser adotadas as medidas de precaução necessárias de modo que não possam servir como meio de agressão (CUELLO CALÓN. *La moderna penología*, p. 419).

7.8. JURISPRUDÊNCIA SELECIONADA

Flexibilização da comprovação do trabalho

"Agravo em execução – Progressão para o regime prisional aberto – Preenchimento dos requisitos legais – Concessão – Irressignação ministerial – Apresentação de proposta de emprego – desnecessidade – flexibilização do art. 114, I, da Lei de Execuções Penais. Recurso não provido. 1. Na progressão de regime do semiaberto para o aberto, não obstante seja a apresentação de proposta de emprego exigida nos termos do art. 114, I, da Lei de Execuções Penais, a mesma é dispensável, tendo em vista que não se mostra razoável exigir prévia comprovação do labor para a concessão da progressão, eis que atualmente nem mesmo aqueles que não ostentam antecedentes criminais têm facilidade em encontrar trabalho, que se dirá daquelas com o passado maculado" (TJ-MG, AGEPN 10035120025651007 Araguari, rel. Rubens Gabriel Soares, j. 14-3-2017, 6ª Câm. Crim., *DJe* 29-3-2017).

Prescindibilidade do cumprimento de 1/6 para o trabalho externo

"2. A jurisprudência do Superior Tribunal de Justiça é firme no sentido de que, para os apenados que cumprem pena em regime semiaberto, afigura-se prescindível o adimplemento de requisito temporal para a autorização de trabalho externo, desde que verificadas condições pessoais favoráveis pelo Juízo das Execuções Penais. Precedentes. Assim, constitui constrangimento ilegal a negativa do trabalho externo ao apenado com fundamento somente na ausência de cumprimento de 1/6 (um sexto) da pena pelo condenado em regime semiaberto, como *in casu*" (STJ, HC 355.674/RS, 5ª T., j. 10-11-2016, rel. Min. Joel Ilan Paciornik, *DJe* 21-11-2016).

"Desnecessidade de cumprimento da fração de um sexto, eis que o regime fixado na sentença foi o semiaberto e esta exigência se dirige aos condenados a cumprir a pena em regime fechado. Adequação do processo de execução à realidade em que se insere o condenado. Decisão que se adequa às finalidades da pena. Não provimento do recurso" (TJ-RJ, AgE 0425656-76.2006.8.19.0001, 5ª Câm. Crim., j. 23-9-2010, rel. Des. Geraldo Luiz Mascarenhas Prado, *DJ* 28-1-2011).

Trabalho e incompetência do TST

"Incompetência da justiça do trabalho. Ação civil pública. Trabalho realizado por presidiários a empresa privada autorizada por estabelecimento prisional. Relação jurídica vinculada à Lei n. 7.214/84 (Lei de Execução Penal). Cumprimento de pena. Finalidade educativa, produtiva e de reinserção social. Nos termos da Lei n. 7.214/84 (Lei de Execução Penal), o trabalho do apenado está relacionado ao cumprimento da pena e possui finalidades educativas e produtivas, visando à sua reinserção social. Trata-se o trabalho prisional de um direito e de um dever do condenado, pois, além de estar ligado à própria pena, como meio de ressocialização e remição da pena, possui caráter de obrigatoriedade, o qual decorre da falta do pressuposto da liberdade e da voluntariedade. Ainda que o trabalho do presidiário seja prestado para empresa privada autorizada por estabelecimento prisional e esteja presente o aspecto econômico da prestação de serviços, permanece como prevalecente o seu aspecto reabilitador, de natureza essencialmente penal, determinando, portanto, que esteja inserido no âmbito de competência desta Justiça especializada. Nesse sentido, tem se inclinado a jurisprudência desta Corte superior, que, em casos análogos ao dos autos, decidiu que a relação institucional estabelecida entre os presidiários e o estabelecimento prisional ou a empresa privada autorizada pelo estabelecimento prisional está vinculada à Lei de Execução Penal (LEP), e, dessa maneira, refoge à competência desta Justiça especializada. Precedentes. Recurso de revista conhecido e desprovido" (TST, RR 60600-88.2008.5.15.0090, 2ª T., j. 24-6-2015, rel. Min. José Roberto Freire Pimenta, DEJT 1º-7-2015).

Trabalho externo: possibilidade

"De qualquer forma, não descarto a possibilidade de cumprimento das penas do regime semiaberto em estabelecimento que não se caracteriza como colônia de trabalho. A própria lei prevê a possibilidade de utilização de estabelecimento similar. Já a oferta de trabalho pode ser suprida por iniciativas internas e externas, notadamente mediante convênios com empresas e órgãos públicos. O próprio Supremo Tribunal Federal conta com apenados que realizavam importante trabalho. Em meu gabinete, são cinco sentenciados, que prestam ótimos serviços a este Tribunal, vinculados ao Programa Começar de Novo. O trabalho externo vem, em alguma medida, como um benefício adicional ao preso do regime semiaberto, já que a legislação é restritiva quanto a esse ponto, art. 37 da Lei 7.210/84. O que é fundamental, de toda forma, é que o preso tenha a oportunidade de trabalhar. O trabalho é, simultaneamente, um dever e um direito do preso, art. 39, V e art. 41, II, da Lei 7.210/84" (STF, HC 148752/SC, j. 6-10-2017, rel. Min. Dias Toffoli, DJe-233 11-10-2017).

"I. Não obstante esta Corte já ter decidido pela possibilidade de concessão de trabalho externo ao condenado em regime fechado, tem-se como indispensável, à concessão da benesse, a obediência a requisitos legais de ordem objetiva e subjetiva, além da vigilância direta, mediante escolta. II. Sobressai a impossibilidade prática de concessão da medida, se evidenciado que não há como se designar um policial, diariamente, para acompanhar e vigiar o preso durante a realização dos serviços extramuros. III. Não prospera a alegação de que, diante da ausência de óbice expresso na Lei 8.072/1990, entender-se-ia pela permissão do trabalho externo, eis que tal pensamento não resiste à lógica de uma interpretação sistemática, que revela a incompatibilidade entre a execução de trabalho externo e a necessária vigilância que se faria necessária. IV. Ordem denegada" (STJ, HC 28153/DF, 5ª T., j. 9-9-2003, rel. Min. Gilson Dipp, DJ 6-10-2003).

Trabalho externo e falta grave

"Penal e processo penal. Agravo regimental em recurso especial. Julgamento monocrático. Decisão calcada em jurisprudência dominante. Possibilidade. Execução. Falta grave. Saída temporária e trabalho externo. Interrupção. Inaplicabilidade. Precedentes. Decisão monocrática mantida. Agravo regimental improvido. [...]. 2. A prática de falta grave no curso da execução não interrompe o prazo para a concessão da saída temporária e trabalho externo, cujos requisitos estão expressamente previstos nos artigos 36, 37 e 123 da Lei de Execuções Penais, que não faz qualquer referência à necessidade de nova contagem de prazo para a concessão do benefício (AgRg no REsp 1660437/RS, rel. Min. Maria Thereza de Assis Moura, 6ª T., DJe 28-4-2017). 3. Decisão monocrática mantida por seus próprios fundamentos. 4. Agravo regimental improvido" (STJ, AgRg no REsp 1549712 DF 2015/0205518-7, rel. Min. Nefi Cordeiro, j. 17-10-2017, 6ª T., DJe 23-10-2017).

Trabalho externo em regime fechado: possibilidade

"'1. A permissão para trabalho externo, aos reeducandos do regime fechado de cumprimento de pena, está subordinada à capacidade e à disponibilidade de vigilância do Poder Público, considerada a possibilidade de fuga, e, ainda, à fiscalização estatal, no exercício do poder disciplinar sobre os apenados em cumprimento de pena' (AgRg no AREsp 492.982/MG, rel. Min. Rogerio Schietti Cruz, 6ª T., j. 5-6-2014, *DJe* 25-6-2014). 2. Agravo regimental desprovido" (STJ, AgRg no REsp 1643862/RO, 5ª T., j. 14-9-2017, rel. Min. Jorge Mussi, *DJe* 20-9-2017).

"O sistema penitenciário, na execução da pena, não adotou os princípios e as normas da Lei 7.210/1984. Ao juiz cumpre, então, a fim de a decisão ser justa, conferir especial atenção às consequências da execução. Cumpre adaptar a realidade ao direito histórico e adotar a solução que, materialmente, busca a realizar o conteúdo do disposto no art. 59 da Lei de Execução. Se a personalidade do condenado recomendar, urge permitir o trabalho externo ainda que não superado o regime fechado. Só assim, socialmente, a decisão atenderá a finalidade da pena – reintroduzir o delinquente ao meio social de modo a que se conduza de acordo com as exigências do Direito" (STJ, REsp 190465/PB, 6ª T., j. 23-11-1998, rel. Min. Luiz Vicente Cernicchiaro, *DJ* 1º-3-1999, p. 401).

"Desde que atendidas as exigências legais estabelecidas no art. 36 e 37 da LEP, não se pode negar ao condenado por crime hediondo o benefício do trabalho externo, já que a própria Lei de Execução Penal não faz tal distinção, não cabendo, pois, ao intérprete fazê-la em desfavor do condenado. – O trabalho externo não poderá ser negado ao argumento de que o Poder Público não tem condições de propiciar as devidas condições de vigilância, em benefício da disciplina, não sendo justa a penalização do condenado pela ineficiência da máquina estatal. – Recurso desprovido" (TJ-MG, AgE 1.0000.06.440403-1/001, 2ª Câm. Crim., j. 21-9-2006, rel. Des. Reynaldo Ximenes Carneiro, *DJ* 5-10-2006).

DEVERES

8

Na execução, como destaca Florian, existem direitos e deveres de que são sujeitos o Estado e o condenado: se o primeiro tem o direito de executar a pena e o segundo o dever de sofrê-la, o Estado tem o dever de não exigir mais do que a sentença e a lei reclamem, e o condenado o direito de não sofrer mais restrições ou limitações que as estabelecidas (*Elementos de derecho procesal penal*, p. 473).

Em outras palavras, como "contrapartida de tais direitos que outorgam ao recluso a segurança jurídica, tem este o dever de observar o disposto pelas leis ou regulamentos da execução penal e cumprir sua condenação com completa submissão ao que estes disponham. O recluso e o Estado têm, ambos, direitos e deveres que, para sua constância, observância e garantia, terão de estar especificados em leis e regulamentos" (Cuello Calón. *La moderna penología*, p. 264).

O primeiro e principal dever do condenado é cumprir a pena que lhe foi imposta. É essencial para a boa ordem e disciplina da vida em comum do estabelecimento penal que o recluso obedeça às normas legais, regulamentares e regimentais, de que deverá ter conhecimento na admissão no estabelecimento (Albergaria. *Comentários à lei de execução penal*, p. 68).

Os seguintes deveres estão enumerados no art. 39 da LEP:

"I – comportamento disciplinado e cumprimento fiel da sentença;
II – obediência ao servidor e respeito a qualquer pessoa com quem deva relacionar-se;
III – urbanidade e respeito no trato com os demais condenados;
IV – conduta oposta aos movimentos individuais ou coletivos de fuga ou de subversão à ordem ou à disciplina;
V – execução do trabalho, das tarefas e das ordens recebidas;
VI – submissão à sanção disciplinar imposta;
VII – indenização à vítima ou aos seus sucessores;
VIII – indenização ao Estado, quando possível, das despesas realizadas com a sua manutenção, mediante desconto proporcional da remuneração do trabalho;
IX – higiene pessoal e asseio da cela ou alojamento;
X – conservação dos objetos de uso pessoal".

As Regras Mínimas preconizam que o detento, assim que ingressar no estabelecimento, deverá receber informação escrita sobre o regime e as regras disciplinares do lugar, dos meios autorizados para se informar sobre seus direitos e obrigações e formular pedidos. Se for analfabeto, deverá receber essas informações verbalmente.

A orientação foi seguida, de forma simplória, pelo art. 46 da LEP, ao dispor que o condenado ou denunciado, no início da execução da pena ou da prisão, será cientificado das normas disciplinares. O dispositivo da Lei não foi redigido com o devido cuidado, pois faz referência apenas ao condenado e desnecessariamente ao denunciado, esquecendo-se do preso provisório recolhido à cadeia por uma das espécies de prisão processual (Preventiva, Temporária, Flagrante).

As informações sobre os deveres e obrigações deveriam ser passadas formalmente ao que ingressa no sistema carcerário, seja condenado ou provisório, reincidente ou primário. A formalidade deveria incluir, obrigatoriamente, a entrega da transcrição dos arts. 39 a 43 da LEP, mediante recibo do preso, para se ter certeza da entrega. Também deverá receber informação sobre o regimento interno do estabelecimento, sobre as regras de sua conduta, direitos e deveres, e orientação de como usá-los. Na biblioteca do estabelecimento deverá haver exemplares da Lei de Execução Penal, das normas regulamentares e do Regimento Interno (ALBERGARIA. *Comentários à lei de execução penal*, p. 68).

Além de incorrer em falta, que poderá variar entre os graus leve, médio e grave, o detento ainda poderá responder penal e civilmente pelo que praticar. Algumas infrações aos deveres podem constituir crime, como é o caso de o desrespeito aos servidores ainda poder caracterizar Desacato (CP, art. 331) ou o não atendimento com violência à ordem da autoridade configurar Resistência (CP, art. 329). Outras repercussões são os danos ao patrimônio público no caso de fugas que danifiquem estruturas do estabelecimento penal (CP, art. 163, parágrafo único, III).

A indenização da vítima somente terá valia caso o condenado possua condições financeiras para tal, ou o Estado disponibilize o trabalho carcerário, pelo qual receberá uma remuneração que poderá ser destinada ao pagamento dos danos causados pelo delito.

As demais regras de higiene e urbanidade justificam-se pela necessidade de convivência em um ambiente muito restrito e que poderá ter uma duração prolongada.

Dos itens relacionados pela Lei de Execução Penal, a indenização ao Estado das despesas realizadas com a sua manutenção (inc. VIII do art. 39), parece-nos que merece alguma atenção.

Uma primeira leitura rápida do dispositivo poderia levar à conclusão de que o preso deverá pagar por sua "estadia" no estabelecimento penal, já que deve indenizar o Estado pelas "despesas com sua manutenção". Esse entendimento realmente pode ser encontrado em alguns autores. Todavia, não há muito sentido em cobrar da pessoa presa a "estadia" em um sistema que lhe é imposto por força da sentença condenatória para o cumprimento de uma política pública definida pelo Estado, e que, pelo monopólio do *jus puniendi*, somente poderá ser executada oficialmente. A execução da pena e de seus incidentes é tarefa estritamente pública, ainda que se possa pensar em uma administração parcialmente privada. Sempre defendemos que uma melhor forma de interpretar tal dispositivo seria relacioná-lo efetivamente à ideia de indenização como compensação por atos ilícitos provocados.

Nesse sentido segue-se o Regulamento Penitenciário Federal (Decreto n. 6.049/2007) quando, reescrevendo os deveres do preso, em seu art. 38, praticamente copia a Lei de Execução Penal, mas não reproduz o dispositivo em comento, alterando sua redação no sentido aqui defendido: "VII – indenizar o Estado e a terceiro pelos danos materiais a que der causa, de forma culposa ou dolosa".

Direitos 9

A restrição da liberdade é uma medida excepcional, e a mais violenta intromissão do Estado na vida do cidadão. Essa relação jurídica Estado/preso deve ser minuciosamente regulada, daí a tentativa de a Lei de Execução Penal explicitar os deveres do preso, como vimos no capítulo anterior. Da mesma forma, enumera um rol de direitos, muito mais para reafirmá-los do que para exauri-los, já que todos os direitos que não estejam prejudicados pela restrição da liberdade serão mantidos.

Foi-se o tempo em que a prisão deveria ser considerada como um suplício. A evolução da execução puramente administrativa para um processo jurisdicional passou a garantir a observância de direitos, mantendo a situação de cidadão do recluso. Portanto, é certo que atualmente o condenado que recolhido à prisão cumpre sua pena não só tem deveres, mas é também sujeito de direitos que terão de ser reconhecidos e amparados pelo Estado. Na correta formulação de Cuello Calón, o recluso não é um *alieni juris*, não está fora do direito, mas sim em uma relação de direito público com o Estado e, descontados os direitos perdidos ou limitados pela condenação, sua condição jurídica é igual à das pessoas não condenadas (*La moderna penología*, p. 262).

O Estado não possui uma alforria incondicionada concedida em nome do "combate" ao crime ou da manutenção da ordem pública. Ao assumir a competência para aplicar e executar a pena cria uma relação jurídica penitenciária, com direitos e deveres recíprocos para o condenado e para o Estado. Jason Albergaria nos narra que esses direitos e deveres derivam da sentença. O autor também concorda que o Estatuto da Execução Penal, ao colacionar certo número de direitos, parte da ideia de destaque. Além dos direitos civis, a Lei de Execução Penal enfatiza os chamados "direitos penitenciários", direitos estes que correspondem às obrigações da Administração Penitenciária, previstas em forma de assistência (Albergaria. *Comentários à lei de execução penal*, p. 70-71).

Os direitos garantidos a qualquer cidadão brasileiro – *uti cives,* nas palavras de Albergaria – são conservados pelos encarcerados, exceto os que expressa ou necessariamente são retirados pela lei ou pela sentença (*Comentários à lei de execução penal*, p. 71). Nesse rol mantido estão incluídos os direitos civis, sociais, trabalhistas bem como todos os inerentes à pessoa humana, preconizados pela lei nacional ou por tratados internacionais. Os direitos radicados na natureza humana como "direito à vida e à integridade física e moral, à dignidade humana, à intimidade, à liberdade religiosa" (op. cit., p. 71-72) pertencem a todos os seres humanos, indistintamente. Em suma, deve-se respeitar aquela parte da personalidade humana não atacada pela pena (LEONE. *Manuale di diritto processuale penale*, p. 755).

Não nos parece muito feliz o eco desatento de autores como Paulo Lúcio Nogueira que se referem aos "direitos humanos do condenado" como uma espécie ou subtítulo pejorativo. Esse autor consegue vislumbrar procedência em reclamações contra o "exagero, com críticas aos defensores desses direitos do condenado, que estariam esquecidos dos direitos das *vítimas* e da *sociedade* e dos próprios *deveres* do condenado, que também devem ser exigidos" (*Comentários à lei de execução penal*, p. 55).

Existe – e deve existir – um rol de direitos considerados mínimos e inerentes a toda natureza humana. E sendo essa natureza algo único, sem divisões em qualquer tipo de casta, não podemos aceitar a colocação de um predicativo, tanto mais quando sua função é deturpar a natureza desses direitos e sua importante conquista, elaborada a duras e sofridas penas. Reconhecer a existência de "direitos humanos dos presos" ou "dos livres", "dos pobres", "dos ricos", e assim por diante é autorizar tacitamente a instalação de regimes despóticos que, liderados pelo representante de certa casta, reneguem a natureza humana do seu semelhante.

Não é de hoje que urge a necessidade de ultrapassar o entendimento desumano de que "a perda da liberdade para o preso acarreta necessariamente a supressão de seus direitos fundamentais" (FRAGOSO, CATÃO E SUSSEKIND. *Direitos dos presos*, p. 31).

Com a costumeira maestria, Edmundo de Oliveira lembra-nos que a vida carcerária não pode subestimar a condição de homem do condenado, e a perda de alguns de seus direitos não pode significar uma morte civil (*Direitos e deveres do condenado*, p. 2). Por outro lado, não adiantará simplesmente enumerar-lhe direitos, sem garantir-lhe o respeito e formas de exercício e exigência da autoridade competente. "Por não ter meios de exigir um tratamento adequado, o preso sente-se inseguro e envolvido pela subcultura da marginalização. A síndrome carcerária, a desanimação, a revolta, os motins e tentativas de fugas são decorrentes da impossibilidade de se tornarem exequíveis as condenações às penas privativas de liberdade e às medidas de segurança detentivas, sob a égide da legalidade e da humanidade. O preso tem consciência de que se sua condição social fosse outra, certamente não estaria na prisão, como normalmente não estão os mais prósperos" (OLIVEIRA, *Direitos e deveres do condenado*, p. 34).

O Estado não pode descuidar do autocontrole na fiscalização e garantia do respeito a esses direitos, pois, como bem afirma Heleno Fragoso, a "clientela" do sistema é composta de pobres e desfavorecidos que, verdadeiramente, não têm condições de pleitear seus direitos (*Direitos dos presos*, p. 27).

Dissertamos no Capítulo 7 sobre o *trabalho*, e de como a Lei de Execução Penal deve ser interpretada à luz da Constituição Federal. Uma perspectiva pouco explorada é a do trabalho como um direito e entendemos ser um lamentável descaso seu degredo do capítulo da Lei em análise.

A rigor, apenas os direitos relacionados com a livre locomoção ambulatória do preso estariam suspensos enquanto durasse a pena de prisão e, ainda assim, cumprindo-se a pena em regime fechado. Retirar do preso outros direitos desvinculados à liberdade de locomoção seria aplicar-lhe uma pena "suplementar não prevista em lei" (MIRABETE. *Execução penal*, p. 41).

Por fim, cabe lembrar que costumeiramente chamamos de "benefícios" certos direitos previstos na Lei de Execução Penal, como a progressão de regime, remição, detração, saídas temporárias, *sursis*, livramento condicional, indulto, dentre outros todos que possam diminuir a duração da pena ou o tempo de internação. O mau uso da palavra *benefício* fez com que esses institutos, verdadeiros direitos subjetivos do preso ou do condenado, fossem entendidos como "concessões graciosas" da administração penitenciária, nas palavras de Francisco Bueno Arús. Mas, como bem destaca o autor, é hoje de meridiana clareza que se trata de direitos subjetivos, porquanto poderá o interessado, por petição ou recurso, exigir seu reconhecimento e efetivação: "trata-se, sem dúvida, de autênticos direitos subjetivos, ainda que condicionados, porque sua aplicação não procede automaticamente pelo fato de estar cumprindo pena de prisão, senão que se sujeitam à existência dos pressupostos estabelecidos pelas normas, que em ocasiões certamente exigem um juízo de valor sobre circunstâncias subjetivas difícil e arriscado, mas a *atividade técnica* que isso representa não é atividade arbitrária nem sequer discricionária, de acordo com a melhor doutrina" (Los beneficios penitenciarios a la luz del código penal y de la legislación penitenciaria vigentes. In: *El nuevo Código Penal. Presupuestos y fundamentos. Libro homenaje al profesor Doctor Don Ángel Torío López*, p. 566-567).

9.1. DIREITOS CONSTITUCIONAIS FUNDAMENTAIS

O art. 5º da Constituição Federal assegura direitos e garantias fundamentais aos brasileiros e estrangeiros, e alguns especificamente direcionados ao restringido em sua liberdade. Em uma leitura do texto, podemos separá-los em categorias didáticas: *quanto à pena, quanto à prisão e quanto ao condenado*.

9.1.1. Quanto à pena

No art. 5º encontramos os seguintes incisos:

> "XLV – nenhuma pena passará da pessoa do condenado, podendo a obrigação de reparar o dano e a decretação do perdimento de bens ser, nos termos da lei, estendidas aos sucessores e contra eles executadas, até o limite do valor do patrimônio transferido;
> XLVI – a lei regulará a individualização da pena (...);
> XLVII – não haverá penas:
> *a)* de morte, salvo em caso de guerra declarada, nos termos do art. 84, XIX;
> *b)* de caráter perpétuo;
> *c)* de trabalhos forçados;
> *d)* de banimento;
> *e)* cruéis".

A pena é uma sanção aplicada com extrema personalidade. Isso significa que somente o autor do delito, e mais ninguém, deveria sofrer sua consequência direta. Falamos de consequência direta porquanto sabemos que invariavelmente as pessoas próximas ao condenado também sentirão a condenação, indiretamente. Essa é a disposição constitucional que afirma que a pena não deverá passar do condenado. Cezar Roberto Bitencourt critica a redação do inciso porquanto permite a transcendência da pena de perdimento de bens, o que violaria o princípio da personalidade.

A individualização tem por fundamento a natural diferença de cada condenado diante de suas particularidades, circunstâncias do delito, assimilação do tratamento, e que devem ser consideradas pelo juiz da execução no sistema progressivo instituído pela Lei de Execução Penal. A progressão, a concessão de benefícios e saídas temporárias, a regressão etc. sofrerão influência direta do atendimento do condenado aos fins da execução penal.

Quanto às penas desumanas e degradantes, a única ainda permitida no país é a pena de morte, restrita aos casos de guerra declarada. A legislação nacional não poderá expandir as situações de pena de morte além das previstas no Código Penal Militar, enquanto formos signatários da Convenção Americana de Direitos Humanos (art. 4º, item 2). As demais (perpétua, trabalhos forçados, banimento ou cruéis) não poderão integrar em nenhuma hipótese o ordenamento nacional na vigência da atual Constituição Federal, por sua proibição de constituir direito fundamental predicado como cláusula pétrea.

9.1.2. Quanto à prisão

O momento da entrada no cárcere pode se dar por necessidade processual, como nos casos de prisão em flagrante, temporária ou preventiva, ou em virtude de uma pena a cumprir, após a sentença condenatória final. Nesse específico momento o art. 5º da CF enuncia os seguintes direitos:

> "LXI – ninguém será preso senão em flagrante delito ou por ordem escrita e fundamentada de autoridade judiciária competente, salvo nos casos de transgressão militar ou crime propriamente militar, definidos em lei;
> LXII – a prisão de qualquer pessoa e o local onde se encontre serão comunicados imediatamente ao juiz competente e à família do preso ou à pessoa por ele indicada;
> LXIII – o preso será informado de seus direitos, entre os quais o de permanecer calado, sendo-lhe assegurada a assistência da família e de advogado;
> LXIV – o preso tem direito à identificação dos responsáveis por sua prisão ou por seu interrogatório policial;
> LXV – a prisão ilegal será imediatamente relaxada pela autoridade judiciária;
> LXVI – ninguém será levado à prisão ou nela mantido, quando a lei admitir a liberdade provisória, com ou sem fiança;
> LXVII – não haverá prisão civil por dívida, salvo a do responsável pelo inadimplemento voluntário e inescusável de obrigação alimentícia e a do depositário infiel".

Ao receber uma pessoa para restringir-lhe a liberdade, a autoridade competente ou o servidor responsável pelo estabelecimento deverá exigir a ordem escrita do juiz, ou da Autoridade Policial especificamente nos casos de prisão em flagrante. O recolhimento de qualquer pessoa sem essas cautelas sujeitará o descuidado à imputação de crime de Abuso de Autoridade, previsto na Lei n. 13.869/2019. A ressalva aos casos de infração militar ou crime propriamente militar também não goza de absoluta exclusão, e havendo flagrante constrangimento ilegal deverá ser combatida pela via do *Habeas Corpus*.

Por tal motivo, a Carta Política também obriga os responsáveis por sua prisão a que se identifiquem.

A comunicação da prisão será feita em qualquer caso (provisória ou definitiva), pois a Constituição não as diferencia. No caso de prisão em flagrante, por expressa previsão do art. 306 do Código de Processo Penal, o juiz deverá ser imediatamente comunicado. Não possuindo família, qualquer outra pessoa deverá ser avisada. A natureza do dispositivo é garantir que, se o caso concreto exigir providências imediatas, o preso não sofra restrição maior do que o necessário. Assim, *e.g.*, o familiar ou a pessoa indicada poderá efetuar o pagamento da fiança, requerer liberdade provisória ou, até mesmo, impetrar o remédio heroico do *Habeas Corpus*.

9.1.3. Quanto ao preso condenado

A preocupação da Constituição Federal especificamente quanto ao preso condenado mereceu a redação de quatro incisos do art. 5º:

> "XLVIII – a pena será cumprida em estabelecimentos distintos, de acordo com a natureza do delito, a idade e o sexo do apenado;
> XLIX – é assegurado aos presos o respeito à integridade física e moral;
> L – às presidiárias serão asseguradas condições para que possam permanecer com seus filhos durante o período de amamentação;
> (...)
> LXXV – o Estado indenizará o condenado por erro judiciário, assim como o que ficar preso além do tempo fixado na sentença".

Ao falarmos dos sujeitos passivos da execução penal (Capítulo 5) destacamos a importância da classificação e separação dos presos, conforme suas particularidades jurídicas e pessoais, para a viabilização de qualquer programa educacional ou de reinserção.

Ao proferir a sentença e aplicar a pena, o juiz da causa, atendendo à culpabilidade do agente, determina o montante da sanção que julga necessária e suficiente ao réu. A permanência indevida ou superior ao tempo estabelecido demonstra abuso por parte do Estado, e dá margem à indenização do prejudicado. A regra é a da irresponsabilidade civil do Estado pelos atos judiciais que pratica, mas em casos de abuso ou erro injustificado, como absolvição por revisão criminal, juiz que atuou com dolo ou fraude, juiz que retarda, omite ou recuse determinada providência de ofício etc., estará obrigado a indenizar moral e materialmente a pessoa atingida, no caso, o condenado (art. 9º da Lei n. 13.869/2019 e art. 28 da Lei de Introdução às Normas do Direito Brasileiro).

Embora a Constituição proteja a integridade física e moral do condenado, recentemente foi instalado e posteriormente legitimado o Regime Disciplinar Diferenciado, repristinação deturpada e piorada do *silent system* característico do sistema pensilvânico, e que há mais de 150 anos foi predicado de desumano. Neste regime disciplinar o condenado considerado "perigoso" é completamente isolado dos demais em cela forte, e com direitos de visitação e informação restringidos. A submissão a esse tratamento pode causar problemas de ordem psicológica, comprovados ainda no tempo do citado regime pensilvânico, e que por tal motivo foi abandonado. No Capítulo 10, item 10.7, teceremos melhores considerações sobre o instituto.

Todavia, outros dispositivos têm uma incidência direta sobre o preso, embora não tenham sido elaborados com esta finalidade específica:

> "III – ninguém será submetido à tortura nem a tratamento desumano ou degradante;
> (...)
> VII – é assegurada, nos termos da lei, a prestação de assistência religiosa nas entidades civis e militares de internação coletiva;
> (...)
> XII – é inviolável o sigilo da correspondência e das comunicações telegráficas, de dados e das comunicações telefônicas, salvo, no último caso, por ordem judicial, nas hipóteses e na forma que a lei estabelecer para fins de investigação criminal ou instrução processual penal;
> (...)
> XIV – é assegurado a todos o acesso à informação e resguardado o sigilo da fonte, quando necessário ao exercício profissional;
> (...)
> XXXIV – são a todos assegurados, independentemente do pagamento de taxas:
> *a)* o direito de petição aos Poderes Públicos em defesa de direitos ou contra ilegalidade ou abuso de poder;
> (...)
> LXVIII – conceder-se-á *habeas corpus* sempre que alguém sofrer ou se achar ameaçado de sofrer violência ou coação em sua liberdade de locomoção, por ilegalidade ou abuso de poder;
> (...)
> LXXIV – o Estado prestará assistência jurídica integral e gratuita aos que comprovarem insuficiência de recursos".

9.2. DIREITOS DAS CONSTITUIÇÕES ESTADUAIS

Alguns Estados da Federação não dispensaram atenção especial ao condenado, como é o caso dos estados do *Acre, Alagoas, Ceará, Maranhão, Mato Grosso do Sul, Paraná, Pernambuco* e *Rondônia*.

Em outras Constituições estaduais observamos especial atenção, por meio de alguns artigos ou até mesmo capítulos inteiros sobre a política penitenciária.

A Constituição do Estado de *São Paulo* possui apenas duas referências. Uma em seu art. 143, que mantém uma previsão genérica de obediência às Regras Mínimas da Organização das Nações Unidas para o tratamento de reclusos. No mesmo artigo, garante a defesa técnica nas infrações disciplinares, algo que na prática foi sempre muito desrespeitado. A segunda, prevista no art. 105, afirma que o Poder Executivo "manterá, no sistema prisional e nos distritos policiais, instalações destinadas ao contato privado do advogado com o cliente preso".

A Constituição do Estado do *Rio de Janeiro* (art. 27) prevê que o Estado garantirá a dignidade e a integridade física e moral dos presos, facultando-lhes assistência espiritual, assegurando o direito de visita e de encontros íntimos a ambos os sexos, assistência médica e jurídica, aprendizado profissionalizante, trabalho produtivo e remunerado, além de acesso a dados relativos ao andamento dos processos em que sejam partes e à execução das respectivas penas. O destaque é a previsão – única no país – da garantia de visitas íntimas.

Quanto às mulheres, o estabelecimento deverá contar com creche e atendimento por pessoal especializado para menores até a idade de seis anos.

Outra disposição louvável é sobre o trabalho, profissionalizante, produtivo e *remunerado no mesmo padrão* do mercado livre. O trabalho será administrado e exercido em unidades prisionais, industriais e/ou agrícolas, com lotação carcerária máxima de *duzentos homens*. Sempre que possível, o Estado utilizará o trabalho dos presidiários na produção de bens de consumo e de serviços do próprio Estado.

Outra preocupação é com seu retorno à vida livre em condições de subsistência, e garantia de direitos trabalhistas, sendo lícito aos presidiários optarem pelo recolhimento à Previdência Social e ao Fundo de Garantia do Tempo de Serviço para os efeitos da seguridade social, para quando voltarem à liberdade ou para proveito dos seus dependentes.

A Constituição estadual ainda prevê como falta grave a conduta do servidor que sendo responsável por qualquer órgão público, seu preposto ou agente, impeça ou dificulte, sob qualquer pretexto, a verificação imediata das condições da permanência, alojamento e segurança para os que estejam sob guarda do Estado, por parlamentares federais ou estaduais, autoridades judiciárias, membros do Ministério Público, da Defensoria Pública, representantes credenciados da Ordem dos Advogados do Brasil, ou quaisquer outras autoridades, instituições ou pessoas com tal prerrogativa por força da lei ou de sua função.

Existe também a previsão de que o preso por pequeno delito considerado réu primário não poderá ocupar celas com presos de alta periculosidade ou já condenados.

Na Constituição do *Amapá*, em seu art. 5º, X, encontramos apenas a repetição dos princípios da Constituição Federal, e a previsão da existência de um livro de registro contendo a relação integral dos internos em todas as delegacias, penitenciárias, estabelecimentos prisionais e casas de recolhimento compulsório, de qualquer natureza, sob pena de responsabilidade de seus diligentes.

A Constituição do *Amazonas*, art. 3º, § 11, preconiza que o sistema penitenciário estadual garantirá a dignidade e a integridade física, psíquica e moral dos presidiários, assegurando-lhes assistência espiritual e jurídica, aprendizado profissionalizante, trabalho produtivo e remunerado, além de acesso à informação sobre os fatos ocorrentes fora do ambiente carcerário, bem como aos dados relativos à execução das respectivas penas. Às presidiárias será assegurado estabelecimento próprio e, especialmente, condições para que seus filhos possam permanecer com elas durante o período de amamentação.

Na *Bahia*, o art. 4º da Constituição estadual protege a integridade física, assistência médica, jurídica e espiritual (com liberdade para o acesso do ministro de confissão religiosa), aprendizado profissionalizante, trabalho produtivo e remunerado, além de acesso a informações sobre os fatos ocorridos fora do ambiente carcerário, bem como aos dados relativos ao andamento dos processos de seu interesse e à execução das respectivas penas, instalações salubres e adequadas que resguardem sua privacidade, e às mães serão proporcionadas condições para que possam permanecer com seus filhos durante o período de amamentação.

Expressamente o inciso X garante que ficam preservados todos os direitos não atingidos pela sentença ou pela lei.

A Constituição do *Espírito Santo* dedica todo um Capítulo à política penitenciária (arts. 132 a 134). Como centro da política penitenciária estadual, as ações são tendentes a assegurar a promoção e a valorização do indivíduo encarcerado, sua reintegração social, a garantia dos seus direitos e a defesa de sua integridade física, psíquica e mental no período de cumprimento da pena.

Houve preocupação com a participação da sociedade como fator essencial da reinserção social. É expressamente assegurada, na forma da lei, a participação popular, por meio de organizações representativas, na formulação da política penitenciária estadual.

A assistência material garante, ao detido, celas condignas para o cumprimento da pena, em quaisquer dos regimes previstos na legislação federal; assistência jurídica, médica, odontológica, farmacêutica e psicossocial; aprendizado profissional e trabalho produtivo com remuneração justa; visita e convívio com os familiares, na forma da lei; alimentação condigna e higiene; educação, desporto e lazer; cultura e respeito aos seus valores e manifestações étnico-culturais; assistência religiosa, respeitada a opção de cada presidiário; e respeito à individualidade, vedada a identificação pessoal por número. Às mulheres, em especial, serão asseguradas assistência pré-natal, assistência psicossocial e creches para seus filhos, e condições para permanecerem nos presídios com seus filhos durante o período de amamentação. A assistência não despreza o preso ainda não sentenciado que em quaisquer das unidades dos órgãos estaduais de segurança pública terá garantida, gratuitamente, assistência jurídica, psicossocial, médico-odontológica, farmacêutica e religiosa, quando requerida, além do irrestrito respeito à sua integridade física, psíquica e moral.

Os estabelecimentos penais serão diferenciados e apropriados à natureza do delito, às condições físicas, psíquicas, ao sexo, às características e aptidões do apenado, e as colônias penais serão instaladas respeitando-se as peculiaridades do local. Ao sentenciado é constitucionalmente assegurado o direito de ser recolhido de imediato a estabelecimento penal adequado ao cumprimento da pena.

Verifica-se também a *natureza jurisdicional do processo de execução*. Para garantia dos direitos do presidiário, todo estabelecimento penal ou prisão estarão sujeitos à jurisdição do magistrado competente.

Em *Goiás*, a Constituição também dedica um capítulo à Política Penitenciária (art. 126), que terá como objetivo a humanização do sentenciado, fundada no trabalho manual, técnico, científico, cultural e artístico. Deverá respeitar a dignidade e a integridade física e moral dos presos, assegurando-lhes o pleno exercício dos direitos não atingidos pela condenação. A assistência médico-odontológica, psicológica e jurídica devem ser garantidas. Também concede especial atenção ao trabalho como fator de reintegração social, com caráter produtivo, condignamente remunerado, e que possa gerar bens de significativo valor social para as comunidades de onde provenham. Às mulheres, presídios femininos equipados com lactários, berçários e creches.

O art. 10, XVIII, da Constituição estadual do *Mato Grosso* assegura a indenização integral ao condenado por erro judiciário e àquele que ficar preso além do tempo fixado na sentença. No capítulo dedicado à Coordenadoria do Sistema Penitenciário (arts. 85 a 90), repete-se o objetivo de humanização, reeducação, reintegração social e ressocialização dos "reeducandos", fundada no trabalho manual, técnico, científico, cultural e artístico, respeitando-se a dignidade e a integridade física dos presos, assegurando-lhes o pleno exercício dos direitos não atingidos pela condenação. Garante a assistência odontológica, psicológica e jurídica para os condenados e aos presos provisórios, e todo preso, qualquer que seja sua condição, será submetido pelo órgão competente, semestralmente, a exame completo de saúde, adotando-se imediatamente as medidas necessárias. Será garantido ao preso acesso às informações prestadas pelos meios de comunicação social e à sua situação judiciária.

Ressalte-se a importância dispensada ao trabalho e à participação de entidades privadas no processo. A Constituição preconiza oportunidades de trabalho produtivo, condignamente remunerado, que possa gerar, a baixo custo, bens de significativo valor social para as comunidades de onde provenham. Para atingir esse escopo, serão estabelecidos programas alternativos de educação e trabalho remunerado em atividade industrial, agrícola e artesanal, por meio de convênios com entidades públicas ou privadas.

A Constituição do Estado de *Minas Gerais*, apenas em seu art. 4º, § 7º, garante ao "presidiário" o direito à assistência médica, jurídica e espiritual, aprendizado profissionalizante e trabalho produtivo e remunerado, acesso a notícia divulgada fora do ambiente carcerário, acesso aos dados relativos à execução da respectiva pena, e à creche ou a outras condições para as mulheres em fase de amamentação.

No Estado do *Pará*, o art. 301, a exemplo de outras condições, dispõe que a política penitenciária do Estado tem como objetivo a reeducação e a reintegração moral e social dos presos, devendo priorizar a manutenção de colônias penais agrícolas ou industriais, com o objetivo de promover a escolarização e a profissionalização dos presos. Os presos deverão cumprir a pena em locais separados pela natureza do delito, idade e sexo. Às presidiárias serão asseguradas condições para que possam permanecer com seus filhos durante o período de amamentação, devendo o estabelecimento prisional ter uma creche contígua, atendida por pessoal especializado, para menores até seis anos, garantido o acompanhamento da mãe. Todo preso terá acesso às informações prestadas pelos meios de comunicação social e, na forma da lei, o direito de receber visitas.

Na *Paraíba*, o art. 3º, § 8º, assegura ao "presidiário" o respeito à integridade moral e física, informação de seus direitos, inclusive o de permanente assistência médica, jurídica, espiritual e familiar, e todo preso, qualquer que seja sua condição, será submetido a exame completo e periódico de saúde, com intervalo não superior a seis meses. Outros direitos previstos na Constituição Federal são repetidos, como a identificação dos responsáveis por sua prisão e por seu interrogatório, acesso aos dados relativos à execução da respectiva pena, aprendizado profissionalizante e trabalho produtivo e remunerado, oferecimento de creche e de outras condições para que as presidiárias possam permanecer com seus filhos durante o período de amamentação, indenização, para si ou para seus beneficiários, nos casos de lesão ou morte durante o período de pena, e acesso à notícia gerada fora do ambiente carcerário.

No *Piauí*, o art. 5º, § 7º, assegura aos presos o respeito à integridade física e moral, e o § 8º do mesmo artigo assegura às presidiárias condições para que possam permanecer com os filhos durante o período de amamentação.

A Constituição do *Rio Grande do Norte* merece destaque em vários pontos. Preocupa-se, de forma especial, com a integridade física e moral do preso, e, em seu art. 4º, prevê a edição de lei que adote um procedimento sumário de apuração da responsabilidade do servidor estadual civil ou militar que desrespeitar tal mandamento.

Os demais direitos serão regulados por lei complementar, que também regulará as condições de cumprimento de pena no Estado, criará Fundo Penitenciário com a finalidade de assegurar a efetividade do tratamento legal previsto aos reclusos e dispõe sobre a instalação de comissões técnicas de classificação.

Outro destaque é a previsão constitucional de o Poder Judiciário, pelo Juízo das Execuções Penais, publicar, semestralmente, relação nominal dos presos, fazendo constar a pena de cada um e o início de seu cumprimento, medida que somente foi incluída na Lei de Execução Penal por meio da Lei n. 10.713, de 13 de agosto de 2003, e ainda assim com a mesma obrigação prevista com a periodicidade de um ano.

Também se destaca na cautela com a elaboração dos regimentos internos e disciplinares dos estabelecimentos penais do Estado, que, além do órgão específico, participarão o Conselho Penitenciário do Estado, o Juízo das Execuções Penais e o Conselho Seccional da Ordem dos Advogados do Brasil. Mas, o principal é a observação, dentre outros princípios, dos contidos na resolução da Organização das Nações Unidas acerca do tratamento de reclusos (Regras Mínimas).

No *Rio Grande do Sul*, a Política Penitenciária vem prevista nos arts. 137 a 139, também com o objetivo de reeducação, reintegração social e ressocialização dos presos. Enuncia, como prioridades, a regionalização e a municipalização dos estabelecimentos penitenciários, a manutenção de colônias penais agrícolas e industriais e a escolarização e a profissionalização dos presos. Também permite a participação da iniciativa privada em programas alternativos de educação e trabalho remunerado em atividade industrial, agrícola e artesanal, por meio de convênios com entidades. Com a remuneração e na medida de suas possibilidades, o preso ressarcirá ao Estado as despesas decorrentes da execução da pena e da medida de segurança. Às mulheres, o estabelecimento deverá dispor, em local anexo e independente, creche atendida por pessoal especializado, para menores de até seis anos de idade.

Em *Santa Catarina*, somente encontramos disposição acerca do preso no art. 4º, III, que dispõe que o sistema penitenciário estadual garantirá a dignidade e integridade física e moral dos presidiários, facultando-lhes assistência espiritual e jurídica, aprendizado profissionalizante, trabalho produtivo e remunerado, bem como acesso aos dados referentes à execução das respectivas penas.

Encontramos uma preocupação de elevada importância no art. 3º, V, da Constituição do Estado de *Sergipe*. É a única que prevê que a autoridade policial não divulgará a identidade da pessoa suspeita da prática de crime, enquanto não formalmente indiciada. A exploração inadequada e exagerada do suspeito da prática de um crime é punição ilegítima a qual se submete o sujeito e que, ainda que sobrevenha absolvição, poderá jamais recuperar seu *status quo*. A Constituição perdeu uma excelente oportunidade para ir além, e vedar a divulgação da identidade do suspeito enquanto não fosse condenado, pois é princípio constitucional a presunção de inocência.

O Estado também deverá garantir a dignidade e a integridade física e moral dos presos, facultando-lhes assistência espiritual, assegurando-lhes o direito de visita para ambos os sexos, assistência médica e jurídica, aprendizado profissionalizante, trabalho produtivo e remunerado, além de acesso à informação sobre os fatos ocorridos fora do ambiente carcerário, bem como aos dados relativos ao andamento dos processos e à execução das respectivas penas, impedindo a superlotação carcerária, atendendo ao espaço vital mínimo e à lotação pré-determinada para cada estabelecimento. Às mulheres estarão asseguradas condições para que possam permanecer com seus filhos durante o período de amamentação. Também se reforça a garantia de todos os direitos não atingidos pela sentença ou pela lei.

O recente Estado de *Tocantins* limitou a um artigo (art. 118) e ao seu único parágrafo a menção ao seu sistema penitenciário, prevendo que o Estado garantirá a dignidade e a integridade física e moral dos presos e assegurará condições para que as presidiárias possam permanecer com seus filhos durante o período de amamentação.

A Lei Orgânica do *Distrito Federal* (arts. 122 a 124) entrega à lei ordinária a regulamentação do sistema penitenciário, mas com a observância das regras da Organização das Nações Unidas para o tratamento de reclusos. Importante previsão é a de defesa técnica para as infrações disciplinares, o que garante a ampla defesa e o contraditório.

Às mulheres, além da garantia de creche em tempo integral para os filhos de zero a seis anos e do direito à amamentação, também assegura assistência pré-natal prioritariamente e a obrigatoriedade de assistência integral a sua saúde.

Os estabelecimentos prisionais e correcionais proporcionarão aos internos condições de exercer atividades produtivas remuneradas, que lhes garantam o sustento e de suas famílias, e assistência à saúde, de caráter preventivo e curativo, em serviço próprio do estabelecimento e com pessoal técnico nele lotado em caráter permanente. A lei definirá as características do serviço e as modalidades de sua integração com a rede pública de saúde do Distrito Federal.

9.3. DIREITOS DA LEI DE EXECUÇÃO PENAL

Além dos constitucionalmente garantidos, outros estão previstos na Lei de Execução Penal. De uma forma geral, como um direito destacado, o art. 40 impõe a "todas as autoridades o respeito à integridade física e moral dos condenados e dos presos provisórios". Em seguida, o art. 41 enumera os direitos que devem ser respeitados quanto aos presos condenados e provisórios.

O consenso doutrinário é o de que a enumeração da Lei de Execução Penal é simplesmente exemplificativa. O enunciado do art. 3º reza respeito a todos os demais direitos não atingidos pela sentença.

O art. 41 preconiza os seguintes direitos:

"I – alimentação suficiente e vestuário;
II – atribuição de trabalho e sua remuneração;
III – Previdência Social;
IV – constituição de pecúlio;
V – proporcionalidade na distribuição do tempo para o trabalho, o descanso e a recreação;
VI – exercício das atividades profissionais, intelectuais, artísticas e desportivas anteriores, desde que compatíveis com a execução da pena;
VII – assistência material, à saúde, jurídica, educacional, social e religiosa;
VIII – proteção contra qualquer forma de sensacionalismo;
IX – entrevista pessoal e reservada com o advogado;
X – visita do cônjuge, da companheira, de parentes e amigos em dias determinados;
XI – chamamento nominal;
XII – igualdade de tratamento, salvo quanto às exigências da individualização da pena;
XIII – audiência especial com o diretor do estabelecimento;
XIV – representação e petição a qualquer autoridade, em defesa de direito;
XV – contato com o mundo exterior por meio de correspondência escrita, da leitura e de outros meios de informação que não comprometam a moral e os bons costumes;
XVI – atestado de pena a cumprir, emitido anualmente, sob pena da responsabilidade da autoridade judiciária competente".

Além desses, a Lei de Execução Penal prevê os outros direitos:

"Art. 43. É garantida a liberdade de contratar médico de confiança pessoal do internado ou do submetido a tratamento ambulatorial, por seus familiares ou dependentes, a fim de orientar e acompanhar o tratamento.
Parágrafo único. As divergências entre o médico oficial e o particular serão resolvidas pelo Juiz da execução".
"Art. 82. (...)
§ 1º A mulher e o maior de 60 (sessenta) anos, separadamente, serão recolhidos a estabelecimento próprio e adequado à sua condição pessoal.
(...)".
"Art. 83. (...)
(...)
§ 2º Os estabelecimentos penais destinados a mulheres serão dotados de berçário, onde as condenadas possam cuidar de seus filhos, inclusive amamentá-los, no mínimo, até 6 (seis) meses de idade".

A seguir, dedicaremos alguma atenção aos incisos que possam provocar alguma discussão.

9.3.1. Proteção da imagem do condenado

A esses direitos, adicionamos a previsão do art. 198, que procura preservar a *imagem do condenado*. Dispõe o citado artigo que "é defesa ao integrante dos órgãos da execução penal, e ao servidor, a divulgação de ocorrência que perturbe a segurança e a disciplina dos estabelecimentos, bem como exponha o preso à inconveniente notoriedade, durante o cumprimento da pena".

9.3.2. Lazer

Identificamos a preocupação com o *lazer*, como um direito do recluso. O costumeiro é a permissão para a prática interna de atividades dessa natureza, mas, como aponta Armida Bergamini Miotto, "os lazeres não só podem mas devem constituir um elo de comunicação, de contato, com o mundo fora da prisão, o que é de grande importância: em relação àqueles presos que, apesar do delito e da condenação, não são desajustados, como contribuição a que não se desajustem; em relação à comunidade e à sociedade, para que não se arreceiem dos condenados, não os repilam" (MIOTTO. *Curso de direito penitenciário*, p. 508).

9.3.3. Visitas

Outra medida que possibilita a manutenção dos laços sociais e familiares é a permissão de *visita* dos parentes e amigos próximos, que mantém viva a afeição pela mulher e pelos filhos, e propicia ao condenado intervir na solução dos problemas domésticos, tudo o que o estimula a ter boa conduta para conseguir uma liberação antecipada ou uma redução de pena que lhe proporciona voltar o mais cedo possível ao convívio familiar (CUELLO CALÓN. *La moderna penología*, p. 498). Os reclusos têm o direito de comunicar-se com seus familiares e amigos, tanto por correspondências como por visitas. Aos de procedência estrangeira deverá ser assegurada a facilidade adequada para se comunicarem com seus representantes diplomáticos.

O preso também terá direito a receber *visitas*. Infelizmente, a lei não explica detalhadamente quais são os termos da visita a que o preso tem direito. Por isso, é muito comum que cada Estado tenha suas regras ditadas pelas Secretarias responsáveis ou mesmo pelo Departamento Penitenciário Estadual, o que é mais raro. A rigor, os regulamentos estaduais seguem praticamente as mesmas regras, que acabaram por inspirar uma regulamentação federal sobre o assunto.

Nos presídios federais, o DEPEN (Departamento Penitenciário Nacional) tem em vigor a Portaria n. 157, de 12 de fevereiro de 2019. Instituindo um regime bem rigoroso, estabelece o procedimento de visita social aos presos submetidos aos estabelecimentos de segurança máxima.

O Brasil ainda não proporciona uma visita de forma correta. Salvo engano, não há no país um estabelecimento prisional que possua local adequado para as visitas, nem previsão arquitetônica para isso nos projetos já aprovados ou que servem de modelo para a construção de novos estabelecimentos. Assim, as visitas costumam ocorrer no interior dos estabelecimentos nos locais conhecidos como galerias ou pátios nos quais os presos permanecem durante o "banho de sol" ou momento de recreação. Em outros países – principalmente Estados Unidos e países da Europa –, há um local determinado, específico, nos quais os presos recebem as visitas. Isso impede que os visitantes adentrem aos locais reservados ao cumprimento da pena e, principalmente, tornam absolutamente desnecessárias as revistas, bastando para tanto que os visitantes passem por detectores de metais e as encomendas por aparelhos de raio-X. E, como ressalta Gustavo Junqueira, a falta de aparato tecnológico não pode resultar na imposição de tratamento degradante aos visitantes (JUNQUEIRA E FULLER. Lei de execução penal. *Legislação penal especial*, p. 16). Havendo um lugar adequado, não há mais necessidade de submeter as pessoas que não estão sujeitas ao regime excepcional de privação da liberdade a esse constrangimento indevido, e, assim, inverte-se o procedimento: em vez de revistar o visitante na entrada, basta revistar o preso no momento em que retornar para as dependências internas exclusivas. A medida de segurança será a mesma – ou até mais apropriada –, e a manutenção da dignidade de quem visita não será violada de modo leviano, sem justificativa, como se vem fazendo atualmente.

9.3.3.1. *Visita virtual*

O Departamento Penitenciário Nacional editou a Portaria Conjunta n. 500, de 30 de setembro de 2010, pela qual institui a "visita virtual" para os presos que estejam em estabelecimentos prisionais distantes de seus cônjuges, parentes e amigos. A visita será realizada por meio de equipamentos de informática ou videoconferência instalados no estabelecimento penal para o preso e nas unidades da Defensoria Pública da União para os visitantes.

A visita virtual será semanal, a ocorrer nas sextas-feiras, em horários previamente agendados entre a unidade da Defensoria Pública da União e a Penitenciária Federal onde o preso estiver custodiado. Excepcionalmente, a critério do Diretor da Penitenciária Federal e do chefe da unidade da Defensoria Pública da União, as visitas virtuais poderão ocorrer com maior frequência e duração, mas, é evidente que, não havendo fundamento para decisão administrativa, a visita poderá sempre ser revista e regulada por ordem do juiz da execução penal.

Será permitida a entrada na unidade da Defensoria de até 5 (cinco) visitantes cadastrados por preso e por dia, sem contar as crianças, e dependerá da indicação ou anuência do preso.

A portaria estabelece um número máximo de 10 (dez) visitas virtuais por dia em cada penitenciária, cada uma com duração de 30 (tinta) minutos, a serem realizadas no período de 9h às 17h, observado o horário oficial de Brasília. Entre cada visita haverá uma pausa de 20 minutos para permuta de presos e visitantes.

Existe uma previsão de que durante a visita virtual o preso permanecerá com algemas nos tornozelos, e ainda acompanhado de um Agente Penitenciário Federal. Parece-nos que a necessidade de algemas nos tornozelos é absolutamente indevida, já que o preso estará em ambiente restrito e completamente controlado pelo poder público.

Existe ainda a previsão de que a visita virtual poderá ser gravada se houver autorização judicial. Também poderá ser imediatamente interrompida e a autorização para participação cancelada, caso haja, no decorrer desta, a prática de crime pelo preso ou seus visitantes.

9.3.3.2. Visitas íntimas

Em certo momento, ligado à natureza aflitiva da pena de prisão, a doutrina negava o relacionamento sexual dos aprisionados. Guglielmo Sabatini não entendia digna de acolhimento a proposta de permitir o relacionamento sexual nas penitenciárias, consentindo aos detidos a visita periódica das esposas. O Estado não poderia permitir nem fingir ignorar tais relacionamentos, autorizando as relações íntimas (SABATINI. *Istituzioni di diritto penale*, p. 211).

Passada a fase de pena como penitência, o problema sexual começou a integrar os debates e a ser tratado como um verdadeiro fator desfavorável aos intuitos da execução penal. Nos anos 1960 e 1970, chegou a ocupar o lugar de principal destaque nos congressos e colóquios penitenciários.

Edmundo Oliveira, desapontado e sem esperanças quanto a uma solução viável da questão sexual no cárcere, com base em Roberto Lyra, admite visitas periódicas ao lar, para o cumprimento do *debitum conjugale* (*Direitos e deveres do condenado*, p. 35). Assim, conjuntamente com o sistema de visitas íntimas, também se permitiriam certas "licenças" para visitas ao lar, periodicamente.

Parece-nos que essa solução somente poderia ser viabilizada no cumprimento do regime aberto. O regime fechado impossibilitaria esse tipo de saída, por motivos de segurança, condições materiais e ausência de disposição legal. E como muito bem notado por Eugenio Cuello Calón, na ideia de permitir aos casados as saídas para satisfazerem seu desejo sexual, seria preciso permiti-las em tão ampla medida que despojariam a reclusão de seu sentido penal e de toda aspiração reformadora (*La moderna penología*, p. 504).

A Constituição do Estado do Rio de Janeiro, em seu art. 27, garante ao preso o direito à visita íntima: "O Estado garantirá a dignidade e a integridade física e moral dos presos, facultando-lhes assistência espiritual, assegurando o direito de visita e de encontros íntimos a ambos os sexos". Contudo, esse é o único dispositivo legal que trata do assunto. Todas as demais regulamentações foram feitas por meio de atos administrativos.

A primeira providência com o escopo de regulamentar a situação foi tomada pelo Conselho Nacional de Política Criminal e Penitenciária que editou a Resolução n. 1, de 30 de março de 1999:

> "Art. 1º A visita íntima é entendida como a recepção pelo preso, nacional ou estrangeiro, homem ou mulher, de cônjuge ou outro parceiro, no estabelecimento prisional em que estiver recolhido, em ambiente reservado, cuja privacidade e inviolabilidade sejam asseguradas.

Art. 2º O direito de visita íntima é, também, assegurado aos presos casados entre si ou em união estável.

Art. 3º A direção do estabelecimento prisional deve assegurar ao preso visita íntima de, pelo menos, uma vez por mês.

Art. 4º A visita íntima não deve ser proibida ou suspensa a título de sanção disciplinar, excetuados os casos em que a infração disciplinar estiver relacionada com o seu exercício.

Art. 5º O preso, ao ser internado no estabelecimento prisional, deve informar o nome do cônjuge ou de outro parceiro para sua visita íntima.

Art. 6º Para habilitar-se à visita íntima o cônjuge ou outro parceiro indicado deve cadastrar-se no setor competente do estabelecimento prisional.

Art. 7º Incumbe à direção do estabelecimento prisional o controle administrativo da visita íntima, como o cadastramento do visitante, a confecção, sempre que possível, do cronograma da visita, e a preparação de local adequado para sua realização.

Art. 8º O preso não pode fazer duas indicações concomitantes e só pode nominar o cônjuge ou novo parceiro de sua visita íntima após o cancelamento formal da indicação anterior.

Art. 9º Incumbe à direção do estabelecimento prisional informar ao preso, cônjuge ou outro parceiro da visita íntima sobre assuntos pertinentes à prevenção do uso de drogas, de doenças sexualmente transmissíveis e, particularmente, a AIDS".

Quase uma década depois, em 27 de fevereiro de 2007, o Regulamento Penitenciário Federal (Decreto n. 6.049) previu expressamente a possibilidade de visita íntima (art. 95), o que foi regulamentado para todos os âmbitos pela Portaria n. 1.190, de 19 de junho de 2008 (já revogada), com as seguintes características principais:

- mínimo de duas vezes por mês de cônjuge ou companheiro previamente cadastrado;
- no caso de divórcio ou separação será permitida substituição após o prazo de seis meses;
- a visita íntima poderá ser suspensa ou restringida, por tempo determinado, mediante ato motivado do Diretor:
  - quando houver o cometimento de falta disciplinar de natureza grave, apurada mediante processo administrativo disciplinar, que ensejar isolamento celular;
  - por ato do cônjuge ou companheiro(a) que cause problemas à administração do estabelecimento de ordem moral ou risco para a segurança ou disciplina;
  - por solicitação do preso;
  - como sanção disciplinar, independentemente da natureza da falta, nos casos em que a infração estiver relacionada com o seu exercício;
- a visita ocorrerá em local adequado para esta finalidade e compatível com a dignidade humana, possuindo a duração de 1 (uma) hora.

A resolução também adotou alguns cuidados, como a proibição de que os encontros sejam nas celas utilizadas pelos detentos, informações sobre o risco de doenças venéreas contagiosas, entrega de preservativos (mediante recibo).

Ainda para a visita íntima em estabelecimento federal, o Ministério da Justiça enumera em seu *website* as seguintes condições administrativas:

- observar os dias de visita e o horário fixado para sua entrada e saída;
- apresentar-se sóbrio, asseado e adequadamente vestido. A vestimenta deve ser de cor clara, saia ou vestido abaixo do joelho ou calça de malha ou similar, desde que acompanhadas de camisetas ou blusas de comprimento adequado, bem como a roupa íntima não pode conter nenhum detalhe em metal ou confeccionado em plástico resistente;
- substituir o calçado dos visitantes por chinelos fornecidos pela Penitenciária Federal;
- substituir os absorventes e fraldas descartáveis fornecidos pela Penitenciária Federal;
- apresentar a documentação exigida e prestar informações fidedignas para os trâmites de visita;
- abster-se de introduzir ou retirar objetos, elementos ou substâncias não autorizados expressamente;
- durante sua permanência na Penitenciária Federal as joias, bijuterias, objetos do gênero e os pertences dos visitantes ficarão guardados no armário com chave, sendo devolvidos ao final da visita;
- não portar aparelho celular (assemelhados e acessórios como chip, bateria e carregadores);
- respeitar a proibição de fumar no interior da Penitenciária;
- guardar correção no trato com o pessoal penitenciário e com terceiros;
- não danificar as instalações e o mobiliário da Penitenciária e qualquer elemento disponível para a visita;
- acatar as orientações e determinações dos funcionários da Penitenciária para a visita;
- manter a higiene do setor destinado à visita;
- respeitar a segurança da Penitenciária e não realizar atos que possam acarretar indisciplina ou fuga;
- adotar comportamento de forma que não ofenda a ordem ou a moral pública.

A Lei n. 14.994/2024 inseriu uma restrição específica imposta ao direito de visita do condenado por crime contra a mulher por condições do sexo feminino, condição definida em lei como a de violência doméstica e familiar ou o menosprezo ou discriminação à condição de mulher (CP, art. 121-A, § 1º). A restrição visa proteger a mulher que anteriormente foi vítima do condenado e que, por motivos de submissão econômica ou psicológica, ou mesmo de afeto, qualifica-se como apta à visita íntima ou conjugal. Trata-se de medida paternalista que procura evitar a revitimização da mulher que poderá continuar sofrendo algum tipo de violência. Contudo, a restrição não deve ser generalizada e o condenado não poderá ser proibido de qualquer outra visita íntima ou conjugal que possa vir a ter com pessoa diversa.

Atualmente existe uma portaria (n. 718/2017) editada pelo DEPEN que, como ponto principal, proíbe a visita íntima para quase todos os presos dos estabelecimentos penitenciários federais. Segundo o § 2º da Portaria, será vedada a concessão de visita íntima aos presos que:

- tenham desempenhado função relevante ou de liderança em organização criminosa;
- tenham praticado crime que coloque em risco a sua integridade física;

- esteja submetido ao RDD (Regime Disciplinar Diferenciado);
- seja membro de "quadrilha ou bando" envolvido em prática de crimes com violência ou grave ameaça;
- esteja envolvido em incidentes de fuga, de violência ou de grave indisciplina no sistema de origem.

A vedação constante da portaria não se apresenta como uma punição disciplinar por tempo determinado, mas sim como condição *per se* das situações enumeradas no § 2º, o que levaria à violação do princípio de isonomia. Além de contrariar a política criminal, que vem sendo adotada há décadas sem nenhuma fundamentação jurídica de manutenção da convivência familiar, evidentemente submete o preso a uma privação elementar natural que pode ser considerada como tratamento desumano.

No Estado de São Paulo, a Secretaria de Administração Penitenciária editou a Resolução n. 96, de 27 de dezembro de 2001, e estendeu o direito às mulheres.

Existem projetos de lei para alteração da Lei de Execução Penal, como os Projetos de Leis n. 1.352/99 e n. 9/2003, incluindo e regulamentando a visita íntima como um direito legalmente assegurado.

9.3.4. Entrevista pessoal e reservada com advogado

A *entrevista pessoal e reservada com advogado* justifica-se pela própria situação do preso, pois é por meio de seu representante que pleiteará seus direitos, principalmente os que devam ser requeridos *extramuros*. É somente de forma oral e completamente à vontade que o preso poderá expor suas necessidades sem a preocupação de estar sendo ouvido por um servidor ou outro preso, seja por temor ou mesmo vergonha. De outra parte, é igualmente direito do advogado "comunicar-se com seus clientes, pessoal e reservadamente, mesmo sem procuração, quando estes se acharem presos, detidos ou recolhidos em estabelecimentos civis ou militares, ainda que considerados incomunicáveis", segundo previsão expressa art. 7º, III, do Estatuto da Ordem dos Advogados do Brasil.

O Decreto Federal n. 6.049/2007 – que institui o Regulamento Penitenciário Federal – aparentemente regulamentou o inciso IX do art. 41 da LEP, que trata justamente da entrevista com advogado, preconizando que as entrevistas nos estabelecimentos federais deverão ser previamente requeridas e agendadas pela direção do estabelecimento. O requerimento deverá ser imediatamente respondido, porém a entrevista poderá ser agendada para o prazo de até dez dias (art. 96). Havendo urgência, a direção deverá autorizar imediatamente a entrevista, todavia o Decreto não se manifestou acerca do que poderia configurar tal emergência, deixando completamente ao administrador a análise discricionária do pedido, conforme a fundamentação do pedido, a conveniência do estabelecimento penal federal (a segurança), do advogado, dos servidores, dos funcionários e dos presos. Podemos vislumbrar que situações como as de uma primeira entrevista após a prisão, denúncias de familiares sobre abusos ou uma audiência já marcada devem sempre ser considerados casos de emergência, o que acarretará a imediata autorização para a entrevista.

Também é importante ressaltar que no tocante ao advogado o correto é se falar em entrevista, e não em visita, como fazia a revogada Portaria n. 122/2007 do DEPEN, que inclusive menciona várias vezes em seu texto a condição de advogado "devidamente constituído". Lembramos que o preso pode constituir quantos advogados quiser e que isso poderá ser feito no próprio estabelecimento, quando já estiver preso. Portanto, o deferimento de entrevistas deverá contar com o bom senso por parte do diretor, já que poderá ser a primeira vez que o advogado terá contato com o preso e inclusive necessitará desse contato justamente para conseguir a devida procuração.

No mais, havia uma previsão curiosa na Portaria n. 122/2007 do DEPEN, quanto à "suspensão" da visita por parte de advogado. Mais uma vez, não se deve falar em visita, mas sim de entrevista. Mas, o curioso é que o art. 12, § 1º, expressamente preconiza que "por decisão do Diretor do estabelecimento penal federal, o visitante ou *advogado poderá ter seu acesso suspenso ou cancelado*, quando houver prática de falta disciplinar ou desrespeito às normas internas do estabelecimento, relacionadas com o exercício da visita ou entrevista e que envolvam o visitante, o advogado ou o preso". Parece-nos que tal dispositivo violava várias garantias constitucionais e legais, o que extrapola a competência do DEPEN. Nos termos do citado artigo, o diretor do estabelecimento estaria autorizado a impedir que o advogado pudesse se entrevistar com o preso, algo inaceitável e absolutamente ilegal, já que a Lei lhe garante esse acesso, sempre que for conveniente para a defesa de seus direitos. Lembramos que como não se permite o contato com o mundo extramuros por outros meios, a única forma que o advogado tem para se comunicar é a entrevista pessoal, o que de forma alguma poderá ser cerceado por "desrespeito às normas internas". O correto a ser feito é que, diante da conduta indevida do advogado ou do preso, se adotem as medidas administrativas junto aos órgãos competentes, ou inclusive as de natureza criminal quando o fato constituir crime.

9.3.5. Entrevista com o diretor

As Regras Mínimas descrevem que o recluso poderá *entrevistar-se com o inspetor* ou o funcionário encarregado em particular, sem a presença do diretor, funcionários ou qualquer outro recluso. A intenção é permitir que o recluso tenha tranquilidade para denunciar supostos abusos, que certamente serão verificados pelas autoridades competentes.

Encontramos, também, nas Regras Mínimas, a garantia do direito de apresentar *petições* ou reclamações ao diretor ou ao funcionário competente. Também poderá apresentá-las diretamente ao inspetor, como é o caso do juiz e do promotor em suas visitas periódicas.

Deverão ser informados sobre os acontecimentos mais importantes, seja por jornais, revistas, publicações penitenciárias especiais, emissoras de rádio, televisão ou qualquer outro meio, desde que autorizado ou fiscalizado pela administração penitenciária.

Apesar de a jurisdicionalização da execução penal incrementar a proteção dos direitos do preso, outras medidas como as visitas constantes dos órgãos administrativos como o Departamento Penitenciário Nacional, ou, ainda, do Ministério Público e do próprio juiz da execução possibilitam maior interação à realidade carcerária e sua delicada situação. O acompanhamento contínuo e rigoroso impede o cometimento de arbítrios que persistem em acontecer.

9.4. RESTRIÇÃO DOS DIREITOS

Dentre este rol, os únicos direitos que poderão ser limitados ou suspensos temporariamente são os previstos nos incisos V, X e XV do art. 41 da LEP, e atualmente no art. 2º, § 9º, da Lei n. 12.850/2013.

O inciso V fala da proporcionalidade do tempo para o descanso, trabalho e recreação. É certo que a proporção não poderá ser alterada de forma a obrigar o preso ao trabalho excessivo, e nenhum descanso. A limitação cinge-se muito mais ao tempo de recreação. O inciso X é o que garante o direito à visita do cônjuge, parentes e amigos em dias determinados. E o inciso XV garante o acesso aos meios de comunicação e informação.

A restrição a esses direitos, por vezes, mostra-se necessária em determinadas circunstâncias como rebeliões, revistas internas ou tentativas de fuga. A medida será determinada pelo diretor do estabelecimento, por meio de ato (administrativo) motivado e devidamente fundamentado. Para a comprovação da legalidade e oportunidade do ato praticado, a restrição deve assumir forma escrita, e acostada em livro próprio com a lavratura de um termo. Os estabelecimentos prisionais, provisórios ou para cumprimento de penas, mantêm um livro interno de anotações sobre os acontecimentos do dia a dia, no qual a limitação deve ser anotada para correições futuras.

Existe outra restrição de caráter geral trazida pela Lei n. 12.850/2013, com alteração dada pela Lei n. 13.964/2019, com relação aos condenados por organização criminosa e crimes praticados por meio delas. Conforme o dispositivo, a progressão de regime, o livramento condicional e outros "benefícios" prisionais não poderão ser concedidos enquanto houver prova de que o vínculo associativo ainda é mantido.

Destacamos que Jason Albergaria nega veementemente a eficácia (vigência) desse dispositivo, por considerar uma perigosa contradição entregar à discrição da autoridade administrativa a faculdade de suspender ou restringir alguns dos direitos assegurados por lei (*Comentários à lei de execução penal*, p. 76). Não comungamos desse entendimento, pois a condução da administração do ambiente carcerário é de competência do Executivo e a discricionariedade da medida estará sempre sujeita à correição judicial.

9.5. DIREITOS RETIRADOS

Poucos são os direitos retirados do preso condenado. Com "retirados" queremos indicar os que definitivamente não mais poderão ser exercidos por aquele. Até mesmo a liberdade lhe será devolvida, um dia, mas outros, em decorrência da sentença condenatória, são tolhidos em definitivo.

Os arts. 91, 91-A e 92 do CP nos apresenta como efeitos da condenação a perda dos seguintes direitos:

- a perda dos instrumentos do crime, desde que consistam em coisas cujo fabrico, alienação, uso, porte ou detenção constitua fato ilícito (art. 91, II, *a*);
- a perda do produto do crime ou de qualquer bem ou valor que constitua proveito auferido pelo agente com a prática do fato criminoso (art. 91, II, *b*);
- a perda dos bens correspondentes à diferença entre o valor do patrimônio do condenado e aquele que seja compatível com seu rendimento lícito, em casos de condenação por infrações cuja pena máxima seja superior a 6 (seis) anos de reclusão (91-A);

- a perda de cargo, função pública ou mandato eletivo quando aplicada pena privativa de liberdade por tempo igual ou superior a 1 (um) ano, nos crimes praticados com abuso de poder ou violação de dever para com a Administração Pública; e quando for aplicada pena privativa de liberdade por tempo superior a 4 (quatro) anos nos demais casos (art. 92, I, *a* e *b*);
- a incapacidade para o exercício do pátrio poder, tutela ou curatela, nos crimes dolosos, sujeitos à pena de reclusão, cometidos contra filho, tutelado ou curatelado (art. 92, II);
- a inabilitação para dirigir veículo, quando utilizado como meio para a prática de crime doloso (art. 92, III).

9.6. DIREITOS SUSPENSOS

9.6.1. Direitos políticos

Da Constituição Federal decorre, diretamente, a suspensão dos *direitos políticos* aos definitivamente condenados em processo-crime. Pela redação do art. 15: "É vedada a cassação de direitos políticos, cuja perda ou suspensão só se dará nos casos de: (...) III – condenação criminal transitada em julgado, enquanto durarem seus efeitos (...)". Em suma, o condenado não poderia votar ou ser votado enquanto durassem os efeitos da condenação.

Um dos maiores críticos dessa restrição foi Heleno Cláudio Fragoso. Para o renomado autor, a suspensão dos direitos políticos é infundada e serve apenas para estigmatizar o preso e marcar sua separação do mundo livre (FRAGOSO, CATÃO E SUSSEKIND. *Direitos dos presos*, p. 42). Tão prudente e perspicaz é Paulo Queiroz, ao entender que a restrição deveria ater-se somente aos casos de conexão entre o exercício de função política e o crime que originou a condenação (*Direito penal*, p. 356).

Na mesma esteira é o sentir de Julio Fabbrini Mirabete ao entender que os direitos políticos dos presos provisórios não poderiam sofrer qualquer restrição. Também põe em dúvida a eficácia plena do dispositivo constitucional por possuir expressões vagas como "enquanto durarem os 'efeitos' da condenação", sem que se saiba quais são, ou as expressas hipóteses de "perda" e "suspensão" do direito político (*Execução penal*, p. 44).

Enfática mas desavisadamente, Paulo Lúcio Nogueira também acredita que, tendo a reforma de 1984 extinguido as penas acessórias, e entre elas a suspensão dos direitos políticos, estes ainda poderiam ser gozados pelos condenados, por meio do voto (*Comentários à lei de execução penal*, p. 57). Esqueceu-se, porém, de que logo em seguida à reforma, a Constituição Federal de 1988 previu expressamente a hipótese.

Encontramos, ao menos, duas situações muito polêmicas nessa seara, mas pouco enfrentadas pelos autores. A primeira quanto ao condenado que se encontra *extramuros*, como o livramento condicional e a suspensão condicional da pena ou em cumprimento de penas alternativas. Em tese, ao assumirmos que somente os direitos relacionados na sentença ou conectados com a liberdade de locomoção estariam suspensos, não poderíamos restringir os direitos políticos dos que se encontram em suspensão condicional da pena ou livramento condicional, e certamente dos agraciados com penas alternativas. Não haveria impedimento para que esses condenados comparecessem à sua respectiva zona eleitoral e praticassem o voto. Aos submetidos à pena privativa de liberdade em regime aberto não poderíamos dizer o mesmo, já que devem recolher-se ao estabelecimento penal nos períodos noturnos e finais de semana.

Em certa oportunidade, a lacuna foi preenchida de forma lúcida pelo Tribunal de Justiça da Paraíba, que decidiu pela inaplicabilidade do art. 15, III, da CF a um condenado que obteve suspensão condicional da pena, por não obstar o pleno exercício do mandato.

A segunda – mais grave – refere-se aos presos provisórios, que aguardam seu julgamento e são, presumidamente, inocentes. A estes tolhemos o direito fundamental do cidadão de participar politicamente do processo democrático de indicação representativa. Se quanto ao condenado a Constituição faz a ressalva, certamente não a faz quanto ao preso provisório, nem poderia fazê-lo, já que somente será considerado culpado após o trânsito em julgado da sentença condenatória. O problema agrava-se se pensarmos que, se o sujeito submetido à prisão provisória é um candidato regularmente inscrito, poderá ser votado ainda que esteja preso.

Portanto, entendemos que a suspensão dos direitos políticos deve ser interpretada sob dois pontos de vista.

O primeiro diz respeito ao preso provisório, sobre o qual não cabe qualquer tipo de restrição ou suspensão, devendo o Estado adotar as medidas cabíveis para a instalação de seções nos estabelecimentos penais de custódia provisória. A previsão encontra-se no Código Eleitoral (Lei n. 4.737/65), para que sejam instaladas seções em estabelecimentos de internação coletiva: "Art. 136. Deverão ser instaladas seções nas vilas e povoados, assim como nos estabelecimentos de internação coletiva, inclusive para cegos e nos leprosários onde haja, pelo menos, 50 (cinquenta) eleitores". Nesse sentido, o Tribunal Superior Eleitoral editou a Resolução n. 20.997/99 (Instrução 61, classe 12ª), que, em seu art. 49, parágrafo único, determina que "os juízes eleitorais deverão, se possível, instalar seções eleitorais especiais em estabelecimentos penitenciários a fim de que os presos provisórios tenham assegurado o direito de voto". Essa Resolução surgiu da consulta do Tribunal Regional Eleitoral do Ceará sobre o cumprimento ao mandamento legal do art. 136 do Código Eleitoral, e teve o parecer favorável do Tribunal Superior Eleitoral (Resolução n. 20.471, de 14-9-1999, Processo Administrativo 18.352 – classe 19ª – Ceará (Fortaleza), rel. Min. Eduardo Alckmin). As críticas ficam à expressão "se possível", jamais imaginada pela Lei ordinária citada. Paulatinamente, os Estados vêm cumprindo a normativa e garantindo aos presos provisórios a votação em seções especiais, montadas nos estabelecimentos de detenção provisória.

O segundo ponto de vista refere-se ao condenado, e está previsto na Lei Complementar n. 64/90, que estabelece os casos de inelegibilidade. Esta foi alterada recentemente pela Lei Complementar n. 135/2010, que acrescenta uma numerosa lista de casos à Lei, em uma espécie de regulamentação do dispositivo constitucional, ainda que não tenha expressamente se referido a ele. Segundo a nova redação da Lei, são inelegíveis para qualquer cargo as pessoas definitivamente condenadas ou por decisão proferida por órgão judicial colegiado, desde a condenação até o transcurso do prazo de 8 (oito) anos após o cumprimento da pena, pelos seguintes crimes (art. 1º, I, e):

- contra a economia popular, a fé pública, a administração pública e o patrimônio público;

- contra o patrimônio privado, o sistema financeiro, o mercado de capitais e os previstos na lei que regula a falência;
- contra o meio ambiente e a saúde pública;
- eleitorais, para os quais a lei comine pena privativa de liberdade;
- de abuso de autoridade, nos casos em que houver condenação à perda do cargo ou à inabilitação para o exercício de função pública;
- de lavagem ou ocultação de bens, direitos e valores;
- de tráfico de entorpecentes e drogas afins, racismo, tortura, terrorismo e hediondos;
- de redução à condição análoga à de escravo;
- contra a vida e a dignidade sexual; e
- praticados por organização criminosa, quadrilha ou bando.

O § 4º do art. 1º faz a ressalva de que *não serão inelegíveis* os que, embora tenham cometido algum dos crimes previstos na alínea *e* do inciso I do art. 1º, o tenham feito por meio de ação culposa, ou se o crime puder ser classificado como de menor potencial ofensivo ou dependa de queixa-crime.

Entendemos que a suspensão dos direitos políticos deveria ser observada em correlação com a restrição da liberdade. Se a condenação impede o exercício da cidadania, como, por exemplo, no cumprimento dos regimes fechado, e eventualmente semiaberto e aberto, faria algum sentido aplicar o dispositivo constitucional, pelo menos quanto ao exercício do cargo eletivo, já que quanto ao voto poderiam valer-se do mesmo art. 136 do Código Eleitoral para continuarem a exercê-lo. Mas, tratando-se de situação na qual a condenação, o direito ou o benefício concedido não comprometam o exercício do voto ou da candidatura, a lacuna da previsão constitucional permitiria o exercício desse direito, a partir de uma interpretação sistemática do ordenamento penal.

Antes da alteração da Lei Complementar n. 64/90, pedíamos para que o dispositivo constitucional fosse regulamentado por meio de lei ordinária, que viesse a preencher de forma clara as situações de perda e suspensão dos direitos políticos e quais e por quanto tempo os efeitos da sentença atingiriam outros direitos não destacados na decisão condenatória. É no mesmo caminho o sentir de Mirabete (*Execução penal*, p. 44). Continuamos rogando por uma lei regulamentadora.

Porém, parece-nos que a alteração promovida pela Lei Complementar n. 135/2010 acabou por fazê-lo, ou seja, regulamentou o dispositivo constitucional, e o entendimento mais em conformidade com as garantias fundamentais seria o de que, agora, os direitos políticos do condenado apenas poderiam ser suspensos nos expressos casos do art. 1º, I, *e*. Nos demais, a única restrição poderia ser feita com relação ao inerente cerceamento de liberdade da condenação, o que significaria que não havendo a restrição do cárcere, isto é, do regime, o condenado poderia exercer plenamente seus direitos políticos.

9.6.2. Direito de dirigir

O Código de Trânsito também prevê a suspensão do *direito de dirigir* ao condenado por crimes previstos na Lei n. 9.503/97. O art. 160 dispõe que: "O condutor condenado por delito de trânsito deverá ser submetido a novos exames para que possa voltar a dirigir, de acordo com as normas estabelecidas pelo Contran, independentemente do reconhecimento da prescrição, em face da pena concretizada na sentença".

Ressalte-se que somente deverá ser considerada a prescrição da pretensão executória, como o próprio texto legal dispõe ("em face da pena concretizada na sentença"). A doutrina penal é pacífica no entendimento de que, prescrita a pretensão de executar a pena, subsistem os demais efeitos da condenação, tanto de natureza penal, como civil e administrativa. Assim, embora o Estado não possa mais privar o condenado de sua liberdade, outros efeitos como a obrigação de reparar o dano, a destituição do pátrio poder ou, como no caso em tela, a suspensão para dirigir veículo automotor não são atingidos pela prescrição e permanecem aplicáveis, e o condenado por crime de trânsito não poderá voltar a conduzir enquanto não se submeter a novos exames de habilitação.

9.7. DIREITO DE FUGIR?

Por um breve momento, a doutrina discutiu sobre o direito do preso a fugir. O natural impulso à liberdade justificaria o sempre constante desejo do preso em libertar-se, ainda que contra a vontade do Estado.

No centro do debate estava a tipificação penal do art. 352 – *Evasão mediante violência contra a pessoa*. Resumidamente, justificava-se que, em atendimento ao princípio da legalidade e taxatividade, se o preso empreendesse fuga sem violência contra a pessoa, não cometeria crime. A premissa é absolutamente correta, pois faltando um dos elementos do crime, este não estará configurado.

Contudo, os defensores do "direito de fugir" não se ativeram ao fato de que o direito possui outros ramos, e que certa conduta, ainda que não seja tipificada como crime, pode ser um ilícito administrativo ou civil.

É certo que o Estado, para o bom funcionamento da administração da justiça, e por razão de ordem pública, tem o direito de impor – e impõe a determinados indivíduos – restrição de sua liberdade que deve ser observada e mantida. A pena privativa de liberdade é uma das sanções que o Estado dispõe e que, portanto, pode aplicar. A infração desse dever por parte dos obrigados a sua observância constitui um ato de desobediência a uma decisão da autoridade legítima, e que deve ser sancionado (CUELLO CALÓN. *La moderna penología*, p. 603-604). A sanção poderá ser penal ou administrativa, conforme a configuração que o ordenamento jurídico preferir.

Elevando-se contra esse fictício direito, Jason Albergaria aborda o dever do condenado de cumprir a pena e, consequentemente, de permanecer na prisão até a conquista regular da liberdade, que deriva da relação de direito público entre o condenado e a Administração Penitenciária. Assim, não há que se falar em direito de evasão do preso, pois a fuga viola essa relação jurídica, e constitui infração, se não penal, disciplinar (ALBERGARIA. *Comentários à lei de execução penal*, p. 68).

Ainda que ocorra a fuga, a relação jurídica do preso com o Estado somente estará desfeita com a ocorrência da prescrição da pretensão executória. Câmara Leal nos lembra que, no caso de fuga do condenado durante o cumprimento da pena, sua recaptura independe de ordem judicial (mandado), e qualquer pessoa conhecedora da fuga poderá efetuar sua prisão, assim como acontece na prisão em flagrante, apresentando-o à autoridade policial mais próxima (*Comentários ao Código de Processo Penal brasileiro*, p. 266). É o mesmo sentir de Borges da Rosa (*Processo penal brasileiro*, p. 320). Na verdade, os autores apenas reforçam o disposto no art. 684 do CPP: "A recaptura do réu evadido não depende de prévia ordem judicial e poderá ser efetuada por qualquer pessoa".

A Lei de Execução Penal dispõe como *falta grave* a fuga do preso (art. 50, II). O Código Penal, além do crime de *Evasão mediante violência contra a pessoa* (art. 352), também tipifica o *dano qualificado* (art. 163, parágrafo único, III) quando o patrimônio do Estado for atingido. Portanto, a previsão de infrações e sanções à fuga do indivíduo preso não demonstra aspectos de direito.

Por fim, é evidente que, havendo situação que exclua a ilicitude da fuga (p. ex., estado de necessidade por submissão a estabelecimento em situação inconstitucional de superlotação ou péssimas condições de saúde) ou, mesmo, uma situação de erro, tais casos deverão ser analisadas quando da apuração e julgamento da infração, seja ela administrativa, civil ou penal.

9.8. TRANSPORTE

O art. 1º da Lei Federal n. 8.653/93 proíbe o transporte de presos em compartimento de proporções reduzidas, com ventilação deficiente ou ausência de luminosidade.

9.9. SIGILO DE CORRESPONDÊNCIA

Questiona-se o *sigilo de correspondência* das cartas destinadas ou expedidas pelos presos. Um simples olhar sobre o direito fundamental ao sigilo das comunicações expresso no inciso XII do art. 5º da Constituição Federal nos mostra que a exceção para a violação somente é possível quanto à comunicação telefônica, ainda assim, nos termos da lei ordinária (Lei n. 9.296/96) que exige autorização judicial prévia.

Eis a garantia fundamental, *in verbis*: "é inviolável o sigilo da correspondência e das comunicações telegráficas, de dados e das comunicações telefônicas, salvo, *no último caso*, por ordem judicial, nas hipóteses e na forma que a lei estabelecer para fins de investigação criminal ou instrução processual penal".

Em sustentação a esse pensamento encontramos o renomado constitucionalista Celso Ribeiro Bastos. O autor demonstra que a Constituição somente permite a violação da comunicação telefônica, não abrindo qualquer ressalva aos demais casos, nem mesmo nos presídios ou hospícios (*Curso de direito constitucional*, p. 202. No mesmo sentido: Mirabete. *Processo penal*, p. 319). José Afonso da Silva acena na mesma direção, pois enfatiza o termo "inviolável", com a proibição de que se abram cartas e outras formas de correspondência escrita, ou se interrompa seu curso (*Curso de direito constitucional positivo*, p. 440).

Esse pensamento é repelido por alguns autores, dos quais se destacam as ponderações de Guilherme de Souza Nucci (*Código de processo penal comentado*, p. 477. No mesmo sentido: Araújo e Nunes Júnior. *Curso de direito constitucional*, p. 120; Moraes. *Direito constitucio-

nal, p. 86). O autor alega que "deixar de abrir a correspondência de um suspeito de crime, somente porque se está seguindo, cegamente, o disposto na Constituição Federal, seria privilegiar uma norma constitucional em detrimento de outras". O embate das "normas constitucionais" seria entre o direito à intimidade e inviolabilidade da correspondência e da vida privada contra a segurança pública e o interesse em punir criminosos (op. cit., p. 477). Essa assertiva volta-se para justificar o porquê de o juiz permitir a apreensão e abertura de uma correspondência que constitui prova de uma conduta ilícita.

Concordamos com a afirmação de que não existe princípio constitucional absoluto – esta não é a característica de um princípio, mas sim de um axioma –, tanto que o próprio inciso XII permite a violação da intimidade, mas – eis a pedra de toque – apenas no último caso, qual seja, das comunicações de dados e telefônica. Entendemos que o art. 5º, ao falar em direitos e garantias fundamentais não é somente mais um artigo da Constituição Federal, mas sim o mais importante. Isso vale para que qualquer interpretação restritiva das liberdades previstas no art. 5º em confronto com os demais artigos da Constituição Federal seja dotada de extrema ponderação.

Mas, *data maxima venia*, Nucci não diferencia as situações quando exemplifica a possibilidade de violação da correspondência do preso, e, ainda que o fizesse, não fundamenta como o texto condicional permitiria a violação da garantia fundamental em um Estado de Direito. Em suas considerações informa que o juiz poderá ter acesso à correspondência – o que já é duvidoso – quando constituir prova de um processo, mas "é evidente – diz o autor – que, nada encontrando de relevante ou pertinente na carta aberta, deve a autoridade resguardar a intimidade do réu ou investigado, devolvendo-a ao destinatário". Isso significa que a intimidade deve ser preservada e ao mesmo tempo permite o conhecimento judicial de seu conteúdo.

Ainda que aceitemos as considerações acima – que, deixemos claro, não compartilhamos –, isso não poderia de forma alguma manter-se apenas ao preso e sua correspondência. Não estamos falando da correspondência que constitui objeto ou instrumento de crime, como, por exemplo, o envio da encomenda contendo armas, drogas etc., que, indiscutivelmente, deve ser apreendida, mas sim do indiscriminado acesso ao conteúdo daquela. A abertura de correspondência, seja ela indiscriminada, com relevantes suspeitas ou mesmo autorização judicial, equivale a retirar do preso o direito à intimidade, e, consequentemente, configura uma violação da Constituição Federal. O Estado dispõe de meios outros para essa verificação como aparelhos de raios X ou detector de metais. A justificativa de que a abertura é necessária para descobrir o que está dentro da correspondência justificaria a abertura e violação do direito de qualquer cidadão que embarca em um avião ou adentra em um estabelecimento público. No entanto, opta-se por instalar determinados aparelhos que identifiquem os objetos ilícitos sem o conhecimento do conteúdo de frases ou expressões pessoais.

Outro argumento falacioso é o de que o preso poderia estar armando um "ardiloso plano de fuga" (NUCCI. *Código de Processo Penal comentado*, p. 477), suposição absolutamente alargada e que justificaria a abertura da correspondência de *todos* os demais presos. A propósito, qual seria o delito a ser investigado? Não estaríamos falando, em tese, de atos preparatórios? Novamente, a suposição também deveria valer para os cidadãos que se encontram em liberdade, sob o pretexto, por exemplo, de estarem armando um "ardiloso" plano terrorista para assassinar o Presidente da República ou um juiz de Direito. A condição de pessoa presa não retira seu estado *cives*, e essa etiqueta colocada pelo Estado não pode servir de fundamento para a violação dos direitos fundamentais. Qualquer movimento nesse sentido aponta para que, futuramente, alegue-se outro motivo como a ideologia social ou a religião professada, exemplos de um passado próximo no qual os "etiquetados" como pervertidos ou hereges eram tratados como inimigos da sociedade. O Direito Penal do Inimigo deve ser combatido, em favor do Direito Penal do cidadão, sustentado a duras e frágeis conquistas e frequentemente ameaçado pelas posturas maniqueístas da "guerra contra o crime".

Como ilustração da falácia utilizada, observemos o art. 5º, XLVII, que proíbe certas penas. No caso da letra *a*, há proibição da pena de morte, mas a própria Constituição, no interior do mesmo art. 5º, prevê a exceção. E é assim que devem estar previstas, no mesmo nível interno constitucional. Da mesma forma, ninguém sustentaria que, em benefício da segurança de todos, ou do interesse em punir criminosos, pudéssemos aplicar, com base na harmonia dos princípios ou em critérios de proporcionalidade, qualquer exceção a qualquer outra das penas proscritas, como, por exemplo, aplicar pena de banimento a um criminoso altamente reincidente, ou atribuir-lhe trabalhos forçados para ressarcir todo o enorme prejuízo que tenha causado à mais benemérita e necessitada instituição.

Não se pode violar a correspondência de ninguém? A Constituição Federal prevê que em um momento de exceção, não só a correspondência, mas até a liberdade poderão ser cerceadas em benefício da coletividade, mas estaremos em um Estado de Exceção, definido pela própria Constituição Federal como Estado de Defesa (art. 136, § 1º, I, *b*) ou Estado de Sítio (art. 139, III). Ao se permitir a violação da correspondência fora dessas hipóteses estaríamos tomando como regra a exceção, e não o direito.

O que desejamos ressaltar é que ainda que um princípio não seja absoluto, ou que uma regra também possa ter exceções, tratando-se de um dispositivo constitucional, a Constituição é o início e o fim da determinação. É a Carta Maior quem define a regra, e quem delimita a exceção. Interpretar além disso é retirar da Constituição sua função de garantia e eixo mestre do Estado Democrático de Direito.

Alguns utilizam como fundamento legal para a violação da correspondência do preso a previsão do art. 41, parágrafo único, da LEP. O preso tem o direito a "contato com o mundo exterior por meio de correspondência escrita, da leitura e de outros meios de informação que não comprometam a moral e os bons costumes" (art. 41, XV), algo que poderia ser restringido pela previsão do citado parágrafo: "Os direitos previstos nos incisos V, X e XV poderão ser suspensos ou restringidos mediante ato motivado do diretor do estabelecimento".

Facilmente se percebem os dois problemas para a aceitação desse argumento. O primeiro é que a redação do dispositivo fala em *restringir ou suspender* a comunicação com o exterior, e não em violar a comunicação com o exterior. Restringir no sentido de diminuir e impedir no sentido de evitar que a correspondência saia do ou chegue ao estabelecimento. Tal conclusão é tão nítida que o art. 58 limita essa medida ao prazo máximo de 30 dias ("O isolamento, a suspensão e a *restrição de direitos* não poderão exceder a trinta dias, ressalvada a hipótese do regime disciplinar diferenciado"). Entender de outra forma levaria ao absurdo de pensar que a correspondência poderia ser violada pelo prazo de apenas 30 dias.

O segundo argumento de caráter técnico consiste em que a Lei de Execução Penal é anterior à Constituição Federal, e, portanto, tal dispositivo não poderia ser aplicado sem uma releitura com base nos princípios constitucionais de um Estado Democrático de Direito.

Com um complicador, o que autorizaria a violação da correspondência que o preso recebe? Qual seria o fundamento para se violar a intimidade de quem envia uma carta ao preso e que não possuiria tal condição? Exatamente, não haveria e por isso que a aceitação desses argumentos acaba por admitir que, em qualquer caso, a correspondência de qualquer pessoa possa ser violada, ao menos, por ordem judicial, mesmo que isso tenha sido expressamente vedado pela Constituição Federal.

Infelizmente, são comuns e não exclusivos de nossas decisões argumentos do tipo "a defesa do ordenamento", a "necessidade de prevenir o delito", estereótipos frequentes para limitar direitos fundamentais do recluso. Como destaca Inma Valeije Álvarez, são decisões preparadas "que justificam a limitação de seus direitos fundamentais (dos reclusos) em aspectos como restrição de comunicações com o exterior" (El derecho a la integridad física de los reclusos drogodependientes. *Jornadas en homenaje al XXV aniversario de la Ley Orgánica General Penitenciaria*, p. 53).

Portanto, concordamos com os entendimentos que consideram absolutamente impossível a violação da correspondência, seja da pessoa livre ou do preso condenado ou provisório (no mesmo sentido: SCHMIDT. Direitos, deveres e disciplina na execução penal. In: CARVALHO. *Crítica à execução penal*, p. 224).

9.10. JURISPRUDÊNCIA SELECIONADA

Amamentação *intramuros*

"4. Sendo assim, o que está em questão é o interesse da criança e a preservação da sua integridade física e emocional, o que não se alcança com o afastamento abrupto de mãe e filha em uma fase que a necessidade de afeto e de cuidados é inequívoca. Não é de somenos importância o fato de a paciente ser estrangeira e de não possuir parentes no país que possam dispensar cuidados essenciais à infante, de forma que tudo leva a crer que a retirada da menor da companhia de sua mãe fará com que ela passe a viver, mesmo na primeira infância e em idade de amamentação, com pessoas com as quais não possui nenhum vínculo familiar ou de afeto. 5. Ordem não conhecida. *Habeas corpus* concedido, de ofício" (STJ, HC 431.221/SP, 6ª T., j. 7-6-2018, rel. Min. Antonio Saldanha Palheiro, *DJe* 18-6-2018).

"Execução penal – Recurso de agravo – Tráfico de drogas e associação para a narcotraficância (artigos 33 e 35 da Lei n. 11.343/06) – Pedido de concessão de prisão domiciliar – Alegação de que a mãe da agravante não tem condições de cuidar da neta de 8 (oito) meses de idade e não consegue levá-la até a unidade prisional para visitar a recorrente – sentenciada que cumpre pena em regime fechado – Requisitos do art. 117, da LEP não preenchidos – imprescindibilidade da medida não demonstrada – contudo, recomendável a transferência imediata da agravante para estabelecimento prisional que permita a permanência da criança enquanto durar o período de amamentação, como medida *ex officio* – inteligência do art. 5º, inc. I, da CF e art. 8º, § 10, do ECA – recurso conhecido e desprovido, com medida de ofício" (TJ-PR, 3ª Câm. Crim. – AgE 0020811-03.2019.8.16.0031 – Guarapuava – rel. Juíza Ângela Regina Ramina de Lucca, j. 21-4-2020) (TJ-PR, PET 00208110320198160031 PR 0020811-03.2019.8.16.0031 (Acórdão), rel. Juíza Ângela Regina Ramina de Lucca, j. 21-4-2020, 3ª Câm. Crim., 24-4-2020).

Direito de visita: crianças e adolescentes

"Execução penal. Visita do preso. Direito que não é absoluto. Preponderância da proteção integral à criança. Visita dos netos ao avô preso por tráfico em regime fechado. [...] 2. O direito de visitação do preso, com o objetivo de ressocialização, não deve se sobrepor aos direitos do menor já que os estabelecimentos prisionais são, por sua própria natureza, ambientes impróprios à formação psíquica e moral de crianças e adolescentes, cuja proteção integral tem base constitucional, nos termos do art. 227 da Constituição Federal. 3. A negativa da visita de netos de tenra idade ao avô, condenado por tráfico e associação ao tráfico à reprimenda de 12 anos, 8 meses e 13 dias de reclusão em regime fechado não implica em isolamento do preso se resta garantido o direito em relação às demais visitas, tampouco em desrespeito dos direitos das crianças ao convívio familiar se podem elas viver na presença do pai, mãe e demais familiares. 5. Agravo regimental improvido" (STJ, AgRg no REsp 1702274 SC 2017/0256131-0, rel. Min. Maria Thereza de Assis Moura, j. 19-4-2018, 6ª T., *DJe* 11-5-2018).

"A análise da conveniência do ingresso de crianças e adolescentes, no interior de estabelecimentos prisionais, deve ser realizada caso a caso, diante das peculiaridades do processo, com intuito de verificar a que ponto os choques oriundos do contato com aquela realidade podem afetar o desenvolvimento de crianças e adolescentes. *In concreto*, o deferimento de tal medida não se revela por demais prejudicial à adolescente, devendo ser valorizado o contato fraternal, na medida em que fortalece os vínculos familiares e facilita a ressocialização do agravante (...)" (TJ-RS, AgE 70077220002, 8ª Câm. Crim., j. 13-6-2018, rel. Isabel de Borba Lucas, *DJ* 2-7-2018).

Direito de visita: familiares

"Agravo em execução penal. Visitação a detento. Genitora egressa do sistema prisional. Possibilidade. O direito à visitação detém curial importância no processo de ressocialização do preso ou de sua submissão voluntária ao regular cumprimento da sanção penal. Assim, conforme prescrito pela LEP em seu art. 41, parágrafo único, tal direito só pode ser suprimido mediante análise casuística e por ato motivado do diretor do estabelecimento prisional, jamais de forma abstrata e generalizada, como ocorre com a edição de portarias. Por outro lado, também é direito da genitora do apenado visitá-lo no estabelecimento prisional, direito esse que só pode ser suprimido por lei formal, já que 'ninguém será obrigado a fazer ou deixar de fazer alguma coisa senão em virtude de lei' (CF, art. 5º, II). Assim, a vedação de visita a familiares para egressos do sistema prisional, criada por portaria da Susepe, ofende o princípio da legalidade e não pode prevalecer. Agravo provido" (TJ-RS, AgE 70048180400, 7ª Câm. Crim., j. 26-4-2012, rel. Carlos Alberto Etcheverry, *DJ* 17-5-2012).

"Agravo em execução. Autorização de visita. Apenado que não teve concedida o direito a visita do pai, porque ele é egresso do sistema prisional. Possibilidade. A visita por parte de parentes, ainda que egressos do sistema prisional, seguramente é situação a beneficiar o apenado no alcance do principal escopo da execução penal, qual seja, a ressocialização. Agravo provido" (TJ-RS, AgE 70058084716, 5ª Câm. Crim., j. 28-5-2014, rel. Genacéia da Silva Alberton, *DJ* 4-6-2014).

Direito de visita: familiar preso

"1. A Constituição Federal, a Lei de Execução Penal e as Regras Mínimas da ONU para tratamento de reclusos preveem como direito dos presos o de receber visitas de familiares e amigos, sendo tal garantia essencial para o processo de socialização dos reeducandos. 2. O direito de visita visa à ressocialização do condenado, não podendo ser obstado pelo fato de o visitante estar cumprindo pena em regime aberto, não podendo os efeitos da sentença penal condenatória restringir o gozo de outros direitos individuais. 3. Agravo conhecido e provido" (TJ-DF, AgE 07264706020208070000 DF 0726470-60.2020.8.07.0000, rel. J. J. Costa Carvalho, j. 22-10-2020, 1ª T. Crim., *DJe* 17-11-2020).

Direito de visita íntima

"Agravo em execução penal. Visita íntima. Possibilidade. O fato de a companheira do agravante estar, também, segregada, não constitui vedação legal ao direito de visita. No caso, a companheira do paciente está cumprindo pena em regime domiciliar. A Lei de Execução Penal, ao disciplinar os direitos do apenado, não faz nenhuma ressalva ou proibição de visitas quanto a companheiros que estejam presos (art. 41, X, da Lei n. 7.210/84). Se a lei não impõe restrição, no caso, não cabe ao intérprete fazê-lo. Além disso, a pretensão encontra amparo no art. 2º da Resolução n. 4 de 29 de junho de 2011, do Conselho Nacional de Política Criminal e Penitenciária. Recurso provido" (TJ-RS, AgE 70057439374, 3ª Câm. Crim., j. 23-1-2014, rel. Diogenes Vicente Hassan Ribeiro, *DJ* 20-2-2014).

Direito de visita íntima: possibilidade de restrição

"A Lei de Execução Penal garante aos apenados o direito de receber visita do cônjuge, da companheira, de parentes e amigos, e tal direito não pode ser restringido por meio de instrução normativa do Poder Executivo que permite somente a visita de pais, filhos, irmãos ou cônjuge" (TJ-SC, AgE 0012513-96.2016.8.24.0033, 2ª Câm. Crim., j. 16-5-2017, rel. Des. Sérgio Rizelo, *DJe*-2586 18-5-2017).

"Não constitui desvio de finalidade nem abuso de poder, em detrimento de interesse de grupos, a portaria do juiz Corregedor do Presídio que, em situação excepcional, a fim de evitar mal maior e em benefício da coletividade, disciplina o ingresso de pessoas no presídio, visto que o objetivo visado dirigia-se a um fim maior, de caráter geral, qual seja a manutenção da ordem pública e todas as consequências benéficas que daí continuam emanando. Recurso improvido" (STJ, RMS 9.229/RO, 1ª T., j. 2-12-1999, rel. Min. Francisco Falcão, *DJ* 21-2-2000).

Direito de visita íntima por adolescente: possibilidade

"Agravo em execução. Direito de visita. Namorada adolescente. Possibilidade. A entrada de crianças e adolescentes no sistema carcerário está amparada no direito do apenado em receber visitas e no direito do infante ao convívio familiar. Não se trata de direito absoluto, naturalmente, motivo pelo qual é impositiva a ponderação entre o direito à visitação e a obrigação de proteção das crianças e adolescentes. No caso, a namorada do apenado está prestes a completar 18 anos de idade e a visita está autorizada por sua genitora, bem como será acompanhada pela genitora do apenado. Possibilidade da visita, no caso concreto. Recurso Provido" (TJ-RS, AGV 70077526317/RS, rel. Sérgio Miguel Achutti Blattes, j. 18-7-2018, 3ª Câm. Crim., *DJ* 26-7-2018).

Direito de visita íntima por pessoa presa: possibilidade

"Agravo em execução penal. Visita íntima. Possibilidade. Insurgência ministerial. O fato de a companheira do agravado estar, também, segregada, não constitui vedação legal ao direito de visita. No caso, a companheira do paciente está presa preventivamente, enquanto ele cumpre pena. A Lei de Execução Penal, ao disciplinar os direitos do apenado, não faz nenhuma ressalva ou proibição de visitas quanto a companheiros que estejam presos (art. 41, X, da Lei n. 7.210/84). Se a lei não impõe restrição, no caso, não cabe ao intérprete fazê-lo. Além disso, a pretensão encontra amparo no art. 2º da Resolução n. 4 de 29 de junho de 2011, do Conselho Nacional de Política Criminal e Penitenciária. Igualmente, não há notícia das autoridades competentes quanto à existência de contaminações pelo COVID-19 no interior do estabelecimento prisional no qual eles estão recolhidos. Além disso, há informes no sentido de que a Secretaria de Administração Penitenciária e a Superintendência dos Serviços Penitenciários adotaram medidas no sentido de reduzir o risco de infecção no interior das casas prisionais, razão pela qual vai mantida a decisão recorrida na íntegra. Decisão mantida. Agravo Ministerial Desprovido" (TJ-RS, EP 70084251214/RS, rel. Diogenes Vicente Hassan Ribeiro, j. 26-6-2020, 3ª Câm. Crim., *DJe* 3-7-2020).

Indenização por precariedade do estabelecimento prisional

"(...) O dever de ressarcir danos, inclusive morais, efetivamente causados por ato de agentes estatais ou pela inadequação dos serviços públicos decorre diretamente do art. 37, § 6º, da Constituição, disposição normativa autoaplicável. Ocorrendo o dano e estabelecido o nexo causal com a atuação da Administração ou de seus agentes, nasce a responsabilidade civil do Estado. 3. 'Princípio da reserva do possível'. Inaplicabilidade. O Estado é responsável pela guarda e segurança das pessoas submetidas a encarceramento, enquanto permanecerem detidas. É seu dever mantê-las em condições carcerárias com mínimos padrões de humanidade estabelecidos em lei, bem como, se for o caso, ressarcir danos que daí decorrerem. (...) 5. A garantia mínima de segurança pessoal, física e psíquica, dos detentos, constitui dever estatal que possui amplo lastro não apenas no ordenamento nacional (Constituição Federal, art. 5º, XLVII, 'e'; XLVIII; XLIX; Lei 7.210/84 (LEP), arts. 10; 11; 12; 40; 85; 87; 88; Lei 9.455/97 – crime de tortura; Lei 12.874/13 – Sistema Nacional de Prevenção e Combate à Tortura), como, também, em fontes normativas internacionais adotadas pelo Brasil (Pacto Internacional de Direitos Civis e Políticos das Nações Unidas, de 1966, arts. 2; 7; 10; e 14; Convenção Americana de Direitos Humanos, de 1969, arts. 5º; 11; 25; Princípios e Boas Práticas para a Proteção de Pessoas Privadas de Liberdade nas Américas – Resolução 01/08, aprovada em 13 de março de 2008, pela Comissão Interamericana de Direitos Humanos; Convenção da ONU contra Tortura e Outros Tratamentos ou Penas Cruéis, Desumanos ou Degradantes, de 1984; e Regras Mínimas para o Tratamento de Prisioneiros

– adotadas no 1º Congresso das Nações Unidas para a Prevenção ao Crime e Tratamento de Delinquentes, de 1955). (...) A reparação dos danos deve ocorrer em pecúnia, não em redução da pena. Maioria. 7. Fixada a tese: 'Considerando que é dever do Estado, imposto pelo sistema normativo, manter em seus presídios os padrões mínimos de humanidade previstos no ordenamento jurídico, é de sua responsabilidade, nos termos do art. 37, § 6º, da Constituição, a obrigação de ressarcir os danos, inclusive morais, comprovadamente causados aos detentos em decorrência da falta ou insuficiência das condições legais de encarceramento'. 8. Recurso extraordinário provido para restabelecer a condenação do Estado ao pagamento de R$ 2.000,00 (dois mil reais) ao autor, para reparação de danos extrapatrimoniais, nos termos do acórdão proferido no julgamento da apelação" (STF, RE 580252/MS, Tribunal Pleno, j. 16-2-2017, rel. Min. Teori Zavascki, rel. p/ acórdão Min. Gilmar Mendes, DJe-204 11-9-2017).

Separação de preso provisório

"1. Verificando-se que das condenações proferidas em desfavor do paciente não adveio o trânsito em julgado, não é viável, portanto, a mantença do preso provisório em estabelecimento prisional destinado a presos com condenações definitivas, *ex vi* do artigo 84, *caput*, da Lei de Execução Penal" (STJ, HC 138.769/PE, 6ª T., j. 15-10-2009, rel. Min. Maria Thereza de Assis Moura, DJe 9-11-2009).

Sigilo de correspondência

"A administração penitenciária, com fundamento em razões de segurança pública, de disciplina prisional ou de preservação da ordem jurídica, pode, sempre excepcionalmente, e desde que respeitada a norma inscrita no art. 41, parágrafo único, da Lei 7.210/1984, proceder à interceptação da correspondência remetida pelos sentenciados, eis que a cláusula tutelar da inviolabilidade do sigilo epistolar não pode constituir instrumento de salvaguarda de práticas ilícitas" (STF, HC 70814/SP, 1ª T., 1º-3-1994, rel. Min. Celso de Mello, DJ 24-6-1994).

Transferência para o domicílio da família: possibilidade

"6. O cumprimento da pena em local próximo ao meio social e familiar do apenado – artigo 103 da Lei de Execução Penal – carece de caráter absoluto, entretanto não é viável o condenado arcar com um excessivo ônus no seu deslocamento para comarca diversa, na qual existe casa de albergado, a fim de atender o determinado pela instância de origem. 7. A inexistência de estabelecimento penal adequado ao regime aberto na sua comarca permite que o condenado cumpra a pena em regime aberto domiciliar" (...) (STJ, HC 179.610/RJ, 6ª T., j. 7-2-2013, rel. Min. Maria Thereza de Assis Moura, DJe 20-2-2013).

"Pena. Cumprimento. Transferência de preso. Natureza. Tanto quanto possível, incumbe ao Estado adotar medidas preparatórias ao retorno do condenado ao convívio social. Os valores humanos fulminam os enfoques segregacionistas. A ordem jurídica em vigor consagra o direito do preso de ser transferido para local em que possua raízes, visando a indispensável assistência pelos familiares. Os óbices ao acolhimento do pleito devem ser inafastáveis e exsurgir ao primeiro exame, consideradas as precárias condições do sistema carcerário pátrio. Eficácia do disposto nos arts. 1º e 86 da Lei de Execução

Penal – Lei 7.210, de 11 de julho de 1984 – Precedente: *habeas corpus* 62.411/DF, 2ª T., rel. Min. Aldir Passarinho, tendo sido o acórdão publicado na *Revista Trimestral de Jurisprudência* 113, a página 1.049" (STF, HC 71179/PR, 2ª T., j. 19-4-1994, rel. Min. Marco Aurélio, *DJ* 3-6-1994).

Transferência para o domicílio da família: impossibilidade

"1. A competência para a execução da pena não se confunde com a fiscalização do seu cumprimento que, em algumas situações, é deprecada em razão da transferência do reeducando ao local de seu domicílio ou do domicílio de sua família. 2. A jurisprudência desta Corte entende que a transferência de preso para local próximo de sua família, onde possa obter resultados mais favoráveis no processo de ressocialização, depende de consulta prévia ao juízo de destino. 3. Inexistindo vaga, na localidade de domicílio do reeducando, no regime em que se encontra em cumprimento de pena, tanto a execução quanto a fiscalização da reprimenda devem ser mantidas com o Juízo originário da Execução. 4. Conflito de competência conhecido para declarar competente o Juízo de Direito da Vara de Execuções Penais e Corregedoria dos Presídios de Foz do Iguaçu/PR, suscitado" (STJ, CC 148441 DF 2016/0226906-9, rel. Min. Nefi Cordeiro, j. 9-8-2017, 3ª S., *DJe* 17-8-2017).

"De acordo com a jurisprudência do Superior Tribunal de Justiça, o fato de o condenado ter sido preso em Comarca diversa daquela que proferiu a condenação, em cumprimento de mandado de prisão decorrente da sentença condenatória, não constitui causa legal de deslocamento da competência originária para a execução da pena. A transferência de preso para cumprimento de pena não no juízo da condenação e sim no do seu domicílio, próximo de sua família, depende de consulta prévia ao juízo de destino e da existência de vaga no respectivo sistema penitenciário. Não atendidos tais requisitos, mantém-se a competência do juízo da condenação. Agravo desprovido" (TJ-DF, AgE 07097392320198070000 DF 0709739-23.2019.8.07.0000, rel. Mário Machado, j. 8-8-2019, 1ª T. Crim., *DJe* 14-8-2019).

Disciplina 10

Disciplina significa a manutenção do conjunto de regras de conduta dos diversos membros pertencentes a um agrupamento, para proporcionar seu bem-estar e o bom andamento dos trabalhos. Por meio da disciplina, a ordem do estabelecimento será mantida, o que é indispensável ao cumprimento das finalidades da pena.

Ao integrar-se no sistema penitenciário, o preso condenado ou provisório estará submetido a um conjunto de direitos e deveres específicos do seu regime, além dos direitos e deveres inerentes a qualquer sujeito. Assim como deverá ser expressamente comunicado de seus direitos, também deverá receber orientação quanto à disciplina da prisão (LEP, art. 46).

A Administração Pública, encarregada do gerenciamento e controle da execução instrumental da pena, designará agentes públicos que terão por obrigação cumprir suas atribuições legais. A tarefa de manutenção da ordem e disciplina não deve ser delegada a pessoas estranhas à administração e, principalmente, não deverá ser entregue a um dos detentos.

Espera-se do condenado que obedeça às determinações das autoridades e de seus agentes, sempre emanadas com o propósito de garantir a convivência institucional entre os detentos e a individualidade de cada um no tocante ao trabalho, lazer, estudo e cumprimento de sua sentença.

Nesse sentido, as Regras Mínimas asseguram a firme manutenção da ordem, que, contudo, não deverá impor mais restrições do que as necessárias para manter a segurança e a boa organização da vida em comum. Mas, excepcionalmente, como é característica do Direito, será imperiosa a aplicação de determinadas sanções, direcionadas a coibir ou coagir aquele que descumprir as normativas impostas. Há uma correlação instrumental, como destaca Albergaria, entre o "tratamento" carcerário e a disciplina, como "o rio e o seu leito" (*Comentários à lei de execução penal*, p. 79).

10.1. TIPICIDADE E ANTERIORIDADE DA INFRAÇÃO

Corolários do direito punitivo, tipicidade e anterioridade estão presentes, não é de hoje, também no Direito Administrativo. Parte da doutrina considera que a supremacia do interesse público pressiona a legalidade e lhe confere certa maleabilidade. A urgência de certas medidas discricionárias não permitiria a estrita legalidade ou taxatividade das definições dos atos, e se somente a lei pudesse configurá-los, a atividade pública restaria comprometida. Mas, na supremacia do Estado, é a lei que deve estabelecer formalmente as condutas e as punições, e o princípio da tipicidade rege em toda a sua intensidade, e para que o Estado possa impor a sanção administrativa, a conduta e a sanção devem estar previamente estabelecidas em lei (VITTA. *A sanção no direito administrativo*, p. 90).

Respeitando as posições em contrário, não vemos justificativa para que a legalidade no binômio tipicidade-taxatividade não possa ser atribuída ao Direito Administrativo, em especial quando enfocamos a relação jurídica de direito público criada entre o preso e o Estado. O pensamento da doutrina que permite a flexibilização da tipificação das infrações e sanções por meio de atos administrativos em detrimento da lei não considera a natureza da relação formada, por vezes, entre o particular e o Estado e, no caso, entre o preso e o Estado. Admitir-se a configuração de infrações administrativas quando a relação jurídica entre o órgão público (ou seu concessionário, permissionário ou autorizado) e o particular é *voluntária*, ou seja, criada a partir da vontade livre de ambos, possibilita que o interesse público prevaleça sobre o particular que, ao aderir voluntariamente a essa relação, assumiu expressamente essa condição. Na relação jurídica *compulsiva* ou impositiva entre o Estado e o preso, este não aderiu voluntariamente à situação criada, e por isso deve ter a proteção do cânone da legalidade no tocante ao que poderá ser considerado como conduta faltosa, ou que de alguma forma implique sanção.

A Lei de Execução Penal, no art. 45, expressamente preceitua que "não haverá falta nem sanção disciplinar sem expressa e anterior previsão legal ou regulamentar". Isso significa que, para a configuração e aplicação de uma punição, deverá existir, antes da prática do ato, uma norma que configure expressamente a conduta considerada ofensiva à disciplina carcerária. Atitudes arbitrárias que originem sanções não reconhecidas pela legislação, como as do ex-magistrado Paulo Lúcio Nogueira, devem ser evitadas, senão apuradas por constituírem evidente abuso de autoridade. Eis seu depoimento: "recordo-me que, quando juiz de Tupã, estava jantando quando fui chamado à Cadeia Pública local, onde os presos, insatisfeitos com a comida, tinham lançado as marmitas no corredor. No entanto, lá chegando, pude constatar que estavam sendo servidos a eles feijão, arroz, carne e batata, justamente o que eu havia acabado de comer, acrescido de verdura. Não tive dúvidas em deixá-los sem almoço no dia seguinte, o que lhes serviu de lição" (*Comentários à lei de execução penal*, p. 18).

De acordo com o art. 45, houve a mitigação do princípio da legalidade, o que é comum no ramo administrativo do Direito. Assim, a legislação preocupou-se apenas em tipificar as infrações consideradas *graves*, relegando ao ato administrativo (regulamento) a configuração das infrações *médias e leves*. A cada governo estadual competirá a enumeração taxativa das condutas consideradas infrações de nível leve e médio. A única exigência é que, para todas as infrações, a punição deverá ser a mesma tanto na forma consumada como na forma tentada.

Uma correta definição do sistema disciplinar de faltas e punições deveria obedecer ao princípio da reserva legal, como previam o Anteprojeto da comissão presidida por Oscar Stevenson (art. 106: "Não haverá falta nem sanção disciplinar sem expressa previsão legal"), que, em sua Exposição de Motivos, explica ter se preocupado em não deixar ao arbítrio dos regimentos ou decretos regulamentares a definição das infrações e punições, "postando em perspícuo plano jurídico o direito penitenciário" (*Projetos e anteprojetos de código penitenciário*, p. 138). A previsão desapareceu do Projeto Roberto Lyra (art. 49: "os regulamentos das prisões e dos estabelecimentos de internação, respeitados os preceitos do Regulamento Federal das Execuções Penais [art. 245], especificarão as infrações e sanções disciplinares, a duração destas, a forma e o prazo de aplicação e execução e a autoridade competente para aplicá-las e executá-las [arts. 167 e 168]"), e não retornou no Anteprojeto de Benjamin Morais Filho (art. 101: "Não há infração nem sanção disciplinar sem norma regulamentar anterior que as defina"), como equivocadamente anunciam Heleno Fragoso, Yolanda Catão e Elisabeth Sussekind (*Direitos dos presos*, p. 34). Infelizmente também foi preterida pela atual Lei de Execução Penal.

O ideal – ressaltamos – é que toda infração e sanção consequente sejam previstas por lei. O rigor do princípio da legalidade em matéria penal não permite que "a vida na prisão se regule a partir de disposições da própria administração, é como negar a divisão de poderes do Estado no âmbito penitenciário, já que o poder executivo – administração penitenciária – assume as funções do poder legislativo" (Mapelli Caffarena. El principio de legalidad y la ejecución de la pena privativa de libertad. *Jornadas en homenaje al XXV aniversario de la ley orgánica general penitenciaria*, p. 41).

Ainda assim, mesmo que não seja o ideal, a interpretação restritiva do dispositivo nos conduz à exclusiva possibilidade de tipificação administrativa das infrações por meio de um regulamento, e não de outro ato administrativo. O regulamento, espécie de ato administrativo normativo, insere-se no ordenamento jurídico apenas por meio de um decreto regulamentar, ato exclusivo do chefe do Poder Executivo. Essa interpretação é corroborada pelas Regras Mínimas, que inspiraram a dicção do art. 45 da LEP. Segundo aquela normativa, um recluso somente poderá ser apenado pela infração ao disposto em uma lei ou regulamento. E, evidentemente, tal atribuição não poderá ser delegada aos Secretários de Governo, que praticam seus atos por meio de resolução, e não de decretos.

Ademais, ressalte-se que, se por um lado a Lei de Execução Penal permite a definição de infrações leves e médias pelas unidades da Federação, por outro, a mesma concessão não encontra previsão legal no tocante às punições. Isso significa que as sanções possíveis de serem aplicadas deverão obedecer ao disposto no art. 53 da LEP, com as ressalvas do parágrafo único do art. 41. Portanto, jamais poderá ser considerada legítima outra sanção que não a prevista no texto legal, como, por exemplo, aumentar períodos para a contagem ou reinício de contagem de tempo para a concessão de progressão de regime ou livramento condicional.

10.2. COMPETÊNCIA DISCIPLINAR

A rigor, a execução material da pena, ainda que possua um caráter jurisdicional, é controlada e conduzida pelo Poder Executivo. Isso significa que a disciplina será mantida por meio do comando direto da autoridade administrativa (LEP, art. 48), a quem competirá fiscalizar e sancionar todos aqueles que estejam sob seus cuidados, sejam eles condenados a penas privativas de liberdade, restritivas de direitos ou meramente presos provisórios.

Tratando-se de infrações média e leve, assim consideradas aquelas previstas nos regulamentos, sempre entendemos que sua apuração e punição dever-se-iam resolver no âmbito estritamente administrativo, anotadas no prontuário do infrator e sem a obrigação de comunicação ao juiz da execução, exceto nos casos em que forem solicitadas. Contudo, com a edição do regulamento penitenciário federal e a prática administrativa e judicial de considerar as infrações leves e médias para impedir o reconhecimento de direitos da LEP (*vide* item 9.3), mudamos o entendimento e também para seu regular processamento e aplicação da sanção devem ser submetidas ao crivo do Judiciário, sem a qual não poderão ter qualquer efeito sobre a qualidade e quantidade da pena do condenado. Portanto, ainda que o procedimento de apuração seja realizado pelo servidor da administração penitenciária, somente poderá ser validamente reconhecido e surtir efeitos jurídicos após uma decisão judicial.

Na ocorrência de infração grave, além da apuração e aplicação das sanções administrativas, a autoridade responsável pela administração do estabelecimento deverá comunicar ao juiz da execução aquelas infrações consideradas graves e que possam acarretar a regressão de regime (art. 118), perda de direitos como a saída temporária (art. 125) e a perda dos dias remidos (art. 127), ou a conversão de pena restritiva de direitos em privativa de liberdade (art. 181). Nesses casos, apenas o juiz da execução poderá aplicar essas sanções, que ultrapassam a esfera administrativa da disciplina e penetram no controle jurisdicional do cumprimento da pena.

De acordo com o art. 54, "as sanções dos incisos I a IV do art. 53 serão aplicadas por ato motivado do diretor do estabelecimento". Mas, como o acima exposto, parece-nos que, pela nova ordem constitucional e pelas consequências que as sanções acarretam no prontuário do condenado e principalmente em seu estado carcerário (ótimo, bom, regular e mau), elas devem ser referendadas pelo juiz da execução para que possam ser aplicadas. A colocação em regime disciplinar diferenciado deverá sempre ser determinada pelo juiz da execução, mediante prévio e fundamentado despacho. Parece-nos que o termo "despacho" foi mal-empregado, tratando-se muito mais de uma decisão interlocutória simples, da qual caberá agravo em execução.

10.3. FALTAS GRAVES

O art. 50 da LEP considera como falta grave a conduta do condenado à pena *privativa de liberdade* que:

"I – incitar ou participar de movimento para subverter a ordem ou a disciplina;
II – fugir;
III – possuir, indevidamente, instrumento capaz de ofender a integridade física de outrem;
IV – provocar acidente de trabalho;
V – descumprir, no regime aberto, as condições impostas;

VI – inobservar os deveres previstos nos incisos II e V, do art. 39, desta Lei;
VII – tiver em sua posse, utilizar ou fornecer aparelho telefônico, de rádio ou similar, que permita a comunicação com outros presos ou com o ambiente externo;
VIII – recusar submeter-se ao procedimento de identificação do perfil genético".

A *subversão da ordem* envolve qualquer movimento interno que tenha por finalidade interromper a tranquilidade carcerária por meio de condutas não permitidas. Rebeliões com a danificação do aparelhamento, incêndio, deterioração da alimentação, restrição da liberdade dos visitantes são considerados meios ilegítimos de reivindicação, e algumas condutas podem ser tipificadas como criminosas. Qualquer pleito dos reclusos deve ser apresentado por meio dos funcionários, ao diretor ou ao juiz da execução, com a antecedência possível. O pedido deve ser compatível com a finalidade da pena e a natureza do regime. A disciplina é indispensável no ambiente carcerário, o que não impede as manifestações ordeiras e pacíficas.

A *fuga* também constitui infração grave, pois o recluso está obrigado ao cumprimento de sua pena. Já se falou em direito de fugir (ver Capítulo 9, item 9.7) como algo pertencente ao preso que, em seu afã natural de liberdade, estaria legitimado a deixar o cárcere. A expressão é mal interpretada e apenas rememoramos que a fuga mediante violência à pessoa ou grave ameaça é crime previsto no art. 352 do Código Penal.

Apesar da vigilância exercida pelos agentes do Estado, por vezes alguns instrumentos – como facas, punhais e até armas de fogo – são introduzidos no interior dos presídios. Nos estabelecimentos mais sofisticados e equipados com detectores de metais e *scanners*, os reclusos acabam confeccionando artesanalmente artefatos pontiagudos com pedaços dos ferros das próprias grades e ferrolhos, talheres, aparelhos de barbear etc. Em uma possível rebelião, esses objetos podem ser utilizados entre os grupos rivais e mesmo contra os funcionários do sistema. A *posse de instrumento ofensivo* deve ser entendida como falta grave, pois o controle de armas brancas ou de fogo é exercido e estimulado no mundo livre e deverá muito mais sê-lo no interior de um estabelecimento carcerário.

O *acidente de trabalho* poderá ocorrer por conduta culposa ou dolosa. O dispositivo em questão não diferencia essas condutas, o que nos levaria a interpretá-lo considerando somente a conduta culposa, pois a dolosa certamente caracterizaria a prática de um ilícito penal (*e.g.*, lesão corporal, dano etc.), tido como falta grave por disposição do art. 52 da LEP.

Ao progredir do regime semiaberto para o aberto o condenado demonstra merecimento fundado em sua capacidade de autodisciplina, que será constantemente comprovada com o cumprimento de *condições do regime aberto*, indicadas pelo juiz da execução no momento da concessão. A violação injustificada a essas condições fere a confiança do Estado, depositada no condenado, e é considerada falta grave autorizadora da regressão do regime.

A *inobservância dos deveres* de (a) obediência ao servidor e respeito a qualquer pessoa com quem deva relacionar-se, e (b) execução do trabalho, das tarefas e das ordens recebidas é requisito para que o sistema carcerário possa funcionar. Se a ordem não for mantida, a pena será inaplicável e o mecanismo para isso é a sanção. O condenado deverá respeitar o agente do Estado que cumpre sua tarefa de controle e fiscalização. Além do respeito que todos merecem indistintamente, a obediência às ordens legais e necessárias é indispensável para a disciplina e bom andamento da vida carcerária.

A previsão da posse, do uso ou o fornecimento de *aparelho telefônico, de rádio ou similar* (ou de seus componentes essenciais – Súmula 660 do STJ) decorre de alteração legislativa do ano de 2007, e sua previsão como falta deve-se ao interesse da segurança do estabelecimento, em primeiro lugar, e da inocuização, em segundo. O entendimento das autoridades é o de que a possibilidade de contato com o mundo exterior pode ensejar a organização de rebeliões, a prática de crimes ou ainda o comando dos demais integrantes da organização criminosa mesmo estando o seu líder encarcerado. O contato com o mundo exterior não pode ser interrompido e, por isso, é mantido por meio da correspondência. Mas, efetivamente, o uso da tecnologia poderia permitir que em certos crimes continuassem a ser praticados. Aparentemente, seria inviável e de duvidosa legalidade o controle de todas as ligações realizadas por telefones celulares, com a violação das conversas, para que se permitisse que os reclusos utilizassem o aparelho celular livremente.

Porém, seria interessante se pensar em soluções de aparelhos comunitários que permitissem uma maior comunicação entre o preso e seus familiares, restrita aquela ao interesse da execução penal. Em programa inovador, o Conselho Nacional de Política Criminal e Penitenciária instalará equipamentos de informática e computadores nos estabelecimentos de forma a permitir que os presos que estejam distantes de suas famílias possam se comunicar com elas por videoconferência (*vide* Capítulo 9, item 9.3.3.1). Como um exemplo, a Espanha mantém a possibilidade prevista em lei de o recluso se comunicar com o exterior por meio telefônico, em casos de parentes que residam distantes do estabelecimento penal ou em se tratando de situações urgentes relacionadas aos familiares ou ao seu direito de defesa (TAMARIT SUMALLA et al. *Curso de derecho penitenciario*, p. 176).

Existe a ressalva quanto ao preso provisório, pois alguns dispositivos podem não se aplicar a ele, como é o caso do acidente de trabalho, já que a ele não se impõe o exercício de atividade laboral, ou o descumprir as condições do regime aberto.

O elenco das infrações graves cometidas pelo condenado à pena *restritiva de direitos* vem disposto no art. 51 da LEP, nos casos em que o condenado:

"I – descumprir, injustificadamente, a restrição imposta;
II – retardar, injustificadamente, o cumprimento da obrigação imposta;
III – não observar os deveres previstos nos incisos II (obediência ao servidor e respeito a qualquer pessoa com quem deva relacionar-se) e V (execução do trabalho, das tarefas e das ordens recebidas) do art. 39 desta lei (da Lei de Execução Penal)".

Como seu título anuncia, a pena restritiva de direitos impede que o condenado exerça a plenitude de alguns de seus direitos. Sendo essa a essência da pena, não se pode permitir que injustificadamente o condenado a descumpra, ou mesmo retarde seu cumprimento.

Em relação a ambos também será considerada infração grave o cometimento de fato previsto como *crime doloso*. A partir da alteração legislativa promovida pela Lei n. 10.792/2003, sempre que o cometimento de um crime doloso subverter a ordem ou disciplina internas, o preso – condenado ou provisório – estará sujeito a um regime disciplinar diferenciado (RDD). Suas particularidades serão tratadas em um item próprio (item 10.7, *infra*).

A *recusa a submeter-se à identificação genética* foi introduzida na Lei de Execução Penal em 2019. Para não repetirmos o conteúdo, remetemos o leitor ao Capítulo 5, item 5.2.3.1.

10.4. FALTAS MÉDIAS E LEVES

A Lei de Execução Penal delega à legislação estadual a configuração das faltas médias e leves. O art. 45, *in fine,* permite a tipificação por meio de lei ou regulamento. O ideal seria que fossem definidas também por lei.

Não há qualquer formato ou normativa para a definição das infrações médias e leves. Como exemplo, o Estado do Paraná tipificou em seu Estatuto Penitenciário (Dec. n. 1.276/95, art. 61) como *faltas leves*, dentre outras, o emprego de linguagem desrespeitosa (inciso II); o descuido da higiene pessoal (inciso VII); a produção de ruídos que perturbem o descanso e as atividades no estabelecimento (inciso XII). Alguns exemplos de *faltas médias* do mesmo Estatuto são: o desacato das determinações superiores; a prática de jogo previamente não permitido; o abandono não permitido do trabalho; apresentar-se embriagado.

No âmbito federal, o art. 43 do Regulamento Penitenciário Federal (Dec. n. 6.049/2007) define as seguintes faltas leves:

> "I – comunicar-se com visitantes sem a devida autorização;
> II – manusear equipamento de trabalho sem autorização ou sem conhecimento do encarregado, mesmo a pretexto de reparos ou limpeza;
> III – utilizar-se de bens de propriedade do Estado, de forma diversa para a qual recebeu;
> IV – estar indevidamente trajado;
> V – usar material de serviço para finalidade diversa da qual foi prevista, se o fato não estiver previsto como falta grave;
> VI – remeter correspondência, sem registro regular pelo setor competente;
> VII – provocar perturbações com ruídos e vozerios ou vaias; e
> VIII – desrespeito às demais normas de funcionamento do estabelecimento penal federal, quando não configurar outra classe de falta".

E, em seu art. 44, esse Regulamento define as faltas médias:

> "I – atuar de maneira inconveniente, faltando com os deveres de urbanidade frente às autoridades, aos funcionários, a outros sentenciados ou aos particulares no âmbito do estabelecimento penal federal;
> II – fabricar, fornecer ou ter consigo objeto ou material cuja posse seja proibida em ato normativo do Departamento Penitenciário Nacional;
> III – desviar ou ocultar objetos cuja guarda lhe tenha sido confiada;
> IV – simular doença para eximir-se de dever legal ou regulamentar;
> V – divulgar notícia que possa perturbar a ordem ou a disciplina;
> VI – dificultar a vigilância em qualquer dependência do estabelecimento penal federal;
> VII – perturbar a jornada de trabalho, a realização de tarefas, o repouso noturno ou a recreação;

VIII – inobservar os princípios de higiene pessoal, da cela e das demais dependências do estabelecimento penal federal;

IX – portar ou ter, em qualquer lugar do estabelecimento penal federal, dinheiro ou título de crédito;

X – praticar fato previsto como crime culposo ou contravenção, sem prejuízo da sanção penal;

XI – comunicar-se com presos em cela disciplinar ou regime disciplinar diferenciado ou entregar-lhes qualquer objeto, sem autorização;

XII – opor-se à ordem de contagem da população carcerária, não respondendo ao sinal convencional da autoridade competente;

XIII – recusar-se a deixar a cela, quando determinado, mantendo-se em atitude de rebeldia;

XIV – praticar atos de comércio de qualquer natureza;

XV – faltar com a verdade para obter qualquer vantagem;

XVI – transitar ou permanecer em locais não autorizados;

XVII – não se submeter às requisições administrativas, judiciais e policiais;

XVIII – descumprir as datas e horários das rotinas estipuladas pela administração para quaisquer atividades no estabelecimento penal federal; e

XIX – ofender os incisos I, III, IV e VI a X do art. 39 da Lei 7.210, de 1984".

10.5. SANÇÕES

Assim como as penas em geral, as sanções impostas ao preso não poderão possuir caráter desumano, de forma a deliberadamente lesionar ou colocar em risco a sua integridade física e moral. A legislação expressamente proíbe práticas como a colocação em cela escura, que sabidamente influencia negativamente na estrutura psicológica do recluso. Essa mesma vedação (cela escura) encontra-se nas Regras Mínimas, que somadas às penas corporais, cruéis ou degradantes completam o rol das sanções disciplinares proibidas pela comunidade internacional.

Atendendo-se ao princípio da culpabilidade, não se pode impor nenhuma sanção disciplinar enquanto não houver a constatação de dolo ou culpa do agente. Como decorrência, para se evitarem definitivamente a responsabilidade objetiva e o caso fortuito, deve-se verificar a presença de eventual situação de erro bem como a imputabilidade do autor (Tamarit Sumalla et al. *Curso de derecho penitenciario*, p. 222).

Pelo princípio da individualização da pena, que igualmente não possui motivos para não ser aplicado a relações administrativas, também não são admitidas sanções de caráter coletivo, sem que sejam identificados os autores e suas respectivas condutas. A finalidade da sanção, assim como a pena, é a prevenção e, para alguns autores, também a retribuição. A sanção aplicada àquele que não a cometeu, além de injusta, exerce efeito contrário, estimulando a revolta do inocente apenado contra todo o sistema.

O Tribunal Europeu de Direitos Humanos foi categórico a esse respeito: qualquer situação de maus-tratos é inadmissível e injustificável e não admite ponderações de proporcionalidade nem de ponderações com outros bens jurídicos (VALEIJE ALVAREZ. El derecho a la integridad física de los reclusos drogodependientes. *Jornadas en homenaje al XXV aniversario de la ley orgánica general penitenciaria*, p. 71).

Encontramos no art. 53 da LEP cinco espécies de sanções disciplinares:

"I – advertência verbal;
II – repreensão;
III – suspensão ou restrição de direitos (art. 41, parágrafo único);
IV – isolamento na própria cela, ou em local adequado, nos estabelecimentos que possuam alojamento coletivo, observado o disposto no art. 88 desta Lei;
V – inclusão no regime disciplinar diferenciado".

A *advertência* e a *repreensão* são reservadas às infrações leves e médias. Às infrações graves serão impostas as sanções de *suspensão* ou *restrição de direitos*, o *isolamento* ou o *regime disciplinar diferenciado*. Este é o mandamento constante do parágrafo único do art. 57 da LEP, com redação dada pela Lei n. 10.792/2003: "nas faltas graves, aplicam-se as sanções previstas nos incisos III a V do art. 53 desta Lei".

Destaque-se que *estas serão as únicas sanções possíveis*, vedada ao regulamento estatal a criação de qualquer outra modalidade por respeito ao princípio da legalidade. Portanto, sanções diversas como a estipulação de prazos para reaquisição de contagem de cumprimento da pena para fins de progressão ou livramento são absolutamente ilegais.

A *advertência*, no Direito Administrativo, costuma figurar como a admoestação verbal, reservada a infrações leves ou praticadas de forma culposa.

Repreensão, normalmente aplicada por escrito, destina-se à reiteração de falta leve ou à prática de falta média.

Suspensão ou *restrição de direitos* limita-se às hipóteses permitidas por Lei, no art. 41, parágrafo único, da LEP: "V – proporcionalidade na distribuição do tempo para o trabalho, o descanso e a recreação"; "X – visita do cônjuge, da companheira, de parentes e amigos em dias determinados"; e "XV – contato com o mundo exterior por meio de correspondência escrita, da leitura e de outros meios de informação que não comprometam a moral e os bons costumes". O prazo não poderá exceder a *30 dias* (art. 58 da LEP).

O *isolamento* consiste na separação do preso dos demais, em sua cela individual nos casos de regime fechado, ou em uma cela preparada para tanto, quando as acomodações do estabelecimento forem coletivas, como é o caso dos regimes semiaberto e aberto. As Regras Mínimas preveem a possibilidade de aplicação da pena de isolamento e, até mesmo, de redução de alimentos, subordinadas a um parecer médico, por escrito, que afirme que o recluso poderá suportá-las. Mesmo assim, prevalece o disposto no item 31 das Regras, que veda a aplicação de sanções desumanas ou degradantes. Durante o período de isolamento, diariamente o médico deverá avaliar o recluso e comunicará ao diretor sobre a necessidade de interromper a medida por razões de saúde física ou mental do detento (item 32 das Regras Mínimas). De acordo com o art. 58 da LEP, o isolamento não poderá exceder ao prazo de *30 dias*, e sempre deverá ser comunicado ao juiz da execução (art. 58, parágrafo único).

Excepcionalmente, a autoridade administrativa diretora do estabelecimento poderá decretar o *isolamento preventivo* pelo prazo máximo de *10 dias* que será obrigatoriamente computado no prazo total do isolamento, que, como visto, não excederá a 30 dias.

O *Regime Disciplinar Diferenciado (RDD)* somente poderá ser imposto por decisão judicial fundamentada, não importando se em caráter de sanção final ou medida preventiva. No item 10.7 a seguir, pela importância da matéria, estudaremos em separado o regime disciplinar diferenciado, inovação trazida pela Lei n. 10.792/2003, e de questionável constitucionalidade.

Por fim, não como sanção, mas como uma consequência da constatação da infração grave, o preso também perderá os dias remidos na proporção permitida pela lei (*vide* Capítulo 13, item 13.7.4).

10.6. USO DE ALGEMAS

A utilização de algemas, em atendimento ao art. 199 da Lei de Execução Penal, somente aconteceu no ano de 2016 (Dec. n. 8.858/2016). A este Decreto, devem-se considerar as demais previsões sobre o tema, como é o caso do art. 84 do Regulamento Penitenciário Federal (Dec. n. 6.049/2007).

Historicamente, em 1871, surgiu um decreto imperial que, mitigando o Código Criminal, vedou o deslocamento de presos *"com ferros, algemas ou cordas, salvo o caso extremo de segurança, que deverá ser justificado pelo conductor"*, sob pena de multa.

As Regras Mínimas, da ONU, para tratamento de pessoas presas em seu item 33, dispõem sobre algemas, grilhões e camisas de força, que jamais deverão ser utilizados como castigo ou coerção. Recomenda-se a utilização apenas como prevenção à fuga durante o transporte ou audiências, por razões médicas, ou por necessidade de dominação e controle do recluso para impedir que lesione a si ou a terceiros, ou cause danos materiais. O item 34 recomenda que a utilização desses meios seja regulamentada pela administração central, para que não fique a cargo de cada estabelecimento em especial.

A regulamentação por parte do governo federal de um uso único e disciplinado nunca foi feita. Mas, compulsando alguns diplomas federais e estaduais, localizamos alguns dispositivos que tratam do assunto.

O art. 10 da Lei n. 9.537/97, que dispõe sobre a segurança do tráfego aquaviário em águas sobre jurisdição nacional, preconiza que o Comandante, no exercício de suas funções e para garantia da segurança das pessoas, da embarcação e da carga transportada, poderá, dentre outras medidas, "ordenar a detenção de pessoa em camarote ou alojamento, se necessário com algemas, quando imprescindível para a manutenção da integridade física de terceiros, da embarcação ou da carga" (inc. III).

Na legislação federal militar encontramos, no Código de Processo Penal Militar (Dec.-lei n. 1.002/69), o art. 234, § 1º, dispondo que o emprego de algemas deve ser evitado desde que não haja perigo de fuga ou de agressão da parte do preso, e de modo algum será permitido nos presos em regime de prisão especial.

No Estado de São Paulo, o Decreto Estadual n. 19.903/50 regulamenta e preconiza o uso de algemas durante a condução de pessoas presas em flagrante, em virtude de pronúncia ou nos demais casos previstos em lei se oferecerem resistência ou tentarem fugir. As algemas também serão utilizadas para a imobilização de ébrios, viciosos e turbulentos que estejam excessivamente exaltados e no transporte de presos que possam tentar a fuga ou que tenham tentado ou oferecido resistência quando de sua detenção.

O Decreto n. 6.049/2007, que aprova o Regulamento Penitenciário Federal, possui, em seu art. 58, III, a previsão de que se poderá fazer uso de algemas nas movimentações internas e externas do estabelecimento pelo preso submetido ao regime disciplinar diferenciado (infra, item 10.7), exceto nas áreas de visita, banho de sol, atendimento assistencial e, quando houver, nas áreas de trabalho e estudo.

As decisões do STF sempre caminharam no sentido de que o uso de algemas não constitui constrangimento. O STJ também se debruçou sobre a matéria e considerou que "a imposição do uso de algemas ao réu, por constituir afetação aos princípios de respeito à integridade física e moral do cidadão, deve ser aferida de modo cauteloso e diante de elementos concretos que demonstrem a periculosidade do acusado" (STJ, HC 5.663-SP).

Porém, principalmente pela ausência legislativa e a necessidade de regulamentar o assunto, o STF editou a *Súmula Vinculante 11*, que tem muito mais a feição de texto legal do que de orientação jurisprudencial. Diz a Súmula: "Só é lícito o uso de algemas em casos de resistência e de fundado receio de fuga ou de perigo à integridade física própria ou alheia, por parte do preso ou de terceiros, justificada a excepcionalidade por escrito, sob pena de responsabilidade disciplinar, civil e penal do agente ou da autoridade e de nulidade da prisão ou do ato processual a que se refere, sem prejuízo da responsabilidade civil do Estado". A edição foi necessária, pois os abusos eram constantes e cada vez em maior número.

No âmbito federal, o Decreto n. 6.049/2007 (Regulamento Penitenciário Federal) tratou da matéria em alguns artigos sob o título de "meios de coerção":

> "Art. 84. Os meios de coerção só serão permitidos quando forem inevitáveis para proteger a vida humana e para o controle da ordem e da disciplina do estabelecimento penal federal, desde que tenham sido esgotadas todas as medidas menos extremas para se alcançar este objetivo.
> Parágrafo único. Os servidores e funcionários que recorrerem ao uso da força, limitar-se-ão a utilizar a mínima necessária, devendo informar imediatamente ao diretor do estabelecimento penal federal sobre o incidente.
> Art. 85. A sujeição a instrumentos tais como algemas, correntes, ferros e coletes de força nunca deve ser aplicada como punição.
> Parágrafo único. A utilização destes instrumentos será disciplinada pelo Ministério da Justiça".

A partir de 2016, afinal se regulamenta o uso de algemas, por meio do Decreto Federal n. 8.858/2016, que deve servir de parâmetro complementar para todas as unidades da Federação. Aos que aguardavam ansiosamente por uma regulamentação exaustiva e minuciosa – afinal se está a colocar alguém a ferros –, a frustração de apenas dois artigos que nada acrescentam ao já em vigor Regulamento Penitenciário Federal:

> "Art. 2º É permitido o emprego de algemas apenas em casos de resistência e de fundado receio de fuga ou de perigo à integridade física própria ou alheia, causado pelo preso ou por terceiros, justificada a sua excepcionalidade por escrito.

Art. 3º É vedado emprego de algemas em mulheres presas em qualquer unidade do sistema penitenciário nacional durante o trabalho de parto, no trajeto da parturiente entre a unidade prisional e a unidade hospitalar e após o parto, durante o período em que se encontrar hospitalizada".

Em suma, o que determinam a legislação e as regulamentações federais para o uso de algemas:

- somente nos casos em que estejam presentes concomitantemente as seguintes circunstâncias: 1) resistência efetiva (CPP, art. 292; Decs. n. 6.049/2007, art. 84, e 8.858/2016, art. 2º); e 2) fundado receio de fuga ou perigo à integridade do preso ou terceiros (Dec. n. 8.858/2016, art. 2º);
- somente será permitido quando inevitável, após esgotadas todas as outras medidas (Dec. n. 6.049/2007, art. 84);
- justificação imediata por escrito tanto ao diretor da unidade (Dec. n. 6.049/2007, art. 84) quanto à autoridade policial e judicial (CPP, art. 292);
- nunca poderá ser permitido como punição (Dec. n. 6.049/2007, art. 85);
- e nunca poderá ser permitido à parturiente, antes, durante e após o parto (CPP, art. 292, parágrafo único, e Dec. n. 8.858/2016, art. 3º).

A título de curiosidade, o *Anteprojeto de Código de Processo Penal* contém dispositivo mais abrangente para a regulamentação, nos seguintes termos:

"Art. 525. Não será permitido o emprego de força, salvo a indispensável no caso de resistência ou de tentativa de fuga do preso.
§ 1º Do mesmo modo, o emprego de algemas constitui medida excepcional, justificando-se apenas em situações de resistência à prisão, fundado receio de fuga ou para preservar a integridade física do executor, do preso ou de terceiros.
§ 2º É expressamente vedado o emprego de algemas:
I – como forma de castigo ou sanção disciplinar;
II – por tempo excessivo;
III – quando o investigado ou acusado se apresentar, espontaneamente, à autoridade policial ou judiciária.
§ 3º Se, para execução da prisão, for necessário o emprego de força ou de algemas, a autoridade fará registro do fato, com indicação de testemunhas".

10.7. REGIME DISCIPLINAR DIFERENCIADO (RDD)

O Regime Disciplinar Diferenciado, conhecido pela sigla RDD, teve sua gênese no Estado de São Paulo, com a edição da Resolução n. 26/2001 da Secretaria de Administração Penitenciária, que, alegando a necessidade de "combater" o desenfreado crescimento da criminalidade organizada, previa a possibilidade de isolamento do preso por até 360 dias, desde que aplicado a líderes de facções criminosas ou portadores de comportamentos inadequados. Começou a ser aplicado na penitenciária de Presidente Bernardes, considerada de segurança máxima. Com a finalidade de legitimá-lo e aproveitar suas disposições como resposta à criminalidade organizada, a Lei n. 10.792/2003 o incluiu na Lei de Execução Penal, condicionando-o às seguintes hipóteses:

- prática de fato previsto como crime doloso que ocasione subversão da ordem ou disciplina internas (art. 52);
- presos que apresentem alto risco para a ordem e a segurança do estabelecimento penal ou da sociedade (art. 52, § 1º, I);
- presos sob os quais recaiam fundadas suspeitas de envolvimento ou participação, a qualquer título, em organizações criminosas, associação criminosa ou milícia privada (art. 52, § 1º, II).

Ressalte-se que o Regime poderá ser aplicado tanto ao preso condenado quanto ao provisório, nacional ou estrangeiro, bastando para tal que se enquadre em uma das condições acima.

Para a inclusão no regime de exceção, a autoridade administrativa diretora do estabelecimento deverá elaborar um requerimento circunstanciado e alegar um dos motivos acima. Evidentemente, a prerrogativa estende-se aos seus superiores, *in casu*, o Secretário de Segurança Pública ou da Administração Penitenciária. Segundo o Regulamento Penitenciário Federal, se possível, o diretor do estabelecimento penal federal instruirá o expediente de inclusão com o termo de declarações da pessoa visada e de sua defesa técnica (art. 55). Merece crítica a faculdade de defesa técnica prevista no dispositivo, diante do rigor da medida e da previsão constitucional do contraditório e ampla defesa. Ainda assim, mesmo que o diretor não o faça, o juiz deverá fazê-lo antes de sua decisão, ou seja, permitir ao sujeito visado que apresente defesa técnica.

Não existe previsão legal para que o Ministério Público requeira a inclusão no regime. Este deverá se manifestar antes da decisão judicial de deferimento ou não. É um procedimento jurisdicionalizado, o que importa dizer tratar-se de um *incidente à execução*, conforme muito bem observa Maurício Kuehne (*Lei de execução penal anotada*, p. 159).

A lei não definiu os parâmetros do que seja "alto risco" para ordem e segurança do estabelecimento e da sociedade. Na legislação brasileira, a definição de "organizações criminosas" deve ser a contida na Lei n. 12.850/2013, art. 1º, § 1º: "considera-se organização criminosa a associação de 4 (quatro) ou mais pessoas estruturalmente ordenada e caracterizada pela divisão de tarefas, ainda que informalmente, com objetivo de obter, direta ou indiretamente, vantagem de qualquer natureza, mediante a prática de infrações penais cujas penas máximas sejam superiores a 4 (quatro) anos, ou que sejam de caráter transnacional". A ausência de dispositivos legais que claramente definam as hipóteses descritas coloca em risco a aplicação do preceito, pugnando pela sua total ineficácia ou, como sói acontecer, possibilitando a comissão desvairada de arbitrariedades. Mais uma vez, a utilização do já desgastado Direito Penal do Inimigo também no âmbito da execução da pena (Busato. Regime disciplinar diferenciado como produto de um direito penal no inimigo. In: Carvalho. *Crítica à execução penal*, p. 293 e s.).

Ao menos, o legislador restringiu a medida à decisão judicial precedida de manifestação do Ministério Público e da defesa do prejudicado. Ainda assim, a confirmação dos motivos demandará um esforço de bom senso e responsabilidade do magistrado, que deverá realizar diligências para a comprovação da real necessidade de aplicação da medida. Tratando-se de ato excepcional, demandará excepcional justificação.

O juiz (ou os juízes, em caso de varas Criminais colegiadas – art. 1º-A, § 1º, da Lei n. 12.694/2012) contará com 15 dias para prolatar sua decisão. Trata-se de verdadeiro incidente à execução que, portanto, poderá ser combatido por meio de *agravo* (LEP, art. 197).

Ao ser adotado, possuirá as seguintes características (art. 52, I a IV, da LEP):

- duração máxima de até 2 anos, sem prejuízo de repetição da sanção por nova falta grave de mesma espécie;
- recolhimento em cela individual;
- visitas quinzenais de duas pessoas, com duração de duas horas, sem contato físico e impedimento de passagem de objetos; ou contato telefônico gravado, duas vezes ao mês, com pessoa da família pelo tempo de 10 minutos;
- direito à saída da cela por duas horas diárias para "banho de sol", em grupos de até quatro presos, proibido o contato com presos do mesmo "grupo criminoso";
- entrevistas monitoradas, exceto com o defensor, também com impedimento de contato físico e passagem de objetos;
- fiscalização do conteúdo de correspondência;
- participação em audiências judiciais preferencialmente por videoconferência.

O art. 58 do Decreto n. 6.049/2007 inclui ainda (incs. III e IV):

- uso de algemas nas movimentações internas e externas, dispensadas apenas nas áreas de visita, banho de sol, atendimento assistencial e, quando houver, nas áreas de trabalho e estudo;
- sujeição do preso aos procedimentos de revista pessoal, de sua cela e seus pertences, sempre que for necessária sua movimentação interna e externa, sem prejuízo das inspeções periódicas.

Antes mesmo do término do prazo estipulado pelo juiz, o diretor do estabelecimento penal federal em que se cumpre o regime disciplinar diferenciado poderá recomendar ao diretor do Sistema Penitenciário Federal que requeira à autoridade judiciária o término da medida (Dec. n. 6.049/2007, art. 56).

A legislação prevê ainda a possibilidade de *determinação preventiva da medida*, no interesse da disciplina e da averiguação do fato, que dependerá de despacho do juiz competente (LEP, art. 60). A lei não faz ressalvas e a autoridade administrativa não tem competência para incluir no regime diferenciado, ainda que preventivamente, qualquer dos sujeitos ao regime penitenciário. Havendo a necessidade, a autoridade administrativa poderá, no máximo, determinar o isolamento preventivo nos moldes do art. 60, 1ª parte, da LEP.

Na ausência de disposição legal quanto ao prazo preventivo do regime, entendemos que não poderá exceder a 10 dias, em interpretação analógica ao próprio art. 60 da LEP, que estipula aquele prazo para o isolamento preventivo.

Como complemento à concretização do regime, a União, os Estados, o Distrito Federal e os Territórios poderão construir penitenciárias destinadas, exclusivamente, aos presos provisórios e condenados que estejam em regime fechado (LEP, art. 87, parágrafo único).

Muito se discute quanto à constitucionalidade do regime disciplinar diferenciado. E as opiniões se dividem a favor e contra sua aplicação. E, embora *o STF e o STJ já tenham se pronunciado pela constitucionalidade do instituto*, parece-nos que a razão está com quem refuta sua aplicação. Fortes são as palavras da Ministra Maria Thereza Rocha de Assis Moura: a inovação do RDD "mutilou os princípios e objetivos norteadores da execução penal" (Notas sobre a inconstitucionalidade da Lei 10.792/03, que criou o regime disciplinar diferenciado na execução penal. In: CARVALHO. *Crítica à execução penal*, p. 286).

O Conselho Nacional de Política Criminal e Penitenciária aprovou um parecer por meio da Resolução n. 8/2004 e recomenda a adoção do parecer como diretriz de Política Penitenciária. Esse parecer é *contrário* à aplicação do RDD.

O mestre Roberto Lyra, mesmo sem o desprazer de presenciar o surgimento do RDD, posicionava-se radicalmente contra qualquer isolamento celular. Para o mestre, "a célula não corresponde a qualquer dos requisitos e dos fins da pena considerada do ponto de vista do interesse social. O isolamento deprime ou excita o espírito anormalmente, preparando o terreno para as chamadas psicoses carcerárias". E arremata: "em vez de esperado arrependimento, sobrevém, em regra, o desespero ou a insensibilidade. O argumento de que o isolamento contínuo serve melhor à individualização, aliás falso, pela simples razão de que se procura adaptar o sentenciado por meios sociais, não à prisão e à solidão, mas à liberdade e à convivência, não pode se acolhido" (LYRA. *Comentários ao Código de Processo Penal*, p. 109).

Trata-se de "expediente medieval-expiatório", como magistralmente cunhou René Ariel Dotti (*A reforma penal e penitenciária*, p. 20) no IV Congresso Nacional de Direito Penal e Ciências Afins (1970) ao falar do *isolamento celular*. Conflita diretamente com as necessidades existenciais de vida e integração social, pois o homem, como ser social que é por natureza, não se adapta ao exercício místico da solidão de forma coativa. No mais, representa uma adição ilegítima ao fim retributivo da pena a afligir o sentenciado "impondo-lhe a solidão que não expia a culpa e nem oferece meios para um correto exame de personalidade" (idem, p. 21).

Muito antes das palavras de Dotti, até mesmo Enrico Ferri, com seus ideais positivistas e seus argumentos discriminatórios, condenava o isolamento celular chamando-o de *aberrazioni del secolo XIX*. Disse Ferri que "esta inútil, estúpida, desumana, custosíssima 'tumba de seres vivos' não é admissível", sendo desumana por atrofiar o instinto social e tornar inevitável a loucura entre os presos (*Sociologia criminale*, p. 898).

Não foi por outro motivo que o isolamento celular foi restrito no direito italiano, porquanto um efeito deletério da *psique* dos condenados, que na maioria das vezes terminavam em manicômios judiciários, acometidos de graves enfermidades mentais. Por via de regra, o isolamento restringe-se ao período noturno, por razões de disciplina e privacidade, permitindo-se a vida em comum no período diurno, pois a ideia de reabilitação e regeneração do condenado por meio da expiação da pena foi substituída pela prevalência do trabalho carcerário, dominante em todos os regimes penitenciários dos povos civilizados (SABATINI. *Istituzioni di diritto penale*, p. 211).

Na Espanha, a preocupação é a mesma, já que os presos que são colocados no novo regime de "primeiro grau" apresentam quase sempre necessidade de tratamento psiquiátrico, devido à tortura psicológica proporcionada pelo isolamento, que, segundo princípios da Psicologia, produzem mais ódio, rancor, violência, agressividade, inquietude, incerteza, irritabilidade, desespero, sentimentos de perda, impotência, tristeza, agonia, amargura, ressentimento, raiva, ansiedade, desconfiança, introversão, temor, asco, pânico e desejos de vingança (RÍOS MARTÍN et al. *La mediación penal y penitenciaria. Experiencias de diálogo en el sistema penal para la reducción de la violencia y el sufrimiento humano*, p. 223). E vingança é exatamente como se revela um castigo tão exageradamente desproporcional diante da severidade com a qual se trata o preso. A consequência é a destruição da pessoa, que se sente tratada como um animal, trancado em uma jaula (RÍOS MARTÍN et al. Op. cit., p. 229). Ainda do ponto de vista psicológico, sendo o homem um ser gregário, adapta-se à realidade porque continuamente contrasta a informação proveniente de seu interior com os estímulos procedentes do seu entorno. Se uma pessoa deixa de receber quase que todo o estímulo do exterior contará somente com sua própria produção interna até o ponto em que começará a alucinar e delirar.

A adoção de tal regime acaba por inverter a polaridade da discussão. Se o perigo para o Estado Democrático de Direito são os delinquentes que se deseja submeter a esse regime ou se muito mais prejudiciais à democracia são as políticas criadas para combatê-los.

A nosso ver, do ponto de vista técnico, se mantida sem alguns ajustes doutrinários e jurisprudenciais, a previsão legal do RDD possui uma absoluta inconstitucionalidade: a fiscalização do conteúdo da correspondência. Sobre o tema, remetemos o leitor ao Capítulo 9, item 9.9, no qual trazemos robustos argumentos quanto à inconstitucionalidade de tal previsão. Quanto aos demais itens, ao menos, dois pontos de duvidosa constitucionalidade:

- imprecisão ou falta de taxatividade das hipóteses de inclusão;
- isolamento diário de 22 horas.

Quanto à configuração técnica do instituto, ressalte-se a *imprecisão* das hipóteses nas quais se poderia incluir alguém no RDD. A previsão de "alto risco à sociedade" ou "fundadas suspeitas de envolvimento" não são compatíveis com uma medida de tamanha excepcionalidade. Tal abstração dá margem a perseguições e arbitrariedades. Como expusemos acima (item 10.1), as previsões administrativas também devem respeitar o princípio da legalidade, e especialmente a *taxatividade*. A ausência da taxatividade neste caso compromete, inclusive, a definição da natureza jurídica do instituto. Chegou-se a considerar que o RDD constituiria um quarto regime de cumprimento de pena, mais rigoroso que o fechado. E, inclusive, existem Projetos de Lei (por exemplo, PL n. 7.551/2006) e de Reforma Constitucional (PEC n. 9/2007) para que isso aconteça.

Prevaleceu durante muito tempo a natureza jurídica de um regime de disciplina carcerária, de livre aplicação a depender da condução executiva da pena. Essa natureza jurídica foi cunhada pela Subprocuradoria-Geral da República que, em um de seus pareceres, afirmou: "Na verdade, o RDD nada mais é do que um regime de disciplina carcerária especial, dentro do regime fechado, que tem como característica um maior grau de isolamento do preso com o mundo exterior, inclusive com o bloqueio de comunicação por telefone celular e outros aparelhos. Trata-se de uma medida emergencial que visa transformar o caos do sistema penitenciário para, ao menos em relação aos presos mais perigosos, impor-lhes um verdadeiro regime de segurança máxima, sem o qual, infelizmente, a atuação desses líderes de organizações criminosas não pode ser contida" (Parecer emitido no REsp 662.637/MT).

É muito evidente que esse tipo de fundamentação não pode ser considerado como jurídica e, portanto, não é legítimo para conceber a natureza jurídica do instituto. Talvez pela fragilidade dessa elaboração, o STJ e o STF, agindo com acerto, reconheceram que *a natureza jurídica do RDD é a de uma sanção administrativa*, ou seja, deverá sempre estar ligada a uma infração grave cometida pelo recluso no interior do estabelecimento penal. Segundo o STJ (REsp 662.637-MT), o motivo para a decretação do RDD deve ser sempre um ato praticado pelo detento no interior do estabelecimento, já que a "única finalidade é resguardar a ordem e segurança do estabelecimento penal, embora, por óbvio, tenha reflexo direto na sociedade, contra a ação delituosa de presidiários". Ainda segundo o STJ, o "fato de o detento, como na hipótese em exame, ter integrado organização criminosa, para praticar determinados delitos, que lhe renderam condenação, por si só, não autoriza sua inclusão no aludido regime diferenciado, que é pena por infração disciplinar carcerária". Por isso, entendemos que a previsão legal, inserida pela Lei n. 13.964/2019, sobre a inclusão de pessoa presa no RDD na qual recaia fundadas suspeitas de envolvimento em organização criminosa, associação criminosa ou milícia *independentemente da prática de falta grave* não pode prosperar.

No tocante ao *isolamento pelo período de 22 horas*, este, por si só, revela-se algo prejudicial à saúde do preso, pois, sendo o homem ser obrigatoriamente social, é de sua natureza o convívio com os demais, e obrigá-lo forçadamente a isolamento tão severo certamente lhe causará prejuízos a sua integridade física e psíquica. Nesse ponto, segundo a Constituição Federal, assegura-se ao preso (art. 5º, XLIX) o respeito a sua integridade física e moral. Assim, na mais remota hipótese de o isolamento proporcionar alguma lesão ao recluso, o RDD não deverá ser deferido ou continuado.

É nesse sentido que as Regras Mínimas da ONU, embora permitam a aplicação do isolamento, exigem que as penas de isolamento e de redução de alimentos *somente se aplicarão quando o médico, depois de haver examinado o recluso, tenha certificado por escrito que este pode suportá-las*, e caso o médico, que deverá visitar todos os dias os reclusos que estejam cumprindo tais sanções disciplinares, constatar algum perigo, informará ao diretor se considera necessário terminar ou modificar a sanção por razões de saúde física ou mental do recluso.

Ao ignorar essa providência, fatalmente o RDD se mostrará inconstitucional, pois, pelas razões acima destacadas, o isolamento e sua monotonia são sérios e comprovados fatores de predisposição à aparição de distúrbios psicóticos, especialmente em pessoas com antecedentes de psicopatologia ou em pessoas mais frágeis (Ríos Martín et al. Op. cit., p. 230). A característica psicológica mais destrutiva, segundo a literatura, é o que Seligman definiu como *desamparo adquirido*, uma falta de convicção na eficácia da própria conduta para mudar os rumos dos acontecimentos ou para alcançar os objetivos que deseja devido à falta de controle, algo que pode levar à morte (Ríos Martín et al. Op. cit., p. 231). Nos experimentos realizados em torno a esse distúrbio constatou-se um importante déficit motivacional (incapacidade para iniciar condutas voluntárias e positivas que não as autodestrutivas), um déficit cognitivo (incapacidade de realizar novas experiências e de aprender com elas) e um déficit emocional (após as experiências incontroláveis pelo sujeito sobrevêm os sentimentos de impotência, frustração, depressão etc.) (Ríos Martín et al. Op. cit., p. 232).

Nessa linha, o Tribunal de Justiça de São Paulo (HC 893.649-3/0-00) proferiu importante decisão na qual considerou eivada de vício a decisão judicial de inclusão no RDD dos casos nos quais o procedimento não contou com a análise prévia de um médico atestando que o recluso suportaria o isolamento, o que desrespeitaria a previsão das Regras Mínimas da ONU.

Acreditamos que, para atender ao posicionamento do STJ e às Regras Mínimas da ONU, o Decreto n. 6.049/2007 (Regulamento Penitenciário Federal) expressamente prevê (art. 24) que aos presos submetidos ao regime disciplinar diferenciado serão assegurados *atendimento psiquiátrico e psicológico*, com a finalidade de:

> "I – determinar o grau de responsabilidade pela conduta faltosa anterior, ensejadora da aplicação do regime diferenciado; e
> II – acompanhar, durante o período da sanção, os eventuais efeitos psíquicos de uma reclusão severa, cientificando as autoridades superiores das eventuais ocorrências advindas do referido regime".

Lembramos ainda que, se aplicado o regime, todos os outros direitos não retirados deverão ser respeitados, como é o caso da manutenção do *ensino* ao recluso submetido ao RDD, conforme inclusive expressamente prevê o art. 25, § 3º, do Regulamento Penitenciário Federal.

Tanto os Estados como a União poderão manter unidades prisionais para o RDD. De fato, os cinco presídios federais foram construídos para apenas essa finalidade. A pedido do juiz da execução local, o preso poderá ser transferido para a unidade federal, e lá deverá permanecer a critério deste mesmo juiz. Por determinação legal, se o preso a ser submetido ao RDD exercer liderança na organização criminosa, associação criminosa ou milícia, ou ainda se for demonstrado que o preso possui atuação criminosa em mais de um Estado da Federação, a unidade a recebê-lo em RDD deverá ser obrigatoriamente Federal.

Há previsão de prorrogação do RDD, em períodos renováveis de 1 (um) ano, em duas hipóteses (art. 52, § 4º).

A primeira nos casos em que houver indícios de que o preso continua apresentando alto risco para o estabelecimento e para a sociedade, e remetemos o leitor às ressalvas que já fizemos sobre a expressão "alto risco".

A segunda é ainda mais subjetiva, e entendemos que deverá ter sua constitucionalidade questionada diante dos sérios problemas que traz a redação. O RDD poderá ser prorrogado se o preso "mantém os vínculos com organização criminosa, associação criminosa ou milícia privada, considerados também o perfil criminal e a função desempenhada por ele no grupo criminoso, a operação duradoura do grupo, a superveniência de novos processos criminais e os resultados do tratamento penitenciário" (art. 52, § 4º, II). A deficiência da redação aponta para situações que não necessariamente terão ligação direta com a infração penal cometida, e ainda acrescenta "os resultados do tratamento penitenciário", expressão desconhecido pela doutrina e jurisprudência nacionais. Remetemos o leitor às considerações tecidas no Capítulo 1, itens 1.4.1 e 1.4.2, sobre o atrasado pensamento de tratamento que ainda padece no sistema de execução penal e como já foi superado em outros países mais evoluídos no tema.

Outro sério problema introduzido pela Lei n. 13.964/2019 é a falta de limite para as prorrogações do RDD em períodos sucessivos de 1 (um) ano. A falta de previsão de limite possibilitaria que as subsequentes prorrogações obrigassem o preso a cumprir toda a sua pena em RDD, o que o transformaria em um regime de fato, ainda que não o sendo de direito. Entendemos que o limite deverá estar diretamente conectado ao regime fechado, e adquirindo o preso direito à progressão, o RDD deverá ser imediatamente revogado. É por isso que reforçamos que atrelar a possibilidade de prorrogação a uma expressão vaga como "resultados do tratamento penitenciário" poderá servir de motivação para impedir a progressão e submeter o preso ao cumprimento integral da pena em RDD.

10.7.1. RDD e política criminal

A criação do RDD se deu por um motivo muito claro: a falência do sistema penitenciário do Estado de São Paulo. Incapaz de garantir a ordem no interior e sua repercussão no exterior do estabelecimento penitenciário, o Estado, como habitualmente faz, transferiu sua incompetência para o cidadão.

Se analisarmos rápida e brevemente a política penitenciária do Estado nesse período, e agora não mais limitada ao tratamento penitenciário, podemos especular sobre o porquê de criar tal medida extrema.

Naquela ocasião, a regra era a manutenção das prisões em flagrante e a consequente condenação a regimes inicialmente fechados, sob a justificativa da "desmoralização da justiça" ou da "gravidade do delito", falsos argumentos que foram execrados pelo STF. A isso devemos unir a plena vigência da Lei de Crimes Hediondos, com sua impossibilidade de progressão de regime e concessão de liberdade provisória. Contudo, naquele momento, diante da falta de número correto de estabelecimentos, ocorreu uma inevitável superpopulação carcerária, e inclusive a manutenção de presos em distritos policiais, mesmo já definitivamente condenados.

Pela adoção de uma política penitenciária inadequada – equívoca – o Estado investiu na construção de penitenciárias de regime fechado. O resultado foi apenas a transferência dos distritos policiais para os novos estabelecimentos, mas sem a devida atenção ao sistema de regime de penas do Código Penal.

Se analisarmos o Código, veremos que apenas uma pequena parcela dos crimes submeterá o condenado a um regime fechado. O número de crimes que possui pena inferior a oito anos é maior do que os que as possuem em patamar superior. E os de penas menores do que quatro são a maioria.

A partir do momento em que se colocam os que mereceriam os regimes semiaberto e aberto no regime fechado, é evidente que o sistema não poderá dar a atenção necessária e controlar devidamente os estabelecimentos. Daí, diante da superlotação dos estabelecimentos fechados, cria-se o "superfechado", construindo igualmente estabelecimentos ainda mais rigorosos em termos de segurança.

Se a lei fosse simplesmente atendida, mantendo-se estabelecimentos fechados de segurança máxima e média, colônias penais agrícolas e casas de albergado, bastaria que se distribuísse adequadamente cada condenado em seu regime. Em vez disso, todo o investimento foi em estabelecimentos fechados e quase nenhum em semiabertos. Assim, tem-se uma enormidade de estabelecimentos fechados, pouquíssimos semiabertos e quase nenhum de regime aberto.

Se os estabelecimentos acompanhassem a proporção do Código Penal, certamente não haveria a necessidade de criar e construir estabelecimentos mais rigorosos, pois o controle nos estabelecimentos seria muito mais efetivo e real.

Falsas respostas como o RDD revelam uma igualmente falsa política criminal de "lei e ordem". Como bem relembra Andrew Von Hirsch, na introdução de seu livro *Doing justice*, no qual analisa as misérias das prisões americanas na década de 1970, "uma das tristes consequências da apropriação do termo 'lei e ordem' pela extrema direita como um eufemismo para articular sentimentos racistas antiquados que estavam fora de moda foi que a comunidade intelectual, repelida pelo racismo implícito, afastou-se dos direitos legítimos que implicam a tais palavras. A autêntica necessidade de investigar a essencial importância de ambas as palavras 'lei' e 'ordem' foi menosprezada" (p. xxvii). Embora Hirsch mantenha concepções diferentes quanto à finalidade da pena e do sistema penal, afirma com propriedade que, se o propósito primário da lei é a ordem, não é meramente *para* a ordem. Uma sociedade ordenada não é necessariamente a mais desejada, pois como bem lembra um campo de concentração é mais ordenado que qualquer centro de uma cidade. A lei – continua Hirsch – deve preservar não apenas a sociedade, mas também seus ideais e valores. E para isto deve balancear seus desejos de estabilidade e ordem com seus outros valores. "Segurança, proteção, sobrevivência são fundamentais, mas há limites." Do contrário, a política criminal se reduz apenas a uma "política de segurança" (Miranda Rodrígues. Consensualismo y prisión: nuevos desafíos. In: Arroyo Zapatero; Berdugo Gómez de la Torre. *Homenaje al Dr. Marino Barbero Santos: in memoriam*, p. 372).

Atualmente, o risco que se corre é que o RDD acabe sendo aceito "por ser aceito" e a vulneração dos direitos fundamentais que possa representar deixe de ser sensível, algo que Julián Carlos Ríos Martín e seus coautores definiram como *princípio de habituação*: aquele que está submetido a um barulho intenso acaba se habituando a ele, e depois de certo tempo pode não mais escutá-lo, não ser mais sensível a ele, não mais ser consciente de sua inadequação nem de seu incômodo; o passo seguinte é considerá-lo habitual, como normal e o normal como correto, como moralmente correto. É o que a ética denomina *realismo moral*, a capacidade de considerar bom o que existe sem submetê-lo a um juízo de valor para constatar se transgride ou não o mínimo ético: se sempre foi assim, por que não considerá-lo como algo bom? (op. cit., p. 235).

10.8. RECOMPENSAS

A sanção positiva ou premiada tem tido pouca ou quase nenhuma aplicação no direito brasileiro. Tecemos alguns comentários acerca desta figura jurídica no Capítulo 20, ao discorrermos sobre os incidentes na execução.

O art. 56 da LEP prevê o reconhecimento do bom comportamento, da sua colaboração com a disciplina, e de sua dedicação ao trabalho, que serão recompensadas com:

"I – o elogio;
II – a concessão de regalias".

O *elogio* é a anotação, no prontuário do detento, de menção honrosa ou favorável, que demonstra sua adequação ao regime e um comportamento carcerário acima do esperado. A finalidade é distingui-lo e incentivar os demais a um comportamento compatível. Assim como a anotação de faltas é depreciativa, a existência de elogios pode ser um fator a ser considerado para a concessão de saídas temporárias (LEP, art. 122), livramento condicional (LEP, art. 131), conversão (LEP, art. 180) e indulto individual (LEP, art. 188).

O preso pode ser estimulado por meio de *regalias* ao observar as regras e normas regulamentares de convivência do estabelecimento e das finalidades da pena. Para despertar e fortificar nele o sentido de ordem e disciplina, em todo regime penitenciário deve existir, além do sistema de castigos e correções, um sistema de prêmios e recompensas. Este compreende, por regra geral, algumas concessões como autorização para fumar, uso frequente da cantina, maiores facilidades de correspondência e para receber visitas, autorização para receber livros, periódicos e revistas, destinação a cargos de confiança, prêmios em dinheiro para seu pecúlio. Os exemplos são de Eugenio Cuello Calón (*La moderna penología*, p. 462).

Outros exemplos são encontrados na doutrina como visitas de parentes em qualquer grau, fora de horário; circulação pelo estabelecimento; recolhimento à cela depois do horário normal, dentre outros.

Encontramos, ainda, outras regalias no art. 34 do Regulamento Penitenciário Federal (Dec. n. 6.049/2007): assistir a sessões de cinema, teatro, shows e jogos esportivos em épocas especiais e fora do horário normal; praticar esportes em áreas específicas; receber visitas extraordinárias.

10.9. PROCEDIMENTO, APLICAÇÃO DAS SANÇÕES E INTIMAÇÃO DAS DECISÕES

Assim que praticada a falta disciplinar, deverá ser instaurado um procedimento administrativo para sua apuração, que poderá ser um processo administrativo no caso de faltas graves ou uma sindicância para as demais faltas. Ambos se diferenciam pelo rigor e formalismo, mais marcantes no processo administrativo.

O STF entendeu que nos casos em que houver a oitiva do condenado pelo Juízo da Execução em audiência de justificação, na presença do Ministério Público e do defensor, o Processo Administrativo Disciplinar estará dispensado (STF RE 972.598). Com isso, o STJ passou a relativizar sua Súmula 533, que considera obrigatória a realização prévia de procedimento administrativo para o reconhecimento de falta praticada pelo condenado, especialmente nos casos praticados *extra muros* (AgRg no HC 579647). De qualquer forma, o que importa é que se garanta ao condenado o devido processo, contraditório e ampla defesa.

A lei faz alusão à obediência ao regulamento, mas as diretrizes legais também deverão ser obedecidas, como é o caso da Lei n. 9.784/99 e de Leis estaduais como a editada pelo Estado de São Paulo n. 10.177/98. Ambas organizam as normas gerais dos procedimentos administrativos em seus níveis de governo. Ao lado das citadas Leis, entendemos que cada Estado poderá editar um decreto regulamentar para as especificidades e formalidades, mas sempre em acordo com a legislação. Alguns Estados editam Resoluções por meio de suas secretarias de Administração Penitenciária ou de Justiça, o que não é o ideal, mas, ao menos, garante certa legalidade ao procedimento. Em caso de ausência de regulamento próprio, seria de bom-tom utilizar-se o Regulamento Penitenciário Federal como regra suplementar à legislação. Por fim, com a certeza de que a apuração administrativa incidirá eventualmente sobre a liberdade do condenado, deve-se manter o respeito ao que prevê o Código de Processo Penal em casos de omissão da legislação administrativa, ou, ainda, nos casos em que esta for menos garantista.

Caso seja necessário, a autoridade administrativa poderá determinar o *isolamento preventivo* do recluso, pelo prazo máximo de 10 dias. Esse dispositivo não se aplica ao regime disciplinar diferenciado, que somente poderá ser aplicado, seja ou não preventivamente, por decisão fundamentada do juiz da execução.

Aplicam-se ao preso os mesmos institutos e garantias de qualquer acusado em procedimento judicial ou administrativo, em especial a ampla defesa e o contraditório, conforme preceitua a Constituição Federal em seu art. 5º: "LV – aos litigantes, em processo judicial ou administrativo, e aos acusados em geral são assegurados o contraditório e ampla defesa, com os meios e recursos a ela inerentes". O CPP indica em vários artigos que, na ausência de um advogado para o preso, a Defensoria deverá ser comunicada. E, atualmente, é previsão expressa do Regulamento Penitenciário Federal (art. 60), inclusive com previsão de, na falta de defensor constituído, ser solicitado o auxílio da Defensoria (art. 66, § 2º).

Remetemos o leitor às considerações efetuadas no item 2.9 do Capítulo 2 sobre a *necessidade de defesa técnica* realizada por advogado em procedimento administrativo e a aparente contradição do texto da Súmula Vinculante 5 do STF.

A apuração ficará a cargo de uma comissão ou servidor responsável e um secretário, nos moldes dos procedimentos administrativos mais comuns entre as entidades e órgãos públicos. O Regulamento Penitenciário Federal preconiza que "não poderá atuar como encarregado ou secretário, em qualquer ato do procedimento, amigo íntimo ou desafeto, parente consanguíneo ou afim, em linha reta ou colateral, até o terceiro grau inclusive, cônjuge, companheiro ou qualquer integrante do núcleo familiar do denunciante ou do acusado" (art. 59, parágrafo único). A previsão é bem óbvia e destina-se a evitar a suspeição do responsável pelo procedimento. No mesmo sentido caminham várias Resoluções estaduais, como é o caso da Resolução SAP 144, do Estado de São Paulo.

Deve-se dar conhecimento ao recluso da infração disciplinar que lhe é imputada para permitir sua defesa. Essa é uma orientação das Regras Mínimas. Qualquer sanção aplicada ao arrepio desse mandamento deve ser considerada ilegítima, e, como todo ato abusivo, estará sujeita ao controle hierárquico e judicial. Com igual finalidade de garantia seria conveniente estabelecer-se um direito de recurso contra as sanções disciplinares impostas, ao menos contra as mais graves (CUELLO CALÓN. *La moderna penología*, p. 462). Na ausência de prévia disposição da Lei de Execução Penal, recorremos ao poder de autotutela da Administração e à utilização do recurso administrativo inominado previsto nas leis de procedimento administrativo dos Estados ou na legislação federal (Lei n. 9.784/99).

O ideal é que o procedimento dure, no máximo, 30 dias. Esse prazo é comum a muitos regulamentos estaduais e expressamente previsto no Regulamento Penitenciário Federal (art. 64). O procedimento deverá estar previsto em regulamento estadual, ou utilizar-se o previsto no regulamento federal.

Após a comprovação da prática da infração e de sua autoria, a aplicação da sanção deverá atender a natureza, os motivos, as circunstâncias e as consequências do fato, bem como a pessoa do faltoso e seu tempo de prisão (art. 57 da LEP).

Como todo ato administrativo, a decisão do procedimento disciplinar deverá ser motivada. A motivação corresponde à fundamentação da razão da tomada da decisão e deve obrigatoriamente escorar-se na legalidade. O ato administrativo sem fundamentação é passível de decretação de nulidade.

O tempo de isolamento ou inclusão preventiva no regime disciplinar diferenciado será computado no período de cumprimento da sanção disciplinar. Nada impede que o período de isolamento preventivo seja descontado nos casos em que a sanção aplicada seja a de suspensão ou restrição de direitos (MARCÃO. *Curso de execução penal*, p. 44).

Terminado o processo administrativo, a autoridade administrativa deverá elaborar um relatório final, descrevendo o apurado, concluindo pela punição ou não, e qual punição recomenda. Desse relatório deverá ser dada ciência por escrito ao condenado e seu defensor, em analogia ao Código de Processo Penal no tocante à sentença condenatória, pois é comum que caiba um pedido de reconsideração à autoridade penitenciária superior.

Caberá ao juiz da execução penal homologar ou não o procedimento e, havendo a comprovação da infração, caberá ao juiz a determinação da sanção, e poderá ou não aceitar a indicação do relatório do procedimento administrativo. Da mesma forma que no procedimento administrativo, tanto condenado – este sempre pessoalmente – quanto defensor constituído devem ser intimados da decisão. Em se tratando de defensor público ou nomeado, sua intimação também deverá ser pessoal, nos termos do CPP, art. 370, § 4º. Assim, intimados condenado e defensor, o prazo para a interposição do agravo em execução da decisão de homologação da falta correrá da última intimação (STJ, HC 217554).

10.10. PRESCRIÇÃO DA SANÇÃO ADMINISTRATIVA

A Lei de Execução Penal não estipula prazo para a prescrição da pretensão punitiva (ou preclusão) da sanção administrativa que possa ser aplicada ao recluso.

Ao término do procedimento administrativo, os autos são enviados ao juiz da execução penal, para homologação da conclusão. Havendo a conclusão pela efetiva prática da infração, a comissão ou o funcionário processante opina pela sanção a ser aplicada. O juiz da execução deverá se manifestar sobre a conclusão e a sanção proposta, e, para isso, a Lei deveria prever um prazo prescricional, o que não fez.

Nesses termos, o STF e o STJ já se pronunciaram e, como não há previsão expressa na LEP sobre o prazo, seu entendimento a respeito é de que, por analogia, o prazo para a homologação deverá ser o mínimo de 3 anos, o previsto no Código Penal, conforme o art. 109, VI (RHC 117140/MG). Porém, em melhor reflexão, nota-se que o menor prazo previsto no

Código Penal ainda é o previsto para a prescrição da pena de multa, de **2 anos** quando aplicada isoladamente (art. 114, I), o qual entendemos ser o correto prazo para a prescrição da infração penal não homologada. Neste sentido já decidiu algumas vezes o Tribunal de Justiça de São Paulo (*vide* TJSP; Agravo de Execução Penal 7000066-40.2018.8.26.0482). Caso esse prazo seja excedido, deverá provocar a prescrição da falta e, consequentemente, evitará a aplicação de qualquer sanção. Além disso, a falta anotada no prontuário do detento perderá seus efeitos, e qualquer prejuízo que possa ter decorrido da anotação deverá ser ignorado e reparado.

10.11. CLASSIFICAÇÃO DA CONDUTA CARCERÁRIA E REABILITAÇÃO ADMINISTRATIVA

A classificação da conduta carcerária é algo importante porquanto para a progressão de regime o preso deverá possuir atestado de conduta carcerária. Não há previsão legal de como tal atestado será emitido, mas o Regulamento Penitenciário Federal dispõe de uma disciplina que poderá ser utilizada como referência para o procedimento.

Conforme os arts. 76 e s. do Regulamento, a conduta do preso recolhido em estabelecimento penal federal poderá ser classificada como:

- ótima, quando não possuir anotações de falta disciplinar e anotação de alguma recompensa;
- boa, quando não possuir anotações de falta disciplinar ou possuí-la mas obtiver a reabilitação administrativa;
- regular, quando registrar a prática de faltas médias ou leves, sem reabilitação de conduta; e
- má, quando seu prontuário registrar a prática de falta grave, sem reabilitação de conduta.

A reabilitação administrativa de conduta foi prevista no art. 81 do Regulamento, a ser promovida após o cumprimento da sanção disciplinar, e nos seguintes prazos:

> "I – três meses, para as faltas de natureza leve;
> II – seis meses, para as faltas de natureza média;
> III – doze meses, para as faltas de natureza grave; e
> IV – vinte e quatro meses, para as faltas de natureza grave que forem cometidas com grave violência à pessoa ou com a finalidade de incitação à participação em movimento para subverter a ordem e a disciplina que ensejarem a aplicação de regime disciplinar diferenciado".

Entendemos que tal previsão é absolutamente ilegal e inconstitucional, pois a criação de prazos para a reaquisição do "bom" comportamento é situação que impede a prescrição, ou seja, afeta o alcance da liberdade, algo que somente poderia estar previsto em lei.

Caso o recluso cometa outra falta disciplinar no período de reabilitação, perderá o período até então cumprido (art. 82). Isso significa que nova falta marcará a interrupção do prazo para reabilitação, desconsiderando-se o tempo já transcorrido. E nesses termos deve ser interpretado o § 1º do mesmo artigo quando diz que, "com a prática de nova falta disciplinar, exigir-se-á novo tempo para reabilitação, que deverá ser somado ao tempo estabelecido para a falta anterior". É evidente que a "soma" significa em termos técnicos a interrupção, e não a simples operação aritmética de que o tempo de reabilitação total será o de total de faltas (ex. 7 faltas graves = 7 anos para reabilitação!). Assim, por exemplo, cometida a falta grave e já transcorrido o prazo de 6 meses no total de 1 ano devido, nova falta grave fará com que os 6 meses de prazo para a reabilitação sejam desprezados, e a nova falta grave indicará um novo prazo cheio de 1 ano. O STJ já teve a oportunidade de se debruçar sobre o tema e considerou absolutamente desproporcional interpretação de cumulação dos prazos, ditando entendimento da interrupção (HC 429.496/SP).

Entendemos que há outra previsão ilegítima no § 2º do art. 82 do Regulamento. Segundo o texto, "O diretor do estabelecimento penal federal não expedirá o atestado de conduta enquanto tramitar procedimento disciplinar para apuração de falta". Parece-nos que o mais correto seria que, pelo estado de inocência constitucionalmente garantido, o diretor emitisse o atestado de boa ou ótima conduta e anotasse no mesmo atestado a existência do procedimento em andamento. Caberia, então, ao juiz pedir mais informações se entendesse necessárias e fundamentadamente decidir sobre o término ou não do procedimento para a concessão de algum direito que dependa do atestado.

Por fim, previsão importante é a de um recurso administrativo, no prazo de cinco dias, dirigido à diretoria do Sistema Penitenciário Federal, contra decisão que atestar conduta (art. 83). Ainda que desprovido de efeito suspensivo, ao menos garante um instrumento contra atos administrativos arbitrários.

10.12. JURISPRUDÊNCIA SELECIONADA

Falta e interrogatório do condenado

"[...] 2. Não há obrigatoriedade de que o interrogatório do sentenciado ocorra no último ato da instrução, bastando que seja sempre respeitado o contraditório e a ampla defesa, além da presença de um defensor. 3. Agravo regimental improvido" (STJ, AgRg no HC 369712 SP 2016/0231675-9, rel. Min. Sebastião Reis Júnior, j. 17-5-2018, 6ª T., *DJe* 1º-6-2018).

Faltas e prazo para reabilitação: impossibilidade de acúmulo dos prazos de várias faltas

"Com efeito, embora a sentenciada tenha praticado cinco faltas disciplinares de natureza grave e sete de natureza média (fls. 07), nota-se que decorreu um ano da prática da última falta (19-12-2012). Ademais, entende-se que não é razoável a cumulação dos períodos de reabilitação das faltas disciplinares realizada pela Administração Penitenciária. Ora, quando uma apenada pratica falta de natureza grave, não há a cumulação dos intervalos, interrompendo-se o lapso para fins de benefício a partir da data da última infração disciplinar. Assim, não se mostra proporcional cumular os períodos de reabilitação quando do cometimento de falta, de modo que se deve considerar que, da data da última falta grave – 19-11-2012, em doze meses a conduta da apenada encontra-se reabilitada, pois parâmetro razoável eleito pela administração para a reabilitação das faltas graves, no artigo 88, inciso III, da Resolução SAP 144/2010. Portanto, conclui-se que no caso em comento a conduta da sentenciada está reabilitada, devendo ser considerada boa, afastando-se a avaliação da direção da unidade prisional de mau comportamento (fls. 03), pois amparada em parâmetro inconstitucional previsto na citada resolução" (STJ, HC 429496/SP, Decisão monocrática, j. 14-2-2018, Min. Ribeiro Dantas).

Falta grave: alteração da data base dos direitos

Súmula 534 do STJ: "A prática de falta grave interrompe a contagem do prazo para a progressão de regime de cumprimento de pena, o qual se reinicia a partir do cometimento dessa infração".

Súmula 535 do STJ: "A prática de falta grave não interrompe o prazo para fim de comutação de pena ou indulto".

"4. A Terceira Seção desta Corte, no julgamento do Recurso Especial n. 1.364.192/RS, sob o rito de recurso repetitivo (CPC, art. 543-C), consolidou o posicionamento de que a prática de falta grave pelo sentenciado, no curso da execução da pena, altera a data base para a concessão de novos benefícios, exceto para fins de livramento condicional, indulto e comutação da pena. Entendimento consolidado nas Súmulas 441, 535 e 534 desta Corte" (STJ, HC 319.022/SP, 5ª T., j. 5-5-2016, rel. Min. Ribeiro Dantas, *DJe* 16-5-2016).

"Agravo em execução. [...] Alteração da data base para a concessão de futuros benefícios. A prática de falta grave determina a inauguração de novo marco temporal ao alcance de futuros benefícios vinculados à execução penal, excetuados o livramento condicional, o indulto e a comutação. Inteligência do Enunciado n. 534 das Súmulas do Superior Tribunal de Justiça. Na medida em que o julgador singular deixou de determinar novo *dies a quo*, a data base permanece inalterada, pois, notoriamente, mais benéfico ao réu (TJ-RS, AgE 70077038198, 8ª Câm. Crim., j. 16-5-2018, rel. Naele Ochoa Piazzeta, *DJ* 19-6-2018).

Falta grave: aparelho celular ou seus componentes

Súmula 660 do STJ: "A posse, pelo apenado, de aparelho celular ou de seus componentes essenciais constitui falta grave".

Súmula 661 do STJ: "A falta grave prescinde da perícia do celular apreendido ou de seus componentes essenciais".

Falta grave: audiência de justificação

"1. É prescindível oitiva do apenado para a homologação judicial da falta grave se previamente ouvido em procedimento administrativo disciplinar, em que assegurados o contraditório e a ampla defesa. 2. Agravo regimental improvido" (STJ, AgRg no AREsp 691.022/MS, 6ª T., j. 17-11-2016, rel. Min. Nefi Cordeiro, *DJe* 29-11-2016).

Falta grave: desnecessidade de processo administrativo

"1. O Supremo Tribunal Federal tem entendido que a oitiva do condenado pelo Juízo da Execução Penal, em audiência de justificação realizada na presença do defensor e do Ministério Público, afasta a necessidade de prévio Procedimento Administrativo Disciplinar (PAD), assim como supre eventual ausência ou insuficiência de defesa técnica no PAD instaurado para apurar a prática de falta grave durante o cumprimento da pena. 2. No sistema de jurisdição una, o procedimento judicial conta com mais e maiores garantias que o procedimento administrativo, razão pela qual o segundo pode ser revisto judicialmente, prevalecendo a decisão judicial sobre a administrativa. 3. Por outro lado, em um sistema congestionado como o da Execução Penal, qualquer atividade redundante ou puramente formal significa desvio de recursos humanos da atividade principal do Juízo, inclusive e notadamente a de assegurar os benefícios legais para que ninguém permaneça no cárcere por período superior à condenação. 4. Desse modo, a apuração de falta grave em procedimento judicial, com as garantias a ele inerentes, perante o juízo da Execução Penal não só é compatível com os princípios do contraditório e da ampla defesa (art. 5º, LIV e LV, da CF) como torna desnecessário o prévio procedimento administrativo, o que atende, por igual, ao princípio da eficiência de que cuida o art. 37 da Constituição Federal. 5. Provimento do Recurso com a afirmação da seguinte tese: "A oitiva do condenado pelo Juízo da Execução Penal, em audiência de justificação realizada na presença do defensor e do Ministério Público, afasta a necessidade de prévio Procedimento Administrativo Disciplinar (PAD), assim como supre eventual ausência ou insuficiência de defesa técnica no PAD instaurado para apurar a prática de falta grave durante o cumprimento da pena" (STF, RE 972598/RS, rel. Roberto Barroso, j. 4-5-2020, Tribunal Pleno, *DJe* 6-8-2020).

Falta grave: necessidade de defesa

Súmula 533 do STJ: "Para o reconhecimento da prática de falta disciplinar no âmbito da execução penal, é imprescindível a instauração de procedimento administrativo pelo diretor do estabelecimento prisional, assegurado o direito de defesa, a ser realizado por advogado constituído ou defensor público nomeado" (STJ, 3ª S., j. 10-6-2015, *DJe* 15-6-2015).

"2. A oitiva do condenado pelo Juízo da Execução Penal, em audiência de justificação realizada na presença do defensor e do Ministério Público, afasta a necessidade de prévio Procedimento Administrativo Disciplinar (PAD), assim como supre eventual ausência ou insuficiência de defesa técnica no PAD instaurado para apurar a prática de falta grave durante o cumprimento da pena (RE 972.598/RS, Relator Min. ROBERTO BARROSO Tema 941, Plenário, Sessão Virtual de 24-4-2020 a 30-4-2020). 3. Diante dessa nova orientação traçada pelo Supremo Tribunal Federal, esta Corte tem entendido que a Súmula n. 533 do STJ, que reputa obrigatória a prévia realização de procedimento administrativo disciplinar para o reconhecimento de falta praticada pelo condenado durante a execução penal, deve ser relativizada, sobretudo em casos nos quais o reeducando pratica falta grave durante o cumprimento de pena extra muros, ocasiões em que a realização de audiência de justificação em juízo, com a presença da defesa técnica e do Parquet, é suficiente para a homologação da falta, não havendo que se falar em prejuízo para o executado, visto que atendidas as exigências do contraditório e da ampla defesa, assim como os princípios da celeridade e da instrumentalidade das formas. Isso porque a sindicância realizada por meio do PAD somente se revelaria útil e justificável para averiguar fatos vinculados à casa prisional, praticados no interior da cadeia ou sujeitos ao conhecimento e à supervisão administrativa da autoridade penitenciária" (AgRg no HC 579.647/PR, rel. Min. Reynaldo Soares da Fonseca, 5ª T., j. 8-9-2020, *DJe* 15-9-2020).

"II – 'Para o reconhecimento da prática de falta disciplinar, no âmbito da execução penal, é imprescindível a instauração de procedimento administrativo pelo diretor do estabelecimento prisional, assegurado o direito de defesa, a ser realizado por advogado constituído ou defensor público nomeado' (...) III – O Plenário do col. Pretório Excelso, em julgamento do RE n. 398.269/RS, Rel. Exmo. Min. Gilmar Mendes, *DJe* 26-2-2010, concluiu pela inaplicabilidade da Súmula Vinculante n. 5 aos procedimentos administrativos disciplinares realizados em sede de execução penal, ressaltando a imprescindibilidade da defesa técnica nesses procedimentos, sob pena de afronta aos princípios do contraditório e da ampla defesa, aos ditames da Lei de Execução Penal e à legislação processual penal. IV – 'Verificando-se que os depoimentos das testemunhas no procedimento administrativo disciplinar foram colhidos sem a necessária e inafastável presença de defesa técnica legalmente constituída – advogado devidamente inscrito nos quadros da Ordem dos Advogados do Brasil –, resta evidente que foram violados os princípios do contraditório e da ampla defesa'" (STJ, HC 395.362/RS, 5ª T., j. 12-9-2017, rel. Min. Felix Fischer, *DJe* 19-9-2017).

"Formalidade a ser observada, sob pena de nulidade do procedimento – que pode repercutir na remição da pena, na concessão de livramento condicional, no indulto e em outros incidentes da execução –, em face das normas do art. 5º, LXIII, da Constituição, e do art. 59 da LEP, não sendo por outra razão que esse último diploma legal impõe às unidades da Federação o dever de dotar os estabelecimentos penais de serviços de assistência judiciária, obviamente destinados aos presos e internados sem recursos financeiros para constituir advogado (arts. 15 e 16). *Habeas corpus* deferido" (STF, HC 77.862/SP, Pleno, j. 17-12-1998, rel. Min. Ilmar Galvão, *DJ* 2-4-2004, p. 11).

Falta grave: prazo para instauração do processo administrativo

"Agravo em execução. Falta Grave. Desobediência. Pleito defensivo de absolvição por falta de provas e, subsidiariamente, desclassificação para falta de natureza leve ou média. Prescrição configurada. Aplicação analógica do Estatuto dos Servidores da União prevendo prazo prescricional de 180 dias. Decurso de mais de 180 dias entre a abertura da sindicância e a prolação de decisão pelo magistrado 'a quo'" (TJ-SP, AgE 7000251-20.2014.8.26.0482, 16ª Câm. Crim., j. 16-12-2016, rel. Guilherme de Souza Nucci, *DJ* 16-12-2014).

Falta grave: prazo para intimação da homologação

"1. O réu preso e seu defensor dativo devem ser intimados pessoalmente da sentença condenatória, sendo a expedição de carta precatória a modalidade de cumprimento do ato quando o réu estiver preso fora do distrito da culpa, iniciando-se o prazo recursal a partir da data da última intimação. [...]" (RHC 68.733/ES, rel. Min. Reynaldo Soares da Fonseca, 5ª T., j. 3-5-2016, *DJe* 11-5-2016).

Falta grave: prescrição

"1. A jurisprudência desta Corte e do Supremo Tribunal Federal orienta-se de maneira firme no sentido de aplicar, para aferir a prescrição da falta grave, o menor prazo previsto no artigo 109 do Código Penal, a saber, 2 (dois) anos. 2. Na hipótese de fuga, entende-se que o prazo para a contagem do prazo prescricional inicia-se da data da recaptura do apenado, sendo inviável o reconhecimento da prescrição da falta grave se, quando do *decisum* proferido pelo Juízo das execuções, ainda não havia decorrido 2 (dois) anos da recaptura do paciente. 3. Fere o princípio da legalidade a interrupção do lapso temporal para progressão de regime em razão do cometimento de falta disciplinar de natureza grave, diante da ausência de previsão legal para tanto. 4. Ordem em parte concedida a fim de afastar a interrupção da contagem do lapso temporal para a progressão de regime, ante a perpetração de falta grave, cabendo ao Juízo da Execução a análise dos demais requisitos objetivos e subjetivos, nos termos do disposto no art. 112 da LEP" (STJ, HC 121.026/ES, 6ª T., j. 15-2-2011, rel. Min. Maria Thereza de Assis Moura, *DJe* 9-3-2011).

Falta grave: tipicidade

"Se a tentativa de introduzir aparelho celular dentro do presídio não foi praticada pelo condenado, não pode ele sofrer sanção pela falta grave prevista no art. 50, VII, da LEP. 4. O princípio constitucional da intranscendência impede que a responsabilidade penal ultrapasse a esfera pessoal do agente. 5. Ordem concedida a ordem, parcialmente, de ofício, para desconstituir a homologação da falta disciplinar de natureza grave em razão de sua atipicidade" (STJ, HC 241.228/SP, 5ª T., j. 20-3-2014, rel. Min. Moura Ribeiro, *DJe* 28-8-2014).

Falta grave: trânsito em julgado da infração penal

"Considerando que não há trânsito em julgado da sentença condenatória, deixo de reconhecer a falta grave, com aplicação dos demais consectários legais, visto que ofende o princípio constitucional da presunção de inocência. Decidir em sentido contrário seria totalmente injusto. Uma vez reconhecida a falta grave, com total prejuízo ao apenado durante a execução de sua pena, poderia gerar dano irreparável. [...] É certo que para ser reconhecido o fato novo deve haver sentença condenatória com trânsito em julgado, o que espancaria a dúvida de ser ou não o apenado o autor do delito. Como não é o que ocorre no fato presente, deixo de reconhecer a falta grave, sendo que nenhuma anotação deverá ser feita no prontuário do apenado. Dessa forma, constata-se a prejudicialidade deste *writ*, pois o Juízo de primeiro grau não reconheceu a suposta falta grave imputada ao paciente. À vista do exposto, com fundamento no art. 34, XX, do RISTJ, julgo prejudicado este *habeas corpus*. Publique-se e intimem-se" (STJ, HC 346.848/RS, 6ª T., j. 12-6-2018, rel. Min. Rogerio Schietti Cruz, *DJe* 15-6-2018).

Prescrição da infração disciplinar

"Agravo em execução – Prática de falta grave – Recurso da defesa – Preliminares de nulidade e reconhecimento de prescrição – Ocorrência da prescrição – Aplicação analógica do art. 114, inciso I, do Código Penal, ante a ausência de norma específica – Na hipótese, houve o transcurso do lapso prescricional de 02 (dois) anos entre a prática da falta grave e a r. decisão agravada – Preliminar acolhida – Recurso defensivo provido" (TJ-SP, AgE 7000066-40.2018.8.26.0482, 8ª Câm. Crim., j. 28-6-2018, rel. Sérgio Ribas, *DJe* 28-6-2018).

"Execução penal. *Habeas Corpus*. Falta grave. Prescrição de infração disciplinar de natureza grave. Art. 109, VI, combinado com art. 111, III, do Código Penal. Ilegalidade. Inocorrência. Ordem denegada. I – Diante da ausência de norma específica quanto à prescrição da infração disciplinar, utiliza-se, por analogia, o Código Penal. II – Abandonar o cumprimento do regime imposto configura infração permanente, aplicando-se as regras do art. 111, III, do Código Penal. III – Ordem denegada (STF, HC 92.000/SP, 1ª T., j. 13-11-2007, rel. Min. Ricardo Lewandowski, *DJe* 29-11-2007).

RDD: decisão de competência do juiz solicitante

"1. Hipótese em que ambos os Juízos, Suscitante e Suscitado, assumiram ser competentes para decidir acerca do local de cumprimento da pena do Reeducando. 2. A transferência e inclusão de presos em estabelecimento penal federal de segurança máxima, bem como a renovação de sua permanência, justifica-se (i) no interesse da segurança pública ou (ii) do próprio preso, nos termos do art. 3º da Lei n. 11.671/2008, sendo medida de caráter excepcional. 3. Hipótese em que o Juízo Suscitante, após requerimento da Secretaria de Estado de Segurança Pública do Rio de Janeiro e parecer favorável do Ministério Público estadual, assinalou que a alta periculosidade do Apenado denota justo receio de abalo à segurança pública, mormente porque ocuparia posição de liderança e influência no grupo criminoso conhecido por "Liga da Justiça", sendo certo que as atividades da organização criminosa permanecem inalteradas. 4. A jurisprudência desta Corte Superior considera que, em casos como o presente, ao Juízo Federal não compete realizar juízo de valor sobre as razões de fato emanadas pelo Juízo solicitante, sendo-lhe atribuído pelo art. 4º da Lei n. 11.671/2008, tão somente, o exame da regularidade formal da solicitação. 5. Conflito de competência conhecido para declarar competente o JUÍZO DE DIREITO DA VARA DE EXECUÇÕES PENAIS DO RIO DE JANEIRO/RJ para decidir sobre a necessidade de prorrogação da permanência do Apenado no Presídio de Mossoró/RN" (STJ, CC 168595 RJ 2019/0293145-9, rel. Min. Laurita Vaz, j. 11-3-2020, 3ª S., *DJe* 23-3-2020).

RDD: constitucionalidade

"*Habeas corpus*. Regime disciplinar diferenciado. Art. 52 da LEP. Constitucionalidade. Aplicação do princípio da proporcionalidade. Nulidade do procedimento especial. Reexame de provas. Impropriedade do *writ*. Nulidade da sentença condenatória não reconhecida. 1. Considerando-se que os princípios fundamentais consagrados na Carta Magna não são ilimitados (princípio da relatividade ou convivência das liberdades públicas), vislumbra-se que o legislador, ao instituir o Regime Disciplinar Diferenciado, atendeu ao princípio da proporcionalidade. 2. Legitima a atuação estatal, tendo em vista que a Lei 10.792/2003, que alterou a redação do art. 52 da LEP, busca dar efetividade à crescente necessidade de segurança nos estabelecimentos penais, bem como resguardar a ordem pública, que vem sendo ameaçada por criminosos que, mesmo encarcerados, continuam comandando ou integrando facções criminosas que atuam no interior do sistema prisional – liderando rebeliões que não raro culminam com fugas e mortes de reféns, agentes penitenciários e/ou outros detentos – e, também, no meio social. 3. Aferir a nulidade do procedimento especial, em razão dos vícios apontados, demandaria o revolvimento do conjunto fático-probatório apurado, o que, como cediço, é inviável na estreita via do *habeas corpus*. Precedentes. 4. A sentença monocrática encontra-se devidamente fundamentada, visto que o magistrado, ainda que sucintamente, apreciou todas as teses da defesa, bem como motivou adequadamente, pelo exame percuciente das provas produzidas no procedimento disciplinar, a inclusão do paciente no Regime Disciplinar Diferenciado, atendendo, assim, ao comando do art. 54 da Lei de Execução Penal. 5. Ordem denegada" (STJ, HC 40300/RJ, 5ª T., j. 7-6-2005, v.u., rel. Min. Arnaldo Esteves Lima, *DJ* 22-8-2005).

RDD: inconstitucionalidade

"[...] Trata-se, no entanto, de medida inconstitucional, como se sustenta a seguir: O chamado RDD (Regime disciplinar diferenciado), é uma aberração jurídica que demonstra à saciedade como o legislador ordinário, no afã de tentar equacionar o problema do crime organizado, deixou de contemplar os mais simples princípios constitucionais em vigor. (...) Independentemente de se tratar de uma política criminológica voltada apenas para o castigo, e que abandona os conceitos de ressocialização ou correção do detento, para adotar *medidas estigmatizantes e inocuizadoras*' próprias do '*Direito Penal do Inimigo*', o referido 'regime disciplinar diferenciado' ofende inúmeros preceitos constitucionais". E continua o insigne Magistrado, 'trata-se de uma determinação desumana e degradante (art. 5º, III, da CF), cruel (art. 5º, XLVII, da CF), o que faz ofender a dignidade humana (art. 1º, III, da CF). Por fim, note-se que o Estado Democrático é aquele que procura um equilíbrio entre a segurança e a liberdade individual, de maneira a privilegiar, neste balanceamento de interesses, os valores fundamentais de liberdade do homem. O desequilíbrio em favor do excesso de segurança com a consequente limitação excessiva da liberdade das pessoas implica, assim, em ofensa ao Estado Democrático'. (...) Assim, por toda a inconstitucionalidade inerente ao 'RDD', impõe-se o reconhecimento da ilegalidade da medida adotada contra o paciente, e a concessão do '*writ*', a fim de que o reeducando seja imediatamente removido do '*regime disciplinar diferenciado*' a que foi transferido" (TJ-SP, HC 9012675-32.2006.8.26.0000, 1ª Câm. Crim., j. 15-8-2006, rel. Borges Pereira, DJ 29-8-2006).

RDD: isolamento celular por longo período

"Execução penal. Regime carcerário que envolve isolamento celular de 22 horas por dia, de segunda a sexta-feira, e de 24 horas nos finais de semana. Ilegalidade remediável por habeas corpus. Recurso provido" (STF, RHC 56059/SP, 1ª T., j. 2-5-1978, rel. Min. Xavier de Albuquerque, DJ 2-6-1978).

RDD: natureza jurídica de sanção administrativa

"É cediço que o RDD assume, na LEP, duas modalidades distintas: a punitiva, decorrente da prática de falta grave consistente em crime doloso que acarrete subversão à ordem e à disciplina (art. 52, *caput*, LEP), e a cautelar, nas hipóteses dos §§ 1º e 2º, do artigo 52, da LEP. Somente a primeira, prevista como sanção disciplinar (art. 53, V), necessita de procedimento disciplinar que assegure o direito de defesa (art. 59, LEP). Para a segunda, seu fundamento não tem o caráter punitivo próprio da sanção disciplinar, mas sim o preventivo, com o fito de assegurar a segurança do estabelecimento prisional e a ordem pública. [...] Portanto, constatada a existência da organização criminosa e séria suspeita do envolvimento do agravante como um dos seus membros, presentes os pressupostos para a aplicação da sanção disciplinar de inclusão no regime disciplinar diferenciado (arts. 52, § 2º, e 53, V, da LEP)" (STF, ARE 1041665/SP, j. 8-5-2017, rel. Min. Marco Aurélio, DJe-100 15-5-2017).

"Ação penal. Condenação. Execução. Prisão. Regime disciplinar diferenciado. Sanção disciplinar. Imposição. Repercussão no alcance dos benefícios de execução penal. Indispensabilidade de procedimento administrativo prévio. Não instauração. Violação ao devido processo legal. Ordem concedida de ofício para que a sanção já cumprida não produza efeitos na apreciação de benefícios na execução penal. O regime disciplinar diferenciado é sanção disciplinar, e sua aplicação depende de prévia instauração de procedimento administrativo para apuração dos fatos imputados ao custodiado" (STF, HC 96328, 2ª T., j. 2-3-2010, rel. Min. Cezar Peluso, *DJe* 8-4-2010).

RDD: necessidade de prévio parecer médico

"Verifica-se, de qualquer forma, que a determinação judicial de inclusão cautelar da paciente no regime disciplinar diferenciado revestiu-se de flagrante ilegalidade, pois não precedida da indispensável avaliação médica de que se encontrava apta a suportar a punição disciplinar, como exige o item 32 das Regras Mínimas para Tratamento de Presos da ONU, aplicável por força do disposto no art. 143 da Constituição Estadual. Tal posição já foi adotada por esta C. Câmara, em casos semelhantes, quando do julgamento dos 'habeas corpus' ns. 530.018/6 e 856.254-3/7-00. Frente ao exposto, concede-se a ordem para cassar a decisão que determinou a internação cautelar da paciente" (TJSP, HC 893.649-3/0-00. 12ª Câm. Crim., j. 22-2-2006, rel. Des. Vico Mañas).

Uso de algemas

Súmula Vinculante 11: "Só é lícito o uso de algemas em casos de resistência e de fundado receio de fuga ou de perigo à integridade física própria ou alheia, por parte do preso ou de terceiros, justificada a excepcionalidade por escrito, sob pena de responsabilidade disciplinar, civil e penal do agente ou da autoridade e de nulidade da prisão ou do ato processual a que se refere, sem prejuízo da responsabilidade civil do Estado".

"7. Exibição do preso às câmeras de televisão algemado por pés e mãos, durante o transporte, a despeito de sua aparente passividade, desafiando a Súmula Vinculante 8. O uso infundado de algemas é causa de 'nulidade da prisão ou do ato processual a que se refere'" (STF, HC 152720/DF, 2ª T., j. 10-4-2018, rel. Min. Gilmar Mendes, *DJe*-096 17-5-2018).

ÓRGÃOS DO SISTEMA DE EXECUÇÃO PENAL 11

O Sistema de Execução Penal compreende órgãos do Poder Executivo (Conselho Nacional de Política Criminal e Penitenciária, Departamentos Penitenciários), Judiciário (Juízo da Execução) e da Comunidade (Conselho Penitenciário, Conselho da Comunidade). Esse intrincado complexo de órgãos e entidades será responsável pela elaboração e execução de uma política penitenciária, espécie do gênero Política Criminal, tendo à frente o desafio de formular diretrizes que respeitem o Estado Democrático de Direito e a dignidade da pessoa humana, ao mesmo tempo que restrinjam a liberdade do cidadão e pacifiquem o convívio social. Visivelmente, uma difícil tarefa.

A esses aparelhos une-se o Ministério Público, ora atuando como parte processual, ora como *custos legis*, ou, simplesmente, funcionando como um órgão administrativo independente.

A legislação, que antes não enunciava a *defesa* técnica, agora expressamente assegura a participação da Defensoria Pública, como órgão essencial e indispensável da execução penal. Ao lado da Defensoria, o defensor constituído também é indispensável (GRINOVER. *Execução penal*, p. 17). E essa defesa não estará restrita a uma eventual oposição às pretensões ou determinações dos órgãos da execução, mas deve estar imbuída da preservação dos direitos e garantias, e da influência concreta no convencimento do juiz da execução, sempre que a qualidade ou quantidade da pena possa ser alterada (GOMES FILHO. A defesa do condenado na execução penal. In: GRINOVER; BUSANA. *Execução penal*, p. 41).

11.1. CONSELHO NACIONAL DE POLÍTICA CRIMINAL E PENITENCIÁRIA (CNPCP)

O Conselho Nacional de Política Criminal e Penitenciária tem sede em Brasília, e é órgão vinculado ao Ministério da Justiça. Na visão de Jason Albergaria, é o órgão da política criminal com tônica na prevenção (*Comentários à lei de execução penal*, p. 87).

Seus membros, no total de 13, são nomeados por ato do Ministério da Justiça, dentre professores e profissionais da área do Direito Penal, Processual Penal, Penitenciário e ciências correlatas, bem como por representantes da comunidade e dos Ministérios da área social. O mandato de cada membro terá duração de 2 anos, e será renovado a cada ano na proporção de um terço de sua constituição. Portanto, é um órgão colegiado multidisciplinar, que reúne para a aplicação da pena uma variedade de profissionais capazes de desenvolver um completo programa penitenciário, diminuindo a tecnocracia e aumentando a participação da comunidade e da política criminal no planejamento da execução da pena.

O art. 64 da Lei de Execução Penal estipula, em dez incisos, as atribuições do Conselho Nacional de Política Criminal e Penitenciária:

> "I – propor diretrizes da política criminal quanto à prevenção do delito, administração da Justiça Criminal e execução das penas e das medidas de segurança;
> II – contribuir na elaboração de planos nacionais de desenvolvimento, sugerindo as metas e prioridades da política criminal e penitenciária;
> III – promover a avaliação periódica do sistema criminal para a sua adequação às necessidades do País;
> IV – estimular e promover a pesquisa criminológica;
> V – elaborar programa nacional penitenciário de formação e aperfeiçoamento do servidor;
> VI – estabelecer regras sobre a arquitetura e construção de estabelecimentos penais e casas de albergados;
> VII – estabelecer os critérios para a elaboração da estatística criminal;
> VIII – inspecionar e fiscalizar os estabelecimentos penais, bem assim informar-se, mediante relatórios do Conselho Penitenciário, requisições, visitas ou outros meios, acerca do desenvolvimento da execução penal nos Estados, Territórios e Distrito Federal, propondo às autoridades dela incumbidas as medidas necessárias ao seu aprimoramento;
> IX – representar ao Juiz da execução ou à autoridade administrativa para instauração de sindicância ou procedimento administrativo, em caso de violação das normas referentes à execução penal;
> X – representar à autoridade competente para a interdição, no todo ou em parte, de estabelecimento penal".

11.2. DEPARTAMENTOS PENITENCIÁRIOS

11.2.1. Do Departamento Penitenciário Nacional (DEPEN)

O Departamento Penitenciário Nacional, também subordinado ao Ministério da Justiça, especificamente à Secretaria Nacional de Justiça, é órgão diretamente ligado ao Conselho Nacional de Política Criminal e Penitenciária, prestando-lhe apoio administrativo e financeiro. Em nível nacional, assegura a aplicação das normas gerais do regime penitenciário (ALBERGARIA. *Comentários à lei de execução penal*, p. 87).

É o órgão executivo encarregado da integração entre o Governo Federal e os governos estaduais. Auxilia na interpretação das normas e na uniformização de sua aplicação e colabora com os Estados na transferência de recursos e orientação técnica (ALBERGARIA. *Comentários à lei de execução penal*, p. 88). Sua missão revela-se mais importante do que aparenta, pois para garantirem-se a legalidade e a jurisdicionalidade da execução não se pode abandoná-la ao alvedrio de cada executor. A observação é de Roberto Lyra que acrescenta o prejuízo à legalidade que pode causar a diversidade de tratamentos de Estado a Estado, estabelecimento a estabelecimento, com rigores ou branduras ilícitos segundo os meios disponíveis e a flutuação de critérios excessivamente discricionários (LYRA. *Comentários ao Código de Processo Penal*, p. 11).

São suas atribuições (LEP, art. 72):

"I – acompanhar a fiel aplicação das normas de execução penal em todo o Território Nacional;
II – inspecionar e fiscalizar periodicamente os estabelecimentos e serviços penais;
III – assistir tecnicamente as Unidades Federativas na implementação dos princípios e regras estabelecidos nesta Lei;
IV – colaborar com as Unidades Federativas mediante convênios, na implantação de estabelecimentos e serviços penais;
V – colaborar com as Unidades Federativas para a realização de cursos de formação de pessoal penitenciário e de ensino profissionalizante do condenado e do internado;
VI – estabelecer, mediante convênios com as unidades federativas, o cadastro nacional das vagas existentes em estabelecimentos locais destinadas ao cumprimento de penas privativas de liberdade aplicadas pela justiça de outra unidade federativa, em especial para presos sujeitos a regime disciplinar.
Parágrafo único. Incumbem também ao Departamento a coordenação e a supervisão dos estabelecimentos penais e de internamento federais.
VII – acompanhar a execução da pena das mulheres beneficiadas pela progressão especial de que trata o § 3º do art. 112 desta Lei, monitorando sua integração social e a ocorrência de reincidência, específica ou não, mediante a realização de avaliações periódicas e de estatísticas criminais".

Além das atribuições ditadas pela Lei de Execução Penal, o Decreto n. 9.150, de 4 de setembro de 2017, estabelece outras competências ao Departamento Penitenciário Nacional:

"Art. 28. (...)
VII – processar, analisar e encaminhar, na forma prevista em Lei, os pedidos de indultos individuais;
VIII – gerir os recursos do Fundo Penitenciário Nacional – FUNPEN (fundo criado pela LC 79/1994 e regulamentado pelo Dec. 1.093/1994);
IX – apoiar administrativa e financeiramente o Conselho Nacional de Política Criminal e Penitenciária; e
X – autorizar os planos de correição periódica e determinar a instauração de procedimentos disciplinares no âmbito do Departamento".

A estrutura administrativa atual do DEPEN compreende três diretorias: Diretoria Executiva, Diretoria de Políticas Penitenciárias e Diretoria do Sistema Penitenciário Federal, cada qual subdividida em várias coordenadorias (Decreto n. 9.150/2017, arts. 29 a 31 e Anexo).

11.2.2. Departamentos Penitenciários Locais

Os Departamentos Penitenciários Locais, conforme disposição do art. 73 da LEP, serão criados por Lei Estadual e terão, sobretudo, a atribuição de "supervisionar e coordenar os estabelecimentos penais da Unidade da Federação a que pertencer" (art. 74). Cabe ainda aos Departamentos estaduais acompanhar e fornecer dados ao Departamento Penitenciário Nacional sobre as avaliações periódicas para o caso de progressão especial de mulher gestante ou que for mãe ou responsável por crianças ou pessoas com deficiência (art. 112, § 3º, da LEP).

Sua estrutura será semelhante à do Departamento Penitenciário Federal, mas terão a função de orientar e fiscalizar as unidades subordinadas à unidade da Federação a que pertencerem, para que mantenham a integração com o órgão federal e executem as regras gerais penitenciárias em conformidade com a política criminal da União.

Os Departamentos Penitenciários Locais mantêm a autonomia dos Estados, mas os conectam com o governo federal para uma execução penal uniforme. O intuito é o de uma solidariedade intragovernamental, de mútua cooperação de um objetivo comum à União e aos Estados, principalmente para a humanização da pena (SILVA; BOSCHI. *Comentários à lei de execução penal*, p. 79).

No âmbito de cada Secretaria de Estado (de Segurança ou Penitenciária) haverá um órgão encarregado de expedir atos normativos dentro da competência atribuída pela lei e coordenar os estabelecimentos.

11.3. CONSELHO PENITENCIÁRIO

A origem do Conselho Penitenciário é mais antiga do que a Lei de Execução Penal. Com a regulamentação do livramento condicional, em 1924, por meio do Decreto n. 16.665, o art. 2º previu que o controle do cumprimento das condições aplicadas ao beneficiário ficaria a cargo de um Conselho Penitenciário, formado pelo Procurador da República, um representante do Ministério Público e por cinco pessoas nomeadas pelo Presidente da República ou governador do Estado, escolhidos preferencialmente três professores de Direito ou juristas em atividade forense e dois dentre professores de medicina ou clínicos profissionais.

Na modernidade, a lei exige (LEP, art. 69) a criação de um Conselho Penitenciário, órgão consultivo e fiscalizador da execução da pena. Trata-se de um órgão auxiliar do Poder Executivo de caráter não estatal. Juntamente com o Patronato e o Conselho da Comunidade é um órgão que ressalta "a participação e corresponsabilidade da comunidade na estratégia do tratamento do criminoso e da prevenção da delinquência" (ALBERGARIA. *Comentários à lei de execução penal*, p. 87).

A natureza de órgão auxiliar do Poder Executivo vem da sua composição, realizada por meio da indicação do Governador dos Estados ou do Distrito Federal, "dentre professores e profissionais da área do Direito Penal, Processual Penal, Penitenciário e ciências correlatas, bem como por representantes da comunidade" (LEP, art. 69, § 1º). Percebemos que sua gênese permanece quase intocada, mantendo sua composição e indicação nos mesmos moldes do Decreto da década de 20 do século passado. A ênfase deve recair sobre a participação da comunidade na execução da pena, por meio dos membros que a representam, e por isso não se deve exigir – como não faz a Lei – qualquer outra condição para ocupar o cargo de Conselheiro, tratando-se de atividade voluntária. A ideia central é proporcionar uma desinstitucionalização do detento enquanto impede a cisão do vínculo com o "mundo livre" (ALBERGARIA. *Comentários à lei de execução penal*, p. 149).

Cada membro do Conselho Penitenciário ocupará seu cargo pelo prazo de quatro anos.

São atribuições do Conselho Penitenciário (art. 70):

> "I – emitir parecer sobre indulto e comutação de pena, excetuada a hipótese de pedido de indulto com base no estado de saúde do preso;
> II – inspecionar os estabelecimentos e serviços penais;
> III – apresentar, no 1º (primeiro) trimestre de cada ano, ao Conselho Nacional de Política Criminal e Penitenciária, relatório dos trabalhos efetuados no exercício anterior;
> IV – supervisionar os patronatos, bem como a assistência aos egressos".

O Conselho Penitenciário, embora não seja um órgão composto por servidores públicos, tem natureza administrativa, que recebe atribuições de consultoria (art. 70, I) e fiscalização (art. 70, II, IV), no âmbito do poder de tutela da Administração Pública.

Ainda que a Lei n. 10.792/2003 tenha retirado da competência do Conselho o parecer nos casos de indulto humanitário, não se nos afigura que tal parecer fosse *conditio sine qua non* para a decisão do juiz. Sendo o Conselho Penitenciário um órgão auxiliar administrativo, é evidente que o juiz da execução não está vinculado a ele, e, ao decidir sobre o indulto e a comutação da pena, terá plena discricionariedade para aproveitar ou não o parecer descrito no inciso I do art. 70. Os tribunais têm decidido nesse sentido, muito embora ainda prevaleça o posicionamento no sentido contrário, considerando nulas as decisões judiciais proferidas sem o prévio parecer.

A ressalva da Lei teria apenas o condão de assegurar que um parecer de tamanha exigência técnica fosse emitido por um profissional devidamente capacitado (o médico).

Há previsão de que os Estados poderão regulamentar por lei o funcionamento do Conselho Penitenciário, contanto que não restrinjam a participação dos interessados e não alterem as atribuições determinadas pela LEP.

O Conselho Nacional de Política Criminal e Penitenciária editou a Resolução n. 2/99, que define regras para a organização dos Conselhos Estaduais (art. 6º):

> "I – dar posse aos membros do Conselho, de seus suplentes e designar os integrantes das câmaras ou turmas;
> II – convocar eleições para Presidente e Vice-Presidente;
> III – eleger e dar posse ao Presidente e Vice-Presidente;

IV – elaborar, reformar e aprovar o seu regimento interno;
V – instituir comissões especiais ou permanentes;
VI – deliberar sobre matéria administrativa no âmbito de suas atribuições".

11.4. JUÍZO DA EXECUÇÃO

Antes da vigência da Lei n. 7.210/84, a execução da pena caracterizava-se por ser eminentemente atividade administrativa do Estado. Logo após ser prolatada a sentença, cabia ao Estado-Administração a execução da pena. Mesmo que o Código de Processo Penal de 1942 trouxesse dispositivos afetos ao Judiciário, muitas das decisões pertenciam – ou eram deixadas – às autoridades administrativas ligadas ao sistema penitenciário.

O art. 65 da LEP prevê expressamente: "a execução penal competirá ao Juiz indicado na lei local de organização judiciária e, na sua ausência, ao da sentença". A exceção de competência foi definida pela Lei n. 12.694/2012, alterada pela Lei n. 13.964/2019, que dispõe que, para os casos que envolvam crimes praticados por organização criminosa, organização criminosa e infrações conexas poderão ser criadas Varas Criminais Colegiadas, que, neste caso, também terão a competência para o processo de execução. Passamos assim de um sistema administrativo para um sistema judicial, e competirá a um magistrado a condução de um processo de execução.

Na maioria dos grandes centros existem varas especializadas com a exclusiva competência sobre os processos de execução. Isso não impede que – ainda que não seja o ideal –, em comarcas menores, o magistrado possa acumular as funções de execução penal com suas demais competências. A intenção da Lei foi apenas garantir que o cumprimento da pena fosse orientado pelo Poder Judiciário, ainda que conduzido materialmente pelo Poder Executivo.

A competência do juiz da causa termina com a prolação da sentença condenatória. Efetivando-se a prisão do condenado, a competência transfere-se ao juiz da execução. Nos casos em que for concedida a suspensão condicional da pena, a competência somente passará ao juiz da execução após a audiência admonitória, realizada pelo juiz da causa. É nessa audiência que o condenado será cientificado formalmente de suas obrigações.

Submetido à prisão, o juiz competente será o da comarca do estabelecimento penal. Iniciado o período de prova do *sursis*, a execução caberá ao juiz da comarca da residência do condenado, mandamento que também alcançará os sujeitos a penas restritivas de direitos ou a prisão albergue domiciliar.

No Estado de São Paulo existe um movimento entre os juízes para que o controle da execução da pena permaneça com uma única vara de execuções, localizada na Capital do Estado. A preocupação é justificada pelo alto número de ameaças que os juízes das pequenas comarcas estariam recebendo de condenados que cumprem penas longas em presídios estabelecidos no interior paulista.

11.4.1. Lei posterior

O inciso I do art. 66 estipula, como competência do juiz da execução, "aplicar aos casos julgados lei posterior que de qualquer modo favorecer o condenado". O texto do artigo pareceria redundante, porquanto somente se poderá alterar a coisa julgada nos casos em que a lei posterior for, obrigatoriamente, mais benéfica ao sentenciado. Porém, a lei posterior poderá não atingir a coisa julgada e dizer respeito apenas à execução da pena, como é o caso da recente Lei n. 10.792/2003, que instituiu o RDD.

A lei penal, de caráter material, não deverá retroagir, exceto para beneficiar o réu. Esse mandamento, cânone do direito penal e garantia individual constitucional (CF, art. 5º, XL), aplica-se a todos os casos, sentenciados ou não. Porém, a lei processual tem sempre aplicação imediata, e passa a reger os atos praticados a partir de então. Ao considerarmos a execução penal como um processo, a Lei nova, ainda que prejudicial, que somente trouxesse institutos de ordem processual deveria ser aplicada imediatamente. Porém, o STJ já decidiu que, quanto ao regime de execução, por constar do Código Penal, a natureza da Lei é material (STJ, HC 1.187/RJ).

A transparência da Lei vem da edição da Súmula 611 do STF: "Transitada em julgado a sentença condenatória, compete ao juízo das execuções a aplicação da lei mais benigna", antes mesmo da vigência da atual Parte Geral do Código Penal e da Lei de Execução Penal.

Tão logo entre em vigor, a lei que beneficiar o réu deverá ser aplicada em seu proveito. Por se tratar de interesse público, poderá ser aplicada *ex officio*, ou seja, independentemente de requerimento.

No entanto, Alberto Silva Franco aponta que em certos casos, como na participação de menor importância (CP, art. 29, § 1º) ou na participação em fato menos grave (CP, art. 29, § 2º), a *lex mitior* implicaria uma nova definição jurídica do fato e, consequentemente, mergulho em matéria probatória. Nesses casos, a aplicação da lei nova não poderia ficar a cargo do juiz da execução, sem conhecimento da causa e sem o aparelhamento processual necessário, o que conduziria ao reexame do mérito, somente possível por meio de *revisão criminal* (FRANCO et al. *Código Penal e sua interpretação jurisprudencial*, p. 35).

Com a previsão do procedimento judicial da Lei de Execução Penal, não há mais a necessidade da aplicação do art. 13 da Lei de Introdução ao Código de Processo Penal, pois, na verdade, o procedimento previsto atualmente pela Lei n. 7.210/84 é o mesmo da Lei de Introdução. A exceção fica por conta da previsão de efeito suspensivo que havia para o recurso em sentido estrito, que não poderá ser aplicado ao agravo em execução por expressa vedação do art. 197 da LEP.

Embora o texto faça referência apenas à *lex mitior*, também caberá ao juiz da execução a aplicação de ato administrativo que beneficie a situação do condenado, como é o caso do Decreto presidencial de indulto.

11.4.2. Extinção da punibilidade

Caberá ao juiz da execução declarar extinta a punibilidade nos casos em que a sentença condenatória já houver transitado em julgado (LEP, art. 66, II).

A hipótese da Lei refere-se aos casos em que, após ser definitivamente condenado, surgir circunstância que torne a punibilidade do réu extinta.

A extinção da punibilidade (CP, art. 107) é instituto de direito público, e como tal deverá ser declarada *ex officio* pelo juiz da execução. O entendimento parte da interpretação do art. 61 do Código de Processo Penal, que impõe ao juiz da causa a declaração em qualquer fase do processo. Caso o juiz não reconheça de plano o interessado poderá requerer, por petição direcionada ao juiz da execução, o seu reconhecimento. O procedimento judicial seguirá o preceituado nos arts. 194 a 197 da Lei de Execução Penal.

Da decisão que declarar ou negar extinta a punibilidade caberá agravo em execução, com fundamento no art. 197 da LEP.

Embora não exista a previsão expressa no art. 68 da LEP de manifestação do Ministério Público, alguns autores entendem ser ela indispensável (MARCÃO. *Curso de execução penal*, p. 53). O entendimento é correto, já que genericamente (LEP, art. 67) uma das funções do Ministério Público é oficiar no processo executivo e nos incidentes da execução.

11.4.3. Soma ou unificação das penas

O magistrado de uma específica causa, ao definir a pena concreta, somente poderá levar em consideração sentenças anteriores, se for o caso, no reconhecimento da reincidência. Ainda assim, a pena concretamente cominada em cada sentença de cada processo jamais fará referência ao *quantum* da pena anteriormente aplicada em processo distinto.

Na existência de duas ou mais condenações, o juiz atuará de duas formas. Poderá simplesmente somar as penas ou precisará unificá-las, nos casos de concurso de crimes ou superação do limite de 40 anos de prisão. Da soma ou da unificação derivará um novo regime de cumprimento nos termos do art. 33 do Código Penal, mas é importante salientar que condições como reincidência ou maus antecedentes não podem ser consideradas, não apenas por não haver previsão legal, mas por serem institutos da fase de determinação inicial da pena ligados à culpabilidade. Há inclusive entendimento do STJ nesse sentido (HC 766.352/DF).

Na *soma* das penas, o juiz receberá as cartas de guia e registrará uma a uma por ordem cronológica.

Após a prolação de cada sentença será extraída uma carta de guia (Capítulo 13, item 13.3). Nos casos em que o condenado encontrar-se cumprindo uma pena anteriormente imposta, as cartas deverão ser remetidas à mesma comarca, pois caberá ao juiz da execução realizar a soma ou unificação das penas (LEP, art. 66, III, *a*). Havendo mais de uma carta de guia expedida e não estando qualquer uma delas em poder do juiz competente para a execução, este deverá requisitá-las.

A *unificação das penas* refere-se a duas situações: na primeira, tecnicamente a mais correta, existe a necessidade de realização de cálculo de *concurso formal* (CP, art. 70) ou *crime continuado* (CP, art. 71), que não foi realizado durante o processo de conhecimento. Na segunda, mais coloquial do que técnica, refere-se à liquidação das várias e sucessivas penas aplicadas com vistas a respeitar o *limite máximo de 40 anos* para o cumprimento da pena privativa de liberdade (CP, art. 75).

A unificação por unidade criminosa (concurso formal ou continuidade delitiva) ocorrerá quando dois ou mais processos tratarem de causas relacionadas e que, por qualquer motivo, não foram unidos pela continência.

O art. 82 do Código de Processo Penal (inspirado no art. 671 do CPP italiano) reza que, se por qualquer motivo, os processos que não foram unificados pela conexão ou continência já estiverem com sentença definitiva, a unidade só se dará para o efeito de soma ou de unificação das penas. Essa competência será, certamente, do juiz da execução, visto que a competência do juiz da causa esgotou-se com a prolação da sentença condenatória. E essa competência permanecerá com o juiz da execução, ainda que qualquer uma das sentenças tenha sido reformada ou confirmada por tribunal superior (CIONE. *Da unificação de penas no direito penal*, p. 68).

A unificação poderá ser solicitada pela defesa, e é certamente um incidente de execução, no qual se recuperará, em fase executiva, o que foi perdido na fase de conhecimento. Portanto, não caberia a unificação contra sentença proferida anteriormente na qual o juiz da causa explicitamente afastou a continuidade ou o concurso formal. Prioritariamente, é desse juiz a competência para a análise dos institutos, que somente será delegada ao juízo da execução se remanescente um "espaço residual de intervenção reparatória", se constatada a hipótese de reconhecimento do concurso ou da continuidade, por qualquer motivo, tenha aquele juízo sido omisso (SIRACUSANO; GALATI; TRANCHINA; ZAPPALÀ. *Diritto processuale penale*, p. 612. No mesmo sentido, LOZZI. *Lezioni di procedura penale*, p. 540).

Caso seja negada, será hipótese para interposição de agravo em execução, com fundamento no art. 66, III, *a*, da LEP.

Com a natureza de um incidente da execução, sua sentença possui o caráter de revocabilidade, expressão utilizada por Ruben Cione para afirmar que tal decisão somente respeita a preclusão, ou seja, não faz coisa julgada material (*Da unificação de penas no direito penal*, p. 71).

Sendo um processo incidente, seu resultado final será prolatado por meio de uma *decisão interlocutória mista*. No mesmo sentido é o posicionamento de Rubem Cione (*Da unificação de penas no direito penal*, p. 70).

11.4.4. Progressão ou regressão de regime

O legislador brasileiro adotou o sistema conhecido como *mark system*, marcado pela definição e cumprimento de metas, de forma a possibilitar ao condenado a reinserção gradual na comunidade. Por meio de méritos, o condenado progride de um regime mais severo para outro mais benéfico e, em caso de conduta destoante dos objetivos da pena, poderá retornar ao regime anterior. A passagem deverá ser gradual, e não se deveria admitir o "salto" de um regime para outro, seja na progressão ou na regressão. Mas, como veremos *alhures*, por vezes, o "salto" será a medida mais justa a ser adotada.

Destarte, a LEP preconiza que o condenado poderá progredir de regime sempre que atenda aos requisitos de bom comportamento e cumprimento de certa porcentagem da pena. Sobre o regime, progressão e regressão, *vide* Capítulo 13.

Durante certo tempo, a legislação extravagante posterior à LEP proibiu a progressão de regime, em vexatória afronta ao princípio constitucional da individualização da pena (CF, 5º, XLVI) e exorbitando da competência que lhe foi deferida constitucionalmente. É o caso da Lei de Crimes Hediondos (Lei n. 8.072/90), que previa o cumprimento da pena em regime integralmente fechado, quando o constituinte apenas havia vedado a concessão de fiança, graça ou anistia (art. 5º, XLIII). Para harmonizar o sistema, a Lei n. 10.792/2003 chegou a alterar a dicção do art. 112 da LEP e incluiu a ressalva quanto à vedação de progressão. Porém, em reforma posterior da Lei de Crimes Hediondos, apenas o regime inicial foi definido como fechado, permitindo-se a progressão após o cumprimento de 2/5, se o apenado for primário, ou 3/5, se reincidente em crime hediondo.

A petição para a progressão deverá ser direcionada ao juiz da execução. Indeferido o pedido, o recurso previsto é o agravo em execução, com fundamento exclusivo no art. 66, III, *b*, da LEP.

No entanto, não havendo trânsito em julgado da sentença, o pedido de progressão poderá ser oferecido ao juiz da condenação.

11.4.5. Detração e remição

A *detração penal* é a consideração (desconto) do tempo de prisão provisória no tempo de cumprimento da pena definitiva. Note-se que não interessará qual a natureza da prisão provisória (flagrante, temporária, preventiva), deverá ser, obrigatoriamente, descontada a execução da pena definitiva, desde que tenha relacionamento com a causa julgada. A doutrina e a jurisprudência não têm admitido a possibilidade de o condenado reunir as prisões provisórias anteriores, sem relação com a pena a cumprir, em uma espécie de "crédito penal" para com o Estado. O condenado somente poderia descontar aqueles períodos de detenção provisória que, necessariamente, foram aplicados antes da sentença final do fato sob investigação (ver Capítulo 13).

Embora seja inconcebível a não aplicação da detração, o direito penal brasileiro custou a adotá-la. O nosso Código Criminal do Império era silente a respeito, o que transferia aos magistrados a responsabilidade de, *sponte propria*, reconhecerem o desconto, ainda que de forma velada, no cálculo da pena. Os avanços começaram a aparecer com o Decreto-legislativo n. 1.696, de 15 de setembro de 1869, que, nos casos de "prisão com trabalho" em que o condenado começasse antes do trânsito em julgado a execução da tarefa, permitia a consideração do tempo, ainda assim, reduzido de um sexto.

Somente com a edição do Decreto n. 774, de 20 de setembro de 1890, é que, definitivamente, o direito brasileiro recebeu a Detração, para nunca mais deixar de aplicá-la.

Na legislação atual, o Código Penal a preconiza expressamente em seu art. 42: "Computam-se, na pena privativa de liberdade e na medida de segurança, o tempo de prisão provisória, no Brasil ou no estrangeiro, o de prisão administrativa e o de internação em qualquer dos estabelecimentos referidos no artigo anterior". O final do artigo refere-se aos Hospitais de Custódia e Tratamento Psiquiátrico.

A *remição* (Capítulo 13) é o cumprimento virtual da pena em razão de trabalho ou estudo em regime fechado ou semiaberto, na razão de um dia de pena a mais de pena cumprida por três dias de trabalho ou 12 horas de estudo.

Caberá ao juiz da execução aplicar o desconto, nos casos de detração, bem como conceder a remição, após o cômputo dos dias trabalhados e/ou dedicados ao estudo. Do indeferimento da petição caberá agravo em execução, com fundamento exclusivo no art. 66, III, *c*, da LEP.

11.4.6. Suspensão condicional da pena (*sursis*)

A suspensão condicional da pena é um direito subjetivo do condenado. O juiz deverá, obrigatoriamente, manifestar-se sobre a concessão ou não do direito (Capítulo 17).

Devemos esclarecer a competência do juiz da execução para manifestar-se sobre o *sursis*.

Quando o direito for reconhecido ou não na sentença condenatória, e houver a sucumbência de uma das partes, a decisão deverá ser combatida por meio de apelação, com supedâneo no art. 593 do CPP.

Se a revogação acontecer pelo não comparecimento do condenado à audiência admonitória, o instrumento correto será o recurso em sentido estrito, art. 581, XI.

A hipótese tratada pela Lei de Execução Penal e, portanto, passível de agravo em execução, refere-se aos casos de:

- revogação do *sursis* durante a execução da pena nas hipóteses do art. 81 do Código Penal;
- aplicação, pelo juiz da execução, das condições do direito que for concedido pelo Tribunal, em grau de recurso, se assim for determinado pelo Acórdão (art. 159, § 2º);
- modificação das regras e condições do *sursis* (art. 158, § 2º).

11.4.7. Livramento condicional

O livramento condicional é por muitos considerado como a última etapa do cumprimento da pena privativa de liberdade. Por meio do atendimento de determinadas condições, o condenado terá a possibilidade de cumprir o restante de sua pena em liberdade (Capítulo 18).

O livramento condicional também é entendido como um direito subjetivo do condenado, que, ao atender aos requisitos dispostos na Lei, deverá ser libertado antes do prazo final de sua sentença.

O pedido de concessão ou de revogação será encaminhado para o juiz da execução, por meio de petição. Da decisão caberá agravo em execução com fundamento nos arts. 197 e 66, III, *e*, da LEP.

11.4.8. Saídas temporárias

A Lei de Execução Penal trata de duas espécies de saída. Uma, a permissão de saída, será concedida pelo diretor do estabelecimento, mas deverá sempre ser acompanhada de escolta (art. 120). Outra, a saída temporária, poderá ser concedida ao condenado que cumpra sua pena em regime semiaberto, atendidos os requisitos da Lei (arts. 122 e s.).

As saídas temporárias serão concedidas pelo juiz da execução, após manifestação do Ministério Público e da Administração Penitenciária (Capítulo 13).

Do deferimento ou indeferimento do pedido caberá agravo em execução, interposto diretamente ao juiz da execução, com fundamento no art. 66, IV.

11.4.9. Cumprimento, conversão e fiscalização da pena restritiva de direitos

As penas restritivas de direitos são uma espécie do gênero penas alternativas (Capítulo 13). De acordo com o art. 66, V, caberá ao juiz da execução determinar:

"*a*) a forma de cumprimento da pena restritiva de direitos e fiscalizar sua execução;
b) a conversão da pena restritiva de direitos e de multa em privativa de liberdade;
c) a conversão da pena privativa de liberdade em restritiva de direitos;".

Com a edição da Lei n. 9.268/96, que alterou o art. 51 do Código Penal, não há mais a possibilidade de a pena de multa ser convertida em privativa de liberdade, pois, ao ser determinada, transforma-se em dívida ativa da Fazenda Pública.

Embora a aplicação de pena alternativa seja um direito subjetivo do acusado, o não cumprimento da obrigação imposta poderá ensejar a conversão da prestação em pena privativa de liberdade.

Da conversão da pena alternativa em privativa de liberdade caberá agravo em execução, com fundamento no art. 66, V, *c*.

11.4.10. Medida de segurança

Como veremos mais adiante (Capítulo 16), aos inimputáveis e, por vezes, aos semi-imputáveis será aplicada a medida de segurança. Essa medida poderá decorrer diretamente da sentença absolutória que reconhece a inimputabilidade, ou de sentença condenatória que converte a pena privativa de liberdade em medida de segurança. Por vezes, durante o cumprimento da pena, o condenado pode ser acometido por doença mental que obrigará o juiz da execução à conversão da pena privativa em medida de internação. Outro motivo de conversão será a incompatibilidade do sujeito ao tratamento ambulatorial. O art. 66, V, determina a competência do juiz da execução para:

"*d*) a aplicação da medida de segurança, bem como a substituição da pena por medida de segurança;
e) a revogação da medida de segurança;
f) a desinternação e o restabelecimento da situação anterior;
g) o cumprimento de pena ou medida de segurança em outra comarca;".

Como foi dito, se a medida for estabelecida na sentença, caberá apelação. Se a conversão ou desinternação for determinada durante a execução da pena, caberá agravo em execução.

11.4.11. Remoção para outra unidade da Federação

A regra do cumprimento da pena é manter o condenado no Estado em que cometeu a infração penal. Havendo fundamentada necessidade, poderá cumpri-la em outro estabelecimento, seja ele federal ou estadual.

A remoção de presos não possui uma normativa uniforme entre as unidades da Federação. Pelos ditames da Lei de Execução, caberá ao juiz decidir sobre a remoção nos casos do § 1º do art. 86, que trata da remoção do preso condenado pela justiça estadual que deva cumprir pena em estabelecimento federal.

Assim, se a remoção possuir essa referência – para estabelecimento federal – caberá ao juiz da execução expedir a ordem, que será cumprida pela autoridade administrativa. Cremos que, na ausência de dispositivo, qualquer remoção que implique o deslocamento para outra unidade, ainda que ambas sejam estaduais, não poderá ser efetivada sem que os juízes de cada Estado concordem com a transferência.

Nos demais casos – estabelecimentos do mesmo Estado – caberá ao órgão administrativo de administração penitenciária estabelecer o número de vagas e o local para o cumprimento da pena. O juiz fixará, dentre os estabelecimentos existentes e classificados de acordo com a lei (sexo, idade, tipo de crime etc.), qual o recomendado para o condenado. Uma vez inserido no sistema, a administração penitenciária poderá removê-lo e comunicar o ato incontinente ao juiz. Este é o entendimento que extraímos da nova redação do § 1º do art. 86 dado pela Lei n. 10.792/2003. A redação anterior exigia *decisão judicial* para a remoção, expressão retirada da nova redação. E, a reforçar esse entendimento, o art. 6º da Lei n. 10.792/2003 preconiza que "no caso de motim, o Diretor do Estabelecimento Prisional poderá determinar a transferência do preso, comunicando-a ao juiz competente no prazo de até vinte e quatro horas".

Realizada a remoção nos limites da unidade federativa, caberá apenas recurso administrativo para a autoridade emissora do ato, ou mandado de segurança ao juiz da execução em casos de ilegalidade ou abuso de poder do agente administrativo. Nos casos em que a remoção acontecer para outro Estado, caberá agravo ao juiz da execução, com base no art. 66, V, *h*, da LEP.

11.4.12. Inspeção e interdição dos estabelecimentos penais

Segundo o art. 66, o juiz da execução tem a obrigação de:

> "VII – inspecionar, mensalmente, os estabelecimentos penais, tomando providências para o adequado funcionamento e promovendo, quando for o caso, a apuração de responsabilidade;
> VIII – interditar, no todo ou em parte, estabelecimento penal que estiver funcionando em condições inadequadas ou com infringência aos dispositivos desta Lei;".

A previsão das diversas formas de assistência na Lei de Execução Penal será fiscalizada pelo juiz da execução e pelo Ministério Público. O juiz tem poderes para determinar a regularização de qualquer deficiência e, na impossibilidade de saneamento, decretar a interdição do estabelecimento penal.

11.4.13. Monitoração eletrônica

O monitoramento eletrônico passou a ser um elemento da execução penal recentemente. Sobre o tema, direcionamos o leitor ao Capítulo 19. Aqui nos cabe apenas lembrar que é de competência exclusiva do juiz da execução decidir sobre o uso ou não de equipamento de monitoração eletrônica.

11.4.14. Formação do Conselho da Comunidade

Toda comarca deverá possuir um Conselho da Comunidade (LEP, arts. 80 e 81), com a missão de auxiliar a fiscalização e consecução dos fins da execução penal. A composição desse Conselho é competência do juiz da execução, que também tomará as providências necessárias para sua instalação.

No item 11.7, *infra*, discorreremos sobre sua constituição e atividades.

11.4.15. Atestado de pena a cumprir

O inciso X do art. 66 da LEP, incluído pela Lei n. 10.713/2003, preceitua que o juiz da execução deverá "emitir anualmente atestado de pena a cumprir". Reforçando a determinação, o art. 41, XVI, da LEP garante ao preso, sob pena de responsabilidade da autoridade judiciária, obter anualmente um atestado sobre a atual situação de sua pena.

Esse instrumento deverá conter a situação da pena, já considerados os dias remidos e a detração, e quaisquer outros fatores que influenciem na concessão dos direitos e benefícios do condenado.

De acordo com a Resolução n. 113 do CNJ, o atestado deverá ser emitido no prazo de 60 dias a contar da data do início ou reinício (em caso de recaptura) da execução da pena privativa de liberdade. Para o apenado que já se encontra cumprindo a pena, o atestado será emitido até o último dia do mês de janeiro de cada ano. No atestado deverão constar as seguintes informações: montante de pena a ser cumprida, regime prisional, data de início e data do término e data a partir do qual o condenado poderá postular progressão de regime e livramento condicional.

11.4.16. Incidentes da execução

Por via de regra, incidente é todo "acidente" vislumbrado durante um processo, e que deve ser resolvido antes de seu desfecho. Qualquer causa acessória que prejudique a normal conclusão do processo será considerada como um incidente.

A Lei de Execução Penal considera expressamente, como incidentes as conversões (art. 180), o excesso ou desvio (art. 185) e a anistia e o indulto (art. 187). Conforme veremos mais adiante, existem outros que não estão qualificados como tal pela Lei, mas assim devem ser entendidos.

Todos esses acontecimentos alteram ou extinguem a pena ou sua formalidade preliminarmente imposta, e as decisões proferidas sobre qualquer um deles poderão ser combatidas por meio do agravo em execução.

11.4.17. Zelar pelo correto cumprimento da pena e da medida de segurança

A finalidade deste dispositivo, absolutamente aberto, é atribuir ao juiz da execução a competência para decidir sobre quaisquer outros episódios que possam incidir sobre a execução da pena, e que não tenham sido previstos expressamente pelo legislador, mas que, de alguma forma, possam favorecer o condenado. A rigor, os dispositivos anteriores referem-se ao correto cumprimento da pena e da medida de segurança. Mas, para garantir a competência de primeiro grau dos demais acontecimentos surgidos na execução, expressamente inseriu-se o inciso VI no art. 66 da LEP. Assim, o instrumento correto para o questionamento dos fatos acontecidos na execução será o agravo, evitando-se a impetração desnecessária de *habeas corpus*.

11.5. MINISTÉRIO PÚBLICO

A atuação do Ministério Público no processo de execução penal causou e ainda causa divergência doutrinária. É citado como órgão imparcial de justiça, parte, fiscal da lei, ou ambas (FERNANDES. O Ministério Público na execução penal. In: GRINOVER; BUSANA. *Execução penal*, p. 27).

Na opinião de Antônio Scarance Fernandes, o Ministério Público deve ser sempre conceituado como parte processual, ora atuando na defesa dos interesses indisponíveis, ora participando do contraditório (O Ministério Público na execução penal. In: GRINOVER; BUSANA. *Execução penal*, p. 28).

Chamado de parte ou de *custos legis*, é certo que o Ministério Público deverá atuar durante todo o processo de execução, fiscalizando a aplicação da lei e zelando pelos interesses da sociedade e do condenado. Para tanto, o art. 67 da LEP garantiu a manifestação do *parquet* em todas as fases da execução, seja no processo principal ou seja nos incidentes que possam surgir. Assim, ainda que não exista a previsão expressa de manifestação do órgão nos pedidos apresentados ou nas concessões ou revogações dos direitos, será imprescindível a abertura de vistas ao promotor de Justiça, pois é peça indispensável em toda atividade jurisdicional.

Como única hipótese de ausência de manifestação do Ministério Público teremos a declaração pelo juiz da execução da extinção da pena pelo seu cumprimento integral. Nesse caso, não cabendo ao juiz qualquer decisão de mérito, torna-se desnecessária a participação do *parquet*, já que o ato judicial será meramente declaratório.

Apesar de o art. 67 garantir genericamente a participação do órgão em todos os atos da execução, o art. 68 contém um rol exemplificativo das atividades a serem exercidas:

"I – fiscalizar a regularidade formal das guias de recolhimento e de internamento;
II – requerer:
a) todas as providências necessárias ao desenvolvimento do processo executivo;
b) a instauração dos incidentes de excesso ou desvio de execução;
c) a aplicação de medida de segurança, bem como a substituição da pena por medida de segurança;
d) a revogação da medida de segurança;
e) a conversão de penas, a progressão ou regressão nos regimes e a revogação da suspensão condicional da pena e do livramento condicional;
f) a internação, a desinternação e o restabelecimento da situação anterior.
III – interpor recursos de decisões proferidas pela autoridade judiciária, durante a execução".

Mais uma vez ressaltamos que o rol proposto pelo art. 68 é simplesmente exemplificativo, por força do art. 67 que exige a participação do Ministério Público em todos os atos da execução.

Além das tarefas judiciais, o Ministério Público também tem o dever de visitar, mensalmente, os estabelecimentos penais. O promotor – ou promotores – atuante junto à Vara das Execuções *deverá* comparecer, no mínimo uma vez por mês, aos estabelecimentos penais afetos à sua comarca. Todas as instalações capazes de receber presos possuem um livro próprio, onde as visitas deverão ser anotadas para o controle dessa obrigação. Esse mandamento decorre diretamente da Lei Orgânica do Ministério Público (8.625/93), que ainda indica sua participação nos organismos e entidades relacionados com a política penal e penitenciária (art. 25). Nas palavras de Roberto Lyra, visitar e inspecionar as prisões não é apenas dever legal, mas "fonte de penetração técnica e de visão psicológica, que ensina a agir com equidade, com medida, com conhecimento de causa" (LYRA. *Comentários ao Código de Processo Penal*, p. 57).

A presença do Ministério Público na execução penal é absolutamente indispensável para garantir a liberdade e a imparcialidade do juiz da execução, seu posto de tutor, mantendo a iniciativa procedimental e evitando que o magistrado tenha que agir de ofício. Mantém, assim, a dialética processual do procedimento acusatório (LOPES JR. Revisitando o processo de execução penal a partir da instrumentalidade garantista. In: CARVALHO. *Crítica à execução penal*, p. 377).

11.6. PATRONATO

A ideia de um órgão ou entidade de amparo ao egresso não é nova. Os patronatos tiveram origem na América do Norte, em 1776, na Filadélfia, com o nome de *Philadelphia Society for Assisting Distressed Prisioners*. Dentre seus membros, o notável Benjamin Franklin (PRINS. *Ciência penal e direito positivo*, p. 512).

O patronato é um órgão colegiado, de formação pública ou particular, que tem por missão prestar assistência aos albergados e aos egressos (art. 26). Sua origem brasileira também remonta ao Decreto n. 16.665/24 e juntamente com o Conselho da Comunidade atendem principalmente à execução das penas alternativas, ao regime aberto, e ao livramento condicional, auxiliando na desinstitucionalização do condenado.

O *Consiglio di Patronato*, como foi chamado na Itália, tem personalidade jurídica e é um instituto com o escopo de prestar assistência aos liberados do cárcere, facilitando o encontro de trabalho estável e às famílias dos detidos em toda forma de socorro (SABATINI. *Istituzioni di diritto penale*, p. 196 e 216). Atualmente, o ordenamento penitenciário (art. 74) italiano substituiu o Conselho de Patronato pelos Conselhos de Auxílio Social (*Consigli di Aiuto Sociale*).

A finalidade do patronato é assistir o ex-recluso que deixa o cárcere. Como ressalta Armida Miotto, "se ao recuperar a liberdade, condicional ou definitiva, o condenado não for eficientemente assistido, com a técnica, tanto quanto possível, e os métodos do serviço social, poderá ele seguir, entre outros descaminhos, o da reincidência, não obstante tenha recebido o melhor tratamento penitenciário, inclusive, se assim tiverem reclamado as suas condições individuais, educação ou reeducação, ou tratamento médico, ou treinamento profissional" (*Curso de direito penitenciário*, p. 551).

Poderá ser formado pelo Poder Público, com servidores indicados para as funções. Também poderá ser um colegiado particular, instaurado com essa finalidade, acompanhado pelo poder público, que prestará formação técnica e profissional para a especialização dos funcionários.

Incumbirá ao patronato (art. 79):

> "I – orientar os condenados à pena restritiva de direitos;
> II – fiscalizar o cumprimento das penas de prestação de serviço à comunidade e de limitação de fim de semana;
> III – colaborar na fiscalização do cumprimento das condições da suspensão (da execução da pena) e do livramento condicional".

A gênese do patronato é a de auxiliar o egresso e, portanto, sua atividade de vigilância deve preocupar-se com isso, e, ao mesmo tempo que procura conhecer sua conduta e progresso no caminho da readaptação social, há de ser benévola e discreta, realizada com o maior cuidado de modo que não agrave a situação do patrocinado, e que não seja obstáculo para encontrar-lhe ocupação e dificultar gravemente sua reabilitação (CUELLO CALÓN. *La moderna penología*, p. 572).

Essas atividades não são as únicas destinadas ao patronato. O juiz da execução ou o órgão administrativo responsável pelos estabelecimentos poderá atribuir outras funções ao patronato, como bem nota Jason Albergaria, como a visitação de prisões, colaboração voluntária na reinserção profissional e promoção social do egresso (*Comentários à lei de execução penal*, p. 89).

É certo que o número de patronatos no país, mesmo após 20 anos de vigência da Lei de Execução Penal, ainda é ínfimo. O Conselho Nacional de Política Criminal e Penitenciária, reconhecendo a deficiência, editou a Resolução n. 4, de 27 de agosto de 2001, na qual estimula as unidades federativas a dar continuidade aos programas que vêm sendo desenvolvidos no acompanhamento e assistência do egresso, e apela aos Estados que não dispõem de programas de atendimento que os viabilizem, conclamando os conselhos penitenciários estaduais para que façam inserir, em seus relatórios, tópico sobre o funcionamento dos Patronatos ou organismos similares de assistência ao Egresso.

Para a efetivação da medida, o Conselho Nacional de Política Criminal e Penitenciária aprovou a proposta de criação do CENAE – Centro Nacional de Apoio ao Egresso – mediante a Resolução n. 15, de 10 de dezembro de 2003, com a liberação de recursos do Departamento Penitenciário Nacional aos Estados que apresentarem a preocupação, entre outras, da instalação de patronatos.

11.7. CONSELHO DA COMUNIDADE

Por mais aparelhado que pudesse ser o Estado, não conseguiria enfrentar os problemas referentes ao trinômio delito-delinquente-pena sem a colaboração efetiva da comunidade (SILVA; BOSCHI. *Comentários à lei de execução penal*, p. 23). René Ariel Dotti lucidamente pontua que "o problema do egresso é um autêntico problema social. E, para atendê-lo, devem ser convocadas todas as forças disponíveis não somente de patronatos, mas de amplo serviço social penitenciário, dos conselhos comunitários, clubes de serviço e outras entidades. A convocação pública para tal questão implicará prover a Administração de melhores e mais renovados métodos, para se completar uma tarefa positiva ante o problema da delinquência de nossos tempos" (*A reforma penal e penitenciária*, p. 148-149).

O Conselho da Comunidade é um órgão auxiliar do Poder Judiciário, formado por iniciativa do juiz da execução, e composto, no mínimo, por: a) um representante de associação comercial ou industrial; b) um advogado indicado pela Seção da Ordem dos Advogados do Brasil; c) um Defensor Público; e d) um assistente social escolhido pela Delegacia Seccional do Conselho Nacional de Assistentes Sociais (LEP, art. 80). O texto legal não restringe a formação do Conselho que, a critério do juiz, poderá ser estruturado com a inclusão de outros profissionais ou pessoas interessadas além dos citados, ou mesmo em substituição a eles, quando não estiverem disponíveis (LEP, art. 80, parágrafo único).

O essencial é que o Conselho da Comunidade seja composto por sujeitos alheios ao Poder Público, sem imposição, ainda que a iniciativa seja do juiz da execução.

São as seguintes as atribuições do Conselho da Comunidade (LEP, art. 81):

> "I – visitar, pelo menos mensalmente, os estabelecimentos penais existentes na comarca;
> II – entrevistar presos;
> III – apresentar relatórios mensais ao Juiz da execução e ao Conselho Penitenciário;
> IV – diligenciar a obtenção de recursos materiais e humanos para melhor assistência ao preso ou internado, em harmonia com a direção do estabelecimento".

Jason Albergaria afirma que as competências do art. 81 da LEP são do patronato, e não do Conselho da Comunidade, no entanto não justifica sua posição. Para o autor, as atribuições ideais do Conselho foram apontadas por Maria das Graças Rodrigues e Sonia Maria de Castro Maximo, no 1º Congresso Brasileiro de Política Penitenciária e Criminal. As atividades, *intra* e *extra muros*, compreenderiam a coordenação de grupos de voluntários e a firmação de convênios com entidades particulares e órgãos oficiais para desenvolver projetos de reinserção social (*Comentários à lei de execução penal*, p. 191-192).

O Conselho da Comunidade poderá ser integrado por representantes da Ordem dos Advogados do Brasil; da associação comercial ou industrial; do Conselho Regional de Serviço Social; de entidades religiosas e educacionais; de associações sem fins lucrativos; de clubes de serviços e de sindicatos, eleitos para um mandato de 3 (três) anos, permitida a recondução. A Resolução n. 10/2004, do Conselho Nacional de Política Criminal de Penitenciária, enumera as seguintes atribuições (art. 5º):

> "I – visitar, pelo menos mensalmente, os estabelecimentos e os serviços penais existentes na comarca, circunscrição judiciária ou seção judiciária, propondo à autoridade competente a adoção das medidas adequadas, na hipótese de eventuais irregularidades;
> II – entrevistar presos;

III – apresentar relatórios mensais ao juízo da execução e ao Conselho Penitenciário;
IV – diligenciar a obtenção de recursos materiais e humanos para melhor assistência ao preso ou internado, em harmonia com a direção do estabelecimento;
V – colaborar com os órgãos encarregados da formulação da política penitenciária e da execução das atividades inerentes ao sistema penitenciário;
VI – realizar audiências com a participação de técnicos ou especialistas e representantes de entidades públicas e privadas;
VII – contribuir para a fiscalização do cumprimento das condições especificadas na sentença concessiva do livramento condicional; bem como no caso de suspensão condicional da execução da pena e fixação de regime aberto;
VIII – proteger, orientar e auxiliar o beneficiário de livramento condicional;
IX – orientar e apoiar o egresso com o fim de reintegrá-lo à vida em liberdade;
X – fomentar a participação da comunidade na execução das penas e medidas alternativas;
XI – diligenciar a prestação de assistência material ao egresso, como alimentação e alojamento, se necessária;
XII – representar à autoridade competente em caso de constatação de violação das normas referentes à execução penal e obstrução das atividades do Conselho".

Nada impede que o Conselho assuma outras obrigações, desde que orientadas à prestação de auxílio e amparo à pessoa presa ou ao egresso.

A lei poderia prever a atuação judicial do Conselho da Comunidade. É comum que a situação do estabelecimento penal não seja adequada e, por vezes, pela urgência do caso, o Conselho poderia estar legitimado a impor medidas judiciais para efetivar a garantia dos direitos da LEP. O Conselho deveria ser legítimo para impetrar mandado de segurança e ação popular, além de *habeas corpus* coletivos, e atuar como *amicus curie*.

É importante que o Conselho da Comunidade seja um ente devidamente constituído e registrado, dotado de CNPJ, para que possa receber verbas judiciais das prestações pecuniárias decorrentes de condenação criminal, nos termos do art. 6º, § 1º, II, da Resolução CNJ n. 558/2024.

11.8. DEFENSORIA PÚBLICA

Antes mesmo da edição da Lei n. 12.313/2010, que tornou obrigatória a participação da Defensoria Pública nos atos de execução penal, já defendíamos que era indispensável que houvesse defesa técnica para o preso condenado durante o processo e execução. Diante do devido processo legal que também ilumina o processo de execução, é indispensável a manutenção da paridade de armas e a garantia de um profissional capacitado para cuidar dos interesses do preso.

A partir da nova redação, incumbirá à Defensoria (art. 81-B):

"I – requerer:
a) todas as providências necessárias ao desenvolvimento do processo executivo;

b) a aplicação aos casos julgados de lei posterior que de qualquer modo favorecer o condenado;

c) a declaração de extinção da punibilidade;

d) a unificação de penas;

e) a detração e remição da pena;

f) a instauração dos incidentes de excesso ou desvio de execução;

g) a aplicação de medida de segurança e sua revogação, bem como a substituição da pena por medida de segurança;

h) a conversão de penas, a progressão nos regimes, a suspensão condicional da pena, o livramento condicional, a comutação de pena e o indulto;

i) a autorização de saídas temporárias;

j) a internação, a desinternação e o restabelecimento da situação anterior;

k) o cumprimento de pena ou medida de segurança em outra comarca;

l) a remoção do condenado na hipótese prevista no § 1º do art. 86 desta Lei;

II – requerer a emissão anual do atestado de pena a cumprir;

III – interpor recursos de decisões proferidas pela autoridade judiciária ou administrativa durante a execução;

IV – representar ao juiz da execução ou à autoridade administrativa para instauração de sindicância ou procedimento administrativo em caso de violação das normas referentes à execução penal;

V – visitar os estabelecimentos penais, tomando providências para o adequado funcionamento, e requerer, quando for o caso, a apuração de responsabilidade;

VI – requerer à autoridade competente a interdição, no todo ou em parte, de estabelecimento penal".

Além dessas tarefas, a exemplo do que ocorre com o juiz da execução e com o promotor de justiça, os defensores também deverão visitar periodicamente os estabelecimentos penais, assinando livro de presença.

ESTABELECIMENTOS PENAIS   12

Por estabelecimentos penais entendemos quaisquer edificações destinadas a receber os sujeitos passivos da tutela penal, antes da condenação, durante o cumprimento da pena e após a sua liberação. Nesse contexto incluímos os presos provisórios, os condenados a penas privativas de liberdade ou restritivas de direitos, os inimputáveis e semi-imputáveis submetidos à medida de segurança, e o egresso. Apenas não se incluem aqueles condenados à pena de multa, porquanto não mais sujeitos à privação da liberdade.

12.1. CLASSIFICAÇÃO E SEPARAÇÃO

Diante do princípio da individualização da pena e, para que esta consiga atingir suas finalidades, a legislação preconiza algumas separações dirigidas aos condenados, de acordo com suas peculiaridades. Ainda que as diversas edificações concentrem-se em um mesmo conjunto arquitetônico (p. ex., um complexo penitenciário), é mister que o local destinado ao cárcere seja efetivamente separado e sem a possibilidade de confluência entre os condenados conforme suas classificações. Portanto, não é aconselhável a manutenção de grupos diferentes em pavilhões de uma mesma edificação.

Como decorrência lógica de um possível exame de classificação (Capítulo 5) nasce a necessidade da construção de diversos estabelecimentos penais, cada um equipado com os instrumentos materiais e humanos capazes de atender às peculiaridades de sua clientela. Também se busca atender a outros fatores relevantes como a progressão de regime no cumprimento da pena e à situação atual do preso, se condenado ou provisório.

Assim, deverão ficar separados:

- os condenados a penas de reclusão e detenção dos condenados à prisão simples (LCP, art. 6º, § 1º);
- os presos provisórios dos definitivos (LEP, art. 84);

- os acusados pela prática de crimes hediondos (LEP, art. 84, § 1º, I, e § 3º, I);
- os que cometeram crimes com violência ou grave ameaça (LEP, art. 84, § 1º, II, e § 3º, II);
- os primários dos reincidentes (LEP, art. 84, § 3º, III);
- as mulheres dos homens (LEP, art. 82, § 1º e crime previsto no art. 21 da Lei n. 13.869/2019);
- os maiores de 60 anos (LEP, art. 82, § 1º);
- os que são ou foram funcionários do Sistema de Administração da Justiça Criminal (LEP, art. 84, § 2º);
- os que estiverem ameaçados em sua integridade física, moral ou psicológica pela convivência com os demais presos (LEP, art. 84, § 4º);
- o indígena (Lei n. 6.001/73, art. 56, parágrafo único).

Nos termos da CF/88, art. 5º, XLVIII, a pena será cumprida em estabelecimentos distintos, de acordo com a natureza do delito, a idade e o sexo do apenado. Urge, destarte, uma alteração da legislação para que se incluam outras espécies de separação:

- os condenados por crimes cometidos mediante violência ou grave ameaça;
- os presos políticos;
- os que, pela natureza do crime ou condição pessoal, possam correr risco de vida;
- os que, por opção de gênero, possam ter sua dignidade violada, ser humilhados ou vítimas de abusos. Nesse sentido, o STF já concedeu liminarmente o direito de "que presidiárias transgêneros identificadas com o sexo feminino poderão cumprir pena em prisões destinadas a mulheres" (ADPF 527).

Existe uma diferença quanto ao momento e motivo pelo qual restringimos a liberdade de alguém. Se a privação da liberdade acontecer durante a fase processual, a prisão será nomeada provisória. Assim, as prisões preventiva, temporária e em flagrante são todas consideradas prisões processuais ou *provisórias*. Ao final do processo, transitando em julgado a condenação, o motivo da prisão será a pena a cumprir, o que confere o caráter *definitivo* à privação da liberdade, enquanto durar a pena. Os presos provisórios devem ficar separados dos que cumprem pena.

Há um fato não considerado pela Lei. Quando o texto legal preconiza a separação dos presos provisórios dos definitivamente condenados não faz diferença entre o provisório reincidente e o provisório primário. Não raras são as vezes em que, infelizmente, o condenado volta a delinquir e, caso seja surpreendido novamente com uma prisão provisória (por exemplo, prisão em flagrante), pela simples leitura da Lei, deverá aguardar seu julgamento juntamente com os presos provisórios. A Lei apenas determina que se mantenham separados os primários dos reincidentes *durante o cumprimento da pena*, nada dizendo sobre o prazo de prisão provisória. *De lege ferenda*, a separação durante a detenção provisória deveria ser respeitada.

A doutrina costuma fundamentar, com tranquilidade, que a finalidade da separação dos presos provisórios dos definitivos justifica-se pela "não contaminação" do preso ainda primário pelo preso já condenado. Aceitando-se essa afirmação, o sujeito reincidente, ainda que provisoriamente preso, tem a mesma capacidade de "contaminar" os demais provisórios primários.

Embora não comunguemos com a expressão "contaminação", pelo óbvio motivo de não estarmos tratando de doenças infectocontagiosas, concordamos que, em termos pragmáticos, a influência, o exemplo negativo e, principalmente, a extorsão, que um sujeito afeto à prática criminosa poderá exercer sobre aquele que, pela primeira vez, toma contato com o cárcere, são consideráveis. Aquele que já foi submetido ao sistema penitenciário anteriormente possui as marcas indeléveis desse mesmo sistema estatal, precário e corroído. Nessa linha, o Estado tem o dever de proteger, quanto puder, qualquer pessoa de ter um contato desnecessário com esse universo, como é o caso daquele que, pela primeira vez, adentra o sistema. Assim, ainda que não haja previsão legal, entendemos que seria de bom alvitre que houvesse um terceiro dispositivo, determinando a separação dos provisórios primários dos provisórios reincidentes.

Como acabamos de discorrer, durante o cumprimento da pena, os primários (condenados pela primeira vez) devem permanecer separados dos reincidentes (que praticam delitos após condenação definitiva anterior).

Surgem outras duas lacunas na Lei. A primeira quanto ao *primário técnico*, aquele que, após o período de cinco anos sem nova condenação, é considerado primário. Na melhor interpretação da Lei, deverá ser tratado como primário e mantido em separado dos condenados reincidentes.

Uma segunda lacuna diz respeito àquele que tem *várias condenações*, mas nenhuma delas configura a reincidência. Se o intuito da Lei é separar o criminoso profissional ou o que conduz a sua vida pela atitude ilícita, não seria a interpretação correta abrigá-lo junto aos primários, assim considerados os que, pela primeira vez, são submetidos à privação da liberdade pela prática de uma infração penal.

12.2. INSTALAÇÕES ESPECIAIS

Os estabelecimentos penais especificamente voltados ao cumprimento da pena privativa de liberdade deverão atender aos direitos do preso e às finalidades da execução e contar com áreas e serviços destinados a dar assistência, educação, trabalho, recreação e prática esportiva. Os demais, direcionados aos presos provisórios, às penas restritivas de direitos e ao egresso, poderão contar com essas áreas e serviços, mas de acordo com a necessidade e disponibilidade dos recursos.

Deverão existir instalações destinadas ao estágio de *estudantes universitários* (art. 83, § 1º), de todas as áreas, já que a Lei de Execução Penal não faz diferença. Mais do que um assunto de Estado, a execução da pena é um assunto social que deve ser levado e discutido pelas universidades, em cada área do saber, em busca de propostas mais adequadas à reintegração do recluso ao convívio social.

Atenção especial foi dispensada às instalações destinadas a cursos do ensino básico e profissionalizante. O Decreto Federal n. 7.626/2011 institui o PEESP – Plano Estratégico de Educação no âmbito do Sistema Penitenciário – e define que os Ministérios da Educação e da Justiça ficarão encarregados de viabilizar o plano, em cooperação com Estados, Distrito Federal e Municípios, órgãos ou entidades da administração pública direta ou indireta e instituições de ensino. Caberá ao Ministério da Educação (art. 6º): I – equipar e aparelhar os espaços destinados às atividades educacionais nos estabelecimentos penais; II – promover a distribuição de livros didáticos e a composição de acervos de bibliotecas nos estabelecimentos penais; III – fomentar a oferta de programas de alfabetização e de educação de jovens e adultos nos estabelecimentos penais; e IV – promover a capacitação de professores e profissionais da educação que atuam na educação em estabelecimentos penais. Ao Ministério da Justiça caberá (art. 7º): I – conceder apoio financeiro para construção, ampliação e reforma dos espaços destinados à educação nos estabelecimentos penais; II – orientar os gestores do sistema prisional para a importância da oferta de educação nos estabelecimentos penais; e III – realizar o acompanhamento dos indicadores estatísticos do PEESP, por meio de sistema informatizado, visando à orientação das políticas públicas voltadas para o sistema prisional.

O Código Penal preconiza que as *mulheres* deverão cumprir a pena em estabelecimento próprio, observando-se os deveres e direitos inerentes à sua condição pessoal (art. 37). O § 2º do art. 83 foi incluído na Lei de Execução Penal por meio da Lei n. 9.046/95, e determina que "os estabelecimentos penais destinados a mulheres serão dotados de berçário, onde as condenadas possam cuidar de seus filhos, inclusive amamentá-los, no mínimo, até seis meses de idade". Mas, antes mesmo da alteração, o Estatuto da Criança e do Adolescente (Lei n. 8.069/90), em seu art. 9º, *já preconizava* que "o poder público, as instituições e os empregadores propiciarão condições adequadas ao aleitamento materno, inclusive aos filhos de mães submetidas a medida privativa de liberdade". Uma nova alteração do mesmo parágrafo, ocorrida em 2009, por meio da Lei n. 11.942/2009, definiu um prazo mínimo de *6 meses para a amamentação*. Também houve a recente preocupação de que a segurança interna dos estabelecimentos penais destinados às mulheres seja feita exclusivamente por agentes ou policiais do sexo feminino.

As leis vieram dar cumprimento ao dispositivo constitucional que garante como um direito fundamental que "às presidiárias serão asseguradas condições para que possam permanecer com seus filhos durante o período de amamentação" (CF, art. 5º, L). Entendemos que, pelo formato dos dispositivos, a mulher reclusa tem o direito de amamentar o filho, e a Administração Pública deverá adotar todas as medidas necessárias para concretizar este objetivo, ainda que não disponha da estrutura física de um berçário. Se, por precariedade do estabelecimento, este direito mostrar-se prejudicado, caberá ao juiz da execução determinar as medidas a serem adotadas para que não seja prejudicado o aleitamento de forma a comprometer o desenvolvimento da criança. Especificamente quanto às penitenciárias, o art. 89 sugere a possibilidade de uma seção destinada à gestante e à parturiente, bem como de creche com a finalidade de assistir ao menor desamparado cuja responsável esteja presa.

Os estabelecimentos destinados a receber o *jovem* em idade escolar, como tal considerados os de até 25 anos de idade, deverão ser marcados pela preocupação com a formação escolar (ALBERGARIA. *Comentários à lei de execução penal*, p. 201). Salas de aulas e bibliotecas seriam indispensáveis nesses tipos de estabelecimentos penais.

12.3. LOCAL

As penitenciárias – somente as masculinas segundo a LEP – deverão ser construídas distantes dos centros urbanos. Esta regra é complementada pelo art. 86, § 1º, que autoriza a União Federal a construir estabelecimento penal em local distante da condenação para recolher os condenados, quando a medida se justifique no interesse da segurança pública ou do próprio condenado.

Em tese, não deveria haver qualquer normativa quanto ao local de construção das penitenciárias, exceto com a finalidade de não desfazer ou anular o vínculo social e familiar do condenado. Como anteriormente vimos e revimos, a execução da pena deve possibilitar a manutenção ou reinserção do recluso em sua comunidade.

Portanto, causam-nos um enorme espanto afirmações como as do ex-magistrado Paulo Lúcio Nogueira que entende que para os reincidentes condenados a penas longas "já seria tempo de se pensar em reconstruir o presídio de Ilha Grande justamente para esse tipo de condenado, que precisa ser tratado com mais rigor, principalmente em razão de sua personalidade, reincidência e periculosidade, dando-lhe inclusive trabalho, como forma de trazê-lo ocupado e para fazê-lo sentir que está pagando pelo crime que praticou, e não deixá-lo na mais completa ociosidade, como vem ocorrendo com muitos" (*Comentários à lei de execução penal*, p. 116-117). O presídio ao qual se refere o autor teve sua origem como um "lazareto", local para onde eram enviados os contaminados pela lepra, na época do Brasil-Império. Com o passar dos anos transformou-se também em presídio, principalmente de presos políticos, que deveriam ser afastados dos demais. Outra terrível experiência de isolamento peninsular foi o promovido na Ilha de Anchieta, situada no litoral norte de São Paulo, onde funcionou até o ano de 1955 um presídio, notadamente de alto custo e de difícil manutenção. Em 1953, uma sangrenta rebelião causou a morte de mais de 100 pessoas, entre funcionários e detentos, e levou o presídio à desativação. A tragédia adquiriu proporções tão elevadas pela distância da costa e consequente dificuldade na prestação do auxílio.

Parece-nos extremamente preconceituosa a determinação do art. 90, ao orientar que "a penitenciária de homens será construída, em local afastado do centro urbano". Ainda que a lei ressalve que a distância não deverá restringir a visitação, não encontramos motivos para que a instalação física seja deslocada a locais que, por mais bem servidos em termos de transportes coletivos, sempre conotará a preocupação de isolar ou segregar o condenado do seu meio social.

Esta segregação é prejudicial, pois exime a comunidade da participação na execução penal, objetivamente pela distância entre as partes interessadas, impossível de ser desprezada em um país com dimensões como as nossas.

O § 2º do art. 86 propõe uma normativa desnecessária e jocosa, ao dispor que "conforme a natureza do estabelecimento, nele poderão trabalhar os liberados ou egressos que se dediquem a obras públicas ou ao aproveitamento de terras ociosas". Desnecessária, porque o trabalho é dever e direito do preso. Jocosa, porquanto reconhece que, em locais distantes, restará ao condenado unicamente o aproveitamento de terras ociosas.

Com a alteração trazida pela Lei n. 14.994/2024, nos casos de condenação por crime de violência doméstica e familiar contra a mulher, o condenado poderá cumprir a pena em estabelecimento penal distante do local mais adequado próximo de sua família quando der causa à sua transferência por ameaçar ou praticar algum ato de violência contra a vítima ou seus familiares (art. 86, § 4º). A medida também se aplica ao preso provisório. Tal medida não parece fazer muito sentido, exceto nos casos de cumprimento em regime aberto ou semiaberto, em que a pessoa encarcerada poderá deixar o estabelecimento penal, ou se a vítima não possuir nenhuma outra pessoa a ser visitada no mesmo estabelecimento. Ao ser aplicada ao que está em regime fechado ou mesmo em prisão provisória, a simples transferência significará medida punitiva desnecessária, bastando apenas impedir que a vítima entre ou permaneça na unidade prisional.

12.4. LOTAÇÃO. VAGAS

À evidência de qualquer construção habitável, os estabelecimentos penais deverão possuir lotação compatível com a sua estrutura e finalidade (art. 85). Isso significa que deverá ser obedecida a capacidade de abrigo conforme as condições mínimas de salubridade exigidas por uma pessoa. Embora de clareza transparente, o dispositivo vem sendo simplesmente ignorado, tanto com relação aos presos provisórios quanto aos definitivos, por vários Estados da Federação. E não há nenhum sentido em invocar-se o parágrafo único do mesmo art. 85, que defere ao Conselho Nacional de Política Criminal e Penitenciária a estipulação do limite máximo de capacidade do estabelecimento, atendendo a sua natureza e peculiaridades, sob pena de desafiarmos as leis da Física. Rotineiramente são divulgadas notícias de rebeliões propagadas em presídios superlotados, que excedem sua capacidade em até cinco vezes, verdadeiros "depósitos de seres humanos". Ainda assim, são poucas as decisões judiciais a interditar estabelecimentos e cobrar posturas administrativas das autoridades competentes.

As leis e regulamentos não costumam prever uma capacidade ideal para o número de detentos que deve comportar um estabelecimento. As Regras Mínimas sugerem, como capacidade máxima, o número de 500 presos para que o "tratamento" não seja prejudicado. Essa recomendação atém-se apenas aos estabelecimentos fechados, pois os demais regimes deverão atender a uma capacidade bem inferior à citada, suportando entre 50 e 300 presos. A Resolução n. 16, de 17 de dezembro de 2003, do Conselho Nacional de Política Criminal e Penitenciária, que dispõe sobre as diretrizes básicas de Política Criminal, tem como uma de suas diretrizes a construção preferencial de unidades com, no máximo, 500 "vagas".

O descuido quanto à manutenção de um número limitado de presos é um dos males que, na visão de Manoel Pedro Pimentel, mais degrada o ambiente carcerário, porquanto impossibilita propiciar ao recluso a tranquilidade, segurança e estímulo para seu processo de modificação interior (*O crime e a pena na atualidade*, p. 187).

A lotação ideal do estabelecimento tem sido recorrentemente considerada como um número de *vagas*. Contudo, tal afirmação tem sido apenas retórica e utilizada como uma desculpa para não se proporcionar uma correta progressão de regime. Assim, é comum que o recluso adquira direito a progredir do regime fechado para o semiaberto, e que sua progressão seja efetivamente deferida pelo juiz da execução. Contudo, poucos são os juízes que assumem sua responsabilidade e muitos os que entregam à Administração Penitenciária a disponibilização de "vagas". Enquanto o Estado não disponibiliza uma "vaga", o recluso permanece indevidamente em estabelecimento mais rigoroso.

Insistimos que a consideração de que o sistema possui um número de vagas é absolutamente retórica, porquanto serve apenas para impedir a progressão, e nunca para impedir o enclausuramento. Não há "vagas" no momento de conceder ao preso seu direito, mas sempre haverá vagas no momento de mandá-lo ao cárcere, seja pela condenação, seja pela regressão. Igualmente, é consenso prático que poderá sempre haver superlotação de um estabelecimento em regime fechado, mas curiosamente essa superlotação não pode existir nos estabelecimentos semiabertos ou abertos.

Destarte, concedida a progressão, cumpre ao juiz determinar a imediata remoção do condenado ao estabelecimento correto, ainda que isso pressuponha sua superlotação, situação que, ainda que não desejável e reprovável, será evidentemente muito menos gravosa para o preso do que aguardar sua vaga em um igualmente superlotado estabelecimento fechado.

Como veremos mais adiante, os tribunais superiores têm permitido, em alguns casos, que o sujeito aguarde, inclusive em prisão domiciliar, na ausência de "vagas" em seu estabelecimento correto.

12.5. ESTABELECIMENTOS EM ESPÉCIE

A indicação do estabelecimento penal no qual o condenado cumprirá sua pena poderá ser determinada pela sentença, por progressão ou regressão de regime ou pelo incidente de insanidade na execução. De acordo com cada regime a instituição atenderá aos requisitos previstos em lei entre os regimes fechado, semiaberto e aberto. O juiz indicará o regime inicial de cumprimento na sentença condenatória, que variará durante a execução, e o condenado poderá progredir a um regime mais brando, ou regredir ao mais rigoroso. Caso sobrevenha doença mental, será internado em um hospital de tratamento psiquiátrico.

Cada um desses locais será equipado com os recursos humanos e materiais atinentes às peculiaridades do usuário, daí a variedade das construções prevista na Lei de Execução Penal.

Mais uma vez ressaltamos que o cenário nacional aponta uma incoerência completa. É certo que o número de delitos cuja pena ultrapassa os oito anos e, portanto, demanda o estabelecimento fechado, não ultrapassa 10% dos crimes previstos no Código Penal, o que não aumentaria em demasia se consideradas as leis extravagantes. No entanto, o número de estabelecimentos fechados ultrapassa absurdamente o de abertos ou semiabertos. À guisa de exemplo, em São Paulo existem mais de setenta penitenciárias para regime fechado, sendo duas de Regime Disciplinar Diferenciado. São vinte e um Centros de Ressocialização de caráter misto (fechado, semiaberto), sete Centros de Progressão Penitenciária de regime semiaberto, nenhuma colônia penal agrícola e nenhuma Casa de Albergado, segundo dados da Secretaria de Administração Penitenciária. É preciso conscientização do poder público para uma reversão do quadro e o investimento em estabelecimentos semiabertos e abertos, para possibilitar a progressão de regime e cumprimento das finalidades da pena.

12.5.1. Penitenciárias comuns e de segurança máxima (regime fechado)

É o estabelecimento destinado ao condenado a) à pena de reclusão e b) em regime fechado. A lei, não permitindo ressalvas, indiretamente proíbe a colocação do condenado à pena de detenção ou aos regimes semiaberto e aberto em penitenciárias.

Na descrição de Armida Bergamini Miotto, as penitenciárias "são providas de precauções arquitetônicas, como obstáculos e desestímulo à fuga, isto é, que constituem 'segurança máxima' contra a fuga, ao mesmo tempo em que servem à disciplina interna, isto é, constituem impedimentos físicos de indisciplina; entre esses últimos, contam-se certos artifícios que se destinam a prevenir agressões contra funcionários e/ou possibilitar-lhes defesa. Esses estabelecimentos, com tais características, destinam-se a condenados a penas de longa duração, conforme a cominação para o grave crime cometido, e as circunstâncias subjetivas em que dito crime foi cometido; entre as circunstâncias subjetivas avultam o caráter, a personalidade do criminoso; em razão de tudo isso, impõe-se para esses condenados um regime de execução penal mais severo, assegurado por estabelecimentos penais desse tipo. Mesmo que assim seja, o regime de execução penal que nesse tipo de estabelecimento é possibilitado e garantido não é necessário nem é o apropriado senão para uma parte, que de modo algum é a maior, dos condenados de um país. Por isso mesmo, nem todas as penitenciárias de um país hão de ser desse tipo arquitetônico, mas tão somente aquelas e tantas quantas forem necessárias para o número de condenados a que se impõe esse regime" (*Curso de direito penitenciário*, p. 610-611).

As celas, conforme as Regras Mínimas, devem ser ocupadas por apenas um recluso, o que deve ser observado ainda que em casos de superlotação carcerária.

A Lei de Execução Penal segue a normativa internacional, e o condenado deverá ser alojado em cela individual que conterá dormitório, aparelho sanitário e lavatório, satisfazendo as exigências de higiene, clima, qualidade do ar, iluminação, aquecimento e ventilação (art. 88).

Cada cela individual deverá conter:

"*a*) salubridade do ambiente pela concorrência dos fatores de aeração, insolação e condicionamento térmico adequado à existência humana;

b) área mínima de 6,00 m² (seis metros quadrados)".

A cela individual é providência prioritária do estabelecimento fechado. Manoel Pedro Pimentel destaca o isolamento como momento de reflexão e salvaguarda das "investidas brutais dos companheiros, que geralmente ocorrem durante o repouso noturno" (*O crime e a pena na atualidade*, p. 186).

Tratando-se de *penitenciária feminina*, deverá conter ainda uma seção para gestante e parturiente e de creche com condições para abrigar crianças maiores de 6 (seis) meses e menores de 7 (sete) anos, contendo no mínimo atendimento por pessoal qualificado, de acordo com as diretrizes adotadas pela legislação educacional e em unidades autônomas, e horário de funcionamento que garanta a melhor assistência à criança e à sua responsável.

Embora houvesse a previsão de penitenciárias de segurança máxima e média no Código Penal (art. 33, § 1º, *a*) desde 1984, de fato e de direito essa diferença nunca foi estipulada. Na verdade, apenas com o surgimento do RDD é que as regras do estabelecimento foram endurecidas (*vide infra*). Com a alteração da Lei n. 12.850/2013 pela Lei n. 13.964/2019, tal diferença deverá ser efetivada, pois em âmbito estadual não é comum que exista uma regulamentação legal que distinga segurança máxima e média. A atual redação do art. 2º, § 8º, determina que os líderes da organização criminosa armada deverão iniciar o cumprimento de pena em estabelecimentos de segurança máxima. A definição da segurança máxima deverá ser retirada da Lei n. 11.671/2008, também alterada pela Lei n. 13.964/2019: recolhimento em cela individual, visita de duas pessoas em parlatório com vidro e interfone, banho de sol de duas horas e monitoramento dos meios de comunicação.

12.5.2. Penitenciárias com Regime Disciplinar Diferenciado (RDD)

Conforme discorremos anteriormente (Capítulo 10), a Lei n. 10.792/2003 instituiu o RDD – Regime Disciplinar Diferenciado (art. 52). Como concretização da medida, o parágrafo único do art. 87 permite que a União, os Estados, o Distrito Federal e os Territórios construam penitenciárias destinadas, exclusivamente, aos presos provisórios ou aos condenados inseridos nas situações do art. 52.

É patente a incoerência legal, que, no *caput* do art. 87, afirma que a penitenciária destina-se ao sentenciado à pena de reclusão em regime fechado, e, em seu parágrafo inserido pela Lei n. 10.792/2003, permite a construção dessa mesma espécie de estabelecimento para abrigar presos provisórios. Certamente, o parágrafo deverá ser interpretado em coerência sistemática aos demais artigos, e, ainda que se entenda possível a colocação do preso provisório nesse regime, jamais deverá ser alojado em uma penitenciária, mas sim em uma cadeia pública ou similar, de forma a não o afastar de seu meio social e familiar.

12.5.3. Penitenciárias federais de segurança máxima

A Lei n. 7.210/84 tratou superficialmente de estabelecimentos federais em sua redação original (*v.g.*, art. 72, parágrafo único; art. 86).

Por meio da modificação produzida pela Lei n. 10.792/2003, a Lei de Execução Penal passou a prever a construção e utilização de estabelecimentos penais federais, para receber condenados quando "a medida se justifique no interesse da segurança pública ou do próprio condenado" (art. 86, § 1º). Também pelo mesmo diploma legal, permitiu-se a construção de penitenciárias federais destinadas exclusivamente a receber presos provisórios e condenados sujeitos ao Regime Disciplinar Diferenciado (art. 87, parágrafo único).

Com a finalidade de regulamentar tal previsão, foi editada a Lei n. 11.671/2008, que dispõe sobre a transferência e inclusão de presos em estabelecimentos penais federais de segurança máxima.

A admissão e a execução da pena do preso condenado ou provisório em estabelecimento federal de segurança máxima dependerão de decisão prévia e fundamentada do juízo federal de execução penal competente (antes a lei indicava o juiz federal que atua na região em que se encontra a penitenciária federal), ou de órgão colegiado de juízes (art. 11-A), que decidirá após receber os autos de transferência enviados pelo juízo responsável pela execução penal ou pela prisão provisória (art. 4º). Serão recolhidos em estabelecimentos penais federais de segurança máxima aqueles cuja medida se justifique no interesse da segurança pública ou do próprio preso (art. 3º).

No caso dos presos provisórios, a competência para o processo principal e seus incidentes permanecerá com o juiz de origem, tratando o juiz federal apenas do cumprimento e fiscalização do que disser respeito à Lei de Execução (art. 4º, § 2º).

A transferência poderá ser requerida pela autoridade administrativa, pelo Ministério Público ou pelo próprio preso ao juiz da origem, que verificará a necessidade da transferência. O Departamento Penitenciário Nacional (DEPEN) poderá, caso tenha interesse, indicar o estabelecimento penal federal mais adequado.

As características da segurança máxima são retiradas das previstas para o Regime Disciplinar Diferenciado: cela individual, visita de no máximo duas pessoas sem contato físico (vidro de separação e interfone) com filmagem e gravação, banho de sol de 2 horas e monitoramento de todos os meios de comunicação, inclusive correspondência. Sobre as críticas ao RDD e principalmente à possibilidade de violação de correspondência e gravação de entrevista com advogado, remetemos o leitor respectivamente ao Capítulo 9, itens 9.9 e 10, e Capítulo 10, item 10.7.

Contudo, a Lei n. 13.964/2019, que alterou a Lei n. 11.671/2008, trouxe ao art. 3º, § 2º, uma previsão que, a nosso ver, deverá ser submetida à validação constitucional: a possibilidade de autorização judicial para o monitoramento de áudio e vídeo da entrevista do preso com seu advogado. O citado dispositivo dispõe que "os estabelecimentos penais federais de segurança máxima deverão dispor de monitoramento de áudio e vídeo no parlatório e nas áreas comuns, para fins de preservação da ordem interna e da segurança pública, *vedado seu uso nas celas e no atendimento advocatício, salvo expressa autorização judicial em contrário*" *(destacamos)*. Além de violar diretamente a Constituição Federal, em seu art. 5º, LV, por inviabilizar a ampla defesa, e o Pacto de São José da Costa Rica, em seu art. 8º, 2, *d*; também contradiz o entendimento pacífico do STF exarado no processo de extradição 1.085-9, no qual o Ministro Celso de Mello reafirmou que "As prerrogativas profissionais de que se acham investidos os Advogados, muito mais do que faculdades jurídicas que lhes são inerentes, traduzem, na concreção de seu alcance, meios essenciais destinados a ensejar a proteção e o amparo dos direitos e garantias que o sistema de direito constitucional reconhece às pessoas em geral (sejam elas brasileiras ou estrangeiras), notadamente quando submetidas à atividade persecutória e ao poder de coerção do Estado". Não se pode dizer que a entrevista por meio de parlatório com vidros e interfone impossibilite a entrevista reservada com advogado, porém, a possibilidade de gravação da entrevista de fato anula por completo o exercício da ampla defesa garantida na Constituição Federal.

É importante destacar que os estabelecimentos de segurança máxima federais não poderão abrigar o preso para fins de cumprimento regular da pena, ou seja, até seu final. A transferência para o estabelecimento federal constitui medida excepcional e temporária (art. 10) e pelos motivos expostos na Lei (segurança pública). Portanto, a decisão que admitir o preso no estabelecimento penal federal de segurança máxima indicará o período de sua permanência (art. 5º, § 5º), que não poderá exceder a 3 anos, admitindo-se a renovação. Mesmo que a transferência possa ser determinada em caráter liminar, sempre estará sujeita à demonstração da necessidade para a manutenção no estabelecimento federal. Ao término do prazo determinado pelo juiz federal, o preso será transferido ao juízo de origem.

Se admitida a transferência do preso condenado, o juízo de origem deverá encaminhar ao juízo federal os autos da execução penal. Caso o preso seja provisório, será suficiente a carta precatória remetida pelo juízo de origem.

Até o ano de 2006, o Governo Federal não possuía estabelecimentos penais próprios e, portanto, todos os condenados pela Justiça Federal eram remetidos aos sistemas estaduais. A partir desse mesmo ano foram inaugurados dois estabelecimentos em atendimento ao plano de criação do sistema federal, que pretende operar inicialmente com cinco estabelecimentos penais, um em cada região geográfica do país: Campo Grande (MS), Catanduvas (PR), Porto Velho (RO), Mossoró (RN) e Brasília (DF).

O programa permite, além dos presos tutelados pelos governos estaduais, o recebimento de presos de competência federal, por interesse do próprio preso ou razões de segurança pública. Aparentemente, esta última será a prioridade do sistema federal, para não dizer sua exclusiva função.

No ano de 2007, o Governo Federal publicou o Regulamento Penitenciário Federal, por meio do Decreto Federal n. 6.049/2007, para definir e estruturar a normativa sobre a administração dos presídios federais, que em quase sua totalidade obedece às diretrizes da Lei de Execuções Penais, como, por exemplo, a possibilidade de receber presos provisórios e definitivos, regime disciplinar diferenciado, acomodação em cela individual etc. Como diferença significativa encontra-se a definição da capacidade de receber no máximo 208 pessoas. A Lei n. 11.671/2008 não definiu a capacidade das penitenciárias federais e, portanto, esse deve ser o limite. Curiosamente, em seu art. 11 fez recomendação inútil, de que "a lotação máxima do estabelecimento penal federal de segurança máxima não será ultrapassada", algo que nunca possuiu nem poderia possuir previsão legal.

O Regulamento possui algumas particularidades referentes à condução administrativa da execução penal, que serão oportunamente tratadas nos capítulos seguintes, conforme apresentarem relevância ao tema.

12.5.4. Casa de Detenção de São Paulo (Carandiru)

A Casa de Detenção de São Paulo foi inaugurada em 1956, com lotação máxima de 3.250 presos. Após ampliações, chegou a ter capacidade para 6.300, mas, em momentos de superlotação, abrigou mais de 8.000 detentos. Tratava-se de um estabelecimento destinado aos presos provisórios, mas passou a receber presos condenados em 1975. Foi desativada em 15 de setembro de 2002, por precárias condições de segurança e salubridade. Seu episódio mais conhecido foi a rebelião ocorrida em 1992, que resultou na morte de 111 detentos.

12.5.5. Colônia Penal Agrícola, Industrial ou similar (regime semiaberto)

A palavra "colônia" representa um determinado grupo de pessoas que se desloca e se fixa em outra região.

A Colônia Agrícola, Industrial ou similar destina-se ao cumprimento da pena em *regime semiaberto* (art. 91) decorrente de condenação originária nesse regime (p. ex., crimes apenados com detenção) ou por motivos que determinem a regressão do regime aberto ou progressão do fechado.

Mais uma vez socorremo-nos das palavras de Armida Bergamini Miotto para a descrição da colônia: "de configuração arquitetônica mais simples, uma vez que aquelas precauções, artifícios e acessórios recém-mencionados são em grande parte, às vezes, quase inteiramente eliminados. Já se conta, aqui, com a capacidade de senso de responsabilidade dos condenados, que se estimula e valoriza. Conforme esse senso de responsabilidade, os condenados aqui recolhidos hão de consciente e voluntariamente cumprir os deveres e exercer os direitos próprios do seu *status* de condenados. Entre os deveres, o de não fugir, ainda que os obstáculos contra a fuga sejam poucos e tênues; observar as normas de disciplina interna, ainda que mínimos sejam os meios físicos, integrados ou não na arquitetura, que a isso compilam; respeitar e acatar os funcionários e outras quaisquer pessoas, ainda que não haja artifícios arquitetônicos ou outros, que os protejam e defendam contra possíveis agressões. São fechados, no sentido de que o condenado não pode sair dos limites territoriais; são de segurança média, porque os obstáculos contra a fuga, quer naturais quer arquitetônicos, não são, como acabo de dizer, intransponíveis, mas tão somente de difícil transposição" (*Curso de direito penitenciário*, p. 612).

A progressão do regime fechado para o semiaberto e a transferência do condenado para a Colônia indica sua participação ou assimilação das atividades que lhe são oferecidas, demonstrando que a sociedade poderá creditar a ele maior confiança na autodisciplina e adequação social.

A *Colônia Agrícola* possuirá área extensa, própria para o plantio e o cultivo de vegetais, ou a produção pecuária, mas sempre primando pela formação profissional. Contará com outras instalações como oficinas, estábulos, viveiros etc., bem como máquinas e ferramentas agrícolas, de utilização regrada e acompanhada por funcionários dotados de capacitação técnica. O exercício dessas atividades deverá ser acompanhado por esses profissionais, por seu caráter educativo e profissionalizante, pois de nada adiantariam os recursos materiais sem a orientação adequada.

A *Colônia Industrial* também possuirá dependências aparelhadas de acordo com o ramo de atividade, com maquinário moderno e pessoal especializado.

A variedade das colônias justifica-se pela realidade nacional. De nada adiantaria uma Colônia Agrícola ao condenado oriundo das metrópoles, que ao retornar à liberdade não encontraria colocação no mercado. Os Estados deverão atentar às peculiaridades regionais e investir em Colônias Penais Agrícolas e Industriais, de acordo com os condenados que essas instituições irão receber. Uma das intenções do trabalho é propiciar ao recluso que regressa ao mundo livre oportunidades de subsistir licitamente.

Diferentemente da penitenciária, a colônia poderá dispor de alojamentos coletivos, mantidas as mesmas condições reservadas à cela individual, no tocante à higiene e salubridade (LEP, art. 92). Isso não permite que se aloje um número de pessoas totalmente desproporcional ao espaço físico reservado. Ainda que coletivo, o alojamento deverá respeitar as separações conforme as particularidades do recluso e de seu delito (Capítulo 5), e permitir, se assim o desejar, o isolamento em cela separada.

12.5.6. Casa do Albergado (regime aberto)

O que atualmente se nomeia Casa do Albergado é a transformação da consagrada expressão "prisão aberta", definida pelo XII Congresso Penal e Penitenciário de Haia como o estabelecimento penitenciário no qual as medidas preventivas contra a evasão não são constituídas por obstáculos, tais como muros, fechaduras, grades ou guardas suplementares.

O regime da prisão aberta ou Casa de Albergado é fundado na autodisciplina e responsabilidade do condenado para com a comunidade com que convive. O Estado suprime a fiscalização pela confiança de que o condenado cumprirá com seus deveres e manterá um comportamento social adequado a reintegrá-lo ao mundo livre. A fuga é evitada apenas pela palavra do condenado que, como diz Teodolindo Castiglione, é um impedimento moral emanado de uma consciência capaz de cumpri-lo (*Estabelecimentos penais abertos e outros trabalhos*, p. 53).

A Casa do Albergado destina-se ao cumprimento de pena privativa de liberdade, em *regime aberto*, e da pena de limitação de fim de semana (LEP, art. 93).

A ideia da Casa de Albergado é, pela própria definição, a de abrigar o condenado antes de alcançar a última fase da execução da pena. Deposita-se uma extrema confiança àquele que terá completa liberdade de trabalhar durante o dia, sem vigilância, e retornar para o descanso noturno e de final de semana. A medida apura e premia o elevado senso de responsabilidade demonstrado pelo condenado procedente de outros regimes, que indica ter assimilado a finalidade da execução. Com vistas a esse retorno à comunidade é que a Lei de Execução Penal (art. 94) preconiza a construção da Casa de Albergado em centro urbano, separado dos demais estabelecimentos, sem obstáculos físicos contra a fuga (p. ex.: arames farpados, cercas, alarmes etc.). Por esses princípios entendemos que foi inoportuna e infeliz a previsão de *monitoramento eletrônico* aos que cumprem sua pena em regime aberto, incluída na Lei de Execução Penal em seu art. 146-B, IV (*vide* Capítulos 13 e 16).

Mas o regime aberto demonstra-se também uma perspicaz solução desde o início da execução da pena, evitando a separação do condenado de seu seio familiar e desenvolvendo ou aumentando seu senso de responsabilidade. Ao Estado, acarreta a diminuição da superpopulação carcerária, além de possuir um custo muito menor que o estabelecimento fechado.

Ressalte-se que a progressão ao regime aberto não é imposição e pressupõe o aceite do preso às condições impostas pelo juiz da execução (LEP, art. 113). Se não as aceitar, permanecerá no regime semiaberto.

Entendemos não ser correta a colocação dos submetidos ao regime aberto na mesma instalação física destinada àqueles do regime fechado ou semiaberto, mesmo que em compartimentos separados, como já decidiu o STJ (RHC 2.028/7-MS). Ainda que a caracterização do regime seja preponderantemente auferida pela maior liberdade, autodisciplina e confiança no condenado, a aparência do estabelecimento e a determinação da Lei quanto à presença de obstáculos contra a fuga tem uma implicação maior do que aparenta. A Casa de Albergado deve ser apreciada como um alojamento sem a natureza opressora e institucionalizadora das penitenciárias e colônias. O regime aberto aplicado corretamente permite a gradual desinstitucionalização do recluso ao mesmo tempo que não o abandona, mantendo de forma muito próxima os órgãos de execução na constatação de sua capacidade plena em gerenciar, com independência, sua sobrevivência na sociedade.

Pela sua natureza aberta, o estabelecimento também será utilizado para o cumprimento da pena de limitação de final de semana (CP, art. 48), aplicada como alternativa à pena de prisão de curta duração (Capítulo 14). Mais um motivo para que tenha instalação própria, edificada sem os obstáculos usualmente verificados nas penitenciárias.

A estrutura física, além das condições higiênicas e sanitárias mínimas, deverá contar com aposentos individuais ou coletivos, unidades destinadas à orientação do condenado e à fiscalização de suas atividades, bem como local adequado para cursos e palestras (LEP, art. 95), que poderão ser ministrados em qualquer dia da semana.

Apesar da previsão legal de que cada região deverá possuir uma Casa de Albergado (LEP, art. 95), são poucas as instalações nesse sentido. Utilizamos como exemplo o Estado de São Paulo que até hoje não possui nenhuma Casa de Albergado. Também não existe consenso sobre o que vem a ser a "região", sobrepondo-se a corrente que a identifica com as comarcas.

12.5.7. Centro de Observação Criminológica

No Centro de Observação realizar-se-ão os exames gerais e o criminológico, cujos resultados serão encaminhados à Comissão Técnica de Classificação (LEP, art. 96). O exame criminológico está previsto para o cumprimento da pena no regime fechado. Sobre a impropriedade do exame, remetemos o leitor às considerações feitas no Capítulo 5 (item 5.2.2).

O Centro de Observação será instalado em unidade autônoma ou em anexo a estabelecimento penal (LEP, art. 97), e seguirá as disposições previstas aos estabelecimentos destinados ao regime fechado. Contará com dependências capazes de abrigar autoridades, advogados, estagiários, psicólogos, médicos e demais profissionais ligados ao exame, oficinas de observação, orientação pedagógica, laboratórios, salas de reunião, quadras poliesportivas e outras dependências que permitam a observação empírica do condenado (ALBERGARIA. *Comentários à lei de execução penal*, p. 210).

Na falta do Centro de Observação, embora absolutamente reprovável, os exames poderão ser realizados pela Comissão Técnica de Classificação, dotada de uma equipe interdisciplinar, que provavelmente observará o condenado no estabelecimento fechado em que se encontrar (LEP, art. 98).

12.5.8. Hospital de Custódia e Tratamento Psiquiátrico

O Hospital de Custódia e Tratamento Psiquiátrico é o local destinado a receber os inimputáveis e semi-imputáveis conforme a lei, e deverá igualmente atender às condições mínimas de salubridade (LEP, art. 88), ainda que não deva contar com celas individuais. Essa nova denominação substitui definitivamente a expressão "Manicômio Judiciário", sempre acusada de pejorativa, assim como o "hospício". Teoricamente, as duas expressões – "hospital de custódia" e "manicômio" – diferenciam-se por seus pacientes, a primeira recebendo os que necessitassem de tratamento psiquiátrico de cura, e a segunda voltada ao tratamento e à "reeducação".

De acordo com o art. 26 do Código Penal, são considerados inimputáveis os que, por doença mental ou desenvolvimento mental incompleto ou retardado, eram, ao tempo da ação ou da omissão, *inteiramente incapazes* de entender o caráter ilícito do fato ou de determinarem-se de acordo com esse entendimento.

Os semi-imputáveis por perturbação de saúde mental ou por desenvolvimento mental incompleto ou retardado *não eram inteiramente capazes* de entender o caráter ilícito do fato ou de determinarem-se de acordo com esse entendimento.

O exame psiquiátrico e os demais exames necessários ao tratamento são obrigatórios para todos os internados.

De acordo com a Resolução n. 487/2023 do CNJ, os hospitais para internação dos inimputáveis não poderão estar sob a hierarquia do sistema penitenciário, mas sim das secretarias de saúde dos Estados.

12.5.9. Ambulatório

O ambulatório deverá receber os submetidos a medidas de segurança e que não tenham a necessidade de permanecer custodiados, o que normalmente acontece com aqueles que cometem delitos punidos com penas de detenção. O tratamento será ministrado nos Hospitais de Custódia e Tratamento Psiquiátrico, em seção própria, ou em outro estabelecimento com características médicas, com capacidade para atender às peculiaridades exigidas. Assim, poderá oferecer o tratamento as Casas de Repouso ou similares que tenham a infraestrutura adequada e comprovada.

12.5.10. Cadeia pública

A cadeia pública destina-se ao recolhimento de presos provisórios, considerados como tais todos aqueles submetidos às prisões processuais (*supra*, Item 12.5.1).

As Regras Mínimas orientam para que as pessoas que ainda não foram julgadas, por gozarem do estado de inocência, mereçam tratamento diferenciado, sempre separadas das condenadas. Além disso, deverão ser separados os jovens dos adultos.

As Regras Mínimas também propõem a instalação em celas individuais, a possibilidade de alimentação e vestuário por conta própria, o trabalho facultativo, recebimento de livros e periódicos, atendimento médico e odontológico por profissional particular, contato facilitado com sua família e amigos. Especialmente quanto à visita de seu advogado, poderá manter uma conversa reservada sem que qualquer funcionário possa escutá-la, mantendo-se a vigilância visual.

Segundo a Lei de Execução Penal, cada comarca terá, pelo menos, uma cadeia pública, para que o preso permaneça próximo ao seu meio social e familiar (LEP, art. 103). Por isso, a construção das cadeias públicas deverá ser nas proximidades dos centros urbanos (LEP, art. 104).

O calamitoso estado atingido pela acumulação de presos provisórios e condenados em Distritos Policiais fez com que o Estado de São Paulo criasse os Centros de Detenção Provisória, para abrigar os presos mantidos em Distritos e desativar as cadeias anexas.

12.5.11. Centro de Detenção Provisória

O Estado de São Paulo possui uma população carcerária de mais de 130 mil presos. Isso representa algo em torno de 40% de todos os presos do país. A explosão carcerária que atinge tanto a capital quanto o interior do Estado tornou insustentável a manutenção dos presos em Distritos Policiais ou Delegacias de Polícia. Submetia o preso provisório ao convívio com o condenado, e a este, a impossibilidade de alcançar a finalidade da pena.

A Secretaria de Segurança Pública de São Paulo e a Secretaria de Administração Penitenciária atuam em conjunto e a tutela dos presos é passada para a Secretaria da Administração Penitenciária, em estabelecimentos construídos para abrigar a população dos Distritos, Delegacias e Cadeias Públicas, recebendo os presos provisórios (regime fechado) que aguardam julgamento. São complexos penais com capacidade que variam entre 500 e 750 presos aproximadamente, com estrutura de penitenciárias e com todos os equipamentos de segurança e pessoal especializado, mas que se destinam exclusivamente aos presos provisórios. O Estado de São Paulo tem hoje quarenta e dois Centros de Detenção Provisória, espalhados pela capital e pelo interior.

12.6. A INICIATIVA PRIVADA

A participação da iniciativa privada na administração carcerária vem ganhando espaço no debate nacional. A insuficiência de estabelecimentos diante do elevado e acelerado número de reclusos e a "eterna" falta de recursos por parte do Estado para investimentos nessa área têm atraído o foco para a privatização dos presídios.

Somos radicalmente contra a privatização de qualquer parte do sistema prisional, pois, como o Estado não deve gerar lucro, a privatização transferida à iniciativa privada inverte essa lógica e transforma a execução penal em um negócio. Se o ideal é que se diminuam os presos e os estabelecimentos penais, com a privatização e a geração de lucro se dá o aumento de ambos pela inerente lógica de mercado.

A experiência já foi adotada por outros países e rendeu uma análise de David Pyle: "em princípio, não há nada errado com a administração privada das prisões, desde que elas sejam inspecionadas adequadamente por autoridades independentes que se reportarão à autoridade reguladora independente. Afinal de contas, as condições degradantes, insalubres e antiquadas em que o atual sistema gerido pelo Estado parece funcionar sempre causaram grandes preocupações. Se aceitarmos que em princípio, ao menos, não há nada errado com as prisões administradas pela iniciativa privada, então a questão passa a ser como organizar um sistema regulador que assegure que não teremos novamente um sistema de prisões semelhante ao que operou na Inglaterra dos tempos medievais até o final do século XVIII, ou nos estados do sul dos EUA até inícios deste século (Borna, 1986). Essa tarefa não deveria ser impossível para a humanidade. Infelizmente, nessa área a discussão tende a ser mais emotiva do que informativa" (*Cortando os custos do crime*, p. 66).

Analisando os números de sua pesquisa que demonstram a capacidade americana em tornar mais lentos os índices de aumento do crime e a utilização do serviço privado de segurança desde os idos de 1970, David Pyle faz a seguinte pergunta: "seria demais acreditar que uma razão para esse fato é a adoção da prestação de serviços de policiamento por firmas particulares, em vez dos serviços públicos?" (*Cortando os custos do crime*, p. 69).

De fato, a participação da iniciativa privada nesse especial ramo da atividade pública no Brasil é pequena. E essa exclusão, além da evidente incoerência político-criminal da transformação da execução em um negócio, tem raízes históricas e econômicas. Como aponta Sebastián Soler, não era raro o Estado licitar mão de obra dos condenados para solucionar o problema penitenciário (*Derecho penal argentino*, p. 421. t. II).

Um sistema privado como o idealizado por Pyle, se fosse possível, deveria utilizar-se dos condenados como mão de obra disponível, reconhecendo a capacidade especial de cada um e remunerando a atividade adequadamente. Os descontos com vestimenta e alimentação poderiam ser deduzidos, mas o importante é que o estabelecimento penal pudesse de forma autônoma manter sua operatividade. Dessa forma, estaríamos subtraindo o Estado à despesa com a manutenção do estabelecimento, restando a ele apenas a efetiva e rigorosa fiscalização do atendimento aos fins da execução penal.

Não parece ser esse o sistema que vem sendo adotado por alguns Estados brasileiros. Certas administrações têm "privatizado" o gerenciamento do estabelecimento penal, transferindo apenas o controle da unidade em uma espécie de contratação de serviço, pois o ressarcimento dos administradores particulares é promovido pelo Estado, que remunera o particular por cada preso recolhido ao sistema prisional. Essa política não nos parece acertada porquanto existirá um interesse sempre crescente de que a população carcerária permaneça alta, visto que a remuneração oriunda dos cofres públicos será cada vez maior. Parece-nos que a aplicação dessa política atenta contra as finalidades da pena de controle da reincidência e "ressocialização" do condenado, com a passagem a regimes mais brandos e que permitam o trabalho *extra muros*, ou até o conveniente esquecimento ou desatenção à quantidade de pena já cumprida, para evitar que em desfavor desses pagamentos o condenado seja liberado.

As vozes brasileiras sempre foram contrárias à privatização, em sua maioria. João Marcello de Araújo Junior entende que "a privatização, além de violar os modernos princípios da política criminal humanista, é imoral, ilegal e engorda os cofres já abarrotados de certas empresas" (*Privatização das prisões*, p. 19). Nesta mesma obra coordenada pelo autor, a indelegabilidade da jurisdição da execução penal é outro motivo recorrente que impossibilitaria sua privatização. Em outro texto, Marcos Rolim também se opõe, alegando que a privatização contrariaria os pretendidos ou possíveis objetivos públicos da reclusão (Prisão e ideologia: limites e possibilidades para a reforma prisional do Brasil. *Crítica à execução penal*, p. 106).

A nosso ver, pugnar pela privatização do sistema penitenciário somente pode significar entregar a segurança, gestão do trabalho, ensino e atividades de lazer a uma entidade privada. Mais do que isso, seria atribuir ao ente privado a gestão da pena, o que se torna impossível pela natureza pública da execução penal. Como atividade privativa do Estado e necessariamente exercida e controlada pelo Judiciário, não seria possível que as finalidades legais fossem atingidas sem a constante e imediata participação judicial. Portanto, partindo-se de um plano sério e antecipadamente previsto em lei, de forma bem estipulada e detalhada, com a entrega por meio de concessão e fiscalização por agências públicas, talvez fosse interessante que algumas experiências bem-sucedidas em alguns países fossem adotadas pelo sistema nacional, mas sempre mantendo-se a condução do processo de execução penal nas mãos do Judiciário.

Recentemente, com a alteração da LEP pela Lei n. 13.190/2015, algumas dessas atividades foram previstas e regulamentadas para permitir a atuação de entidades privadas. Pela redação do art. 83-A, as atividades de conservação, limpeza, informática, copeiragem, portaria, recepção, reprografia, telecomunicações, lavanderia e manutenção de prédios, instalações e equipamentos internos e externos, e serviços relacionados à execução de trabalho pelo preso poderão ser executados indiretamente, ou seja, por terceiros privados, e evidentemente após rigoroso processo de seleção conforme a lei. Caberá ao poder público a fiscalização e demais atribuições inerentes à execução da pena, como as funções de direção, chefia e coordenação no âmbito do sistema penal, bem como todas as atividades que exijam o exercício do poder de polícia, classificação de condenados, aplicação de sanções disciplinares, controle de rebeliões, transporte de presos para órgãos do Poder Judiciário, hospitais e outros locais externos aos estabelecimentos penais, competindo a cada órgão (gestão penitenciária ou juiz da execução) a realização conforme suas atribuições.

12.7. JURISPRUDÊNCIA SELECIONADA

Ausência de "vagas"

Súmula Vinculante 56: "A falta de estabelecimento penal adequado não autoriza a manutenção do condenado em regime prisional mais gravoso, devendo-se observar, nessa hipótese, os parâmetros fixados no RE 641.320/RS" (STF, Plenário, aprovada em 29-6-2016).

"2. É cediço nesta Corte que o reeducando não pode ser compelido a cumprir a pena privativa de liberdade em regime diverso daquele que lhe é assegurado pelo Código Penal (art. 33, § 1º, 'c', do mencionado diploma legal). 3. O Supremo Tribunal Federal, nos termos da Súmula Vinculante n. 56, entende que 'a falta de estabelecimento penal adequado não autoriza a manutenção do condenado em regime prisional mais gravoso, devendo-se observar, nessa hipótese, os parâmetros fixados no RE 641.320/RS'. 4. Os parâmetros mencionados na citada súmula são: a) a falta de estabelecimento penal adequado não autoriza a manutenção do condenado em regime prisional mais gravoso; b) os Juízes da execução penal poderão avaliar os estabelecimentos destinados aos regimes semiaberto e aberto, para verificar se são adequados a tais regimes, sendo aceitáveis estabelecimentos que não se qualifiquem como colônia agrícola, industrial (regime semiaberto), casa de albergado ou estabelecimento adequado – regime aberto – (art. 33, § 1º, alíneas 'b' e 'c'); c) no caso de haver déficit de vagas, deverão determinar: (i) a saída antecipada de sentenciado no regime com falta de vagas; (ii) a liberdade eletronicamente monitorada ao preso que sai antecipadamente ou é posto em prisão domiciliar por falta de vagas; (iii) o cumprimento de penas restritivas de direito e/ou estudo ao sentenciado que progride ao regime aberto; e d) até que sejam estruturadas as medidas alternativas propostas, poderá ser deferida a prisão domiciliar ao sentenciado. 5. Cumpre reconhecer a existência de constrangimento ilegal, pois o paciente foi promovido ao regime intermediário, mas se encontra recolhido em estabelecimento com características de adequação ao regime fechado" (STJ, HC 431.159/SP, 5ª T., j. 15-3-2018, rel. Min. Ribeiro Dantas, *DJe* 20-3-2018).

Casa de albergado

"O sistema penitenciário não traduz, em parte, as exigências normativas. A legislação precisa ser interpretada finalisticamente. Casa do albergado imprime ideia de local sem as características de cárcere, próprio para o cumprimento de penas em regime fechado ou semiaberto. Não se confunde com o edifício, a construção física. Fundamental é o ambiente a que fica submetido o condenado. Satisfeita a exigência da Lei, se o local, embora contíguo ao presídio, do interior deste, é separado, sem o rigor penitenciário, baseado na autodisciplina e senso de responsabilidade" (STJ, RHC 2.028/MS, 6ª T., j. 23-6-1992, rel. Min. Luiz Vicente Cernicchiaro, DJ 3-8-1992).

Interdição judicial de estabelecimento prisional

"I – É lícito ao Judiciário impor à Administração Pública obrigação de fazer, consistente na promoção de medidas ou na execução de obras emergenciais em estabelecimentos prisionais. II – Supremacia da dignidade da pessoa humana que legitima a intervenção judicial. (...) (STF, RE 592581/RS RG, Tribunal Pleno, j. 13-8-2015, rel. Min. Ricardo Lewandowski, Tribunal Pleno, DJe-018 1º-2-2016).

"1. O procedimento de interdição da Cadeia Pública de Caragola/MG – Autos n. 15/2015 – observou o contraditório e a ampla defesa, uma vez que o diretor do estabelecimento prisional e o representante judicial do Estado foram intimados para manifestação. 2. No julgamento do RE 592.581/RS, com repercussão geral, o Supremo Tribunal Federal entendeu que a supremacia dos postulados da dignidade da pessoa humana e do mínimo existencial legitima a imposição, ao Poder Executivo, de medidas em estabelecimentos prisionais destinadas a assegurar aos detentos o respeito à sua integridade física e moral, não sendo oponível à decisão o argumento da reserva do possível. 3. Não afronta o princípio da separação dos poderes a interdição, total ou parcial, de unidade penitenciária que estiver funcionando em condições inadequadas, uma vez que se trata de função atípica conferida ao Poder Judiciário pelo art. 66, VIII, da Lei de Execução Penal. Precedentes desta Corte Superior. (...) 6. Constituído esse quadro, a intervenção judicial era medida que se impunha, para, de algum modo, fazer cessar ou, ao menos, amenizar, a situação de grave violação da dignidade humana dos presos, encontrada na referida Cadeia Pública. 7. Recurso ordinário em mandado de segurança a que se nega provimento" (STJ, RMS 45.212/MG, 5ª T., j. 5-4-2016, rel. Min. Ribeiro Dantas, DJe 15-4-2016).

Preso militar

"(...) 2. A exclusão do paciente dos quadros da Polícia Militar, por licenciamento a bem da disciplina, implica a perda do direito de recolhimento a quartel ou prisão especial, previsto no art. 295, do CPP. 3. Muito embora o direito à prisão especial esteja fora do alcance do paciente, não se deve descuidar da necessidade de mantê-lo segregado dos demais presos provisórios, por medida de segurança, o que foi devidamente observado pelo Tribunal de origem quando autorizou sua transferência para estabelecimento prisional comum" (STJ, HC 257.679/RJ, 5ª T., j. 18-2-2014, rel. Min. Moura Ribeiro, DJe 21-2-2014).

Separação de presos

"DIREITO DAS PESSOAS LGBTI. ARGUIÇÃO DE DESCUMPRIMENTO DE PRECEITO FUNDAMENTAL. TRANSEXUAIS E TRAVESTIS. UNIDADES PRISIONAIS EM QUE

DEVE OCORRER O CUMPRIMENTO DE PENA. PROTEÇÃO CONTRA ABUSOS FÍSICOS E PSÍQUICOS. PRINCÍPIOS DE YOGYAKARTA. 1. Interpretação judicial controvertida da Resolução Conjunta da Presidência da República e do Conselho de Combate à Discriminação n. 1/2014, acerca das unidades prisionais e demais condições em que deve ocorrer o cumprimento de pena de transexuais e travestis. 2. Transexuais são pessoas que se identificam com o gênero oposto ao seu sexo biológico. Percebem seu corpo como inadequado e buscam ajustá-lo à imagem de gênero que têm de si. Travestis são pessoas que se apresentam para o mundo com o gênero oposto àquele correspondente a seu sexo biológico, mas não percebem seu corpo como inadequado e não desejam modifica-lo. 3. Direito das transexuais femininas ao cumprimento de pena em presídios femininos, de acordo com a sua identidade de gênero. Incidência do direito à dignidade humana, à autonomia, à liberdade, à igualdade, à saúde, vedação à tortura e ao tratamento degradante e desumano (CF/1988, art. 1º, III; e art. 5º, *caput*, III). Normas internacionais e Princípios de Yogyakarta. Precedentes: ADI 4275, red. p/ acórdão Min. Edson Fachin; RE 670.422, rel. Min. Dias Toffoli. 4. Divergência quanto ao tratamento a ser conferido às travestis. Notícia de minuta de resolução em debate entre órgãos com expertise na matéria. Insuficiência das informações constantes dos autos para proporcionar uma decisão segura. Necessidade de complementação da instrução do feito quanto a este ponto. Presença de *periculum in mora* inverso. 5. Cautelar parcialmente deferida para assegurar que transexuais femininas cumpram pena em presídio feminino" (ADPF 527).

Execução das Penas Privativas de Liberdade

13

O Direito Penal brasileiro possui as seguintes *consequências jurídicas* para as infrações penais (crimes e contravenções):

- *penas privativas de liberdade*: reclusão, detenção e prisão simples;
- *penas restritivas de direitos*: dispostas nos arts. 44 a 48 do CP, como a prestação pecuniária, perda de bens e valores, prestação de serviços à comunidade ou a entidades públicas, interdição temporária de direitos, limitação de fim de semana; e na legislação especial, como a Lei n. 9.503/97 – Código de Trânsito Brasileiro; Lei n. 9.605/98 – Lei de Crimes Ambientais; Lei n. 11.343/2006 – Lei de Drogas; e Lei n. 8.078/90 – Código de Defesa do Consumidor; dentre outras;
- *pena de multa*: o pagamento ao fundo penitenciário da quantia fixada na sentença e calculada em dias-multa. Se definida pela Parte Geral do Código Penal será, no mínimo, de 10 e, no máximo, de 360 dias-multa, fixados entre um trigésimo do maior salário mínimo mensal vigente ao tempo do fato e cinco vezes esse salário, atualizados pelos índices de correção monetária (CP, art. 49). Contudo, a legislação extravagante poderá definir valores ou intervalos fixos (*v.g.*, Lei n. 11.343/2006, art. 29);
- *medidas de segurança*: internação em hospital de custódia e tratamento psiquiátrico ou, à falta, em outro estabelecimento adequado, e sujeição a tratamento ambulatorial (CP, art. 96);
- *efeitos da condenação*: arts. 91, 91-A e 92 do Código Penal. Outras leis especiais, como a Lei de Tortura (n. 9.455/97), Abuso de Autoridade (n. 13.869/2019), Estatuto da Criança e do Adolescente (n. 8.069/90), também preveem efeitos para a condenação.

Algumas dessas consequências não podem ser consideradas como penas (p. ex., efeitos da condenação). Outras, alvo de discussões doutrinárias quanto a sua natureza jurídica (p. ex., medidas de segurança), receberão destaque, por integrarem o sistema de execução penal.

Neste capítulo, trataremos da execução das penas *privativas de liberdade*.

13.1. EXECUÇÃO PROVISÓRIA

Recentemente, a doutrina e a jurisprudência têm discutido a possibilidade de o condenado por sentença recorrível ser alcançado pela progressão de regime da Lei de Execução Penal. Fundamenta-se que, nos casos de sentença condenatória com trânsito em julgado para a acusação, a situação do réu não poderá piorar por recurso exclusivo da defesa, pela proibição da *reformatio in pejus*. Sabendo-se que a pena não poderá aumentar, alcançadas as porcentagens previstas em lei (art. 112), ainda que em prisão provisória, o preso teria direito à progressão de regime, deslocando-se para o semiaberto, e assim por diante. Legalmente, não há nenhum empecilho e, ao contrário, o art. 2º do Estatuto dispõe expressamente do alcance da Lei de Execução Penal aos presos provisórios.

O STF, sem utilizar a expressão "execução provisória", editou a Súmula 716 admitindo a "progressão de regime de cumprimento de pena ou aplicação imediata de regime menos severo nela determinada, antes do trânsito em julgado da sentença condenatória". A Súmula acompanhou o entendimento do Superior Tribunal de Justiça, que reiteradamente vinha decidindo pela possibilidade da execução de caráter provisório. E o Tribunal de Alçada Criminal de São Paulo já admitia no art. 208 de seu Regimento Interno tal possibilidade.

O que deveria ser uma consideração *pro reo* de aproveitamento da prisão provisória na execução definitiva tomou novos rumos diante de uma mudança de posição do STF sobre o tema. A partir do julgamento do HC 126.292/SP, a Suprema Corte brasileira entendeu que é possível que uma condenação mantida ou decretada em segunda instância seja imediatamente executada independentemente do julgamento dos recursos especial e extraordinário. Alguns a denominam de *execução provisória*, mas se trata, em verdade, de execução definitiva com possibilidade de ser anulada posteriormente. Tal posicionamento, a nosso ver, é inconstitucional por violar o estado de inocência. Na existência de recursos especial ou extraordinário, o *status* é de inocente, pois ausente está o trânsito em julgado, e, portanto, impossível executar a sentença penal ainda passível de modificação. Permitir o cumprimento da pena nesse caso é permitir que o inocente cumpra pena. E quem deve cumprir pena é o condenado.

O STF, por mais de uma vez, discutiu tal possibilidade de prisão para o cumprimento de pena após a decisão de segundo grau de jurisdição. Já se posicionou pela impossibilidade no passado (HC 84.078/2010), mas também, recentemente, pela possibilidade (HC 126.292/SP e ADCs 43 e 44). O assunto foi novamente abordado e, no sentido de respeito ao texto constitucional e à cláusula pétrea, restabeleceu-se a impossibilidade de cumprimento de pena antes do trânsito em julgado (ADCs 43, 44 e 54).

Com a edição da Lei n. 13.964/2019, criou-se expressamente no Código de Processo Penal a possibilidade de "execução provisória", nos casos de **condenação pelo tribunal do Júri** a uma pena superior a 15 (quinze) anos (CPP, art. 492, I, "e"). Pelos mesmos motivos acima expostos tal previsão considero inconstitucional, pois, além de violar o estado de inocência e desafiar igualmente o duplo grau de jurisdição, faz interpretação de uma garantia fundamental em desfavor do garantido, no caso, o réu. O argumento utilizado pelo Ministro relator é o de que, como a Constituição garante a soberania dos veredictos, em respeito a este, a decisão não poderia ser anulada em sede de tribunal. O argumento é retórico porque a se manter tal entendimento nem sequer caberia apelação das decisões do Júri, bem como não se poderia combater as nulidades do processo ou de sua decisão. Ademais, os argumentos utilizados nas ADCs 43 e 44 são inteiramente válidos para o caso em questão, e decisão divergente promoveria insegurança jurídica. O tema está sob discussão pelo STF no Recurso Extraordinário de Repercussão Geral n. 1235340, pendente de julgamento até a presente data.

É importante que não se execute provisoriamente qualquer pena, porquanto em caso de desconstituição da sentença, a pena cumprida se mostrará absolutamente desnecessária e injusta, o que certamente deveria demandar uma reparação ao sujeito que dedicou seu tempo ao cumprimento. Somente o definitivamente culpado deve cumprir a pena. Argumentos como os de que não se analisa mais matéria de fato, que os recursos não possuem efeito suspensivo ou de que o Pacto de São José da Costa Rica não prevê recurso além do duplo grau não são sustentáveis, porquanto uma nulidade pode alterar ou evitar o cumprimento da pena, e mais do que o efeito suspensivo previsto na lei é a Constituição Federal, que assegura o estado de inocência até o final de todos os recursos, algo que nenhuma interpretação sobre o Pacto de São José pode superar pela proibição de interpretação *in pejus* garantida em todos os pactos internacionais de direitos humanos. Ainda que os casos de nulidade sejam escassos, havendo a possibilidade, esta deve ser preservada e respeitada.

O assunto não é novo, como pensam alguns, e já afligia o direito italiano, como demonstra a excelente obra de Guido Guidi. É preciso esclarecer que as discussões italianas circundavam, essencialmente, sobre a possibilidade de execução provisória das penas acessórias. Porém, as reflexões são aplicáveis ao enfoque adotado no Brasil. Manzini considera que não é medida ordinária a execução provisória, pois não são possíveis, dada a natureza das sanções penais, eventuais restituições ou reintegrações que seriam facilmente promovidas no Direito Civil (MANZINI. *Tratado de derecho procesal penal*, p. 315).

Giovanni Leone excepciona o conceito e, aproximando-se de nossa primeira perspectiva – a de garantir direitos ao preso –, defende que, diante do *favor rei*, se a sentença contém decisão favorável ao direito de liberdade do imputado, devem-se reconhecer os direitos do recluso (LEONE. *Manuale di diritto processuale penale*, p. 753).

É certo que a sentença não definitiva não é, ainda, a sentença do processo, mas um ato que poderá tornar-se tal, se não for combatida e reformada (CHIOVENDA. *Principii di diritto processuale civile*, p. 953). A lição de Chiovenda é reanimada por Guido Guidi no questionamento da execução provisória, porquanto o fato afirmado na sentença penal recorrível, também contestável e incerto, ainda não é a verdade jurídica, ou seja, a vontade da lei não estará demonstrada enquanto outro juiz puder reformá-la (GUIDI. *Sulla esecuzione provvisoria con particolare riferimento al diritto penale*, p. 7).

A celeuma também tem atormentado e atordoado autores nacionais. Paulo Lúcio Nogueira primeiramente afirma que "não há *execução provisória* de sentença condenatória, pois a execução só se inicia com o trânsito em julgado da sentença, com expedição da *guia de recolhimento* para a execução" (*Comentários à lei de execução penal*, p. 143). Mas, contradiz-se oito páginas depois: "é de se salientar também que existe a *execução provisória da senten-*

ça, que prescinde da guia de recolhimento, só expedida para execução *definitiva* após o trânsito em julgado da sentença" (op. cit., p. 151).

Devemos esclarecer o termo. O que se nomeia por execução provisória não é a simplória submissão do condenado que ainda aguarda o julgamento de seu recurso à pena imposta na sentença condenatória recorrível. A única possibilidade de denominar como execução provisória a aplicação de algo ligado à execução é buscar aplicar ao preso, segundo a própria Lei de Execução Penal, os direitos nela previstos, como a progressão de regime e o livramento condicional. Daí alguns juristas avançarem também para a possibilidade do cumprimento das penas restritivas de direito ou do *sursis* enquanto o condenado estiver aguardando *em prisão provisória*, o que significaria um tratamento muito mais favorável. Extrai-se da sentença condenatória, embora ainda passível de reforma, um conceito de utilidade ao réu, que se configura uma exceção à existência da coisa julgada como pressuposto necessário da exequibilidade. Ainda que impugnável, a sentença conduz a um ponto do caminho necessário para atingir a verificação do Direito, visto que, transitada em julgado para a acusação, derroga-se com razão o natural princípio suspensivo do recurso em favor de uma tutela jurídica autônoma, o interesse de imediata execução da decisão (GUIDI. Op. cit., p. 8).

A conveniência da execução provisória – sempre entendida como a garantia de aplicar ao preso os direitos da Lei de Execução Penal – deverá ser verificada pelo réu, pois a seu favor reside a presunção de inocência, que impede que o magistrado extraia de ofício a carta de recolhimento e a envie ao juízo da execução. Optando pela execução, a competência será do juiz da execução, como ressalta Walter Swensson, e não haverá limites à obtenção de direitos ou à submissão às penalidades, seguindo-se exatamente o mesmo procedimento previsto aos presos definitivamente condenados (A competência do juízo da execução. In: LAGRASTA NETO; NALINI; DIP. *Execução penal – visão do TACrim-SP*, p. 221).

Como provisória, poderá ter seus efeitos eventualmente alterados ou mesmo desconsiderados. Havendo anulação da sentença, absolvição em grau recursal, concessão de *sursis*, ou substituição por pena alternativa, a execução será tornada sem efeito. Se a pena for reduzida e verificar-se que o condenado já a cumpriu, será colocado em liberdade (SWENSSON. Op. cit., p. 222). Havendo algum tipo de cumprimento indevido (p. ex., absolvição ou nulidade *in totum* do processo) o que ficou preso deverá ser indenizado. Transitada em julgado a sentença condenatória, a execução provisória será convertida em definitiva e seguirá até o término da pena. Cria-se um *interim*, um estado jurídico sujeito à condição resolutiva caracterizado às vezes como uma verdadeira antecipação, e às vezes como direito suposto, porquanto algumas consequências poderão ser reparadas, revogadas ou até ressarcidas (GUIDI. Op. cit., p. 10).

A vantagem de uma execução provisória é abrir caminho para a detração penal, remição, progressão de regime com a remoção para o estabelecimento adequado, bem como aos demais direitos assegurados pela Lei de Execução Penal.

O mais comum é que a sentença seja provisoriamente executada após o trânsito em julgado para a acusação, pois a interposição do recurso pela defesa não poderá agravar a situação do réu pela proibição da *reformatio in pejus*. Mas, excepcionalmente, poderá ser promovida a execução provisória ainda que tenha havido recurso do Ministério Público, quando o tempo de prisão cautelar for suficiente para o preenchimento das condições exigidas pela lei para a aquisição de direitos, como a progressão de regime e o livramento condicional, mesmo diante da pena máxima em abstrato cominada para o delito (LIMA; PERALLES. *Teoria e prática da execução penal*, p. 19).

13.2. PENA PRIVATIVA DE LIBERDADE

A pena privativa de liberdade consiste no cerceamento temporário do direito de ir e vir do indivíduo. Fala-se em temporário porquanto a Constituição Federal proíbe as penas de caráter perpétuo.

Atualmente, grande parte da doutrina não destoa das palavras de Cuello Calón acerca da privação da liberdade. Apesar de seus efeitos reconhecidamente nocivos e da forte reação que contra ela se tem manifestado, em particular nos últimos anos, é o meio de reprovação social contra o delito empregado com maior frequência e constitui o eixo do sistema penal de todos os países. Até o momento é um instrumento insubstituível para segregar os sujeitos que não possam ser deixados em liberdade sem "grave quebra da vida ordenada da comunidade" (*La moderna penología*, p. 258).

Estão previstos três regimes para a privação da liberdade: *fechado, semiaberto e aberto*. O sistema adotado é o conhecido por progressivo, inspirado no *mark system* (sistema de metas), admitindo-se a *progressão* segundo o mérito e a *regressão* pelo demérito. Em todos há a possibilidade de o condenado diminuir seu tempo de privação por meio do trabalho ou do estudo, o que é chamado de *remição*. Em todos, o tempo de prisão provisória deverá ser descontado, possibilitando-se a *detração*. De forma geral, a expressão *mark system* é utilizada para indicar um sistema progressivo de cumprimento da pena, partindo-se de um regime mais rígido a um mais brando, que envolve ou a manutenção do condenado por determinado tempo em certo estabelecimento, ou sua manutenção de acordo com seus méritos e conquistas pessoais. O surgimento do sistema progressivo costuma ser atribuído ao irlandês Crofton (1854), mas existem registros muito anteriores na legislação da Espanha (1808) e principalmente no sistema implantado por Montesinos em Valencia (1834). Antes mesmo de Crofton, implantaram o progressivo Maconochie, na Inglaterra (1840), e Obermaier, na Alemanha (1842).

Alguns dos sistemas penais conhecidos têm optado pelo sistema progressivo de metas, que tem por essência ou distribuir o tempo de duração da condenação em diversos períodos, em cada um dos quais se vá acentuando o número de privilégios ou vantagens de que pode desfrutar o recluso, ou permitir a progressão conforme a conduta e o aproveitamento do "tratamento" a que o recluso é sujeito. A meta do sistema é dupla: constituir um estímulo à boa conduta e à adesão do recluso ao regime que se lhe aplica e lograr que esse regime, pela boa disposição anímica do apenado, consiga paulatinamente sua preparação para a futura vida em liberdade. Tudo isso sobre a máxima individualização possível das normas de tratamento penitenciário e participação do condenado na vida carcerária (BUENO ARÚS. Panorama comparativo de los modernos sistemas penitenciarios. In: BAUMANN; HENTIG; KLUG et al. *Problemas actuales de las ciencias penales y la filosofía del derecho en homenaje al profesor Luis Jiménez de Asúa*, p. 392).

O intuito da aplicação dessa variedade de institutos e regimes é individualizar o máximo possível a pena a ser cumprida, conforme as particularidades de cada recluso. Com efeito, um sistema que admita a progressão de regimes e concessão de liberdades, como saídas temporárias, remição e livramento condicional, pode fazer com que a pena de prisão prevista no Código Penal ou mesmo aquela fixada na sentença condenatória fique muito distante da efetivamente cumprida (García Albero; Tamarit Sumalla. *La reforma de la ejecución penal*, p. 33).

Uma importante observação é o *local de cumprimento da pena*. É usual que o local de cumprimento seja definido pela conveniência da Administração Penitenciária de cada estado da Federação. Assim, a construção das unidades prisionais segue apenas as políticas orçamentárias e os interesses da administração, quando na verdade deveriam ser pensados e construídos para facilitar as consecuções das finalidades da execução penal. Assim, o local de cumprimento da pena deverá corresponder *ao mais próximo do meio social e familiar do recluso*, já que evitar a desconexão familiar é uma das finalidades da execução da pena. Nesse sentido, o STF já decidiu que "a ressocialização do preso e a proximidade da família devem ser prestigiadas sempre que ausentes elementos concretos e objetivos ameaçadores da segurança pública" (HC 100.087).

Todos esses termos serão detalhadamente explicados adiante, iniciando-se pela guia de recolhimento, documento judicial indispensável para o início do cumprimento da pena.

13.3. GUIA DE RECOLHIMENTO OU GUIA DE EXECUÇÃO (ANTIGA CARTA DE GUIA)

A guia de recolhimento, às vezes chamada de guia de execução (antiga carta de guia), é o documento expedido pelo juiz que possibilita o início da execução da pena sempre que a prisão for decretada. Daí porque somente será expedida após o trânsito em julgado da sentença condenatória (LEP, art. 105) e após o cumprimento do mandado de prisão e consequente captura do condenado (Cione. *Da unificação de penas no direito penal*, p. 108. No mesmo sentido, Leal. *Comentários ao Código do Processo Penal brasileiro*, p. 251. v. 4; Noronha. *Curso de direito processual penal*, p. 423). Paulo Lúcio Nogueira afirma que existe diferença entre a carta de guia e a guia de recolhimento, pois a primeira é expedida ao juiz da execução com os dados do art. 676 do CPP e servirá de orientação no cumprimento da pena quando o condenado beneficiar-se do *sursis* ou do regime aberto, enquanto a guia de recolhimento será expedida quando o condenado houver de ser recolhido a algum estabelecimento penitenciário (*Comentários à lei de execução penal*, p. 151-152). Hélio Tornaghi esclarece que a razão da expedição da guia após a captura do condenado é que aquela deverá conter a data do término da pena, o que dependerá do dia em que o condenado começar a cumpri-la (*Curso de processo penal*, p. 406. v. 2). Sua finalidade, como o próprio nome demonstra, é recolher o condenado ao cárcere ou converter oficialmente sua prisão provisória em definitiva.

Para nós, até mesmo diante da variedade de penas que atualmente compõe o sistema, a guia deveria se chamar simplesmente de "guia de execução", pois nem sempre significará o recolhimento do condenado ao cárcere. É o nome que já se utiliza quando não há pena de prisão a cumprir.

A partir do trânsito em julgado da condenação, o escrivão do cartório judicial extrairá a guia, rubricando todas as folhas e assinando a última juntamente com o juiz. A guia de recolhimento será retificada sempre que sobrevier modificação quanto ao início da execução ou ao tempo de duração da pena referente à sentença em que foi aplicada.

Para cada condenação será expedida uma guia de recolhimento (ou guia de execução) e cada qual será autuada em ordem cronológica pelo cartório do juízo da execução, e poderão receber uma numeração (primeira execução, segunda etc.) (BEMFICA. *Da lei penal, da pena e sua aplicação, da execução da pena*, p. 259). O cartório manterá um livro de registro das guias com as anotações das alterações da pena ou do apensamento de outras guias.

Essa carta deverá ser encaminhada à autoridade administrativa que mantém o condenado ou irá recebê-lo. A guia é condição indispensável para a execução da pena. A autoridade administrativa deverá exigi-la e passar recibo que será juntado aos autos do processo de execução, notificando o preso de seus termos.

Os estabelecimentos penais deverão manter um livro próprio para o registro das guias e dos incidentes da execução que causem reflexo no cumprimento da pena, como o cálculo das remições e de outras retificações posteriores.

A guia de recolhimento deverá conter (LEP, art. 106):

"I – o nome do condenado;
II – a sua qualificação civil e o número do registro geral no órgão oficial de identificação;
III – o inteiro teor da denúncia e da sentença condenatória, bem como certidão do trânsito em julgado;
IV – a informação sobre os antecedentes e o grau de instrução;
V – a data da terminação da pena;
VI – outras peças do processo reputadas indispensáveis ao adequado tratamento penitenciário.
(...)
§ 3º Se o condenado, ao tempo do fato, era funcionário da Administração da Justiça Criminal (...)".

O CNJ, por meio da Resolução n. 113, acrescentou outras informações à guia (art. 1º da Resolução):

"[...]
II – Interrogatório do acusado na polícia e em juízo;
[...]
IV – cópia da sentença, voto(s) e acórdão(s) e respectivos termos de publicação, inclusive contendo, se for o caso, a menção expressa ao deferimento de detração que importe determinação do regime de cumprimento de pena mais benéfico do que seria não fosse a detração, pelo próprio juízo do processo de conhecimento, nos termos do art. 387, § 2º, do Código de Processo Penal, acrescentado pela Lei 12.736/12;
V – informação sobre os endereços em que possa ser localizado [...];

VI – instrumentos de mandato, substabelecimentos, despachos de nomeação de defensores dativos ou de intimação da Defensoria Pública;
[...]
VIII – cópia do mandado de prisão temporária e/ou preventiva, com a respectiva certidão da data do cumprimento, bem como com a cópia de eventual alvará de soltura, também com a certidão da data do cumprimento da ordem de soltura, para cômputo da detração, caso, nesta última hipótese, esta já não tenha sido apreciada pelo juízo do processo de conhecimento para determinação do regime de cumprimento de pena, nos termos do art. 387, § 2º, do Código de Processo Penal, acrescentado pela Lei 12.736/12;
IX – nome e endereço do curador, se houver;
X – informações acerca do estabelecimento prisional em que o condenado encontra-se recolhido e para o qual deve ser removido, na hipótese de deferimento de detração que importe determinação do regime de cumprimento de pena mais benéfico do que haveria não fosse a detração, pelo próprio juízo do processo de conhecimento, nos termos do art. 387, § 2º, do Código de Processo Penal, acrescentado pela Lei 12.736/12;
XI – cópias da decisão de pronúncia e da certidão de preclusão em se tratando de condenação em crime doloso contra a vida;
XII – certidão carcerária; [...]".

Alguns desses requisitos têm utilidade duvidosa, como ressaltam Odir Pinto da Silva e Paganella Boschi (*Comentários à lei de execução penal*, p. 96). Não há nenhum interesse prático na colocação do inteiro teor da denúncia na guia de recolhimento, mesmo porque se exige logo em seguida a transcrição da sentença, que conterá um relatório do processo no qual os fatos julgados estarão narrados. Quanto ao grau de instrução, também criticado pelos autores, entendemos que poderá influenciar na individualização da pena, como, por exemplo, em aspectos como a determinação do trabalho, direito ao estudo, dentre outros. Com certeza o mais questionável documento é o exigido pela Resolução n. 113 do CNJ, a cópia do interrogatório do condenado. Sendo o processo de execução fase totalmente diferente e com finalidades próprias, deve-se tomar muito cuidado com a reutilização de documentos ou considerações obtidas em fase de investigação ou instrução criminal, que somente poderão ser utilizadas em benefício do réu, sob pena de um *bis in idem* político-criminal e dupla ou estendida avaliação da culpabilidade, o que não é permitido em sede de execução.

Na esteira do que foi dito acima (item 13.1), fala-se em guia de recolhimento provisória, de forma a permitir que o condenado por sentença recorrível tenha direito à progressão de regime enquanto aguarda o julgamento de seu recurso, já que a lei não permite o cumprimento sem a expedição da carta. No Estado de São Paulo, o assunto foi regulamentado internamente pelo Tribunal de Justiça por meio do Provimento n. 653/99 do Conselho Superior da Magistratura do Estado de São Paulo e dos Provimentos n. 15/99 e 6/2000 da Corregedoria-Geral de Justiça.

13.4. LIQUIDAÇÃO DAS PENAS

As várias condenações em processos diferentes devem ser somadas para o cumprimento. O Código Penal, em seu art. 76, determina que as penas mais graves devam ser cumpridas por primeiro: por hediondos antes das demais, reclusão antes da detenção, e estas duas antes da prisão simples, e, por fim, as restritivas de direitos. Sendo da mesma gravidade, as mais longas são cumpridas antes das mais curtas. E havendo diferença de regime, o fechado, antes do semiaberto, e este, antes do aberto. Trata-se de mandamento legal que por vezes não é observado.

A aplicação do artigo restringe-se à ideia de que as penas recebidas não são compatíveis entre si. Havendo compatibilidade, nada impede que sejam cumpridas simultaneamente, como é o caso de duas restritivas de direitos, uma de multa e outras restritivas, ou até mesmo uma privativa em livramento condicional e outra restritiva. Não vemos motivos para que o condenado, podendo cumpri-las simultaneamente, não o faça.

A soma das penas vem preconizada nos arts. 75 e 84 do Código Penal, no art. 82 do Código de Processo Penal e nos arts. 66, III, *a*, 111 e 141 da Lei de Execução Penal.

A cada somatória os efeitos da resultante devem recair sobre a determinação do regime, progressão, saídas temporárias, trabalho externo, remição, livramento condicional, conversão, reabilitação etc. (BEMFICA. *Da lei penal, da pena e sua aplicação, da execução da pena*, p. 215). Porém, conforme preconiza o art. 111 da LEP, a pena cumprida deverá ser descontada, e a determinação do regime deverá obedecer tanto à gravidade do delito (reclusão ou detenção) quanto ao regime definido em lei. Isto significa que, sendo as penas cominadas de reclusão e detenção, é impossível sua unificação, e o condenado deverá cumprir primeiro a de reclusão e, posteriormente, a de detenção. É evidente que este entendimento somente fará sentido se conjugado com o regime de cumprimento de pena (fechado, semiaberto e aberto). Assim, por exemplo, no caso de uma condenação a pena de reclusão de 6 anos em regime fechado e outra de detenção de 4 anos em regime semiaberto, tais penas deverão ser executadas da seguinte forma: computa-se a porcentagem da pena de reclusão e, havendo a progressão, soma-se o restante à pena de detenção de 4 anos e deste resultado (9 anos) computa-se a nova porcentagem para progressão ao aberto. O mesmo vale para o crime hediondo e o crime comum, computando-se as porcentagens da lei para o hediondo e as previstas para os crimes comuns. Caso a condenação ao crime comum seja em regime semiaberto e a do hediondo ao fechado, aplica-se apenas a porcentagem do crime hediondo e, assim que houver a progressão ao semiaberto, tal fração será mantida ao restante da pena deste mesmo delito e aplica-se a porcentagem correspondente à progressão da pena do crime comum.

Outro problema diz respeito à liquidação de penas privativas de liberdade e restritiva de direitos. A jurisprudência se consolidou no sentido de aplicação literal do art. 180, § 1º, *e*, da LEP, que determina que na superveniência de condenação à pena privativa de liberdade a restritiva de direitos deverá ser convertida em privativa ("sofrer condenação por outro crime à pena privativa de liberdade, cuja execução não tenha sido suspensa"). Contudo, deve-se deixar bem claro que deve haver a incompatibilidade de cumprimento simultâneo por conta do regime de cumprimento da pena. Assim, mesmo em regime fechado e semiaberto, não haverá necessidade de conversão por penas restritivas de prestação pecuniária, de perda de bens e valores e de multa, porquanto poderão ser cumpridas simultaneamente com a privativa de liberdade. Da mesma forma, se o regime for o aberto, também não deverá haver a conversão, pois todas as penas restritivas poderão ser cumpridas simultaneamente.

Mas, no tocante à conversão em casos de privativa de liberdade que não permita o cumprimento simultâneo da restritiva de direitos (p. ex., reclusão e limitação de final de semana), entendemos que tal dispositivo está em contradição com o art. 76 do Código Penal pois, em se tratando de penas de espécies diferentes, as mais graves deveriam ser cumpridas por primeiro. O melhor entendimento, *pro reo*, seria a suspensão da pena restritiva de direitos até que o condenado progredisse de regime e pudesse cumpri-las simultaneamente. O STJ chegou a esse entendimento (REsp 662.066/SC), mas mudou posteriormente para a aplicação apenas do art. 180 da LEP. Não nos parece a melhor posição, pois em alguns casos a pena restritiva sequer pode ser convertida, como é o caso da multa e da suspensão ou proibição de conduzir veículo automotor, cuja normativa do Código de Trânsito Brasileiro em seu artigo 293, § 2º não será executada (portanto, ficará suspensa) enquanto o condenado estiver recolhido a estabelecimento prisional.

A cada nova condenação e respectivo cálculo da resultante, falamos em *soma das penas*. Havendo concurso de crimes ou existência de penas de espécies diferentes, falamos em *unificação das penas*. A competência para a unificação das penas quando, apesar de continentes os crimes por concurso formal ou continuidade delitiva, tenham sido apurados em processos diferentes, será do juiz da execução. O magistrado deverá realizar um novo cálculo aplicando as proporções previstas nos arts. 70 e 71 do Código Penal, liquidando novamente a pena e retificando a guia de recolhimento (BEMFICA. Op. cit., p. 219).

Também utilizamos o termo "unificação" para o cálculo do limite máximo de cumprimento de penas no Brasil, que atualmente é de 40 anos. Conforme o art. 75 do Código Penal, a pena privativa de liberdade não poderá exceder a esse limite.

Em virtude de um mesmo processo ou da soma de várias condenações, o réu poderá receber uma pena maior do que 40 anos. A proibição restringe-se ao cumprimento, que não poderá exceder a esse limite, por isso a necessidade de unificação para o atendimento do teto legal. Embora a intenção da Lei tenha sido a de utilizar esse montante como limite máximo de prisão contínua e para o cálculo dos direitos da Lei de Execução Penal (p. ex., progressão, livramento etc.), o STF editou a Súmula 715 no sentido contrário: "a pena unificada para atender ao limite de trinta anos de cumprimento, determinado pelo art. 75 do Código Penal, não é considerada para a concessão de outros direitos, como o livramento condicional ou regime mais favorável de execução".

Concordamos com a brilhante lição de Paulo Queiroz, que entende ser o critério adotado pelo STF, além de inapropriado e antigarantista, eivado de inconstitucionalidade, por afrontar o princípio da individualização da pena e da legalidade (QUEIROZ. *Direito penal*, p. 359-360).

13.5. PRISÃO ESPECIAL

A prisão especial destina-se aos presos provisórios que, devido à natureza da função que exercem ou de sua relevância, aguardarão seus julgamentos em separado do criminoso comum. A previsão encontra-se no art. 295 do Código de Processo Penal.

Muitos a consideram um privilégio por violar o princípio da isonomia, o que de fato ocorre quando é concedida pela lei sem a adoção dos critérios de relevância da função. Percebe-se pelo texto do Código de Processo Penal e da legislação especial que alguns beneficiários, como, por exemplo, o possuidor de título de nível superior, em nada atendem à exigência da relevância.

A prisão especial consiste apenas na separação do beneficiário dos demais presos provisórios, em cela ou sala especial, que poderá situar-se em ala do estabelecimento penal comum ou ocupar espaço em quartéis militares. Não havendo local para o recolhimento individual, a cela especial poderá consistir em alojamento coletivo, atendidos os requisitos de salubridade do ambiente, pela concorrência dos fatores de aeração, insolação e condicionamento térmico adequados à existência humana.

A especialidade do tratamento estende-se ao transporte do preso, que deverá ser efetuado em separado do preso comum.

As constantes críticas ao instituto provocaram a edição da Lei n. 10.258/2001, que se preocupou em fixar que os demais direitos e deveres do preso especial serão os mesmos do preso comum.

Por tratar-se de uma exceção e de fato violação do princípio da isonomia, o rol de beneficiários deveria ser o mais restrito possível. Isto não é o que se nota no art. 295 do Código de Processo Penal e na legislação especial.

O Código de Processo Penal contempla as seguintes pessoas:

> "I – os ministros de Estado;
> II – os governadores ou interventores de Estados ou Territórios, o prefeito do Distrito Federal, seus respectivos secretários, os prefeitos municipais, os vereadores e os chefes de Polícia;
> III – os membros do Parlamento Nacional, do Conselho de Economia Nacional e das Assembleias Legislativas dos Estados;
> IV – os cidadãos inscritos no 'Livro de Mérito';
> V – os oficiais das Forças Armadas e os militares dos Estados, do Distrito Federal e dos Territórios;
> VI – os magistrados;
> VII – os diplomados por qualquer das faculdades superiores da República;
> VIII – os ministros de confissão religiosa;
> IX – os ministros do Tribunal de Contas;
> X – os cidadãos que já tiverem exercido efetivamente a função de jurado, salvo quando excluídos da lista por motivo de incapacidade para o exercício daquela função;
> XI – os delegados de polícia e os guardas-civis dos Estados e Territórios, ativos e inativos".

Além desses, encontramos dispositivos sobre a prisão especial em outros 14 diplomas legais, que contemplam os oficiais e fiscais de vigilância (Dec.-lei n. 8.209/45 do antigo Distrito Federal), oficiais da Marinha Mercante Nacional (Lei n. 799/49 e Lei n. 5.606/70), dirigentes de entidades sindicais (Lei n. 2.860/56), servidores do Departamento Federal de Segurança Pública (Lei n. 3.313/57), pilotos de aeronaves mercantes nacionais (Lei n. 3.988/61), policiais civis da União e do Distrito Federal (Lei n. 4.878/65, art. 40), funcionários das polícias civis dos Estados e Territórios Federais (Lei n. 5.350/67), juiz de Paz (LC n. 35/79, art. 112, § 2º), vigilantes de transportadoras de valores (Lei 7.102/83, art. 19, III), professores de 1º e 2º graus (Lei n. 7.172/83), conselheiro tutelar (Lei n. 8.069/90), membros do Ministério Público (LC n. 75/93) e membros da Defensoria Pública da União (LC n. 80/94, art. 44, III).

O Estatuto da Advocacia e da Ordem dos Advogados do Brasil (Lei n. 8.906/94) garante ao advogado prisão especial em seu art. 7º, V, e recolhimento à *sala do Estado Maior*, com condições condignas. Na ausência de tal acomodação, ser-lhe-á deferida a prisão domiciliar.

Após a condenação definitiva, tais sujeitos serão removidos para o sistema penitenciário comum, onde cumprirão suas penas submetendo-se ao regime adotado a todos os condenados.

13.6. REGIMES

O regime é "o modo de ser da execução da pena", como define René Ariel Dotti (*Curso de direito penal – parte geral*, p. 562).

Na legislação brasileira existem três regimes de cumprimento de pena: fechado, semiaberto e aberto. De acordo com o Código Penal, a pena a ser cumprida em regime fechado sujeitará o condenado ao estabelecimento de segurança máxima ou média; o regime semiaberto, à colônia penal agrícola ou industrial; e o regime aberto, à casa de albergado (Capítulo 12). As regras dos regimes que estão definidas, de forma sucinta, nos arts. 34 a 36 do Código Penal, também se referem ao trabalho do condenado durante o período de sua pena.

O cálculo da pena deverá ser efetuado pelo sistema trifásico, consubstanciado no art. 68 do Código Penal. O juiz deve escolher primeiro dentre as penas cominadas qual será aplicada e considerar as circunstâncias judiciais do art. 59. Em seguida aplicar as circunstâncias agravantes e atenuantes e, afinal, as causas de aumento e diminuição. Após o cálculo da pena utilizando-se do sistema trifásico, o juiz ainda deverá considerar obrigatoriamente a detração do tempo de prisão provisória, administrativa ou de internação, no Brasil ou no estrangeiro (Lei n. 12.736/2012, art. 1º, e CPP, art. 387, § 2º). Por fim, caberá ao juiz *obrigatoriamente* determinar o regime de cumprimento, conforme o art. 33, § 2º, do Código Penal:

"a) o condenado a pena superior a 8 (oito) anos *deverá* começar a cumpri-la em regime fechado;
b) o condenado não reincidente, cuja pena seja superior a 4 (quatro) anos e não exceda a 8 (oito), *poderá*, desde o princípio, cumpri-la em regime semiaberto;
c) o condenado não reincidente, cuja pena seja igual ou inferior a 4 (quatro) anos, *poderá*, desde o início, cumpri-la em regime aberto".

Destacamos os verbos, em cada caso, pois fica bem claro que a única imposição legal se verifica no regime fechado, obrigatório ao condenado à pena superior a oito anos. Nos demais casos, o juiz deverá fundamentar sua decisão, sempre com base nas condições judiciais (CP, art. 59), conforme expressa disposição do § 3º do art. 33. Assim, havendo motivos plausíveis, desde que devidamente fundamentados, poderá ser imposto o regime mais grave (fechado) aos condenados a penas menores de oito anos (Súmula 719 do STF). O que não se admite é que impressões pessoais do juiz acerca do delito sejam o bastante para a determinação do regime fechado, sem que elementos objetivos e subjetivos sobre o fato e o agente o justifiquem. Argumentos sobre a gravidade do delito, o clima de violência ou a confiança na Justiça não podem ser suficientes para a aplicação do regime fechado em condenações inferiores a oito anos. Recentemente, o Supremo Tribunal Federal, nessa linha, editou a Súmula 718.

Em tese, não haveria motivos para que a lei não permitisse ao juiz, diante do caso concreto, que também impusesse ao condenado a mais de oito anos o regime semiaberto. O que determinaria o regime, nesses casos, deveriam ser as circunstâncias fáticas e judiciais, garantindo uma melhor individualização da pena.

O ideal seria que o Brasil evoluísse do sistema progressivo para o denominado *sistema da individualização científica*, no qual o recluso não tem que obrigatoriamente iniciar o cumprimento de sua pena em um determinado regime mais severo, ou permanecer em certo regime por um determinado período legalmente estabelecido para avançar aos demais até o final da pena, especialmente por não ser recomendável inserir em um rigor maior a quem as condições pessoais abonam (GARCÍA ALBERO; TAMARIT SUMALLA. *La reforma de la ejecución penal*, p. 48). Essa rigidez do sistema progressivo, limitando a passagem por vários regimes por certo período de cumprimento no anterior, já era combatida severamente pelos juristas alemães no Congresso de Berlim de 1933, por não prestar eficazmente à individualização ou reeducação, mas tão somente à intenção da disciplina interna com a esperança da recompensa. Um sistema de individualização científica parte da classificação do condenado, variando entre os regimes, os estabelecimentos e os direitos como saídas temporárias, não em função do período cumprido de pena, mas das condições pessoais e do atendimento ao projeto ressocializador. No mesmo sentido é o pensamento de Francisco Bueno Arús (Panorama comparativo de los modernos sistemas penitenciarios. In: BAUMANN; HENTIG; KLUG. *Problemas actuales de las ciencias penales y la filosofía del derecho en homenaje al profesor Luis Jiménez de Asúa*, p. 393-394).

Existem algumas exceções previstas em Lei à determinação do regime a partir do *quantum* da pena indicado pelo art. 33 do Código Penal:

- a Lei n. 8.072/90, que define os *crimes hediondos*, impõe o regime *inicialmente fechado* para os condenados pelos delitos enumerados no art. 1º e seu parágrafo único;
- a Lei n. 9.613/98 sobre *lavagem de dinheiro* permite o *início de cumprimento no regime aberto ou semiaberto* como concessão de privilégio ao autor, coautor ou partícipe que colaborar espontaneamente com as autoridades, prestando esclarecimentos que conduzam à apuração das infrações penais e de sua autoria ou à localização dos bens, direitos ou valores objeto do crime;
- a *reincidência*, conforme o entendimento que se extrai do art. 33 do Código Penal (alíneas *b* e *c* do § 2º: "não reincidente"), também deveria determinar o regime fechado independentemente do montante da pena. Porém, a Súmula 269 do STJ permite a aplicação do regime semiaberto aos reincidentes condenados a penas inferiores a quatro anos, simbolizando que a reincidência, embora proporcione uma situação desfavorável ao condenado, determina regime mais severo e não *o mais severo*.

Nesses casos, não importaria o montante da pena. Assim, ainda que as condenações sejam inferiores a oito anos, o regime será o fechado, ou, nos casos de privilégio, sendo superior a oito anos, poderá ser o aberto.

Contudo, determinar um regime de cumprimento simplesmente pela previsão fria da Lei não é procedimento que atenda da melhor forma à individualização da pena prevista na Constituição Federal. Nesse sentido, o plenário do STF decidiu, em 26 de junho de 2012 (HC 111.840), que a previsão do § 1º do art. 2º da Lei n. 8.072/90 (Crimes Hediondos), que define o regime inicial sendo o fechado, não pode ser automaticamente aplicada e requer a fundamentação do juiz quando a pena em concreto for menor do que 8 anos, já que é somente a partir desse marco que o regime inicial deveria ser o fechado, segundo o Código Penal.

Cabe ao juiz da condenação estabelecer, na sentença condenatória, o regime inicial de cumprimento da pena. Para o cálculo do *quantum* indicado no art. 33 do Código Penal, deverão ser considerados todos os crimes apurados no mesmo processo. Sobrevindo condenação em outros processos, o regime deverá atender à soma das penas para a adequação do art. 33. Assim se, por exemplo, a primeira condenação proferiu-se por seis anos e o regime inicial foi o semiaberto, sobrevindo condenação a mais três anos, o regime, pela soma das condenações, deverá ser o fechado (superior a oito anos). Caberá ao juiz da execução realizar a unificação ou soma das penas (Capítulo 11, item 11.4.3).

Caso o juiz da condenação omita-se na estipulação do regime, a defesa poderá interpor *embargos de declaração* por omissão na sentença (CPP, art. 382). Eventualmente, precluso o prazo para os embargos, poderá interpor apelação, o que deverá acarretar a anulação da decisão anterior, pois não cabe ao Tribunal suprimir o primeiro grau de jurisdição. Aqui, não interessa que o processo e as provas tenham sido apreciados, pois se o tribunal reformar a sentença para determinar o regime estará imiscuindo-se no mérito da primeira instância, sem provimento anterior, o que caracteriza a supressão de instância. Não há coerência em permitir a reforma alegando-se que o princípio da ampla defesa não será atingido, mesmo porque não é esse o princípio ameaçado, mas sim o do duplo grau de jurisdição (devido processo legal). Da mesma forma, não cabe ao juiz da execução determinar o regime de início de cumprimento, caracterizando-se excesso de sua parte. Este vem sendo o entendimento do Supremo Tribunal Federal, embora existam decisões isoladas em contrário.

Diferente deve ser o entendimento nos casos em que o juiz define o regime, mas inadequadamente. Nesse caso, não há qualquer supressão de instância, já que o juiz da causa decidiu – embora erroneamente – sobre o regime, que foi alterado em grau de recurso.

13.6.1. Regime fechado

A LEP dispõe sobre os regimes fechado, semiaberto e aberto ao falar dos estabelecimentos penais (Capítulo 12). Por meio do Código Penal constatamos como regras do *regime fechado*: a realização de exame criminológico de classificação para individualização da execução; trabalho no período diurno e em comum dentro do estabelecimento, na conformidade das aptidões ou ocupações anteriores do condenado, desde que compatíveis com a execução da pena; isolamento durante o repouso noturno (CP, art. 34).

A finalidade do recolhimento à prisão fechada, na autoridade de Manoel Pedro Pimentel, deveria ter o escopo de abrigar os condenados sem possibilidades de tratamento em liberdade, pelo recebimento de regimes mais brandos ou de penas alternativas. Mas deveria cumprir sua tarefa de fase inicial do processo de execução da pena, transcendendo ao castigo e despertando no condenado a intenção de mudança interior, tal como a origem da clausura celular no século V (*O crime e a pena na atualidade*, p. 186).

13.6.2. Regime semiaberto

Para o *regime semiaberto*, o condenado fica sujeito a trabalho em comum durante o período diurno, em colônia agrícola, industrial ou estabelecimento similar e poderá exercer um trabalho externo, bem como frequentar cursos supletivos profissionalizantes, de instrução de segundo grau ou superior (CP, art. 35).

13.6.3. Regime aberto

Quanto ao *regime aberto*, baseado na autodisciplina e senso de responsabilidade do condenado, este deverá, fora do estabelecimento e sem vigilância, trabalhar, frequentar curso ou exercer outra atividade autorizada, permanecendo recolhido durante o período noturno e nos dias de folga (CP, art. 36). A Lei de Execução Penal complementa essas regras definindo que "o ingresso do condenado em regime aberto supõe a aceitação de seu programa e das condições impostas pelo juiz" (art. 113). Essas condições estão previstas no art. 114 como obrigatórias e no art. 115 como facultativas.

Para Manoel Pedro Pimentel, a maior vantagem da prisão aberta é permitir ao condenado que tenha a experiência da liberdade concreta, e não suposta, pois, mesmo cumprindo a pena, tem a oportunidade de trabalhar e viver como se livre fosse. Diz o mestre que "se a personalidade do criminoso é uma estrutura complexa de fatores, que agiram negativamente sobre ele, essa experiência real de liberdade, sob a motivação de readquirir a liberdade plena, permite que essa fatoração seja posta em cheque, reavaliada e substituída por comportamento diverso, o que jamais seria possível no ambiente de uma prisão fechada, porque é impossível treinar um homem preso para viver em liberdade" (*O crime e a pena na atualidade*, p. 144).

São *condições obrigatórias* (gerais ou legais):

- estar trabalhando ou comprovar a possibilidade de fazê-lo imediatamente (LEP, art. 114, I);
- apresentar, pelos seus antecedentes e pelos resultados do exame criminológico, fundados indícios de que irá ajustar-se, com autodisciplina, baixa periculosidade e senso de responsabilidade, ao novo regime (art. 114, II);
- permanecer no local que for designado, durante o repouso e nos dias de folga (LEP, art. 115, I);
- sair para o trabalho e retornar, nos horários fixados (inc. II);
- não se ausentar da cidade onde reside, sem autorização judicial (inc. III);

- comparecer a Juízo, para informar e justificar as suas atividades, quando for determinado (inc. IV).

Facultativamente, o juiz poderá determinar o monitoramento eletrônico (art. 115).

Além das condições previstas na Lei de Execução Penal, a legislação local (estadual) poderá prever outras de forma a complementar o cumprimento da pena em regime aberto (art. 119), como, por exemplo, a frequência a cursos educacionais ou profissionalizantes, visitas aos parentes na companhia de assistente social etc. O extinto Tribunal de Alçada Criminal de São Paulo já decidiu ser legítima a condição de prévia indenização das vítimas (TACrimSP, rel. Marrey Neto, *RJD* 2/66). O STJ considerou como possível a exigência de comparecimento diário ao Conselho da Comunidade para o recebimento de orientação e capacitação profissional enquanto o condenado não puder comprovar o exercício de atividade lícita (HC 499571/PR).

Essas condições facultativas poderão ser modificadas pelo próprio juiz, ou a requerimento do Ministério Público, da autoridade administrativa ou do condenado, desde que as circunstâncias assim o recomendem (art. 118).

Cumpre ainda lembrar que o Decreto-lei n. 3.688/41 – Lei das Contravenções Penais – traz como sanção a previsão da pena de prisão simples, que nunca poderá exceder o máximo de cinco anos (art. 10). Embora não previsto, na Lei de Execução Penal, regime especial para tal pena, o próprio Decreto-lei determina em seu art. 6º que "a pena de prisão simples deverá ser cumprida, sem rigor penitenciário, em estabelecimento especial ou seção especial de prisão comum, em *regime semiaberto ou aberto*". Entre estes, o critério para a escolha do regime deverá ser o mesmo do art. 33 do Código Penal.

13.6.4. Regime aberto domiciliar

A prisão domiciliar ou, mais apropriadamente, o regime aberto domiciliar é uma medida excepcional destinada a permitir que determinadas pessoas que já se encontrem no regime aberto, por motivos especiais e humanitários, possam cumprir sua pena em suas residências. O art. 117 da LEP enumera as hipóteses para o condenado:

- maior de 70 anos;
- acometido de doença grave;
- com filho menor ou deficiente físico ou mental;
- gestante.

A doutrina e a jurisprudência se dividem quanto ao caráter do artigo, se *taxativo ou exemplificativo*. A nosso ver, trata-se de disposição exemplificativa, pela índole humanitária que a reveste.

Lembramos que, a partir da edição da Lei n. 12.258/2010, que alterou a Lei de Execução Penal, o submetido à prisão albergue domiciliar poderá ser *monitorado eletronicamente* (*vide* Capítulo 19).

A Lei não faz distinção se a condição especial surgiu antes ou depois da prática do delito. Seu cunho é humanitário e sua preocupação é a solidariedade com o indivíduo que possui uma condição especial e deve ser tratado de acordo com essa necessidade. É macabro o pensamento de que, se o autor possuía 70 anos na data do crime, já possuía a doença grave ou o filho menor ou deficiente, não poderia usufruir o dispositivo, porquanto teria executado o crime sabendo do privilégio de estar resguardado por um "manto ou passaporte de impunidade", como afirmam Daniel Prado da Silveira e Hideo Ozaki (*Prática de execução criminal*, p. 31-32). A Lei não possui essa exceção ou condição de anterioridade e, certamente, não foi essa a intenção do legislador.

Em certos casos, como dos acometidos de doença grave ou as gestantes, o recolhimento em domicílio somente poderá ser deferido quando o motivo possa ser administrado residencialmente, ou seja, quando o domicílio do condenado esteja equipado para a situação. Se os cuidados necessários demandarem o internamento, o juiz deverá recomendá-lo, negando o recolhimento domiciliar se não estiver devidamente comprovada a capacidade de suporte, pois o condenado continua sob a tutela do Estado e, portanto, de sua responsabilidade.

Como explanamos anteriormente, não se pode transferir a ineficiência do Estado ao cidadão. Portanto, entendemos que, na ausência do estabelecimento aberto, ainda que fora dos casos do art. 117, poderá ser deferido o regime domiciliar. Se a concessão abusiva e indiscriminada da prisão domiciliar pode ser considerada um mal, a não concessão do regime aberto é um mal ainda maior e, dos males, o menor (no mesmo sentido, NOGUEIRA. *Comentários à lei de execução penal*, p. 125).

Nos casos da concessão do regime aberto domiciliar, o juiz poderá impor qualquer uma das condições previstas no art. 115 (incisos I a IV). O descumprimento injustificado poderá configurar falta grave, conforme dispõe o art. 50, V, e não simplesmente uma frustração dos fins da execução, exatamente por haver previsão legal (tipicidade) específica. Nesses termos, conforme o disposto no art. 118, I, implicará regressão de regime. Contudo, como qualquer falta grave, tal situação deverá ser reconhecida por meio de um regular procedimento administrativo, posteriormente homologado pelo juiz, sem o que não se poderá aplicar qualquer tipo de sanção e somente a partir daí poderá surtir efeitos. Nesse sentido, ousamos discordar do entendimento exarado pelo STJ, pelo qual não reconheceu como tempo de pena cumprida em regime aberto o período que media a data em que o condenado deveria ter comparecido em juízo e a data de efetiva prolação da decisão que o regrediu ao regime semiaberto (HC 207.698/SP). O deferimento do regime aberto domiciliar pressupõe que o condenado esteja em casa, local do cumprimento da pena. A falta de comparecimento é um dos requisitos como qualquer outro, que somente poderá ser considerado para fins de prejuízo do condenado no momento em que é reconhecido como falta grave. E a consequência prevista em lei é a regressão, e não a irrelevância ou a "perda" dos dias de pena cumpridos, pois de fato foram cumpridos "em casa". Se assim houvesse de ser, a lei deveria expressamente prever tal efeito como o faz com o livramento condicional, no qual o condenado não terá como computar os dias cumpridos nos exatos termos do art. 142 da LEP. Portanto, por ausência de previsão legal, a desconsideração do tempo de pena já cumprido antes da oficial declaração da regressão é constrangimento ilegal.

13.6.5. Progressão

O Código Penal preconiza que "as penas privativas de liberdade deverão ser executadas em forma progressiva, segundo o mérito do condenado, observados os seguintes critérios e ressalvadas as hipóteses de transferência a regime mais rigoroso" (CP, art. 33, § 2º). A *transferência* é a passagem de um regime para outro. Quando para o mais benéfico, chamamos *progressão*. Ao mais rigoroso, chamamos *regressão*.

Progressão significa passar de um regime de cumprimento mais severo para outro mais brando. As penas privativas de liberdade devem ser executadas nessa linha, tendo o nosso legislador se inspirado na metodologia conhecida por *mark system*, que permite ao condenado que atinge determinadas metas (marcas) a conquista de direitos e uma maior aproximação da liberdade. A progressão poderá ser comum ou especial.

Desde a edição da Lei de Execução Penal, em 1984, o cômputo da progressão foi feito em frações de 1/6 do cumprimento da pena. Em 2007, a lei criou uma fração antes nunca utilizada de 2/5 e 3/5 para a progressão em crimes hediondos. Atualmente, por nova alteração legal, a progressão de regime obedecerá a um sistema de porcentagem da pena, em vigor a partir de 24-1-2020. Será importante que se atente à data da vigência pois se tratando de lei de caráter penal (restrição da liberdade) não deverá retroagir para os condenados por crimes praticados antes da vigência da lei. Nesse sentido, lembramos os fundamentos da edição da Súmula Vinculante 26, que justamente considerou que, para os delitos hediondos e equiparados praticados antes da alteração da Lei n. 8.072/90, efetuada pela Lei n. 11.464/2017, que alterou as frações para 2/5 e 3/5, a fração para a progressão deveria ser de 1/6.

Os únicos casos de retroatividade são os previstos no art. 112, I – condenados primários por crimes cometidos sem violência ou grave ameaça –, e no art. 112, VII – ao condenado por crime hediondo reincidente, se a reincidência não for específica – para os quais ocorreu *novatio legis in mellius*. No primeiro caso, porquanto a porcentagem de 16% é menor do que a fração de 1/6 da pena. E, no segundo caso, porquanto na lacuna da lei que somente previu a porcentagem de 60% para o reincidente em crime hediondo e equiparado (ou seja, específico), a reincidência que não seja por tais crimes não obteve amparo legal, e, por isso, a quantidade de pena a ser cumprida pelo réu que cometeu crime hediondo deverá ser a prevista no inciso V, ainda que reincidente (40%). Esse é, inclusive, o entendimento do STJ.

Uma primeira observação e que me parece de elevada importância é que a redação do art. 112 não mais prevê que a progressão dependa de certo período de cumprimento **"no regime anterior"**. Este era inclusive o fundamento para que não se permitisse a **progressão por salto**, tema inclusive sumulado e que agora me parece não possuir mais amparo legal. Pela redação legal, basta apenas que as porcentagens aconteçam, e se os patamares forem atingidos em cumulação, o preso poderá simplesmente alcançar o regime equivalente.

Pela redação atual, para a progressão de regime, o cálculo deverá obedecer aos seguintes valores (art. 112):

> "I – 16% (dezesseis por cento) da pena, se o apenado for primário e o crime tiver sido cometido sem violência à pessoa ou grave ameaça;

II – 20% (vinte por cento) da pena, se o apenado for reincidente em crime cometido sem violência à pessoa ou grave ameaça;
III – 25% (vinte e cinco por cento) da pena, se o apenado for primário e o crime tiver sido cometido com violência à pessoa ou grave ameaça;
IV – 30% (trinta por cento) da pena, se o apenado for reincidente em crime cometido com violência à pessoa ou grave ameaça;
V – 40% (quarenta por cento) da pena, se o apenado for condenado pela prática de crime hediondo ou equiparado, se for primário;
VI – 50% (cinquenta por cento) da pena, se o apenado for:
a) condenado pela prática de crime hediondo ou equiparado, com resultado morte, se for primário, vedado o livramento condicional;
b) condenado por exercer o comando, individual ou coletivo, de organização criminosa estruturada para a prática de crime hediondo ou equiparado; ou
c) condenado pela prática do crime de constituição de milícia privada;
VI-A – 55% (cinquenta e cinco por cento) da pena, se o apenado for condenado pela prática de feminicídio, se for primário, vedado o livramento condicional;
VII – 60% (sessenta por cento) da pena, se o apenado for reincidente na prática de crime hediondo ou equiparado;
VIII – 70% (setenta por cento) da pena, se o apenado for reincidente em crime hediondo ou equiparado com resultado morte, vedado o livramento condicional".

Além da porcentagem, o preso deverá:

1) ostentar *boa conduta* carcerária, comprovada pelo diretor do estabelecimento;
2) ter, se condenado por *crime contra a administração pública*, a progressão de regime do cumprimento da pena condicionada à *reparação do dano* que causou, ou à *devolução do produto* do ilícito praticado, com os acréscimos legais;
3) se, condenado expressamente por integrar organização criminosa, não existirem provas de manutenção de vínculo associativo;
4) apresentar resultado favorável em exame criminológico.

O primeiro requisito – **cumprimento de parte da pena** – deve levar em consideração o total da pena imposta na(s) sentença(s). E a alteração legal que modificou de fração para porcentagem não levou em consideração que, no sistema anterior, não havia tantos problemas de cálculo, porquanto como todo ano tem 12 meses, 6 era divisor de 12. Com o novo sistema, os cálculos não serão tão evidentes quando realizados manualmente, e o uso de programas de computador pelas administrações penitenciárias deverá ser recorrente. O que se poderá contestar no futuro é o algoritmo utilizado para arredondar os decimais. O importante é que a aplicação da porcentagem deverá ser sempre da pena a ser cumprida. Exemplificando, o condenado que já cumpriu 16% e progrediu para o regime semiaberto deverá cumprir outros 16% da pena restante, e não da pena total estipulada na sentença. Pena que já foi cumprida deve ser considerada extinta e não mais pode ser computada para qualquer efeito, por isso o cálculo seguinte será sobre a pena restante, que, no exemplo, é cinco anos. O STF vem mantendo esse entendimento.

Não há fundamento legal, jurisprudencial ou científico para a lamentação de Paulo Lúcio Nogueira, que entende estar havendo "muita tolerância na apreciação do requisito objetivo, quando deveria haver mais rigor, pois condenados com penas longas (...) não devem ser favorecidos com a progressão pelo simples fato de terem cumprido um sexto, mas deve-se exigir o cumprimento de mais tempo [!], já que esse mínimo deve ser aplicado em casos de condenação menos longa [?], sob pena de indevido favorecimento" (*Comentários à lei de execução penal*, p. 160). Salvo melhor juízo, parece-nos que o indevido seria negar ao condenado, que cumpriu exatamente o que dispõe a legislação como o requisito objetivo mínimo, a progressão de regime.

O STF também mantém o entendimento (Súmula 715) de que para a progressão de regime ou concessão de livramento condicional deve ser utilizado o total das penas aplicadas. Conforme o Código Penal (art. 75), o máximo de cumprimento da pena privativa de liberdade é de 40 anos. A partir dessa quantidade, deveriam ser aplicadas as porcentagens para o reconhecimento da progressão e do livramento. O entendimento do STF determina a utilização do total das penas, não importando que ultrapasse os 40 anos. Se, por exemplo, o réu foi condenado a 60 anos, ainda que somente venha a cumprir 40, a progressão e deverá ser computada em porcentagens da pena concreta, ou seja, 60 anos.

Para os condenados por crimes hediondos ou equiparados, a Lei n. 8.072/90 exigia o cumprimento de, pelo menos, 2/5 da pena para o réu primário, e 3/5 para o reincidente em crime hediondo (art. 2º, § 2º). Essa previsão foi inserida com a edição da Lei n. 11.464/2007, após o STF ter considerado como inconstitucional a vedação de progressão de regime que fazia parte da redação original. Alguns profissionais, descontentes com as consequências da nova redação, proporcionaram uma divergência jurisprudencial que precisou ser resolvida pelo STF por meio da edição da Súmula Vinculante 26.

De forma puramente retórica, a partir da edição da Lei n. 11.464/2007, que passou a permitir a progressão, alguns magistrados e promotores passaram a afirmar que tal Lei configurava uma situação jurídica mais favorável para o condenado, diante da antiga redação que proibia a progressão de regime e, em vez de permitir a progressão a partir do cumprimento de 1/6 da pena, passara a exigir imediatamente o cumprimento de 2/5 ou de 3/5. A premissa estaria perfeitamente correta, não fosse o fato de que o STF já havia considerado a proibição da progressão de regime como algo inconstitucional. Se assim foi considerada, significa que a norma proibitiva da Lei de Crimes Hediondos não pode e jamais poderia ser utilizada para qualquer parâmetro jurídico, nem mesmo de comparação, e que se deve utilizar o padrão previsto na legislação existente, que era o de 1/6. Portanto, a conclusão lógica correta não é a de que a Lei nova (n. 11.464/2007), que permite a progressão, é mais benéfica que a Lei antiga (n. 8.072/90), que não permitia, mas sim a de que, considerada inconstitucional a proibição da Lei n. 8.072/90, o parâmetro a ser utilizado é o referencial legal da progressão previsto na Lei de Execução Penal – ou seja, 1/6 –, e que, assim, todos os que cometeram crimes hediondos até a data de alteração da Lei de Crimes Hediondos (28-3-2007) devem progredir após o cumprimento desse prazo, e não do prazo de 2/5 ou 3/5 previsto pela Lei nova.

Foi necessária a edição de *Súmula Vinculante 26* para tentar eliminar o entendimento equivocado, com a seguinte redação: "para efeito de progressão de regime no cumprimento de pena por crime hediondo, ou equiparado, o juízo da execução observará a inconstitucionalidade do art. 2º da Lei n. 8.072, de 25 de julho de 1990, sem prejuízo de avaliar se o condenado preenche, ou não, os requisitos objetivos e subjetivos do Direito, podendo determinar, para tal fim, de modo fundamentado, a realização de exame criminológico".

Agora, para os condenados por crimes cometidos após a alteração legal promovida pela Lei n. 13.964/2019, as regras para a progressão em crimes hediondos também serão em porcentagem, conforme supradescrito.

Situação pouco analisada pela doutrina e com algumas decisões em ambos os sentidos é a satisfação do requisito de tempo de cumprimento de pena nos casos em que o condenado possui mais de uma condenação a penas de gravidade diferente: crimes hediondos, regimes fechado e semiaberto. Segundo o art. 76 do Código Penal, no concurso de infrações, a pena mais grave será executada primeiramente. Tal previsão legal nos leva a considerar que, no concurso de penas de gravidade diferente, o prazo deve ser computado individualmente para cada condenação. Assim, utilizando-se o regime anterior de frações, o que aconteceria no concurso de crime hediondo e crime comum apenado com reclusão, aplicar-se-ia a fração de 2/5 sobre a pena do crime hediondo e a de 1/6 para o não hediondo apenado com reclusão e, após a somatória das frações, seria concedido o regime semiaberto. O mesmo pensamento valia para o caso de crime apenado com reclusão e outro com detenção. Assim, no concurso de reclusão e detenção (ou na superveniência de nova condenação) a fração deveria ser a de 1/6 somente sobre a pena de reclusão, o que significaria um tempo menor no regime fechado, e assim que a progressão fosse deferida, a pena de detenção (atribuída em regime semiaberto) seria somada ao restante da pena de reclusão, e do resultado se aplicaria a nova fração de 1/6 para a progressão a regime aberto. O mesmo deve acontecer agora com o sistema de porcentagens. Simplesmente somar as penas diversas e aplicar a fração do seu total é solução que não pode ser admitida, ainda mais quando houver condenação a um dos crimes que seja hediondo, pois a porcentagem é muito superior à dos crimes comuns. As cortes superiores têm caminhado conforme este entendimento.

1) O **bom comportamento** carcerário será comprovado por meio de um atestado emitido pelo diretor do estabelecimento prisional. Deverá ter como supedâneo o prontuário do condenado onde estarão anotados as suas faltas e os seus elogios. A legislação federal não especifica o formato do atestado e as informações que deve conter, o que poderá ser regulamentado por cada estado da Federação. Nesse ponto, é sempre pertinente a crítica de Augusto Thompson sobre a inversão do objetivo de readaptação prisional, que, em vez de ter como parâmetro a adaptação à vida livre, tem a adaptação à prisão. Julgar que o criminoso, por submisso às regras *intra muros*, comportar-se-á como não criminoso no mundo livre é, para o autor, uma flagrante antinomia (THOMPSON. *A questão penitenciária*, p. 12). O Regulamento Penitenciário Federal estipula prazos para a reabilitação do "bom comportamento carcerário" a partir da punição por faltas leves, médias e graves e, como já expusemos no Capítulo 10 (item 10.11), tal regulamentação é absolutamente ilegal e inconstitucional, pois a criação de prazos para a reaquisição do "bom" comportamento é situação que impede a progressão, ou seja, afeta o alcance da liberdade, algo que somente poderia estar previsto em lei e poderá proporcionar maior lapso de cumprimento da pena superior aos prazos previstos em lei para a progressão. Com a atual redação do art. 112, § 7º, o bom comportamento deverá ser readquirido no prazo máximo de um ano ou antes, após o cum-

primento do requisito temporal exigível para a obtenção do direito. O dispositivo é confuso e deve ser interpretado em conjunto com o § 6º, que diz que o cometimento de falta grave interrompe o prazo para a obtenção da progressão de regime, com o reinício do prazo com base na pena remanescente. Assim, havendo falta grave – que interromperá o prazo para a progressão –, o condenado somente poderá adquirir o bom comportamento – maculado pela falta – após um ano, ou antes, se o prazo para a progressão, que é feito pela pena remanescente, for atingido antes de um ano. Por exemplo, se a porcentagem sobre a pena remanescente, para a progressão for superior a um ano, o condenado adquire o bom comportamento antes disso, e poderá obter outros direitos relacionados a ele, ainda que não possa progredir por ter atingido a porcentagem necessária. Agora, se pela porcentagem da pena restante o condenado adquirir a progressão antes de um ano, na data da progressão deverá ser considerado como tendo bom comportamento. Entendimento diverso transformaria o dispositivo em letra morta.

Além da lacuna relacionada ao procedimento sobre o comportamento carcerário, havia outra na legislação, que não regulamentava o procedimento para que o condenado punido com *falta grave* venha a conseguir nova progressão de regime. Se, apesar de cumprida a fração de pena, possuir a anotação da falta, a progressão fatalmente será negada. E a partir de quando poderá novamente pleitear a progressão? Desconsiderando a previsão de tempo para a "reabilitação" administrativa citada no parágrafo acima, a jurisprudência, dividida, entrelaçava duas correntes. Na primeira, considerava que a prática da falta grave, que conforme a lei justifica a regressão, deveria ser considerada como interrupção do prazo, e o condenado deveria cumprir um novo período equivalente para ter direito a novo pedido de progressão. Uma segunda corrente entendia exatamente o oposto, alegando que a falta não causaria a interrupção do prazo. Atualmente, o STF mantém posicionamento de que o cometimento de falta grave implica o reinício da contagem do prazo para a concessão de direitos prisionais. Mas, encontramos no STJ posicionamento contrário, sob o fundamento de que não havendo previsão legal dessa consequência a interrupção do prazo configura violação do princípio da legalidade (STJ, HC 121.026). A partir da alteração promovida pela Lei n. 13.964/2019, o § 6º do art. 112 agora dispõe expressamente que "O cometimento de falta grave durante a execução da pena privativa de liberdade interrompe o prazo para a obtenção da progressão no regime de cumprimento da pena, caso em que o reinício da contagem do requisito objetivo terá como base a pena remanescente".

2) A Lei n. 10.763/2003 alterou o art. 33 do Código Penal e passou a exigir que o condenado por crimes contra a Administração Pública efetivasse a **reparação do dano ou devolução do produto do ilícito praticado** como condição à progressão de regime. Isso significa que, nos delitos que causem dano patrimonial ao Estado por meio de desfalques, subtração ou apropriação de valores da Administração, o condenado não poderá progredir de regime antes que haja a confirmação objetiva de restituição ou ressarcimento do prejuízo material causado. Pela própria dicção do artigo, fica evidente que o *dano moral* não está abrangido pelo dispositivo. A intenção do legislador foi a de recuperar o erário atingido pelo desvio ou subtração dos bens públicos.

A nova disposição legal precisa ser interpretada harmonicamente ao sistema já existente. Destarte, assim como a multa não paga não mais poderá ser convertida em privação da liberdade e a reparação do dano causado à vítima depende da possibilidade do condenado em fazê-lo sem que isso prejudique a concessão de direitos, nos casos em que o condenado não puder efetuar a reparação ao erário por comprovada insuficiência, tal fato não poderá obstar a progressão de regime.

3) Com a alteração da Lei n. 12.850/2013 de **organização criminosa**, os condenados que possuírem em sua sentença o reconhecimento expresso de participarem de organização criminosa ou por outro delito praticado por meio dela não poderão progredir de regime se houver elementos probatórios de que ainda mantêm o vínculo com a organização (art. 2º, § 9º).

Para decidir pela progressão, o juiz deverá ouvir o Ministério Público e a defesa. Em seguida, fundamentadamente decidirá a matéria. Em sua decisão, o juiz não poderá levar em consideração aspectos já apreciados na sentença condenatória, por exemplo, as circunstâncias judiciais, a gravidade do delito, o emprego de violência e grave ameaça etc., que foram utilizados para o *quantum* da pena e o regime inicial de cumprimento. Ao fazê-lo, incidirá em *bis in idem*.

4) O parágrafo único do art. 112, em sua redação original de 1984, também previa a realização de um **exame criminológico**. A alteração promovida pela Lei n. 10.792/2003 retirou a previsão legal do exame criminológico. Posteriormente, a Lei n. 13.964/2019, ao alterar substancialmente o art. 112, manteve ausente o exame criminológico. Infelizmente, em um dos maiores retrocessos em matéria de execução penal, a Lei n. 14.843/2024 ressuscitou tal aberração jurídica na nova redação dos arts. 112, § 1º, e 114, II, e agora de forma ainda mais abrangente, pois passou a exigir o malfadado exame também para progressão ao regime aberto.

Esse suposto "parecer", que deve envolver profissionais das áreas específicas para a aferição das efetivas capacidades do condenado, tem a pretensão de demonstrar a aptidão física e psíquica do condenado para penetrar em um regime mais brando. O sistema vigente até 2024, ao exigir o atestado de bom comportamento, apenas verifica se o condenado adaptou-se ao regime prisional fechado. Isso significa que um recluso que se manteve durante a porcentagem exigida por lei em absoluta obediência à ordem prisional pode progredir de regime, ao passo que um condenado que, por motivos e discordâncias internos impostos pelo próprio convívio carcerário, não conseguiu manter um comportamento exemplar, ainda que preparado para a progressão, não adquire esse direito (no mesmo sentido, BEMFICA. *Da lei penal, da pena e sua aplicação, da execução da pena*, p. 225). O assunto é polêmico pela imposição do conceito de periculosidade que se esconde por trás do exame criminológico e pela absoluta impossibilidade de tal exame cumprir o que se espera dele. Sobre o tema, remetemos o leitor às nossas considerações sobre o exame emitidas no **Capítulo 5**.

Antes da repristinação do exame, diante da ausência de dispositivo legal, aquele jamais poderia ser exigido como requisito da concessão. Contudo, o STF editou a Súmula Vinculante 26, na qual, embora inicialmente cite apenas uma modalidade de crime (o que poderia nos levar a entender que o exame somente poderia ser possível aos crimes hediondos), aparentemente permitiria ao juiz exigir a realização do exame para qualquer outro crime, quando submetido o réu ao regime fechado. Esse vem sendo o entendimento adotado e, quando devidamente fundamentado, o juiz da execução tem exigido o exame para progressão.

Como já tivemos a oportunidade de nos manifestar em outra ocasião, a exigência do exame criminológico é absolutamente abusiva e inútil. A origem dessa exigência deriva do antigo sistema do duplo binário (aplicação de pena e medida de segurança cumulativamente), que há mais de 20 anos deixou nosso ordenamento penal. Exigir que alguém se submeta a um capricho na falta de uma previsão legal é violar o princípio da legalidade constitucional de que ninguém deve fazer ou deixar de fazer algo senão em virtude de lei. A medida torna-se absolutamente inútil, porquanto no atual sistema vicariante, tenha ou não condições criminológicas de progredir, o condenado deverá ser efetivamente liberado ao final de sua pena, mesmo que detentor de diversos laudos criminológicos desfavoráveis. Assim, impedir sua progressão pela análise ou falta de análise criminológica é puro argumento teórico para justificar políticas criminais comprovadamente ineficientes de Lei e Ordem e fortalecimento de um direito penal de cunho exclusivamente simbólico.

De qualquer forma, o STJ decidiu no RHC 200.670 que se trata de *novatio legis in pejus*, e, portanto, não se poderá exigir o exame criminológico aos delitos cometidos antes da vigência da lei – já que o marco temporal da irretroatividade é a data do cometimento do crime.

Lembramos que, quando a progressão se der para o *regime aberto,* a lei exige alguns requisitos a mais (*supra*, item 13.6.3).

O modelo progressivo (*mark system*) pressupõe a conquista, pelo condenado, de estágios graduais de liberação. Por isso, os regimes teriam que ser conquistados de forma paulatina, passando-se do fechado ao semiaberto e deste para o aberto. O que acontece, frequentemente, é a insuficiência de espaço em estabelecimentos semiabertos, o que leva os juízes a negarem a progressão, mantendo o condenado em regime fechado. A decisão não poderia ser condicionada apenas à existência ou não de vagas, mas sim a uma análise substancial de cada caso. Tratando-se de individualização da pena, o condenado pode demonstrar plenas condições para alcançar um regime melhor, o que não justificaria sua manutenção em regime mais severo por determinado tempo. Na verdade, a opção por um sistema de metas e mérito é incompatível com um sistema de cumprimento de determinado período de pena. Na correta formulação de Manoel Pedro Pimentel, o condenado alcança em um determinado momento "o ponto mais alto da sua resposta à terapêutica penal". Este seria o momento adequado para a concessão da progressão, ou, como cita o mestre, o livramento condicional. A aferição deve brotar de uma junta técnica interdisciplinar, e não ficar adstrita a um limite de tempo de prisão cumprida. A medida é aconselhável para que não se perca o momento ideal de reestruturação da personalidade do condenado, que tenderá a regredir perante o processo de prisionização. Troca-se um critério aleatório asséptico por outro científico (PIMENTEL. *O crime e a pena na atualidade*, p. 169).

A execução da pena acaba sendo comprometida por absoluta ineficiência do Estado na construção do número adequado de estabelecimentos dessa espécie. Havendo concordância com esse entendimento, o juiz da execução deverá, presentes as condições pessoais para a progressão, conceder o regime mais benéfico, ainda que isso implique o chamado salto de regime ou **progressão por salto**, passando-se do regime fechado diretamente ao aberto. Sempre defendemos essa postura e, aparentemente, essa é a atual opção do legislador ao alterar novamente a redação do art. 112 pela Lei n. 13.964/2019. O fundamento das decisões que negam a progressão por salto poderia ser encontrado na lei, pois a redação modificada exigia que o preso tivesse cumprido ao menos 1/6 (um sexto) da pena no regime anterior. Para a jurisprudência, o "regime anterior" só poderia ser o regime *imediatamente* anterior, e, assim, para ir ao aberto, o preso deveria passar pelo semiaberto. É comum encontrar nos acórdãos do STJ a seguinte redação: "O entendimento desta Corte é no sentido de que não se admite a progressão por salto, devendo ser cumprido o requisito temporal em cada regime prisional, em obediência ao art. 112 da Lei n. 7.210/84". Tal entendimento, inclusive, foi sumulado pelo STJ (Súmula 491). A atual redação não menciona mais o cumprimento em regime anterior, dizendo apenas que "a pena privativa de liberdade será executada em forma progressiva com a transferência para regime menos rigoroso". Nenhuma menção a regime anterior. Assim, entendemos que a súmula e a jurisprudência dos tribunais superiores deverão ser revistas.

Além disso, o condenado em regime fechado deve aceitar as condições do regime semiaberto para nele inserir-se. Caso não o faça por motivos vários, permanecerá no fechado. Posteriormente, não se mostra razoável negar-lhe o regime aberto, ainda que não tenha passado pelo semiaberto, se os requisitos objetivos de cumprimento mínimo de pena e os demais requisitos subjetivos o indicarem. Se, por exemplo, já cumpriu 32% da pena e não aceitou as condições do regime semiaberto, nada impede que aceite as do aberto e ganhe a progressão "saltando" um regime. Caberá ao juiz da execução cumprir a lei que não exige tempo em regime anterior, e utilizar-se do bom senso e do discernimento necessários para entender os motivos da recusa da progressão ao regime semiaberto, e permitir a progressão posterior ao aberto. Ademais, como será visto abaixo, lembramos que, para a concessão de livramento condicional ao preso primário, será necessário o cumprimento de 1/3 da pena, que representa exatamente o período de regime fechado e semiaberto. Assim, se o preso poderá receber o livramento condicional e diretamente do regime fechado passar à liberdade, com muito mais razão poderia passar do fechado ao aberto diretamente.

Sempre relembramos que a ineficiência do Estado não poderá ser transferida ao cidadão, ainda que este seja um condenado. A Administração Pública deverá empreender esforços para concretizar o determinado em Lei, sob pena de esvaziar a função do Poder Legislativo, atuando somente no que entender melhor. Justificativas do tipo "alto custo do sistema carcerário" não podem tolher o direito do preso de progredir de regime, estando preenchidos os requisitos legais. Concordando com esse argumento, Roberto Gomes Lima e Ubiracyr Peralles mudaram seu entendimento anterior para considerar que a mora ou ineficiência do Estado constituirá constrangimento ilegal, sempre que o condenado ficar à mercê da Justiça por mais tempo do que determina a lei penal ou processual (*Teoria e prática da execução penal*, p. 49). Também a favor da progressão por salto é a doutrina de José Carlos Daumas Santos (*Princípio da legalidade na execução penal*, p. 57).

O magistrado, procedendo com prudência, comprovando a inexistência de vaga no estabelecimento penal adequado ao regime semiaberto, poderá promover o condenado ao regime aberto, inclusive na modalidade de prisão domiciliar, pois, como bem assevera Carlos Biasotti, "não ofende o zelo da Justiça, antes é o que a Jurisprudência preconiza" (Do excesso ou desvio de execução. In: LAGRASTA NETO; NALINI; DIP (coords.). *Execução penal – visão do TACrim-SP*, p. 109).

Divergimos também de fundamentos metafísicos derivados da consciência do autor do crime, que, ao enveredar pela prática criminosa, deve assumir as consequências de seu ato, o que significaria sofrer o que fosse imposto pelo Estado. É o comentário de Daniel Prado da Silveira e Hido Ozaki: "o indivíduo que envereda na prática delituosa assume as consequências do ato. Assim, se o preso for eventualmente beneficiado com o regime semiaberto e, inexistindo vaga em tal regime, isso não representa, *data venia*, de outros respeitáveis entendimentos, qualquer constrangimento ilegal, máxime porque, segundo pensamos, em sede de execução, os interesses da parte ordeira da sociedade devem prevalecer sobre o interesse individual do condenado" (*Prática de execução criminal*, p. 14). De fato, deve assumir as consequências legais, previstas para cada tipo penal em espécie, o que nada tem a ver com a não assunção por parte do Estado da consequência de seus atos, quando não realiza os investimentos necessários para atingir os seus fins.

A solução apresentada pelo art. 201 da Lei de Execução Penal na ausência de vagas no regime aberto é o cumprimento em seção especial de cadeia pública que, igualmente, não existe. As cadeias públicas ou anexas às Delegacias de Polícia se encontram em condições quiçá muito mais precárias do que os estabelecimentos do sistema penitenciário.

O STF (HC 67.767-3/SP, 2ª T., j. 2-2-1989) e o STJ (REsp 1.247/SP, 5ª T., j. 4-9-1989) têm mantido entendimento pela possibilidade de, na ausência de vagas, apesar de não admitir ser uma progressão por salto de regime, que se aguarde a "vaga" em regime menos gravoso, inclusive com a possibilidade de prisão domiciliar. O STF editou a Súmula Vinculante 56, que reza que "A falta de estabelecimento penal adequado não autoriza a manutenção do condenado em regime prisional mais gravoso, devendo-se observar, nessa hipótese, os parâmetros fixados no RE 641.320/RS". Os parâmetros do RE citado são:

> "(i) a saída antecipada de sentenciado no regime com falta de vagas;
> (ii) a liberdade eletronicamente monitorada ao sentenciado que sai antecipadamente ou é posto em prisão domiciliar por falta de vagas;
> (iii) o cumprimento de penas restritivas de direito e/ou estudo ao sentenciado que progride ao regime aberto. Até que sejam estruturadas as medidas alternativas propostas, poderá ser deferida a prisão domiciliar ao sentenciado".

Também não impede a progressão de regime o fato de o condenado possuir o privilégio da *prisão especial* (Súmula 717 do STF). Se, nos moldes da execução provisória (*supra*, item 13.1) vier a adquirir o direito, não é lícito impedir-lhe a progressão de regime ou condicioná-lo à inclusão do condenado em estabelecimento penal comum.

Autores como Francisco Vani Bemfica asseveram que o condenado *estrangeiro* que possuir contra si um decreto de expulsão não poderia adquirir o benefício da progressão de regime, pois, em tese, frustraria a expulsão decretada (*Da lei penal, da pena e sua aplicação, da execução da pena*, p. 221). Este vem sendo o entendimento dos tribunais superiores, embora a lei não proíba sua progressão e, portanto, não lhe deveria ser negada.

Por fim, existe a possibilidade de regime especial de progressão, permitido apenas para a mulher gestante ou que for mãe ou responsável por crianças (até 12 anos) ou pessoas com deficiência, desde que atendidos os seguintes pressupostos (art. 112, § 3º):

> "I – não ter cometido crime com violência ou grave ameaça a pessoa;
> II – não ter cometido o crime contra seu filho ou dependente;
> III – ter cumprido ao menos 1/8 (um oitavo) da pena no regime anterior;
> IV – ser primária e ter bom comportamento carcerário, comprovado pelo diretor do estabelecimento;
> V – não ter integrado organização criminosa".

Isto significa que qualquer mulher nessas condições fará jus ao regime especial, até mesmo as condenadas por crimes hediondos, por expressa previsão deste diploma (art. 2º, § 2º, da Lei n. 8.072/90). É evidente a preocupação do texto legal com a previsão constitucional de que também cabe ao Estado a proteção à criança, ao adolescente e ao jovem e garantia de seus direitos, dentre os quais o de convivência familiar e proteção contra toda forma de negligência (art. 227 da CF), bem como de total proteção às pessoas portadoras de deficiência (art. 23 da CF). É perfeitamente possível, razoável e politicamente correto que, no caso do preenchimento dos requisitos do § 3º, conceda-se este direito à mulher, o que terá reflexo direto no bem-estar do nascituro, recém-nascido, criança ou portador de deficiência que de fato necessitam de maiores cuidados e presença familiar.

Contudo, caso cometa falta grave ou crime doloso que justifique a regressão de regime, voltará ao sistema normal, ou seja, ao regime de progressão comum já explicado anteriormente.

13.6.6. Regressão

A regressão é a transferência do condenado para um regime mais rigoroso, quando (art. 118):

- praticar fato definido como crime doloso ou falta grave;
- sofrer condenação, por crime anterior, cuja pena, somada ao restante da pena em execução, torne incabível o regime;
- quando, no regime aberto, frustrar os fins da execução ou não pagar, podendo, a multa cumulativamente imposta.

Presentes as condições acima, o juiz estará autorizado a rever o regime de cumprimento, e regredi-lo gradualmente ao mais severo imediatamente anterior. Se o condenado estiver no aberto, passará ao semiaberto. Se neste, passará ao fechado. No primeiro e no terceiro caso, a regressão será determinada somente após a oitiva do condenado, para que possa justificar os motivos que o levaram ao seu comportamento.

É importante notar que a regressão de regime somente será *obrigatória* quando houver condenação por outro crime anterior à concessão do regime mais brando e a soma das penas ultrapasse os limites previstos no art. 33 do Código Penal, situação que também autorizaria a regressão de um regime aberto diretamente para o fechado. Do contrário, em qualquer das situações, a regressão será sempre *facultativa*, cabendo ao magistrado decidir fundamentadamente perante os motivos concretos de cada caso.

A **prática de fato definido** *como crime doloso* seria motivo suficiente para a regressão, reforçado pelo fato de também constituir falta grave. A lei preconiza a oitiva prévia do condenado, pois o juiz convencendo-se dos motivos apresentados poderá manter o regime. Se assim não fosse, não haveria necessidade da previsão de oitiva do interessado. Mas, com a promulgação da Constituição Federal de 1988 e a garantia do contraditório, da ampla defesa e do estado de inocência, nos moldes do que discorremos no Capítulo 10, não mais seria suficiente a simples oitiva do condenado, sendo necessária à sua condenação pelo crime imputado. Pelo princípio do estado de inocência, correríamos o risco de regredir o regime de um condenado que ao final do processo fosse absolvido e que teria permanecido indevidamente em um regime mais rigoroso quando corretamente deveria estar em outro mais brando. Na precária busca das finalidades da execução penal, tal medida demonstrar-se-ia um retrocesso nas possíveis conquistas pela reintegração do condenado. Em suma, em uma interpretação sistemática da Constituição Federal, a regressão pelo cometimento de crime somente poderia acontecer após a decisão definitiva sobre a conduta criminosa. No entanto, como este não vem sendo entendimento pacífico, não se pode olvidar que, havendo interrupção no prazo para a progressão pelo cometimento do crime, não se considere novamente a futura condenação por este mesmo crime como novo marco interruptivo, por configurar evidente *bis in idem* (duas interrupções pelo mesmo fato). O STJ já pacificou tal entendimento.

Há ainda a previsão da regressão pelo cometimento de **falta grave**. Pelos mesmos princípios da ampla defesa, contraditório e estado de inocência, exige-se a instauração e conclusão de sindicância ou processo administrativo para legitimar a regressão pelo cometimento da falta administrativa. Não se pode admitir presunção em Direito Penal – exceto a de inocência – ainda que para alguns autores nada possa elidir "a realidade de uma prática criminosa", o que poderia inclusive tornar a oitiva do condenado despicienda (SILVEIRA; OZAKI. *Prática da execução penal*, p. 47). Se assim fosse, poderíamos desistir do processo penal, que tem por objeto justamente uma "prática criminosa". Assiste muito mais razão a Abreu Oliveira, quando afirma com muita lucidez que "esse é o preço que a sociedade tem que pagar quando usufrui os benefícios de um Estado de Direito, onde as prerrogativas da cidadania e o princípio da ampla defesa têm que ser observados" (OLIVEIRA. Incidentes da execução penal. In: *Execução penal – visão do TACrim-SP*, p. 28). Poderíamos ainda indagar quanto à possibilidade de o condenado ter seu regime regredido pela prática de crime doloso do qual ao final foi absolvido. Tomando-se a cautela do processo administrativo para a comprovação da falta grave – no caso o cometimento de crime –, ainda que o condenado fosse absolvido pela prática do ilícito penal, pela independência das instâncias (penal e administrativa) a regressão estaria legitimada pela comprovação da falta administrativa grave, se o motivo da absolvição não reclinasse sobre a inexistência do fato (CPP, art. 386, I). Também assume extrema relevância a garantia de *defesa técnica* ao condenado para a formulação de sua defesa no processo administrativo, *não se aplicando a Súmula Vinculante 5* a esses casos, conforme já decidiu o próprio STF em abrandamento da Súmula (*vide* Capítulo 2, item 2.9). Em reforço, o STJ editou a Súmula 533: "Para o reconhecimento da prática de falta disciplinar no âmbito da execução penal, é imprescindível a instauração de procedimento administrativo pelo diretor do estabelecimento prisional, assegurado o direito de defesa, a ser realizado por advogado constituído ou defensor público nomeado".

Por fim, remetemos o leitor ao item 13.6.4 quanto às considerações sobre a regressão de regime em caso de regime aberto domiciliar.

Ficam excluídas as *contravenções*, sem capacidade para influenciar na decisão, exceto se também puderem ser configuradas como *falta grave*, conforme o disposto no art. 50 da LEP:

- incitar ou participar de movimento para subverter a ordem ou a disciplina;
- fugir;
- possuir, indevidamente, instrumento capaz de ofender a integridade física de outrem;
- provocar acidente de trabalho;
- descumprir, no regime aberto, as condições impostas (*supra*, item 13.6.3);
- não observar os deveres previstos nos incisos II (obediência ao servidor e respeito a qualquer pessoa com quem deva relacionar-se) e V (execução do trabalho, das tarefas e das ordens recebidas) do art. 39 da Lei de Execução Penal.

Exemplos de contravenções que poderiam configurar faltas graves são: a posse de instrumento para a prática de furto (art. 25), o arremesso ou colocação perigosa (art. 37), a provocação de tumulto ou conduta inconveniente (art. 40), a perturbação do trabalho ou do sossego alheios (art. 42) etc.

Lembramos que a prática de falta grave durante a execução determinará a interrupção do prazo para nova progressão, e o condenado deverá cumprir novamente a porcentagem da pena restante prevista em lei para progredir de regime (art. 112, § 6º).

Outra causa de regressão é a **condenação por crime anterior**, já que se o crime for posterior sua simples prática já é considerada pela Lei como causa suficiente para a regressão. O dispositivo prega que se a nova condenação, somada ao tempo restante da condenação anterior, ultrapassar os limites legais estipulados para o regime (CP, art. 33), a regressão deve ser ordenada.

Este critério parece-nos, além de injusto, deficiente tecnicamente, da forma como vem sendo aplicado por alguns juízes da execução. A simples soma das condenações não altera a gravidade dos delitos e muito menos a procurada "periculosidade" do agente condenado. A soma de várias penas certamente não equivale a uma única pena de mesma duração. Por exemplo, três condenações a penas de dois anos continuam sendo menos graves que uma única condenação a uma única pena de seis anos. O mais correto seria que o juiz avaliasse a gravidade de cada pena, separadamente, e a efetiva necessidade de realizar a regressão, sob pena de prejudicar ou comprometer a reintegração e dissipar os progressos atingidos. Assim, caso o condenado a uma pena de três anos tenha cumprido um ano em regime aberto e venha a ser novamente condenado a uma pena de mais de três anos, pela sistemática atual, deveria ser regredido ao regime semiaberto, pois a soma da nova condenação com o restante da pena anterior ultrapassaria o limite de quatro anos. Mas, ao se realizar a operação com a simplicidade aritmética não se observará que as duas condenações individualmente não possuem gravidade para receber o regime resultante da operação. Outro fator a ser observado, mas que não recebe a atenção da jurisprudência, é a possibilidade de regressão por nova condenação em casos de penas de espécies diferentes, como é o caso da reclusão e da detenção, em atenção ao art. 69 do Código Penal, que dispõe que a reclusão será cumprida antes da detenção, e do art. 76 do mesmo estatuto, que determina que as penas mais graves serão cumpridas antes das menos graves. O STJ considera com acerto que reclusão e detenção são penas diferentes e, portanto, não podem ser unificadas. Neste sentido, na hipótese de o condenado estar cumprindo pena de reclusão já no regime semiaberto, se sobrevier nova condenação à detenção também no regime semiaberto, ainda que a somatória das duas penas ultrapasse o patamar de 8 anos, não se poderia utilizar este resultado e regredir o condenado ao fechado. Tratando-se de penas de espécies diferentes e não sendo possível a unificação, o condenado deve permanecer em regime semiaberto e progredir a partir do cumprimento da porcentagem prevista em lei da somatória. Somente se poderiam unificar as duas para determinação de novo regime caso as duas condenações fossem de reclusão, ou de detenção.

As considerações acerca da *pena de multa e regressão* também merecem uma atenção especial. O art. 118, § 1º, *in fine*, da LEP preconiza que o não pagamento da pena de multa cumulativamente imposta na sentença é motivo para regressão de regime. Como é sabido, a pena de multa, após transitar em julgado, transforma-se em dívida ativa da Fazenda Pública (CP, art. 51). Nesse sentido, mesmo diante da inadimplência do condenado não mais poderá ser convertida em pena de prisão. Na mesma esteira, o não pagamento da pena de multa não poderá derivar a regressão de regime, estando prejudicado o final do dispositivo em apreço.

Outro assunto controvertido é a possibilidade de *regressão cautelar*. A Lei de Execução Penal não trata do tema, e o STF tem admitido a regressão, ainda que sem a oitiva do condenado, nos casos em que as circunstâncias o exigirem (STF, HC 84.112/RJ). Entendemos que, no caso concreto, somente estaria autorizada a regressão cautelar diante da presença dos motivos ensejadores da prisão preventiva (garantia: da ordem pública e econômica, da aplicação da lei penal e de instrução criminal), ainda assim sob pena de violarmos a proibição da analogia *in malam partem*. Nesse contexto – o dos requisitos da prisão preventiva – poderia não haver o constrangimento ao condenado, da mesma forma que não há durante o decorrer do processo penal. Afora essas hipóteses, não haveria justificativa legal para uma regressão cautelar.

13.7. REMIÇÃO

Como foi rapidamente dissertado no Capítulo 11, remição significa reparação. No Direito Penitenciário, a remição permite que o preso (provisório ou condenado) condenado a qualquer regime (fechado, semiaberto ou aberto), por meio do trabalho ou estudo, diminua o tempo de encarceramento inicialmente atribuído na sentença. A cada três dias trabalhados ou 12 horas de estudo, o condenado cumprirá mais um de sua pena (art. 126, § 1º, I e II). Se ambos forem realizados, terá direito à remição de dois dias.

É importante esclarecer que o dia "diminuído" na verdade equivale a dia efetivamente cumprido de pena. Ao trabalhar por três dias haverá cumprido quatro de sua pena. Se, concomitantemente, nesses três dias realizar 12 horas de estudo, terá cumprido cinco dias de sua pena, e, para que isso seja possível, a lei determina que se adotem horários de forma a compatibilizar os dois institutos (art. 126, § 3º). Assim deverá ser considerado para todos os efeitos, ou seja, sempre que for necessária a contabilização do tempo de pena cumprida para a concessão de qualquer um dos direitos previstos em lei (p. ex.: progressão de regime, livramento condicional, saída temporária, indulto etc.). O art. 128 preconiza expressamente esse mandamento.

Como sói acontecer nas relações trabalhistas, se o condenado sofrer acidente de trabalho que o impossibilite de exercê-lo, o tempo que ficar afastado das atividades deverá ser contado para os efeitos de remição. Ao restabelecer-se, retornará às atividades laborais.

Note-se que o acidente do trabalho não deve ter sido provocado culposa ou dolosamente pelo próprio condenado. A Lei de Execução Penal preconiza em seu art. 50, IV, como falta grave "provocar acidente de trabalho".

Eventualmente poderá acontecer a reforma da sentença convertendo-se a pena privativa de liberdade em *restritiva de direitos*. Contando o preso com o trabalho no período em que ficou encarcerado, deverá ocorrer a remição para o cômputo na proporção de 1 dia a menos de restritiva de direitos para cada três dias trabalhados ou de estudo durante sua prisão, provisória ou não.

13.7.1. A remição pelo trabalho

O trabalho do preso será executado nos moldes dos arts. 28 a 37 da LEP (Capítulo 7). O intuito é o de respeito ao preso mantendo-o ligado ao valor do trabalho. Portanto, a execução da atividade laboral deve ter caráter formal e regular, com controle de horário, continuidade diária e pagamento de salário. O estabelecimento que acolher o preso durante seu horário de trabalho deverá manter um registro detalhado da entrada, saída e atividade exercida, bem como dos dias trabalhados.

O essencial é que o Estado reconheça a vontade e o direito do recluso em exercer um trabalho. Exige-se apenas cautela para que esse trabalho tenha sido determinado ou esteja sendo concretamente registrado e/ou acompanhado pela autoridade administrativa. Já houve inclusive o reconhecimento de trabalho executado posteriormente à prática do delito, antes mesmo de ser condenado ou de iniciar o cumprimento da pena de privação da liberdade, pois continuou trabalhando regularmente, e não haver vedação legal (HC 420.257/RS).

Assim, os casos excepcionais de trabalho aos sábados, domingos e feriados deverão ser contados, se realizados com esse acompanhamento. Embora esses dias normalmente não sejam destinados ao trabalho, caso o condenado pratique atividades, tais dias não poderão ser desprezados. Especialmente nos trabalhos realizados para a Administração Pública (p. ex.: conservação do estabelecimento penitenciário, atividades burocráticas, limpeza etc.) que poderão ser executados rotineiramente nos finais de semana, pela peculiaridade da atividade exercida.

Apesar de a lei aconselhar a limitação do artesanato (LEP, art. 32, § 1º), não se pode ignorá-lo, nem tampouco o exercício de atividades e ofícios (p. ex.: a sapataria, o curtimento) possíveis de serem exercidos no interior das penitenciárias.

E a elaboração de petições para outros presos? Parece-nos que a intenção é possibilitar ao preso o exercício de um direito – o de trabalhar – e não há justificativas para que as atividades tenham restrições quando o estabelecimento não disponibiliza outra atividade, ou as limitações pessoais do preso o impeçam de executá-las (p. ex.: paraplegia, cegueira, surdez etc.). Assim, sendo uma atividade regularmente controlada pela autoridade administrativa, deverá ser computada. De toda forma, qualquer atividade, manual ou intelectual, deverá ser considerada.

Da mesma forma, a Lei assegura ao condenado a jornada de, no mínimo, seis e, no máximo, oito horas diárias. É evidente que se, por determinação superior ou pelas peculiaridades do trabalho exercido, a jornada diária for executada em menos horas (p. ex., por 4 horas), tal situação não deverá ter reflexo no cômputo do trabalho. Igualmente se as horas não forem rigorosamente observadas (p. ex., os trabalhos são executados aleatoriamente), deve-se realizar alguma soma para que se compute como trabalho diário de 6 a 8 horas. Caso trabalhe nos dias de folga (domingos e feriados), da mesma forma, o período de horas excedente deverá ser contado à parte, ou compensado no dia seguinte. Se o preso trabalhar, por exemplo, 12 horas diárias, as quatro horas excedentes devem ser contadas à parte, ou concedidas como compensação em dia posterior e, em se tratando de trabalho remunerado, deverá sê-lo em caráter extraordinário. O importante é que haja a efetiva comprovação da atividade e o acompanhamento da autoridade administrativa. Se houver atestado, não cabe sequer ao magistrado contestar a natureza do trabalho ou sua (in)eficácia às finalidades da pena (STJ, AgRg no REsp 1.720.785/RO), sendo de rigor o reconhecimento, sob o fundamento de que "o apenado não pode ser prejudicado pela ineficiência do Estado". Curiosamente, este correto argumento é simplesmente ignorado quando a Administração, igualmente por ineficiência, não atesta o trabalho executado. No HC 375.948/RS o STJ contraditoriamente decidiu que "eventual culpa do Estado na fiscalização do trabalho do preso, que pode configurar desvio na execução, não dá direito à remição da pena". Ousamos discordar, pois o mesmo STJ, em várias outras decisões, assegura o contrário. Entendemos que tal desídia, como qualquer outra, não deve ser nunca transferida ao cidadão, e a remição deve ser reconhecida de qualquer forma sob pena de excesso na execução, como reconhece a própria corte.

A remição refere-se ao trabalho efetivamente realizado, inclusive com o pagamento de salário. Não se pode irresponsavelmente reconhecer a remição sem a atividade, nem o pagamento de salário sem a produção ativa. Se, ao contrário, indistinta e aleatoriamente se reconhecesse a remição, o Estado estaria premiando o condenado com o ócio remunerado. Para a autorizada doutrina de René Ariel Dotti, se o trabalho não existir por qualquer motivo não se poderá "escamoteá-lo" por um atestado falso, considerado crime pela Lei de Execução Penal (*Curso de direito penal – parte geral*, p. 608).

Mas, quando a legislação impõe o trabalho como dever e direito, o Estado deverá proporcioná-lo. Isso significa que, descumprindo a Lei ao não proporcionar a opção laborativa, o Estado deverá reconhecê-la, ainda que o preso não tenha efetivamente cumprido a atividade, como **remição ficta**. Se é dever do preso o exercício do trabalho, será dever do Estado oferecê-lo. Estando o detento disposto à realização do trabalho e não podendo fazê-lo, caberá aos órgãos de execução o reconhecimento da remição, pela impossibilidade da transferência de sua ineficiência ao cidadão. A situação demonstra-se ainda mais transparente quando da existência de oportunidade oferecida ao preso de uma atividade formal e remunerada e a sua impossibilidade de usufruir dela por total ineficiência do Estado, como a alegação de inexistência de escolta ou do transtorno que a designação de segurança poderia causar à administração pública. Se, por exemplo, é oferecido ao recluso um emprego em instituição privada e pela simples alegação de que o Estado não teria condições de disponibilizar condução e segurança fosse-lhe negada a oportunidade, pelo fundamento de não se transferir ao particular a ineficiência do Estado, deve-se atribuir ao preso o período de remição sem o trabalho efetivamente prestado.

Alguns autores registram que o reconhecimento indiscriminado da remição demonstrar-se-ia uma indevida forma de indulto ou ilegítimo descumprimento (desvio) da sentença, pois ao condenado caberia cumprir sempre 2/3 da pena aplicada, pois possuiria desde sempre 1/3 a título de remição. Mas, como bem aponta Pedro Sérgio dos Santos, a relação trabalho-remição não existia no momento da decretação da sentença. Com o início da execução, essa relação jurídica surge como direito e dever. O condenado tem o direito-dever de exercer um trabalho e o Estado, o dever-direito de proporcioná-lo e exigi-lo. Portanto, não se pode considerar como desvio da sentença ou indulto indevido a consequência de uma relação jurídica regulamentada pela Lei. O que deve ser reconhecido por parte do Estado é sua ineficiência, pois, caso o trabalho estivesse disponível, a pena certamente teria sua redução pela aplicação da remição, admitindo-se como única exceção a recusa comprovada do condenado ao exercício da atividade laboral.

Infelizmente, o STJ tem se posicionado contra o direito à remição ficta, ora de fato depositando a ineficiência do Estado em oferecer o trabalho nas costas do condenado, ora justificando que o trabalho é importante para a sua própria reeducação. Mas com a situação da pandemia Covid-19 o STJ finalmente aceitou o argumento da excepcionalidade da remição ficta e necessidade de reconhecer a ineficiência do Estado, permitindo o cômputo do período de restrição sanitária como efetivo cumprimento do estudo e do trabalho (REsp 1.953.607/SC).

13.7.2. A remição pelo estudo e pela leitura

A letra da lei não admitia a possibilidade de remição por meio do estudo. A partir da edição da Lei n. 12.433, de 29 de junho de 2011, tal possibilidade foi autorizada.

Do ponto de vista político-criminal, a educação é um "elemento irrenunciável" de qualquer suposto tratamento e representa uma intervenção dirigida aos interesses humanos, culturais e profissionais do preso (MARCHETTI. El tratamiento penitenciario: el trabajo en la función reeducativa. In: ARROYO ZAPATERO; BERDUGO GÓMEZ DE LA TORRE. *Homenaje al Dr. Marino Barbero Santos*, p. 393).

O Superior Tribunal de Justiça teve a oportunidade de se debruçar sobre o assunto e decidiu pela possibilidade de remição ao julgar o Recurso Especial 595.858/SP. A partir da reiteração das decisões, acabou por editar a Súmula 341: "a frequência a curso de ensino formal é causa de remição de parte do tempo de execução de pena sob regime fechado ou semiaberto". Antes mesmo da edição da Súmula 341 do STJ, o estado do Paraná, por meio da Portaria n. 5/96 da 2ª Vara de Execuções Penais de Curitiba, encontrou um meio de conceder a remição pelo estudo, classificando-a como *recompensa*, permitindo a diminuição de um dia de pena a cada 18 horas-aula, desde que o preso conjuntamente estivesse exercendo o trabalho (KUEHNE. *Execução no estado do Paraná*, p. 97).

Pela previsão legal, para cada 12 horas de estudo, o preso poderá remir um dia de sua pena. A qualidade da formação pode envolver desde o ensino fundamental e médio até o profissionalizante, superior ou de requalificação profissional (p. ex., diante de uma incapacidade adquirida pelo preso para o exercício de sua profissão anterior).

Uma grande e bem-vinda inovação foi a possibilidade de que o estudo seja realizado de forma não presencial, ou seja, a distância **(EAD)**, o que facilitará em muito a disseminação do estudo nos estabelecimentos penais. As formas de ensino a distância com o uso da *internet* ou de sistema via satélite são mais econômicas e práticas, bastando para tanto um equipamento de projeção de imagens e a utilização de um único professor para atender ao mesmo tempo vários estabelecimentos. O STJ mantém entendimento de que para cursos profissionalizantes deve-se exigir o certificado de entidade devidamente credenciada pelo Ministério da Educação para o reconhecimento da remição (AgRg no HC 722388/SP). Contudo, o certificado deve ser o suficiente para comprovar o estudo a distância, não sendo lícito à Administração ou ao Judiciário negar a remição pela falta de acompanhamento ou fiscalização do estudo (STF, RHC 203546/PR).

Outro ponto positivo foi a concessão de um "bônus" de um terço de remição pela conclusão do curso a que se submeteu o preso além da remição que já lhe é de direito pelas horas de estudo. É expressamente o que nos explica o relatório final da Comissão de Constituição e Justiça e de Cidadania do Senado: "No caso de conclusão do ensino fundamental, médio ou superior durante o cumprimento da pena, o texto aprovado pelo Senado atribui um bônus de um terço sobre o tempo de remição já conquistado pelo preso, como forma de estímulo ao estudo (§ 5º do art. 126)". A redação do § 5º do art. 126 – que, diga-se, é confusa – confere ao preso que concluiu sua etapa de estudos mais 1/3 de remição. Portanto, após o cálculo de quantos dias o preso tem direito à remição pelo seu estudo, o juiz deverá acrescentar 1/3 do resultado dessa operação ao total de dias que lhe será conferido a título de remição. Assim, se, por exemplo, o preso adquiriu o direito à remição pelo estudo em um total de 120 dias, se esse período coincidir com a obtenção do diploma de nível de ensino (fundamental, médio ou superior), deverá receber a título de incentivo mais 1/3 de tempo (1/3 de 120 = 40 dias), o que perfaz um resultado final de 160 dias de remição.

Caso o preso estude fora do estabelecimento penal, a comprovação da frequência e do aproveitamento será realizada mensalmente pela unidade de ensino.

Mesmo diante da previsão legal de remição pelo estudo havia uma falta de isonomia nas formas de se considerar estudo efetivamente válido para fins de remição por parte dos juízes de execução. O que poderia configurar "estudo" às vezes era limitado ao exercido oficialmente, o que claramente não significava a realidade do sistema prisional que efetivamente não disponibiliza este direito a todos os condenados. O STF concedeu *habeas corpus* para reconhecer a remição a uma condenada pela leitura que a levou à aprovação no ENCCEJA (Exame Nacional de Certificação de Competências de Jovens e Adultos) e incumbiu o CNJ de regulamentar melhor a questão, prevista na Resolução CNJ n. 44/2013. Por meio da Resolução CNJ n. 391/2021, além das atividades escolares formais (entregues pelos sistemas oficiais de ensino), a aprovação nos **exames de certificação de conclusão de ensino** fundamental e médio (ENCCEJA ou qualquer outro) e no Exame Nacional do Ensino Médio (ENEM), as **práticas** sociais educativas **não escolares** e a **leitura** de obras literárias foram regulamentadas para fins de remição.

É constante em nosso sistema de ensino a existência de **exames de certificação** que se prestam a comprovar o conhecimento considerado fundamental e médio de quem frequenta uma unidade de ensino formal. Assim, se o condenado (ou provisório) não estiver vinculado a alguma atividade regular de ensino do sistema prisional, mas realizar estudos por conta própria, com ou sem acompanhamento pedagógico não escolar, e conseguir aprovação nos exames que certificam a conclusão do ensino fundamental ou médio, poderá obter a remição da pena em "50% (cinquenta por cento) da carga horária definida legalmente para cada nível de ensino, fundamental ou médio, no montante de 1.600 (mil e seiscentas) horas para os anos finais do ensino fundamental e 1.200 (mil e duzentas) horas para o ensino médio ou educação profissional técnica de nível médio". Essa previsão já constava da Resolução 44/13, e levantou-se a dúvida se essa quantidade de horas já equivaleria aos 50% ou se sobre esse montante incidiriam os 50% (ou seja, 800 e 600 horas respectivamente). O STJ pacificou entendimento no HC 602.425/SC de que, como a carga mencionada de horas é a mínima (1.600 e 1.200 horas), a interpretação mais benéfica ao condenado é a de que esse montante seja o mínimo a ser considerado como 50%.

As **práticas sociais educativas não escolares** são definidas pela Resolução como "atividades de socialização e de educação não escolar, de autoaprendizagem ou de aprendizagem coletiva, assim entendidas aquelas que ampliam as possibilidades de educação para além das disciplinas escolares, tais como as de natureza cultural, esportiva, de capacitação profissional, de saúde, dentre outras, de participação voluntária, integradas ao projeto político-pedagógico (PPP) da unidade ou do sistema prisional e executadas por iniciativas autônomas, instituições de ensino públicas ou privadas e pessoas e instituições autorizadas ou conveniadas com o poder público para esse fim". Com esta previsão, o CNJ pretende expandir as atividades educacionais a outras entidades não oficiais de ensino, que consigam manter um modo semelhante ao regular. Por isso, haverá necessidade de que a pessoa ou a entidade que se proponha a prestar a atividade tenha um projeto no qual estejam claros a modalidade de oferta (presencial ou não), os responsáveis pela execução, os objetivos, metodologias, referenciais teóricos, carga horária e conteúdos programáticos, registros de frequência e participação.

Outra forma de fomentar o estudo e garantir isonomia ao condenado é reconhecer a remição pela **leitura**. Sempre foi um desejo político que o condenado utilizasse parte de seu tempo em leituras de livros próprios ou emprestados das bibliotecas do sistema, ainda que nos primeiros textos sobre o tema a leitura indicada fosse a da "leitura amena e edificante" (BRITO. *Os Systemas penitenciários do Brasil*, p. 184). Como parte fundamental da educação e da cultura, as bibliotecas sempre estiveram presentes nas prisões brasileiras a partir do século XX. A Resolução garante a remição pela leitura de qualquer obra literária, por qualquer pessoa submetida à privação de liberdade, não importando o regime de cumprimento ou disciplinar, e com as seguintes características:

- não se pode exigir participação em projetos;
- não há vedação de títulos ou lista prévia de autorizados;
- os livros deverão ser retirados na biblioteca da unidade, que poderá receber doações de qualquer pessoa física ou jurídica, sendo vedada a censura de qualquer natureza e possível a disponibilização em outros idiomas, *audiobooks* e livros em Braile.

O preso deverá obter a obra literária como empréstimo e terá o prazo de 21 a 30 dias para realizar a leitura e apresentar, ao final de 10 dias, um relatório de leitura da obra, conforme um roteiro definido pelo Juiz da execução ou pela Comissão de Validação. A Comissão de Validação, com a atribuição de analisar os relatórios de leitura no prazo de 30 dias, deverá considerar em sua tarefa o grau de letramento, alfabetização e escolarização do preso, bem como a estética textual, a autoria e a clareza do texto produzido. Para cada obra lida, o preso terá direito à remição de 4 (quatro) dias de pena, com o limite de 12 obras por ano, em coerência ao prazo de 30 dias para a elaboração do relatório.

13.7.3. Remição pela superlotação

As condições do sistema prisional brasileiro estão longe de serem ideais, e, na verdade, excedem em muito a produção de maus-tratos aos condenados ou submetidos à prisão, tanto que o STF já reconheceu o estado inconstitucional do sistema penitenciário. Um dos problemas que pode acarretar o agravamento de todos os demais desrespeitos aos direitos da pessoa presa é a superlotação carcerária. Esta condição prejudica o direito à intimidade, à comunicação, ao trabalho e a praticamente todos os direitos relacionados ao tempo de restrição da liberdade, seja dentro ou fora da cela. Não é de hoje que os países signatários de convenções sobre direitos humanos são recorrentemente condenados ou aconselhados a corrigirem tal problema, conforme discorri em outra oportunidade (Direitos humanos, execução penal e a afirmação do Estado Democrático de Direito. In: BRANDÃO (coord.). *Direitos humanos e direitos fundamentais em perspectiva*), há arcabouço legal nacional e internacional suficiente para fundamentar o repúdio à superlotação. As Regras Mínimas para o Tratamento de Pessoas Presas da ONU, em seu art. 9, prevê que deva haver um espaço destinado ao descanso noturno não ocupado por mais de um recluso. Diz o item 1 que, "se, por razões especiais, tais como excesso temporário de população prisional, for necessário que a administração penitenciária central adote exceções a esta regra, deve evitar-se que dois reclusos sejam alojados numa mesma cela ou local". O art. 10 define que "as acomodações destinadas aos reclusos, especialmente dormitórios, devem satisfazer todas as exigências de higiene e saúde, tomando-se devidamente em consideração as condições climáticas e especialmente a cubicagem de ar disponível, o espaço mínimo, a iluminação, o aquecimento e a ventilação". O art. 5º, 2, *in fine*, da Convenção Americana de Direitos Humanos, prevê que "toda pessoa privada da liberdade deve ser tratada com respeito devido à dignidade inerente ao ser humano". A Constituição Federal, em seu art. 5º, inciso II, diz que "ninguém será submetido a tortura nem a tratamento desumano ou degradante". A Lei de Execução Penal prevê em seu art. 85 que "o estabelecimento penal deverá ter lotação compatível com a sua estrutura e finalidade", e o art. 88, parágrafo único, letra "a", prevê a "salubridade do ambiente pela concorrência dos fatores de aeração, insolação e condicionamento térmico adequado à existência humana".

A superlotação carcerária é uma forma direta de tratamento desumano, e assim vem sendo considerada pelos tribunais internacionais como tortura. Ser confinado em uma cela pequena com várias outras pessoas, por 8, 10, até mesmo 16 horas por dia pode levar uma pessoa à loucura, pela ociosidade forçada e pela falta de privacidade, que afetam a saúde mental e comumente conduzem à depressão. O Tribunal Europeu de Direitos Humanos, ao julgar o caso *Kalashnikov v. Russia* (TEDH, 2002) reconheceu que a superlotação pode em si ser considerada uma condição desumana e degradante, o que ofende o art. 3º (proibição da tortura) da Convenção Europeia sobre Direitos Humanos. Kalashnikov foi mantido em extrema condição de superlotação, e, nessas circunstâncias, é desnecessário que exista uma postura ativa de degradação, constituindo a própria situação algo humilhante e degradante em si (SMIT. Humanizing imprisonment: a european project?". *European Journal on Criminal Policy and Research*, p. 111). Na Corte Interamericana de Direitos Humanos podem ser citados como paradigmas os casos *Cantoral Benavides Vs. Peru* (Sentença de 18 de agosto de 2000), o caso *Boyce e outros Vs. Barbados* (Sentença de 20 de novembro de 2007), o caso *Bueno Alves Vs. Argentina* (Sentença de 11 de maio de 2007), e o caso *Velez Loor Vs. Panamá* (Sentença de 23 de novembro de 2010). Nestes e em muitos outros houve o reconhecimento de que "sob uma situação de superlotação obstaculiza-se o normal desempenho de funções essenciais nos centros como a saúde, o descanso, a higiene, a alimentação, a segurança, o regime de visitas, a educação, o trabalho, a recreação e a visita íntima; ocasiona-se a deterioração generalizada das instalações físicas; provocam-se sérios problemas de convivência, e favorece-se a violência intracarcerária. Tudo isso em prejuízo tanto dos reclusos quanto dos funcionários que trabalham nos centros penitenciários, devido às condições difíceis e arriscadas que desenvolvem suas atividades diárias" (*Velez Loor Vs. Panamá*, Sentença de 23 de novembro de 2010, § 204, p. 65).

Recentemente, no ano de 2018, a Corte Interamericana de Direitos Humanos emitiu duas resoluções sobre a superlotação carcerária no Instituto Penal Plácido de Sá Carvalho do Rio de Janeiro e do Complexo Penitenciário de Curado, em Pernambuco. Em ambos os casos, diante do alto nível de superlotação e superpopulação, que se compute em dobro cada dia de privação de liberdade cumprido nestes estabelecimentos.

E, nesse sentido, o STJ, no Recurso em *Habeas Corpus* n. 136.961, reconheceu o excesso na execução que significa o cumprimento da pena em superlotação e obrigou que a recomendação do Comitê fosse acatada em um caso de um preso que havia cumprido parte da pena no Instituto Penal Plácido de Sá Carvalho. Esta decisão é importante, pois abre caminho para que, finalmente, as decisões da Corte Interamericana sejam respeitadas. Conforme destacou o voto, "as sentenças emitidas pela Corte IDH, por sua vez, têm eficácia vinculante aos Estados que sejam partes processuais, não havendo meios de impugnação aptos a revisar a decisão exarada. Em caso de descumprimento da sentença, a Corte poderá submetê-la à análise da Assembleia Geral da Organização, com o fim de emitir recomendações para que as exigências sejam cumpridas e ocorra a consequente reparação dos danos e cessação das violações dos direitos humanos". E mais: "a sentença da Corte IDH produz autoridade de coisa julgada internacional, com eficácia vinculante e direta às partes. Todos os órgãos e poderes internos do país encontram-se obrigados a cumprir a sentença". Com estes fundamentos, o STJ determinou que o período em que o paciente cumpriu a pena no Instituto Plácido de Sá Carvalho fosse computado em dobro, reconhecendo claramente a remição pela situação desumana e degradante.

A meu ver, a doutrina e a jurisprudência ainda deverão estipular as bases para esse cálculo, porquanto a sugestão de contagem do prazo em dobro foi relacionada à superlotação em 100% da capacidade. Neste sentido, poderíamos então estabelecer que o patamar mínimo para a remição seria o prazo em dobro, mas que, em casos de uma superlotação mais crítica, essa proporção fosse maior. Ou poderíamos igualmente dizer que a proporção para a remição deverá manter relação direta com a proporção da superlotação (por exemplo, uma superlotação de 30% acarretaria 30% a menos de cumprimento de pena). Mas o que de fato não podemos mais permitir é que se ignore a situação desumana e degradante – e, portanto, inconstitucional – a que se submete uma pessoa presa em situação de superlotação carcerária.

De toda forma, o judiciário ainda padece de certa morosidade para efetivar o mandamento da CIDH e do STJ, como acontece em Pernambuco, no qual os juízes de execução divergem na forma de aplicação e existe uma resolução de demandas repetitivas pelo Tribunal de Justiça de Pernambuco, e que em questionamento feito ao STJ não se reconheceu o excesso de prazo na aplicação da remição, o que prejudica e indiretamente burla o direito dos condenados à remição há vários anos (AgRg no HC 708653/PE).

13.7.4. Procedimento de declaração da remição

A autoridade administrativa dirigente da unidade será a encarregada do registro. Por conseguinte, também será a encarregada de emitir os extratos dos dias trabalhados ao condenado e ao juízo da execução, o que a Lei determina que seja feito mensalmente (LEP, art. 129). A cópia dos registros seguirá ao Juízo contendo a relação dos condenados, os trabalhos exercidos e os dias trabalhados e as horas de estudo. A Lei considera crime de falsidade ideológica (CP, art. 299) "declarar ou atestar falsamente prestação de serviço para fim de instruir pedido de remição".

Havendo a necessidade do exercício de um direito por parte do condenado no qual tenha influência o período de cumprimento da pena, o juiz da execução emitirá uma declaração do tempo remido, após a manifestação do membro do Ministério Público e da defesa.

Os procedimentos da Lei de Execução deverão ser judiciais, por expressa disposição do art. 194: "O procedimento correspondente às situações previstas nesta Lei será judicial, desenvolvendo-se perante o Juízo da execução". Poderá ser iniciado a requerimento do Ministério Público, do interessado ou seu representante. O correto será a instauração do incidente, com base no art. 66, III, *c*, comumente iniciado por meio de uma petição apresentada pelo condenado ou seu representante legal (art. 41, XIV). Como qualquer procedimento, todos os meios de prova deverão ser permitidos, assim como a ampla defesa e o contraditório. Ao final, o juiz proferirá uma decisão terminativa judicial, reconhecendo ou não a remição.

13.7.5. Perda dos dias remidos

Segundo o art. 127 da LEP, "em caso de falta grave, o juiz poderá revogar até 1/3 (um terço) do tempo remido". Para recomeçar a ter os dias remidos computados, o marco inicial será a data da infração.

A redação atual foi dada pela Lei n. 12.433/2011. Na redação anterior, o preso perdia todos os dias remidos. Essa postura sempre foi alvo de severas críticas por parte da doutrina, que a tachava de inconstitucional por violar a individualização da pena e a soberania da coisa julgada.

Esse, porém, não vinha sendo o posicionamento majoritário dos tribunais superiores (STF, HC 84.627/SP e STJ, HC 37236/SP). Recentemente, o STF havia editado a Súmula Vinculante 9, com a seguinte redação: "O disposto no art. 127 da Lei 7.210/1984 (Lei de Execução Penal) foi recebido pela ordem constitucional vigente, e não se lhe aplica o limite temporal previsto no *caput* do art. 58". A parte final da Súmula diz respeito ao prazo de 30 dias como limite das sanções derivadas de faltas graves.

Embora o texto legal tenha limitado a perda dos dias remidos a um terço do total, não entendemos que tenha resolvido o problema e que a questão seja de tão fácil solução. Deverão ser observados fundamentos tanto de ordem administrativa como de ordem judicial.

Como vimos acima, para a declaração da remição deverá ser instaurado um procedimento judicial, que como todo processo deverá terminar com uma sentença (ou decisão terminativa). É por meio desse processo judicial que o magistrado, considerando o pedido e as circunstâncias fáticas e jurídicas, deverá manifestar-se pela declaração da remição ou não. Se no transcorrer do processo for apontado o cometimento de falta grave, o juiz poderá não declarar na sentença os dias remidos, com fundamento no art. 127 da LEP.

No entanto, se a falta grave for verificada após a decisão judicial de concessão da remição, cremos não ser lícita a perda dos dias trabalhados, nem na fração de 1/3 proposta pela Lei. A Constituição Federal, art. 5º, XXXVI, preceitua que "a lei não prejudicará o direito adquirido, o ato jurídico perfeito e a coisa julgada". Parece-nos que somente esse argumento deveria ser o suficiente para a vedação da desconsideração dos dias remidos declarados como tais por sentença transitada em julgado. No mesmo sentido, encontramos vários doutrinadores como Paulo Queiroz (*Direito penal*, p. 357), Roberto Gomes Lima e Ubiracyr Peralles (*Teoria e prática da execução penal*, p. 150), José Carlos Daumas Santos (*Princípio da legalidade na execução penal*, p. 53) e Andrei Zenkner Schmidt (A crise de legalidade na execução penal. In: CARVALHO. *Crítica à execução penal*, p. 65).

A condenação pela falta grave deveria ser apenas considerada para efeitos de um novo pedido de remição, interposto por meio de outro processo judicial no qual seria lícito ao juiz considerar o cometimento da falta grave e declarar a perda dos dias remidos a partir da sentença anterior. Imaginemos a seguinte hipótese: o condenado à pena de 12 anos que obteve sentença garantindo-lhe a remição de 160 dias, por 480 dias trabalhados. Ao completar a porcentagem exigida em lei de sua pena, passa ao regime semiaberto, no qual deverá continuar a trabalhar. Se logo após o ingresso no regime mais benéfico vier a cometer falta grave, poderá sofrer regressão ao regime fechado. Entendemos não ser nem constitucional nem lícito simplesmente ignorar o trabalho efetivamente prestado e os dias que foram remidos. Ao se manter a postura judicial atual, deveríamos também retirar-lhe o salário pago, para que a punição fosse "completa" e "exemplar". Agora, o que seria permitido – em tese – é que, em seu próximo cômputo de remição, o juiz considerasse a falta cometida.

A doutrina insiste que a remição não pode ser considerada como simples abatimento dos dias trabalhados, mas como *pena efetivamente cumprida* pelo sentenciado (PRADO. *Curso de direito penal brasileiro*, p. 466. v. 1). Esta é inclusive a redação da Lei (LEP, art. 128): "o tempo remido será computado como pena cumprida, para todos os efeitos". Sendo assim, não nos parece correto desconsiderar esse período diante do cometimento da falta, o que seria absolutamente contraditório àquela definição, pois a pena definitivamente cumprida não pode ser reconsiderada para ser novamente cumprida. O condenado estaria cumprindo duas vezes o mesmo montante de pena.

Outra observação é de suma importância. A nova redação legal autoriza a perda de até 1/3 dos dias remidos. Isso significa que o juiz deverá fundamentar adequadamente o montante dos dias que será perdido. Por se tratar de um limite máximo indiretamente não se prevê o mínimo, e assim o condenado poderá perder desde 1/3 até de fato não perder nada. Considerando o juiz que a falta não tem gravidade que justifique a perda ou que esta poderá significar punição injusta que comprometa os fins da execução, poderá de forma fundamentada não decretar a perda de nenhum dia sequer.

13.8. DETRAÇÃO

A detração consiste no desconto ou abatimento do tempo cumprido em prisão provisória do tempo de cumprimento da pena efetivamente aplicada na sentença.

O fundamento da detração é evitar-se que o condenado seja punido duas vezes pelo mesmo crime, pois, se o tempo de restrição da liberdade durante o período de prisão provisória não pudesse ser computado, o Estado estaria abusando de seu poder-dever de punir e excedendo-se no prazo de restrição da liberdade do condenado. Seria sujeitar o condenado a uma fração desnecessária de pena (DOTTI. *Curso de direito penal – parte geral*, p. 604).

Reza o art. 111 da Lei de Execução Penal que "quando houver condenação por mais de um crime, no mesmo processo ou em processos distintos, a determinação do regime de cumprimento será feita pelo resultado da soma ou unificação das penas, observada, quando for o caso, a detração ou remição".

A antiga carta de guia, atualmente chamada de guia de recolhimento, deveria conter o tempo de duração da pena, incluindo-se o tempo de prisão provisória ou de internação em hospital judiciário. Caberia ao juiz da execução, ao determinar na própria carta a data de término da pena, o computo da detração e incorporar todo o período antecedente à condenação definitiva na duração do cumprimento da pena (LEAL. *Comentários ao Código de Processo Penal brasileiro*, p. 261).

Surge certa controvérsia quanto ao cômputo da detração por *crime diverso* ao que resultou a condenação. Discute-se se, por exemplo, o réu que permaneceu preso durante um processo por furto, no qual veio a ser absolvido, pode utilizar esse período de prisão provisória em uma condenação em outro processo posterior que apurava um segundo furto, no qual veio a ser condenado. Este, inclusive, vem sendo o entendimento consolidado tanto do STF quanto do STJ.

Existem argumentos de que se a recuperação da detenção sofrida injustamente pudesse ser pretendida em qualquer momento acabaria por funcionar como um incentivo à delinquência futura sobre a cobertura de um "crédito penal" (SIRACUSANO; GALATI; TRANCHINA; ZAPPALÀ. *Diritto processuale penale*, p. 591), ou seja, o criminoso teria um crédito para com o Estado para cometer um outro crime. Portanto, alguns autores entendem que somente será permitida a detração de um processo para outro se o crime no qual se pretende aplicar o instituto da detração tiver sido cometido antes daquele que deu origem a uma prisão processual.

Parece-nos mais correta a posição defendida por autores como o mestre René Ariel Dotti, de que a possibilidade de uma "conta corrente" não afasta a falta de necessidade da prisão provisória anterior a uma absolvição. A prisão cautelar, nessas hipóteses, caracterizou-se como um "erro judiciário", que obriga o Estado a pagar uma indenização, e essa responsabilidade objetiva é fiadora da admissibilidade da detração (*Curso de direito penal – parte geral*, p. 605). Parece-nos, ainda, que o Estado estará diante da possibilidade de reparar uma prisão que indevidamente foi aplicada, e não poderá se abster de fazê-lo. Podendo atender ao interesse público de justiça descontando a prisão indevida em outra merecida, não seria legítimo exigir do prejudicado que trocasse sua liberdade por uma indenização em dinheiro, ou dos cofres públicos o ônus desnecessário por uma fictícia presunção de que o criminoso seria estimulado à prática de um novo crime e a passar qualquer período que seja sem sua liberdade somente porque obteria um "desconto" caso viesse a ser preso. Na verdade, essa é a única hipótese real na qual o erro judiciário poderá ser restituído na mesma moeda ao que sofreu com o erro.

Outro problema poderá surgir quanto ao *limite máximo de 40 anos de prisão* estipulado pelo Código Penal. O STF firmou entendimento (Súmula 715) de que para a concessão de direitos deverá ser considerada a pena aplicada na sentença, ainda que maior do que 40 anos. Assim se, por exemplo, o réu foi condenado a uma pena de 90 anos, deveria cumprir um sexto desse total para ter direito à progressão de regime, o que inviabilizaria a individualização da pena. No entanto, nem mesmo o STF poderá afirmar que para o cômputo da detração o juízo da execução penal deverá ter por base a pena aplicada na sentença, pois isso equivaleria a permitir que o sentenciado cumprisse mais do que os 40 anos tidos como limite máximo da restrição da liberdade, e o total desprezo do período em que o réu permaneceu processualmente preso. Portanto, nos casos de detração, o tempo de prisão provisória deverá ser descontado do limite legal de 40 anos, e não da condenação aplicada concretamente na sentença.

Há ainda mais uma discussão relacionada à detração que diz respeito ao desconto do tempo de prisão provisória ao condenado que, ao final, teve sua pena substituída por pena restritiva de direitos. De fato, o tempo de prisão cumprido pelo condenado mostra-se totalmente indevido porquanto o cumprimento de pena restritiva de direitos não exigirá que permaneça um dia sequer preso. Nestes termos, o que costumeiramente ocorre é que receba uma pena de prestação de serviço à comunidade, mas que a detração seja feita apenas na fração de um dia de prisão para cada dia de prestação, em uma interpretação reversa e perversa do art. 46, § 3º, do Código Penal (*As tarefas a que se refere o § 1º serão atribuídas conforme as aptidões do condenado, devendo ser cumpridas à razão de uma hora de tarefa por dia de condenação* ...). Entendemos que a previsão legal não pode ser interpretada em desfavor do réu e oposição direta à realidade. O que de fato aconteceu é que o réu permaneceu cerceado de sua liberdade de forma totalmente indevida. E é sobre isso que trata o instituto da detração. Não faz sentido que a pena privativa de liberdade seja considerada nos exatos termos de um dia de prisão provisória para um dia de prisão definitiva, e a pena restritiva, de menor intensidade e reprovação, apenas o seja em uma fração de uma hora de prestação por um dia de prisão. O correto seria considerar cada hora de prisão como uma hora de prestação de serviço ou limitação de final de semana. Ou no mínimo, como indica o art. 149, § 1º, que cada dia de prisão seja considerado como o cumprimento de 8 horas de prestação de serviço ou limitação de fim de semana.

É importante que se garanta a detração para qualquer tipo de medida restritiva da liberdade, ainda que alternativa à prisão preventiva. Assim, qualquer uma das medidas previstas no art. 319 do Código de Processo Penal deverá ser considerada no momento da execução da pena, e o juiz já na sentença deverá observar o regime de cumprimento a partir dessa detração (art. 387, § 2º).

13.9. AUTORIZAÇÕES DE SAÍDA

13.9.1. Permissão de saída

Vimos que os regimes fechado e semiaberto mantêm a pessoa condenada sob vigilância constante, e a regra é sua permanência restrita aos muros do estabelecimento penal. Da mesma forma, as pessoas presas provisoriamente são mantidas sob vigilância e constante cerceamento da liberdade.

Mas, em determinados momentos motivados pelo sentimento humanitário, a legislação permite que essas pessoas possam deixar o estabelecimento onde se encontram, desde que *mediante autorização do diretor* do presídio e *sob escolta oficial*. A permissão de saída não se aplica aos condenados ao regime aberto, pois, sendo esse regime baseado na confiança e autodisciplina, não haverá a necessidade de escolta.

A decisão cabe ao *diretor do estabelecimento* onde se encontra presa a pessoa. Justifica-se pelo fato da urgência que as hipóteses expressam e da necessidade de designação de funcionários administrativos para realizar a escolta. No entanto, em analogia à concessão de saída temporária, nada obsta que o pedido seja direcionado ao juiz da execução quando negado pelo diretor, que decidirá sobre o caso e ordenará a constituição de escolta para a saída.

A Lei de Execução Penal enuncia dois casos (art. 120):

> "I – falecimento ou doença grave do cônjuge, companheira, ascendente, descendente ou irmão;
>
> II – necessidade de tratamento médico (parágrafo único do art. 14)".

Um dos motivos a autorizar a saída é o *falecimento ou doença grave* das pessoas ligadas ao condenado ou preso provisório. Conforme a Lei, a situação penosa deve envolver o cônjuge, ascendente, descendente ou irmão da pessoa presa. Quanto à doença, poderá ser de qualquer diagnóstico, desde que predicada como "grave".

O segundo motivo – *tratamento médico* – justifica-se nos casos em que o estabelecimento não dispuser de ambulatório médico ou não se tratar de hospital penitenciário. Nesses casos, a saída somente estará justificada quando os equipamentos internos não forem suficientes para o atendimento requisitado ao caso. É curioso que o art. 14 da Lei estipule como direito do condenado o tratamento preventivo e curativo, mas nenhum outro artigo determine que os estabelecimentos penais tenham dependências aptas a prestar essa assistência. Nenhum dos estabelecimentos previstos na Lei para o cumprimento da pena privativa de liberdade (penitenciária, colônia, casa de albergado ou cadeia pública) tem previsão legal de seção própria para a prestação de assistência médica.

As enumerações têm sido consideradas como taxativas. Fora desses casos, não se concede permissão de saída. Na atualidade, parece-nos que o rol descrito deva ser interpretado apenas como exemplificativo. Não podemos relevar os casos de maternidade e irmandade por afetividade (mãe ou irmão de "criação"). Não nos parece que o condenado, possuindo apenas um único parente (ex.: um tio ou primo) com o qual passou sua vida, depende ou suporta economicamente, possa ter privado seu direito de visitá-lo nos casos agudos de doença ou render-lhe as últimas homenagens no momento de sua morte. Uma das tarefas da execução penal é possibilitar o cumprimento da pena sem que o vínculo social e familiar seja perturbado o mais que o necessário, pois é crucial a participação desses freios morais para o sucesso da expiação da pena. Portanto, a melhor interpretação seria considerar o rol como exemplificativo e permitir à autoridade administrativa diretora do estabelecimento ou ao juiz da execução que possibilitem a saída mesmo que em casos não previstos pelo art. 120.

Para a permissão de saída, a Lei não exige a comprovação prévia ou documental, mesmo porque as situações, na maioria das vezes, são imediatas. Assim, a permissão poderá ser concedida sem as formalidades probatórias do Código de Processo Penal, para que a permissão não se torne inepta. Por vezes, até que o condenado consiga providenciar um atestado ou certidão de óbito ou laudo clínico, o funeral poderá ter acontecido, ou a doença causado a morte de seu parente. Por outras, seu estado de saúde pode se agravar subitamente e exigir a prestação de socorro emergencial.

Portanto, o correto é a avaliação da veracidade e urgência no caso concreto, pois a saída, de qualquer forma, será sempre acompanhada de escolta e deverá perdurar o tempo estritamente necessário à resolução do motivo. Essa é a razão pela qual a Lei não prevê *prazo* para essa espécie de saída, que poderá se protrair no tempo nos casos em que o preso deva permanecer internado para tratamento médico. Caberá, então, ao diretor do estabelecimento (penitenciária, colônia ou cadeia pública) providenciar a escolta pelo tempo necessário.

13.9.2. Saída temporária

A saída temporária, como o próprio nome sugestiona, será por prazo determinado. Diversamente da permissão de saída, que devido ao seu caráter excepcional e urgente é autorizada pelo diretor do estabelecimento, a saída temporária somente pode ser autorizada pelo *juiz da execução* (Súmula 520 do STJ). Sendo certo que toda permissão para deixar o estabelecimento penal significa uma redução parcial do tempo de privação da liberdade, deverá sempre ser precedida de uma decisão jurisdicional (García Albero; Tamarit Sumalla. *La reforma de la ejecución penal*, p. 140). O ideal seria que houvesse, para cada condenado, uma decisão em particular sobre a saída, principalmente para entender qual seria a melhor forma e proporcionar o convívio social aberto. Mas, por vezes, a quantidade e qualidade da prestação jurisdicional não consegue atender a esse tipo de individualização. Por isso, o STJ, em recurso repetitivo (REsp 1.544.036/RJ), mesmo reconhecendo a importância da individualidade, mas também entendendo algumas deficiências da prestação em relação aos interesses da execução penal, decidiu que "se a apreciação individual do pedido estiver, por deficiência exclusiva do aparato estatal, a interferir no direito subjetivo do apenado e no escopo ressocializador da pena, deve ser reconhecida, excepcionalmente, a possibilidade de fixação de calendário anual de saídas temporárias por ato judicial único".

Como um instrumento da execução penal, a saída temporária mostra-se como um meio efetivo de atingir as finalidades da execução. Apesar de comportar certas contingências ou riscos de que o condenado possa fugir ou, mesmo, cometer outro crime durante a saída, enquanto as cifras de sucesso permanecerem altas – como realmente acontece –, tanto a administração penitenciária quanto a sociedade devem assumir esses riscos devido à importância e transcendência para a reintegração social do recluso (Tébar Vicent. *Aplicación práctica: clasificación, tratamiento, permisos de salida, disciplina. Jornadas en Homenaje al XXV aniversario de la Ley Orgánica General Penitenciaria*, p. 216).

As saídas constituem um importante elemento para a consecução das finalidades da execução penal, pois fortalecem os vínculos familiares, reduzem as tensões inerentes ao encarceramento e suas consequências, e o conseguinte distanciamento da realidade cotidiana, e por isso jamais devem ser encarados como um mero benefício ou recompensa (Tamarit Sumalla et al. *Curso de derecho penitenciario*, p. 165; no mesmo sentido, Cervelló Donderis. *Derecho penitenciario*, p. 237).

A legislação prevê a concessão da saída temporária nas seguintes situações (art. 122 da LEP):

> "I – (revogado)[1];
> II – frequência a curso supletivo profissionalizante, bem como de instrução do 2º grau ou superior, na Comarca do Juízo da Execução;
> III – (revogado)[2]".

A legislação previa – e com grande sucesso – o total de até cinco saídas temporárias para visita à família e participação em atividades externas, e cada uma não excederia o prazo de sete dias, respeitando-se, segundo previa a Lei de Execução Penal, um *limite inter-*

---

1. Previa visita à família.
2. Previa a "participação em atividades que concorram para o retorno ao convívio social".

mediário de 45 dias entre uma e outra saída. A Lei simplesmente mencionava a *visita à família*, sem vinculação à relação de parentesco. Portanto, além dos ascendentes, descendentes, irmãos, cônjuge ou companheiro, também poderia visitar tios, primos, ou seja, quaisquer familiares consanguíneos ou afins. E não haveria por que restringir as visitas, pois a finalidade era, e sempre será, manter estreitos os laços familiares, fator reconhecidamente determinante na reintegração do condenado. O programa sempre foi um sucesso, e o número de evasões considerado mínimo, mantendo-se entre 2% e 5%. Em uma primeira alteração, realizada por meio da Lei n. 12.258/2010, criou-se um interstício de 45 dias, não salutar, pois em nada prejudicaria as finalidades da pena que o preso obtivesse saídas de menor duração, mas com maior frequência, a exemplo do que ocorre no Distrito Federal, onde se permitem saídas de dois dias, mas com interstício de apenas 15 dias. Era muito comum que as datas eleitas para a concessão das saídas coincidissem com feriados, mas isso não impedia a concessão de saídas em outros períodos, por ausência de previsão legal. No sentido do que sempre defendemos, o STJ decidiu em recurso repetitivo (REsp 1.544.036/RJ) que "respeitado o limite anual de 35 dias, estabelecido pelo art. 124 da LEP, é cabível a concessão de maior número de autorizações de curta duração". No mesmo recurso, também ficou assentado que "as autorizações de saída temporária para visita à família e para participação em atividades que concorram para o retorno ao convívio social, se limitadas a cinco vezes durante o ano, deverão observar o prazo mínimo de 45 dias de intervalo entre uma e outra". Mas "na hipótese de maior número de saídas temporárias de curta duração, já intercaladas durante os doze meses do ano e muitas vezes sem pernoite, não se exige o intervalo previsto no art. 124, § 3º, da LEP".

Existia, ainda, a previsão de saída para a *participação em atividades que concorram para o retorno ao convívio social*. Tratava-se de hipótese ampla, para atender a atividades que, por sua natureza, poderiam colaborar com a reinserção social do condenado. A participação em peças teatrais, exposição artística de seus trabalhos, eventos e feiras públicas são alguns dos exemplos dados pela doutrina (Silva; Boschi. *Comentários à Lei de Execução Penal*, p. 119).

Contudo, sem nenhum tipo de estudo científico ou razoável, e mesmo contrariamente aos fins da execução e à realidade bem-sucedida do instituto, a Lei n. 14.843/2024 simplesmente revogou as possibilidades de saída para visita à família e participação em atividades sociais. A Presidência chegou a vetar as revogações, mas os vetos foram derrubados pelo Congresso Nacional.

Atualmente, a única hipótese de saída temporária é para a frequência em *curso supletivo*. Esse curso poderá ter natureza *profissionalizante*, voltado ao desenvolvimento laboral do condenado, ensinando-lhe uma profissão ou aprimorando os conhecimentos que já possuir. Ou poderá ter natureza *educacional*, conforme a Lei, de 2º grau ou superior. Não vemos óbice para que o condenado que ainda não tenha o ensino fundamental possa cursá-lo em nível supletivo. Se a finalidade é proporcionar-lhe educação, deverá ser-lhe prestada desde o nível requerido pelas suas necessidades individuais. Portanto, de ensino fundamental, médio ou superior. Para a frequência em curso profissionalizante ou educacional, a saída terá a periodicidade e duração compatível com o número de dias letivos necessários (LEP, art. 122, § 3º).

Embora a legislação restrinja a frequência de curso *na comarca da execução*, é possível que as colônias penais agrícolas e industriais estejam instaladas em locais distantes dos centros urbanos, ou em comarcas nas quais não existam centros profissionalizantes, escolas e faculdades. Tal fato não deverá ser empecilho para a concessão do direito, desde que a distância possa ser suprida e o controle de frequência efetivado.

A Lei também não faz referência ao estabelecimento de ensino. O condenado deverá frequentar o curso supletivo em escolas da rede governamental de ensino ou, possuindo condições financeiras, poderá estudar em instituições particulares.

Parece-nos que a intenção da Lei foi a de oferecer oportunidades aos que não as tiveram, por isso a referência a curso supletivo e que este possa colaborar com as finalidades da execução. O juiz da execução deverá ponderar com cautela todos os fatores para que não haja fraude na execução. Em tese, não haveria justificativa para condenados que já possuindo uma profissão consolidada frequentassem cursos supletivos, ou outros, já graduados, solicitassem a matrícula em uma segunda ou terceira faculdade. Ainda assim, não havendo vedação expressa na Lei, o juiz deverá fundamentar a decisão que negar ao condenado a frequência a qualquer curso educacional.

A cada autorização – que será concedida apenas pelo juiz da execução – serão ouvidos o Ministério Público, que tem a função de fiscalizar o cumprimento das finalidades da execução da pena, e a autoridade administrativa penitenciária, que prestará as informações sobre o comportamento do condenado. Porém, nada impede, e a celeridade e eficiência até recomendam, que o juiz da execução estabeleça em uma única decisão um calendário anual das saídas temporárias, e caso haja algum fato novo caberá ao Ministério Público suscitar a suspensão do direito à saída. Este vem sendo o entendimento do STF (HC 128.763/RJ), a exemplo do que se faz quanto à frequência a curso supletivo, que poderá ser concedida uma única vez para todo o período letivo.

Os requisitos a serem satisfeitos para a concessão de saídas temporárias são:

- estar em regime semiaberto ou aberto;
- comportamento adequado;
- cumprimento mínimo de 1/6 (um sexto) da pena, se o condenado for primário, e 1/4 (um quarto), se reincidente;
- compatibilidade do direito com os objetivos da pena;
- submeter-se ao monitoramento eletrônico, quando for determinado.

A legislação referiu-se apenas ao *regime semiaberto*. Certamente, não há motivos para que o condenado que cumpre a pena em regime aberto não possa gozar do direito.

O *comportamento adequado* refere-se sempre à conduta do condenado no interior do estabelecimento. A constatação de falta grave será motivo suficiente para a negação do direito, mas a constante e reiterada prática de faltas médias ou leves ou descumprimento doloso dos deveres também são indicadores de mau comportamento. Este parecer a ser emitido pelo Diretor da Penitenciária deverá ser providenciado pelo cartório do juízo, que fará a juntada aos autos. Conforme bem determinou o Tribunal de Justiça de São Paulo, não se pode negar a concessão da saída exigindo-se do detento ou de seu advogado a juntada desse documento (TJSP, HC 0146333-04.2012.8.26.0000).

Há a necessidade do cumprimento de certo período da pena. Em regra, após o *transcurso de 1/6*, o condenado adquirirá o direito, mas o prazo poderá ser de *1/4* caso seja reincidente. Essa porção deve ser contada do período total e não do início do cumprimento em regime semiaberto. Isso significa que, se o condenado já permaneceu por 1/6 ou mais em regime fechado, ao progredir ao semiaberto, poderá adquirir o direito se atingir os demais requisitos. Exemplificando, tendo sido condenado a seis anos em regime fechado, após cumprir um ano e progredir ao regime semiaberto, estará apto para pleitear a saída temporária se manteve comportamento adequado. A exceção se atém aos reincidentes, aos quais a Lei prevê um prazo maior, de cumprimento de 1/4 da pena. Em nosso exemplo, o condenado a seis anos, progredindo ao regime semiaberto após um ano, ainda deverá cumprir mais seis meses para adquirir o direito.

A saída deverá ser compatível com os *objetivos da pena*. Trata-se de um dispositivo aberto, mais a autorizar os casos não previstos no art. 122 do que a restringir a saída do condenado.

A partir da alteração promovida pela Lei n. 12.258/2010, o condenado poderá ser submetido ao *monitoramento eletrônico* durante o período de saída temporária, conforme expressa previsão do parágrafo único do art. 122 (*vide, infra*, Capítulo 19).

A alteração promovida pela Lei n. 13.964/2019, o § 2º do art. 122 havia proibido a saída temporária aos condenados por crimes hediondos que tenham resultado morte. A restrição foi ampliada pela Lei n. 14.843/2024, que também veda a saída a qualquer crime que tenha sido praticado com violência ou grave ameaça à pessoa.

13.9.3. Perda do direito à saída

Depois de adquirido o direito à saída temporária, o condenado poderá perdê-lo se:

- praticar fato definido como crime doloso;
- for punido por falta grave;
- desatender às condições impostas na autorização;
- revelar baixo grau de aproveitamento do curso.

A exemplo da regressão de regime, a simples *prática de fato definido como crime doloso* ensejará a perda do direito. A despeito de a lei indicar a revogação automática na superveniência de crime doloso, o melhor seria uma interpretação analógica com o art. 118, § 2º, que exige a prévia oitiva do condenado. Já que a Lei equivocadamente viola o princípio do estado de inocência e da ampla defesa, ao menos se deve dar ao condenado a possibilidade de defender-se da imputação.

Esse é o sistema para os casos *de falta grave*, no qual será necessária a punição, ou seja, a prévia apuração por meio de procedimento administrativo interno com o exercício da ampla defesa e do contraditório.

Também será motivo para a revogação e perda do direito o desatendimento às condições impostas na autorização. A lei atualmente especifica as condições que poderão ser impostas (art. 124, § 1º), e o juiz que conceder a saída poderá determinar algumas das seguintes condições: fornecimento do endereço onde reside a família a ser visitada ou onde poderá ser encontrado durante o gozo do direito; recolhimento à residência visitada, no período noturno; e a proibição de frequentar bares, casas noturnas e estabelecimentos congêneres. Entendemos que atualmente, na expressa previsão das condições, não será mais lícito que o juiz determine outras condições que não as previstas em Lei. Se o condenado não atende às condições impostas, não demonstra estar apto ao benefício, que lhe será retirado até que o conquiste novamente.

Se a saída temporária for concedida para frequência em curso supletivo, a manutenção do direito dependerá do *aproveitamento no curso*, o que significa a obtenção de notas e de frequência satisfatórias que demonstrem o aprendizado.

13.9.4. Recuperação do direito à saída

Para recuperar o direito de saída temporária, o condenado deverá demonstrar seu merecimento.

Se houve imputação de prática de crime doloso, a Lei exige que seja absolvido da acusação. Não há motivos para a exigência de trânsito em julgado, já que a Lei não o faz. A exemplo da sistemática do Código de Processo Penal, o qual prevê que, sobrevindo sentença absolutória recorrível não mais se permite a privação provisória da liberdade, o condenado não ficará obrigado a aguardar sua absolvição definitiva para recuperar o direito.

Se o motivo da revogação foi a prática de falta disciplinar, a punição deverá ser cancelada ou o condenado poderá obter a reabilitação administrativa. Conforme discorremos no Capítulo 10, item 10.11, o Regime Penitenciário Federal (Decreto Federal n. 6.049/2007) prevê hipóteses de reabilitação administrativa e que poderão ser consideradas analogicamente para a reaquisição do direito à saída. Mas a Lei ainda permite a recuperação do direito se o condenado, ainda que não tenha sua punição cancelada, demonstrar merecimento por meio de seu comportamento, seguindo com firmeza as normas da execução ou recebendo elogios por condutas de destaque.

13.10. ALVARÁ DE SOLTURA

Para que o preso deixe o estabelecimento prisional onde se encontrar será necessária a expedição de um alvará de soltura, emitido pelo juiz.

Alvará é a fórmula que possui o Estado para expedir uma autorização ou licença para a prática de um ato. No caso específico em tela, o alvará é a autorização para que o condenado deixe o cárcere, e deverá ser encaminhado à autoridade responsável por sua tutela.

O cumprimento do alvará não pressupõe horário de expediente ou dia útil, devendo ser cumprido imediatamente pela autoridade administrativa. Assim como a prisão poderá ser feita em qualquer hora do dia ou da noite, a soltura, quando terminado o prazo de privação da liberdade, há de ser determinada a qualquer dia e hora (Espínola Filho. *Código de Processo Penal brasileiro anotado*, p. 430. v. 7. No mesmo sentido, Noronha. *Curso de direito processual penal*, p. 426).

A exceção à soltura mediante alvará é a imediata liberação do preso com subsequente comunicação ao juiz do submetido à *prisão temporária*. Pela leitura do texto da Lei n. 7.960/89, é obrigação da autoridade policial colocar o preso em liberdade assim que não mais for necessária sua detenção para fins de investigação.

13.11. JURISPRUDÊNCIA SELECIONADA

Detração e fatos anteriores: possibilidade

"(...) A detração, prevista no artigo 42 do CP, visa compensar o apenado pelo tempo em que permaneceu encarcerado. Não há qualquer restrição legal à concessão de detração em processo distinto, mesmo que o tempo de prisão cautelar seja anterior ao fato cuja pena está em execução. Ademais, qualquer interpretação que imponha restrições ao benefício da detração ensejaria analogia *in malam partem*, porquanto a lei não veda a concessão da detração em relação a prisões provisórias por processos distintos e, inclusive, anteriores ao da pena em execução, que resultaram em absolvição ou extinção da punibilidade. Agravo defensivo provido. Unânime" (TJ-RS, AgE 70076350313, 7ª Câm. Crim., j. 8-3-2018, rel. Ivan Leomar Bruxel, *DJ* 23-3-2018).

"Prescrição retroativa que efetivamente se verificou. O paciente, entretanto, já cumpriu a pena imposta. Encontra-se, porém, preso em virtude de condenação por outros fatos anteriores. *Habeas corpus* concedido para reconhecer a extinção da punibilidade pela prescrição da pretensão punitiva, devendo dar-se a detração, em seis meses, da pena que ao paciente resta cumprir, em razão de fatos anteriores a satisfação injustamente ocorrida de pena, por fato cuja extinção da punibilidade pela prescrição já sucedera. Cabe ao juízo das execuções criminais refixar o período total de pena a cumprir (LEP, art. 66, III, 'a')" (STF, HC 71.797/SP, 2ª T., j. 31-10-1994, rel. Min. Néri da Silveira, *DJ* 16-12-1994).

Detração e fatos anteriores: impossibilidade

"1. É assente a jurisprudência do Supremo Tribunal Federal no sentido de que o condenado não faz jus à detração penal quando a conduta delituosa pela qual houve a condenação tenha sido praticada posteriormente ao crime que acarretou a prisão cautelar. 2. Ordem denegada" (STF, HC 109599/RS, rel. Min. Teori Zavascki, j. 26-2-2013, 2ª T., *DJe*-048 divulg. 12-3-2013, public. 13-3-2013).

"2. Na hipótese em apreço, inexiste flagrante ilegalidade, pois é admitida a detração em relação a fato diverso daquele que deu azo à prisão processual; contudo, somente em relação a delitos anteriores à segregação provisória, sob risco de se criar uma espécie de crédito contra a Justiça Criminal. Precedentes (HC 261.455/RS, rel. Min. Maria Thereza de Assis Moura, 6ª T., *DJe* 14-5-2014). 3. *Habeas corpus* não conhecido (STJ, HC 276287 RS 2013/0287215-5, rel. Min. Nefi Cordeiro, j. 15-10-2015, 6ª T., *DJe* 5-11-2015).

Detração e medidas cautelares pessoais

"Agravo regimental no *habeas corpus*. Detração da pena. Imposição de recolhimento noturno. Proporção de conversão. Decisão mantida. Agravo regimental não provido. 1. Sobre o tema, '[a] Terceira Seção do Superior Tribunal de Justiça, em recurso especial representativo da controvérsia, firmou a compreensão majoritária 'de se admitir a detração, na pena privativa de liberdade, do período de cumprimento da medida cautelar do art. 319, V, do Código de Processo Penal – CPP, com ou sem monitoração eletrônica. No cálculo, as horas de recolhimento domiciliar obrigatório devem ser somadas e convertidas em dias, desprezando-se o período inferior a 24 horas' (AgRg no HC n. 733.909/MG, relator Ministro Joel Ilan Paciornik, Quinta Turma, julgado em 9/8/2022, *DJe* de 15-8-2022)' (AgRg no

HC n. 558.923/SC, relator Ministro Rogerio Schietti, Sexta Turma, *DJe* de 19-4-2023). 2. No que tange à proporção da conversão, não diverge a compreensão do Superior Tribunal de Justiça daquela apresentada pelo Juízo de primeiro grau, visto que, '[n]a hipótese de se decidir pela possibilidade de emprego do tempo de cumprimento da medida alternativa de recolhimento noturno e dos dias de folga, para fins de detração, alcançou-se a seguinte distinção: a) adoção da proporção de 3 dias da medida cautelar (recolhimento apenas noturno) para descontar 1 dia de pena; ou b) 2 dias da medida cautelar para descontar 1 dia de pena, nos dias de recolhimento integral (dias não úteis)' (EDcl no AgRg no HC n. 668.298/SP, relator Ministro Rogerio Schietti, Sexta Turma, julgado em 3-8-2021, *DJe* de 13-8-2021). 3. Agravo regimental não provido" (AgRg no HC 908.522/SP, 6ª T., rel. Min. Rogerio Schietti Cruz, j. 17-6-2024, *DJe* 19-6-2024).

Liquidação das penas

"No caso de condenação por dois crimes, em concurso material, com distintas penas privativas de liberdade e regimes prisionais incompatíveis, a pena mais grave deve ser cumprida em primeiro lugar. Se apenas a condenação mais branda transitou em julgado, não se pode impedir a sua imediata execução – ainda mais se evidenciado que o réu encontra-se custodiado em prisão inadequada para o cumprimento do regime semiaberto estabelecido nessa condenação. Não é possível aguardar, não se sabe até quando, o trânsito em julgado da condenação em regime fechado – prolongando-se indefinidamente o inadequado regime carcerário em que se encontra o réu. Ressalva de que na ação penal da qual resultou a condenação por associação para o tráfico – fato que não é considerado hediondo – não havia qualquer restrição cautelar à liberdade do paciente, sendo que a própria sentença condenatória é carente de fundamentação quanto à necessidade de recolhimento do réu à prisão para recorrer. A manutenção do réu em presídio inadequado ao regime semiaberto, em desacordo com o determinado em sentença transitada em julgado, configura constrangimento ilegal. Pedido deferido a fim de determinar a imediata execução da sentença que condenou o paciente a 2 anos e 6 meses de detenção, em regime semiaberto, pelo crime de uso de drogas (ação penal 0299/2001). Ordem concedida, nos termos do voto do Relator" (STJ, HC 24274/TO, 5ª T., j. 17-12-2002, rel. Min. Gilson Dipp, *DJ* 10-3-2003).

Liquidação das penas: crime comum e crime hediondo

"1. Em se tratando de concurso de infrações a pena de reclusão por ser mais grave, deve ser cumprida antes da reprimenda punível com detenção, não importando se o crime é hediondo ou comum, haja vista a inexistência de previsão legal expressa nesse sentido, devendo-se obedecer a ordem cronológica no caso de duas ou mais condenações a penas igualmente graves. 2. No caso dos autos, o Tribunal de origem manteve a decisão do Juízo singular que, no cálculo da liquidação das penas impostas ao condenado, mesmo constatando se tratar de penas da mesma gravidade, determinou o desconto do período de pena cumprida primeiro do crime hediondo, por considerá-lo mais grave e depois do crime comum, desconsiderando a cronologia das condenações. 3. Recurso provido (STJ, REsp 1696103 MS 2017/0234472-2, rel. Min. Jorge Mussi, j. 22-5-2018, 5ª T., *DJe* 28-5-2018).

"1. No caso de concurso formal de crimes comuns e hediondos, o cálculo dos benefícios penais que adota como critério a incidência da fração de 2/5 (dois quintos) sobre a pena unificada do réu, para fins de progressão de regime, mostra-se prejudicial ao apenado, uma vez que o crime comum assumirá a posição de mero componente da pena do crime hediondo. 2. Em que pese a restrição jurisprudencial quanto à sistemática de cálculo que prevê a incidência da fração de 2/5 (dois quintos) sobre a pena do crime hediondo e a aplicação do patamar de 1/6 (um sexto) sobre o montante de pena imposto aos delitos de roubo em concurso formal, esse critério é o único que, no específico caso dos autos, atende ao princípio da vedação da *reformatio in pejus* e se coaduna, *mutatis mutandis*, com os critérios de progressão de regime estabelecidos pelas Leis 8.072/90 e 7.210/84, respeitando a natureza (hedionda ou comum) dos delitos praticados pelo réu. 3. Recurso conhecido e provido" (TJ-DF, AgE 0014770-36.2017.8.07.0000, 3ª T., j. 14-9-2017, rel. Waldir Leôncio Lopes Júnior, *DJe* 22-9-2017).

Liquidação das penas: reincidência não reconhecida na sentença condenatória e influência na execução: possibilidade

"Agravo regimental no agravo em recurso especial. Execução penal. Reconhecimento da reincidência pelo juízo da execução criminal para fins de progressão de regime. Possibilidade. Ausência de violação à coisa julgada. Pleito de sustentação oral. Art. 159 do RISTJ. Não cabimento. I – A reincidência do acusado constitui circunstância pessoal que acompanha o condenado durante toda a execução criminal, podendo ser reconhecida pelo Juízo da execução que supervisiona o cumprimento da pena, ainda que não reconhecida pelo Juízo que prolatou a sentença condenatória. Precedentes. II – É firme a jurisprudência desta Corte Superior de Justiça no sentido de que: 'Não cabe ao Juiz da Execução rever a pena e o regime aplicados no título judicial a cumprir. Contudo, é de sua competência realizar o somatório das condenações (unificação das penas), analisar a natureza dos crimes (hediondo ou a ele equiparados) e a circunstância pessoal do reeducando (primariedade ou reincidência) para fins de fruição de benefícios da LEP' (AgRg no AREsp 1.237.581/MS, 6ª T., rel. Min. Rogério Schietti Cruz, *DJe* 1º-8-2018). [...]" (AgRg no AREsp 1.341.499/MG, rel. Min. Felix Fischer, 5ª T., j. 16-10-2018, *DJe* 22-10-2018).

Liquidação das penas: reincidência não reconhecida na sentença condenatória e influência na execução: impossibilidade

"A jurisprudência do Superior Tribunal de Justiça é firme no sentido de que a reincidência que não esteja expressamente reconhecida no édito condenatório não pode ser proclamada pelo juiz da execução, mesmo que seja com a justificativa de estar corrigindo erro material ou sanando omissão, sob pena de violação à coisa julgada e ao princípio da *non reformatio in pejus*. Agravo regimental desprovido (STJ, AgRg no REsp 1719791 MG 2018/0008651-8, rel. Min. Felix Fischer, j. 17-5-2018, 5ª T., *DJe* 25-5-2018).

"1. Conforme o artigo 1º da Lei n. 7.210/84, a sentença penal transitada em julgado estabelece, na qualidade de título executivo, os limites da execução penal. 2. Tendo a sentença condenatória transitado em julgado sem o reconhecimento da reincidência, já existente à época do *decisum*, não compete ao juízo de execução reconhecê-la, sob pena de constituir excesso na execução. 3. A inclusão da reincidência como fator de cálculo da pena por ocasião da execução penal implica no agravamento da situação do condenado e constitui afronta à coisa julgada" (TRF-4, AgE 5009855-90.2015.4.04.7000, 7ª T., j. 9-6-2015, rel. Roberto Fernandes Júnior, *DJ* 10-6-2015).

Liquidação das penas: unificação entre reclusão e detenção

"1. Consoante entendimento do Superior Tribunal de Justiça, a pena de reclusão, por ser mais grave, será cumprida em primeiro lugar e, posteriormente, a de detenção, não havendo falar em unificação de penas, diante da impossibilidade de execução simultânea de duas modalidades distintas de penas privativas de liberdade. 2. Agravo regimental improvido" (AgRg no AREsp 630.099/MT, 6ª T., j. 12-6-2018, rel. Min. Nefi Cordeiro, *DJe* 19-6-2018).

Liquidação das penas: unificação entre privativa de liberdade e restritiva de direitos: impossibilidade

"1. O entendimento do Tribunal de origem está alinhado à jurisprudência desta, no sentido de que, independentemente de a condenação à pena restritiva de direitos ser anterior ou posterior à sanção privativa de liberdade, a conversão ou não da pena restritiva de direitos em privativa de liberdade fica unicamente na dependência da compatibilidade de cumprimento simultâneo das sanções. 2. No caso dos autos, o sentenciado cumpria pena privativa de liberdade, no regime fechado, quando sobreveio nova condenação à pena restritiva de direitos, razão pela qual o Juízo da Execução, ao unificar as penas, converteu em privativa de liberdade a pena restritiva de direitos, em razão da impossibilidade de cumprimento simultâneo das sanções. Esse entendimento, de fato, está em consonância com a jurisprudência desta Corte. Logo, correta a aplicação do enunciado 83 da Súmula do STJ. 3. Agravo regimental desprovido" (STJ, AgRg no REsp 1688238 MG 2017/0194173-2, rel. Min. Joel Ilan Paciornik, j. 25-6-2019, 5ª T., *DJe* 5-8-2019).

"No caso de descumprimento injustificado da pena restritiva de direitos, na hipótese de o réu estar preso, não é razoável a conversão da pena restritiva de direitos em privativa de liberdade, em virtude da prisão do réu e, assim, impossibilitado de adimplir a restrição determinada. A solução está no art. 76 do Código Penal que trata do concurso de infrações, determinando a execução primeiramente dos crimes mais graves. Assim, o executado cumprirá a pena privativa de liberdade para, somente depois, ter a possibilidade de prestar serviços à comunidade, devendo esta ser suspensa enquanto cumpre aquela, em respeito ao art. 116, parágrafo único, do Código Penal. [...]" (REsp 662.066/SC, 5ª T., j. 2-6-2005, rel. Min. José Arnaldo da Fonseca, *DJ* 1º-8-2005, p. 530).

Liquidação das penas: unificação entre privativa de liberdade e restritiva de direitos: possibilidade

"V. Consoante a jurisprudência do STJ, 'de acordo com a legislação, doutrina e jurisprudência, a conversão da pena restritiva de direitos em privativa de liberdade poderá ocorrer quando sobrevier nova condenação, cuja execução não tenha sido suspensa e, que torne incompatível o cumprimento da restritiva com a reprimenda corporal (art. 181, § 1º, alínea 'e', da LEP, c.c. art. 44, § 5º, do Código Penal). Importante observar o regime inicial estabelecido para a nova condenação, uma vez que somente certas restritivas (prestação pecuniária e perda de bens) e a multa se coadunam com os regimes semiaberto e fechado" (HC 137.045/RS, 6ª T., j. 17-12-2013, rel. Min. Sebastião Reis Júnior, rel. p/ acórdão Min. Assusete Magalhães, *DJe* 4-8-2014).

"1. O artigo 76 do Código Penal prevê que havendo concurso de infrações, deve-se executar primeiramente a pena mais grave. 2. A Lei apenas prevê a conversão das penas restritivas de direito em pena privativa de liberdade quando sobrevém condenação à pena corporal. 3. Se a condenação superveniente é de pena restritiva de direitos, não há previsão legal, para sua conversão" (TJ-MG, AGEPN 1000020593011 8001/MG, rel. Maurício Pinto Ferreira, j. 25-3-2021, 8ª Câm. Crim., *DJe* 25-3-2021).

Prisão domiciliar na ausência de vaga em regime aberto: possibilidade

"1. Na situação em que o apenado submetido ao regime semiaberto ou aberto estiver cumprindo pena de modo mais gravoso, por inexistência de vaga em local próprio, é permitida, excepcionalmente, a concessão de prisão em regime aberto ou, persistindo a falta de vaga, de prisão domiciliar. Isso porque é inadmissível a submissão do apenado a um regime mais gravoso do que o fixado na execução penal por deficiência do sistema carcerário estatal, em afronta ao princípio da dignidade da pessoa humana. 2. Agravo regimental não provido" (STJ, AgRg no HC 297.069/RS, 6ª T., j. 26-5-2015, rel. Min. Rogerio Schietti Cruz, *DJe* 3-6-2015).

"Tendo o condenado atendido às condições objetivas e subjetivas para obter regime prisional aberto, mas não possuindo o Estado a casa de albergado, nem estabelecimento que adequadamente possa substituí-la, deve ele ser colocado, então, em prisão domiciliar, como opção válida para que permaneça na mesma situação, mas sim possa iniciar seu processo de reintegração à sociedade, podendo voltar ao trabalho, para seu sustento e de sua família. Precedentes" (STF, HC 68.121/SP, 2ª T., j. 18-9-1990, rel. Min. Aldir Passarinho, *DJ* 14-12-1990).

Regime fechado: necessidade de fundamentação idônea

Súmula 718 do STF: "A opinião do julgador sobre a gravidade em abstrato do crime não constitui motivação idônea para a imposição de regime mais severo do que o permitido segundo a pena aplicada".

Súmula 719 do STF: "A imposição do regime de cumprimento mais severo do que a pena aplicada permitir exige motivação idônea".

Súmula 440 do STJ: "Fixada a pena-base no mínimo legal, é vedado o estabelecimento de regime prisional mais gravoso do que o cabível em razão da sanção imposta, com base apenas na gravidade abstrata do delito".

"3. A falta de impugnação específica do fundamento utilizado na decisão agravada atrai a incidência do enunciado sumular n. 182 desta Corte Superior. 4. Fixando o regime inicial fechado com base, exclusivamente, na hediondez do crime, não obstante o acusado seja primário, as circunstâncias judiciais favoráveis e a pena privativa de liberdade não seja superior a 8 (oito) anos, impõe-se o seu abrandamento, com base nas Súmulas 718 e 719 do STF e 440 do STJ. 5. Agravo regimental não conhecido. Concessão de *habeas corpus* de ofício, para fixar o regime semiaberto para o início do cumprimento da pena imposta ao agravante" (STJ, AgRg no AREsp 993431 SP 2016/0260990-8, rel. Min. Reynaldo Soares da Fonseca, j. 18-4-2017, 5ª T., *DJe* 26-4-2017).

"RHC. Constitucional. Processual penal. Pena. Execução. Regime. O condenado conserva todos os direitos não atingidos pela pena. Nenhuma restrição maior pode ser imposta. Obediência ao princípio da legalidade. Já se disse, no início do século, o código penal é a constituição do réu. Se o Estado condena alguém a determinado regime, e não promove os meios para realizá-lo, não pode submeter o condenado a regime mais grave. Assim, na falta de casa de albergado, exigir a disciplina do regime fechado" (STJ, RHC 2.238/RS, 6ª T., j. 30-11-1992, rel. Min. José Cândido de Carvalho Filho, DJ 29-3-1993).

Regime semiaberto e detenção

"Execução penal. Detenção. Regime inicial de cumprimento. De regra, ao condenado a pena de detenção não pode impor-se o seu cumprimento em regime inicial fechado (C. Pen., art. 33), que se reserva às hipóteses legais de regressão (Lex pen., art. 118)" (STF, HC 69.009/PR, 1ª T., j. 11-2-1992, rel. Min. Sepúlveda Pertence, DJ 27-3-1992).

Regime: declaração obrigatória na sentença

"É direito do condenado e dever do juiz que se declare expressamente qual o regime de cumprimento de pena, de cuja obrigatoriedade não pode furtar-se (CP, art. 59, III, e LEP, art. 110). Em se tratando de garantia da individualização da pena, omissa a sentença, nessa parte, impõe-se que se supra a omissão. Os demais argumentos da impetração são incabíveis de serem examinados na via do writ. Habeas corpus deferido, em parte, para que, anulada a decisão impetrada, retornem os autos ao juiz para que complete a sentença, fixando o regime inicial para o cumprimento da reprimenda" (STF, HC 75.171/RJ, 1ª T., j. 24-6-1997, rel. Min. Ilmar Galvão, DJ 5-9-1997).

Regime inicial de cumprimento

Súmula 718 do STF: "A opinião do julgador sobre a gravidade em abstrato do crime não constitui motivação idônea para a imposição de regime mais severo do que o permitido segundo a pena aplicada".

Súmula 719 do STF: "A imposição do regime de cumprimento mais severo do que a pena aplicada permitir exige motivação idônea".

"1. Quando da fixação da pena, o juiz estabelecerá o regime inicial de cumprimento da pena, levando em conta, a teor do disposto no art. 33, § 3º, do Cód. Penal, as circunstâncias previstas no art. 59. 2. Quando as circunstâncias forem favoráveis ao réu, não é lícito ao juiz estabelecer regime pior, tomando em consideração a natureza do crime praticado. 3. Tratando-se de réu primário e de bons antecedentes, daí ter o próprio juiz fixado a pena no seu mínimo, tem o condenado direito a iniciar o cumprimento da pena no regime legalmente adequado. 4. Precedentes do STJ. 5. Habeas corpus deferido" (STJ, HC 34.760/SP, 6ª T., j. 21-9-2004, rel. Min. Nilson Naves, DJ 6-12-2004).

Regime: impossibilidade de progressão "por salto"

Súmula 491 do STJ: "É inadmissível a chamada progressão per saltum de regime prisional".

"1. O tempo de prisão cumprido pelo paciente já foi considerado para o efeito da obtenção do regime semiaberto e, quanto ao aberto, não pode ser obtido 'per saltum', pois sua concessão depende do preenchimento de requisitos objetivos e subjetivos, cuja apreciação compete, originariamente, ao Juízo da Execução Penal e não a esta Corte. 2. H.C. indeferido" (STF, HC 76.965/MG, 1ª T., j. 15-12-1998, rel. Min. Sydney Sanches, DJ 14-5-1999).

Regime: ausência de "vaga" no regime adequado

"2. É direito do apenado o cumprimento da pena imposta em unidade prisional compatível com o regime fixado no decreto condenatório. 3. Diante da inexistência de vaga em estabelecimento adequado, é assegurado ao condenado o cumprimento da pena em regime mais benéfico até que surja a disponibilidade em unidade compatível com a sua condenação" (STF, HC 122.313/SP, 1ª T., j. 23-2-2016, rel. Min. Marco Aurélio, rel. p/ acórdão Min. Edson Fachin, *DJe*-085 2-5-2016).

"1. A partir do trânsito em julgado da sentença condenatória o sentenciado adquire o direito subjetivo de cumprir a pena nos exatos termos da condenação. 2. Se o regime obtido em progressão foi o semiaberto, a mudança para o mais rigoroso só é admissível nas hipóteses previstas no artigo 118, incisos I e II, da Lei 7.210/1984. 3. As peculiaridades que se apresentam em cada situação podem justificar a permanência do sentenciado provisoriamente no regime aberto, na modalidade de prisão albergue, até que se dê vaga em estabelecimento adequado ao cumprimento da pena no regime semiaberto. 4. *Habeas corpus* deferido" (STF, HC 77.399/SP, 2ª T., j. 24-11-1998, rel. Min. Maurício Corrêa, *DJ* 19-2-1999).

Regime: progressão e crime hediondo

Súmula Vinculante 26: "Para efeito de progressão de regime no cumprimento de pena por crime hediondo, ou equiparado, o juízo da execução observará a inconstitucionalidade do art. 2º da Lei 8.072, de 25 de julho de 1990, sem prejuízo de avaliar se o condenado preenche, ou não, os requisitos objetivos e subjetivos do benefício, podendo determinar, para tal fim, de modo fundamentado, a realização de exame criminológico".

"É dogma fundamental em Direito Penal a incidência retroativa da *lex mitior*, encontrando-se hoje entronizado em nossa Carta Magna, ao dispor que 'a lei penal não retroagirá, salvo para beneficiar o réu' (art. 5º, XL). Se a Lei 9.455/1997 admitiu a progressão do regime prisional para os crimes de tortura, conferindo tratamento mais benigno à matéria regulada pela Lei 8.072/1990, é de rigor a sua incidência no processo de individualização da pena dos demais delitos mencionados no art. 5º, XLIII, da Constituição, em face do tratamento unitário que lhe conferiu o constituinte de 1988" (STJ, REsp 184918/RS, 6ª T., j. 4-5-2000, rel. Min. Vicente Leal, *DJ* 23-9-2002).

"*Habeas corpus*. 2. Crime hediondo. 3. Concessão de progressão de regime pelo Juízo da Execução, com a concordância do Ministério Público. 4. Revogação da concessão de ofício. Impossibilidade. Constrangimento ilegal. 5. Precedentes. 6. Ordem deferida" (STF, HC 84.151/RJ, 2ª T., j. 10-8-2004, rel. Min. Gilmar Mendes, *DJ* 3-9-2004).

"Agravo Regimental no *Habeas Corpus*. Execução Penal. Via Inadequada. Lei 13.964/2019 (Pacote Anticrime). Progressão de Regime. Paciente Condenado por Tráfico de Drogas. Reincidência em Crime Comum. Hipótese não abarcada pela *Novatio Legis*. *Analogia In Bonam Partem*. Cumprimento de 40% da Pena. Orientação Revista. Agravo Regimental Provido. Concessão de HC de Ofício. 1. O Supremo Tribunal Federal, por sua Primeira Turma, e a Terceira Seção do Superior Tribunal de Justiça, diante da utilização crescente e sucessiva do *habeas corpus*, passaram a restringir a sua admissibilidade quando o ato ilegal for passível de impugnação pela via recursal própria, sem olvidar a possibilidade de concessão da ordem, de ofício, nos casos de flagrante ilegalidade. 2. Firmou-se, nesta Superior Corte, o entendimento no sentido de ser irrelevante que a reincidência seja específica em crime hediondo para a aplicação da fração de 3/5 na progressão de regime, pois não deve haver distinção entre as condenações anteriores (se por crime comum ou por delito hediondo). Interpretação da Lei 8.072/90. Precedentes. 3. Com a entrada em vigor da Lei 13.964/19 – Pacote Anticrime –, foi revogado expressamente o art. 2º, § 2º, da Lei n. 8.072/90 (art. 19 da Lei n. 13.964/2019), passando a progressão de regime, na Lei de Crimes Hediondos, a ser regida pela Lei n. 7.210/84. 4. A nova redação dada ao art. 112 da Lei de Execução Penal modificou por completo a sistemática, introduzindo critérios e percentuais distintos e específicos para cada grupo, a depender especialmente da natureza do delito. 5. No caso, o paciente foi sentenciado pelo delito de tráfico de drogas, tendo sido reconhecida sua reincidência devido à condenação definitiva anterior pela prática de crime comum. Para tal hipótese, inexiste na *novatio legis* percentual a disciplinar a progressão de regime ora pretendida, pois os percentuais de 60% e 70% foram destinados aos reincidentes específicos. 6. Em direito penal não é permitido o uso de interpretação extensiva para prejudicar o réu, devendo a integração da norma se operar mediante a analogia *in bonam partem*. Princípios aplicáveis: Legalidade das penas, Retroatividade benéfica e *in dubio pro reo*. – A lei penal deve ser interpretada restritivamente quando prejudicial ao réu, e extensivamente no caso contrário (*favorablia sunt amplianda, odiosa restringenda*) – in Nélson Hungria, *Comentários ao Código Penal*, v. I, t. I, p. 86. Doutrina: Humberto Barrionuevo Fabretti e Gianpaolo Poggio Smanio, *Comentário ao Pacote Anticrime*, Ed. Atlas, 2020; Renato Brasileiro de Lima. *Pacote Anticrime: comentários à Lei 13.964/19*, Ed. JusPodivm, 2020; Paulo Queiroz, *A nova progressão de regime – Lei 13.964/2019*, https://www.pauloqueiroz.net; Rogério Sanches Cunha, *Pacote Anticrime: Lei n. 13.964/2019 – Comentários às alterações no CP, CPP e LEP*. Salvador: Editora JusPodivm, 2020; e Pedro Tenório Soares Vieira Tavares e Estácio Gama Lima Netto; Netto Lima, *Pacote Anticrime: as modificações no sistema de justiça criminal brasileiro. E-book*, 2020. Precedentes: HC n. 581.315/PR, rel. Min. Sebastião Reis Júnior e HC n. 607.190/SP, rel. Min. Nefi Cordeiro, 6ª T., ambos julgados em 6-10-2020. 7. Agravo regimental provido, concedendo *habeas corpus* de ofício, para que se opere a transferência do paciente a regime menos rigoroso com a observância, quanto ao requisito objetivo, do cumprimento de 40% da pena privativa de liberdade a que condenado, salvo se cometida falta grave" (AgRg no HC 616.267/SP, Min. Reynaldo Soares da Fonseca, 5ª T., *DJe* 15-12-2020).

Regime: progressão e falta grave que não interrompe o prazo

"3. Fere o princípio da legalidade a interrupção do lapso temporal para progressão de regime em razão do cometimento de falta disciplinar de natureza grave, diante da ausência de previsão legal para tanto. 4. Ordem em parte concedida a fim de afastar a interrupção da contagem do lapso temporal para a progressão de regime, ante a perpetração de falta grave, cabendo ao Juízo da Execução a análise dos demais requisitos objetivos e subjetivos, nos termos do disposto no art. 112 da LEP" (STJ, HC 121.026/ES, 6ª T., j. 15-2-2011, rel. Min. Maria Thereza de Assis Moura, *DJe* 9-3-2011).

Regime: progressão e falta grave interruptiva do prazo

Súmula 534 do STJ: A prática de falta grave interrompe a contagem do prazo para a progressão de regime de cumprimento de pena, o qual se reinicia a partir do cometimento dessa infração.

"*Habeas corpus*. Condenação a 58 anos de reclusão. Progressão no regime de cumprimento da pena. Cometimento de falta grave (fuga). Recontagem do lapso de 1/6 para a obtenção do benefício. Em caso de falta grave, é de ser reiniciada a contagem do prazo de 1/6, exigido para a obtenção do benefício da progressão no regime de cumprimento da pena. Adotando-se como paradigma, então, o *quantum* remanescente da pena. Em caso de fuga, este prazo apenas começa a fluir a partir da recaptura do sentenciado. Entendimento contrário implicaria tornar despidas de sanção as hipóteses de faltas graves cometidas por sentenciados que já estivessem cumprindo a pena em regime fechado. De modo que não seria possível a regressão no regime (sabido que o fechado já é o mais severo) nem seria reiniciada a contagem do prazo de 1/6. Conduzindo ao absurdo de o condenado, imediatamente após sua recaptura, tornar a pleitear a progressão prisional com apoio em um suposto 'bom comportamento'. *Habeas corpus* indeferido" (STF, HC 85.141, rel. Min. Carlos Britto, DJ 12-5-2006).

"*Habeas corpus*. Progressão de regime. Falta grave. Regressão de regime. Interrupção do lapso temporal para concessão do benefício da progressão. Legalidade. Ordem denegada. A fuga do paciente, quando cumprindo pena em regime semiaberto, dá ensejo à regressão de regime (LEP, art. 118). A partir daí, começa a correr novamente o prazo de 1/6 para que o paciente possa obter nova progressão de regime" (STF, HC 85.049, 2ª T., j. 1º-3-2005, rel. Min. Joaquim Barbosa, DJ 5-8-2005).

Regime: progressão mesmo respondendo a inquérito ou ação penal

"(...) não se revela lícito negar a progressão de regime com fundamento apenas na 'situação processual indefinida' do réu porquanto a isso corresponde antecipar o juízo condenatório de ação penal em curso (...) 3. O ordenamento jurídico pátrio veda a possibilidade de alguém ser considerado culpado com respaldo em simples presunções ou em meras suspeitas, consagrando o princípio da presunção da inocência, insculpido no artigo 5º, inciso, LVII, da CF, segundo o qual todo acusado é presumido inocente até que seja declarado culpado por sentença condenatória transitada em julgado. 4. É cediço em sede doutrinária que 'A concessão ou a denegação da transferência para regime menos severo é medida jurisdicional, já que pode importar a modificação da forma de execução da pena. Por isso, determina a lei que a decisão deve ser motivada (art. 112, § 1º). Reconhecendo satisfeitos os requisitos temporal e subjetivos, com a compatibilidade do condenado ao novo regime, não pode o juiz negar a progressão sob a alegação de que o réu é reincidente ou porque um dia evadiu-se do presídio, porque há recomendação no laudo de acompanhamento psicológico, por estar o condenado respondendo a outro processo com indefinida situação processual, etc.' (...) 5. Negar a progressão de regime com fundamento apenas na 'situação processual indefinida' do réu implica antecipação de juízo condenatório. É certo, todavia, que o ordenamento jurídico pátrio veda a possibilidade de alguém ser considerado culpado com respaldo em simples presunção ou em meras suspeitas, consagrando o princípio da presunção da inocência, insculpido no artigo 5º, inciso LVII, da Constituição Federal, *verbis*: 'ninguém será considerado culpado até o trânsito em julgado de sentença penal condenatória.' (...) O princípio da presunção da inocência consubstancia-se, portanto, no direito de não ser declarado culpado senão mediante sentença judicial com trânsito em julgado, ao término do devido processo legal (*due process of law*), em que o acusado pôde utilizar-se de todos os meios de prova pertinentes para sua defesa (ampla defesa) e para a destruição da credibilidade das provas apresentadas pela acusação (contraditório)" (STF, HC 99.141/SP, 1ª T., j. 29-3-2011, rel. Min. Luiz Fux, *DJe*-071 14-4-2011).

"Paciente condenado às penas de 50 anos, 2 meses e 20 dias de reclusão por diversas infrações, tendo cumprido mais de 16 anos em regime fechado. Atendimento do requisito objetivo para progressão do regime pelo cumprimento de 1/6 das penas (artigo 112, *caput*, da LEP, Lei 7.210/1984). 2. Exame Criminológico e Parecer da Comissão Técnica de Classificação favoráveis à progressão do regime prisional, restando atendidos, em parte, os requisitos subjetivos (artigo 112, *caput, in fine*, e parágrafo único, da LEP). Óbice suscitado pelo Ministério Público para a concessão da progressão, por estar o paciente respondendo a inquérito como suspeito de ser o mandante da morte de colega de cárcere, acolhido pelo juiz das Execuções Penais. 3. O paciente não está sujeito a aguardar indefinidamente as conclusões do procedimento administrativo para obter o benefício da progressão do regime prisional, o qual, entretanto, poderá ser a qualquer momento objeto de regressão (artigo 118, *caput*, da LEP). 4. A concessão do benefício não pode levar em conta o que ocorreu no passado, mas, apenas, se estão reunidos os requisitos necessários. 5. *Habeas corpus* conhecido e deferido, por maioria, para assegurar ao paciente a progressão do regime prisional" (STF, HC 79497/RJ, 2ª T., j. 19-10-1999, rel. Min. Néri da Silveira, rel. para acórdão Min. Maurício Corrêa, *DJ* 29-9-2000).

Regime: progressão e prisão especial

Súmula 717 do STF: "Não impede a progressão de regime de execução da pena, fixada em sentença não transitada em julgado, o fato de o réu se encontrar em prisão especial".

"Reclamação. Alegação de não haver sido cumprida a decisão proferida em *habeas corpus* que garantiu ao reclamante a progressão para o regime semiaberto, sem deslocar-se da prisão especial. Havendo a Primeira Turma do Supremo Tribunal Federal, em *habeas corpus*, garantido ao reclamante, por progressão, o regime semiaberto, sem deslocar-se da prisão especial em que se encontra, posto ainda não ter havido o trânsito em julgado da decisão condenatória, a autoridade reclamada, ao determinar o seu ingresso no sistema penitenciário, desrespeitou o julgado desta Suprema Corte, o que justifica o uso da via reclamatória para cassação do ato reclamado. Reclamação deferida" (STF, Rcl 620/RJ, Pleno, j. 24-10-1996, rel. Min. Ilmar Galvão, *DJ* 6-12-1996).

Regime: proibição de condições mais severas

"2. Segundo entendimento consolidado nesta Corte de Justiça, configura constrangimento ilegal a submissão do apenado a regime mais rigoroso do que aquele fixado na sentença condenatória ou em sede de execução penal, não podendo o réu ser prejudicado pela precariedade do sistema prisional, sob pena de violação aos princípios da dignidade da pessoa humana e da individualização da pena" (STJ, HC 306.848/RS, 5ª T., j. 24-3-2015, rel. Min. Gurgel de Faria, *DJe* 9-4-2015).

"1. Encontrando-se devidamente demonstradas nos autos as condições pessoais favoráveis do ora Paciente (réu primário, de bons antecedentes e com personalidade e conduta social normais), deve ser-lhe permitido o benefício do trabalho externo, independentemente do cumprimento de 1/6 da pena. Precedentes do STJ. 2. É entendimento pacífico desta Corte de que configura-se constrangimento ilegal o cumprimento de pena em condições mais rigorosas que aquelas estabelecidas na condenação, sob pena de desvio da finalidade da pretensão executória. Desta forma, *in casu*, não pode o ora Paciente, que foi condenado no regime prisional semiaberto, ser mantido na ala destinada aos presos em regime fechado da Penitenciária Estadual de São Luiz Gonzaga/RS. 3. Contudo, não há se falar no seu recolhimento em prisão domiciliar, porquanto, conforme relatado pelo próprio Impetrante, existe no aludido estabelecimento prisional uma ala destinada 'somente aos reclusos em regimes semiaberto e aberto beneficiados com trabalho externo' (fl. 54), devendo, assim, em face da concessão do benefício do trabalho externo, ser imediatamente conduzido para tal local, se por outra razão não estiver preso no regime mais gravoso. 4. Recurso parcialmente provido" (STJ, RHC 14.325/RS, 5ª T., j. 5-8-2003, rel. Min. Laurita Vaz, *DJ* 15-9-2003).

Regime: regressão

"1. A jurisprudência desta Corte é firme no sentido de ser possível a regressão ao regime prisional mais gravoso diante da prática de crime doloso no curso da execução penal, conforme o disposto no art. 118, I, da Lei de Execuções Penais. Precedentes. Recurso ordinário em *habeas corpus* desprovido" (STJ, RHC 92.212/MG, 5ª T., j. 17-5-2018, rel. Min. Joel Ilan Paciornik, *DJe* 1º-6-2018).

"1. A regressão de regime prisional, em razão da falta grave do condenado, pressupõe a imposição de sanção em regular procedimento disciplinar (artigos 59 e 118, inciso I, da Lei de Execução Penal). 2. Ordem concedida" (STJ, HC 34.081/SP, 6ª T., j. 28-9-2004, rel. Min. Hamilton Carvalhido, *DJ* 13-12-2004).

Regime: regressão e ampla defesa

"1. Nos termos do art. 118, § 2º, da Lei n. 7.210/84, é obrigatória a prévia ouvida do condenado, para fins de regressão de regime prisional, quando da prática de fato definido como crime doloso ou falta grave. 2. Diante do trânsito em julgado da condenação do recorrente por crime doloso, cuja prática ensejou o reconhecimento de falta grave (art. 52 da Lei n. 7.210/84), inócua seria a determinação de sua prévia ouvida pelo juízo das execuções, uma vez que esse não tem poderes para contrariá-la ou rescindi-la. 3. Se a finalidade da audiência prevista no art. 118, § 2º, da Lei das Execuções Penais é oferecer ao condenado a oportunidade de justificar a prática do fato definido como crime doloso ou demonstrar que ele não ocorreu, no caso concreto, ela perdeu seu objeto, diante do reconhecimento, em definitivo, da responsabilidade penal do recorrente pelo crime doloso cuja prática ensejou o reconhecimento da falta grave" (STF, RHC 126.919/MG, 2ª T., j. 7-4-2015, rel. Min. Dias Toffoli, *DJe*-080 30-4-2015).

"Ao contrário do que ocorre no âmbito instrumental civil, o poder de cautela, no campo penal, em jogo a liberdade do cidadão, há de estar previsto na Lei. Descabe implementá-lo, tendo em conta a regressão a regime de cumprimento mais rigoroso, prevista no inciso I do artigo 118 da Lei de Execução Penal, no período que antecede a audição do condenado, formalidade essencial imposta pelo § 2º do aludido artigo. Precedente: *Habeas Corpus* n. 75.662-0/SP, por mim relatado, perante a Segunda Turma, e julgado na sessão de 3 de março de 1998" (STF, HC 76.270/SP, 2ª T., j. 17-3-1998, rel. Min. Marco Aurélio, *DJ* 30-4-1998).

"*Habeas corpus*. Regime de pena. Regressão. Afronta ao contraditório e à ampla defesa. Ao regredir a paciente para regime mais gravoso, a decisão impetrada desconsiderou as contraprovas indicadas pela defesa para refutar a versão apresentada, incorrendo em cerceio do contraditório e prejuízo da ampla defesa. *Habeas corpus* deferido" (STF, HC 74.764/RJ, 1ª T., j. 10-12-1996, rel. Min. Ilmar Galvão, *DJ* 11-4-1997).

Regime: regressão cautelar

"Regime prisional. Regressão. 1. A fuga do condenado justifica a regressão cautelar para o regime fechado. E se houve fuga não há como acenar com o disposto no art. 118, § 2º da Lei de Execução Penal. 2. HC indeferido" (STF, HC 84.112/RJ, 2ª T., j. 4-5-2004, rel. Min. Ellen Gracie, *DJ* 21-5-2004).

"1. Em se tratando de regressão cautelar, não é necessária a prévia instauração ou conclusão do procedimento administrativo – PAD e a oitiva do sentenciado em juízo, exigíveis apenas no caso de regressão definitiva. Inaplicabilidade do enunciado sumular 533 desta Corte. 2. Nos termos do art. 118 da Lei de Execução Penal, a execução da pena privativa de liberdade está sujeita à forma regressiva, com a transferência para um regime mais rigoroso do que o estabelecido no édito condenatório, o que não configura constrangimento ilegal" (STJ, RHC 92.446/BA, 6ª T., j. 8-2-2018, rel. Min. Maria Thereza de Assis Moura, *DJe* 19-2-2018).

Regime: regressão simultânea à conversão de pena restritiva de direitos

"Regressão de regime simultaneamente à reconversão das penas. Impossibilidade. *Bis in idem*. Recurso a que se nega provimento. Ordem concedida de ofício. (...) 3. Caracteriza *bis in idem* a regressão para um regime prisional mais gravoso do que o fixado no título executivo de forma simultânea com a reconversão da pena restritiva de direitos em privativa de liberdade" (STJ, RHC 95.561/RS, 6ª T., j. 5-4-2018, rel. Min. Maria Thereza de Assis Moura, *DJe* 16-4-2018).

Remição e cumprimento do trabalho atribuído

"A remição da pena pelo trabalho ou pelo estudo é um incentivo para que o apenado realize essas atividades, essencialmente importantes para sua reeducação – uma das finalidades da pena. Dessa forma, a ausência de trabalho e estudo disponíveis aos apenados no estabelecimento prisional constitui um desvio da execução da pena" (STJ, HC 175.718/RO, 6ª T., j. 5-12-2013, rel. Min. Marilza Maynard, Desembargadora convocada do TJ-SE, *DJe* 16-12-2013).

"2. É obrigatório o cômputo de tempo de trabalho nas hipóteses em que o sentenciado, por determinação da administração penitenciária, cumpra jornada inferior ao mínimo legal de 6 (seis) horas, vale dizer, em que essa jornada não derive de ato de insubmissão ou de indisciplina do preso. 3. Os princípios da segurança jurídica e da proteção da confiança tornam indeclinável o dever estatal de honrar o compromisso de remir a pena do sentenciado, legítima contraprestação ao trabalho prestado por ele na forma estipulada pela administração penitenciária, sob pena de desestímulo ao trabalho e à ressocialização" (STF, RHC 136.509/MG, 2ª T., j. 4-4-2017, rel. Min. Dias Toffoli, *DJe*-087 27-4-2017).

"Execução penal. *Habeas Corpus*. Remição. Meta estabelecida pelo sistema inviável de ser alcançada. Culpa exclusiva do estado. Restabelecimento da decisão de 1º grau. Ordem

Concedida. I – A remição pelo trabalho é concedida à razão de 3 dias de trabalho para cada dia remido de pena, com jornada diária de 6 a 8 horas. Portanto fica remido 1 dia de pena para cada 18 a 24 horas de trabalho, funcionando o instituto como incentivo ao preso para que busque seu aprimoramento como forma de facilitar o convívio socioeconômico em liberdade. II – Não alcançando o preso a meta de trabalho estabelecida pelo sistema penitenciário por culpa exclusiva do Estado, não pode o apenado ser penalizado pela deficiência estatal. III – Decisão de 1º grau restabelecida. IV – Ordem concedida, nos termos do voto do Relator" (HC 178.876/RS, 5ª T., j. 4-10-2011, rel. Min. Gilson Dipp, DJe 14-10-2011).

Remição e trabalho exercido antes mesmo do início do cumprimento da pena

"*Habeas corpus*. Execução penal. Remição pelo trabalho em período anterior ao início da execução. Possibilidade se posterior à prática do delito. Ordem concedida. 1. Não se desconhece que este Superior Tribunal de Justiça firmou orientação quanto à impossibilidade de remição do tempo de trabalho executado em momento anterior à prática do delito da pena a ser remida. 2. Nos casos, no entanto, em que o labor tenha sido realizado em data posterior à prática do delito cuja condenação se executa, ainda que anterior ao início da execução, é possível a aplicação do instituto. 3. Ordem concedida, relativamente ao delito praticado anteriormente" (HC 420.257/RS, 6ª T., j. 19-4-2018, rel. Min. Nefi Cordeiro, DJe 11-5-2018).

Remição e dias efetivamente cumpridos

"*Habeas corpus* – execução penal – remição – cômputo dos dias trabalhados como pena efetivamente cumprida – possibilidade, com consideração, inclusive, para fins de acesso do interessado a determinados benefícios legais" (STF, HC 85995/SP, 2ª T., j. 23-10-2007, rel. Min. Celso de Mello, DJe-024 5-2-2014).

"1. A redação do art. 128 da Lei n. 12.433, de 29-6-2011, que dispõe sobre a remição de parte do tempo de execução da pena por estudo ou por trabalho, estabelece que o tempo remido será computado como pena cumprida, para todos os efeitos. 2. Esta Corte Superior de Justiça já havia firmado jurisprudência, antes da alteração na Lei de Execução Penal, no sentido de que o tempo remido deve ser considerado como pena efetivamente cumprida para fins de obtenção dos benefícios da execução, e não simplesmente como tempo a ser descontado do total da pena" (STJ, HC 167.537/SP, 6ª T., j. 20-3-2012, rel. Min. Sebastião Reis Júnior, DJe 9-4-2012).

Remição e estudo

Súmula 341 do STJ: "A frequência a curso de ensino formal é causa de remição de parte do tempo de execução de pena sob regime fechado ou semiaberto".

"2. A controvérsia diz respeito à remição da pena no patamar de 50% da carga horária definida legalmente para o ensino fundamental, em virtude da aprovação no ENCCEJA. Questiona-se se as 1.200/1.600h dispostas na Recomendação n. 44/2013 do CNJ já equivalem aos 50% da carga horária definida legalmente para cada nível de ensino ou se os 50% incidirão sobre essas 1.200/1.600h. 3. Com o intuito de 'fechar esse espaço deixado pelo CNJ' fez-se uso da LDB, na qual consta que a carga anual mínima para o ensino fundamental é de 800 horas, sendo natural que ela seja menor no início e maior no final. Relevante consignar, ademais, que o art. 4º, II, da Res. 03/2010 do CNE, não impede esta interpretação. Pelo contrário, a referida norma menciona que 1.600 horas equivalem apenas à duração mínima para os anos finais do Ensino Fundamental. 4. Nessa linha de intelecção, interpretar que as 1.600 horas mencionadas na Recomendação 44/2013 do CNJ correspondem a 50% da carga horária definida é justamente cumprir o dispositivo, porquanto o CNE não estabeleceu 1.600 horas anuais como o máximo possível. Essa particular forma de parametrar a interpretação da lei "é a que mais se aproxima da Constituição Federal, que faz da cidadania e da dignidade da pessoa humana dois de seus fundamentos (incisos II e III do art. 1º). [...] 5. Assim, a base de cálculo de 50% da carga horária definida legalmente para o ensino fundamental deve ser considerada 1.600 horas, a qual, dividida por doze, resulta em 133 dias de remição em caso de aprovação em todos os campos de conhecimento do ENCCEJA. Serão devidos, portanto, 26 dias de remição para cada uma das cinco áreas de conhecimento. Logo, como o paciente obteve aprovação integral, ou seja, nas cinco áreas de conhecimento, a remição deve corresponder a 133 dias, acrescido de 1/3, que totaliza 177 dias remidos" (HC 602.425/SC, rel. Min. Reynaldo Soares da Fonseca, 3ª S., j. 10-3-2021, DJe 6-4-2021).

"2. A norma do art. 126 da LEP, ao possibilitar a abreviação da pena, tem por objetivo a ressocialização do condenado, sendo possível o uso da analogia *in bonam partem*, que admite o benefício em comento, em razão de atividades que não estejam expressas no texto legal (REsp n. 744.032/SP, Ministro Felix Fischer, 5ª T., DJe 5-6-2006). 3. O estudo está estreitamente ligado à leitura e à produção de textos, atividades que exigem dos indivíduos a participação efetiva enquanto sujeitos ativos desse processo, levando-os à construção do conhecimento. A leitura em si tem função de propiciar a cultura e possui caráter ressocializador, até mesmo por contribuir na restauração da autoestima. Além disso, a leitura diminui consideravelmente a ociosidade dos presos e reduz a reincidência criminal. 4. Sendo um dos objetivos da Lei de Execução Penal, ao instituir a remição, incentivar o bom comportamento do sentenciado e sua readaptação ao convívio social, a interpretação extensiva do mencionado dispositivo impõe-se no presente caso, o que revela, inclusive, a crença do Poder Judiciário na leitura como método factível para o alcance da harmônica reintegração à vida em sociedade" (STJ, HC 312.486/SP, 6ª T., j. 9-6-2015, rel. Min. Sebastião Reis Júnior, DJe 22-6-2015).

"1. A interpretação mais ampla do art. 126 da Lei de Execução Penal, de acordo com a Recomendação n. 44/2013 do Conselho Nacional de Justiça, permite a remição da pena pelo estudo ao apenado não vinculado a atividade regular de ensino que obtém, por esforço próprio, aprovação em exame nacional (Enem) que certifique o ensino médio a jovens e adultos (...)" (STJ, HC 420.663/SC, 6ª T., j. 5-4-2018, rel. Min. Rogerio Schietti Cruz, DJe 16-4-2018).

Remição e estudo a distância

"Recurso Ordinário em *Habeas Corpus*. Penal. Execução penal. Pretensão de remição de pena por estudo a distância. Existência de certificado de conclusão do curso. Fiscalização deficiente do estudo por parte do estabelecimento prisional. Falha do poder público. Ordem concedida" (STF, RHC 203.546/PR, 1ª T., j. 29-6-2022, rel. Min. Cármen Lúcia, DJe 30-6-2022).

"Agravo regimental no *habeas corpus*. Remição por estudo. Realização de cursos profissionalizantes. Ausência de conformidade com exigências legais. 1. A Lei n. 7.210, de 11-7-1984, (LEP) permite a remição por estudo a distância, desde que observados os critérios para comprovação da frequência e do aproveitamento escolares. 2. O Curso de Gerente Administrativo, ofertado pelo CBT EAD, não satisfaz as exigências legais, ante a ausência de demonstração do efetivo credenciamento, não ensejando, portanto, o deferimento da remição da pena pelo estudo. 3. Agravo regimental improvido" (STJ, AgRg no HC 722.388/SP, 6ª T., j. 9-8-2022, rel. Min. Olindo Menezes (Desembargador Convocado do TRF 1ª Região), *DJe* 15-8-2022).

"É possível a remição da pena pelo estudo por meio de metodologia de ensino a distância, desde que tal situação seja devidamente certificada pelas autoridades educacionais competentes, conforme ocorreu *in casu* – É possível a remição da pena pelo estudo por conta própria quando o reeducando logra aprovação em exame nacional que certifique a conclusão de ensino fundamental (ENCCEJA) ou médio (Enem) conforme previsto na Recomendação 44 do CNJ, publicada em 26-11-2013" (TJ-MG, AGEPN 10672160186769007 Sete Lagoas, rel. José Luiz de Moura Faleiros (JD Convocado), j. 3-3-2021, 7ª Câm. Crim., *DJe* 3-3-2021).

"Remição pelo estudo – curso na modalidade a distância – comprovação por certificado – desnecessidade de convênio entre a instituição de ensino e a unidade prisional. – Inobstante a Recomendação do CNJ n. 44/2013 exija, para fins de remição pelo estudo a distância, que a instituição de ensino esteja autorizada ou conveniada com a Unidade Prisional, o reeducando não pode ser prejudicado se, mesmo descumprida a exigência, o curso foi previamente autorizado pela Direção da Penitenciária (TJ-MG, AGEPN 10024180103038002/MG, rel. Furtado de Mendonça, j. 30-6-2020, *DJe* 29-7-2020).

Remição e fiscalização do trabalho

"1. Hipótese em que a remição da pena pelo trabalho artesanal foi cassada, pelo Tribunal *a quo*, em virtude da impossibilidade de a autoridade carcerária aferir o quantitativo de horas trabalhadas em decorrência de problemas estruturais e de outros argumentos, para os quais não contribuiu o apenado, que não pode ser prejudicado pela ineficiência dos serviços inerentes ao Estado. 2. Cabe ao Estado administrar o cumprimento do trabalho no âmbito carcerário, não sendo razoável imputar ao sentenciado qualquer tipo de desídia na fiscalização ou controle desse meio. (...) descabe ao intérprete opor empecilhos *praeter legem* à remição pela atividade laboral, prevista pelo citado art. 126 da Lei de Execução Penal, uma vez que a finalidade primordial da pena, em fase de execução penal, é a ressocialização do reeducando" (STJ, AgRg no REsp 1.780.785/RO, 5ª T., j. 3-5-2018, rel. Min. Ribeiro Dantas, *DJe* 11-5-2018).

Remição ficta: impossibilidade

"2. A remição da pena pelo trabalho ou pelo estudo é um incentivo para que o apenado realize essas atividades, essencialmente importantes para sua reeducação – uma das finalidades da pena. "Os arts. 28 e 126 da Lei n. 7.210/1984 exigem a efetiva participação do reeducando em seu processo de ressocialização, na medida em que não há como ser atingida a finalidade educativa nem a produtiva sem que o sentenciado aperfeiçoe seus estudos ou realize alguma tarefa producente" (AgRg no HC 208.619/RO, rel. Min. Jorge Mussi, 5ª T., j. 5-8-2014, *DJe* 14-8-2014). 3. A suposta omissão estatal em propiciar ao apenado padrões mínimos previstos no ordenamento jurídico não pode ser utilizada como causa a ensejar a concessão ficta de um benefício que depende de um real envolvimento da pessoa do apenado em seu progresso educativo e ressocializador. Consoante explicitado no aresto impugnado, a indenização de presos em situação degradante não deve ser feita por meio de um instituto criado para servir de contrapartida ao efetivo trabalho ou estudo do reeducando, em um contexto de ressocialização de disciplina e de merecimento. 4. *Habeas corpus* não conhecido" (STJ, HC 415068 MG 2017/0226240-8, rel. Min. Ribeiro Dantas, j. 23-11-2017, 5ª T., *DJe* 28-11-2017).

Remição ficta: Covid-19

"Execução penal. Recurso especial submetido ao rito dos recursos repetitivos. Remição da pena. Art. 126, § 4º, da LEP. Trabalho e estudo. Suspensão durante a pandemia de covid-19. Princípio da individualização da pena. Remição. Proibição da remição ficta. Situação excepcionalíssima. Derrotabilidade da norma jurídica. Art. 3º da LEP. Preservação dos direitos. Princípios da dignidade da pessoa humana, da isonomia e da fraternidade. Diferenciação necessária. Precedente da 6ª turma. Período de suspensão. Comparecimento em juízo. Recurso especial provido" (STJ, REsp 1953607/SC, rel. Min. Ribeiro Dantas, j. 14-9-2022, 3ª Secção, *DJe* 20-9-2022).

Remição pela elaboração de petições

"Detento que formaliza requerimentos e petições em favor de outros presidiários. Tarefa válida, em tese, para fundamentar os benefícios pleiteados, desde que implementada sob administração e supervisão da autoridade. Inexistência de provas idôneas das atividades e limitação da via eleita que levam ao indeferimento do pedido. Recomendação, todavia, de que o órgão competente estude fórmula que permita o regular desenvolvimento do trabalho do encarcerado, atendendo-se ao imperativo legal de anotação oficial de suas atividades e, ainda, seja examinada a pretendida progressão de regime de cumprimento da pena. Pedido indeferido, com recomendação" (STF, HC 68.040/MS, 2ª T., j. 28-8-1990, rel. Min. Celio Borja, *DJ* 28-9-1990).

Remição e perda dos dias remidos

Súmula Vinculante 9: "O disposto no artigo 127 da Lei 7.210/1984 (Lei de Execução Penal) foi recebido pela ordem constitucional vigente, e não se lhe aplica o limite temporal previsto no *caput* do artigo 58".

"Pacífico é o entendimento neste Tribunal e no Supremo Tribunal Federal no sentido de que, reconhecido o cometimento de falta grave pelo preso, cabe ao juízo da execução decretar a perda dos dias remidos. Tal medida não ofende direito adquirido ou coisa julgada, pois o instituto da remição, sendo prêmio concedido ao apenado em razão do tempo trabalhado, gera, tão somente, expectativa de direito, mesmo porque seu reconhecimento não produz coisa julgada material. A própria Lei de Execução Penal estabelece nos arts. 50 e 127 as faltas disciplinares de natureza grave que impõem a perda dos dias remidos. 4. Recurso provido" (STJ, REsp 506.537/SP, 5ª T., j. 24-6-2003, rel. Min. Laurita Vaz, *DJ* 25-8-2003).

"2. A posterior extensão a dias declarados remidos configura avilte à segurança jurídica, tendo em vista que, no momento em que efetuada a declaração, a sanção anterior já havia operado efeitos no tempo remido quando da prolação da decisão que reconheceu a falta. Admitir-se o contrário significaria facultar ao juiz que impusesse sanções indeterminadas e cumulativas para um mesmo fato, o que, à toda evidência, não se pode admitir na seara penal. Perda de dias remidos limitada aos períodos computados até a prolação da decisão que reconheceu a prática da falta grave. (...) Assim, a perda de dias remidos vai limitada aos períodos computados até a data em que proferida a decisão que reconheceu a prática de falta grave" (TJ-RS, AgE 70075930008, 3ª Câm. Crim., j. 30-5-2018, rel. Rinez da Trindade, *DJ* 27-6-2018).

Remição e perda dos dias remidos: necessidade de fundamentação sobre a fração

"*Habeas corpus*. Execução penal. Falta grave. Dias remidos. Imposição automática da perda do patamar máximo de 1/3 (um terço) dos dias remidos sobre todo o período trabalhado. Critérios balizadores do art. 57 da Lei de Execuções Penais. Necessidade de sua observância para se aferir a fração ideal de perda desses dias (LEP, art. 127)" (STF, HC 130.715/RJ, 2ª T., j. 19-4-2016, rel. Min. Dias Toffoli, *DJe*-109 30-5-2016).

"2. Conforme disposto nos artigos 57 e 127, da Lei de Execução Penal, bem como na jurisprudência vigente neste Superior Tribunal de Justiça, a determinação da perda dos dias remidos deve apresentar ampla fundamentação, na qual fiquem esclarecidas as circunstâncias, os motivos e as consequências da conduta indisciplinar praticada pelo condenado, sob pena de afronta ao disposto no art. 93, inciso IX, da CF. Precedentes. 3. A jurisprudência desta Corte Superior entende que, embora a Lei de Execução Penal vincule a determinação da perda dos dias remidos à suficiente fundamentação, a fixação da fração a ser retirada encontra-se inserida dentro de um juízo de discricionariedade do julgador" (STJ, REsp 1.725.904/RS, 5ª T., j. 22-5-2018, rel. Min. Jorge Mussi, *DJe* 28-5-2018).

"Recurso de agravo – execução – cometimento de falta grave – perda dos dias remidos (...) Discricionariedade do juízo de execuções penais – nova redação do artigo 127 da LEP – facilidade do magistrado de revogar, quando entender pertinente, em até 1/3 dos dias remidos pelo apenado – decisão confirmada – recurso conhecido e não provido. Com o advento da Lei n. 12.433/2011, caberá ao Juiz observar o limite máximo de um terço (1/3) para declarar perdidos os dias remidos antes do cometimento da falta grave. Cabe ao Juiz determinar, analisando o caso concreto, o perdimento ou não dos dias remidos, em estrita análise do artigo 127, conjugado com o artigo 57, ambos da LEP" (TJ-PR, AgE 1.0412.425, 4ª Câm. Crim., j. 5-6-2014, rel. Gilberto Ferreira, *DJ*-1371 15-7-2014).

"Agravo em execução – falta grave – regressão de regime – decretação da perda dos dias remidos – faculdade judicial – recurso não provido. – Se o condenado comete falta grave sem oferecer qualquer justificativa plausível, o regime de cumprimento da pena deve ser regredido, com fundamento no art. 118, I, da LEP. – O artigo 127 da LEP, com a redação dada pela Lei 12.433/11, passou a determinar que o d. Juiz poderá revogar até 1/3 (um terço) do tempo remido, (...) Homologada a falta grave, a perda dos dias remidos no *quantum* máximo de 1/3 (um terço) é um efeito que pode ou não ser decretado pelo magistrado, de acordo com o caso concreto, nos termos do art. 127 da LEP, com redação dada pela Lei 12.433/11, devendo a decisão ser devidamente fundamentada" (TJ-MG, AgE 1.0145.06.327962-7/002, 7ª Câm. Crim., j. 5-6-2014, rel. Des. Cássio Salomé, *DJ* 13-6-2014).

Remição e prisão domiciliar

"1. O agravado em nenhum momento perdeu a condição de apenado em regime semiaberto. 2. Em razão de estar no regime prisional que autoriza a remição pelo trabalho e visando, sobretudo, evitar uma interpretação restritiva da norma, impõe-se o reconhecimento dos dias trabalhados, ainda que em prisão domiciliar. 3. Em se tratando de remição da pena, é, sim, possível proceder à interpretação extensiva em prol do preso e da sociedade, uma vez que o aprimoramento dele contribui decisivamente para os destinos da execução (HC n. 312.486/SP, de minha relatoria, 6ª T., *DJe* 22-6-2015). 4. Agravo regimental improvido (AgRg no REsp 1689353/SC, rel. Min. Sebastião Reis Júnior, 6ª T., j. 6-2-2018, *DJe* 15-2-2018).

Remição e superlotação carcerária

"A hipótese dos autos diz respeito ao notório caso do Instituto Penal Plácido de Sá Carvalho no Rio de Janeiro (IPPSC). A referida unidade prisional foi objeto de inúmeras Inspeções que culminaram com a Resolução da Corte IDH de 22-11-2018, que ao reconhecer referido instituto inadequado para a execução de penas, especialmente em razão de os presos se acharem em situação degradante e desumana, determinou no item n. 4, que se computasse 'em dobro cada dia de privação de liberdade cumprido no IPPSC, para todas as pessoas ali alojadas, que não sejam acusadas de crimes contra a vida ou a integridade física, ou de crimes sexuais, ou não tenham sido por eles condenadas, nos termos dos Considerandos 115 a 130 da presente resolução' [...] Logo, os juízes nacionais devem agir como juízes interamericanos e estabelecer o diálogo entre o direito interno e o direito internacional dos direitos humanos, até mesmo para diminuir violações e abreviar as demandas internacionais. É com tal espírito hermenêutico que se dessume que, na hipótese, a melhor interpretação a ser dada, é pela aplicação a Resolução da Corte Interamericana de Direitos Humanos, de 22 de novembro de 2018 a todo o período em que o recorrente cumpriu pena no IPPSC. Ante o exposto, dou provimento ao recurso ordinário em *habeas corpus*, para que se efetue o cômputo em dobro de todo o período em que o paciente cumpriu pena no Instituto Penal Plácido de Sá Carvalho, de 09 de julho de 2017 a 24 de maio de 2019" (STJ, rel. Reynaldo Soares da Fonseca, j. 28-4-2021, *DJe* 30-4-2021).

Saída temporária

Súmula 520 do STJ: "O benefício de saída temporária no âmbito da execução penal é ato jurisdicional insuscetível de delegação à autoridade administrativa do estabelecimento prisional".

"2. A autorização das saídas temporárias é benefício previsto nos arts. 122 e seguintes da LEP, com o objetivo de permitir ao preso que cumpre pena em regime semiaberto visitar a família, estudar na comarca do juízo da execução e participar de atividades que concorram para o retorno ao convívio social. 3. Cuida-se de benefício que depende de ato motivado do juiz da execução penal, ouvido o Ministério Público e a administração penitenciária, desde que o preso tenha comportamento adequado, tenha cumprido o mínimo de 1/6 (um sexto) da pena, se primário, e 1/4 (um quarto), se reincidente, e haja compatibilidade do benefício com os objetivos da pena. 4. É de se permitir a flexibilização do benefício, nos limites legais, de modo a não impedir que seu gozo seja inviabilizado por dificuldades burocráticas e estruturais dos órgãos da execução penal. Assim, exercendo seu papel de intérprete último da lei federal e atento aos objetivos e princípios que orientam o processo de individualização da pena e de reinserção progressiva do condenado à sociedade, o Superior Tribunal de Justiça, por sua Terceira Seção, estabelece, dado o propósito do julgamento desta impugnação especial como recurso repetitivo, as seguintes teses: Primeira tese: É recomendável que cada autorização de saída temporária do preso seja precedida de decisão judicial motivada. Entretanto, se a apreciação individual do pedido estiver, por deficiência exclusiva do aparato estatal, a interferir no direito subjetivo do apenado e no escopo ressocializador da pena, deve ser reconhecida, excepcionalmente, a possibilidade de fixação de calendário anual de saídas temporárias por ato judicial único, observadas as hipóteses de revogação automática do art. 125 da LEP. Segunda tese: O calendário prévio das saídas temporárias deverá ser fixado, obrigatoriamente, pelo Juízo das Execuções, não se lhe permitindo delegar à autoridade prisional a escolha das datas específicas nas quais o apenado irá usufruir os benefícios. Inteligência da Súmula n. 520 do STJ. Terceira tese: Respeitado o limite anual de 35 dias, estabelecido pelo art. 124 da LEP, é cabível a concessão de maior número de autorizações de curta duração. Quarta tese: As autorizações de saída temporária para visita à família e para participação em atividades que concorram para o retorno ao convívio social, se limitadas a cinco vezes durante o ano, deverão observar o prazo mínimo de 45 dias de intervalo entre uma e outra. Na hipótese de maior número de saídas temporárias de curta duração, já intercaladas durante os doze meses do ano e muitas vezes sem pernoite, não se exige o intervalo previsto no art. 124, § 3º, da LEP" (STJ, REsp 1.544.036/RJ, 3ª S., j. 14-9-2016, rel. Min. Rogerio Schietti Cruz, *DJe* 19-9-2016).

"I. A Lei de Execuções Penais é clara ao definir a competência do Juízo da Execução para a concessão, por decisão motivada, de saída temporária – a qual deverá obedecer aos requisitos objetivos e subjetivos – atribuindo, ao Ministério Público, o poder de fiscalização. II. A delegação, ao Administrador do Presídio, da avaliação sobre a conveniência da saída temporária do preso, nega vigência aos termos da Lei de Execuções Penais. III. Irresignação que merece ser provida para, cassando-se o acórdão recorrido, determinar-se ao Juízo da Execução que se manifeste, nos termos da Lei de Execuções Penais, acerca do pedido de saída temporária do preso. IV. Recurso conhecido e provido" (STJ, REsp 626.219/RS, rel. Min. Gilson Dipp, 5ª T., j. 23-6-2004, *DJ* 2-8-2004).

"I. A Lei de Execuções penais tem como objetivo fundamental a recuperação dos condenados, tornando a execução da pena um processo dinâmico sujeito a mutações e a progressão de um regime para outro. Constitui uma conquista do preso pelo seu mérito, pressupondo o cumprimento mínimo de um sexto da pena, tratando-se de primário. II. As saídas temporárias, restritas aos condenados que se encontram cumprindo a pena no regime semiaberto, consistem na permissão para visitar a família sem vigilância direta, frequentar cursos funcionando na comarca da execução ou participação em atividades que concorram para a 'harmônica integração social do condenado e internado'. III. O condenado primário, que já tiver cumprido um sexto da pena no regime fechado, poderá obter autorização de saída temporária em decisão fundamentada do juízo das execuções, ouvidos o Ministério Público e a Administração do estabelecimento penal, independentemente de satisfazer mais um sexto da pena no regime atual, semiaberto (LEP, art. 122, II). IV. Recurso conhecido, com provimento parcial da ordem, a conta do que o juiz das execuções penais dê seguimento ao pedido" (STJ, RHC 1.776/RJ, 5ª T., j. 17-2-1992, rel. Min. Jesus Costa Lima, *DJ* 9-3-1992).

Saída temporária: frequência à segunda graduação

"1. O art. 205 da Constituição da República de 1988 estabelece que "A educação, direito de todos e dever do Estado e da família, será promovida e incentivada com a colaboração da sociedade, visando ao pleno desenvolvimento da pessoa, seu preparo para o exercício da cidadania e sua qualificação para o trabalho". No âmbito do sistema penitenciário, prevê a Lei de Execução Penal que "[a] assistência ao preso e ao internado é dever do Estado, objetivando prevenir o crime e orientar o retorno à convivência em sociedade", e, ainda, que "[a] assistência educacional compreenderá a instrução escolar e a formação profissional do preso e do internado". 2. A própria Declaração Universal dos Direitos Humanos estipula que "[t]oda pessoa tem direito à educação. A educação deve ser gratuita, pelo menos a correspondente ao ensino elementar fundamental. O ensino elementar é obrigatório. O ensino técnico e profissional dever ser generalizado; o acesso aos estudos superiores deve estar aberto a todos em plena igualdade, em função do seu mérito". Na mesma toada, as Regras de Mandela estabelecem que "[o]s objetivos de uma pena de prisão ou de qualquer outra medida restritiva da liberdade são, prioritariamente, proteger a sociedade contra a criminalidade e reduzir a reincidência. Estes objetivos só podem ser alcançados se o período de detenção for utilizado para assegurar, sempre que possível, a reintegração destas pessoas na sociedade após a sua libertação, para que possam levar uma vida autossuficiente e de respeito para com as leis". 3. No caso, a despeito da autorização para prestar vestibular, o Juízo singular indeferiu, após a aprovação e matrícula do sentenciado em curso de ensino superior, o pedido de frequência às aulas, visto que "o apenado já possui formação superior, nada justificando seu interesse por retomar os estudos, notadamente durante o período de encarceramento" (fl. 52). 4. A decisão impugnada vai de encontro às normas relativas ao direito ao estudo, concebido como válvula impulsionadora do processo de reinserção do apenado, de modo a permitir uma reintegração mais efetiva após o resgate das reprimendas a ele impostas, ou seja, em outros termos, um mecanismo de auxílio ao alcance de uma vida autossuficiente, como enfatizam as Regras de Mandela. A justificativa para o indeferimento do pleito defensivo não encontra amparo legal e o fato de o apenado já possuir diploma de curso de ensino superior não elide a importância dos estudos para o adequado cumprimento das penas. Tampouco a recente inclusão no regime semiaberto pode ser utilizada como óbice à concessão do benefício, visto que tal conjuntura apenas demonstra a avaliação favorável do comportamento do sentenciado, sendo incongruente que seja interpretada em seu desfavor. 5. *Habeas corpus* concedido para assegurar ao paciente o direito às saídas temporárias, mediante monitoramento eletrônico, caso disponível na comarca, para frequentar as aulas do curso de Recursos Humanos na Faculdade Anhanguera de Taubaté, para o qual obteve aprovação e está matriculado (STJ, HC 535383 SP 2019/0286626-5, rel. Min. Rogério Schietti Cruz, j. 15-9-2020, 6ª T., *DJe* 21-9-2020).

Saída temporária: necessidade de fundamentação da não concessão

"1. O Supremo Tribunal Federal, por sua Primeira Turma, e a Terceira Seção deste Superior Tribunal de Justiça, diante da utilização crescente e sucessiva do *habeas corpus*, passaram a restringir a sua admissibilidade quando o ato ilegal for passível de impugnação pela via recursal própria, sem olvidar a possibilidade de concessão da ordem, de ofício, nos casos de flagrante ilegalidade. 2. O art. 123 da Lei de Execução Penal estabelece como requisitos para a concessão de saídas temporárias o comportamento adequado do apenado, o cumprimento de 1/6 da pena, para o réu primário, e de 1/4, caso seja reincidente, bem como a compatibilidade do benefício com os objetivos da pena. 3. No caso, o Tribunal de origem, ao cassar o benefício de saída temporária concedido pelo Juízo das execuções, limitou-se a tecer considerações genéricas e mencionar a longevidade da pena, não apresentando qualquer fato concreto apto a demonstrar a incompatibilidade do benefício com os objetivos da sanção penal, o que configura constrangimento ilegal. 4. *Habeas corpus* não conhecido. Ordem concedida de ofício para restabelecer a decisão do Juízo da Vara de Execuções Penais que deferiu o pedido de saída temporária ao paciente, na modalidade de visita periódica ao lar, nos termos estritos do disposto nos arts. 122 e 123 da LEP" (STJ, HC 551780 RJ 2019/0373597-2, rel. Min. Reynaldo Soares da Fonseca, j. 4-2-2020, 5ª T., *DJe* 12-2-2020).

Saída temporária e falta grave: possibilidade

"1. O Supremo Tribunal Federal, por sua Primeira Turma, e a Terceira Seção deste Superior Tribunal de Justiça, diante da utilização crescente e sucessiva do *habeas corpus*, passaram a restringir a sua admissibilidade quando o ato ilegal for passível de impugnação pela via recursal própria, sem olvidar a possibilidade de concessão da ordem, de ofício, nos casos de flagrante ilegalidade. Esse entendimento objetivou preservar a utilidade e a eficácia do *mandamus*, que é o instrumento constitucional mais importante de proteção à liberdade individual do cidadão ameaçada por ato ilegal ou abuso de poder, garantindo a celeridade que o seu julgamento requer. 2. Conforme precedentes desta Corte, o cometimento de falta grave não acarreta a recontagem do lapso temporal para a obtenção de saída temporária. 3. *Habeas corpus* não conhecido. Contudo, ordem concedida de ofício para determinar que o cometimento de falta disciplinar de natureza grave pelo sentenciado não tenha o condão de interromper a data-base para concessão da saída temporária (STJ, HC 557783 RS 2020/0010506-6, rel. Min. Reynaldo Soares da Fonseca, j. 18-2-2020, 5ª T., *DJe* 28-2-2020).

EXECUÇÃO DAS PENAS RESTRITIVAS DE DIREITOS   14

Como lapidarmente ensina René Ariel Dotti, o declínio da pena de prisão é entoado repetidamente em todos os encontros de penalistas que tenha, por pauta, o tema da revisão do sistema sancionatório, principalmente em face de sua acentuada aplicação e das marcantes agressões aos direitos da personalidade do condenado (*Reforma penal brasileira*, p. 108). Em sua época, Roberto Lyra encabeçou uma "escola" contra a pena de prisão, que repercutiu em pensadores e obras propagandistas da abolição das prisões (Soares. *Extinção das prisões e dos hospitais psiquiátricos*, p. 13).

E nada consegue salvar a natureza aflitiva e decadente da privação da liberdade, nem mesmo a adição da finalidade de tratamento, solene mistificação nas palavras de Fragoso. Para o autor, "é perfeitamente óbvio que o sistema de encarceramento é incompatível com qualquer espécie de *tratamento*, seja qual for o sentido que a ele se atribua. O simples fato de forçar uma pessoa a viver em isolamento, numa situação em que todas as decisões são tomadas para ela, não pode ser forma de treinamento para viver numa sociedade livre" (*Direitos dos presos*, p. 13).

Heleno Fragoso é descrente a tal ponto que chega ao ceticismo, quando o assunto é a falência da prisão. O autor entende que não há tratamento possível no meio carcerário. Sua frase "o problema da prisão é a própria prisão" é repetida incessantemente pelas obras de Direito Penal e Execução Penal. Em sua concepção, a prisão representa um "trágico equívoco histórico, constituindo a expressão mais característica do vigente sistema de justiça criminal. Validamente só é possível pleitear que ela seja reservada exclusivamente para os casos em que não houver, no momento, outra solução. Cumpre tirar urgentemente da prisão os delinquentes não perigosos e assegurar, aos que lá ficarem, que sejam tratados como seres humanos, com todos os direitos que não foram atingidos pela perda da liberdade" (*Direitos dos presos*, p. 14-15).

A doutrina de René Ariel Dotti coaduna com a de Fragoso. O fracasso da pena de prisão deve-se não tanto a sua gênese, posto que deve ser mantida para os casos graves de criminalidade, mas sim à forma e aos lugares em que são executadas (*Reforma penal brasileira*, p. 112).

Esperar que a prisão colabore com a formação do indivíduo configura-se muito mais um ato de fé. O condenado submetido à prisão, como nota González Tascón, é introduzido em uma comunidade que tem seus próprios líderes, suas próprias normas, seus próprios hábitos, costumes e linguagem. Quando inserido nela, em vez de incremento, é muito mais provável que seja consumido por ela, que reforce sua moral delitiva, aprenda novas técnicas criminosas e, uma vez em liberdade, "estigmatizado por sua passagem pela prisão e em uma sociedade que evolui rapidamente, e que raras vezes oferece novas oportunidades, continue delinquindo" (GONZÁLEZ TASCÓN. *Pasado, presente y futuro de la pena de arresto de fin de semana*, p. 26).

Por tantos e tais motivos, a concepção de penas restritivas de direitos visa substituir as penas privativas de liberdade aplicadas. Essa é a natureza das penas restritivas constantes do Código Penal.

Posteriormente à edição do Código Penal de 1940, por meio da Lei n. 4.898/64 – Lei de Abuso de Poder – surgiu a possibilidade de aplicação de pena restritiva de Direito como pena principal, independentemente da pena privativa de liberdade cominada para o crime. O juiz poderá optar entre a privativa de liberdade, a restritiva de direitos ou a multa, ou ainda aplicá-las cumulativamente.

O mesmo passo foi seguido pela Lei n. 9.503/97 – Código de Trânsito Brasileiro – e pela Lei n. 9.605/98 – Lei de Crimes Ambientais –, embora nesta última a pessoa penalmente responsável seja a jurídica. Ao prever a responsabilidade penal da pessoa jurídica, a Lei n. 9.605/98 determinou a aplicação de penas restritivas de direitos como penas principais, pela óbvia razão de não ser possível a imposição de penas privativas de liberdade ao ente moral.

Abusamos da majestosa doutrina de René Ariel Dotti. Com extrema clareza, o mestre analisa as penas restritivas de direitos sobre o efeito benéfico e moralizador que exercem perante a comunidade, que não é "obrigada a assistir, direta ou indiretamente, ao ritual de sacrifício que coroa a execução da pena capital" e também não sofre "a intimidação desproporcionada do discurso do cadafalso e outras expressões larvadas do poder. Em conclusão, a sociedade participa como beneficiária das reações penais. Longe de se manterem como testemunhas constrangidas ou indiferentes à execução da pena – como se o fenômeno se esgotasse na relação Estado-sujeito – as pessoas em geral têm a possibilidade de atuar no campo da execução" (*Reforma penal brasileira*, p. 281).

Em especial, a prestação de serviços à comunidade encanta a doutrina nacional e estrangeira, como uma das grandes esperanças penológicas. Nem mesmo o fato, como esclarece Cezar Roberto Bitencourt, de ser cumprida enquanto os demais membros da comunidade usufruem seu período de descanso depõe em seu desfavor, ainda que gere aborrecimento, angústia e aflição. "Esses sentimentos são inerentes à sanção penal e integram seu sentido retributivo. Ao mesmo tempo, o condenado, ao realizar essa atividade comunitária, sente-se útil a perceber que está emprestando uma parcela de contribuição, recebendo, muitas vezes, o reconhecimento da comunidade pelo trabalho realizado. Essa circunstância o leva naturalmente à reflexão sobre seu ato ilícito, a sanção sofrida, o trabalho realizado, a aceitação pela comunidade e a escala de valores comumente aceita por ela. Tal reflexão facilita o propósito pessoal de ressocializar-se, fator indispensável no aperfeiçoamento do ser humano" (BITENCOURT. *Novas penas alternativas*, p. 137).

14.1. CÓDIGO PENAL

O art. 43 do CP enumera cinco espécies de penas restritivas de direitos:

"I – prestação pecuniária;
II – perda de bens e valores;
III – (Vetado.)
IV – prestação de serviço à comunidade ou a entidades públicas;
V – interdição temporária de direitos;
VI – limitação de fim de semana".

Cada uma tem suas regras, previstas no Código Penal e na Lei de Execução Penal, urgindo um tratamento isolado de cada uma delas.

14.1.1. Prestação pecuniária

A *prestação pecuniária* "consiste no pagamento em dinheiro à vítima, a seus dependentes ou a entidade pública ou privada com destinação social, de importância fixada pelo juiz, não inferior a 1 (um) salário mínimo nem superior a 360 (trezentos e sessenta) salários mínimos. O valor pago será deduzido do montante de eventual condenação em ação de reparação civil, se coincidentes os beneficiários" (CP, art. 45, § 1º). O texto deverá ser interpretado extensivamente e, em havendo acordo civil sobre o valor da indenização, a multa também deverá ser descontada do montante da conciliação (BITENCOURT. *Novas penas alternativas*, p. 118).

Concordamos com aqueles que não vislumbram justificativa para que o valor mínimo da sanção seja estipulado em 1 salário mínimo. O padrão deveria manter-se na linha do Código Penal, e permitir variações, chegando a um trigésimo como o previsto para a pena de multa. Por vezes, o valor da indenização devida à vítima pode ser inferior a um salário mínimo, e o pagamento deste na integralidade constituirá enriquecimento ilícito. Quanto ao limite máximo, ainda que possa sempre ser superado na esfera civil, acreditamos que o legislador perdeu uma excelente oportunidade de caminhar na direção da satisfação do prejuízo da vítima ainda na esfera penal, a exemplo do que vinha fazendo por meio do Código Nacional de Trânsito e da Lei dos Juizados Especiais.

A destinação natural da prestação pecuniária é a reparação do dano sofrido pela vítima e, excepcionalmente, caso esta não exista ou não precise ser reparada, será as instituições públicas ou privadas. Segue-se a tendência doutrinária de satisfação da vítima como autêntica resolução do conflito jurídico, no que Albin Eser denominou "orientação da sanção ao ser humano". O autor reivindica a extensão das penas pecuniárias em geral, e inclusive a destinação à vítima da tradicional pena de multa, que atualmente integra os cofres públicos (Eser. Una justicia penal "a la medida del ser humano". *Nuevos horizontes en la Ciencia Penal*, p. 31).

É evidente que com a atual redação do art. 387, IV, do CPP, que obriga o juiz a definir um valor mínimo de reparação em caso de condenação, caso o juiz aplique a pena em comento e a destine à vítima, não haverá motivos para que também determine na sentença o montante inicial de indenização. Na verdade, a indenização já estará configurada pela pena pecuniária que será paga à vítima, podendo esta deduzir eventual diferença que entenda ser devida em ação civil posterior.

Cezar Roberto Bitencourt ensina que "a excepcionalidade dessa possível destinação secundária prende-se ao caráter indenizatório que referida sanção traz na sua finalidade última. Por isso, primeiro deverá reparar o dano ou prejuízo causado à vítima ou seus dependentes e somente na ausência destes (vítima/dependentes) ou daqueles (dano ou prejuízo) o produto resultante da condenação poderá destinar-se *a entidade pública ou privada com destinação social*" (Bitencourt. *Novas penas alternativas*, p. 114). E, para o mesmo autor, o motivo é simples: não haveria sentido recolher-se à instituição pública ou privada o montante da prestação e depois deduzi-lo de eventual ação civil de reparação.

O Código Penal e a Lei de Execução Penal não abordam a forma de *execução da pena de prestação pecuniária*. O pagamento poderá ser voluntário, mas, caso não o seja, haverá a necessidade de execução. Quando a prestação dirigir-se à vítima ou à instituição privada, não nos parece que a sanção tenha caráter penal, já que como indenização não faz sentido que o Estado, por meio do Ministério Público ou da Procuradoria, conduzam a execução. Assim, caberá ao particular executar a sentença penal condenatória no juízo cível, partindo do montante determinado na sentença penal como valor líquido. Se a vítima assim o entender, requererá a liquidação do restante que considerar como indenização justa pelo total prejuízo causado pelo ato ilícito. Somente haverá a execução pelo Estado quando a prestação tiver como destinatária uma Instituição Pública.

Eventualmente, havendo aceitação do beneficiário, a Lei preconiza que a prestação pecuniária poderá transmutar-se em prestação de outra natureza. Damásio de Jesus cita, como exemplos, a reposição de árvores, peixes e pássaros (Jesus. *Penas alternativas*, p. 148). Bitencourt a considera inconstitucional e violadora do princípio da reserva legal (*Novas penas alternativas*, p. 127). "Prestação de outra natureza" é expressão vaga, o que caracterizaria uma pena indeterminada. O princípio da legalidade demanda não só a previsão legal da pena, mas sua definição quanto à modalidade. Na verdade, fala-se aqui da *taxatividade* que acompanha a legalidade.

Quanto à execução da sentença, também deverá ser promovida no juízo cível, por tratar-se de obrigação de fazer ou não fazer.

Após a alteração do Código Penal promovida pela Lei n. 9.714/98, que qualificou a pena de multa como dívida ativa da Fazenda, as penas de caráter pecuniário sofreram uma sensível mudança. A exemplo do que acontece com a pena de multa, se outra pena de caráter pecuniário for aplicada (prestação pecuniária, perda de bens e valores), o seu descumprimento não poderá ensejar a conversão em pena privativa de liberdade. Entendimento diverso não seria coerente, pois qualquer pena pecuniária, independentemente do nome que lhe tenha sido dado, possui a mesma gênese.

14.1.2. Perda de bens e valores

A *perda de bens e valores* pertencentes aos condenados dar-se-á, ressalvada a legislação especial, em favor do Fundo Penitenciário Nacional, e seu valor terá como teto – o que for maior – o montante do prejuízo causado ou o proveito obtido pelo agente ou por terceiro, em consequência da prática do crime.

Essa espécie de pena tem causado a revolta de alguns penalistas por configurar uma pena de confisco. O confisco diferencia-se dos efeitos da condenação que decretam o perdimento de bens, porquanto estes deverão ser proibidos ou ilícitos para que sejam perdidos, enquanto o confisco atinge o patrimônio lícito do condenado.

Semelhante pena existe na Alemanha, por lá prevista como pena patrimonial (*Vermögensstrafe*) desde 1992, no § 43, *a*, do Código Penal Alemão (StGB). Sua aplicação volta-se para a criminalidade organizada, e também tem causado dificuldades, pelo mesmo motivo, qual seja, da imprecisão da legislação. Não existe um limite mínimo e o máximo pode abranger todo o patrimônio do autor (*Höhe durch den Wert des Vermögens des Täters begrenzt ist*).

14.1.3. Prestação de serviço à comunidade ou a entidades públicas

Quando a condenação for superior a seis meses de privação da liberdade, a pena poderá ser substituída pela *prestação de serviços à comunidade ou a entidades públicas* (CP, art. 46), à razão de uma hora de trabalho por um dia de condenação. Deverão ser exercidos em caráter gratuito, em instalações como hospitais, escolas, orfanatos e outros estabelecimentos congêneres, em programas comunitários ou estatais. Por congênere entende-se qualquer outra entidade de caráter filantrópico, excluídas as que de qualquer forma tenham o lucro como atividade-fim. O intuito foi o de afastar a configuração da exploração gratuita de mão de obra qualificada.

Quando a pena for de duração superior a um ano, será facultado ao condenado cumpri-la em menor tempo, ou seja, trabalhando por mais de uma hora diária. Contudo, a duração da prestação do serviço nunca poderá ser menor que a metade da pena fixada na sentença.

Para o cumprimento do serviço, o juiz da execução designará a entidade ou programa comunitário ou estatal, devidamente credenciado ou convencionado, junto ao qual o condenado deverá trabalhar gratuitamente, de acordo com as suas aptidões, cientificando-o oficialmente (por intimação) da entidade escolhida, dos dias e horários em que deverá comparecer. A carga horária deverá respeitar o limite de 8 horas semanais, exercidas em qualquer dia da semana, desde que não prejudiquem a jornada normal de trabalho do condenado. Se houver a necessidade, a prestação poderá ocorrer aos sábados, domingos e feriados (LEP, art. 149, § 1º).

Essas primeiras determinações poderão ser alteradas pelo juiz, a fim de ajustá-las às modificações ocorridas na jornada de trabalho ou nas condições pessoais do condenado.

O primeiro dia de comparecimento é tido como o termo inicial do cumprimento da pena. Para o controle do juízo da execução, a entidade beneficiada com a prestação de serviços encaminhará mensalmente ao juiz da execução um relatório circunstanciado contendo as atividades do condenado, bem como comunicará sua ausência ou falta disciplinar (LEP, art. 150). Dependendo da gravidade da infração ou da inadimplência dolosa e reiterada no descumprimento da prestação, a pena alternativa poderá ser convertida para a privação da liberdade.

14.1.4. Interdição temporária de direitos

A *interdição temporária de direitos* poderá atingir (CP, art. 47):

> "I – proibição do exercício de cargo, função ou atividade pública, bem como de mandato eletivo;
> II – proibição do exercício de profissão, atividade ou ofício que dependam de habilitação especial, de licença ou autorização do poder público (ex.: médico, advogado, engenheiro etc.);
> III – suspensão de autorização ou de habilitação para dirigir veículo;
> IV – proibição de frequentar determinados lugares (ex.: bares, casas de apostas, boates etc.);
> V – proibição de inscrever-se em concurso, avaliação ou exame públicos".

É imperioso que a substituição da pena privativa de liberdade por uma pena de interdição de direitos tenha direta conexão com o crime praticado. Isso quer dizer que a proibição para o exercício de cargo ou profissão tenha relação, por exemplo, com os crimes de abuso de autoridade, exercício ilegal da medicina etc. Da mesma forma, a suspensão do direito de dirigir somente poderá prevalecer se para a prática do crime o condenado utilizou-se de veículo automotor. E, ao procurar restringir o acesso do condenado a certos lugares, comprovadamente devem ter implicação direta na preservação da vítima ou do próprio condenado. Adolphe Prins exemplifica com a proibição de ensino primário ao professor condenado por atentados sexuais contra crianças (*Ciência penal e direito positivo*, p. 456), exemplo repetido por Jescheck, que acrescenta a condenação da enfermeira que furta morfina do hospital, ou do advogado que se prevalece da entrevista particular para entregar armas aos detentos (*Tratado de derecho penal*, p. 895).

O juiz da execução intimará o condenado da decisão, e comunicará à autoridade competente a pena aplicada, caso seja necessário (art. 154).

Se a pena restritiva for a de *proibição de exercício de cargo, emprego, função ou mandato*, a autoridade responsável pelo provimento dessas atividades deverá, em 24 horas, contadas do recebimento do ofício do juiz, baixar ato político ou administrativo, a partir do qual a execução terá seu início. O ato deve ter a publicidade adequada e ser anotado nos registros de forma a tornar efetiva a condenação.

Cargo público é a menor unidade de atribuições criada formalmente no órgão ou entidade sob o regime estatutário. Emprego público é o exercido pelo servidor em caráter geral, regido pela CLT. E função é o conjunto de atribuições exercidas em caráter precário ou transitório. Mandato eletivo é a elevação do cidadão à categoria de representante parlamentar ou executivo, por período determinado, para o exercício de atividade política.

A interdição temporária para o exercício de cargo, emprego, função ou mandato não se confunde com a perda de cargo considerada como efeito da sentença (CP, art. 92). (No mesmo sentido: DOTTI. *Bases e alternativas para o sistema de penas*, p. 401). O art. 92 do Código Penal dispõe sobre as possibilidades de perda do cargo público: se a condenação for igual ou superior a um ano para os crimes cometidos com abuso de poder ou violação de dever para com a Administração, e superior a quatro anos para os demais crimes. A pena restritiva de proibição não demite o servidor de seu cargo ocupado, mas pode impedir que ele venha a ocupar qualquer outro futuramente, durante o tempo em que durar a pena restritiva.

No tocante aos *mandatos federais* (deputados e senadores), existe a tese de que o dispositivo do Código Penal é inconstitucional, pois esses parlamentares somente poderiam ser impedidos de exercer seus mandatos na forma da Constituição Federal (JESUS. *Penais alternativas*, p. 176. No mesmo sentido: GOMES, *Penas e medidas alternativas à prisão*, p. 156).

Tratando-se de *proibição de exercício de profissão, atividade ou ofício*, o juiz da execução determinará a apreensão dos documentos, que autorizem o exercício do direito interditado. Essa apreensão poderá acontecer por meio do órgão ou entidade de controle profissional ou pessoalmente, por meio de intimação do condenado para que entregue em cartório suas credenciais. Caso não atenda ao chamado, o juiz poderá emitir ordem de busca e apreensão a ser cumprida pelo oficial de justiça.

Examinando esse assunto, René Ariel Dotti nos esclarece o fundamento invocado pela doutrina: as interdições de direitos podem, frequentemente, constituir fontes de desigualdade, resultando extraordinariamente graves para certos réus e de nenhum efeito para outros tantos. A inabilitação para um cargo aplicada a um homem público pode ter consequências confiscatórias, enquanto a mesma pena aplicada a um ocioso rico ou mendigo será totalmente irrelevante (*Bases e alternativas para o sistema de penas*, p. 404). A pena, aplicada sem atendimento aos parâmetros da culpabilidade acaba não sendo individualizada, e as mesmas situações desiguais atingirão a todas as espécies de pena, sejam restritivas ou privativas. Decorrente de um julgamento displicente de um juiz atarefado ou de uma legislação castradora como a de crimes hediondos, qualquer pena poderá ser considerada injusta, se não individualizada. As penas, invenções culturais dos homens, talhadas à sua imagem e semelhança, possuem suas glórias e fracassos presentes no mural de sua existência (*Bases e alternativas para o sistema de penas*, p. 405).

A *suspensão de habilitação ou autorização para dirigir veículo* relaciona-se com os crimes culposos praticados na condução de veículo automotor. Com a vigência do Código de Trânsito (Lei n. 9.503/97), a pena restritiva passou a ser considerada derrogada por alguns autores. Também não há que se confundir a *suspensão* de habilitação ou autorização, de caráter temporário (duração da pena), com a *inabilitação*, de caráter permanente e somente revogável por meio da reabilitação (Capítulo 22).

Convém destacar a posição do extinto Tribunal de Alçada Criminal de São Paulo que resistia à aplicação da proibição do exercício de atividade ou da suspensão da habilitação de motorista profissional, sob o argumento de que o impedimento ao exercício da atividade profissional implicaria violação da garantia constitucional do direito ao trabalho, e do provimento da subsistência pessoal e de sua família (FERREIRA. Penas restritivas de direito. *Execução penal: visão do TACrim-SP*, p. 36).

O condenado também poderá restar *proibido de frequentar determinados lugares*. Na doutrina de Giuliano Vassalli encontramos, como exemplo do direito italiano aplicável a nossa legislação, a proibição de frequentar bares ou espaços públicos que sirvam bebidas alcoólicas quando houver sido condenado por embriaguez ou por crimes cometidos em estado de embriaguez (VASSALLI. Le interdizioni professionali e le interdizioni dall'esercizio di determinate attività. *Scritti Giuridici*, p. 1.489. v. 1. t. II). Também há a possibilidade de o juiz proibir o torcedor de frequentar local onde se realizem eventos esportivos (*vide*, *infra*, 14.6).

Com a inserção do tipo penal previsto no art. 311-A do Código Penal ("Fraudes em certames de interesse público"), a Lei n. 12.550/2011 também incluiu uma pena restritiva de direitos de proibição de inscrição em concursos ou outras provas públicas que tenham como objetivo principal o acesso a cargos e empregos. Tendo o delito em questão uma pena que varia entre 1 a 4 anos ou 2 a 6 em sua forma qualificada, há possibilidade concreta de substituição da pena privativa de liberdade por restritivas de direito.

A novel restritiva tem por principal destinatário o condenado por esse delito, em uma tentativa de aproximar a consequência ao ato praticado e, portanto, não faz muito sentido quando aplicada a outros delitos que não tenham relação com o art. 311-A.

14.1.5. Limitação de fim de semana

Por fim, o art. 48 do Código Penal prevê a *limitação de fim de semana*, que "consiste na obrigação de permanecer, aos sábados e domingos, por 5 (cinco) horas diárias, em casa de albergado ou outro estabelecimento adequado". Nos casos de violência doméstica contra a mulher, criança, adolescente, tratamento cruel ou degradante ou de uso de formas violentas de educação, correção ou disciplina, o juiz poderá determinar o comparecimento obrigatório do agressor a programas de recuperação e reeducação (LEP, art. 152, parágrafo único).

Primando pela construção profissional ou social do condenado, é aconselhável que durante a permanência sejam ministrados cursos e palestras ou atribuídas atividades educativas (CP, art. 48, parágrafo único). A preferência pela denominação de limitação e não a de prisão de fim de semana foi correta tendo-se em vista que o condenado somente será subtraído do convívio de seus familiares e amigos por breves momentos, o que beneficamente influencia sua personalidade (DOTTI. *Bases e alternativas para o sistema de penas*, p. 379).

O juiz da execução determinará a intimação do condenado, cientificando-o do local, dias e horários em que deverá cumprir a pena, tratando-se de casa de albergado ou outro local de controle e missões adequadas.

A partir do primeiro dia de comparecimento considerar-se-á a execução iniciada. O estabelecimento designado encaminhará, mensalmente, ao juiz da execução, um relatório detalhado sobre as atividades e condutas do condenado, bem como sua ausência ou falta disciplinar.

A indicação dessa espécie de pena, para José Cerezo Mir, é a prevenção especial para os sujeitos que requerem uma "forte chamada de atenção" ou um "efeito de choque", e prevenção geral positiva para as infrações cuja pena de multa possa parecer insuficiente, como delitos de trânsito, abandono familiar e algumas espécies de delitos econômicos (CEREZO MIR. Consideraciones politico-criminales sobre el nuevo Código Penal de 1995. *Temas fundamentales del derecho penal*, p. 135-136).

É significativa a lição de René Ariel Dotti quanto às penas restritivas como as de prestação de serviço à comunidade e limitações de finais de semana. Nelas transparecem o caráter dialogal da pena, pois a execução dos trabalhos e a audiência às palestras estabelecem um exercício de comunicação, de troca de impressões e lições de vida que retiram da pena a natureza infamatória que caracteriza a pena de restrição da liberdade (*Reforma penal brasileira*, p. 423).

Outro particular é a ausência de previsão para o cumprimento dessa pena em menor tempo, a exemplo da pena de prestação de serviços à comunidade. Cezar Roberto Bitencourt considera incoerência legislativa não se permitir o cumprimento da limitação também em outros dias da semana, sem que se interfira na jornada normal de trabalho do condenado. Uma consequência direta seria a absurda possibilidade de o apenado recorrer da decisão para convertê-la em prestação de serviços, por ser a limitação de final de semana mais longa (BITENCOURT. *Novas penas alternativas*, p. 142).

14.2. LEI DE ABUSO DE AUTORIDADE (LEI N. 13.869/2019)

A lei de abuso de autoridade traz em seu art. 5º a previsão de penas restritivas apenas de prestação de serviços à comunidade ou entidades públicas e suspensão do exercício do cargo, da função ou do mandato, pelo prazo de 1 (um) a 6 (seis) meses, com a perda dos vencimentos e das vantagens. O parágrafo único do mesmo artigo possibilita a aplicação das penas de forma autônoma ou cumulativa.

Aparentemente, por haver previsão expressa apenas das penas citadas, em tese não seria possível a aplicação das demais penas restritivas previstas na parte geral do Código Penal. Contudo, por não haver regras sobre a aplicação, será inevitável o uso subsidiário do Código Penal quanto aos critérios de cabimento, que deverão ser os mesmos previstos no art. 44.

A previsão de autonomia na aplicação das penas não foi regulamentada e não está prevista nos tipos penais que traz a lei. Portanto, diante da previsão legal, pergunta-se como a pena restritiva poderá ser aplicada de forma autônoma (quando não substitutiva da restritiva de direitos). Utilizando-se a regra da revogada Lei n. 4.898/65, caberá ao magistrado, na sentença, fundamentar porque a aplicação somente da pena restritiva, elegendo entre as duas previstas no art. 5º.

14.3. CÓDIGO DE DEFESA DO CONSUMIDOR (LEI N. 8.078/90)

O art. 78 da Lei n. 8.078/90 preconiza a aplicação da substituição da pena privativa de liberdade, nos moldes do art. 44 do CP, e enumera as seguintes sanções:

- a interdição temporária de direitos;
- a prestação de serviços à comunidade;
- a publicação em órgãos de comunicação de grande circulação ou audiência, às expensas do condenado, de notícia sobre os fatos e a condenação.

As duas primeiras foram discutidas acima (item 10.1).

A novidade é a publicação de propaganda negativa ao condenado pelos crimes previstos na Lei (arts. 63 a 74), ou realização de audiência sobre os fatos.

No primeiro caso, exige-se a publicação dos fatos e da condenação em meio de comunicação de grande circulação. Nada impede que se prefira a publicação em jornal, televisão ou rádio regional, pelo público que se deseja atingir. Eliana Passarelli pontua que a publicação de uma sentença proferida em uma pequena província em um jornal da grande capital não terá o mesmo efeito que se pretenda como teria na imprensa local (*Dos crimes contra as relações de consumo*, p. 137).

14.4. CÓDIGO DE TRÂNSITO (LEI N. 9.503/97)

Os arts. 292 e seguintes da Lei n. 9.503/97 preveem a aplicação de penas restritivas de direitos isoladamente, ou seja, sem que substituam as penas privativas de liberdade. No sistema penal brasileiro a Lei n. 4.898/65 foi a primeira a adotar pena restritiva como pena principal (*vide, supra*, 14.2). Quanto a estas (privativas), nada impede que sejam substituídas pelas restritivas de direitos da Parte Geral do Código Penal. Na correta formulação de Cezar Roberto Bitencourt, "todas as penas privativas de liberdade cominadas nos tipos penais do CTB, em princípio, podem ser substituídas por penas restritivas de direitos, agora, inclusive o homicídio culposo, ainda que necessitem ser cumpridas, cumulativamente, com aquela restritiva de direitos específica do próprio CTB. Assim, aplica-se a pena restritiva de direito, específica do CTB, que de regra é cumulativa e obrigatória, e substitui-se a pena privativa de liberdade, por uma das restritivas de direitos previstas no CP, se os demais requisitos estiverem presentes" (BITENCOURT. *Novas penas alternativas*, p. 183).

Inovou também na espécie das penas, previstas de duas formas:

- suspensão ou proibição de se obter a permissão ou a habilitação para dirigir veículo automotor (art. 292);
- multa reparatória (art. 297).

Cada uma tem suas peculiaridades, e demanda ponderações mais detalhadas.

A permissão é a autorização temporária concedida ao candidato que, habilitado nos exames, pela primeira vez adquire o direito de dirigir veículo automotor (CTB, art. 148, § 2º). Após um ano com a permissão, ser-lhe-á concedida a Carteira Nacional de Habilitação desde que não tenha cometido nenhuma infração de natureza grave ou gravíssima, ou seja, reincidente em infração média. As infrações de trânsito estão previstas no Código de Trânsito Brasileiro, e dividem-se em: leves, médias, graves e gravíssimas.

14.4.1. Suspensão ou proibição de obter a permissão ou a habilitação para dirigir veículo automotor

A penalidade poderá ser a de *suspensão ou proibição de obter a permissão ou a habilitação para dirigir veículo automotor*. Suspensão nos casos em que o condutor já possuir a permissão ou a habilitação, e proibição caso ainda não as tenha conseguido. Recebendo essa pena, o condutor condenado por delito de trânsito deverá ser submetido a novos exames para que possa voltar a dirigir, de acordo com as normas estabelecidas pelo CONTRAN – Conselho Nacional de Trânsito, independentemente do reconhecimento da prescrição, em face da pena concretizada na sentença (CTB, art. 160).

Os limites abstratos da pena em questão variam entre o mínimo de dois meses e o máximo de cinco anos. Não se confundem com o *efeito da condenação* previsto no art. 92, III, do CP, porquanto este tem caráter permanente, somente revogável por meio da reabilitação.

Transitada em julgado a sentença condenatória, o réu será intimado a entregar à autoridade judiciária, em 48 horas, a Permissão para Dirigir ou a Carteira de Habilitação. Caso não cumpra a determinação, o juiz poderá ordenar a busca e apreensão do documento.

Ressalte-se que, se o condenado estiver cumprindo pena privativa de liberdade, a execução da pena restritiva de direitos deverá aguardar sua liberação. É o preconizado pelo art. 293, § 2º. Ainda que não houvesse previsão expressa, há previsão no art. 76 do Código Penal para que as penas mais graves sejam executadas antes das penas mais leves.

14.4.2. Multa reparatória

A *multa reparatória* está prevista no art. 297 do Código de Trânsito Brasileiro, e consiste no "pagamento, mediante depósito judicial em favor da vítima ou seus sucessores, de quantia calculada com base no disposto no § 1º do art. 49 do Código Penal [...], sempre que houver prejuízo material resultante do crime".

A natureza jurídica da multa reparatória é a de sanção penal, especialmente por sua *intranscendência*, se bem que alguns autores a consideram como uma sanção de natureza civil. Nesse sentido, Marcellus Polastri Lima (*O processo penal dos crimes de trânsito*, p. 179). Mas, a contrassenso, o autor não permite que, mesmo tendo natureza civil, a multa reparatória possa beneficiar a terceiros. Segundo o autor, "o art. 297 do Código de Trânsito Brasileiro ressalva que a multa reparatória só será cabível em havendo prejuízo material, o que demonstra que terá cabimento nos casos de homicídio e lesão corporal culposas ou outro delito de trânsito, com prejuízo para a vítima, já que se refere ainda ao interesse da vítima ou seus sucessores, excluindo, a nosso ver, prejuízos de terceiros, como no caso do acidente causar danos em estabelecimento comercial de terceiro, ou, ainda, na hipótese de competição não autorizada em via pública, ocorrer acidente lesando bem público ou particular de outrem" (Op. cit., p. 187).

Entendemos que essa multa mantém a natureza penal, porquanto possui a mesma gênese da pena de prestação pecuniária, que, ao preocupar-se com a indenização da vítima como meio de apaziguamento social, determina sua imposição coercitiva e *ex officio*, sem solicitação direta do prejudicado. O texto do Código de Trânsito expressamente remete seu cálculo ao Código Penal, e seu valor será deduzido da indenização em âmbito civil. No entanto, como expusemos acima (item 14.1.1), a má redação da legislação e a nova sistemática que impede a conversão da pena de multa em privativa de liberdade acabou por destituir de eficácia penal esse tipo de sanção quanto a sua execução, porquanto a cobrança deverá ser promovida pelo ofendido em esfera cível. Parece-nos que esse é o motivo pelo qual alguns autores a entendem como de natureza civil.

Os que não a admitem como sanção penal frequentemente atêm-se ao fato de que a tradicional pena de multa deve ser recolhida ao Tesouro, e não repassada à vítima. Em sendo repassada, adquiriria a natureza civil. Essa tese doutrinária decorre de Carrara, para quem a pena pecuniária deveria sempre ser despojada (*spogliata*) da ideia de indenização (*Programma del corso di diritto criminale*, p. 80. v. 2 (§ 693)).

A verdade é que, embora com nomenclaturas diversas, a prestação pecuniária do Código Penal e a multa reparatória possuem a mesma gênese, ou seja, ambas têm natureza penal e consistem no pagamento de certa quantia à vítima.

É inegável que a função das penas pecuniárias, em geral, é a de garantir a *ultima ratio* ao Direito Penal tradicional, assim como a aplicação da pena privativa de liberdade. Kurt Madlener acrescenta como vantagem da pena pecuniária a possibilidade de abreviar ou até mesmo evitar o processo penal (A reparação do dano como medida de política criminal e a reforma do Código Penal brasileiro. Observações de direito comparado. In: Araujo Junior. *Ciência e política criminal em honra de Heleno Fragoso*, p. 385). Como exemplo, temos a Lei dos Juizados Especiais, que permite a conciliação civil e transação penal, antes até do oferecimento da denúncia ou queixa-crime.

Ainda que calculada nos mesmos moldes da pena de multa prevista no Código Penal, a multa reparatória não poderá ser superior ao valor do prejuízo demonstrado no processo, já que seu destino é exclusivamente a reparação do prejuízo causado à vítima, sem previsão de recolhimento ao fundo penitenciário ou outro de semelhante função. Tanto que na indenização civil do dano, o valor da multa reparatória deverá ser descontado.

A aplicação e execução da multa reparatória seguirá o disposto nos arts. 50 a 52 do Código Penal, conforme discutido neste item. Mas enfatizamos que essa previsão não pode ser seguida, pois a multa reparatória tem como destinatária a própria vítima, e o Estado não deve tomar a frente dela na execução do montante.

14.5. LEI DE CRIMES AMBIENTAIS (LEI N. 9.605/98)

A Lei n. 9.605/98 repete algumas das penas restritivas de direito do art. 43 do CP já expostas acima (item 14.1.). O próprio tratamento das penas restritivas de direitos pela Lei de Crimes Ambientais acaba por excluir a aplicação das penas de mesma natureza previstas no Código Penal. Enquanto o Código permite a substituição para as condenações *iguais ou inferiores* a quatro anos, a Lei n. 9.605/98 permite-a apenas para as condenações *inferiores* ao mesmo limite. Outro motivo para o reconhecimento da incompatibilidade entre os dois estatutos é a exigência de substituição por duas penas restritivas de direito ou uma restritiva e multa quando a pena aplicada for superior a um ano, previsão que não foi contemplada pela Lei de Crimes Ambientais (Bitencourt. *Novas penas alternativas*, p. 196).

São as seguintes as penas previstas tanto no Código Penal quanto na Lei de Crimes Ambientais:

- prestação pecuniária;
- prestação de serviços à comunidade;
- interdição temporária de direitos.

A Lei n. 9.605/98 acrescenta outras duas (art. 8º):

- suspensão parcial ou total de atividades;
- recolhimento domiciliar.

Mas não contempla as seguintes:

- perda de bens e valores;
- limitação de fim de semana.

14.5.1. Prestação pecuniária

A *prestação pecuniária* tem o mesmo regime da pena de igual nomenclatura preceituada no Código Penal. Assim, a prestação pecuniária consistirá no pagamento em dinheiro à vítima, ou, ainda, à entidade pública ou privada com fim social, de importância, fixada pelo juiz, não inferior a 1 (um) salário mínimo nem superior a 360 (trezentos e sessenta) salários mínimos. O valor pago será deduzido do montante de eventual reparação civil a que for condenado o infrator (art. 12).

14.5.2. Prestação de serviços à comunidade

A *prestação de serviços à comunidade* possui um regime específico, ligado à natureza da infração penal. Consistirá na atribuição ao condenado de tarefas gratuitas junto a parques e jardins públicos e unidades de conservação, e no caso de dano da coisa particular, pública ou tombada, na restauração desta, se possível (art. 9º).

14.5.3. Interdição temporária de direito

Para as penas de *interdição temporária de direito* foi prevista apenas a proibição de o condenado contratar com o Poder Público, de receber incentivos fiscais ou quaisquer outros benefícios, bem como de participar de licitações, pelo prazo de cinco anos, no caso de crimes dolosos, e de três anos, no de crimes culposos (art. 10). Reforça-se aqui a tese de que a restrição de direitos deve manter estreita relação com a natureza dos delitos praticados.

14.5.4. Suspensão de atividades

A *suspensão de atividades* não foi devidamente regulamentada. A Lei limita-se a dispor que "será aplicada quando estas não estiverem obedecendo às prescrições legais" (art. 11).

Parece-nos que sua previsão, de forma amplamente genérica, viola o princípio da legalidade e dificilmente poderá ser aplicada.

14.5.5. Recolhimento domiciliar

O *recolhimento domiciliar* era previsto como uma das penas restritivas de direitos a serem inseridas no Código Penal com a edição da Lei n. 9.714/98, mas foi vetado pelo Presidente da República. Na ocasião, as razões para o veto evidenciavam que "a figura do 'recolhimento domiciliar', conforme a concebe o Projeto, não contém, na essência, o mínimo necessário de força punitiva, afigurando-se totalmente desprovida da capacidade de prevenir nova prática delituosa. Por isso, carente do indispensável substrato coercitivo, reputou-se contrária ao interesse público a norma do Projeto que a institui como pena alternativa".

Curioso que, quando foi vetada para compor o texto do Código Penal, essa espécie de pena já possuía previsão legal há quase um ano, por meio do art. 13 da Lei n. 9.605/98.

De acordo com o citado artigo, a pena de recolhimento domiciliar "baseia-se na autodisciplina e senso de responsabilidade do condenado, que deverá, sem vigilância, trabalhar, frequentar curso ou exercer atividade autorizada, permanecendo recolhido nos dias e horários de folga em residência ou em qualquer local destinado a sua moradia habitual, conforme estabelecido na sentença condenatória".

A legislação não especifica a execução dessa espécie de pena. Os tribunais superiores também não nos dão notícias de sua aplicação e execução. Parece-nos que, ao ser adotada, a execução se fará por fiscalização do Patronato ou do Conselho da Comunidade, sob pena de ser absolutamente ineficaz, já que também não há previsão legal para que se submeta o condenado ao monitoramento eletrônico (infra, Capítulo 19).

14.5.6. Pessoa jurídica

Por fim, lembramos que existem as penas restritivas de direitos destinadas às pessoas jurídicas (art. 22):

- suspensão parcial ou total de atividades: quando estas não estiverem obedecendo às disposições legais ou regulamentares, relativas à proteção do meio ambiente;
- interdição temporária de estabelecimento, obra ou atividade: quando o estabelecimento, obra ou atividade estiver funcionando sem a devida autorização, ou em desacordo com a concedida, ou com violação de disposição legal ou regulamentar;
- proibição de contratar com o Poder Público, bem como dele obter subsídios, subvenções ou doações, pelo prazo máximo de 10 anos;
- prestação de serviços à comunidade pela pessoa jurídica, que consistirá em:
    - custeio de programas e de projetos ambientais;
    - execução de obras de recuperação de áreas degradadas;
    - manutenção de espaços públicos;
    - contribuições a entidades ambientais ou culturais públicas.
- extinção da entidade: o art. 24 prevê a possibilidade da "pena de morte" da pessoa jurídica que houver se constituído ou sido utilizada, preponderantemente, com o fim de permitir, facilitar ou ocultar a prática de crime definido na Lei n. 9.605/98. A entidade terá decretada sua liquidação forçada, seu patrimônio será considerado instrumento do crime e como tal perdido em favor do Fundo Penitenciário Nacional.

14.6. LEI GERAL DO ESPORTE (LEI N. 14.597/2023)

A Lei Geral do Esporte foi promulgada em 2023 e revogou o Estatuto do Torcedor (Lei n. 10.671/2003). Em seu texto original, o revogado Estatuto do Torcedor não possuía a previsão de figuras típicas e tampouco de penas principais ou alternativas. A partir da edição da Lei n. 12.229/2010 acrescentou-se o Capítulo XI-A ao texto, e, com a criação do art. 41-B, que trata do crime de provocar tumulto, praticar violência ou invadir recinto exclusivo, o legislador também criou uma nova pena alternativa: *a proibição de comparecimento às proximidades do estádio ou qualquer local em que se realize evento esportivo*. É evidente que se a Lei proíbe o comparecimento em locais próximos aos estádios igualmente não permite que o condenado frequente o próprio local onde se realiza o espetáculo.

A nova previsão normativa traz várias figuras típicas, mas, no que tange às penas restritivas de direitos, manteve a redação anterior em seu art. 201, §§ 2º a 5º.

A redação do artigo não é muito técnica e, portanto, parece-nos que existem duas possibilidades de aplicação da pena alternativa: será *obrigatória*, bastando que o réu seja primário e de bons antecedentes, e *facultativa*, sempre que presentes as condições gerais do art. 44 do Código Penal (*vide, infra,* item 14.8). Fazemos tal distinção porquanto a redação do art. 41-B, § 2º (*o juiz deverá converter...*) pressupõe nitidamente direito subjetivo do réu pela objetividade do dispositivo.

A redação do artigo ainda exigiria como condição para a aplicação que o condenado não tenha sido punido anteriormente pela prática de condutas previstas no art. 201, o que constituiria ou reincidência ou mau antecedente no caso de condenação anterior, e por isso parece-nos que tal previsão é supérflua. A única hipótese de salvar o texto legal seria entender que para o crime do art. 201 não seria possível a constatação da primariedade técnica, algo absolutamente impensável em nosso sistema penal atual.

A pena alternativa poderá ser aplicada pelo *prazo de 3 (três) meses a 3 (três) anos*, de acordo com a gravidade da conduta. Além do prazo, o juiz poderá impor a condição de que o condenado *permaneça em estabelecimento indicado pelo juiz*, no período compreendido entre as 2 (duas) horas antecedentes e as 2 (duas) horas posteriores à realização de partidas de entidade de prática desportiva ou de competição determinada (art. 201, § 4º). Trata-se de medida direcionada a tornar efetiva a proibição de comparecimento. Para ser efetiva deverá haver uma integração entre o judiciário e a federação ou confederação desportiva ligada ao evento relacionado com a prática do delito, para que o cartório possa dispor das tabelas com datas e locais dos jogos que serão realizados pelo clube ou associação do qual o condenado é filiado ou torcedor.

14.7. LEI DE FALÊNCIA (LEI N. 11.101/2005)

A Lei de Falência não inseriu no ordenamento uma sistemática nova para as penas alternativas. Portanto, sendo cabível nos mesmos moldes do Código Penal, todas as penas alternativas previstas poderão ser aplicadas. A única menção especial é feita no crime previsto no art. 168 da Lei, nos termos de seu § 4º:

> "§ 4º Tratando-se de falência de microempresa ou de empresa de pequeno porte, e não se constatando prática habitual de condutas fraudulentas por parte do falido, poderá o juiz reduzir a pena de reclusão de 1/3 (um terço) a 2/3 (dois terços) *ou substituí-la pelas penas restritivas de direitos, pelas de perda de bens e valores ou pelas de prestação de serviços à comunidade ou a entidades públicas*" (grifamos).

O melhor entendimento é aquele que não interpreta esse dispositivo como impeditivo de aplicação das penas alternativas nos demais crimes tipificados na Lei. Na verdade, a previsão expressa é apenas para ampliar o caso de concessão da pena alternativa já que ao menos em tese poderia ser aplicada uma pena maior do que quatro anos, já que a pena máxima prevista para o tipo é de 6 (seis) anos. Assim, mesmo que aplicada uma pena nesse patamar, não sendo réu "praticante habitual de condutas fraudulentas" – o que somente podemos entender como reincidência específica devido ao estado de inocência –, poderá ser beneficiado pelas penas alternativas.

14.8. APLICAÇÃO E EXECUÇÃO

Após o juiz do processo aplicar a pena privativa de liberdade, na própria sentença deverá analisar a possibilidade da substituição da pena por uma alternativa, de multa ou restritiva de direitos, conforme as regras do art. 44 do Código Penal:

- pena privativa de liberdade não superior a quatro anos para os crimes dolosos ou qualquer pena para os culposos;
- o crime não ter sido cometido com violência ou grave ameaça à pessoa;
- réu não reincidente especificamente em crime doloso;
- a medida seja socialmente recomendável;
- a culpabilidade, os antecedentes, a conduta social e a personalidade do condenado, bem como os motivos e as circunstâncias indicarem que essa substituição seja suficiente.

Sendo a condenada pessoa jurídica, os critérios deverão sofrer adaptações por motivos óbvios.

Estando presentes esses requisitos, a pena privativa deverá ser substituída pela restritiva de direitos, e terá a mesma duração da pena privativa de liberdade.

São dois os critérios para a substituição da pena, que variam conforme o *quantum* aplicado pelo juiz da condenação. Na condenação igual ou inferior a um ano, a substituição pode ser feita por multa ou por uma pena restritiva de direitos. Se a condenação for superior a um ano, a pena privativa de liberdade pode ser substituída por uma pena restritiva de direitos e multa, ou por duas restritivas de direitos. Lembramos que esse sistema não se aplica à Lei n. 9.605/98, que possui sua própria forma de aplicação (*supra*, item 14.5).

O art. 44 do Código Penal fala que o reincidente em crime doloso não terá direito à substituição. O dispositivo somente pode ser interpretado em combinação com o § 3º do mesmo artigo. Seu texto preconiza que "se o condenado for reincidente, o juiz poderá aplicar a substituição, desde que, em face de condenação anterior, a medida seja socialmente recomendável e a reincidência não se tenha operado em virtude da prática do mesmo crime". Portanto, a reincidência, por si só, não é motivo legítimo a impedir a substituição da pena privativa de liberdade por outra de cunho restritivo de direitos, apenas quando dolosa e específica, ou seja, por crime da mesma natureza. A reincidência culposa, ainda que específica, não é legítima para impedir o direito.

Transitada em julgado a sentença que aplicou a pena restritiva de direitos, o juiz da execução, de ofício ou a requerimento do Ministério Público, promoverá a execução, podendo, para tanto, requisitar, quando necessário, a colaboração de entidades públicas ou solicitá-la a particulares. É o texto do art. 147 da LEP. Não há referência à expedição de uma *guia de recolhimento* para o cumprimento da pena restritiva de direitos, como há para as demais. É certo que para a execução, ainda mais quando o juízo da condenação e da execução não forem os mesmos, uma guia deverá ser expedida, como lembra Francisco Bemfica, que receberá outro nome por não ter a característica de "recolher" o condenado. Essa guia poderá seguir os mesmos requisitos previstos na Lei de Execução Penal, e deve ser regulamentada pela legislação estadual ou provimento judiciário (*Da lei penal, da pena e sua aplicação, da execução da pena*, p. 231).

A forma de cumprimento das penas restritivas de direitos como a prestação de serviços à comunidade e de limitação de fim de semana poderão ser alteradas diante de comprovada necessidade, para ajustarem-se às condições pessoais do condenado e às características do estabelecimento, da entidade ou do programa comunitário ou estatal.

A pena restritiva de direitos terá a mesma duração da pena privativa de liberdade, salvo quando a Lei dispuser o contrário (por exemplo, o Estatuto do Torcedor). Assim, condenado à pena de dois anos de detenção, atendidos os requisitos do art. 44, o juiz poderá substituir a pena por uma restritiva (p. ex., prestação de serviços à comunidade), que deverá perdurar pelos mesmos dois anos da condenação. Somente nos casos em que a condenação for superior a um ano será permitido ao condenado o cumprimento da pena restritiva de direitos em prazo menor, nunca inferior à metade da pena. Em nosso exemplo, o condenado a dois anos poderá prestar serviços à comunidade na razão de duas horas diárias, e cumprir sua pena em um ano.

A fiscalização do cumprimento ficará a cargo da autoridade responsável pela medida, como, por exemplo, o chefe da repartição na qual o condenado poderia exercer sua função pública; o diretor da instituição na qual deverá prestar o serviço; a autoridade do Departamento de Trânsito responsável pela emissão da habilitação; os servidores responsáveis por deferir as inscrições em concursos públicos etc. Essas autoridades deverão comunicar o descumprimento ao juiz da execução, sob pena de responsabilidade. Além dessas, qualquer pessoa interessada ou prejudicada pelo descumprimento poderá comunicá-lo ao juízo.

Havendo a inadimplência injustificada da pena restritiva de direitos, esta será convertida em privativa de liberdade, deduzido o tempo cumprido da pena restritiva de direitos. Como saldo mínimo a Lei apresenta o período de 30 dias de detenção ou reclusão.

Sobrevindo condenação à pena privativa de liberdade por outro crime, o juiz da execução penal decidirá sobre a conversão, podendo deixar de aplicá-la se for possível ao condenado cumprir a pena substitutiva anterior. Novamente, a Política Criminal ilumina o legislador que percebe a falência da pena de prisão, a qual somente poderá ser aplicada nos casos de extrema necessidade.

Assim, se o condenado for novamente sentenciado a outra pena restritiva de direitos ou de multa, ou ainda se for beneficiado com o *sursis*, nada impede que as cumpra simultaneamente. Há também o entendimento de que, tendo sido condenado à pena privativa de liberdade em regime semiaberto ou aberto e existindo a compatibilidade com a restritiva de direitos imposta anteriormente, nada impediria o cumprimento simultâneo de ambas (LIMA E PERALLES. *Teoria e prática da execução penal*, p. 54).

Como é possível o cumprimento de mais de uma pena restritiva de direitos ao mesmo tempo, é de suma importância que o juiz notifique o condenado para o início do cumprimento. Principalmente se o condenado possuir mais de uma condenação ou mais de uma restritiva na mesma sentença. E a importância se deve especialmente porque caso haja o inadimplemento da pena restritiva esta poderá ser convertida em privativa de liberdade novamente. Assim, por exemplo, se o réu possui duas condenações distintas a duas restritivas (p. ex.: uma multa e uma pecuniária), não é lícito que, diante da notificação e inadimplemento de uma, o juiz de ofício ou a requerimento do Ministério Público decida pela conversão de todas para a pena privativa de liberdade. O procedimento correto é que a cada nova condenação o réu seja notificado para dar cumprimento à sua sentença, dando-lhe a oportunidade de fazê-lo.

14.9. SUSPENSÃO DA EXECUÇÃO DAS PENAS RESTRITIVAS

Diante da omissão do Código Penal e da Lei de Execução Penal, alguns autores como René Ariel Dotti entendem que sobrevindo doença mental ou perturbação da mesma natureza ao condenado a uma pena restritiva de direitos, estas deverão ser suspensas até a recuperação do condenado (DOTTI. *Curso de direito penal*. Parte Geral, p. 583), como acontece com a pena de multa (CP, art. 52).

Outra opção seria a conversão da pena restritiva em medida de segurança de tratamento ambulatorial, pelo mesmo prazo da pena anteriormente imposta, a exemplo do que acontece quanto ao mesmo incidente ocorrido no cumprimento da pena privativa de liberdade.

Defendemos a tese de que, durante o cumprimento de uma pena privativa de liberdade, sobrevindo condenação à restritiva de direitos, esta deveria permanecer suspensa até que se pudesse cumpri-la (p. ex., concessão de regime aberto), em consonância com o preceito do artigo 76 que prega que as penas mais graves serão cumpridas primeiro.

14.10. PRESCRIÇÃO

A prescrição será regida pelo art. 109, parágrafo único, do Código Penal, tendo como base de cálculo a pena privativa de liberdade aplicada e substituída.

14.11. JURISPRUDÊNCIA SELECIONADA

Restritiva de direitos: competência

"1. Nos termos do artigo 65 da LEP, a execução penal competirá ao Juiz indicado na lei local de organização judiciária e, na sua ausência, ao da sentença, sendo deprecada ao Juízo do domicílio do apenado somente a fiscalização do cumprimento das sanções restritivas de direitos. 2. O novo Sistema Eletrônico de Execuções Unificado – SEEU não tem o condão de alterar a competência para a execução da pena que é fixada na Lei n. 7.210/84

(STJ, CC 172.445/RJ, rel. Min. Joel Ilan Paciornik, 3ª Seção, j. 24-6-2020, *DJe* 29-6-2020). 3. Agravo de execução penal provido" (TRF-4, EP 50050622320204047004 PR 5005062-23.2020.4.04.7004, rel. João Pedro Gebran Neto, 8ª T., j. 16-9-2020).

Restritiva de direitos: impossibilidade de execução provisória

Súmula 643 – A execução da pena restritiva de direitos depende do trânsito em julgado da condenação.

"6. Quanto à impossibilidade de execução provisória da pena restritiva de direitos, verifico que a irresignação merece prosperar. Com efeito, a Corte Especial do Superior Tribunal de Justiça assentou o entendimento no sentido de que não é possível o cumprimento provisório da pena restritiva de direitos, haja vista o disposto no art. 147 da LEP. Portanto, para o início do cumprimento das penas restritivas de direitos aplicadas ao paciente, deve se aguardar o trânsito em julgado, em consonância com o dispositivo legal acima transcrito e com a jurisprudência firmada nesta Corte Superior" (STJ, HC 431.242/SP, 5ª T., j. 15-5-2018, rel. Min. Reynaldo Soares da Fonseca, *DJe* 25-5-2018).

Restritiva de direitos: limitação de final de semana

"5. Nas situações em que não houver casa de albergado na localidade, esta Corte já entendeu que o cumprimento da pena de limitação de fim de semana deve se dar em outro estabelecimento adequado ou em regime domiciliar. Precedentes. 6. Recurso provido" (STJ, REsp 1.716.888/GO, 5ª T., j. 17-5-2018, rel. Min. Jorge Mussi, *DJe* 25-5-2018).

EXECUÇÃO DA PENA DE MULTA 15

A pena de multa é considerada uma pena não institucional. Aparece como uma alternativa à pena de prisão. Sua aplicação é muito sentida nos países europeus, com grande sucesso. David Pyle, ao estudar os custos do crime na Inglaterra, constatou que a pena de prisão, considerada muito expendiosa, raramente é utilizada, mesmo com um crescimento do índice de criminalidade da ordem de 200% em 45 anos. Em lugar da pena privativa de liberdade, "as multas são, de longe, a forma mais comum de punição" (*Cortando os custos do crime*, p. 22).

O art. 49 do Código Penal reza que a pena de multa consiste no pagamento, ou, mais corretamente, na obrigação de pagar ao fundo penitenciário a quantia fixada na sentença e calculada em dias-multa.

Em razão da sua origem, a pena de multa poderá aparecer de duas formas: ou estará *previamente cominada* em abstrato isolada, cumulativa ou alternativamente com a pena privativa de liberdade; ou será aplicada em *substituição à pena privativa* de liberdade, independentemente de cominação na parte especial ou legislação extravagante.

Existem quatro possibilidades concretas para que o juiz da condenação aplique uma pena de multa:

- a pena de multa é a única cominada, nos casos das Contravenções (Decreto-lei n. 3.688/41);
- a pena de multa foi escolhida entre as cominadas alternativamente;
- a pena de multa foi aplicada conjuntamente com a pena de prisão;
- a pena de multa foi aplicada em substituição à pena de prisão.

Se a multa for aplicada em substituição à pena privativa de liberdade, deverá ser a única aplicada quando a pena concreta não exceder 6 meses (art. 60, § 2º, do CP). Poderá ser a única sanção subsistente, desde que a privação da liberdade seja inferior ou igual a um ano, se o juiz optar pela multa em vez de outra pena restritiva. Acima desse limite de um ano, a multa sempre estará acompanhada de uma pena restritiva de direitos, conforme expõe o art. 44, § 2º, do Código Penal. Dissemos poderá porquanto, como sinaliza Cezar Roberto Bitencourt, haverá a possibilidade de aplicação cumulativa de *duas penas de multa* mesmo quando a pena de prisão for inferior a um ano, nos crimes que cominem pena de prisão e multa, cumulativamente, como, *e.g.*, a alteração de limites (CP, art. 161). Sempre que houver a cominação abstrata cumulativa das duas penas (prisão e multa), o juiz estará obrigado a aplicá-las, mas nada impede que substitua a prisão por multa e mantenha a outra multa, aplicada em razão do tipo legal (BITENCOURT. *Novas penas alternativas*, p. 82-83).

O mesmo tratamento é transportado para crimes com penas de prisão superiores a um ano, e que já possuam pena de multa como pena principal, cumulativamente cominada com pena de prisão (p. ex., furto, reclusão de 1 a 4 anos e multa). Nesses casos, o juiz aplicará na sentença as duas penas previstas: prisão e multa. Em seguida, poderá substituir a prisão pela prestação pecuniária (multa), nos moldes do art. 44, sem prejuízo da multa aplicada por cominação legal. Em suma, o réu será condenado a pena de multa e prisão, e se esta última for substituída por outra pena de multa, as duas multas deverão subsistir.

15.1. VALOR

A regra é que o seu limite varie entre, no mínimo, 10 (dez) e, no máximo, 360 (trezentos e sessenta) dias-multa. Essa regra conheceu recentemente a exceção dos limites previstos na Lei n. 11.343/2006 (Lei de Drogas), que restabeleceu a previsão legal de limites mínimos e máximos para as penas de multa. *Vide*, por exemplo, a redação do art. 36 da Lei: "Financiar ou custear a prática de qualquer dos crimes previstos nos arts. 33, *caput* e § 1º, e 34 desta Lei: Pena – reclusão, de 8 (oito) a 20 (vinte) anos, e pagamento de 1.500 (mil e quinhentos) a 4.000 (quatro mil) dias-multa".

Dentro desses limites, caberá ao juiz determinar o valor de cada dia-multa. No Código Penal encontramos a orientação para que cada dia-multa não assuma valor inferior a um trigésimo do maior salário mínimo mensal vigente ao tempo do fato, nem superior a cinco vezes esse salário (CP, art. 49, § 1º).

Na fixação, o juiz deverá atender, principalmente, à situação econômica do réu. A Lei o autoriza a aumentá-la até o triplo, se considerar que, em virtude da situação econômica do réu, a multa é ineficaz, embora aplicada no máximo. Na *Lei de Drogas*, a previsão é a de que o juiz pode aumentar o valor até o décuplo (art. 43, parágrafo único).

Também não poderá olvidar a *detração*. Se o cômputo da prisão provisória é admitido na pena privativa de liberdade, com muito mais razão deverá sê-lo na pena de multa, calculada a partir de dias-multa. E, como ressalta Francisco Bemfica, se a pena privativa de liberdade pode ser transformada em pena de multa, não há razões para não admitir a detração quando a multa for a única aplicada (*Da lei penal, da pena e sua aplicação, da execução da pena*, p. 238). Na doutrina estrangeira, Arturo Santoro, sem qualquer reticência, também assevera o cabimento da detração (*Manuale di diritto processuale penale*, p. 708; *L'esecuzione penale*, p. 251).

15.2. PAGAMENTO

O pagamento poderá ser voluntariamente feito pelo condenado. Nesse caso, entendemos que as regras previstas no Código Penal e na Lei de Execução Penal permanecem aplicáveis. Somente havendo a necessidade de execução é que a norma a ser aplicada será a Lei n. 6.830/80, que dispõe sobre a cobrança da Dívida Ativa da Fazenda Pública.

Alguns juízes do extinto Tribunal de Alçada Criminal de São Paulo vinham adotando – corretamente – o procedimento do art. 164 da LEP e, ao receberem a guia de execução, mandavam notificar o condenado nos termos do art. 160 do Código Tributário Nacional, para que efetuasse o pagamento em dez dias e, caso não o fizesse, o débito seria inscrito como dívida ativa (FERRAZ. Da pena de multa e a execução. In: LAGRASTA NETO; NALINI; DIP. *Execução penal: visão do TACrim-SP*, p. 118-119).

Ao realizar-se o pagamento ou a execução, havendo a desvalorização da moeda, a multa será *atualizada* pelos índices de correção monetária. Portanto, se necessário, o valor será liquidado por um perito contador para apuração do atual valor da dívida. Trata-se de um procedimento regido pelo contraditório, o que significa que, somente após a decisão sobre as impugnações das partes, o valor será homologado e o condenado intimado a efetuar o pagamento.

A atualização do valor da multa tem gerado controvérsias. Alguns autores acreditam que a correção terá como *marco inicial do cálculo* a data da citação do condenado para o pagamento (NOGUEIRA. *Comentários à lei de execução penal*, p. 224 e 236). Outros entendem que será somente do trânsito em julgado. Uma terceira corrente, majoritária, aponta a data do fato como o marco da correção. Por fim, uma quarta corrente afirma que a data limite é o primeiro dia após os dez dias de prazo para o pagamento espontâneo (BEMFICA. *Da lei penal, da pena e sua aplicação, da execução da pena*, p. 239). Entendemos que a melhor interpretação é a que considera o trânsito em julgado como o marco para a correção.

Após o trânsito em julgado da sentença na qual o réu foi condenado, este será intimado, para o pagamento, pelo próprio juiz da vara na qual tramitou o processo criminal. Entendemos que no caso em que já se encontre em execução de outra pena, por economia processual, o juiz da execução também poderá realizar tal atribuição. Caso não consiga ser intimado, o juiz – da condenação ou da execução – deverá extrair uma certidão da sentença e encaminhá-la à Procuradoria-Geral do Estado ou da União para possível execução fiscal.

O condenado terá o prazo de dez dias após o trânsito em julgado ou a liquidação para efetuar o pagamento. A seu requerimento e conforme sua situação econômica, o juiz poderá permitir que o pagamento se realize em parcelas mensais, iguais e sucessivas. O juiz, antes de conceder o parcelamento, poderá determinar diligências para verificar a real situação econômica do condenado e, ouvido o Ministério Público, fixará o número de prestações (art. 169, § 1º, da LEP). Se o condenado for impontual ou se melhorar de situação econômica, o juiz, de ofício ou a requerimento do Ministério Público, revogará o benefício executando a multa normalmente (art. 169, § 2º, da LEP).

Caso a multa seja aplicada no Juizado Especial Criminal (Lei n. 9.099/95), o pagamento deverá ser efetuado no cartório do Juizado, e não há a previsão de prazo (art. 84).

Se o montante aplicado permitir, a cobrança da multa poderá ser feita mediante desconto no vencimento ou salário do condenado, mas somente quando (CP, art. 50, § 1º):

"*a*) aplicada isoladamente;
b) aplicada cumulativamente com pena restritiva de direitos;
c) concedida a suspensão condicional da pena".

Se for aplicada cumulativamente com a pena privativa de liberdade, obtendo o condenado remuneração por seu trabalho obrigatório (Capítulo 7), o pagamento da multa poderá ser efetivado por meio de desconto dessa remuneração.

Sendo possível o desconto no vencimento, não deverá incidir sobre os recursos indispensáveis ao sustento do condenado e de sua família.

A norma do art. 50, § 1º, do CP é complementada pelo art. 168 da LEP. Segundo este dispositivo, se o juiz permitir que a cobrança da multa se efetue mediante desconto no vencimento ou salário do condenado, deverá emitir ordem judicial ao responsável pelo pagamento ou vencimento, que será intimado a recolher mensalmente o valor estipulado até o dia fixado. O desconto não poderá superar um quarto da remuneração, nem ser inferior a um décimo.

15.3. NÃO PAGAMENTO

No anterior regime do Código Penal, a multa que não fosse paga autorizaria a conversão em pena de prisão, na mesma razão dos dias-multa aplicados. Com a edição da Lei n. 9.268/96, o art. 51 do Código Penal sofreu profunda alteração, e o sistema foi modificado.

Atualmente, transitada em julgado a sentença condenatória, a multa será considerada dívida de valor, *não mais podendo ser convertida em pena de prisão*. Como dívida que é, o próprio art. 51 comanda que as normas a serem aplicadas são as relativas "à dívida ativa da Fazenda Pública, inclusive no que concerne às causas interruptivas e suspensivas da prescrição".

Sendo assim, o não pagamento da pena de multa não poderia interferir na declaração de extinção da punibilidade quanto à pena privativa de liberdade ou restritiva de direitos cominada concomitantemente. Cumprida a pena privativa de liberdade, o juiz deveria considerar a extinção, independentemente do pagamento da multa. Continuamos defendendo este posicionamento, pois, do contrário, reconhecendo a lei que a multa é dívida ativa da fazenda, estamos descumprindo a Constituição Federal e permitindo prisão por dívida. Mesmo assim, STF e STJ firmaram entendimento em sentido contrário, não só reconhecendo na multa o caráter de sanção criminal, como também impedindo o reconhecimento da extinção da punibilidade no seu inadimplemento.

15.4. SUSPENSÃO

O art. 52 do Código Penal preconiza uma hipótese de suspensão da execução da pena de multa. Será suspensa se sobrevier, ao condenado, doença mental.

Fora desse caso, não existe a previsão de suspensão da pena de multa, mesmo que tenha sido aplicada cumulativamente com a pena privativa de liberdade que venha a ser suspensa condicionalmente (*sursis*).

15.5. EXECUÇÃO

Pelo texto exposto na Lei de Execução Penal, a pena de multa *seria* executada da seguinte forma: extraída certidão da sentença condenatória com trânsito em julgado, o Ministério Público requereria a citação do condenado para que, no prazo de dez dias, pagasse o valor da multa ou nomeasse bens à penhora. Se após este prazo o condenado não pagasse ou depositasse a respectiva importância, efetivar-se-ia a penhora de tantos bens quantos bastassem para garantir a execução.

O procedimento deveria prosseguir, no próprio juízo penal, seguindo o disposto no Código de Processo Civil para a penhora e execução. Somente seriam remetidos para o juízo civil se a penhora recaísse sobre bens imóveis.

Sempre entendemos que a execução da pena de multa deve ser conduzida pela Procuradoria do Estado, se aplicada na esfera estadual, ou pela Fazenda Nacional, se aplicada pela Justiça Federal, nos termos da Súmula 521 do STJ. Contudo, no julgamento da ADI 3150, o STF reconheceu que a multa aplicada em sentença condenatória não perde o caráter de sanção penal e, com isso, pode ser executada tanto pelo Ministério Público quanto pela Procuradoria, por ser também dívida ativa. Ousamos discordar do entendimento adotado pelo STF porquanto a dívida de valor – e é assim que a lei a define o art. 51 do Código Penal – é obrigação de natureza civil e, como tal, deve ser tratada. E por isso a alteração legal que atribui ao juiz da execução a competência para a execução da pena de multa não andou bem. O atual entendimento permitiria que, por ter natureza penal, a multa não paga pudesse ter efeitos diretos na liberdade do condenado, o que se equipara a permitir que uma dívida implique prisão, o que não é compatível com nosso sistema constitucional. Nesse sentido, impediria ou restringiria direitos como *sursis*, progressão ao regime aberto, ou mesmo o reconhecimento da extinção da punibilidade penal que ocorre com o término da pena privativa de liberdade ou restritiva de direitos. Em termos práticos, esta possibilidade impede que o cumprimento da pena seja reconhecido pelas varas de execução criminal e ao egresso se nega o direito de retomar sua vida social. Basta lembrar, por exemplo, que os direitos políticos ficam suspensos enquanto durarem os efeitos da condenação, e, se impossível a baixa da execução pela ausência de pagamento da pena de multa, jamais poderá regularizar seu cadastro eleitoral, o que muitas vezes o impedirá de conseguir um trabalho regular.

Pela atual redação do art. 51 do Código Penal, a multa mantém seu caráter de dívida ativa e deve seguir as regras relativas a ela, mas reza que a execução correrá junto ao juiz da execução. Entendemos que a redação do artigo instituiu uma dupla competência para a execução da pena de multa: a vara da fazenda pública e a de execução penal. Contudo, ainda que executada na vara de execução penal, as regras a serem obedecidas deverão ser as referentes à dívida pública.

Após a liquidação do valor pela contadoria do juízo, acusação e defesa poderão questioná-lo. O juiz decidirá sobre a homologação do montante e o condenado intimado a pagar no prazo de dez dias. Não o fazendo, o Ministério Público deverá requerer a extração de certidão sobre o total da dívida e encaminhá-la à Procuradoria do Estado para que lá se proceda nos termos da legislação. Esse também é o entendimento de Abreu Machado e Devienne Ferraz (*Execução penal*: visão do TACrim-SP, p. 23 e 115); Roberto Gomes Lima e Ubiracyr Peralles (*Teoria e prática da execução penal*, p. 154); René Ariel Dotti (*Curso de direito penal*. Parte geral, p. 597); dentre tantos outros autores.

A certidão do trânsito em julgado da sentença garante o débito. Isso quer dizer que, nos termos do art. 515, VI, do CPC, a sentença penal condenatória transitada em julgado é título executivo judicial, e, como tal, é suficiente para a execução. Mas as dívidas da Fazenda Pública Federal devem seguir o rito administrativo exigido pela Lei n. 6.830/80. Será necessária a inscrição para a legalidade do ato, garantia da liquidez e suspensão da prescrição. Não se trata de questionar a qualidade de título executivo da sentença condenatória à pena de multa, mas sim de cumprir com o rito administrativo exigido por lei. No âmbito estadual, cada lei local sobre a dívida da Fazenda deverá igualmente ser obedecida.

Resumidamente, eis o procedimento previsto na Lei n. 6.830/80: após o recebimento da inicial pelo juiz, o condenado será citado para efetuar o pagamento em cinco dias; o despacho de citação interromperá a prescrição; depois de citado, poderá realizar o pagamento ou garantir a execução por meio de depósito em dinheiro, fiança bancária ou seguro-garantia, nomeação de bens à penhora, ou indicação à penhora de bens oferecidos por terceiros e aceitos pela Fazenda Pública; não ocorrendo pagamento nem a garantia, a penhora poderá recair sobre qualquer bem do executado, exceto os impenhoráveis.

15.6. PRESCRIÇÃO

Francisco Vani Bemfica assegura a permanência do prazo prescricional do Código Penal: 2 anos (*Da lei penal, da pena e sua aplicação, da execução da pena*, p. 237).

O fundamento de que a multa continua com o caráter de pena costuma justificar o prazo prescricional do Código Penal. Mas, com a nova sistemática, a multa mantém a qualidade de pena em sua aplicação, e converte-se em dívida tributária diante do não pagamento. Como dívida, deve seguir a normativa prevista no Código Tributário e legislação correlata, conforme expressamente dispõe o art. 51 do Código Penal.

Portanto, a pena de multa possui dois prazos de prescrição. A *prescrição da pretensão punitiva (PPP)* continua a obedecer ao disposto no art. 114 do Código Penal, e assim ao prazo de 2 anos quando for a única cominada ou *no prazo do crime*, quando cumulativa ou alternativamente cominada. Após ser aplicada, converte-se em dívida ativa da Fazenda, e a *prescrição da pretensão executória (PPE)* passa a obedecer à legislação tributária, e prescreverá no prazo do art. 173 do Código Tributário Nacional, ou seja, em 5 anos. É como entendemos.

15.7. TRANSCENDÊNCIA DA PENA DE MULTA

O princípio da intranscendência em Direito Penal (Capítulo 2) assegura que a pena não passará da pessoa do condenado, devendo ele e somente ele responder pela sanção aplicada.

Com as alterações realizadas pela Lei n. 9.268/96 na tratativa da multa, convertendo-a em dívida ativa da Fazenda, pode-se pregar a relativização desse princípio. Considerar a pena de multa como dívida ativa permite que caso ocorra o falecimento do condenado sua punibilidade transmita-se aos herdeiros, respondendo por ela o espólio.

Temos a opinião de que mesmo a pena de multa, ou qualquer outra pecuniária, não deveria ser transmitida ao herdeiro, justamente por constituir sanção penal e ter o caráter pessoal.

15.8. JURISPRUDÊNCIA SELECIONADA

Intranscendência da pena de multa

"Agravo em execução – pena de multa – extinção – juízo das execuções fiscais – recurso desprovido. 1. Após o trânsito em julgado da sentença condenatória, a pena de multa passa a ser considerada dívida de valor, e, com isso, deve ser executada, questionada e extinta perante o juízo das execuções fiscais, de acordo com a redação dada pela Lei n. 9.268/96, ao art. 51, do Código Penal. 2. Considerar a pena de multa dívida de valor não implica desconsiderar sua natureza penal. Embora a ela possam ser aplicadas as causas interruptivas e suspensivas do CTN, continuará sendo impossível a transmissão da obrigação aos herdeiros do condenado, de modo que estará preservado o princípio da intranscendência da sanção penal" (TJ-ES, AgE 100170051211, 1ª Câm. Crim., j. 7-2-2018, rel. Sergio Bizzotto Pessoa de Mendonça, *DJ* 23-2-2018).

"Apelação cível. Tributário, execução fiscal. Multa decorrente de sentença penal condenatória. Falecimento do executado informado em certidão do oficial de justiça. Sentença terminativa. (...) Manutenção do caráter de sanção penal. Incidência do art. 5º, inciso XLV, da Constituição Federal. Princípio da pessoalidade da pena. Impossibilidade de redirecionamento aos herdeiros. Decisão mantida. Nada obstante a mutação do sistema de cobrança determinado pela Lei n. 9.268/96, é certo que a pena de multa continua tendo caráter de sanção criminal. E, por força do princípio da pessoalidade da pena (art. 5º, inciso XLV, da CF/88), o falecimento do executado tem por consequência inarredável a extinção da execução fiscal, sendo inviável eventual pretensão de redirecionamento da cobrança em face dos herdeiros. Recurso desprovido" (TJ-SC, AC 0022489-51.2011.8.24.0018, 4ª Câm. Dir. Pub., j. 5-4-2018, rel. Vera Lúcia Ferreira Copetti, *DJe* 12-4-2018).

Extinção da punibilidade e insolvência da multa

"1. A Terceira Seção do Superior Tribunal de Justiça, na ocasião do julgamento do Recurso Especial Representativo da Controvérsia n. 1.519.777/SP (REsp n. 1.519.777/SP, rel. Min. Rogerio Schietti, 3ª Seção, *DJe* 10-9-2015), assentou a tese de que "[n]os casos em que haja condenação a pena privativa de liberdade e multa, cumprida a primeira (ou a restritiva de direitos que eventualmente a tenha substituído), o inadimplemento da sanção pecuniária não obsta o reconhecimento da extinção da punibilidade". 2. Entretanto, ao apreciar a Ação Direta de Inconstitucionalidade n. 3.150 (rel. Min. Marco Aurélio, rel. p/ Acórdão Ministro Roberto Barroso, Tribunal Pleno, *DJe*-170 divulg. 5-8-2019, public. 6-8-2019), o Pretório Excelso firmou o entendimento de que a alteração do art. 51 do Código Penal, promovida

Lei n. 9.268/96, não retirou o caráter de sanção criminal da pena de multa, de modo que a primazia para sua execução incumbe ao Ministério Público e o seu inadimplemento obsta a extinção da punibilidade do apenado. Tal compreensão foi posteriormente sintetizada em nova alteração do referido dispositivo legal, levada a cabo pela Lei n. 13.964/2019. 3. Recurso especial não provido para manter os efeitos do acórdão que reconheceu a necessidade do integral pagamento da pena de multa para fins de reconhecimento da extinção da punibilidade, e acolher a tese segundo a qual, na hipótese de condenação concomitante a pena privativa de liberdade e multa, o inadimplemento da sanção pecuniária obsta o reconhecimento da extinção da punibilidade" (STJ, ProAfR no REsp 1785383 SP 2018/0327183-5, rel. Min. Rogério Schietti Cruz, j. 20-10-2020, 3ª S., *DJe* 2-12-2020).

Multa: cobrança pela Fazenda Nacional

Súmula 521 do STJ: "A legitimidade para a execução fiscal de multa pendente de pagamento imposta em sentença condenatória é exclusiva da Procuradoria da Fazenda Pública".

Multa: cobrança pelo Ministério Público

"Ementa: Execução penal. Constitucional. Ação direta de inconstitucionalidade. Pena de multa. Legitimidade prioritária do Ministério Público. Necessidade de interpretação conforme. Procedência parcial do pedido. 1. A Lei n. 9.268/1996, ao considerar a multa penal como dívida de valor, não retirou dela o caráter de sanção criminal, que lhe é inerente por força do art. 5º, XLVI, *c*, da Constituição Federal. 2. Como consequência, a legitimação prioritária para a execução da multa penal é do Ministério Público perante a Vara de Execuções Penais. 3. Por ser também dívida de valor em face do Poder Público, a multa pode ser subsidiariamente cobrada pela Fazenda Pública, na Vara de Execução Fiscal, se o Ministério Público não houver atuado em prazo razoável (90 dias). 4. Ação direta de inconstitucionalidade cujo pedido se julga parcialmente procedente para, conferindo interpretação conforme à Constituição ao art. 51 do Código Penal, explicitar que a expressão "aplicando-se-lhes as normas da legislação relativa à dívida ativa da Fazenda Pública, inclusive no que concerne às causas interruptivas e suspensivas da prescrição", não exclui a legitimação prioritária do Ministério Público para a cobrança da multa na Vara de Execução Penal. Fixação das seguintes teses: (i) O Ministério Público é o órgão legitimado para promover a execução da pena de multa, perante a Vara de Execução Criminal, observado o procedimento descrito pelos artigos 164 e seguintes da Lei de Execução Penal; (ii) Caso o titular da ação penal, devidamente intimado, não proponha a execução da multa no prazo de 90 (noventa) dias, o Juiz da execução criminal dará ciência do feito ao órgão competente da Fazenda Pública (Federal ou Estadual, conforme o caso) para a respectiva cobrança na própria Vara de Execução Fiscal, com a observância do rito da Lei n. 6.830/1980" (ADI 3.150, rel. Min. Marco Aurélio, rel. p/ acórdão Min. Roberto Barroso, Tribunal Pleno, j. 13-12-2018, processo eletrônico *DJe*-170 divulg. 5-8-2019, public. 6-8-2019).

Multa: competência para cobrança de multa por crime federal de condenado preso em estabelecimento estadual

"1. O presente conflito positivo de competência deve ser conhecido, por se tratar de incidente entre juízos vinculados a Tribunais distintos, nos termos do art. 105, inciso I, alínea d, da Constituição Federal – CF. No caso dos autos, o Juízo da 12ª Vara Federal da Subseção Judiciária de Curitiba/PR, cassou e reformou a decisão proferida pelo Juízo da 2ª Vara de Execuções Penais de Curitiba/PR, que havia concedido indulto natalino em relação à pena de liberdade e multa, em favor do apenado. 2. O núcleo da controvérsia cinge-se a definir o juízo competente para a execução da pena de multa advinda de sentença condenatória proferida por Juízo Federal, imposta cumulativamente com pena privativa de liberdade cumprida em estabelecimento prisional estadual. Frise-se que é incontroverso nos autos que a execução da pena privativa de liberdade compete ao Juízo Estadual, conforme Súmula 192 do Superior Tribunal de Justiça – STJ segundo a qual, "compete ao Juízo das Execuções Penais do Estado a execução das penas impostas a sentenciados pela Justiça Federal, Militar ou Eleitoral, quando recolhidos a estabelecimentos sujeitos a Administração Estadual". A celeuma gira em torno da pena de multa, uma vez que o Juízo Federal indeferiu o pedido de concessão de indulto, tornando sem efeito, no ponto decisão do Juízo Estadual. Frise-se que o presente incidente não tem por objeto a análise do mérito da concessão do benefício do indulto, ou seja, não cabe, nesta via, a manifestação acerca do direito de o condenado ter sua pena de multa indultada, mas tão somente a análise do Juízo competente para executar a multa e, consequentemente, para analisar o pedido de indulto natalino a ela referente. 3. Em que pese o Juízo Federal suscitado ter afirmado que intimou o Ministério Público Federal para requerer o que entendesse pertinente, haja visto o entendimento fixado pelo Supremo Tribunal Federal – STF no julgamento da ADI 3150/DF, resta analisar se a execução da pena de multa compete ao Juízo Federal ou ao Juízo Estadual, uma vez que o apenado encontra-se em presídio estadual. Em outras palavras, cabe analisar a possibilidade de cindir a execução penal para coexistir uma execução penal exclusivamente da pena privativa de liberdade, perante o Juízo Estadual da Execução Penal e de uma execução da pena de multa, promovida pelo Ministério Público Federal perante o Juízo Federal da Execução. É certo que a Suprema Corte reconheceu total prioridade ao Ministério Público quanto à execução da pena de multa (ADI 3.150, rel. Min. Marco Aurélio, rel. p/ Acórdão: Min. Roberto Barroso, Tribunal Pleno, DJe 6-8-2019), o que deve ser observado pelo Superior Tribunal de Justiça. Entretanto, no caso em análise, não se discute a prioridade do Parquet na execução da multa, mas tão somente se referida execução deve ser conduzida pela Justiça Federal ou Estadual. 4. A execução da pena de multa deve seguir no Juízo das Execuções Penais, que é o Juízo Estadual, no caso de haver cumprimento de pena privativa de liberdade em presídio estadual aplicada cumulativamente com a multa. Além de a multa ter natureza de sanção penal, sendo racional a existência de execução penal una, ressalte-se que os valores recolhidos, quer por sentença condenatória proferida por Juízo Estadual ou por sentença condenatória proferida por Juízo Federal, têm o mesmo destino: o Fundo Penitenciário Nacional, nos termos do art. 2º, inciso V, da Lei Complementar n. 79/1994. Os montantes depositados no referido Fundo são repassados a outros entes federativos, conforme regras estabelecidas na Lei Complementar que o criou. Destarte, os valores referentes à multa penal imputada por Juízo Federal não têm destinação específica para estabelecimento prisional federal ou programas de inserção social exclusivamente administrados pela União, razão penal qual não se identifica especial interesse da União na execução da multa penal por ela imposta. 5. Conflito conhecido para declarar que a execução da pena de multa compete ao Juízo de Direito da 2ª Vara de Execuções de Penas e Medidas Alternativas e Cartas Precatórias Criminais de Curitiba – PR. Diante disso, sem efeito a decisão do Juízo da 12ª Vara Federal de Curitiba que indeferiu o pedido de concessão de indulto à pena de multa imposta nos autos da Ação Penal n. 2007.70.00.027856-4 (fls. 7/8), permanecendo hígidos os efeitos da decisão do Juízo da 2ª Vara de Execução de Penas e Medidas Alternativas e Cartas Precatórias Criminais de Curitiba que declarou extinta a pena de multa nos Autos n. 0001200-38.2016.8.16.0009 (fls. 13/14)" (STJ, CC 168815 PR 2019/0308048-0, rel. Min. Joel Ilan Paciornik, j. 10-6-2020, 3ª S., *DJe* 16-6-2020).

Multa: prazo para satisfação

"1. O trânsito em julgado da decisão condenatória constitui o termo inicial do prazo para a satisfação da pena de multa (CP, art. 50), cuja exaustão, de sua vez, e pressuposto da execução compulsória (LEP, art. 164). 2. Para esse efeito, não é dado reputar transitada em julgado a decisão que, embora proferida em instância única pelo Supremo Tribunal, está sujeita a embargos de declaração, pois do seu julgamento pode eventualmente decorrer a alteração do julgado. 3. Do paradoxo de que se venha admitindo, malgrado o art. 5º, LVII, da Constituição, a execução provisória da pena privativa de liberdade – por definição, irreparável –, a qual não se admite na da pena pecuniária – de fácil restituição –, o que se extrai é um argumento a mais contra a jurisprudência firmada quanto a primeira, não, a possibilidade de abstrair-se, quanto a execução da multa, da exigência legal inequívoca da coisa julgada" (STF, Pet 1079 Agr/DF, Tribunal Pleno, j. 6-3-1996, rel. Min. Sepúlveda Pertence, *DJ* 26-4-1996).

"Após o trânsito em julgado de decisão condenatória proferida pela Justiça Federal, compete ao Juízo da Execução Penal intimar o condenado para que efetue o pagamento da multa, sendo certo que a comunicação à Fazenda Pública para que proceda à execução fiscal só ocorre se transcorrido o prazo do artigo 50 do Código Penal. Precedentes e Súmula 521 do STJ" (TJ-SP, AgE 0040613-43.2015.8.26.0000, 8ª Câm. Crim., j. 26-11-2015, rel. Alcides Malossi Junior, *DJe* 1º-12-2015).

MEDIDA DE SEGURANÇA   16

A medida de segurança, como define Eduardo Reale Ferrari, é uma medida de caráter jurisdicional (em oposição aos que a entendem como uma medida administrativa), verdadeiro instrumento sancionatório que restringe a liberdade do indivíduo-doente, aplicada somente em decorrência da prática de um ilícito penal (*Medidas de segurança e direito penal no Estado Democrático de Direito*, p. 76-77).

Tradicionalmente o enfoque sobre a medida de segurança é outro. A culpabilidade dá lugar à periculosidade, e a defesa social e a personalidade do autor adquirem relevância. É "a personalidade do homem, isto é, o conjunto dos elementos biopsíquicos que o compõe, sob os aspectos da prevenção e da repressão do delito, constitui o dado básico para uma correta aplicação da providência penal, capaz de atender à defesa do organismo social e, ao mesmo tempo, recuperar o violador das normas de conduta por ele proclamadas" (SOUZA. *O problema da unificação da pena e da medida de segurança*, p. 101).

Heleno Cláudio Fragoso resume o surgimento e a sistematização das medidas de segurança. Surgiram pela primeira vez com o anteprojeto de Código Penal suíço, elaborado por Stoos em 1893, e, curiosamente, em vez do sistema do duplo binário, pugnava pelo sistema vicariante utilizado nas legislações modernas. As medidas de segurança começaram a aparecer no Código português de 1896, norueguês de 1902 e argentino de 1921 (Sistema do duplo binário: vida e morte. In: *Revista de Direito Penal e Criminologia*, p. 7. v. 32).

Mas foi no Código italiano de 1930 que apareceu em um texto legal um sistema completo de medidas de segurança, propagando-se para todos os Códigos promulgados desde então. Após os estudos da Escola Positiva, os Códigos Penais passaram a adotar as medidas de segurança, dando preferência ao sistema chamado de *duplo binário* ou cumulativo que aplicava conjuntamente pena e medida de segurança. O termo duplo binário, ao contrário do que dizem alguns autores, não é redundante. *Binário* é o sistema composto de dois elementos. Ao nos referirmos ao duplo binário estamos aludindo à hipótese de aplicar, a um mesmo autor, dois elementos: a pena e a medida de segurança.

O sistema vicariante, no qual se aplica apenas uma das espécies de resposta ao delito cometido (ou pena ou medida de segurança) começou a ser debatido no 1º Congresso Internacional de Direito Penal, ocorrido em Bruxelas em 1926, mas somente foi incluído em uma legislação por meio do Código suíço de 1951. Fundamenta-se na divisão entre pena, aplicada aos imputáveis, e medida de segurança, aos inimputáveis.

Atualmente, apenas alguns poucos autores afirmam que o *duplo binário* ou cumulativo deveria continuar a ser aplicado, ao menos, aos criminosos considerados habituais, perigosos, ou autores de crimes considerados graves. É o pensamento de Paulo Lúcio Nogueira, que, guiado muito mais pelo sentimento do que pela razão, escreve: "não se pode negar, de forma alguma, em face da escalada da violência existente e da reincidência dolosa sempre crescente, que a dualidade pena e medida de segurança seria indispensável aos criminosos *perigosos*, bem mais numerosos entre os *imputáveis* do que entre os *inimputáveis*, sendo que estes terão um tratamento por prazo *indeterminado*, enquanto aqueles, cumprida a *pena determinada*, serão imediatamente colocados em liberdade para reincidirem no crime" (*Comentários à lei de execução penal*, p. 241).

A nosso ver, o tratamento do inimputável dentro do Direito Penal deve ser revisto. Tanto a teoria do delito quanto o sistema de penas mostram-se obsoletos e tratam o doente como um perigoso, ou seja, preocupam-se mais em isolar a pessoa que consideram como um perigo à sociedade do que alguém que precisa de atenção e tratamento. O ideal seria que, constatada a doença mental (expressão constante do Código Penal), o acusado fosse encaminhado ao sistema de saúde e não mais permanecesse sob a tutela de um juiz penal.

16.1. APLICAÇÃO

A medida de segurança poderá decorrer de:

- sentença absolutória imprópria;
- sentença condenatória;
- insanidade mental no cumprimento da pena.

Já na audiência de custódia, a autoridade judicial deverá estar atenta às condições do autuado. Conforme a Resolução CNJ n. 487/2023, se identificado pela equipe multidisciplinar o transtorno ou qualquer forma de deficiência psicossocial, ouvidos o Ministério Público e a defesa, o juiz deverá encaminhar a pessoa ao atendimento voluntário na Rede de Apoio Psicossocial (RAPS). Se o momento for de crise, a equipe multidisciplinar será a responsável pelo manejo e, não havendo solução, a pessoa será encaminhado ao Serviço de atendimento móvel de urgência (SAMU). Se houver a necessidade de internação, a audiência de custódia não realizada poderá ser feita no local onde se encontra a pessoa.

Ainda, durante o inquérito policial, mediante representação do Delegado de Polícia, ou no transcorrer da ação penal por requerimento do Ministério Público, do defensor, do curador, do ascendente, descendente, irmão ou cônjuge do acusado, ou até mesmo *ex officio* pelo juiz, poderá ser instaurado um *Incidente de Insanidade Mental* (CPP, arts. 149 a 154), sempre que houver dúvida quanto à higidez mental do réu. Este será submetido a um exame técnico, realizado por peritos capacitados, e observado pelo prazo de 45 dias. Ao final, os peritos deverão emitir parecer conclusivo, indicando o momento do acometimento da incapacidade mental. Se sua ocorrência se deu posteriormente à prática do crime, o juiz suspenderá o processo e aguardará sua recuperação, ordenando, se necessário, sua internação em hospital psiquiátrico. Se ficar comprovado que o réu era incapaz no momento da prática do crime, o juiz nomeará curador e, ao final, constatando a existência de uma conduta típica e ilícita, o absolverá impondo-lhe medida de segurança. Essa sentença, embora absolutória, impõe uma privação ou restrição da liberdade ao réu, e por isso recebe o nome de *absolutória imprópria*.

A rigor, as medidas de segurança estão previstas para aplicação aos inimputáveis. Contudo, em certos casos, aconselha-se a aplicação aos semi-imputáveis, que, embora tenham a capacidade de entender o caráter ilícito do fato, não a têm em sua plenitude. A estes, o juiz imporá uma *sentença condenatória*, mas poderá optar por reduzir sua pena ou substituí-la por uma medida de segurança.

Não só pelas condições físicas e psicológicas limítrofes impostas por qualquer regime carcerário, mas até mesmo por circunstâncias intrínsecas ao condenado, eventualmente poderá sobrevir-lhe uma *doença mental no cumprimento da pena*, o que demandará a conversão da pena em medida e sua transferência ao estabelecimento adequado como o Hospital de Custódia e Tratamento Psiquiátrico (LEP, art. 108) ou outro instituto similar.

É exata a orientação do art. 183: "quando, no curso da execução da pena privativa de liberdade, sobrevier doença mental ou perturbação da saúde mental, o Juiz, de ofício, a requerimento do Ministério Público, da Defensoria Pública ou da autoridade administrativa, poderá determinar a substituição da pena por medida de segurança".

Deverá haver a cautela de restringir o restante da pena a ser cumprida em regime de internação, que estará limitado ao restante da pena privativa de liberdade. A aferição da pena se deu em função da culpabilidade, e por esta deve ser mantida. Não há justificativa para se submeter ao regime indeterminado da medida de segurança quando ocorra a perturbação mental no transcurso do cumprimento da pena. Exemplificando, se o condenado a uma pena de 3 anos cumpriu 2 deles e sofreu com a perturbação mental, somente ficará internado por mais um ano, ao final sendo libertado ou transferido ao hospital adequado se ausentes seus responsáveis. Este entendimento já foi pacificado pelo STJ.

16.2. ESPÉCIES

São duas as espécies de medidas de segurança (CP, art. 96):

> "I – internação em hospital de custódia e tratamento psiquiátrico ou, à falta, em outro estabelecimento adequado (medida de segurança detentiva);
> II – Sujeição a tratamento ambulatorial (medida de segurança não detentiva)".

Como regra, a internação em hospital de custódia é destinada às condenações por crimes apenados com reclusão, e o tratamento ambulatorial reserva-se aos delitos apenados com detenção. Contudo, essa regra não pode ser aplicada com essa objetividade, pois a cada caso concreto o juiz deverá determinar a medida mais adequada ao inimputável (JUNQUEIRA. Lei de Execução Penal. In: *Legislação penal especial*, p. 165, com citação de outros autores). Também poderá, a qualquer momento do tratamento ambulatorial, determinar a internação do agente, se essa providência for necessária para fins curativos, ou ainda se o agente revelar incompatibilidade com a medida (LEP, art. 184).

O estabelecimento, em princípio, deve ser público, ou seja, integrar o sistema de saúde ou o penitenciário. Mas, como muito apropriadamente acentua Eduardo Reale Ferrari, não há motivo para negar o tratamento em ambulatório particular, sendo suficiente o seu credenciamento junto ao órgão público (*Medidas de segurança e direito penal no Estado Democrático de Direito*, p. 87). Ademais, a própria Lei de Execução Penal permite que o doente ou submetido a tratamento contrate médico particular de sua confiança (LEP, art. 43).

A jurisprudência tem decidido que, se o crime for apenado com reclusão, será obrigatória a internação. Mas existem decisões em outro sentido, com as quais concordamos, de que a determinação da espécie de medida de segurança deverá ser pautada pelo laudo pericial. O fundamento da medida é a periculosidade do réu que não está prevista em abstrato em cada crime simplesmente pela escolha do regime (reclusão ou detenção), mas depende de análise criteriosa sobre as características pessoais do agente. Por isso, unimos vozes aos que delegam ao juiz, amparado pelo laudo pericial, a decisão pela internação ou tratamento ambulatorial, independentemente do regime de reclusão ou detenção previsto para a infração cometida.

No mais, não possui nenhum amparo a ideia de que a periculosidade do inimputável seja presumida. Mesmo porque, se assim o fosse, a medida de segurança deveria ser perpétua, pois, sendo presumida *ex legis*, jamais admitiria questionamento pela via médico-pericial.

Ressalte-se, ainda, que a medida de segurança poderá ser admitida para as Contravenções Penais.

16.3. PRAZO

A medida de segurança como tradicionalmente vista fundamenta-se na periculosidade do inimputável ou semi-imputável autor da infração penal. Pela redação do Código Penal, não comportaria prazo determinado, devendo durar enquanto não cessar a periculosidade do agente. Estipula-se apenas um prazo mínimo, de 1 a 3 anos, que deverá ser explicitado na sentença, valendo-se o juiz do auxílio de uma perícia médica. Esta perícia será renovada ao final do prazo de internação, e, periodicamente, de ano em ano ou a qualquer tempo, por determinação do juiz da execução (CP, art. 97, § 2º).

Destacamos o pensamento de Eduardo Reale Ferrari, que entende que, em um Estado Democrático de Direito, as medidas de segurança não comportariam prazo mínimo, pois o doente poderá recuperar-se a qualquer momento, e devem possuir um *prazo máximo*, como necessidade de restrição à intervenção estatal. A cada aplicação de medida de segurança, o limite máximo seria o mesmo cominado para o crime em abstrato (*Medidas de segurança e direito penal no Estado Democrático de Direito*, p. 189. No mesmo sentido: JUNQUEIRA. Lei de Execução Penal. In: *Legislação penal especial*, p. 163). Este é o nosso entendimento, conforme já discorremos em outra sede (FERRÉ OLIVÉ; NUÑEZ PAZ; OLIVEIRA; BRITO. *Direito penal*.

Parte geral, p. 97). Atualmente é o entendimento que seguem os tribunais superiores. O STJ editou a Súmula 527: "O tempo de duração da medida de segurança não deve ultrapassar o limite máximo da pena abstratamente cominada ao delito praticado". O STF já vinha mantendo entendimento de que sem previsão legal, não se pode manter alguém sob a tutela contínua do Estado por mais de 30 anos (atualmente, 40 anos), analogicamente ao limite previsto para o encarceramento máximo do condenado (HC 84.219).

Até mesmo nos casos de medida de segurança e mantendo-se a opção legislativa de que seja um juiz criminal o responsável pela aferição e posterior liberação, parece-nos razoável que, diante do atual estado da medicina e da psicologia, o juiz determinasse um prazo certo na sentença absolutória (ou condenatória nos casos do semi-imputável), a exemplo do que faz quando condena um imputável, durante o qual o doente devesse permanecer internado e tutelado pelo sistema criminal, claro, respeitando-se sempre o limite da pena máxima prevista para o delito. Assim, entendemos que os peritos possuem atualmente capacidade para diagnosticar tempo de internação que, exaurido, remeteria o doente ao sistema de saúde e o liberaria da tutela de um juiz penal.

O art. 42 do Código Penal assegura a *detração* também às medidas de segurança. Portanto, o juiz deverá considerar o tempo de prisão ou internação provisórias do condenado.

16.4. SUBSTITUIÇÃO DA PENA POR MEDIDA DE SEGURANÇA PARA O SEMI-IMPUTÁVEL

As medidas de segurança poderão ser aplicadas tanto aos inimputáveis quanto aos semi-imputáveis. A estes últimos o juiz da condenação imporá uma pena restritiva de liberdade, que será substituída pela internação ou tratamento ambulatorial, seguindo-se, no mais, as mesmas diretrizes previstas aos inimputáveis. Isso significa que não importará, em princípio, o período da pena privativa de liberdade, pois o condenado ficará internado ou será submetido a tratamento pelo prazo mínimo de um a três anos. Também deverá ser submetido à perícia médica nas mesmas hipóteses do inimputável, e sua desinternação ou liberação estará sujeita à ausência de "periculosidade" comprovada no período de um ano. Evidentemente, a ele também se aplicam os entendimentos do STJ e STF sobre os limites máximos de internação citados no item 16.3.

16.5. EXECUÇÃO

A execução da medida de segurança sofreu significativa alteração com a edição da Resolução CNJ n. 487/2023. Principalmente para atender à Lei n. 10.216/2001 (Lei Antimanicomial), que sempre foi ignorada completamente pelo sistema criminal, a Resolução determina que se deve ter como padrão a excepcionalidade da internação, que somente deve ser aplicada quando não cabíveis ou suficientes outras medidas (art. 13). Conforme o art. 4º da Lei n. 10.216/2001, "A internação, em qualquer de suas modalidades, só será indicada quando os recursos extra-hospitalares se mostrarem insuficientes". Ainda nos termos da mesma lei, a internação compulsória (judicial) "é determinada, de acordo com a legislação vigente, pelo juiz competente, que levará em conta as condições de segurança do estabelecimento, quanto à salvaguarda do paciente, dos demais internados e funcionários", após um laudo médico circunstanciado que caracterize os motivos (art. 6º).

A execução será iniciada nos moldes da pena privativa de liberdade. O juiz, após o trânsito em julgado da sentença, ordenará a expedição de guia (de internamento ou tratamento ambulatorial para a execução), indispensável para a internação ou entrada em ambulatório, e dará ciência ao Ministério Público.

A guia será extraída pelo escrivão, rubricada e assinada por este, e deverá conter (LEP, art. 173):

> "I – a qualificação do agente e o número do registro geral do órgão oficial de identificação;
> II – o inteiro teor da denúncia e da sentença que tiver aplicado a medida de segurança, bem como a certidão do trânsito em julgado;
> III – a data em que terminará o prazo mínimo de internação, ou do tratamento ambulatorial;
> IV – outras peças do processo reputadas indispensáveis ao adequado tratamento ou internamento".

O receptor será recolhido ao hospital psiquiátrico, ou comparecerá ao ambulatório determinado na sentença. A cada exame realizado que indique a necessidade de permanência e altere o prazo inicial para a execução a guia será retificada, até o limite máximo da pena em abstrato prevista para o delito praticado, conforme a Súmula 527 do STJ.

Importante ressaltar que o local da internação não poderá ser uma unidade do sistema prisional, conforme o art. 13, § 1º, da Resolução CNJ n. 487/2023. A internação deverá ser cumprida em "leito de saúde mental em Hospital Geral ou outro equipamento de saúde referenciado pelo Caps da Raps, cabendo ao Poder Judiciário atuar para que nenhuma pessoa com transtorno mental seja colocada ou mantida em unidade prisional, ainda que em enfermaria, ou seja submetida à internação em instituições com características asilares, como os HCTPs ou equipamentos congêneres".

Admite-se também a "progressão" da medida de segurança. Assim como o submetido a tratamento poderá ser internado por conversão (LEP, art. 184), o inverso deve ser permitido. O inimputável ou semi-imputável terá direito a tratamento isonômico, nos termos do art. 5º, XLVI, da CF, como acentua Eduardo Ferrari. O autor atribui à progressão do internado ao tratamento ambulatorial "uma garantia constitucional inerente a qualquer cidadão, configurando-se sua inadmissibilidade um contrassenso às finalidades do tratamento" (*Medidas de segurança e direito penal no Estado Democrático de Direito*, p. 173-174).

O STF assumiu esse posicionamento garantindo a desinternação progressiva do inimputável se presentes elementos que demonstrem sua progressão no tratamento (HC 97.621).

16.6. CESSAÇÃO DA PERICULOSIDADE

Como vimos, a medida de segurança ainda tem como fundamento legal a periculosidade do agente. Esta deverá ser, ao menos, verificada de ofício no fim do prazo mínimo de duração da medida de segurança, pelo exame das condições pessoais do agente, observando-se o seguinte (LEP, art. 175):

"I – a autoridade administrativa, até 1 (um) mês antes de expirar o prazo de duração mínima da medida, remeterá ao juiz minucioso relatório que o habilite a resolver sobre a revogação ou permanência da medida;
II – o relatório será instruído com o laudo psiquiátrico;
III – juntado aos autos o relatório ou realizadas as diligências, serão ouvidos, sucessivamente, o Ministério Público e o curador ou defensor, no prazo de 3 (três) dias para cada um;
IV – o juiz nomeará curador ou defensor para o agente que não o tiver;
V – o juiz, de ofício ou a requerimento de qualquer das partes, poderá determinar novas diligências, ainda que expirado o prazo de duração mínima da medida de segurança;
VI – ouvidas as partes ou realizadas as diligências a que se refere o inciso anterior, o juiz proferirá a sua decisão, no prazo de 5 (cinco) dias".

Em verdade, os exames poderão ser feitos a qualquer tempo, durante ou depois do prazo mínimo de duração da medida de segurança, bastando para tanto requerimento fundamentado do Ministério Público, do interessado ou seu procurador ou defensor. A Resolução CNJ n. 487/2023 recomenda que o juiz mantenha contato constante com a Equipe de Avaliação e Acompanhamento das Medidas Terapêuticas Aplicáveis à Pessoa com Transtorno Mental em Conflito com a Lei (EAP) para que as avaliações psicossociais sejam realizadas a cada 30 dias (art. 13, § 3º). O procedimento será o mesmo descrito anteriormente.

Por meio de órgão pericial oficial ou de perito especialmente nomeado para o caso, será elaborado um laudo de avaliação do submetido à medida de segurança que relate de forma conclusiva seu estado atual. Se a conclusão for pela ausência de "periculosidade", o juiz deverá decretar extinta a medida e colocar o agente em liberdade. Importante destacar que o laudo será a conclusão da equipe de saúde multidisciplinar que demonstrará a desnecessidade da internação, comunicando a alta hospitalar ao juiz (Res. CNJ n. 487/2023, art. 13, § 2º). Caso contrário, o juiz determinará a data para o próximo exame, que não poderá exceder a um ano e deverá respeitar o prazo máximo da pena cominada em abstrato para o delito, após o qual o internado deverá ser obrigatoriamente liberado. Se concedida a alta, a pessoa poderá continuar a receber atendimento e acompanhamento da rede de saúde.

16.7. DESINTERNAÇÃO OU LIBERAÇÃO CONDICIONAL

De posse do laudo pericial que aponte o término da "periculosidade", o juiz decidirá pela desinternação ou liberação condicional. Dessa decisão caberá o recurso de Agravo e, transitada em julgado, será expedida pelo juiz a ordem de desinternação ou liberação (LEP, art. 179). Ressalte-se que, pela redação do art. 179, a interposição do Agravo possuirá efeito suspensivo, pois o juiz somente poderá ordenar a desinternação com o trânsito em julgado da sentença. Esta seria a única exceção à previsão legal de que o Agravo não possui efeito suspensivo.

Existe a previsão de um acompanhamento daquele que foi submetido à medida de segurança, após desinternação ou liberação do tratamento. Pelo prazo superveniente de 1 (um) ano o submetido à medida não poderá praticar ato indicativo de persistência de sua periculosidade, sob pena de regredir à situação anterior. Armida Bergamini Miotto esclarece que esse período de prova impõe-se pela institucionalização do internado, que se acomoda ao nosocômio onde permaneceu, fato que pode camuflar a recuperação das causas patológicas de sua periculosidade. Ao retornar à liberdade, "a conduta do sentenciado vai revelar se era só aparente, dita cura, ou efetiva" (MIOTTO. *Curso de direito penitenciário*, p. 200. v. 1).

O art. 178 prevê situação esdrúxula quando determina a aplicação dos arts. 132 e 133 da LEP aos desinternados e liberados. Os citados artigos dizem respeito ao livramento condicional e apontam as condições ditadas ao condenado para que permaneça em liberdade. Não vemos razão para que ao inimputável estipulem-se condições como as previstas, pois dificilmente poderá cumpri-las. No mesmo sentido, Eduardo Reale Ferrari considera-as um absurdo e um desajuste (*Medidas de segurança e direito penal no Estado Democrático de Direito*, p. 44).

16.8. EXTINÇÃO DA MEDIDA DE SEGURANÇA

Após um ano de liberdade sem a prática de ato que indique o contrário, o juiz decretará a extinção da medida. Evidentemente, atendendo à Súmula 527 do STJ, também deverá considerá-la extinta caso atinja o máximo de tempo previsto para o crime em abstrato.

A medida de segurança também poderá ser extinta por meio de um decreto de indulto presidencial, situação que não admitirá o caráter provisório e nem o período de observação posterior de um ano.

16.9. TRATAMENTO MÉDICO DA LEI N. 11.343/2006

Alguns entendem que esse tratamento médico não é equivalente à aplicação de uma medida de segurança – embora mantenha algumas pequenas semelhanças – por possuir um regime próprio e não se submeter às regras do Código Penal e da Lei de Execução Penal. O STF manifestou-se pela desigualdade entre ambas, e ainda que se trate de uma internação, por não ser medida de segurança, não poderá o juiz da causa determinar prazo mínimo.

Segundo o parágrafo único do art. 45 da Lei n. 11.343/2006, sempre que o juiz *absolver o agente*, reconhecendo, por força de perícia, que ele, em razão de dependência ou sob o efeito proveniente de caso fortuito ou força maior, era, ao tempo da ação ou da omissão, inteiramente incapaz de entender o caráter ilícito do fato ou de determinar-se de acordo com esse entendimento, ordenará seja o mesmo submetido a tratamento médico. Trata-se de uma espécie de sentença absolutória imprópria, pois, embora absolva o réu, aplica-lhe uma consequência.

Esta consequência poderá ser tanto o tratamento ambulatorial quanto a internação.

16.10. JURISPRUDÊNCIA SELECIONADA

Medida de segurança

"Réu condenado, em primeiro grau, à pena de dois anos de reclusão e pagamento de multa, por infringir o art. 155, § 4º, I, do CP. Provida a apelação do acusado para absolvê-lo, impondo-se-lhe, porém, medida de segurança, com internação em hospital psiquiátrico pelo prazo mínimo de três anos, considerando o acórdão inimputável o paciente. Hipótese em que se caracteriza *reformatio in pejus*. Não houve recurso do Ministério Público. Embora absolvido o paciente, com o provimento de sua apelação, impôs-se-lhe medida de segurança, apesar de o laudo pericial o haver tido como imputável. No caso, o paciente já cumpriu a pena restritiva de liberdade imposta na sentença. Não cabe, ainda, submetê-lo, sem recurso do Ministério Público, a medida de segurança, nos termos do acórdão. *Habeas corpus* deferido, para cassar aresto da Corte local, na parte relativa à medida de segurança, remetendo-se os autos ao Juízo de Execução (Lei 7.210/1984, art. 66)" (STF, HC 74.874/SP, 2ª T., j. 10-6-1997, rel. Min. Néri da Silveira, *DJ* 5-9-1997).

Medida de segurança: cessação da periculosidade

"1) Se o agente inimputável cumpre medida de segurança por tempo superior ao máximo de pena aplicado à espécie, está caracterizada a coação ilegal. (...) 3) Se a periculosidade do agente ainda persiste, a questão passa a ser de saúde pública, cabendo ao Estado fornecer a ele condições de tratamento adequado. 4) Ordem concedida para declarar extinta a medida de segurança imposta" (STJ, HC 142.672/RS, 6ª T., j. 20-4-2010, rel. Min. Celso Limongi, Des. convocado TJ-SP, *DJe* 10-5-2010).

Medida de segurança: desinternação progressiva

"[...] assim que verificada a atenuação ou a cessação da periculosidade de sentenciado que ainda necessitar de tratamento de saúde (doença crônica), deverá ser progressivamente levantada a sua internação, a depender do caso, com a sua passagem para a etapa de semi-internação; a sua desinternação condicionada a inserção em hospital comum da rede local; ou o seu encaminhamento a tratamento em regime ambulatorial" (STJ, HC 383.687/SP, 5ª T., j. 27-6-2017, rel. Min. Felix Fischer, *DJe* 1º-8-2017).

"(...) Asseverou-se, todavia, que o paciente teria jus à desinternação progressiva, podendo receber alta planejada, uma vez que existiriam indicações de sua melhora, com gradativa absorção pelo meio social. Considerou-se que o paciente cumpriria, em tese, os requisitos para ser beneficiado com indulto, nos termos do Decreto 6.706/2008, sendo necessária, portanto, a manifestação do juízo de primeiro grau a respeito" (HC 97.621/RS, j. 2-6-2009, rel. Min. Cezar Peluso, *DJ* 26-6-2009).

Medida de segurança: insanidade mental

"No curso da execução da pena pode ser instaurado incidente de insanidade mental" (STF, HC 77.873/CE, 2ª T., j. 7-12-1998, rel. Min. Nelson Jobim, *DJ* 6-8-1999).

Medida de segurança: prazo máximo

Súmula 527 do STJ: "O tempo de duração da medida de segurança não deve ultrapassar o limite máximo da pena abstratamente cominada ao delito praticado".

"Medida de segurança. Projeção no tempo. Limite. A interpretação sistemática e teleológica dos arts. 75, 97 e 183, os dois primeiros do Código Penal e o último da Lei de Execuções Penais, deve fazer-se considerada a garantia constitucional abolidora das prisões perpétuas. A medida de segurança fica jungida ao período máximo de trinta anos" (HC 84.219, 1ª T., j. 16-8-2005, rel. Min. Marco Aurélio, *DJ* 23-9-2005).

Medida de segurança: reclusão e tratamento ambulatorial

"2. Esta Corte Superior de Justiça firmou o entendimento no sentido de que os artigos 96 e 97, ambos do Código Penal, não devem ser aplicados de forma isolada, mas sim analisando-se qual medida de segurança melhor se ajusta à natureza do tratamento de que necessita o inimputável. Dessa feita, relativa a presunção de necessidade do regime de internação para o tratamento do inimputável que praticou o delito punível com reclusão, admitindo-se assim, a submissão a tratamento ambulatorial. 3. Na fixação da medida de segurança, o magistrado não se vincula à gravidade do delito perpetrado, mas à periculosidade do agente, devendo observância aos princípios da adequação, da razoabilidade e da proporcionalidade" (STJ, HC 361.214/SP, 6ª T., j. 6-12-2016, rel. Min. Maria Thereza de Assis Moura, *DJe* 16-12-2016).

Medida de segurança e sistema vicariante

"Violação ao sistema vicariante. Inocorrência. Imposição de medida de segurança e de penas privativas de liberdade decorrentes de fatos e ações penais distintas. *Habeas corpus* não conhecido. (...) 2. O sistema vicariante afastou a imposição cumulativa ou sucessiva de pena e medida de segurança, uma vez que a aplicação conjunta ofenderia o princípio do *ne bis in idem*, já que o mesmo indivíduo suportaria duas consequências em razão do mesmo fato" (STJ, HC 275.635/SP, 6ª T., j. 8-3-2016, rel. Min. Nefi Cordeiro, *DJe* 15-3-2016).

17 Suspensão condicional da execução da pena (*sursis*)

O *sursis*, como é conhecida a suspensão condicional da execução pena, nasceu do projeto de lei do senador francês Bérenger, mas antes que fosse aprovado e aplicado na França, em 1891, suas ideias serviram de inspiração para o Ministro da Justiça da Bélgica Jules Le Jeune, e por sua iniciativa foi aprovada a Lei de 31 de maio de 1888. A origem do instituto é belgo-francesa, e seu nome *sursis* deriva da expressão *sursis a l'exécution de la peine*. O Brasil optou por adotar o sistema belgo-francês em 1924 por meio do Decreto n. 16.588, de 6 de setembro.

Como bem aponta Hugo Auler, na verdade "para melhor definir o instituto, se deveria considerá-lo expressamente como suspensão condicional da execução penal. Porque não é a condenação que fica suspensa, uma vez que subsiste para todos os efeitos legais, como sejam *verbi gratia*, para o pagamento da multa ou o ressarcimento do dano (este pode existir sem pena) para o reconhecimento da reincidência ou a recusa de segunda aplicação do mesmo benefício legal, com exceção, portanto e unicamente, de seu efeito privativo de liberdade" (*Suspensão condicional da execução da pena*, p. 147-148).

Esta é a doutrina mais correta, pois é certo que a suspensão condicional da pena somente será concedida na sentença, ao final de um devido processo legal e limitar-se-á à suspensão da execução da pena e não aos efeitos da condenação (DOTTI. *Curso de direito penal*. Parte geral, p. 588).

Por tal natureza, Hugo Auler a considera uma medida jurisdicional de execução penal, visto que o instituto em debate não exerce qualquer efeito sobre a condenação, mas sim sobre a execução da condenação (Op. cit., p. 151).

Na clara lição do autor citado, "a lei obriga o juiz a presumir que o sentenciado não tornará a delinquir para que possa, usando de seu *arbitrium regulatum*, conceder ou denegar a suspensão condicional da pena. Mas presunção é a resultante do ato de presumir que, por sua vez, envolve o raciocínio por meio do qual o juiz antecipa o julgamento de eventos futuros e desconhecidos com fundamento em eventos pretéritos e conhecidos porque manifestos ou provados. Portanto, presumir, na mais larga acepção da expressão, é julgar verdadeiro por antecipação o que talvez seja verdadeiro de maneira geral, mas que não é mais do que provável em cada caso particular" (AULER. Op. cit., p. 355-356).

Durante o período de prova o condenado deverá obedecer rigorosamente às condições que lhe foram impostas na sentença, escolhidas entre as previstas na legislação ou disciplinadas pela discricionariedade do magistrado. No cumprimento efetivo de todas as condições pelo prazo estabelecido, não terá sua pena privativa de liberdade executada.

17.1. PERÍODO DE SUSPENSÃO

Aos crimes previstos no Código Penal e na legislação especial, o art. 77 permite que a execução da pena privativa de liberdade, não superior a dois anos, possa ser suspensa, por *dois a quatro anos*, preceito que é repetido pelo art. 156 da LEP. O *sursis* é considerado pela doutrina moderna como um direito subjetivo do réu, e, sempre que for condenado a uma pena inferior ou igual a dois anos, será obrigatório ao juiz conceder àquele a suspensão da execução da pena.

Temos algumas exceções aos prazos. A primeira, prevista no § 2º do art. 77, que para os maiores de 70 anos e para os doentes em estado grave permite a suspensão pelo período de *quatro a seis anos*. Embora pareça contraditório, o prazo maior justifica-se pela possibilidade da concessão do *sursis* a condenações também maiores, que possam alcançar até quatro anos, enquanto, como visto acima, aos demais condenados somente poderá alcançar as penas de até 2 anos.

Outra é prevista pela *Lei de Contravenções Penais* (Decreto-lei n. 3.688/41), que possui penas de prisão simples com duração bem inferior ao Código Penal, e por isso permite que a suspensão da execução da pena seja concedida por tempo *não inferior a um ano nem superior a três anos*.

Além dessas, a Lei de Crimes contra a Segurança Nacional (art. 5º) e o Código Penal Militar (art. 84) permitem a suspensão da condenação não superior a 2 anos pelo prazo de 2 a 6 anos.

17.2. REQUISITOS

Para a concessão do *sursis*, o juiz examinará os seguintes pressupostos:

- montante da pena privativa de liberdade aplicada;
- que o condenado não seja reincidente em crime doloso;
- a culpabilidade, os antecedentes, a conduta social e personalidade do agente, bem como os motivos e as circunstâncias autorizem a concessão;
- que não seja indicada ou cabível a substituição prevista no art. 44 do CP (penas alternativas).

O primeiro requisito objetivo é o *montante da pena aplicada*. São três os limites a serem considerados: a) não superior a *dois anos*, como regra preconizada no Código Penal para os crimes nele constantes e para a legislação penal extravagante (CP, art. 77); b) não superior a *três anos*, nos crimes previstos na Lei de Crimes Ambientais (Lei n. 9.605/98, art. 16); e c) não superior a *quatro anos* nos casos de maiores de 70 anos ou aqueles cuja situação de saúde justifiquem a medida (art. 77, § 2º, do CP). A pena deverá ser a privativa de liberdade, pois o art. 80 do Código Penal veda a suspensão das penas restritivas de direitos e de multa.

O *reincidente em crime doloso* não poderá ser beneficiado pelo *sursis*. Para os efeitos deste requisito, bastará apenas uma condenação anterior a crime doloso, transitada em julgado, pois a sentença na qual se estará avaliando a possibilidade de concessão ou não do *sursis* certamente deverá ser a segunda ou subsequente condenação após o trânsito em julgado da condenação por crime anterior.

Por exclusão legal, o reincidente que venha a sofrer uma segunda condenação por crime culposo ou o reincidente que tenha uma condenação por crime culposo e venha a sofrer uma segunda por crime doloso (ou vice-versa), poderá receber o direito se preencher os demais requisitos da lei.

Certamente, a condenação anterior à *pena de multa* não impede a concessão, mesmo que a reincidência seja dolosa (CP, art. 77, § 1º).

As circunstâncias subjetivas e objetivas do fato criminoso também influenciarão a decisão judicial de concessão do *sursis*. Os mesmos critérios utilizados na configuração da pena previstos no *art. 59* são repetidos para a concessão da suspensão da execução da pena.

Por fim, o legislador entendeu que muito mais benéfica ao réu seria a substituição da pena privativa de liberdade pela *pena restritiva de direitos*, e não a concessão do *sursis*. Em consequência, o Código Penal autoriza a concessão do instituto somente se, para o caso, não for admissível a substituição por uma das penas alternativas previstas na legislação (*vide* Capítulo 14, item 14.3).

17.3. CONCESSÃO

O juiz ou Tribunal, na sentença que aplicar pena privativa de liberdade, deverá pronunciar-se motivadamente sobre a suspensão condicional da execução da pena, para concedê-la por estarem presentes os pressupostos legais, ou para negá-la se ausentes aqueles (LEP, art. 157).

Se for concedida a suspensão, o juiz especificará as condições a que fica sujeito o condenado, e o prazo fixado para a duração da suspensão, que, como visto acima, variará de acordo com o previsto na legislação (art. 158).

A solenidade de comprometimento do condenado e aceitação das condições impostas não é novidade na Lei de Execução Penal, e já encontrava previsão no art. 8º do Decreto n. 16.588, de 6 de setembro de 1924. Sua natureza é a de uma "admoestação judicial que representa, em última análise, medida complementar, senão mesmo integrante, da suspensão condicional da pena, tanto assim que, se intimado pessoalmente ou com o prazo de 20 dias por edital, o réu não comparecer à audiência, será cassada a medida pelo juiz, que no mesmo ato determinará a execução imediata da pena privativa de liberdade, salvo prova de justo impedimento, caso em que deverão ser marcados novos dia e hora para a sua realização" (AULER. Op. cit., p. 434-435).

O prazo terá início na data da *Audiência Admonitória*, prevista no art. 160 da LEP.

A previsão legal do art. 160 requer o trânsito em julgado da sentença condenatória. Transitada em julgado a sentença, o juiz a lerá ao condenado, em audiência, advertindo-o das consequências de nova infração penal e do descumprimento das condições impostas (art. 160). As consequências serão a revogação obrigatória ou facultativa (infra, item 17.10).

17.4. CRIMES HEDIONDOS

Infelizmente, os tribunais superiores possuíam posicionamento no sentido de negar a concessão de *sursis* aos crimes hediondos. Ainda que esta negativa não existisse em âmbito constitucional ou legal – pois tanto o art. 5º, XLIII, como a Lei n. 8.072/90 ou a Lei de Execução Penal não vedam expressamente o direito –, este vinha sendo o entendimento.

Ainda que interpretação *contra reum* e *contra legem* sempre tenha sido fundamentada na obrigatoriedade do regime integralmente fechado para o cumprimento das penas aplicadas pelo cometimento de crimes hediondos, determinação em si sempre questionada pela violação ao princípio constitucional da individualização da pena, não mais presente na lei após ter sido considerada inconstitucional pelo STF.

Sempre defendemos que o melhor entendimento seria a equiparação a outro direito, também direito subjetivo do réu, e permitido pela legislação, qual seja, o livramento condicional. Se a lei permite ao condenado por crime hediondo o livramento condicional, mais sensato seria utilizar-se esse instituto como parâmetro para a interpretação, e não a previsão de regime integralmente fechado, pela nítida orientação em conformidade com os objetivos da pena. A razão da concessão do *sursis* é aplicar ao condenado uma alternativa à prisão de curta duração, reconhecida por provocar muito mais efeitos maléficos do que benéficos, e que desde os primórdios da União Internacional de Direito Penal encontrava em Franz Von Liszt um de seus maiores defensores.

O ordenamento brasileiro, de forma lúcida, adota o *sursis* como um de seus institutos despenalizadores. A finalidade da pena como retribuição, de há muito renegada pela doutrina moderna, seria o único fundamento para manter a execução de uma pena privativa de liberdade de dois anos contra expressa disposição legal e que tem como gênese uma medida político-criminal discutida há mais de um século.

Em uma *mudança de orientação*, a 1ª Turma do STF decidiu nesse sentido (HC 84.414) e entendeu possível a concessão do *sursis* em crimes hediondos, ao analisar o caso de um réu condenado por crime hediondo a uma pena de dois anos, e que respondeu ao processo em liberdade. Atualmente, com a possibilidade legal da progressão de regime não há mais argumentos a fundamentar a não concessão, e o STF vem reiterando esse entendimento.

17.5. FIXAÇÃO DAS CONDIÇÕES

As condições impostas serão adequadas ao fato e à situação pessoal do condenado (LEP, art. 158, § 1º).

Caberá ao juiz da condenação a fixação das condições a serem seguidas pelo condenado. Quando a suspensão condicional da pena for concedida por Tribunal, a este caberá estabelecer as condições (art. 159).

Em havendo recurso, o Tribunal competente para o julgamento poderá modificar as condições estabelecidas na sentença recorrida, ou, se preferir, delegar a competência ao Juízo da Execução. A competência poderá ser delegada tanto para a indicação das condições do *sursis* concedido originariamente pelo Tribunal quanto para a simples alteração das condições impostas pelo juiz da condenação. Nesses casos de delegação, caberá ao juiz da execução realizar a audiência admonitória para informar, ao condenado, as condições do direito adquirido.

Essas condições não serão imutáveis, uma vez que sempre que o caso em particular o exigir, o juiz da execução poderá, de ofício, a requerimento do Ministério Público ou mediante proposta do Conselho Penitenciário, modificar as condições e regras estabelecidas na sentença (art. 158, § 2º). Tratando-se de imposição a ser feita ao condenado que, expressamente, deverá aceitá-las, o mesmo dispositivo exige sua oitiva prévia.

17.6. CONDIÇÕES EM ESPÉCIE

17.6.1. *Sursis* simples

Cabível o *sursis*, o juiz da condenação suspenderá a pena por prazo determinado e imporá ao réu a condição de, no primeiro ano do prazo, prestar serviços à comunidade (CP, art. 46) ou submeter-se à limitação de fim de semana (CP, art. 48). Uma dessas restrições será imposta como a única condição a ser cumprida.

De qualquer forma, o art. 79 do CP garante maior discricionariedade ao juiz para especificar outras condições a que fica subordinada a suspensão, desde que adequadas ao fato e à situação pessoal do condenado.

17.6.2. *Sursis* especial

A Exposição de Motivos do Código Penal definiu como *sursis* especial aquele no qual "o condenado não fica sujeito à prestação de serviço à comunidade ou à limitação de fim de semana" (item 66).

Para que não se lhe imponha a prestação de serviço à comunidade ou a limitação de final de semana, o condenado deverá:

- ter reparado o dano, salvo impossibilidade de fazê-lo;
- possuir as circunstâncias do art. 59 do Código Penal inteiramente favoráveis.

Atendidos esses requisitos, o juiz poderá aplicar *cumulativamente*, em troca, as seguintes condições:

- proibição de frequentar determinados lugares;
- proibição de ausentar-se da comarca onde reside, sem autorização do juiz;
- comparecimento pessoal e obrigatório a juízo, mensalmente, para informar e justificar suas atividades.

A essas condições, outras poderão ser acrescentadas, em face da permissão concedida pelo art. 79 do Código Penal, desde que adequadas ao fato e à situação pessoal do condenado.

17.6.3. *Sursis* etário

A doutrina classifica como *sursis etário* o concedido em razão da idade do condenado, que deverá ser *maior de 70 anos*. Nestes casos, a execução da pena privativa de liberdade, não superior a quatro anos, poderá ser suspensa, por quatro a seis anos, mas o septuagenário estará sujeito às condições do *sursis* simples ou especial, conforme for o caso. A idade não afastará as condições previstas na lei a serem atendidas pelo condenado beneficiado pelo *sursis*.

O mesmo se diga das condições especiais autorizadas pelo art. 79 do Código Penal.

17.6.4. *Sursis* humanitário

Igualmente conceituado pela doutrina, o *"sursis" humanitário* caracteriza-se pela possibilidade de um maior período de prova, de quatro a seis anos, para as condenações que não ultrapassem quatro anos, porquanto o estado de saúde do condenado o justifiquem. Como no *sursis* etário, as demais condições previstas ao *sursis* simples ou especial deverão ser normalmente aplicadas ao enfermo, e somente em casos de absoluta incapacidade poderão ser mitigadas.

Também, aqui, aplica-se o disposto no art. 79 do Código Penal.

17.7. REGISTRO E AVERBAÇÃO

Para controle do juízo da execução, as sentenças condenatórias deverão ser registradas em livro próprio. No caso da concessão da suspensão da execução da pena, o registro deverá conter essa anotação (LEP, art. 163). Como quaisquer outras informações, o registro e a averbação serão sigilosos, salvo para efeito de informações requisitadas por órgão judiciário ou pelo Ministério Público, para instruir processo penal.

Tão logo se constate o cumprimento da suspensão, a extinção da pena será averbada à margem do registro. Se, em vez de extinta a pena, houver revogação do *sursis*, o fato também deverá ser averbado (LEP, art. 163, § 2º).

17.8. PERDA DE EFICÁCIA

Após o prolatar da sentença condenatória na qual o juiz reconhece o direito ao *sursis*, o condenado deverá comparecer à audiência admonitória, na qual será informado das condições a serem obedecidas para a manutenção da suspensão.

Como toda intimação de natureza processual penal, por via de regra o condenado será intimado pessoalmente da condenação. Caso não seja localizado, o juiz lançará mão da intimação por edital. Percebemos certa incoerência legal e um conflito que merece resolução *pro reo*. Segundo o art. 161 da LEP, o prazo será de 20 dias. Mas, conforme o disposto no Código de Processo Penal, a intimação da sentença condenatória, mediante edital, segue o prazo de 90 dias, quando a condenação for a pena igual ou superior a um ano de prisão, e de 60 dias, nos demais casos (CPP, art. 392, § 1º). Sendo a suspensão condicional da pena concedida na sentença penal condenatória, parece-nos que o prazo deva ser o previsto no

Código de Processo Penal, pois interpretação diversa conduziria à existência de dois editais, com dois prazos diferentes, um para a sentença e outro somente para o *sursis*. Portanto, a melhor exegese demanda a consideração de um prazo único, de 90 ou 60 dias.

Na ordem do mesmo art. 161 da LEP, se o condenado não comparecer à audiência admonitória e não justificar sua ausência, o *sursis* ficará *sem efeito* e a pena será passível de execução.

17.9. FISCALIZAÇÃO

A fiscalização da suspensão condicional da execução da pena está atribuída aos órgãos da execução penal como o Patronato e o Conselho da Comunidade. Também poderá ser atribuída ao Serviço Social Penitenciário, ou à instituição beneficiada com a prestação de serviços. Em todos os casos, os responsáveis pela fiscalização serão inspecionados pelo Conselho Penitenciário, Ministério Público e, ainda que o art. 158, § 3º, da LEP não o diga, ao Juízo da Execução também compete a fiscalização e inspeção, por decorrência do art. 66 da LEP.

O critério adotado para a regulamentação da fiscalização do *sursis* foi o concorrente em relação à Lei de Execução Penal e às legislações Estaduais, e o complementar em relação ao juiz da execução. Cada Estado poderá editar leis específicas quanto ao procedimento e servidores encarregados da tarefa, assim como o juiz da execução poderá baixar atos de caráter administrativo de obediência obrigatória. Esta é a previsão do art. 158, § 3º, da LEP.

O sistema de fiscalização, basicamente, entrega ao condenado a responsabilidade de comparecer periodicamente ao cartório do juízo ou às instituições acometidas da tarefa. Ao comparecer à entidade, o condenado comprovará a observância das condições a que está sujeito e comunicará sua ocupação e os salários ou proventos de que vive (art. 158, § 4º).

Na ocorrência de qualquer fato capaz de acarretar a revogação, a prorrogação do prazo ou a modificação das condições, será obrigação da entidade fiscalizadora a comunicação imediata ao órgão de inspeção ou ao juiz da execução, para a adoção das medidas legais cabíveis (art. 158, § 5º).

Como sabemos, a competência para a execução da pena é a do lugar onde se encontra o condenado. Por isso, se for permitido ao beneficiário mudar de domicílio, será feita comunicação ao juiz e à entidade fiscalizadora do local da nova residência, aos quais o condenado deverá apresentar-se imediatamente.

17.10. REVOGAÇÃO

17.10.1. Revogação obrigatória

Conforme o art. 81 do CP, o *sursis será revogado* se, no curso do prazo, o beneficiário:

> "I – é condenado, em sentença irrecorrível, por crime doloso;
> II – frustra, embora solvente, a execução de pena de multa ou não efetua, sem motivo justificado, a reparação do dano;
> III – descumpre a obrigação de prestar serviço à comunidade ou de limitação de final de semana".

Caberá ao juiz da execução, mediante conhecimento direto ou por meio dos órgãos responsáveis pela fiscalização, a decisão de revogação, expedindo mandado de prisão se for o caso (LEP, art. 66, III, *d*). Nesse caso, será necessária a expedição de Guia de Recolhimento, para o cumprimento regular da pena privativa de liberdade.

Sobrevindo *condenação posterior* por crime doloso, a Lei impõe a revogação do *sursis*. De forma clara, a condenação por crime culposo ou contravenção penal não possui força para a revogação.

Como nos lembra Roberto Lyra, a condenação por outro crime ocorrida no estrangeiro não foi mencionada como causa de revogação e não poderá ser analogicamente aplicada, pois, sempre que o legislador deseja a influência da sentença proferida alhures, o faz expressamente por seu caráter excepcional (*Comentários ao Código de Processo Penal*, p. 227). Hugo Auler discorda de Lyra, entendendo que não há qualquer impedimento para a consideração da sentença proferida no estrangeiro (Op. cit., p. 457). Estamos com o primeiro.

Com a nova normativa sobre a *pena de multa*, que impede sua conversão em pena privativa de liberdade por inadimplência, não há mais sentido na revogação obrigatória do *sursis* pelo não pagamento da multa. Esse também é o entendimento de Luiz Regis Prado, pois, após a edição da Lei n. 9.268/96, que conferiu nova redação ao art. 51 do Código Penal, justamente por não mais ser possível a conversão da multa em pena privativa de liberdade quando o condenado, embora solvente, deixa de pagá-la ou frustra a sua execução. Se a conversão não é possível, não haveria como subsistir o não pagamento da pena de multa como causa obrigatória de revogação da suspensão condicional da pena (PRADO. *Curso de direito penal brasileiro*, p. 561. v. 1).

No tocante à reparação do dano, o dispositivo deixa claro que somente haverá revogação caso o condenado, tendo condições para tanto, deixar de fazê-lo. A ressalva, para Hugo Auler, é feita em favor da equidade, e medida justa e humana por meio da qual entre os delinquentes pobres e ricos estabelece-se igualdade de tratamento penal. "Do contrário, a suspensão condicional da pena se converteria em instituto destinado aos ricos e fugidio aos pobres, que dela mais necessitam porque portadores de menor resistência ao contágio deletério das prisões" (Op. cit., p. 478).

No Capítulo 18 – *Livramento Condicional* –, ao qual remetemos o leitor, discorreremos mais detalhadamente sobre a responsabilidade civil pelo delito e sua implicação no Direito Penal.

A regra do *sursis*, ou seja, aquele considerado como o *sursis* simples, é a de que, no primeiro ano da suspensão, o condenado estará comprometido com a prestação de serviço à comunidade ou com a limitação de final de semana. Se não cumprir a determinação legal, ocorrerá a revogação.

17.10.2. Revogação facultativa

O § 1º do art. 81 do Código Penal preconiza que a suspensão *poderá ser revogada* se o condenado incorrer em uma das seguintes circunstâncias:

- descumprir qualquer das condições impostas que não seja a prestação de serviço ou limitação de final de semana;

- ou ser irrecorrivelmente condenado, por crime culposo ou por contravenção, à pena privativa de liberdade ou restritiva de direitos.

O dispositivo em apreço trata de uma potestade entregue ao juiz que, no caso concreto, analisará a possibilidade de manutenção da suspensão, ou da conveniência para a revogação.

No primeiro caso, do *descumprimento das condições impostas*, o juiz ao ouvir o condenado acatará suas justificativas, mantendo ou aumentando as condições, ou mesmo alterando-as para se adequarem ao caso. O juiz da execução possui a competência para alterá-las por expressa disposição do art. 158, § 2º, da LEP, e deve utilizar sua prerrogativa em favor da individualização da pena, e recorrer o mínimo possível à privação da liberdade.

Ao julgar a inobservância das regras de conduta, ou seja, do desatendimento às condições do *sursis*, o juiz não deve ser intransigente, pois o "demasiado rigor de uma punição é mais prejudicial que a indulgência extrema de um perdão". O condenado beneficiado com a suspensão da execução da pena em tese praticou um ilícito levemente tipificado e, portanto, a possibilidade de ser pessoa afeta a gestos de compreensão é muito maior. Para Hugo Auler, muitas vezes, perdoando, consegue-se muito mais do que se conseguiria punindo. "Assim, tomando conhecimento da infração de uma das regras de conduta, deve o juiz conceder ao réu oportunidade para se defender, intimando-o a comparecer a juízo a fim de explicar o inadimplemento de sua obrigação. Interrogando-o e ouvindo-o, bem poderá ocorrer a circunstância de o réu reerguer-se no arrependimento e retornar ao bom caminho, aquele mesmo caminho que o juiz lhe traçou na sentença, quando não a de apresentar justificativa fundada, por exemplo, em caso fortuito ou de força maior. Se, entretanto, ficar evidente que o delinquente, por meio da infração de qualquer regra de conduta, decaiu da confiança que nele depositou o juiz no momento de conceder-lhe a suspensão condicional da pena, permitindo a presunção de que tornará a delinquir, é óbvio que deverá impor-se a revogação" (Op. cit., p. 487).

Por outro lado, o simples fato de uma ulterior *condenação a um crime culposo ou* à *contravenção* penal não significa a incapacidade para que o condenado mantenha o direito e cumpra sua segunda pena. A Lei, ao manifestar-se pela possibilidade de revogação e não pela sua obrigatoriedade autoriza o juiz que, no caso concreto, permita a continuação do *sursis* se a nova condenação não o compromete, e atende às finalidades da execução. Assim, se o condenado em gozo de suspensão da pena vem a ser condenado por outro crime no qual recebe pena restritiva de direitos (p. ex., prestação de serviço à comunidade) que pode perfeitamente executar em conjunto com a suspensão, nada impede que mantenha o direito.

17.11. PRORROGAÇÃO DO PERÍODO DE PROVA

Existem duas previsões para a prorrogação do período do *sursis* (CP, art. 81):

> "§ 2º Se o beneficiário está sendo processado por outro crime ou contravenção, considera-se prorrogado o prazo da suspensão até o julgamento definitivo.
> § 3º Quando facultativa a revogação, o juiz pode, ao invés de decretá-la, prorrogar o período de prova até o máximo, se este não foi o fixado".

O primeiro caso refere-se ao trâmite do processo penal durante o período de prova. O trâmite de *inquérito policial* não é circunstância válida para a prorrogação, devendo ser instaurado novo processo penal. Majoritariamente, considera-se instaurada a ação penal a partir do recebimento da denúncia ou queixa-crime pelo juiz da causa.

O condenado que tiver contra si a apuração processual sobre outro crime ou contravenção terá seu período de prova prorrogado, por tempo indeterminado, até o desfecho do atual processo. Resta saber se, como sói acontecer, o processo prolongar-se além do período inicialmente definido pelo juiz da condenação, se o condenado estará obrigado a cumprir as condições impostas pelo juiz da condenação no momento da concessão do *sursis*. Entendendo-se que a prorrogação é automática, e excederá o prazo de observação, não se deve exigir do condenado o cumprimento das condições para além do prazo definido pelo juiz (DELMANTO et al. *Código Penal comentado*, p. 161).

No segundo caso, a prorrogação somente será possível se existir margem a ser ampliada. Se o juiz da condenação já fixou o período de prova no máximo permitido (quatro ou seis anos, dependendo da espécie de *sursis*), será impossível a prorrogação. Restará ao juiz a alteração das condições ou, em último caso, a revogação da suspensão.

17.12. EXTINÇÃO

A extinção da suspensão condicional da execução da pena acontecerá ao final do prazo determinado pelo juiz da causa ou, havendo prorrogação, pelo juiz da execução. Expirado o prazo sem que tenha havido revogação, considera-se extinta a pena privativa de liberdade (CP, art. 82).

17.13. JURISPRUDÊNCIA SELECIONADA

Condições extralegais

"2. Conforme a dicção do art. 79 do CP, na hipótese do *sursis* simples, admite-se que o Julgador estabeleça outras condições às quais a suspensão condicional da pena ficará subordinada, desde que adequadas ao caso concreto, além das legalmente previstas, quais sejam, prestação de serviços à comunidade e limitação de final de semana" (STJ, HC 440.286/RS, 5ª T., j. 12-6-2018, rel. Min. Ribeiro Dantas, *DJe* 20-6-2018).

Crime hediondo: possibilidade de *sursis*

"1. Esta Corte Superior de Justiça se posicionou no sentido da possibilidade de conceder a suspensão condicional da pena a condenado por crime hediondo, desde que preenchidos os requisitos do art. 77, § 2º, do Código Penal. (...) o *sursis* passou a ser aplicável, por falta de vedação expressa na lei especial" (STJ, REsp 1.320.387/SP, 6ª T., j. 18-2-2016, rel. Min. Nefi Cordeiro, *DJe* 9-3-2016).

"Normas penais. Interpretações. As normas penais restritivas de direitos hão de ser interpretadas de forma teleológica – de modo a confirmar que as leis são feitas para os homens –, devendo ser afastados enfoques ampliativos. Suspensão condicional da pena. Crime hediondo. Compatibilidade. A interpretação sistemática dos textos relativos aos crimes hediondos e à suspensão condicional da pena conduz à conclusão sobre a compatibilidade entre ambos" (STF, HC 84.414/SP, 1ª T., j. 14-9-2004, rel. Min. Marco Aurélio, *DJ* 26-11-2004).

Intimação: prazo

"Revelia do acusado no processo penal condenatório e o desconhecimento de seu paradeiro não dispensam o Poder Judiciário, no que concerne a declaração de ineficácia do *sursis* concedido, de observar o procedimento estipulado nos arts. 160 e 161 da LEP. A audiência admonitória, para que o condenado tome conhecimento do *sursis* e das condições impostas, somente será realizada após o trânsito em julgado da sentença penal condenatória. Se, intimado pessoalmente ou por edital (com prazo de vinte dias), o sentenciado deixar de comparecer sem justa causa a audiência de advertência, o *sursis* tornar-se-á ineficaz, ensejando, em consequência, a imediata execução da pena privativa de liberdade. Sem que se respeite esse *iter* procedimental, não podem os Juízes e Tribunais, a pretexto de o sentenciado haver permanecido em local ignorado ao longo do processo penal condenatório, ordenar, desde logo, a expedição, contra ele, de mandado de prisão" (STF, HC 68.664/DF, 1ª T., j. 13-8-1991, rel. Min. Celso de Mello, *DJ* 26-6-1992).

Oitiva do condenado para revogação facultativa do *sursis*

"Recurso em *habeas corpus*. Sursis. Revogação facultativa. Promoção ministerial. Falta de intimação da beneficiária. Decisão contrária aos ditames legais. Recurso provido. Introduzida uma nova fase no cumprimento da pena com a entrada em vigor da Lei de Execuções Penais, Lei n. 7.210/84, incorporou-se à ideia do sistema penitenciário uma maior jurisdicionalização dos procedimentos a ele destinados. Por essa razão, todo incidente da execução deve manter o lastro processual, submetendo as partes interessadas, sobretudo o egresso, ao direito de contestar amplamente qualquer indicação gravosa de sua situação prisional e, do mesmo modo, o direito ao enquadramento em uma previsão legal antecedente. Ademais, nunca é desnecessário anotar a disposição do cumprimento do *sursis*, que, em muitos casos, reclama o enquadramento 'à situação pessoal do condenado' (artigo 158, § 1º, da LEP), sendo que as condições podem ser modificadas de acordo com algum motivo determinante. Daí a indispensabilidade da oitiva da Recorrente/Paciente para efeito de qualquer decisão revogatória" (STJ, RHC 12.497/MG, 5ª T., j. 10-6-2003, rel. Min. José Arnaldo da Fonseca, *DJ* 4-8-2003).

Período de prova: necessidade de fundamentação

"*Habeas corpus*. Sursis. Período de prova fixado acima do mínimo legal: falta de fundamentação. A fixação do período de prova acima do mínimo legal, ao se conceder o benefício da suspensão condicional da execução da pena, exige motivação. *Habeas corpus* conhecido e deferido para anular a parte do acórdão que fixou o período de prova acima do mínimo legal sem fundamentação, para que o Tribunal coator motive o prazo do *sursis*, caso exceda o mínimo legal" (STF, HC 70.964/RJ, 2ª T., j. 1º-3-1994, rel. Min. Paulo Brossard, *DJ* 6-5-1994).

Sursis e prorrogação automática

"*Sursis*. Prazo. Prorrogação × revogação. O preceito do § 2º do art. 81 do CP revela automaticidade no que dispõe que se considera prorrogado o prazo da suspensão, até o julgamento definitivo, quando o beneficiário está sendo processado por outro crime ou contravenção. A regra relativa a extinção da pena privativa de liberdade prevista no art. 82 pressupõe expiração do prazo e esta não coabita o mesmo teto da prorrogação automática de que cuida o referido § 2º" (STF, HC 72.147/SP, 2ª T., j. 16-4-1996, rel. Min. Marco Aurélio, *DJ* 24-5-1996).

"Direito penal. *Sursis*. Prorrogação automática do prazo (art. 81, § 2º, do CP). Função fiscalizadora do Ministério Público na execução da pena, quanto ao cumprimento do *sursis* (art. 67 da LEP – Lei 7.210, de 11-7-1984). 1. Prorroga-se automaticamente o prazo do *sursis*, se, no período, o beneficiário vem a ser processado por outro crime ou contravenção, até o julgamento definitivo" (STF, RE 121.591/SP, j. 14-4-1989, rel. Min. Sydney Sanches).

LIVRAMENTO CONDICIONAL 18

O livramento condicional surgiu no Direito brasileiro no Código Penal de 1890 (arts. 50 a 52), mas somente foi regulamentado por meio do Decreto n. 16.665/24, após a autorização legislativa do Decreto n. 4.577/22.

Podemos chamá-lo de benefício, como sinônimo de direito subjetivo. De acordo com o *Dicionário Houaiss da Língua Portuguesa*, "benefício" significa graça, privilégio, honra ou provento concedidos a alguém; proveito, vantagem, direito. Albergaria, com supedâneo em Plawski, assevera que o livramento não é nem benefício nem favor, mas sim uma fase do tratamento, a última (*Comentários à lei de execução penal*, p. 251). A consideração de "uma fase" ou de um "benefício" não compromete sua natureza de um direito subjetivo do condenado que, preenchendo os requisitos legais, poderá exigi-lo. E também lembramos que o condenado poderá adquirir diretamente o livramento condicional sem a obrigatoriedade de passar por todos os regimes de cumprimento (fechado, semiaberto e aberto). Em algumas legislações, como noticia Armida Bergamini Miotto, existe a previsão do *livramento condicional obrigatório*, a par do tradicionalmente conhecido como um benefício. A diferença consiste na concessão, que no primeiro caso revela-se uma fase do cumprimento da pena, similar a uma progressão, como prega Albergaria; no segundo, pode ser adquirido com menos tempo de cumprimento, como uma recompensa ao condenado (MIOTTO. *Curso de direito penitenciário*, p. 295. v. 1).

Na lição de René Ariel Dotti, sob a égide das Leis ns. 7.209 e 7.210, o aspecto dogmático do livramento condicional é de uma "medida penal de fundo não institucional, aplicada como alternativa à pena privativa de liberdade". E, sob o aspecto da Política Criminal, é uma "etapa da forma progressiva da execução" (*Reforma penal brasileira*, p. 318). Voltando-se especificamente para a Política Criminal é que Roberto Lyra Filho destaca a propensão do instituto a servir de campo fecundo para as interferências da Criminologia e da formulação de esquemas táticos de Política Criminal (O livramento condicional e as interferências interdisciplinares. *Revista Brasileira de Criminologia e Direito Penal*, p. 101. n. 16).

Reforçamos que a natureza jurídica do livramento condicional é a de um direito subjetivo do condenado. Preenchidos os requisitos legais, o condenado adquire o direito subjetivo de exigi-lo, por ser providência de ordem pública (TORNAGHI. *Curso de processo penal*, p. 430. v. 2).

18.1. REQUISITOS

De acordo com o Código Penal (art. 83), o preso poderá receber o livramento condicional desde que:

- condenado à pena privativa de liberdade igual ou superior a 2 (dois) anos;
- tenha cumprido um período mínimo de pena na seguinte proporção:
    - mais de 1/3 (um terço) da pena se o condenado *não for reincidente* em crime doloso e tiver bons antecedentes;
    - mais de 1/2 (metade) da pena se o condenado *for reincidente* em crime doloso;
    - mais de 2/3 (dois terços) da pena, nos casos de condenação por *crime hediondo*, prática da tortura, tráfico ilícito de entorpecentes e drogas afins, e terrorismo;
- seja comprovado bom comportamento durante a execução da pena, inexistência de falta grave nos últimos 12 meses, bom desempenho no trabalho que lhe foi atribuído e aptidão para prover à própria subsistência mediante trabalho honesto;
- tenha reparado, salvo efetiva impossibilidade de fazê-lo, o dano causado pela infração;
- se condenado por crime doloso, cometido com violência ou grave ameaça à pessoa, constatem-se condições pessoais que façam presumir que o liberado não voltará a delinquir.

Aos condenados por crimes hediondos e equiparados que forem reincidentes específicos (CP, art. 83, parágrafo único), por crimes que tenham resultado morte (LEP, art. 112, VI, *a*, e VIII) e por crime de feminicídio (LEP, art. 112, VI-A), é vedado o livramento condicional.

Passemos a analisar cada uma das condições.

18.1.1. Pena mínima igual ou superior a 2 (dois) anos

O primeiro requisito objetivo para a concessão do livramento condicional é o *quantum* da condenação. Somente aqueles condenados à pena igual ou superior a dois anos poderão conseguir o direito. Assim, o condenado à pena inferior ou igual a dois anos poderá receber o *sursis*, e aquele que receber pena igual ou superior a dois anos poderá receber o livramento condicional.

Não há a restrição de que a pena de apenas um processo ou crime seja de 2 (dois) anos. Se o condenado receber mais de uma pena inferior a dois anos, estas poderão ser somadas para efeito de concessão (CP, art. 84).

18.1.2. Cumprimento mínimo da pena

Será necessário o cumprimento de um período mínimo da pena, que irá variar entre um e dois terços.

18.1.2.1. Livramento condicional simples ou ordinário

O chamado *livramento condicional simples ou ordinário* exige objetivamente o cumprimento de 1/3 (um terço) da pena, desde que o sujeito não seja reincidente em crime doloso e tenha bons antecedentes.

A reincidência somente implicará aumento do período mínimo de cumprimento da pena se o crime praticado for doloso. Crimes culposos e contravenções penais não são aptos a impedir a concessão. Entendemos ainda que as condenações por crimes dolosos apenas à pena de multa não seriam meios idôneos a impedir o livramento.

Também se exigem bons antecedentes. A discussão em torno do assunto ainda é conturbada entre os juristas. Uns entendem que somente as condenações que não puderem ser consideradas como reincidência poderão ser consideradas como maus antecedentes, por imposição do princípio constitucional da presunção de inocência. Outros, com alicerce nas decisões do STF e STJ, entendem que insistentes e numerosas práticas criminosas, ainda que em fase de inquéritos policiais ou processos criminais não concluídos poderiam ser observados como maus antecedentes. Concordamos com a corrente que não admite como maus antecedentes a existência de inquéritos ou simplesmente processos. Maus antecedentes devem ser configurados apenas a partir de condenações anteriores que não forem aptas à marcação da reincidência. Como sabemos, a reincidência é determinada com a prática de outra infração após a condenação transitada em julgado de sentença condenatória. Maus antecedentes, a nosso ver, são as outras condenações que possui o condenado, mas em virtude de fatos praticados antes do trânsito em julgado da primeira condenação. Parece-nos que essa foi a intenção do legislador que, vendo-se diante da impossibilidade de considerar as seguidas condenações para o aumento de pena ou demais consequências da reincidência, preconizou a expressão "maus antecedentes" como forma de compensação. Recentemente o STJ editou a Súmula 444, que corrobora nosso entendimento: "É vedada a utilização de inquéritos policiais e ações penais em curso para agravar a pena-base".

A interpretação literal do inc. I do art. 83 do CP indica que o livramento condicional simples somente será concedido se o condenado possuir as duas circunstâncias concomitantemente: não ser reincidente *e* não possuir maus antecedentes. Na ausência de uma delas, não receberia o livramento. O STJ já decidiu que os maus antecedentes, tendo sido considerados na sentença condenatória, não poderão impedir a concessão do livramento condicional (STJ HC 5.769/RJ).

18.1.2.2. Livramento condicional especial ou qualificado

O livramento condicional especial ou qualificado é o apontado pelo inciso II do art. 83 do Código Penal. O condenado reincidente em crime doloso somente poderá receber o direito se cumprir mais da metade da pena. Mais uma vez, a reincidência em crimes culposos ou contravenções não poderá ser considerada.

18.1.2.3. Livramento condicional extraordinário

Existe ainda o livramento condicional extraordinário, destinado aos condenados por crimes hediondos (Lei n. 8.072/90, art. 1º) ou equiparados a hediondos, como a tortura e o terrorismo, que deverão: a) cumprir mais de dois terços da pena; e b) não serem reincidentes em crimes da mesma natureza (art. 5º). Este dispositivo repristinou no Direito Penal brasileiro a figura da *reincidência específica*. A redação inicial do Código Penal aprovado em 1940 preconizava consequências diferenciadas aos reincidentes específicos. Em virtude de problemas ligados à interpretação do que seriam "crimes da mesma natureza" e da utilidade prática da diferença, o texto foi modificado e a reincidência específica deixou nosso ordenamento. Retorna agora como uma das causas a impedir a concessão do livramento, pois ainda que tenha cumprido dois terços da pena, caso o condenado seja reincidente em crimes hediondos ou equiparados a hediondos, *não poderá receber o livramento condicional*.

Outro problema de interpretação surge quanto aos condenados por crimes definidos como hediondos (ou equiparados) mas antes da data de vigência da Lei, ou seja, os definitivamente condenados por um desses crimes antes da promulgação da Lei n. 8.072/90.

A lei penal deve sempre retroagir para beneficiar o réu e o livramento condicional é norma de direito material. Se jamais poderá retroagir para prejudicá-lo, aceitar que a condenação por crime hediondo anterior à promulgação da lei possa impedir a concessão ou aumentar-lhe o tempo mínimo de cumprimento é aplicar lei prejudicial ao réu de forma retroativa.

Mirabete expõe a configuração da reincidência específica, nos casos em que o primeiro crime hediondo tenha sido cometido antes da Lei n. 8.072/90, mas a reincidência tenha sido marcada pela prática de um segundo crime de mesma natureza já na vigência da mesma Lei. Para o autor, a Lei em questão teria aplicação e eficácia para impedir a concessão de livramento condicional, já que a reincidência foi marcada em momento em que a Lei encontrava-se em vigor, não se falando em retroatividade (*Execução penal*, p. 554).

Ousamos discordar do renomado doutrinador porquanto considerar-se um crime ou qualquer outra circunstância *anterior* à vigência da lei é observar a retroatividade. Se olhamos para o passado, estamos retroagindo. Assim, não há que se falar em reincidência específica para os delitos hediondos se o primeiro foi cometido quando esta situação não existia no ordenamento, e que portanto não poderia ser considerada. O STF (RE 304.385-4/RJ) e o STJ (HC 27.772/RJ) já se manifestaram nesse sentido, posição que vem sendo mantida na atualidade.

18.1.3. A soma das penas como base de cálculo para o livramento

O art. 84 do CP determina que as penas dos diversos crimes praticados deverão ser somadas para o cálculo de concessão de livramento condicional. Quanto ao limite mínimo de pena igual ou superior a dois anos, o dispositivo aplica-se sem maiores problemas.

As dificuldades surgem quando a soma das penas demonstra uma condenação elevada, superior a 40 anos, período máximo de restrição da liberdade previsto em nosso sistema (CP, art. 75). Uma condenação que somasse, por exemplo, 300 (trezentos) anos, teria os benefícios calculados sobre o limite máximo do Código Penal, ou seja, 40 anos, ou seria pautada pela pena concreta de 300 anos?

O STJ, em célebre voto proferido pelo Min. Luiz Vicente Cernicchiaro (RHC 3.808/SP), havia decidido pela interpretação sistemática do Direito Penal brasileiro e da Constituição Federal, que veda as penas de caráter perpétuo. Nesse sentido, não importaria o *quantum* da pena aplicada, o direito seria pautado pela máxima restrição da liberdade prevista na legislação, por 40 anos.

Mas, majoritariamente, a doutrina e a jurisprudência vinham entendendo de forma oposta. Recentemente, o STF acabou por editar a Súmula 715, nesse sentido: "a pena unificada para atender ao limite de trinta anos de cumprimento, determinado pelo art. 75 do CP, não é considerada para a concessão de outros direitos, como o livramento condicional ou regime mais favorável de execução". A nosso ver, erro injustificável.

18.1.4. Bom comportamento, ausência de falta grave e bom desempenho no trabalho

A lei exige bom comportamento, que pressupõe uma avaliação elaborada pelo diretor do presídio por meio de atestado de conduta carcerária e ausência de falta grave no período de 12 meses. A regulamentação dessas situações de disciplina não está prevista em lei, mas o Decreto Penitenciário Federal aborda a conduta carcerária e os períodos de reabilitação a depender da gravidade da falta. Para mais detalhes, remetemos o leitor ao Capítulo 10. Mas convém aqui lembrar que apenas a falta grave tem associação ao prazo de 1 (um) ano previsto em lei (art. 112, § 7º). As demais faltas médias e leves têm apenas regulamentação administrativa e a sugestão de prazos menores para a reabilitação. Portanto, mesmo não havendo falta grave, o condenado poderá não ter bom comportamento por haver sido punido por faltas médias e leves.

Enquanto o bom comportamento diz respeito à disciplina, exige-se ainda o bom desempenho no trabalho desenvolvido. O recluso terá direito e obrigação ao trabalho, e a demonstração de que cumpriu bem com suas atividades implicará presunção de que poderá prover-se – e aos seus – quando for libertado.

18.1.5. Aptidão para autossubsistência

A concessão do livramento não está vinculada ao arranjo concreto de um trabalho, mas, segundo a Lei, o condenado deve ser capaz de obter ocupação lícita, que lhe proporcione a subsistência. Essa capacidade pode derivar de suas habilitações ou da instrução profissional que recebeu no cárcere.

Questão lacunosa é a que se refere à impossibilidade de o condenado trabalhar, por limitações físicas pessoais. Havendo a deficiência ou necessidade especial com relação ao pretendente do livramento, a melhor solução será conceder-lhe o direito com o apoio da Assistência Social, direito seu reconhecido pela Lei de Execução Penal e que se estende, inclusive, ao egresso (no mesmo sentido: PIERANGELI; ZAFFARONI. *Manual de direito penal brasileiro*, p. 761). Não seria correto manter-se o preso no cárcere por não ter condições físicas regulares, o que não implica incapacidade para o exercício de atividade adequada às suas limitações. Na impossibilidade, não deve ser punido com a permanência na prisão, mas sim receber o livramento sem a obrigação de trabalho diante do caso excepcional. Como fundamento legal, o art. 132, § 1º, *a*, da LEP, que somente impõe a condição de conseguir trabalho em sendo "apto" para tanto.

18.1.6. Reparação do dano

É sabido que as responsabilidades pelo ato ilícito podem atingir várias esferas do Direito. Se o ato ilícito praticado for definido como infração penal, dará ensejo a esse tipo de responsabilidade.

A rigor, cada esfera de jurisdição tem autonomia para a apuração e execução das responsabilidades do ato ilícito. O nosso ordenamento jurídico não optou por concentrar em uma única jurisdição a resolução conjugada das responsabilidades.

Embora somente na atualidade essa independência das instâncias esteja sendo minimizada, como, por exemplo, com a criação de Juizados Especiais Criminais nos quais se busca a satisfação imediata do prejuízo da vítima, o Código Penal em sua Parte Geral já dispunha como primeiro efeito decorrente da sentença condenatória a obrigação de reparar o dano. A sentença penal condenatória é título executivo judicial, conforme disposição do art. 515 do CPC.

Tenta-se, por meio da condição de reparar o dano, incitar o condenado a satisfazer o prejuízo causado pela infração penal. É um dos poucos momentos em que o ordenamento penal se volta para a vítima, ao lado da mesma exigência como condição de revogação da suspensão condicional da pena (Capítulo 17).

O Código Penal brasileiro de 1940 foi um dos primeiros, ao lado do Código suíço, a inscrever a reparação do dano como condição para o livramento. Giuliano Vassalli, ao destacar esse dado, também expressa a compatibilidade do dispositivo com os fins da pena, pois uma das primeiras provas de "regeneração" (*ravvedimento*) que o liberado pode dar é exatamente ressarcir a quem foi prejudicado pelo crime. É uma primeira prova de readaptação social (La riforma della liberazione condizionale. In: *Scritti Giuridici*, p. 1.249. v. 1, t. II).

Ainda assim, a exigência somente poderá obstar a concessão do livramento quando houver a possibilidade de pagamento do prejuízo. Se comprovadamente o condenado não possuir condições financeiras de ressarcir ou reparar o dano causado, sua hipossuficiência não poderá impedir a concessão. A lei não exige a completa miséria do condenado, bastando a impossibilidade de reparar o dano sem que comprometa sua subsistência mínima e a das pessoas que dele dependam economicamente. Mas a demonstração ineludível da efetiva impossibilidade da reparação deve receber cuidadosa atenção, por traduzir a satisfação de interesse público e privado que se manifestam no quadro da indenização (DOTTI. *Reforma penal brasileira*, p. 312).

Também não poderá ser empecilho a iliquidez da sentença condenatória. Se o valor da reparação ainda não houver sido definido por necessidade de liquidação da sentença condenatória, mostra-se impossível de ser saldado, motivo pelo qual o livramento deverá ser concedido.

Para o cálculo do montante devem concorrer todos os delitos e vítimas que foram computados para a concessão do livramento. Assim, se a partir da soma de duas condenações de 1 (um) ano houve a concessão, o ressarcimento a todas as vítimas envolvidas nos processos servirá de condição para o livramento.

18.1.7. Presunção de não reincidência

Por meio do parágrafo único do art. 83 do Código Penal impõe-se ao condenado, como requisito para o livramento, que demonstre condições pessoais que façam presumir que não voltará a delinquir.

A anterior normativa do Código de Processo Penal requeria, como requisito da concessão, a elaboração de exame criminológico que demonstrasse cessação ou ausência de periculosidade. Com a reforma de 1984 e a promulgação das Leis n. 7.209 e 7.210, o consenso doutrinário é o de que a periculosidade somente faz alusão ao inimputável, submetido à medida de segurança.

Embora o parágrafo único do art. 83 não exija expressamente exame dessa natureza, René Ariel Dotti não o dispensa, e invoca sua utilidade na informação do juízo da execução sobre a permanência ou remoção das condições pessoais que permitam "prognosticar o caminho da reincidência ou do futuro sem novos delitos" (*Reforma penal brasileira*, p. 314). A nosso ver, na ausência de previsão legal é impossível que se exija tal exame como condição de restrição da liberdade. Somente mediante lei é que se pode restringi-la que, neste caso, não existe.

No Capítulo 5 (item 5.2.3), discorremos acerca da marcante ideia de periculosidade que ainda acompanha o legislador e o julgador brasileiros, e da inutilidade e impossibilidade da realização do exame (item 5.2.2).

18.2. GRAVIDADE DO CRIME

Questão controversa tem sido a utilização, em alguns julgados de negativa de livramento, do fundamento "gravidade do crime". O magistrado que analisa o caso nega o direito calcando-se no simples argumento de que a gravidade do crime praticado autorizaria a não concessão.

Todavia, é certo que a gravidade do crime não poderá ser utilizada como motivação para a negação do livramento condicional.

Não há previsão legal para que a gravidade da infração praticada ascenda sobre a decisão do magistrado da execução. Certamente, tal gravidade há de ter influenciado o juiz da condenação, nos termos do art. 59 do Código Penal. E, ainda que o objeto da ação penal tenha sido um crime previsto como hediondo – o mais grave do nosso ordenamento –, já influenciou na quantidade e qualidade da pena e, inclusive, na concessão do livramento aumentando-lhe o período mínimo de cumprimento da pena (dois terços).

É de fácil percepção que, se a gravidade do crime já foi considerada nos termos da culpabilidade do autor, continuar a considerá-la é patente *bis in idem*, vedado pelo ordenamento nacional.

18.3. PROCEDIMENTO PARA A CONCESSÃO

Preenchidos os requisitos objetivos e subjetivos, o procedimento será instaurado nos termos da LEP, arts. 194 e seguintes (Capítulo 21), com fundamento no art. 66, III, *e*.

O juiz da execução decidirá a respeito, ouvindo o representante do Ministério Público e o Defensor do condenado (art. 112, § 1º). A ausência de uma das partes será vício para nulidade absoluta.

A redação do art. 131 indica ainda a necessidade de oitiva do Conselho Penitenciário, contudo essa competência lhe foi retirada com a edição da Lei n. 10.792/2003, que alterou o inciso I do art. 70 da LEP. Nesse caso, somente será obrigatória a manifestação do promotor de justiça dispensando-se o parecer do Conselho Penitenciário.

O livramento será deferido mediante sentença, que conterá as condições. Será expedida uma carta em duas vias (*carta de livramento*) com a cópia integral da sentença, remetendo-se uma à autoridade administrativa incumbida da execução (diretor do estabelecimento) e outra ao Conselho Penitenciário.

No próprio estabelecimento penitenciário haverá uma cerimônia, revestida de solenidades, para demonstrar ao preso a importância do ato. Será realizada em dia e hora marcados pelo Presidente do Conselho Penitenciário e conduzida pela autoridade administrativa diretora e um representante do Conselho, caso o Presidente não possa comparecer. É conveniente que o presidente da cerimônia dirija algumas palavras aos presos presentes, explicando-lhes o que é o benefício, e as condições para sua obtenção, despertando-lhes o interesse pela boa conduta carcerária (LEAL. *Comentários ao Código de Processo Penal brasileiro*, p. 336).

Durante a cerimônia a sentença será lida ao liberando, na presença dos demais condenados, pelo Presidente do Conselho Penitenciário ou membro por ele designado, ou pelo juiz da execução.

Após a leitura, que cientificará o condenado das condições que deverá cumprir, o liberando declarará se as aceita. Se não as aceitar, permanecerá no regime.

O evento será registrado por meio de ata em livro oficial, assinado por quem presidir a cerimônia e pelo liberando, ou alguém a seu rogo, se não souber ou não puder escrever. Uma cópia da ata deverá ser encaminhada ao juiz da execução.

O liberado poderá deixar o estabelecimento levando seus pertences e o saldo em dinheiro de seu pecúlio, formado pelos salários recebidos com o trabalho exercido, nos termos do art. 29, § 2º, da LEP (Capítulo 7). Como documento oficial receberá uma caderneta, que exibirá à autoridade judiciária ou administrativa, sempre que lhe for exigida. A caderneta conterá (LEP, art. 138):

- a identificação do liberado (fotografia, qualificação, endereço, sinais identificadores etc.);
- o texto impresso dos arts. 105 a 146 da LEP (Capítulo I do Título V);
- as condições impostas na sentença;
- espaço adequado para anotar-se o cumprimento das condições impostas.

A caderneta deveria ser documento oficial obrigatório, fornecido pelo Estado. Mas a Lei, antecipando-se à possível ineficiência da Administração Pública, permite que na falta da caderneta seja entregue ao liberado um salvo-conduto, em que constem as condições do livramento. Também permite que a identificação ou o seu retrato sejam substituídos pela descrição dos sinais que possam identificar o liberado. Parece-nos que para maior confiabilidade e diminuição da possibilidade de fraude à individualização do direito, tanto a caderneta oficial quanto a presença de fotografia deveriam ser indispensáveis.

Armida Bergamini Miotto considera significativa a entrega da caderneta durante a cerimônia, para que o liberando receba algumas palavras de estímulo e orientação. Pedimos licença para reproduzir um trecho de sua obra, que, embora extensa, revela com precisão o cerimonial da concessão do livramento: "quando fui presidente do Conselho Penitenciário de Goiás, costumava configurar o advérbio 'solenemente', que o Código prescreve, da seguinte maneira: além do maior número possível de presos e dos altos funcionários do estabelecimento penal, estavam presentes também pessoas convidadas – membros do Poder Judiciário, do Ministério Público, da Administração Pública, profissionais liberais, estudantes, religiosos, senhoras da sociedade etc. Essas presenças contribuíam para a 'solenidade'. Por outro lado, esses convidados, vendo de perto um ambiente de prisão, tendo, até, algum contato com os presos, podia ser que viessem a ter uma visão equilibrada do condenado. Isto é, vissem que um condenado não é uma 'vítima da sociedade' nem um 'monstro' – como certa imprensa diz; um condenado é um ser humano, é uma pessoa, que cometeu um crime, razão por que lhe foi aplicada uma pena, através de cujo cumprimento deve se emendar para, ao sair da prisão (condicionalmente ou definitivamente), se reinserir no convívio da família, da comunidade, da sociedade. Antes de ser lida a carta de guia, eu saudava os convidados, e dirigia uma pequena alocução (de uns dez minutos) aos presos. O tema dessa pequena alocução era um esclarecimento a respeito de algum aspecto da pena, de algum dos pormenores da sua execução, do seu cumprimento, ou então um episódio adequado; de qualquer modo, procurava sempre dizer algo que lhes tocasse, favoravelmente, a inteligência, a afetividade, a vontade. E usava palavras muito simples, para que todos pudessem entender. (...) entregava eu, então, a caderneta ao liberado (que sendo essa uma ocasião solene para ele, ficava em posição de destaque, diante dos demais presos), dizendo-lhe umas poucas frases 'humanas'. Se eram dois ou mais liberandos, a cada um eu dizia o que lhe fosse pessoalmente adequado (para isso eu procurava, previamente, ficar sabendo o suficiente a respeito do seu delito e da sua personalidade, da sua família...). (...) antes de encerrar a cerimônia, eu concedia a palavra a um dos convidados para dirigir algumas frases de congratulações ao liberado, e de encorajamento aos demais presos. Ao ser encerrada a cerimônia, todos os presentes, inclusive os sentenciados, cumprimentavam o liberado e lhe formulavam votos de que fosse feliz, que Deus o acompanhasse (...) Posso assegurar que esse modo de realizar a cerimônia, de assim interpretar e concretizar o advérbio 'solenemente' do texto legal, estava produzindo frutos quanto a bons sentimentos dos presos, à solidariedade e comunicação deles, entre si, como *pessoas*" (*Curso de direito penitenciário*, p. 299. v. 1).

O condenado liberado estará, em tese, obrigado a cumprir seu livramento condicional na comarca do estabelecimento penal no qual cumpria a pena privativa de liberdade. A Lei de Execução Penal aconselha a construção desses estabelecimentos em locais afastados dos centros urbanos, o que poderá implicar o distanciamento injustificado do condenado de seu seio familiar. Para o atendimento às finalidades da execução, é salutar autorizar-se seu deslocamento ao local onde possua parentes e amigos, e maiores chances de trabalho e recolocação social.

A lei preconiza que o juiz poderá permitir ao liberado residir fora da comarca do juízo da execução, remetendo uma cópia da sentença do livramento ao Juízo do lugar para onde ele se houver transferido e à autoridade incumbida da observação cautelar e de proteção. O liberado deverá apresentar-se imediatamente a essas autoridades tão logo aporte em seu destino.

Mais certo seria não só enviar uma cópia da sentença de livramento condicional, mas enviar todo o processo à respectiva comarca, para que o juiz do local acompanhasse de perto a execução. Não faz sentido que o processo continue na comarca anterior, distante do condenado, redundando em dificuldades ou morosidades para as decisões na execução.

Ressalte-se, por fim, que da decisão que conceder, negar ou revogar o livramento condicional caberá agravo, com fundamento no art. 197 da LEP. Reformada a sentença do livramento, os autos baixarão ao Juízo da execução, para as providências cabíveis (LEP, art. 135).

18.4. CONDIÇÕES

As condições do livramento condicional não são imediatas ou decorrentes diretamente do texto legal. Deverão ser expressamente estipuladas na sentença que concede o livramento.

Deferido o pedido, o juiz especificará as condições obrigatórias, bem como outras que entender cabíveis, às quais ficará subordinado o livramento. Essas condições não podem se distanciar ou desvincular da finalidade do livramento, que é a de preparar o condenado para a vida em liberdade e facilitar sua reinserção social e, portanto, devem reduzir as oportunidades de delinquência, delimitando horários e a frequência a certos lugares, mantendo o contato constante com o liberado ou estimulando-o a praticar atividades que facilitem a aquisição de hábitos *pro societate* (GARCÍA ALBERO; TAMARIT SUMALLA. *La reforma de la ejecución penal*, p. 101).

Como condições que sempre deverão estar presentes, o art. 132, § 1º, da LEP enumera as seguintes:

"*a*) obter ocupação lícita, dentro de prazo razoável se for apto para o trabalho;
b) comunicar periodicamente ao juiz sua ocupação;
c) não mudar do território da comarca do Juízo da execução, sem prévia autorização deste".

Além das condições acima, outras poderão ser impostas a critério do juiz (LEP, art. 132, § 2º), como:

"*a*) não mudar de residência sem comunicação ao juiz e à autoridade incumbida da observação cautelar e de proteção;
b) recolher-se à habitação em hora fixada;
c) não frequentar determinados lugares".

O juiz poderá ainda determinar a monitoração eletrônica nos termos do art. 146-B, VIII, da LEP.

Essas condições não são imutáveis. Se por fatos posteriores à concessão houver a exigência de modificação, o juiz poderá alterar as condições previamente impostas, de ofício ou a requerimento do liberado ou do Ministério Público, ou ainda mediante representação do Conselho Penitenciário. A Lei de Execução Penal prevê a possibilidade de alteração das condições quando, nos casos de revogação facultativa, o juiz opte por mantê-lo, mas agravar as condições anteriormente impostas. A nova sentença deverá seguir o trâmite formal, ou seja, deverá ser lida solenemente por uma das autoridades indicadas no art. 137 (Presidente do Conselho Penitenciário ou seu representante, juiz da execução, ou autoridade administrativa) e o condenado, após expressamente declarar o seu aceite, receberá uma nova caderneta nos moldes previstos na Lei.

A importância dessa fórmula foi destacada por René Ariel Dotti por coadunar-se com a natureza contínua e dinâmica da execução, sempre atenta às condições pessoais do condenado e a ocorrência de situações que evidenciem a desnecessidade ou inconveniência de certas condições impostas (*A reforma penal e penitenciária*, p. 141).

18.4.1. Obter ocupação lícita

A obrigação do liberado em obter ocupação lícita dentro de prazo razoável é a primeira das condições consideradas *obrigatórias* pela doutrina. Preferimos considerá-las como *principais*, pois nem sempre estarão presentes, deixando de ser obrigatórias. Completam o rol a necessidade de comunicar periodicamente sua ocupação e não se mudar da comarca da execução sem autorização do juízo.

Pela própria redação do dispositivo, o liberado, desde que apto para o trabalho, deverá em prazo razoável obter ocupação lícita.

A ressalva quanto à capacidade para o trabalho é absolutamente pertinente, já que por necessidades especiais o condenado pode não ser fisicamente apto.

Também deve ser concedido prazo razoável para que o liberado inicie o trabalho. Por isso, é irregular a exigência de trabalho previamente constituído como condição para a concessão do livramento. Note-se que não existe a determinação de prazo certo, e o magistrado deve estar atento à realidade regional. Outrossim, se a dificuldade do emprego fixo assola amargamente o cidadão incólume, muito mais ao liberado, que traz consigo a indelével marca do cárcere.

18.4.2. Comunicação periódica da ocupação

O juiz deverá fixar na sentença do livramento a frequência com que o liberado comparecerá ao cartório do juízo, a fim de comunicar suas atividades, especialmente as referentes ao trabalho.

O intervalo de tempo estará sujeito à discricionariedade do juiz, sendo de bom alvitre que não se prolongue por muitos meses, nem exija um comparecimento semanal. Como no regime aberto, o livramento preza pela autodisciplina do condenado, e o comparecimento tem o único efeito de lembrar ao liberado que ainda cumpre sua pena.

18.4.3. Prévia autorização para mudança de comarca

Vimos que o processo de execução deve ser conduzido pelo juiz da comarca onde se encontra o condenado. Nesta esteira é a exigência para que o liberado não mude de Município sem antes comunicar ao juiz. Havendo a necessidade da mudança, o magistrado dever ser comunicado com antecedência, para o envio dos autos ao novo destino.

18.4.4. Autorização para mudança de endereço

Entre as condições chamadas *facultativas*, que preferimos nomear *acessórias*, estão a não mudança de endereço sem comunicação ao juiz e à autoridade, o recolhimento à habitação em hora fixada e não frequentar determinados lugares. São acessórias, pois serão fixadas em conjunto com as principais, mas de acordo com as peculiaridades de cada liberado, jamais poderão subsistir sem aquelas.

Aqui, ao contrário do item anterior, não se exige a permissão para a mudança, pois o condenado não mudará de Município, mas apenas se requer a comunicação, ainda que *a posteriori*, do novo endereço.

18.4.5. Recolhimento à habitação em hora fixada

O escopo é garantir que o liberado, após seu horário de trabalho, retorne ao seio familiar e estreite os vínculos afetivos.

18.4.6. Proibição de frequentar determinados lugares

Juntamente com o retorno em horário fixado, o dispositivo tem a finalidade de impedir que o liberado frequente locais de notória má influência em completo desacordo com as finalidades da pena (p. ex., casas de jogos legalizadas, bares etc.).

18.4.7. Monitoração eletrônica

A previsão da monitoração eletrônica foi incluída pela Lei n. 14.843/2024. Como qualquer condição facultativa, exige fundamentação idônea na decisão de concessão do direito ao livramento.

Remetemos o leitor ao Capítulo 19, no qual discorremos sobre o monitoramento eletrônico, para não repetir a matéria.

18.4.8. Outras condições

Além das condições legalmente previstas, o juiz poderá indicar outras, a seu critério, e que tenham afinidade com a individualização da pena, como a frequência a cursos educacionais ou profissionalizantes, frequência a palestras, eventos sociais etc. Deve-se, contudo, evitar a imposição de condições especiais porquanto não havendo provisão legal sempre será de difícil justificação e fundamentação pelo juiz.

18.5. ACOMPANHAMENTO

Na legislação anterior, a fiscalização do liberado condicionalmente permanecia a cargo da autoridade policial, sempre que não existisse Patronato. Em verdade, o controle remanescia quase que absolutamente nas mãos da autoridade policial, diante da ausência completa dessas organizações. René Ariel Dotti considerava uma verdadeira contradição que o órgão policial, encarregado de combater o delito e a pessoa do delinquente, fosse também responsabilizado pela fiscalização do livramento, atividade radicalmente oposta à especificidade do tratamento do egresso fundado em apoio, compreensão e estímulos (*A reforma penal e penitenciária*, p. 147).

Atualmente, o acompanhamento do cumprimento das condições impostas pelo juiz da execução ficará a cargo do Patronato. O art. 139 também atribui a observação cautelar e a proteção ao serviço social penitenciário e ao Conselho da Comunidade, o que deve significar também um acompanhamento em caráter suplementar ao exercido pelo Patronato.

Suas funções serão as de:

- fazer observar o cumprimento das condições especificadas na sentença concessiva do benefício;
- proteger o beneficiário, orientando-o na execução de suas obrigações e auxiliando-o na obtenção de atividade laborativa.

Frequentemente, a entidade encarregada da observação cautelar (Conselho da Comunidade) e da proteção do liberado (Patronato) apresentará relatório ao Conselho Penitenciário, que servirá de orientação para os casos de revogação ou alteração das condições impostas inicialmente, se assim for necessário.

Na ausência dessas entidades, é muito comum que o próprio cartório judicial das execuções penais exerça a fiscalização que, notoriamente, será feita a distância e de forma precária.

18.6. SUSPENSÃO

Durante o cumprimento do livramento, exige-se do condenado um comportamento adequado, que no mínimo se perfaça com uma conduta distante da prática de infrações penais.

Como medida cautelar o art. 145 da LEP preceitua que, se no decorrer do livramento o condenado vier a praticar outra infração penal, o juiz poderá ordenar sua prisão, suspendendo-se o curso do livramento. O texto fala apenas da ordem de prisão se cometida infração penal, sendo este portanto o único incidente a autorizar a medida coercitiva.

Ao final a revogação não poderá ser determinada sem que antes se dê a oportunidade para que o condenado exerça seu direito à ampla defesa e ao contraditório.

Parece-nos que a decretação da prisão, como medida estritamente cautelar que é, não se justifica como um dever, assim como não há o dever de manter preso alguém preventivamente. Melhor seria que o juiz, tomando ciência da infração penal praticada, observasse qual o tipo penal cometido e sua efetiva ofensividade. Se o caso concreto não o exigir, poderia abster-se da decretação da medida. A nova infração poderá ser uma contravenção, apenada somente com multa, ou um crime com pena reduzida que comporte pena alternativa, o que não fundamentaria de *per se* a medida cautelar. O próprio Código Penal preconiza que se a condenação for à pena diversa da privativa de liberdade, a revogação do livramento será facultativa (CP, art. 87). Pois bem, se não perderá o direito e será liberado ao final do processo, com muito mais razão não deverá perder sua liberdade antes da decisão final.

Na busca de requisitos objetivos, poderiam ser utilizados os que determinam a decretação da prisão preventiva, parâmetro de qualquer prisão provisória (CPP, arts. 312 e 313).

Ademais, havendo condenação à pena privativa de liberdade, por expressa disposição legal o direito será revogado, sem prejuízo do tempo de liberdade, pois não será computado como pena efetivamente cumprida (CP, art. 88). Outro motivo da desnecessidade da prisão é o fato de que a pena não poderá ser declarada extinta antes do trânsito em julgado da sentença do novo crime (CP, art. 89). Portanto, não haverá qualquer prejuízo para a pena determinada na sentença.

Deparamo-nos com outro contratempo, havendo a decretação da prisão. O texto legal fala em *suspensão do livramento*, o que não pode ser entendido como suspensão da pena. Deve-se deixar claro que a suspensão não influirá no prazo restante da pena, porquanto o condenado estará a cumpri-la, ainda que não em liberdade. Caso essa lhe seja novamente concedida, cumprirá o livramento condicional apenas do tempo restante da pena. Exemplificando, se o condenado à pena de 18 anos que recebe o direito após 6 anos de cumprimento e depois de gozar do direito por 1 ano o tem suspenso por mais um ano, caso o adquira novamente, deverá cumprir o restante da pena, ou seja, mais 10 anos de livramento.

Os tribunais superiores vêm mantendo o correto entendimento de que a suspensão do livramento condicional não é automática, ou seja, *deverá ser expressamente declarada pelo juiz* da execução para que tenha efeito. Isto significa que o condenado em livramento condicional que cumpre todas as condições determinadas deverá ter sua pena reconhecida como extinta ainda que tenha praticado um delito no período de cumprimento, caso a suspensão não tenha sido declarada pelo magistrado. Cumprida a pena, a decisão da revogação do livramento não poderá retroagir para alcançar a pena já considerada extinta.

18.7. REVOGAÇÃO

O livramento somente poderá ser revogado por decisão fundamentada do juiz da execução, garantidos a ampla defesa e o contraditório.

O procedimento judicial será iniciado a requerimento do Ministério Público, mediante representação do Conselho Penitenciário, ou de ofício, pelo juiz.

Após a oitiva do condenado e de sua defesa técnica constituída, o juiz decidirá ou não pela revogação, cabendo da decisão agravo com supedâneo no art. 197. Se a sentença for reformada em grau de recurso, os autos baixarão ao Juízo da execução, para as providências cabíveis (LEP, art. 135).

Se o livramento for revogado, não mais poderá ser concedido no mesmo processo (CP, art. 88) quando o crime tiver sido cometido durante o cumprimento (LEP, art. 142). Se o crime houver sido cometido antes do livramento, as penas deverão ser somadas e computadas para uma nova concessão (LEP, art. 141).

18.7.1. Revogação obrigatória

O art. 86 do CP indica a hipótese em que a revogação do livramento será obrigatória: expedição de *sentença condenatória definitiva à pena privativa de liberdade*. Segundo o citado artigo, revoga-se o livramento se o liberado vem a ser condenado a pena privativa de liberdade, em sentença irrecorrível:

- por crime cometido durante a vigência do benefício;
- por crime cometido antes do benefício.

Apenas para que fique bem claro, não será qualquer condenação a qualquer pena que imperativamente revogará o livramento. Somente as condenações por: *a)* crime e *b)* à pena privativa de liberdade. Se a condenação acontecer pela prática de contravenção penal ou aplicar pena de multa ou restritiva de direitos, o juiz poderá manter o direito, desde que em consonância com as finalidades da pena.

18.7.2. Revogação facultativa

As hipóteses de revogação facultativa estão insculpidas no art. 87 do Código Penal. São elas:

- deixar o liberado de cumprir qualquer das obrigações constantes da sentença;
- ser irrecorrivelmente condenado, por crime ou contravenção, a pena que não seja privativa de liberdade.

O livramento é condicional. Isso indica que, para mantê-lo, o liberado deverá satisfazer os termos da sentença concessória. Se os descumpre, em tese, não está disposto a assumir o compromisso da autotutela e disciplina. Dissemos em tese, pois o caso concreto deverá ser analisado pelo juiz, que possibilitará ao liberado que justifique sua inadimplência.

Se o juiz resolver, diante das circunstâncias, manter o livramento condicional, deverá advertir formalmente o liberado ou agravar as condições, alterando as já aplicadas ou acrescentando outras ao rol.

A segunda hipótese – condenação à pena não privativa de liberdade – atende aos princípios de Política Criminal, pois, não havendo a necessidade da privação da liberdade, nada impede que o condenado continue a cumprir seu livramento e atenda ao pagamento da multa imposta alternativamente na sentença posterior, ou mesmo cumpra as restrições de direitos.

18.7.3. Cálculo da pena após a revogação

O sistema da Lei de Execução Penal considera uma grave afronta à confiança na autodisciplina do condenado a prática de um crime durante o curso do livramento. Dessa postura decorre o tratamento diferenciado quando a revogação decorrer de crime praticado antes ou durante a vigência do livramento.

Se a revogação se deu por *infração ocorrida no curso do livramento*, o período em que o condenado esteve em liberdade não será computado como pena cumprida, e, ao retornar ao cárcere, deverá cumpri-lo novamente. Se, por exemplo, o condenado à pena de 18 anos adquire o livramento após o cumprimento de 1/3 da pena (18/3 = 6), cumpre 5 anos em livramento condicional e vem a cometer um crime durante este período, ao retornar à prisão, ter-se-á este tempo (5 anos) como inexistente, e ainda lhe restarão 12 (doze) anos a cumprir (2/3 de 18 = 12).

Agora, se a revogação for motivada por *infração penal anterior à vigência do livramento*, o tempo de liberdade deverá ser computado para todos os efeitos. Assim, no caso anterior, os 5 anos serão computados (6 + 5 = 11) e, tendo que retornar à prisão, somente lhe restarão 7 anos de pena a cumprir (18 – 11 = 7). Este período de 5 anos também será computado para nova concessão de livramento, o qual poderá ser concedido desde que somada a pena da segunda condenação o condenado perfaça um total de metade da pena, pois agora se trata de reincidente.

18.8. INTERRUPÇÃO DO PRAZO

Por algum tempo a doutrina e a jurisprudência discutiram se o cometimento de falta grave causaria a interrupção do prazo já cumprido de pena para a concessão de livramento.

Atualmente, a questão foi pacificada com a edição da Súmula 441 do STJ: "A falta grave não interrompe o prazo para obtenção de livramento condicional".

18.9. PRORROGAÇÃO

Preceitua o art. 89 do Código Penal que "o juiz não poderá declarar extinta a pena, enquanto não passar em julgado a sentença em processo a que responde o liberado, por crime cometido na vigência do livramento". Nesses casos, a doutrina tem considerado que o livramento condicional estará automaticamente prorrogado até a sentença final do novo processo. Discordamos desse entendimento e assim como na suspensão, caso o juiz da execução não declare expressamente a prorrogação, passado o período de prova, a pena deve ser considerada extinta.

Embora o dispositivo mascare-se de certa inocência, a matéria deve ser examinada com cautela, especialmente diante da conhecida morosidade do Judiciário.

Em princípio, discordamos de que haja prorrogação do livramento. Isso significaria que o condenado continuaria a cumprir as condições determinadas pelo juiz quando da concessão, o que não está determinado pela Lei. E, se não há prorrogação, não há que se falar em ser ela automática.

Esse pensamento também é fomentado por Roberto Gomes Lima e Ubiracyr Peralles, que enfaticamente não reconhecem a prorrogação do livramento condicional (*Teoria e prática da execução penal*, p. 88).

Partamos de um exemplo concreto. O condenado à pena de 12 anos, que, após cumprir quatro anos, obtém o livramento condicional, e vem a cometer um delito após 2 anos de livramento. Poderá tê-lo suspenso, nos termos do art. 145 da LEP, sem que se decrete a revogação, mas deverá retornar à prisão. Enquanto aguarda o julgamento do crime posterior, estará cumprindo sua pena. Caso o julgamento do novo delito demore mais do que lhe resta de pena a cumprir, inclusive do período em que esteve em livramento condicional, não haveria que se falar em prorrogação do livramento ou da pena.

Portanto, a prorrogação somente terá sentido nos casos em que o condenado estiver ou continuar em liberdade, pois o tempo que gozou do livramento não será considerado, e a pena deverá ser cumprida com privação da liberdade.

18.10. CUMPRIMENTO DA PENA EM LIVRAMENTO CONDICIONAL

Se o condenado cumpre o tempo que lhe resta da pena em livramento condicional e não o tem revogado, o juiz declarará extinta sua pena (CP, art. 90). Note-se que a exigência não é a de descumprimento das condições, pois, ainda que as descumpra, somente será prejudicado caso o juiz tenha declarado revogado. O STJ consolidou tal entendimento com a edição da Súmula 617: "A ausência de suspensão ou revogação do livramento antes do término do período de prova enseja a extinção da punibilidade pelo integral cumprimento da pena".

A declaração da extinção da pena poderá se dar de ofício, a requerimento do condenado, do Ministério Público ou por representação do Conselho Penitenciário (LEP, art. 146).

No entanto, se o condenado estiver sendo processado por crime cometido na vigência do livramento, o juiz poderá prorrogá-lo, e ainda que o tempo de pena tenha se exaurido, o juiz deverá aguardar a conclusão do novo processo. Lembramos que se for condenado, além de ter o livramento revogado, o período de prova não poderá ser contabilizado e, portanto, a pena não estará extinta.

18.11. JURISPRUDÊNCIA SELECIONADA

Condições extralegais

"Entre as condições aceitas pelo paciente, no livramento condicional, estava a de não trazer consigo 'arma ou instrumento capazes de ofender'. Hipótese em que o paciente veio a ser condenado, pela prática de receptação culposa de um revólver, a prestar serviços à comunidade, pelo prazo de quatro meses. No que concerne ao alegado constrangimento ilegal, em virtude da condenação por receptação culposa, o *habeas corpus* não é de ser conhecido, sendo competente a Corte de segundo grau. Quanto à revogação do livramento condicional, não houve ilegalidade, nas decisões das instâncias ordinárias, em face dos arts. 86 e 87, do CP: o paciente descumpriu uma das condições estabelecidas e veio a praticar crime. *Habeas corpus* conhecido, em parte, e, nessa parte, indeferido" (STF, HC 74.596/MS, 2ª T., j. 10-12-1996, rel. Min. Néri da Silveira, *DJ* 11-4-1997).

Exigência de cumprimento em regime semiaberto

"3. O Tribunal de origem, ao cassar a concessão de livramento condicional, ao entendimento de que seria necessário a permanência do paciente em regime intermediário antes de conferir-lhe o benefício, estabelece requisito não previsto na legislação, em afronta ao princípio da legalidade. Constrangimento ilegal evidenciado. 4. *Writ* não conhecido. *Habeas corpus* concedido de ofício para cassar o aresto objurgado, restabelecendo-se o *decisum* de origem que deferiu ao paciente o livramento condicional (STJ, HC 323767 SP 2015/0112521-4, 5ª T., j. 1º-9-2015, rel. Min. Leopoldo de Arruda Raposo (Desembargador Convocado do TJ-PE), *DJe* 11-9-2015).

Extinção da punibilidade pelo cumprimento

Súmula 617 do STJ: "A ausência de suspensão ou revogação do livramento condicional antes do término do período de prova enseja a extinção da punibilidade pelo integral cumprimento da pena".

Indeferimento pela gravidade abstrata do crime

"1. Conforme o teor do art. 112 da Lei de Execução Penal, cuja regra se aplica para fins de livramento condicional por força de seu § 2º, para que o reeducando faça jus a tal benefício, é necessário o preenchimento de requisitos objetivo e subjetivo. 2. Contudo, "esta Corte Superior é firme no entendimento de que a longevidade da pena e a gravidade do delito não são aptos, por si só, a fundamentar a exigência de realização do exame criminológico ou a negativa de concessão de benefícios, porquanto o que se exige do reeducando é que demonstre seu mérito no curso da execução de sua pena" (AgInt no HC n. 554.750/SP, rel. Min. Sebastião Reis Júnior, 6ª T., j. 23-6-2020, *DJe* 30-6-2020). Precedentes. 3. Agravo regimental desprovido (STJ, AgRg no HC 608985 SP 2020/0219312-0, rel. Min. Antônio Saldanha Palheiro, j. 2-2-2021, 6ª T., *DJe* 9-2-2021).

Interrupção do prazo e falta grave

Súmula 441 do STJ: "A falta grave não interrompe o prazo para obtenção de livramento condicional".

Limite de 30 anos (atualmente, 40 anos): deve ser utilizado como limite para os benefícios

"O tempo de cumprimento das penas privativas de liberdade não pode ser superior a 30 anos. O tempo máximo deve ser considerado para todos os efeitos penais. Quando o código registra o limite das penas projeta particularidade do sistema para ensejar o retorno a liberdade. Não se pode, por isso suprimir os institutos que visam a adaptar o condenado a vida social como é exemplo o livramento condicional. Na Itália, cuja legislação contempla o 'ergástolo' (prisão perpétua), foi, quando a ele, promovida arguição de inconstitucionalidade. A corte constitucional daquele país, todavia, rejeitou-a ao fundamento de admissível, na hipótese, o livramento constitucional. A Constituição do Brasil veda a pena perpétua (art. 5º, XLVII, *b*). Interpretação sistemática do direito penal rejeita, por isso, por via infraconstitucional, consagrá-la na prática. O normativo não pode ser pensado sem a experiência jurídica. Urge raciocinar com o tempo existencial da pena. Esta conclusão não fomenta a criminalidade. O art. 75, § 2º, CP fornece a solução. Sobrevindo condenação por fato posterior ao início do cumprimento da pena, far-se-á nova unificação (STJ, RHC 3.808/SP, 6ª T., j. 26-9-1994, rel. Min. Luiz Vicente Cernicchiaro, *DJ* 12-12-1994).

Limite de 40 anos: não deve ser utilizado como limite para os benefícios

Súmula 715 do STF: "a pena unificada para atender ao limite de trinta anos de cumprimento, determinado pelo art. 75 do CP, não é considerada para a concessão de outros benefícios, como o livramento condicional ou regime mais favorável de execução".

Reincidência específica

"1. O Plenário do Supremo Tribunal Federal, ao julgar o HC n. 118.533/MS, adotou novo posicionamento no sentido de que o tráfico de entorpecentes privilegiado não se harmoniza com a hediondez do tráfico de entorpecentes definido no *caput* e § 1º do art. 33 da Lei de Tóxicos, pois o tratamento penal dirigido ao delito cometido sob o manto do privilégio apresenta contornos mais benignos, menos gravosos, notadamente porque são relevados o envolvimento ocasional do agente com o delito, a não reincidência, a ausência de maus antecedentes e a inexistência de vínculo com organização criminosa. (...) 3. Imperioso afastar a reincidência específica em relação ao tráfico privilegiado e o tráfico previsto no *caput* do art. 33 da Lei de Drogas, nos termos do novo entendimento jurisprudencial, para fins da concessão do livramento condicional" (STJ, HC 436.103/DF, 6ª T., j. 19-6-2018, rel. Min. Nefi Cordeiro, *DJe* 29-6-2018).

"1. Sendo o primeiro delito anterior à vigência da Lei 8072/1990, não pode, para efeitos de reincidência específica, ser alçado à qualificação de crime hediondo. 2. Ordem concedida para que, afastado o óbice da reincidência específica, seja apreciado o pedido de livramento condicional do Paciente quanto aos seus demais requisitos" (STJ, HC 27.772/RJ, 5ª T., j. 27-5-2003, rel. Min. Laurita Vaz, *DJ* 30-6-2003).

Revogação obrigatória e facultativa

"2. Durante a execução da pena, concedido o benefício do livramento condicional, a sua eventual revogação somente pode ocorrer nas hipóteses previstas nos arts. 86 e 87 do Código Penal. 3. Ao apenado beneficiado com o livramento condicional que vem a ser condenado pela prática de novo delito com pena que não seja privativa de liberdade, a revogação do benefício é facultativa, nos termos do art. 87, do CP. 4. Antes de decidir pela revogação do livramento condicional respaldada no art. 87 do CP, é dever do juiz da execução, em observância ao art. 93, IX, da CF, combinado com o art. 140, parágrafo único, da LEP, a apresentação de fundamentação calcada em elementos concretos que justifiquem não ser o caso de apenas advertir ou então agravar as condições anteriormente fixadas" (STF, HC 127709/SP, 1ª T., j. 29-3-2016, rel. Min. Marco Aurelio, rel. p/ acórdão Min. Edson Fachin, *DJe*-125 17-6-2016).

"O apenado não foi encontrado no local de trabalho indicado. Tratando-se da primeira irregularidade constatada após quase oito anos de cumprimento do benefício, revogar o benefício se mostra exagerado. Sendo hipótese de revogação facultativa e analisando o caso em concreto, a advertência ou eventual agravamento das condições, conforme recomenda o parágrafo único do art. 140, da LEP, é suficiente para que o apenado melhor se atente às condições no futuro. Desta forma, evita-se também o desencorajamento do trabalho do réu, que se mostrou desde o início da execução inclinado a cumpri-la com retidão. AGRAVO PROVIDO. UNÂNIME" (TJ-RS, AGV 70076145358/RS, rel. Ivan Leomar Bruxel, j. 8-3-2018, 7ª Câm. Crim., *DJ* 16-3-2018).

Revogação e ampla defesa

"2. Esta Corte Superior tem entendido que, diferentemente da suspensão cautelar, a revogação do livramento condicional depende da prévia oitiva do apenado, sob pena de ofensa às garantias constitucionais da ampla defesa e do contraditório (...)" (STJ, HC 216.725/RJ, 5ª T., j. 13-10-2015, rel. Min. Gurgel de Faria, *DJe* 29-10-2015).

Suspensão e crime cometido durante o livramento: inércia do órgão fiscalizador

"1. A ausência de suspensão ou revogação do livramento condicional antes do término do período de prova acarreta a extinção da punibilidade, pelo cumprimento integral da pena privativa de liberdade (art. 90 do Código Penal e 146 da Lei de Execução Penal). Precedentes do STJ e do STF. (...)" (STJ, AgRg no HC 398.496/SP, 6ª T., j. 22-8-2018, rel. Min. Maria Thereza de Assis Moura, *DJe* 31-8-2017).

"I. Hipótese em que o paciente praticou novo delito durante o período de prova do livramento condicional, não tendo havido qualquer manifestação por parte do Órgão fiscalizador. II. Cabe ao Juízo das Execuções a suspensão cautelar do benefício ainda durante o seu curso, para, posteriormente, e se fosse o caso, revogá-lo. Precedentes. III. Inteligência dos arts. 732 do CPP e 145 da LEP. IV. Não obstante ser obrigatória a revogação do livramento condicional na hipótese de condenação irrecorrível à pena privativa de liberdade por crime cometido durante a sua vigência, faz-se mister a suspensão cautelar do benefício. V. Ainda que tenha sido demonstrada a condenação do paciente pelo cometimento de novo delito no curso do benefício, a suspensão só veio a ocorrer após o cumprimento de todo o período estipulado. VI. Permanecendo inerte o Órgão fiscalizador, não se pode restringir o direito do réu, após o cumprimento integral do benefício, restabelecendo situação já vencida pelo decurso de tempo. VII. Incidência do disposto no art. 90 do CP. VIII. Deve ser declarada extinta a pena do paciente quanto ao Processo CES 1999/03612-1, da Vara de Execuções Penais do Estado do Rio de Janeiro. IX. Recurso provido, nos termos do voto do Relator" (STJ, RHC 16.868/RJ, 5ª T., j. 2-12-2004, rel. Min. Gilson Dipp, *DJ* 9-2-2005).

Suspensão cautelar

"2. Firmou-se nesta Superior Corte de Justiça diretriz jurisprudencial no sentido de que cabe ao juízo da Vara de Execuções Penais, nos termos do art. 145 da Lei n. 7.210/1984, quando da notícia do cometimento de novo delito no período do livramento condicional, suspender cautelarmente a benesse, durante o período de prova, para, posteriormente, revogá-la, em caso de condenação com trânsito em julgado" (STJ, HC 381.230/MG, 5ª T., j. 14-2-2017, rel. Min. Reynaldo Soares da Fonseca, *DJe* 17-2-2017).

Monitoramento Eletrônico

19

O primeiro programa de monitoramento surge nos EUA, em 1971, para observação e controle dos adolescentes infratores (PATERSON. A privatização do controle do crime e o monitoramento eletrônico de infratores na Inglaterra e no País de Gales. *Revista Brasileira de Ciências Criminais*, p. 284. n. 77), mas foi impulsionado na década de 1980 com a conhecida crise do sistema prisional norte-americano. Em Albuquerque (Estado americano), o juiz de Direito Jack Love insistiu na produção e aplicação do monitoramento, colaborando para a criação da primeira empresa do ramo. Até o ano de 1986, vinte e seis Estados americanos utilizavam o monitoramento (OLIVEIRA. *Direito penal do futuro*, p. 29).

Vários países além do Brasil utilizam alguma forma de monitoramento: EUA, Canadá, Andorra, China, Espanha, França, Hungria, Japão, Taiwan, Singapura, Austrália, Nova Zelândia, Dinamarca, Finlândia, Suécia, Países Baixos, Alemanha, Bélgica, Portugal, Itália, Argentina, Escócia, Israel. Na Inglaterra, o monitoramento é utilizado desde 1989 e atualmente abrange os condenados adultos e adolescentes, presos provisórios liberados por fiança, suspeitos de terrorismo, os submetidos a controle migratório (PATERSON. Op. cit., p. 282).

Craig Paterson denuncia que, após o término da Guerra Fria, houve uma expansão da indústria privada de segurança, que teve como pauta a redução dos custos com o crime. Uma das propostas foi o monitoramento eletrônico, uma espécie de "tecnopunição", algo que pode ser entendido como a construção política de espaço para que as entidades privadas entrassem na jurisdição da execução.

Em geral, nos sistemas aplicados, os maiores índices de efetividade do monitoramento têm sido mostrados em programas de curta duração, de no máximo seis meses, como uma alternativa ao condenado e para os crimes menos graves (OTERO GONZÁLEZ. *Control telemático de penados*, p. 108 e s.).

A finalidade, nas precisas palavras de González Rus, seria "substituir um sistema de penas fortes e vigilância débil por outro de penas débeis e vigilância forte" (Control electrónico y sistema penitenciario. *VIII Jornadas Penitenciarias Andaluzas*, p. 73).

19.1. POSSIBILIDADES TÉCNICAS

Existem várias formas de supervisão eletrônica disponíveis no mundo (Gudín Rodríguez-Magariños. *Cárcel electrónica. Bases para la creación del sistema penitenciario del siglo XXI*, p. 46-50).

Nos sistemas chamados *passivos*, a supervisão é realizada por meio da telefonia ou transmissão de dados. De uma central de comunicação um funcionário ou um computador entra em contato periódica e aleatoriamente com os lugares onde se encontra o vigiado, que deve responder pessoalmente o chamado, identificando-se por um cartão ou *microchip* fixado em seu corpo, ou biometricamente (impressão digital, leitura de retina, identificador de voz).

Nos chamados sistemas *ativos*, o vigiado fica restrito a certa área, delimitada entre um transmissor fixado em seu corpo e um receptor instalado em um local ou entregue a outra pessoa. Ao se distanciar ou se aproximar do receptor o dispositivo dispara um sinal à central de supervisão.

Existem ainda os sistemas de *localização global*, formados por satélites e estações em terra, combinados com um aparelho fixado ao corpo do vigiado. Fornece uma localização exata do vigiado e permite a emissão de um alarme caso ele entre em locais não permitidos ou se afaste de locais determinados. Os mais avançados permitem a conjunção de outras supervisões como a leitura da taxa de alcoolemia, oxigenação, sudorese, batimento cardíaco etc., ou ainda a instalação de microcâmeras que observam a atividade do portador.

Encontramos ao menos três formas de justificar a adoção do monitoramento eletrônico:

- autonomamente, como sanção restritiva de liberdade ou restritiva de direitos (pena de vigilância);
- para diminuir a população carcerária, como alternativa ao encarceramento, em casos de regime fechado ou semiaberto aumentando as hipóteses de saída, ou de prisão preventiva;
- por razões administrativas, de aumento de controle e vigilância.

19.2. O MONITORAMENTO COMO PENA

O monitoramento pode ser adotado como pena principal ou alternativa, caracterizando-se muito mais como uma pena privativa de liberdade (quando define um exclusivo local de permanência) ou apenas restritiva de liberdade (Abel Souto. *La pena de localización permanente*, p. 31). Como vantagem em relação ao cárcere, evita seus efeitos de dessocialização e facilita a manutenção dos laços familiares e da atividade profissional, permitindo que o condenado continue a prover sua família. Essa é a opinião de Edmundo Oliveira (*Direito penal do futuro*, p. 10), acompanhado por Faustino Gudín Rodríguez-Magariños (Op. cit., p. 14 e 84 e s., com farta bibliografia).

A tecnologia do monitoramento permite saber a exata localização da pessoa, sua velocidade de deslocamento e aproximação de outros pontos específicos. Por isso tem sido utilizado como uma pena em si – a de "localização permanente" – por exemplo, em casos de criminosos sexuais, motoristas impedidos de dirigir, restrição de frequência a certos lugares, em substituição a penas de curta duração etc. Ao monitoramento, por vezes, agrega-se o contato em horários determinados por uma central telefônica ou por sistema de registro e horários prefixados nos locais indicados, especialmente locais fechados, nos quais o Sistema Global de Posicionamento (GPS) pode não detectar a localização do monitorado.

Alguns apontam que a utilização do monitoramento poderia afrontar o direito à intimidade protegido pela Constituição Federal em vários dispositivos. Ainda assim, ao se aplicar o monitoramento como pena deve-se sopesar quais liberdades individuais são afetadas por esse recurso e quais são afetadas pelo cárcere. Por isso, alguns sugerem que o monitoramento aponte apenas os lugares onde o vigiado se encontra, e não forneça imagens ou sons (OTERO GONZÁLEZ. *Control telemático de penados*, p. 87).

A partir de 2003 a Espanha passou a utilizar o monitoramento como pena, obtendo um sucesso que varia entre 85% e 90% de aceitação do programa.

19.3. REGIME FECHADO E MONITORAMENTO

A versão original do projeto de lei trazia ainda outras duas hipóteses: a previsão de monitoramento para o regime fechado e a utilização do monitoramento como substituição da prisão preventiva. A Comissão de Constituição e Justiça resolveu afastar as duas hipóteses: "Discordamos, no entanto, da aplicação de qualquer medida de vigilância indireta para condenados do regime fechado, ainda que referente ao período de trabalho. O principal motivo que sustenta essa posição é a incoerência da utilização da vigilância indireta com as condições que enquadram um preso no regime fechado. Devido ao elevado grau de privação de liberdade que se pretende exercer sobre o condenado, a utilização da vigilância indireta é certamente medida de fiscalização insuficiente em qualquer hipótese. Utilizamos raciocínio semelhante para o caso da proposta de substituição da prisão preventiva pela vigilância indireta. Afinal, a prisão preventiva visa resguardar a investigação e apuração de determinados crimes de uma possível influência do acusado, como coação de testemunhas, destruição de provas etc. A aplicação de vigilância indireta nesses casos permitiria ao acusado, mesmo monitorado, usar de artifícios que inviabilizem a apuração de crimes que porventura tenha cometido".

Parece-nos que não houve a adequada discussão sobre a utilização do monitoramento aos submetidos ao regime fechado. O argumento utilizado pela Comissão de Constituição e Justiça peca pela simplicidade e desprezo tanto dos motivos essenciais do monitoramento – a redução do prisionismo – quanto da realidade legal – a possibilidade de trabalho externo no regime fechado.

Entendemos que a melhor utilização do monitoramento seria a de evitar o cárcere e os males que este proporciona. Assim, sua utilização faz muito mais sentido como uma alternativa à prisão. Mesmo em casos de condenação superiores a oito anos o caso concreto pode indicar que, em termos de prevenção especial positiva e negativa, o condenado não necessite do enclausuramento e poderia muito bem cumprir sua pena em delimitados lugares que não a prisão.

Outrossim, a Lei de Execução Penal permite, em seu art. 36, que o condenado a regime fechado execute o trabalho externo, inclusive na iniciativa privada, o que de fato é muito raro de ser deferido diante da falta de estrutura do Estado em evitar a fuga e manter a disciplina. É praticamente impossível que o estabelecimento penitenciário destaque uma escolta para acompanhar o condenado por todo o tempo de saída. Com o monitoramento, poder-se-ia efetivar a previsão legal e permitir o trabalho externo dos condenados aptos para tanto.

19.4. PRISÃO PREVENTIVA E MONITORAMENTO

Em alguns países o monitoramento é utilizado como alternativa à prisão preventiva. Como exemplo, temos a Lei portuguesa de 18 de outubro de 2001 e também o que ocorre na França (OLIVEIRA. *Direito penal do futuro*, p. 62), onde se permite que nos casos de prisão preventiva o acusado seja submetido ao monitoramento eletrônico em vez de ser encarcerado. Ressalte-se que na maioria dos países as situações de prisão processual costumam ser semelhantes às do Brasil: garantia da instrução criminal e da aplicação da pena. Apenas a garantia da ordem pública é que não existe mais como algo frequente na legislação estrangeira.

Um dos argumentos a favor da aplicação é o mesmo que reforça sua aplicação como pena: evita os males do cárcere, ainda mais para aquele que presumidamente é inocente.

Mas há alguns argumentos contra. Um deles – o que consideramos mais fraco – diz respeito à ineficácia do monitoramento para cumprir as finalidades da prisão provisória, qual sejam, evitar a destruição de provas ou fuga do acusado. Parece-nos que se se utilizar a tecnologia citada acima seriam perfeitamente possíveis, em muitos casos, o monitoramento e a consecução da garantia desejada.

O principal argumento contra o monitoramento como prisão preventiva é exatamente seu baixo custo e a falta de limites espaciais para se "prender" alguém provisoriamente. Isso poderia aumentar consideravelmente o número de pessoas presas – na verdade, monitoradas – criando uma legião incalculável de "presos provisórios" (OTERO GONZÁLEZ. *Control telemático de penados*, p. 93, com farta bibliografia em notas de rodapé).

Embora o instituto tenha sido afastado do projeto que alterou a Lei de Execução Penal, em nosso ordenamento a recente Lei n. 12.403/2011 incluiu no Código de Processo Penal, em seu art. 319, IX, a possibilidade do monitoramento como *medida cautelar* alternativa à prisão processual.

19.5. O MONITORAMENTO NA LEI DE EXECUÇÃO PENAL

Na versão final do *projeto de lei* que foi à sanção presidencial havia três outras hipóteses (incisos) de cabimento do monitoramento: aplicar pena restritiva de liberdade a ser cumprida nos regimes aberto ou semiaberto, ou conceder progressão para tais regimes; aplicar pena restritiva de direitos que estabeleça limitação de horários ou de frequência a determinados lugares; e conceder o livramento condicional ou a suspensão condicional da pena.

A Presidência vetou os itens, pois, segundo as razões do veto, "a adoção do monitoramento eletrônico no regime aberto, nas penas restritivas de direito, no livramento condicional e na suspensão condicional da pena contraria a sistemática de cumprimento de pena prevista no ordenamento jurídico brasileiro e, com isso, a necessária individualização, proporcionalidade e suficiência da execução penal. Ademais, o projeto aumenta os custos com a execução penal sem auxiliar no reajuste da população dos presídios, uma vez que não retira do cárcere quem lá não deveria estar e não impede o ingresso de quem não deva ser preso".

Curiosamente, as hipóteses que permaneceram no texto final aprovado (saída temporária e prisão-albergue domiciliar) também não diminuem a população carcerária e aumentam o custo da execução, portanto, padecem da mesma falta de necessidade que serviu de argumento para as demais hipóteses vetadas.

Atualmente, o monitoramento eletrônico pode ser imposto para as seguintes situações:

- nas saídas temporárias concedidas no regime semiaberto;
- no deferimento de prisão-albergue domiciliar;
- nos regimes semiaberto ou aberto;
- em restritiva de direitos que limitem a frequência a lugares específicos;
- como condição facultativa no livramento condicional;
- o condenado por crime contra a mulher por razões da condição do sexo feminino (CP, art. 121-A, § 1º), sempre que deixar o estabelecimento prisional (LEP, art. 146-A).

Destaque-se que a monitoração é faculdade do juiz da execução, e não medida obrigatória. Salvo quanto ao condenado por crime contra a mulher em razão da condição do sexo feminino. Assim, entendendo o magistrado que se trata de medida desnecessária, poderá dispensá-la.

Nesse sentido, não há obrigação de determinar o monitoramento, muito menos de forma genérica ou como empecilho para a saída temporária. O Tribunal de Justiça de São Paulo, por meio de sua Corregedoria, revogou três artigos de uma Portaria da 2ª Vara das Execuções Criminais da Comarca de Presidente Prudente (Portaria n. 2/2012), que limitava o número de concessões de saídas temporárias de Páscoa ao número de tornozeleiras de monitoramento eletrônico. Conforme bem pontuado pelo juiz assessor da corregedoria, a Portaria trazia um "verdadeiro paradoxo", pois "remete à Administração Penitenciária, que detém o poder administrativo de distribuir os equipamentos entre as unidades prisionais do Estado, o verdadeiro poder de 'decisão de indeferimento' do benefício, via reflexiva, em detrimento daqueles para os quais o Estado não pode fornecer a monitoração"

Caso o monitorado destrua o equipamento ou o remova, estará sujeito à regressão de regime, suspensão do benefício (caso de saída temporária) ou uma simples advertência, decisão que caberá ao juiz da execução, após obediência ao contraditório e à ampla defesa.

19.6. REGULAMENTAÇÃO

Cada Unidade da Federação poderá editar uma lei para definir as condições técnicas e operacionais do monitoramento. Contudo, não poderá aumentar os casos de concessão, e muito menos criar empecilhos ou outros casos de revogação.

O Decreto Federal n. 7.627/2011 determina que a pessoa monitorada deve receber por escrito, de forma clara e precisa, os direitos e deveres a que está sujeita, bem como os procedimentos que decorrem da monitoração. A Secretaria de Estado, incumbida da execução administrativa da pena, será a responsável pelo controle, e deverá manter um Centro de Monitoração Eletrônica (CME) para isso, o que significa que não caberá à polícia realizar qualquer tipo de fiscalização, em especial se as condições determinadas pelo juiz estão sendo cumpridas. Isso fica bem claro pois, nas competências citadas pelo Decreto, as finalidades de reintegração da Lei de Execução Penal estão presentes. Entre as funções de fiscalização encontram-se também as de apoio e orientação, como a manutenção de programas e equipes multiprofissionais de acompanhamento e apoio ao monitorado que auxiliem em sua reintegração (art. 4º, III e IV). Outra previsão importante e que afasta a polícia da função é a de que o sistema de monitoramento deve preservar o sigilo dos dados e das informações da pessoa monitorada (art. 6º), com o acesso "restrito aos servidores expressamente autorizados que tenham necessidade de conhecê-los em virtude de suas atribuições" (art. 7º). Conforme a Resolução CNJ n. 412/2021, art. 13, § 2º, "O compartilhamento dos dados, inclusive com instituições de segurança pública, dependerá de autorização judicial, mediante representação da autoridade policial ou requerimento do Ministério Público". O compartilhamento somente poderá ser realizado diretamente em "situações excepcionais em que configurado iminente risco à vida" (art. 13, § 3º), e "será formalmente registrado, com informação sobre a data e o horário do tratamento, a identidade do servidor que obteve e do que concedeu o acesso ao dado, a justificativa apresentada, bem como quais os dados tratados, a fim de permitir o controle, além de eventual auditoria" (art. 13, § 4º).

Em complemento ao Decreto Federal, as Resoluções CNJ n. 213/2015 e 412/2021 e CNPCP n. 5/2017 possuem uma regulamentação extensa, com regras muito importantes para o acompanhamento da monitoração, como garantias de atendimento médico e psicossocial, provisoriedade da medida, efetiva alternatividade à prisão e não como complemento, efetiva necessidade e adequação da medida, e garantia do menor dano possível. Uma previsão significativa é a de avaliação corrente da necessidade da medida. O art. 5º da Resolução n. 412/2021 determina que "A medida de monitoramento eletrônico nos casos de saída temporária no regime semiaberto poderá ser determinada mediante decisão que indique a necessidade e adequação ao caso concreto, recomendando-se a reavaliação da medida quando não houver descumprimento anterior".

O CME será responsável, também, pelo envio de um relatório, na periodicidade definida, ao juiz da execução.

O CNJ mantém um "Informativo para os órgãos de Segurança Pública" sobre a monitoração de pessoas, com várias informações e recomendações para um tratamento humanitário da pessoa monitorada.

O Estado de São Paulo havia editado a Lei n. 12.906/2008 para regulamentar o assunto, antes mesmo da aprovação da alteração da Lei de Execução Penal, e com base nas situações do projeto de lei convertido. Por isso, traz em seu bojo situações outras, que estavam inicialmente previstas no projeto, mas que não podem ser aplicadas porque claramente foram vetadas pela Presidência da República no projeto final. E, como cabe à União a legislação sobre a matéria, as hipóteses excedentes da Lei devem ser desconsideradas. Assim, não tem aplicação o previsto no art. 1º da Lei para a:

- proibição de frequentar determinados lugares;
- concessão de livramento condicional; ou
- prestação de trabalho externo.

A Lei paulista claramente excedeu de sua competência em vários dispositivos, talvez por ser anterior à implantação do monitoramento no âmbito federal.

Ao prever a aplicação do monitoramento em casos específicos como algo aparentemente *obrigatório*, pois, conforme visto acima, o texto da Lei de Execução Penal é expresso em tratá-lo como algo facultativo, ou seja, deixa a cargo do juiz da execução a faculdade sobre o monitoramento, e jamais vinculou o instituto a qualquer espécie de crime. Assim, os §§ 2º e 3º do art. 2º da Lei paulista sofrem de ilegitimidade por extrapolarem a regulamentação que cabe originariamente à lei federal, e deveriam ser aplicados. Os parágrafos citados tentam oferecer uma lista de crimes pelos quais o monitoramento seria obrigatório.

A Lei manteve como causa de revogação a obrigação do monitorado em informar as falhas no dispositivo, algo que constava do projeto federal, mas que foi vetado pela Presidência, obviamente por se tratar de hipótese esdrúxula, já que se houver algum tipo de falha esta deverá ser imediatamente detectada pelas centrais de monitoramento.

Também definiu como *falta grave* a violação dos deveres do monitorado, algo impossível de ser feito por lei estadual, pois pela reserva legal apenas a Lei de Execução Penal ou outra lei federal poderá tipificar as faltas graves.

No Estado do Rio de Janeiro o assunto foi tratado pela Lei estadual n. 5.530/2009, ou seja, também anterior à Lei n. 12.258/2010, que alterou a Lei de Execução Penal para a inclusão do instituto.

A exemplo da Lei paulista, a Lei carioca também mantém alguns dispositivos que copiavam o projeto inicial, e também reproduz dispositivos que foram vetados pela Presidência quando da sanção da lei federal. Assim, deve ser desconsiderada a previsão de monitoramento no regime aberto, salvo se for albergue domiciliar.

19.7. JURISPRUDÊNCIA SELECIONADA

Tornozeleira: regressão e falta grave

"Prisão domiciliar – falta grave. Uma vez constatada falta grave, no que o custodiado haja retirado monitoramento eletrônico, surge legal a regressão no regime de cumprimento da pena" (STF, HC 132843/MG, 1ª T., j. 6-6-2017, rel. Min. Marco Aurélio, *DJe*-168 1º-8-2017).

"2. Resta incontroverso da doutrina e da jurisprudência que é taxativo o rol do artigo 50 da Lei de Execuções Penais, que prevê as condutas que configuram falta grave. (...) na hipótese de inobservância do perímetro de inclusão declarado para o período noturno detectado pelo próprio rastreamento do sistema de GPS, o apenado se mantém sob normal vigilância, não restando configurada falta grave mas, sim, descumprimento de condição obrigatória que autoriza sanção disciplinar, nos termos do artigo 146-C, parágrafo único da Lei de Execuções Penais" (STJ, REsp 1.519.802/SP, 6ª T., j. 10-11-2016, rel. Min. Maria Thereza de Assis Moura, *DJe* 24-11-2016).

20 INCIDENTES NA EXECUÇÃO

A palavra "incidente" simboliza qualquer coisa que sobrevém a outra. Deriva de incidir, que significa "cair sobre", "precipitar". Nesses termos, todas as questões que apareçam durante e paralelamente ao processo de execução e nele tenha reflexo poderiam ser chamadas de questões incidentais. Incidente, para Santoro, é todo conflito que surge no processo e que se refere a um objeto diverso daquele perseguido, todavia a ele coligado (SANTORO. *Manuale di diritto processuale penale*, p. 740). E incidente de execução é um contraste de direito ocorrido na execução e que tem influência sobre o relacionamento jurídico executivo (SANTORO. *L'esecuzione penale*, p. 378).

Para Manzini, incidente de execução é particular relação processual contenciosa que surge por ocasião da execução da sentença penal, tendo por conteúdo uma situação previamente prevista na lei ou outra controvérsia relativa à interpretação ou aplicação do julgado, ou providências não discricionárias emitidas para a execução (*Tratado de derecho procesal penal*, p. 324-325). Portanto, a nota que difere o incidente é a presença de um contencioso, uma controvérsia de interesses (condenado × Estado) a ser resolvida além da discricionariedade judicial ou administrativa.

Em sentido estrito, tem-se limitado a expressão "incidente" para os acontecimentos que modifiquem quantitativamente o prazo de prisão definido na sentença (aumento, diminuição ou extinção). Assim, a suspensão condicional da pena, o livramento condicional, a progressão e a regressão fazem parte do normal desenvolvimento da execução da pena e por não significarem qualquer operação ou extinção antecipada, não constituiriam incidentes (BEMFICA. *Da lei penal, da pena e sua aplicação, da execução da pena*, p. 247).

Diante da variedade de acontecimentos que circundam e atingem um processo, Eugenio Florian recomendava que os incidentes não fossem definidos *a priori*, pois não se pode saber antecipadamente todos os casos de intervenção judicial necessária (*Elementos de derecho procesal penal*, p. 483).

Inseridos no texto da Lei de Execução Penal sob o título de "Incidentes da Execução" encontram-se somente as *conversões, o excesso ou desvio, a anistia e o indulto*. Acrescentamos a estes a *graça*, a *comutação da pena*, a *delação premiada*, a *remição*, o *RDD*, a *unificação de penas* e o reconhecimento de *"novatio legis in mellius"*.

20.1. CONVERSÕES

Sempre que a legislação permitir, a pena aplicada poderá ser substituída por ou convertida em outra. No Capítulo 16, vimos que a pena privativa de liberdade poderá ser substituída por medida de segurança, sobrevindo insanidade mental ao acusado. Igualmente, a pena restritiva de direitos poderá ser convertida em outra, de acordo com as particularidades de quem deverá cumpri-la.

Parece-nos mais correto que o termo "substituição" estivesse reservado à aplicação da pena na sentença, ou seja, antes do término da jurisdição do magistrado. Durante a execução da pena, utilizaríamos o termo "conversão".

Desde já, evidenciamos que a conversão deverá sempre ser realizada por meio de um procedimento judicial – um incidente da execução –, observando-se o devido processo legal, com a garantia da ampla defesa e do contraditório. Em qualquer caso, esta será a via correta.

20.1.1. Conversão da pena privativa de liberdade em restritiva de direitos

Lembramos que, pelo art. 44 do Código Penal, as penas privativas de liberdade de até *quatro anos* poderão ser substituídas por penas restritivas de direito, desde que o crime não tenha sido cometido mediante violência ou grave ameaça e a culpabilidade do condenado e demais circunstâncias legais e judiciais estiverem a seu favor. Essa redação foi alterada pela Lei n. 9.714/98. A redação anterior somente permitia a substituição às penas privativas de liberdade inferiores a um ano.

O art. 180 da LEP preconiza que a pena privativa de liberdade, não superior a dois anos, poderá ser convertida em restritiva de direitos, desde que:

"I – o condenado a esteja cumprindo em regime aberto;
II – tenha cumprido pelo menos 1/4 (um quarto) da pena;
III – os antecedentes e a personalidade do condenado indiquem ser a conversão recomendável".

Examinando este assunto com propriedade, Cezar Roberto Bitencourt reafirma a vigência desses artigos, que em nada foram atingidos pela Lei n. 9.714/98. Sua primeira observação é feita quanto à pena, não superior a dois anos, que o legislador não esclarece ser "a pena aplicada" ou o "restante da pena aplicada". A interpretação *pro reo* indica tratar-se da pena restante (*Novas penas alternativas*, p. 166).

Embora esse dispositivo não tenha sido revogado pela edição da Lei n. 9.714/98 e, portanto, possuir plena eficácia, não vemos motivos para que não seja atingido pela nova redação, e alcançar as penas não mais de até dois anos, mas sim de até quatro anos, conforme o escopo do atual legislador. Ao pensamento autorizado de Bitencourt, acrescentaríamos essa pretensiosa observação.

Embora alguns autores considerem que o dispositivo seja despiciendo, conseguimos encontrar utilidade nele, pois permitiria a conversão da pena privativa de liberdade mesmo nos casos de reincidência em crime doloso ou praticado mediante violência ou grave ameaça, situações vedadas pela substituição na sentença. Além disso, convertida a pena em restritiva, poderá ser cumprida na metade do tempo se superior a um ano.

Álvaro Érix Ferreira nos dá ciência de um julgamento do extinto Tribunal de Alçada Criminal de São Paulo no qual, não dispondo de vagas no regime aberto para um sentenciado com condições de progressão de regime, o referido Tribunal entendeu ser cabível a conversão além do limite legal de dois anos (Penas restritivas de direito. In: LAGRASTA NETO; NALINI; DIP (coords.). *Execução penal*: visão do TACrim-SP, p. 32). Na ocasião do julgamento (1997), a redação do Código Penal não contemplava o limite de quatro anos, que poderá ser utilizado atualmente para as futuras conversões.

20.1.2. Conversão da pena restritiva de direitos em privativa de liberdade

O juiz da condenação deverá, sempre que cabível, substituir as penas privativas de liberdade por restritiva de direitos (CP, art. 43). Estas possuem suas condições para cumprimento que, caso sejam desobedecidas, poderão ensejar a conversão na pena de privação da liberdade inicialmente aplicada.

O Código Penal apenas dispõe que a pena restritiva de direitos se converte em privativa de liberdade quando ocorrer o descumprimento injustificado da restrição imposta ou sobrevier condenação à pena privativa de liberdade que impossibilite o cumprimento da substitutiva já aplicada. Situação diferente e sem previsão legal é a inversa, ou seja, condenação posterior à restritiva de direitos enquanto o condenado cumpre pena restritiva de liberdade. Neste caso, na impossibilidade de interpretação *in malam partem*, não se deve converter a posterior restritiva de direitos em privativa de liberdade, conforme já decidiu o STJ (REsp 1918286). Restaria então a obediência ao art. 76 do CP ("No concurso de infrações, executar-se-á primeiramente a pena mais grave") e tão logo o condenado passe ao regime aberto ou livramento condicional passaria a cumprir a restritiva de direitos.

É na Lei de Execução Penal que estão delineadas as causas que darão origem à conversão.

Como procedimento judicial que é, o incidente deverá se pautar pelos princípios do devido processo legal, em especial da ampla defesa e do contraditório.

Ao final, se o juiz decidir pela conversão, o condenado será recolhido ao estabelecimento nos termos da sentença condenatória, ou seja, respeitando-se o tempo de pena e o regime inicial de cumprimento. Do total de privação determinado na condenação, será deduzido o tempo de prestação de serviço. Por exemplo, se o réu foi condenado a 3 (três) anos em regime aberto e contemplado com a pena alternativa, a qual cumpriu pelo período de 2 (dois) anos, ao ter a conversão decretada, deverá cumprir apenas o restante (1 ano). Se faltarem apenas alguns dias, mais precisamente, menos de 30 (trinta) dias, este será o saldo mínimo imposto ao condenado.

Os autores nos despertam para o fato de que o texto do § 4º do art. 44 do CP cita apenas o saldo de *detenção* e *reclusão*, esquecendo-se da prisão simples, pena prevista às contravenções penais. A conclusão de Cezar Roberto Bitencourt é que a pena de prisão simples depois de substituída por restritiva de direitos não mais poderá ser convertida em privativa de liberdade, mesmo havendo descumprimento das condições impostas, por ausência de previsão legal e impossibilidade de *interpretatio in malam partem* (*Novas penas alternativas*, p. 171-172).

Lembramos que, conforme o dissertado acima, a conversão não será obrigatória por já estar o condenado cumprindo outra pena restritiva, se ambas forem compatíveis, bem como se estiver em gozo de *sursis*, livramento condicional ou em regime aberto, situações que não são incompatíveis com a pena restritiva. Este é o entendimento consolidado pelo STJ (HC 304.328/DF).

20.1.2.1. Prestação de serviços à comunidade

A conversão da prestação de serviços à comunidade em privativa de liberdade tem os seguintes requisitos (LEP, art. 181, § 1º):

- não ser encontrado por estar em lugar incerto e não sabido, ou desatender à intimação por edital;
- não comparecer, injustificadamente, à entidade ou programa em que deva prestar serviço;
- recusar-se, injustificadamente, a prestar o serviço que lhe foi imposto;
- praticar falta grave;
- sofrer condenação por outro crime à pena privativa de liberdade, cuja execução não tenha sido suspensa.

Ao receber a sentença para execução, o juiz estará encarregado de indicar o local, os dias e o horário para o cumprimento do serviço (Capítulo 14). Essas assinalações devem ser comunicadas ao condenado formalmente, por meio de intimação. O primeiro caso de conversão refere-se justamente à *não localização do condenado para intimação* pessoal, ou, ainda, ao não atendimento quando o ato for executado mediante edital.

O segundo caso para revogação é a *ausência, injustificada, à entidade designada para a prestação do serviço*. O condenado, devidamente intimado nos termos acima citados, deverá iniciar o cumprimento da pena com o primeiro dia de frequência ao local assinalado pelo juiz. A sua falta, sem justificativa, implicará a conversão.

A conversão também poderá ocorrer se o condenado *recusar-se a prestar o serviço* que lhe foi imposto. A recusa deverá ser injustificada.

O cometimento de *falta grave* (Capítulo 10, item 10.3) está presente em vários dispositivos da Lei de Execução Penal, ressaltando-se que o comportamento do condenado deve ser condizente com sua situação de pessoa tutelada. Como em outros casos, a comprovação da prática de falta grave gera efeitos reflexos, como a conversão da pena restritiva. Como falta grave no cumprimento de pena restritiva a Lei tipifica (art. 51):

- descumprir, injustificadamente, a restrição imposta;
- retardar, injustificadamente, o cumprimento da obrigação imposta;
- não observar os deveres previstos nos incisos II (obediência ao servidor e respeito a qualquer pessoa com quem deva relacionar-se) e V (execução do trabalho, das tarefas e das ordens recebidas), do art. 39, da LEP.

Ressaltamos o nosso entendimento de que, apesar de o art. 181, § 1º, *d*, reclamar a simples prática de falta grave, diante da ampla defesa e do contraditório a conversão somente poderá ser decretada com base nessa alínea após a comprovação e punição do condenado pela falta.

A última situação a autorizar a conversão é a *condenação posterior à pena privativa de liberdade*. Esse dispositivo deve ser interpretado diante da impossibilidade de o condenado continuar a cumprir a pena restritiva, porque foi apenado com pena privativa da liberdade.

O próprio texto legal ressalva a hipótese de a pena posterior ter sido suspensa (Capítulo 17), ou seja, reconhece que o motivo para a conversão deve ser o recolhimento do réu à prisão. Assim, embora condenado à pena privativa de liberdade, se for agraciado com a suspensão condicional da pena não terá a pena anterior convertida.

Da mesma forma, o texto menciona apenas a "prática de crime". Destarte, não podemos incluir a prática de contravenção. No caso concreto de uma condenação posterior por contravenção que implique a prisão do autor, deverá cumprir primeiro a pena mais grave, e em seguida retornar ao cumprimento da prestação imposta anteriormente.

E se a posterior condenação não admitir o *sursis*, mas for substituída por outra pena restritiva de direitos, não havendo impedimentos de ordem prática, também não ocorrerá a conversão.

20.1.2.2. *Limitação de final de semana*

A limitação de final de semana exige que o condenado permaneça durante os finais de semana por cinco horas em casa de albergado ou outro estabelecimento adequado (Capítulo 14, item 14.1.5.).

As circunstâncias que orientarão a conversão são repetidamente as mesmas da prestação de serviços, ou seja, se o condenado:

- não comparecer ao estabelecimento designado para o cumprimento da pena;
- recusar-se a exercer a atividade determinada pelo juiz;
- não for encontrado por estar em lugar incerto e não sabido, ou desatender à intimação por edital;
- praticar falta grave;
- sofrer condenação por outro crime à pena privativa de liberdade, cuja execução não tenha sido suspensa.

É importante ressaltar que, não havendo casa de albergado, a melhor opção será conceder ao condenado prisão domiciliar de forma excepcional.

20.1.2.3. Interdição temporária de direitos

Alguns direitos do condenado poderão ser interditados como pena alternativa, e estão previstos tanto no Código Penal quanto na legislação especial (Capítulo 14).

Para a conversão, o juiz deverá constatar a ocorrência das seguintes situações, com relação ao condenado:

- exercer, injustificadamente, o direito interditado;
- não ser encontrado por estar em lugar incerto e não sabido, ou desatender à intimação por edital;
- sofrer condenação por outro crime à pena privativa de liberdade, cuja execução não tenha sido suspensa.

O destaque recai sobre o exercício injustificado do direito restringido. Poderá acontecer que, por circunstâncias fáticas, o condenado seja solicitado em um caso concreto, e, em detrimento do cumprimento de sua pena, exerça o direito tolhido. Se, por exemplo, teve suspenso o seu direito de dirigir, mas o faz para prestar socorro a um parente enfermo; ou, se impedido de exercer a medicina aplicar medicamento ao acidentado etc. Tais circunstâncias devem ser ponderadas pelo juiz da execução e destarte percebemos a importância da instrução de um processo incidental, no qual o condenado possa ter a oportunidade de exercer a ampla defesa e o contraditório. Comprovada a situação extravagante, o juiz não deve converter a restritiva de direitos em privativa de liberdade.

20.1.3. Conversão da pena privativa de liberdade em medida de segurança

O art. 183 da LEP regulamenta a conversão da pena privativa de liberdade em medida de segurança.

Conforme dissertamos no Capítulo 16, a medida de segurança poderá ser aplicada aos inimputáveis ou semi-imputáveis no curso do processo penal, como consequência para o delito, e – o que nos interessa neste item – por insanidade mental no curso da execução.

O mandamento legal peca pela simplicidade. Se sobrevier doença mental, a pena será convertida em medida de segurança.

A falta de regulamentação faz emergir entre doutrina e jurisprudência uma batalha de interpretações e intérpretes, especificamente se haverá ou não prazo para a medida de segurança imposta e, em caso afirmativo, qual deverá ser.

Inicialmente ponderamos que a superveniência de doença mental deverá ser devidamente analisada e diagnosticada pela perícia médica oficial, para comprovação de sua perduração a ponto que justifique a conversão da pena privativa. Tratando-se de perturbação momentânea, a internação temporária e o tratamento médico adequado poderão restabelecer a capacidade do condenado, que seguirá cumprindo sua pena regularmente. Caso a constatação médica indique a superveniência relevante de doença mental, poderá ensejar a instauração do procedimento de conversão, que se, ao final, concluir por esta, modificará o regime de execução, e o sujeito passará a ser considerado um doente. A Lei não regulamenta a situação e, destarte, não impede a reversão. Isso poderia levar ao entendimento de que, uma vez convertida a pena em medida de segurança, não há nenhum preceito legal que impeça que novamente seja revertida para privativa de liberdade. Contudo entendemos que, mesmo sem adentrarmos no debate sobre a perpetuidade ou não de uma doença mental, a conversão indica que a doença foi identificada, ainda que tardiamente. Assim, o condenado agora deve ser tratado como inimputável, e sua tutela estatal, como medida de segurança. Respondendo ao tratamento, deverá ser transferido ao tratamento ambulatorial e, posteriormente, liberado de modo definitivo.

Duas são as considerações quanto ao prazo, uma quanto ao mínimo e outra quanto ao máximo. Vem prevalecendo o posicionamento, com o qual concordamos, de que a medida de segurança objeto da conversão deverá perdurar somente pelo prazo restante da pena imposta na sentença, contra uma segunda corrente minoritária que defende que, como qualquer medida de segurança, o que determinará o prazo da internação será a cessação da periculosidade.

Concordamos com a primeira corrente, porquanto a pena inicialmente aplicada teve a culpabilidade como fundamento para a reprovabilidade da conduta do agente. O fato de, no curso da execução, sobrevir doença mental não autoriza a manutenção de uma pessoa que, ao cometer o delito, não demonstrava periculosidade. Terminando o período da pena e permanecendo o condenado em situação de inimputabilidade, deverá ser entregue aos cuidados da família, ou removido ao estabelecimento de saúde competente na inexistência daquela.

Outro problema diz respeito ao réu que, em cumprimento de pena privativa de liberdade, é novamente condenado (ou absolvido impropriamente) em outro processo a uma medida de segurança. O correto é que automaticamente a pena que está sendo cumprida seja convertida em apenas uma medida de segurança a ser executada uniformemente. O mesmo se estiver em cumprimento de medida de segurança e sobrevier condenação à pena privativa de liberdade por outro processo, devendo esta também ter sua conversão automática em medida de segurança. Pensamento em sentido contrário estaria ressuscitando o antigo sistema do duplo binário, que, além da execução das duas consequências, realmente declara que uma pessoa pode ser ao mesmo tempo imputável e inimputável. Contudo o STJ tem decisões em sentido contrário, fundamentando seu entendimento na existência de dois fatos diversos e suas respectivas consequências, que deverão ser cumpridas de forma sucessiva. Não concordamos, *data venia*, com tal entendimento pois ele significa justamente dizer que o mesmo réu é a um só tempo imputável e inimputável e igualmente desrespeita o previsto na Lei de Execução Penal que indica a conversão somente da pena privativa em medida de segurança, sem regresso ou reconversão.

O incidente poderá ser iniciado de ofício pelo juiz, a pedido do Ministério Público ou comunicação da autoridade administrativa diretora do estabelecimento.

Para que o incidente transcorra regularmente, serão realizados exames periciais e, após a confecção do laudo, o juiz decretará a conversão. Não havendo impugnações ou sendo estas julgadas improcedentes, o juiz determinará a transferência do condenado ao hospital psiquiátrico ou outro estabelecimento adequado, no qual deverá aguardar o restabelecimento. A lei é omissa neste ponto, mas, se o condenado readquirir sua sanidade, deverá retornar ao cumprimento regular da pena, em estabelecimento próprio. Não se recuperando até o final do prazo de sua pena fixada na sentença, deverá ser colocado em liberdade sob a responsabilidade dos familiares.

20.1.4. Conversão do tratamento ambulatorial em internação

Eventualmente, o tratamento prestado ao submetido à medida de segurança poderá não estar sendo benéfico, ou a finalidade da medida pode não estar sendo alcançada. Nestes casos, o juiz deverá instaurar um incidente para adequá-la às particularidades do caso (LEP, art. 184).

O submetido ao tratamento ambulatorial pode não estar comparecendo ao nosocômio, negando-se a colaborar com o tratamento, ingerindo a medicação de forma inadequada etc.

Decretada a conversão, a lei determina que o prazo mínimo para a internação será o de um ano, mas nada impede que novos exames sejam feitos ou que o perito identifique que antes mesmo deste prazo o internado pode retornar ao tratamento ambulatorial. Analogicamente, ao final desse prazo o juiz determinará um exame para, se for o caso, manter a medida, convertê-la em tratamento ambulatorial, ou liberar o internado por cessação de sua periculosidade.

20.1.5. Conversão das penas pecuniárias

Com a alteração dos artigos do Código Penal que tratam da pena e que a consideram como dívida ativa da Fazenda Pública, as penas que tenham caráter pecuniário devem possuir o mesmo tratamento. Isso quer dizer que, se a pena cominada na sentença for a de multa ou prestação pecuniária, não caberá mais a conversão em pena privativa de liberdade.

O art. 182 da LEP, que regulava a situação, foi expressamente revogado pela Lei n. 9.268/96.

20.2. EXCESSO OU DESVIO

O juiz da execução terá a incumbência de executar a sentença condenatória, com o auxílio da administração penitenciária. Sua função será a de tornar efetiva a pena aplicada na condenação. Nesse mister, tanto o juiz quanto a administração deverão respeitar a decisão do juiz da causa, não lhes sendo lícito alterar o conteúdo da sentença exceto nas expressas hipóteses previstas na Lei, e afetas à sua atividade executiva, como é o caso da progressão de regime, livramento condicional, conversão das penas etc. Praticando atos que excedam sua competência legal ou desviem-se da finalidade da pena, poderão tê-los impugnados, por meio de um incidente de excesso ou desvio na execução (LEP, art. 185).

O incidente do excesso ou desvio deve ser instaurado no juízo da execução, por isso o mais comum é que sirva para a apuração de atos praticados pela administração. Os atos do juiz da execução que possam configurar excesso ou desvio aparecerão como decisões, e por isso o mais comum é que sejam combatidos por meio do recurso de agravo.

Fala-se em excesso quando a medida aplicada ultrapassa a necessária, em desproporção visível. O desvio, que pode ser positivo ou negativo, indica que a finalidade da pena não está sendo cumprida. Configura o excesso a aplicação de punição administrativa exacerbada ou por tempo maior do que o previsto. O desvio pode ser caracterizado pela manutenção em regime mais gravoso quando possível a progressão, ou a saída temporária em casos não autorizados, como no regime fechado (LEP, art. 122). Hoje é praticamente um consenso de que a manutenção do condenado em estabelecimento superlotado configura excesso na execução, que deveria ser considerado pelo juiz no momento de reconhecer algum direito da LEP. Há, neste sentido, resoluções da Corte interamericana de Direitos Humanos sobre o Instituto Penal Plácido de Sá Carvalho, no Rio de Janeiro, e sobre o Complexo Prisional do Curado, em Recife, para que o cômputo da pena seja considerado em dobro por causa da superlotação carcerária, o que caracteriza franco excesso na execução. E, recentemente, o STJ, justamente com base nestas resoluções, reconheceu o direito do cômputo em dobro como o recomendado por ter o Brasil se comprometido a respeitar as decisões da corte (STJ, RHC 13691/RJ). Remetemos o leitor ao item 13.7.3, sobre remição por superlotação.

O incidente poderá ser iniciado de ofício pelo juiz, por requerimento do condenado ou do Ministério Público, ou ainda representação do Conselho Penitenciário ou qualquer outro órgão pertencente ao sistema da execução penal (Conselho Nacional de Política Criminal e Penitenciária, os Departamentos Penitenciários, o Patronato e o Conselho da Comunidade).

20.3. ANISTIA

Anistia, Graça e Indulto estão incluídos como causas de extinção da punibilidade, e previstos no inciso II do art. 107 do Código Penal.

Até a Constituição de 1988, não havia restrição para esses institutos, e, salvo a anistia, que era dedicada exclusivamente aos crimes políticos, poderiam alcançar qualquer espécie de crime.

Após a previsão do art. 5º, XLIII, a graça e a anistia foram vedadas àqueles que cometessem crimes considerados hediondos e equiparados. Com a edição da Lei n. 8.072/90, regulamentou-se o dispositivo constitucional incluindo a vedação da concessão do indulto. A jurisprudência excluiu da equiparação ao hediondo aquilo que denominou "tráfico privilegiado", que consiste na verdade na causa de redução de pena prevista no § 4º do art. 33 da Lei de Drogas. Assim, preenchidos os requisitos, tanto indulto quanto anistia poderão ser concedidos a estes casos.

O legislador, a nosso ver, extrapolou de sua competência. A norma infralegal deve ater-se ao texto constitucional, não podendo conceder mais do que foi dado, nem restringir aquém do que lhe foi prescrito. No caso em tela, a Constituição vedava a concessão de graça e anistia, nada mencionando sobre o indulto. A proibição foi trazida ao mundo jurídico apenas por meio da Lei n. 8.072/90, a nosso ver, além dos limites concedidos pelo constituinte.

De qualquer sorte, a vedação desses institutos pelo texto constitucional pode ser considerada como um retrocesso em face de tantas conquistas obtidas nos últimos 25 anos. Como bem lembra João Mestieri, o constituinte esqueceu-se – ou nem sequer sabia – de que tais institutos referem-se ao homem, e não à qualidade ou tipo do fato que praticam (Leis hediondas e penas radicais. *Estudos jurídicos em homenagem a Manoel Pedro Pimentel*, p. 195).

A *anistia* é a declaração, por parte do Estado, de que abdica do *jus puniendi* de certa conduta criminosa praticada em um determinado lugar, e em uma determinada época. A abdicação do poder de punir *diz respeito a fatos* ocorridos, em períodos certos, e não à conduta em abstrato, o que equivaleria a *abolitio criminis*. As condutas evidenciadas, embora ainda mantenham a pecha de criminosas, não poderão mais ser punidas. Equivale a dizer que o ato praticado mantém o *status* de ilícito, mas a consequência penal é subtraída. Os efeitos da condenação – se existirem – e as demais responsabilidades (civil, administrativa etc.) persistem e devem ser saudadas pelo autor do fato.

Na precisa visão de Gustavo Zagrebelsky, a anistia torna inaplicável somente a sanção penal prevista para determinado fato criminoso (*Amnistia, indulto e grazia*, p. 69). O tipo, em si, permanece intacto.

Trata-se de um *ato político*, de competência exclusiva da União, previsto no art. 21, XVII, da Constituição Federal de 1988 ("Compete à União: (...) XVII – conceder anistia;") e entregue ao Congresso Nacional por meio do art. 48, VIII. Portanto, a anistia somente poderá ser concedida por meio de lei. Francisco Vani Bemfica entende que, se a matéria da anistia consistir em crime político, a iniciativa do projeto será exclusiva do Presidente da República (*Da lei penal, da pena e sua aplicação, da execução da pena*, p. 253). Atualmente, não há motivo para essa restrição que, na verdade, constava da Constituição Federal de 1967, com redação dada pela Emenda Constitucional n. 1/69, e que não foi repetida pela atual Constituição de 1988.

Se a lei que conceder a anistia for promulgada antes do trânsito em julgado da sentença condenatória, caberá ao juiz da causa ou do julgamento do recurso o reconhecimento. É a chamada *anistia própria*. Caso a lei sobrevenha ao trânsito em julgado, caberá ao juiz da execução. A anistia, nesse caso, conhecida como *imprópria*, poderá ser reconhecida de ofício pelo juiz, ou a requerimento do interessado, do Ministério Público, ou por proposta da autoridade administrativa ou do Conselho Penitenciário. Reconhecida pelo juiz, a punibilidade estará extinta.

Ressalte-se que a anistia atingirá apenas os delitos que enumerar, por exemplo, por meio da citação do *nomen juris* ou de artigos específicos, não se estendendo aos crimes cometidos em concurso (PAGLIARO. *Principi di diritto penale*, p. 728).

Como qualquer incidente, é obrigatória a autuação da portaria do juiz, do requerimento ou da representação. Pautando-se pela Lei de Anistia, o juiz a aplicará aos condenados que perfaçam as condições, caso existam. Da decisão, caberá recurso de agravo.

Questão polêmica é a possibilidade de a anistia ser recusada pelo agraciado, especialmente quando concedida antes do trânsito em julgado da sentença. Suponha-se que no processo existam provas a favor da inocência do réu. Alguns entendem que este poderia rejeitar a anistia, por ter o direito de ser declarado inocente. Entendemos que a anistia é uma forma de extinção da punibilidade que possui o caráter de instituto de Direito Público, assim como a prescrição. Da mesma forma que o réu de um processo não poderá lutar contra a prescrição, não poderá fazê-lo contra a anistia. Portanto, a anistia é irrecusável.

Como recentes anistias, encontramos o Ato das Disposições Transitórias da Constituição Federal de 1988, que concedeu anistia aos perseguidos políticos, em seu art. 8º, *in verbis*: "é concedida anistia aos que, no período de 18 de setembro de 1946 até a data da promulgação da Constituição, foram atingidos, em decorrência de motivação exclusivamente política, por atos de exceção, institucionais ou complementares, aos que foram abrangidos pelo Decreto Legislativo 18, de 15 de dezembro de 1961, e aos atingidos pelo Decreto-Lei 864, de 12 de setembro de 1969 (...)". Outro exemplo é a Lei n. 6.683/79, que anistiou a todos aqueles que, no período de 2 de setembro de 1961 a 15 de agosto de 1979, cometeram crimes políticos e eleitorais.

20.4. INDULTO

A importância do indulto (*Begnadigungsrecht*) na doutrina penal pode ser notada no eco que a frase de Rudof von Ihering adquiriu em referências do Direito Penal como Franz von Liszt e Gustav Radbruch: considerou-a como uma "válvula de escape" do Direito contra a força do julgamento injusto, na sublime missão de relacionar o Direito escrito e a Justiça, para que esta prevaleça sobre aquele (IHERING, *Der Zweck im Recht*. Leipzig: Breitkopf & Härtel, 1877, p. 423).

Em nossa doutrina, um dos primeiros – senão o primeiro – autores a definir a diferença entre indulto e graça foi Antônio José da Costa e Silva, seguindo a classificação que então davam os franceses e os italianos para o instituto: "é costume distinguir o indulto da graça (sem sentido restrito), designando o primeiro o perdão concedido a várias pessoas, a uma classe, mais ou menos numerosa de indivíduos, e a segunda, o outorgado a um só" (*Código Penal dos Estados Unidos do Brasil*. Vol. II. São Paulo: Cia Editora Nacional, 1938, p. 352).

Em sua gênese, o indulto é um ato de clemência coletiva, sem individualização, que pelas condições dos condenados, a natureza da infração, a quantidade ou a qualidade da pena, encontram-se na situação prevista no decreto. Exatamente pela não individualização não há possibilidade de ser provocado por um dos interessados, sendo ato espontâneo do Presidente da República (ESPÍNOLA FILHO. *Código de Processo Penal brasileiro anotado*, p. 312-313. v. 8). Sempre esteve ligado à clemência do soberano, que poderia dar sempre a última palavra sobre a penitência do criminoso, seja para apaziguar as comoções sociais, seja para agraciar a um amigo da corte.

A partir do correcionalismo e especialmente do positivismo italiano e a construção de estados republicanos surgiu uma corrente absolutamente contrária ao indulto (ou graça), lançando a tese de que não só o indulto como também a anistia somente deveriam ser aceitos – ou considerados não absurdos – quando "se reservasse(m) somente aos delinquentes político-sociais e sem notáveis precedentes penais" (FERRI, Enrico. *Princípios de Direito Criminal*. São Paulo: Saraiva, 1931, p. 173). No primeiro quarto do século passado alguns países começaram a restringir o poder de graça dos governantes, ou dividindo sua competência com o parlamento ou limitando os casos nos quais o Executivo poderia concedê-lo.

A partir destas críticas, a configuração do caráter do indulto começou a variar a depender da redação que a constituição de um país lhe atribuísse. Assim, atualmente, por exemplo, as constituições de Argentina[1], México[2], Paraguai[3], Espanha[4], Colômbia[5], Chile[6], Bolívia[7] mantêm a competência com o chefe do Executivo (ou o rei, no caso de Espanha), mas vinculam sua atividade ao limitado pela lei ou ao referendo do congresso. Na Itália[8] e no Uruguai[9], o ato é de competência do Legislativo, como se faz com a anistia. Em outros, como Alemanha[10], Portugal[11] e Peru[12], o ato é absolutamente discricionário e a competência é ilimitada. E ainda há países como o Equador, em que a competência é tanto da presidência quanto do congresso[13].

A partir daí notamos a diferença histórica do indulto nas diversas legislações. Em umas, é de fato ato do Executivo vinculado, em outras, discricionário ou mesmo arbitrário. Isto se deve ao fato de que para alguns autores e legislações o indulto não mais poderia manter seu formato original, ligado à posição absoluta do monarca, em um estado democrático de direito que pressupõe uma aplicação igualitária das normas a qualquer pessoa,

---

1. Art. 99, 5: "Puede indultar o conmutar las penas por delitos sujetos a la jurisdicción federal, previo informe del tribunal correspondiente, excepto en los casos de acusación por la Cámara de Diputados".
2. Art. 89, XIV: "Conceder, conforme a las leyes, indultos a los reos sentenciados por delitos de competencia de los tribunales federales".
3. Art. 238, 10: "indultar o conmutar las penas impuestas por los jueces y tribunales de la República, de conformidad con la ley, y con informe de la Corte Suprema de Justicia".
4. Art. 62, i): "Ejercer el derecho de gracia con arreglo a la ley, que no podrá autorizar indultos generales".
5. Art. 150, 17: "Conceder, por mayoría de los dos tercios de los votos de los miembros de una y otra Cámara y por graves motivos de conveniencia pública, amnistías o indultos generales por delitos políticos. En caso de que los favorecidos fueren eximidos de la responsabilidad civil respecto de particulares, el Estado quedará obligado a las indemnizaciones a que hubiere lugar".
6. Art. 31, 14°: "Otorgar indultos particulares en los casos y formas que determine la ley. El indulto será improcedente en tanto no se haya dictado sentencia ejecutoriada en el respectivo proceso. Los funcionarios acusados por la Cámara de Diputados y condenados por el Senado, sólo pueden ser indultados por el Congreso".
7. Art. 172, 14: "Decretar amnistía o indulto, con la aprobación de la Asamblea Legislativa Plurinacional".
8. Art. 79, "L'amnistia e l'indulto sono concessi con legge deliberata a maggioranza dei due terzi dei componenti di ciascuna Camera, in ogni suo articolo e nella votazione finale".
9. Art. 85, 14. "Conceder indultos por dos tercios de votos del total de componentes de la Asamblea General en reunión de ambas Cámaras, y acordar amnistías en casos extraordinarios, por mayoría absoluta de votos del total de componentes de cada Cámara".
10. Art. 60, II: "Er übt im Einzelfalle für den Bund das Begnadigungsrecht aus".
11. Art. 134, f): "Indultar e comutar penas, ouvido o Governo".
12. Art. 118, 21: "Conceder indultos y conmutar penas. Ejercer el derecho de gracia en beneficio de los procesados en los casos en que la etapa de instrucción haya excedido el doble de su plazo más su ampliatória".
13. "Art. 120, 13. Conceder amnistías por delitos políticos e indultos por motivos humanitarios, con el voto favorable de las dos terceras partes de sus integrantes. No se concederán por delitos cometidos contra la administración pública ni por genocidio, tortura, desaparición forzada de personas, secuestro y homicidio por razones políticas o de consciencia". E também do Presidente: "Art. 147, 18. Indultar, rebajar o conmutar las penas, de acuerdo con la ley".

como nos informam Jescheck e Weigend. Mas os mesmos autores reforçam a importância do instituto, ainda que com limitações, pois "serve, por um lado, para a correção de erros na aplicação do direito que não puderam ser sanados de outra forma, e de outro, para a eliminação de rigores desproporcionais que não foram perseguidos pelo legislador na aplicação do direito no caso concreto" (*Tratado de Derecho Penal*. Granada: Comares, 2002, p. 994-995).

Em nosso país, historicamente, sempre coube ao soberano (seja ele o imperador ou o chefe do Executivo) a concessão do perdão (individual) ou da graça (coletivo). Sempre esteve presente em todas as nossas constituições federais: art. 101, VIII, da Constituição de 1824 ("Perdoando, e moderando as penas impostas e os réus condenados por sentença"); art. 48, § 6º, da Constituição de 1891 ("indultar e comutar as penas nos crimes sujeitos à jurisdição federal, salvo nos casos a que se referem os arts. 34, n. 28, e 52, § 2º"[14]); art. 56, § 3º, da Constituição de 1934 ("perdoar e comutar, mediante proposta dos órgãos competentes, penas criminais"); art. 74, "n", da Constituição de 1937 ("exercer o direito de graça"); art. 87, XIX, da Constituição de 1946 ("conceder indulto e comutar penas, com audiência dos órgãos instituídos em lei"); e art. 83, XX, da Constituição de 1967 ("conceder indulto e comutar penas, com audiência dos órgãos instituídos em lei"). Nota-se que, ressalvando o disposto na Constituição de 1891, nunca se impôs qualquer restrição ao poder de indultar.

No Brasil, o indulto não é um ato inteiramente político como a anistia, não em sua forma, pois não é trazido ao mundo jurídico por meio de lei. Mas tanto quanto a anistia o indulto faz parte do poder de graça, e **em seu conteúdo é essencialmente um ato puramente político** de competência exclusiva do Presidente da República. Isto se deve ao fato de que não se optou em colocar em nosso texto constitucional qualquer restrição ao poder de indultar.

Sempre mantivemos em nosso ordenamento a característica de ser o indulto absolutamente discricionário, mas sua classificação como ato administrativo acaba por favorecer uma pequena confusão quanto à sua natureza jurídica. Ao nos pautarmos pela redação histórica de nossa constituição percebemos que até os dias atuais o indulto (ou o poder de graça) sempre foi intrinsecamente ligado ao arbítrio do governante supremo do Executivo, fosse ele o Imperador ou o Presidente da República. Isso sempre foi retratado nas cartas constitucionais que jamais impôs – tirante a de 1891 – qualquer tipo de condição ou controle ao ato de indulto. Do contrário deveríamos ter assinalado algo como a Constituição de 1891 o fez. Nesse sentido, embora tenha a formalidade de ato administrativo na melhor categorização doutrinária – porquanto é praticado por meio de um decreto presidencial – na verdade seu conteúdo é de verdadeiro ato político que não comporta análise de seu cabimento, disponibilidade e oportunidade por parte dos demais poderes. Sua limitação deve ser encontrada apenas no próprio texto constitucional (o que se pode discutir com relação aos crimes hediondos e equiparados), mas jamais pelo Legislativo ou principalmente pelo Judiciário. Assim como ninguém pode obrigar o Presidente a indultar, tampouco se pode

---

14. Eis as restrições ao poder de graça, algo raro em nossas constituições: competia ao Congresso (art. 34, n. 28) "comutar e perdoar as penas impostas, por crimes de responsabilidade, aos funcionários federais".

obrigá-lo a indultar desta ou daquela forma. Poderá indultar a qualquer um, plenamente ou parcialmente, seja o decreto individual ou coletivo. Permitir ao Judiciário seu controle de conteúdo seria usurpar função exclusivamente executiva e desfigurar o que de fato tem a natureza de ato disposto a justamente controlar os excessos dos demais poderes, a "válvula de escape" de Ihering: o Legislativo na pena abstratamente excessiva; e o Judiciário na pena concretamente excessiva, seja na determinação em sentença ou na forma e conteúdo da sua execução.

Em decisão liminar de 2017 em ação promovida pela Procuradoria-Geral da República (**ADI 5874**), o Supremo Tribunal Federal suspendeu a vigência de alguns dispositivos do decreto de indulto, questionando sua validade sob os seguintes argumentos:

> "(i) Violação ao princípio da separação de poderes, no tocante à reserva legal, ao conteúdo mínimo das funções legislativa e judicial, bem como à impossibilidade de o Poder Executivo dispor sobre matéria penal, mesmo pela via da medida provisória;
> (ii) Violação à efetividade mínima do Direito Penal e aos deveres de proteção do Estado quanto à segurança, justiça, probidade administrativa e direitos fundamentais dos cidadãos;
> (iii) Violação ao princípio da moralidade administrativa, na vertente do desvio de finalidade, de vez que as alterações introduzidas na minuta encaminhada pelo Conselho Nacional de Política Criminal e Penitenciária afastam o decreto dos objetivos constitucionalmente legítimos, produzindo efeitos que vulneram o interesse público e frustram as demandas mínimas da sociedade por integridade no trato da coisa pública".

Com a devida vênia, por tudo o que foi colacionado sobre a história política e jurídica do indulto, não só no Brasil como em âmbito internacional, os argumentos utilizados não se prestam ao caso. Em seu primeiro item (i) é justamente a separação de poderes constitucionalmente definida que inviabiliza a intromissão do Judiciário no conteúdo do indulto, e especialmente no âmbito penal, cujo permissivo constitucional é inerente para intromissão nesta área (indulto só existe em matéria penal). Esta sempre foi e continua sendo a razão de existir do indulto, que sem a competência penal seria absolutamente inútil. O argumento de que não se pode invadir competência penal por medida provisória não pode ser considerado, lembrando-se que antes da Emenda constitucional n. 32 tal competência foi questionada exatamente pela possibilidade de criação de tipos penais e foi justamente resolvida pelo parlamento incluindo-se, no texto constitucional, expressamente a vedação. Se o parlamento decidir limitar o indulto, a exemplo de outros países, deverá inserir esta restrição no texto maior.

No segundo item (ii), as citações não dizem respeito a que, exata e objetivamente, estariam sendo violados "segurança, justiça, probidade administrativa e direitos fundamentais dos cidadãos", já que a competência está prevista na Constituição Federal e a restrição em seu art. 5º, XLIII (hediondos); trata-se exatamente de um instituto de equidade, ou seja, justiça discricionária; elaborado mediante minuta elaborada e discutida pela Conselho Nacional de Política Criminal e Penitenciária. Com todo respeito, as expressões, como foram utilizadas, enfraquecem e banalizam sua força retórica e importância histórica.

E o terceiro item (iii), a exemplo do segundo, não define em que termos tão importantes e caros conceitos estariam sendo afetados. Se tais argumentos fossem válidos, o Supremo Tribunal Federal ou mesmo os Tribunais Estaduais poderiam questionar e talvez invalidar um veto presidencial ou governamental a um projeto de lei por violação de interesse público, algo inimaginável.

Em continuação, a liminar deferida ainda menciona outro argumento: "redução do prazo mínimo de cumprimento da pena para 1/5 (um quinto), tendo em vista que o benefício do livramento condicional, fixado por lei, exige o cumprimento de ao menos 1/3 (um terço) da pena". Aqui, como nos demais, a decisão não considera que o indulto não possui qualquer limitação legal, seja de forma ou conteúdo, inclusive de frações e, ademais, pode ser inclusive individual e total, e assim, podendo-se o mais, pode-se o menos.

Submetido a plenário, e na linha das decisões já consolidadas pelo próprio Supremo, por maioria de votos, **a ação foi considerada improcedente** justamente na linha do que acima foi fundamentado e por indevida intromissão do Judiciário em ato político impossível de ser controlado nos termos dos argumentos utilizados pelo Ministro em sua liminar.

Em sua forma, trata-se do que tecnicamente a doutrina define como um ato administrativo discricionário, na espécie de decreto, emitido pelo Presidente da República, constitucionalmente previsto como uma de suas competências privativas no art. 84, XII, da Constituição Federal de 1988. Não se trata de competência personalíssima, já que o parágrafo único do mesmo artigo permite a delegação às autoridades enumeradas.

A exemplo da graça, o indulto mantém a norma penal principal (o tipo) intacta e subtrai o autor da incidência da norma secundária (a pena). Mas, nesse caso, o indulto presta-se a corrigir os efeitos de uma sentença penal proferida entendida como injusta ou desnecessária, e não a lei penal em abstrato, o que faz a anistia. O fundamento do indulto é – ou deveria ser, como ressalta Zagrebelsky – um juízo de oportunidade sobre a pena infligida, e não sobre as leis penais das quais foram infligidas (op. cit., p. 76).

Como todo ato administrativo discricionário, sua prática é de total disponibilidade do Presidente, observados os ditames da conveniência e oportunidade públicas. Roberto Lyra criticava o indulto caracterizado pela inexigência de formalidades, indiscriminação e imotivação, especialmente por desconsiderar a periculosidade do indultado, o que pretere a defesa social (*Comentários ao Código de Processo Penal*, p. 366). Discordamos absolutamente do comentário, nos termos do que expusemos acima (Capítulo 5) sobre o conceito de periculosidade não poder ser adotado para os imputáveis.

Em tese, o indulto somente deveria atingir os condenados com processos transitados em julgado. A dificuldade para sua aplicação a processos em andamento pode ser alegada diante das causas de aumento e diminuição, e, principalmente, das agravantes e atenuantes, que não possuem margem legalmente fixada. Essas circunstâncias não permitiriam a inclusão do pretendente, pois, por via de regra, o decreto de indulto classifica os beneficiários de acordo com as penas recebidas. Para o STJ, o indulto não deve ser aplicado aos presos provisórios (AgRg no AREsp 1887116/GO). No entanto, na prática tem abrangido os processos ainda em andamento ou em fase recursal. Nada impede que atinja o condenado em *sursis*, livramento condicional, penas restritivas de direitos, pecuniárias, ou crimes de ação penal privada.

No concurso de crimes, de forma diversa da anistia, o indulto poderá alcançar mais de um delito, porquanto é comum que o decreto o conceda em virtude do montante da condenação (p. ex.: "aos condenados a ...anos de prisão"). Portanto, aplica-se o indulto uma única vez, depois de cumulada ou calculada a pena total (PAGLIARO. *Principi di diritto penale*, p. 733).

Em todos os casos, o Presidente poderá promover audiências, públicas ou não, envolvendo os órgãos da Administração e da sociedade civil que integrem o sistema de segurança e execução. As conclusões serão de caráter meramente opinativo, mas poderão servir de referência no momento da elaboração do decreto. Reuniões com o Ministério Público, Conselho Penitenciário, Secretaria Penitenciária, Organizações da Sociedade Civil, entre outros que atuem diretamente na execução da pena poderão fornecer elementos teóricos e práticos que auxiliem nos termos e alcance do indulto.

O ato administrativo deverá ser aplicado individualmente a cada condenado, pelo juízo da execução. Por ser um ato coletivo e impessoal, não há a necessidade de enviar uma cópia a cada juiz da execução, sendo função do cartório a extração das cópias da publicação do *Diário Oficial*. Na aplicação do indulto não é lícito ao juiz da execução exigir requisitos não previstos no decreto. Sendo ato político de competência privativa do Presidente da República, o indulto deve ser concedido imediatamente se cumpridos os requisitos objetivamente previstos no decreto. Ao concedê-lo, o juiz emite sentença meramente declaratória, e a exigência de outros requisitos já foi considerada pelo STF e pelo STJ como violação do princípio da legalidade e da separação de poderes.

Publicado o decreto de indulto, a autoridade que custodiar a pessoa condenada e os órgãos da execução previstos nos incisos III a VIII do art. 61 da Lei n. 7.210, de 1984, encaminharão, de ofício, ao juízo da execução a lista daqueles que satisfaçam os requisitos necessários para a concessão enunciados nesse decreto. O juiz, de ofício ou a requerimento do interessado, do Ministério Público, da Defensoria, por iniciativa do Conselho Penitenciário ou da autoridade administrativa, Ouvidoria ou Corregedoria, instaurará o incidente. Contará com um parecer do Conselho Penitenciário, ouvirá as partes e, decidindo pelo provimento, declarará extinta a punibilidade.

Para a declaração de extinção da punibilidade, ainda que seja indispensável o pronunciamento da defesa, não se exige a aceitação do condenado. Este somente poderá opor-se ao indulto quando para poder beneficiar-se dele precisar cumprir alguma condição. Isso será possível tratando-se de um decreto de *indulto condicional*, que imponha ao condenado o cumprimento de determinadas restrições. Caso não concorde em cumpri-las, o juiz não poderá obrigá-lo, não lhe concedendo a liberação.

O *indulto condicional* submete a aquisição do direito ao cumprimento de certas condições impostas no decreto. A doutrina italiana considera que, nestes casos, o processo de execução será suspenso até o término do prazo fixado pelo decreto, momento em que será definitivamente possível declarar extinta a pena do condenado (SANTORO. *Manuale di diritto processuale penale*, p. 707).

No direito brasileiro, com a peculiaridade de um juízo especializado da execução e a condução jurisdicional do processo, não cremos que possamos falar em suspensão da execução, pois, ainda que a pena privativa de liberdade tenha sido "suspensa", o processo continua sob a tutela do magistrado que fiscalizará o cumprimento das condições impostas.

Por fim, o indulto não apaga a condenação ou o crime, permanecendo a obrigação de indenizar os danos decorrentes do delito, as custas processuais e a consideração para a reincidência.

20.5. GRAÇA (INDULTO INDIVIDUAL)

Além do indulto, a Constituição Federal, o Código Penal e a legislação extravagante citam a *graça*, que recebe interpretações diferentes entre os doutrinadores.

A graça é um provimento de clemência individual, que age como o indulto sobre a pena cominada na sentença (ZAGREBELSKY. *Amnistia, indulto e grazia*, p. 175).

Uma das principais questões é sobre a possibilidade de a graça atender os que ainda não foram definitivamente condenados. Nestes casos, alega-se que ainda haveria a perspectiva de absolvição, fato mais favorável do que a própria concessão da graça. Mas, de forma pragmática, Espínola Filho assevera que se trata de total discricionariedade do chefe do Executivo Federal, na aferição dos benefícios e na avaliação de seus efeitos, podendo alcançar o réu processado, o sentenciado provisório ou definitivo. Não haveria razões para a restrição do decreto de graça (ESPÍNOLA FILHO. *Código de Processo Penal brasileiro anotado*, p. 298. v. 8).

O mais comum é a graça equivaler-se ao indulto individual. Para Francisco Bemfica, a graça diferencia-se do indulto por ser a primeira solicitada e o segundo, concedido de ofício (*Da lei penal, da pena e sua aplicação, da execução da pena*, p. 253).

A graça, no entender de Roberto Lyra, deve resultar de fundamentos excepcionais, sendo medida de política penitenciária movida por razões pragmáticas de conveniência (*Comentários ao Código de Processo Penal*, p. 359). Na jurisprudência encontramos como exemplo de fundamento para a graça o estágio terminal do enfermo.

O procedimento diferirá do previsto para o indulto coletivo, divergindo inicialmente na forma de manifestação do Presidente, não espontânea, mas sim provocada.

Por meio dessa provocação, que poderá partir do condenado, do Ministério Público, do Conselho Penitenciário, ou da autoridade administrativa, a petição da graça (ou indulto individual), acompanhada dos documentos que a instruírem, será endereçada ao Presidente da República e deverá ser entregue ao Conselho Penitenciário para a elaboração de parecer, podendo inclusive realizar diligências para tal. Se o incidente for instaurado por iniciativa do próprio Conselho, já estará instruído com o parecer.

O parecer conterá (art. 190):

- a narração do ilícito penal;
- os fundamentos da sentença condenatória;
- a exposição dos antecedentes do condenado;
- seu comportamento depois da prisão.

Ao final do relatório, o Conselho deverá se manifestar conclusivamente sobre o mérito do pedido de indulto e das questões ou omissões percebidas na petição inicial. Sendo um órgão colegiado, o ideal é que o relatório elaborado por um de seus membros (o relator) seja votado por todos, e aprovado ou rejeitado por maioria.

Nada impede que o Conselho emita parecer favorável à comutação da pena, mesmo que o pedido inicial tenha sido pela sua extinção, ou vice-versa (Espínola Filho. *Código de Processo Penal brasileiro anotado*, p. 300. v. 8). Esse relatório tem natureza opinativa e será utilizado como um – mas não o único – dos fatores a influenciar a decisão final.

Em seguida, os autos serão encaminhados ao Ministério da Justiça para submissão ao Presidente da República, para a manifestação final. Caso conceda a graça, expedirá um decreto que será anexado aos autos e devolvido ao juiz da execução. Trata-se de decisão discricionária, de livre critério, por não se tratar de um direito do condenado, mas uma clemência que se lhe concede, como afirma Câmara Leal (*Comentários ao Código de Processo Penal brasileiro*, p. 357).

A declaração da extinção da punibilidade dependerá ainda de decretação fundamentada do juiz da execução, e obrigatoriamente precedidas das manifestações da Defesa e do Ministério Público, conforme expressamente dispõe o art. 112, § 1º, da LEP. Julgando procedente, declarará extinta a punibilidade. Dessa decisão, caberá recurso de agravo com fundamento no art. 197 da LEP.

A graça extinguirá somente a pena, não desaparecendo a condenação ou o crime, o que garante a reincidência, bem como permanecendo o condenado com a obrigação de reparar o dano civil decorrente do delito e o pagamento das custas processuais (Câmara Leal. Op. cit., p. 351).

Como o indulto, a graça não poderá ser recusada pelo condenado, exceto quando implicar comutação de penas ou imposição de condições.

Do ponto de vista jurídico, a graça (e o indulto) como poder amplo e discricionário concedido ao Chefe de Estado pode comportar a presença de condições suspensivas ou resolutivas (Vassalli. *Sulla grazia condizionata al versamento di una somma*. In: *Scritti Giuridici*, p. 1607. v. 1. t. II).

20.6. COMUTAÇÃO DA PENA

A comutação da pena também é conhecida como *indulto parcial*. Tecnicamente não é aconselhável a utilização da palavra "indulto", mesmo que adjetivada de "parcial", para identificar a comutação de penas.

Por meio da comutação, ato que também está previsto como atribuição privativa do Presidente da República, a máxima autoridade administrativa pode, em tese, converter o regime, a espécie de pena, ou – o que é mais comum – diminuir a pena em certa fração. Também se perfaz por meio de um decreto presidencial e comumente acompanha o decreto de indulto.

O procedimento para a aplicação judicial a cada condenado será o mesmo previsto para o indulto. Após a manifestação da acusação e da defesa, o juiz ajustará a execução aos termos do decreto, conforme dispõe o art. 192 da LEP.

20.7. DELAÇÃO (COLABORAÇÃO) PREMIADA

A sanção positiva ou premial é algo discutido há muito pelos pensadores do Direito. Com muito destaque encontramos no século XX o pensamento de Norberto Bobbio, e da importância para o Direito da utilização de sanções positivas, como técnicas de estímulo e encorajamento ao comportamento conforme a norma (*Dalla struttura alla funzione*, p. 33 e s.). No Direito Penal, é um posicionamento diverso do tradicional o de assegurar a esse ramo também uma função promocional, como encontramos em outros ramos do Direito que frequentemente fazem uso de tais técnicas.

Amplamente considerada, a premiação estaria presente em todas as normas penais que de qualquer forma concedam a um sujeito uma vantagem de atenuação ou, mesmo, extinção da pena, seja por um comportamento que reflita tanto sobre o caráter ilícito da conduta quanto sobre a culpabilidade do agente, seja por um comportamento que venha ligado à fase de execução da pena. Trata-se de uma acepção extremamente ampla do conceito de contraposição da dimensão premial do Direito Penal moderno e sua tradicional função repressiva.

Existe, ainda, um segundo modo de entender a premialidade, restrita ao momento executivo da sanção penal, e compreende todos os institutos jurídicos que preveem vantagens e possibilidades de recuperação total ou parcial da liberdade do condenado. Esta vem sendo reconhecida de forma homogênea pela doutrina por ser na fase de execução o momento no qual tradicionalmente é reconhecida a exigência de incentivar e premiar os processos de reaquisição das regras fundamentais de convivência (Musco. La premialità nel diritto penale. In: *La legislazione premiale*, p. 115-116).

O que a doutrina nacional optou por alcunhar de "delação premiada" é, em síntese, a observação jurídico-penal da relevância da sanção positiva, da eficácia que pode possuir o estímulo, muito mais até do que a repressão. O assunto não é recente, repetimos, pois, no Brasil, encontramos, no Título CXVI do Livro V das Ordenações Filipinas, a aplicação do conceito de premiar os que colaborassem com a revelação de um delito do qual tenham participado.

No moderno ordenamento jurídico-penal brasileiro, a delação foi restaurada com a edição da Lei n. 8.072/90, que trata dos crimes considerados hediondos e incluiu o § 4º no art. 159 do CP, que, após a alteração promovida pela n. Lei n. 9.269/96 permite que o concorrente que denuncie à autoridade os demais coautores e facilite a libertação do sequestrado tenha sua pena reduzida de um a dois terços. Atualmente, encontramos dispositivos que premiam a revelação da empreitada criminosa nas Leis ns. 7.492/86 (art. 25, § 2º), 8.137/90 (art. 16, parágrafo único), 9.613/98 (art. 1º, § 5º), 9.807/99 (art. 13), 11.343/2006 (art. 41) e 12.850/2013 (arts. 4º a 7º).

Sem muito espaço para um debate aprofundado e sob pena de desviar o foco deste trabalho, poderíamos tecer alguns comentários a respeito do instituto e de sua valia ao sistema jurídico-penal como um todo. Com muita propriedade e emoção, Luiz Flávio Gomes (*Crime organizado*, p. 132), ecoando doutrinadores de escol como Alberto Silva Franco e Paulo José da Costa Júnior, destaca uma suposta imoralidade na delação premiada, que estaria a enaltecer a traição, atitude reprovável no convívio social. A lei não deveria estimular a conduta considerada pelo autor como imoral, pois, por sua base valorativa, não poderia pregar um contravalor. Mas adotando outra linha de raciocínio, ousamos discordar dessa afirmação, exatamente com fundamento na Teoria dos Valores. Os valores, por definição, referem-se ao positivo, ao bem de uma forma geral a ser buscado pelo ser humano. E, como um dos valores a ser perseguido pelo Estado de Direito, temos a conduta correta conforme o Direito e a sua propagação, em detrimento de todo ato que contrarie a natureza humana e desafie a realização do bem comum. O crime é, definitivamente, algo que não participa desse bem comum, pelo contrário, impede sua realização. A delação, se reconhecida mediante sérios critérios que possam coibir o "denuncismo" e as falsas acusações, tem por objetivo a manutenção dos valores sociais quando reconhece um objetivo maior, qual seja, a redução dos efeitos diretos e indiretos de uma empreitada criminosa. Não haveria o embate ético na denúncia de um crime por parte de quem o presencia, ainda que amigo ou conhecido do infrator. A respeito, nossa legislação penal tipifica como crimes o Favorecimento Pessoal (CP, art. 348) e a Condescendência Criminosa (CP, art. 320), considera circunstâncias atenuantes a preocupação em evitar ou minorar as consequências do crime (CP, art. 65, *b*) ou confessar espontaneamente sua participação (CP, art. 65, *d*), apenas alguns exemplos nos quais a delação integra um preceito penal. Também poderíamos questionar acerca do ato mais ético ou que obteria maior reprovação social: se daquele que entrega os coautores de um fato criminoso e possibilita a libertação da vítima ou daquele que, ao contrário, cala-se. Ademais, poderíamos ressaltar que a delação poderá acontecer pelos mais variados motivos, inclusive de alto padrão moral, como o arrependimento do réu pelo ilícito praticado, a vontade de reparar o mal causado ou o reconhecimento do respeito à normatividade. E, por derradeiro, lembramos que a "lealdade" para os integrantes de grupos criminosos não passa de uma miragem, já que a relação entre os indivíduos do grupo não se pauta pela ideia do justo, mas sim do interesse vil e do temor exercido pelos chefes da organização, apoiado exclusivamente no domínio e uso da força. Mas, é certo que se deve reconhecer um mínimo de ética na forma com a qual se deve proceder a uma delação premiada.

Retornando ao interesse principal deste trabalho, as leis que primeiro introduziram a delação modernamente não indicaram expressamente o momento processual para a concessão dos privilégios previstos em cada caso de delação premiada, seja na fase processual de conhecimento, seja na de execução. Sempre defendemos que fosse cabível na execução e a única menção diretamente relacionada a autorizar o entendimento aqui exposto é a alteração do § 5º do art. 1º da Lei n. 9.613/2011 ("lavagem" de ativos), que, a partir de 2012, incluiu a expressão "a qualquer tempo" em sua redação, no tocante à possibilidade de o juiz conceder o perdão judicial ou substituir a pena privativa de liberdade por restritiva de direitos. Se, "a qualquer tempo", o juiz poderá utilizar-se dessa previsão e havendo delação em fase de execução instaurar o incidente e, se for o caso, substituir a pena restante por restritiva de duração de igual período ou até mesmo perdoar a pena já imposta. Finalmente, com a edição da Lei n. 12.850/2013 não há mais dúvidas, porquanto o § 5º do art. 4º a autoriza expressamente "se a colaboração for posterior à sentença", reduzindo a pena até a metade ou permitindo a progressão de regime ainda que ausentes os requisitos objetivos. Em uma importante decisão a Corte Especial do Superior Tribunal de Justiça admitiu a fixação de **sanções penais atípicas** em acordo de colaboração premiada. No entendimento da Corte, a autonomia da vontade das partes (colaborador e Ministério Público) deve adquirir maior relevo, e a tradicional visão de indisponibilidade dos interesses do processo penal deve ser superada. Assim, como no caso decidido, o cumprimento de prisão em regime domiciliar mesmo sem previsão legal ou diante da vedação prevista na Lei n. 12.850/2013[15] pode fazer parte do acordo e deve ser respeitado pelo juiz da execução. Seguindo-se este entendimento, se o acordo for realizado durante a execução penal, qualquer outro direito poderá ser assegurado ao colaborador e não somente a progressão de regime, como também a conversão de pena privativa de liberdade em restritiva de direito.

Dessintonizamos dos entendimentos que insistem em atribuir momento específico ao reconhecimento da delação, como, por exemplo, no início do processo penal ou somente até o interrogatório, pois tal interpretação, além de *contra reum*, entraria em conflito direto com os interesses maiores que permeiam o instituto. Nada obsta que o acusado se utilize dessa via para, ainda que ao final do processo ou até mesmo em fase de execução penal, colaborar com interesses maiores relacionados com a persecução a outros crimes ainda desconhecidos, à continuidade da prática do crime organizado, do ressarcimento ou libertação das vítimas ou mesmo das finalidades da pena. A preciosa informação fornecida por um dos participantes de uma organização – que independentemente da eficiência investigatória do Estado talvez possa ser a única forma de concluir uma persecução – não perde ou tem diminuída sua validade ou serventia por ter sido prestada ao início ou término do processo, ou mesmo durante a fase de execução penal. Por outro lado, temos ainda a possibilidade de que somente após a condenação surjam os motivos que incentivem ou encorajem o coautor a delatar os demais participantes, como, por exemplo, a prisão de outros integrantes ou dos líderes da organização criminosa.

Havendo a manifestação do condenado em colaborar durante a fase de execução, deverá o magistrado iniciar um incidente. Destacamos que a manifestação do condenado deve ser voluntária – ainda que não espontânea. O objetivo é evitar as possíveis pressões por parte de órgãos públicos ávidos por conseguirem evidências para a persecução de outras infrações. Em verdade, a garantia constitucional fundamental do direito ao silêncio e à dignidade humana deve ser respeitada, ainda que aquele que aceite o acordo possa abrir mão de seu direito ao silêncio (art. 4º, § 14).

Entendemos que, após a manifestação, o incidente poderá ser instaurado por iniciativa do juiz ou Ministério Público, após o conhecimento da intenção do condenado ou por requerimento deste. As informações deverão ser colhidas e exaustivamente verificadas, para impedir as denúncias fraudulentas e descomprometidas com o interesse penal reverenciado pelos dispositivos penais que enunciam a premiação (libertação da vítima, recuperação do objeto do crime etc.). A aplicação desmedida e displicente do instituto tem exaltado a credibilidade do colaborador a algo quase indiscutível, violando princípios constitucionais como a presunção de inocência e o devido processo legal. Por tal motivo é que

---

15. Art. 4º, § 7º: "II – adequação dos benefícios pactuados àqueles previstos no *caput* e nos §§ 4º e 5º deste artigo, sendo nulas as cláusulas que violem o critério de definição do regime inicial de cumprimento de pena do art. 33 do Decreto-lei n. 2.848, de 7 de dezembro de 1940 (Código Penal), as regras de cada um dos regimes previstos no Código Penal e na Lei n. 7.210, de 11 de julho de 1984 (Lei de Execução Penal), e os requisitos de progressão de regime não abrangidos pelo § 5º deste artigo;".

ao julgador caberá, sempre com prudência e cautela, verificar a veracidade das denúncias, corroborando-as com outros elementos de convicção, e somente reconhecer o tratamento privilegiado após assegurada a efetividade da delação.

Nesse julgamento, é importante que ressaltemos o caráter objetivo da sanção premial, que deve demonstrar a ruptura do vínculo associativo, ou seja, que o sujeito não compartilhe mais das finalidades subversivas da organização a qual pertence. E diante desse mesmo caráter objetivo serão irrelevantes os motivos pelos quais tais rupturas se verificaram. Seja por crise ideológica, por sincero arrependimento ou mesmo por uma oportunidade para gozar dos direitos apresentados pela lei, o que deve ser considerado é apenas o dado objetivo de real ruptura da *societatis affectio* (Musco. La premialità nel diritto penale. In: *La legislazione premiale*, p. 125). Em suma, nessa figura não aplicamos o foco da observação na personalidade do condenado, pois a valoração do ato não recairá sobre a recuperação por aquele dos valores transgredidos, mas sim sobre a efetiva colaboração para objetivamente possibilitar à administração da justiça o alcance dos objetivos discriminados na legislação premial. O tratamento favorável reconhecido ao réu que colabora ativamente aparece disposto por uma finalidade que transcende todo relacionamento com o crime por ele cometido, e com a sua responsabilidade pessoal. E por isso deverá ser concedido apenas ao sujeito que efetivamente colaborou com as informações, não se estendendo o direito aos demais coautores delatados.

A avaliação da efetividade da colaboração e a decisão sobre o *quantum* e a espécie de privilégio a ser aplicado por força da delação premiada é de exclusividade do juiz da execução. Não encontramos lógica em algumas interpretações que entendem que o Ministério Público terá competência para avaliar o teor e a efetividade da delação e vincular o juiz à sua opinião.

Por fim, havendo elementos que comprovem a efetiva e eficaz colaboração, é imperioso que se reconheça a redução em favor do réu. Nesse sentido já houve posicionamento do STJ (HC 35.198/SP).

Caso o juiz da execução se negue a instaurar o incidente ou conclua pela sua improcedência, caberá o agravo previsto na Lei de Execução Penal (art. 197).

20.8. REMIÇÃO

Entendemos que o instituto da remição deve ser concedido por meio de um verdadeiro incidente na execução. Sobre a remição, remetemos o leitor ao Capítulo 13, item 13.7.

20.9. RDD (REGIME DISCIPLINAR DIFERENCIADO)

Pela gravidade que representa na qualidade da aplicação da pena privativa de liberdade, o RDD deve ser tratado como um incidente na execução da pena. Sobre o RDD, remetemos o leitor ao Capítulo 10, item 10.7.

20.10. UNIFICAÇÃO DE PENAS

Remetemos o leitor ao item 11.4.3 onde o assunto já foi devidamente tratado.

20.11. *NOVATIO LEGIS IN MELLIUS*

A edição de lei nova que de alguma forma beneficia o réu (*novatio legis in mellius*) poderá alterar a qualidade ou quantidade da pena, e portanto, deverá ser aplicada em um incidente processual. Caberá a qualquer um dos autorizados dar início ao incidente que será decidido pelo juiz da execução, culminando na alteração ou não da pena.

Há discussão perene em nossas cortes superiores sobre o alcance da *novatio legis*. O maior problema de interpretação ocorre quando uma lei nova é ao mesmo tempo melhor em certos dispositivos, e pior em outros. O STF manteve-se dividido em uma das mais recentes decisões e uma das turmas entendia que a lei deveria ser aplicada somente em seu todo, pois da combinação de duas leis derivaria uma terceira, e o julgador se converteria em legislador, o que violaria um suposto critério "unitário" (RHC 94802/RS). A outra turma – com a qual concordamos – simplesmente garantiu vigência ao inciso XL do art. 5º da Constituição Federal: a lei nova retroage em benefício do réu, sem limitações de quantidade ou qualidade (HC 95435/RS). O primeiro argumento parece não considerar que o usual é que a lei nova que entra em vigor já encontra configurações jurídicas que precisam ser reguladas, principalmente as que se encontram em sede de execução e que impedem que a lei nova seja aplicada por completo. Ao fim e ao cabo, sempre que uma lei nova, ainda que somente mais benéfica, entra em vigor, o que se faz é combiná-la com outra já vigente. Negar, nos casos de híbrida, que a lei nova seja aplicada ainda que parcialmente é praticamente inviabilizar e negar, além da garantia constitucional da retroatividade mais benéfica, a isonomia que em tantos julgados foi defendida pelo pleno da Corte.

20.12. JURISPRUDÊNCIA SELECIONADA

Comutação da pena

"1. A jurisprudência desta Corte é no sentido de que 'para a análise do pedido de indulto ou comutação de pena, o Magistrado deve restringir-se ao exame do preenchimento dos requisitos previstos no decreto presidencial, uma vez que os pressupostos para a concessão da benesse são da competência privativa do Presidente da República'" (HC 456.119/RS, rel. Min. Felix Fischer, 5ª T., DJe 15-10-2018).

"A comutação da pena não pode ser concedida ao condenado por latrocínio, ainda que praticado antes da edição da Lei dos Crimes Hediondos, ante expressa vedação legal. Precedentes desta Corte e do STF. Tratando-se de ato discricionário do Presidente da República, cabe a ele a definição da extensão do benefício, sem que a exclusão dos delitos hediondos configure violação ao princípio constitucional da irretroatividade da Lei penal mais gravosa. Irresignação que merece ser conhecida e provida para cassar o acórdão impugnado e restabelecer a sentença proferida pelo Juízo da Vara de Execuções Criminais do Distrito Federal. Recurso conhecido e provido" (STJ, REsp 669.574/DF, 5ª T., j. 2-12-2004, rel. Min. Gilson Dipp, DJ 9-2-2005).

Indulto

Súmula 631 do STJ: "O indulto extingue os efeitos primários da condenação (pretensão executória), mas não atinge os efeitos secundários, penais ou extrapenais".

Súmula 535 do STJ: "A prática de falta grave não interrompe o prazo para fim de comutação de pena ou indulto".

"Agravo Regimental no Agravo em Recurso Especial. Execução penal. Indulto. Decreto Presidencial n. 9.246/2017. Tempo de prisão cautelar. Detração penal. Impossibilidade. 1. Conforme precedentes desta Corte Superior, o período ao qual o Decreto Presidencial n. 9.246/2017 se refere para fins de indulto é aquele [que] corresponde à prisão pena, não se alinhando para o preenchimento do requisito objetivo aquele alusivo ao da detração penal, no qual se está diante de constrição por medida cautelar. 2. Agravo regimental improvido" (AgRg no AREsp 1.887.116/GO, 6ª T., j. 3-5-2022, rel. Min. Olindo Menezes (Desembargador Convocado do TRF 1ª Região), DJe 6-5-2022).

"Recurso especial. Execução penal. Decreto Presidencial n. 9.246/2017. Indulto. Cômputo do período em que o apenado cumpriu prisão provisória anterior, cuja condenação tenha transitado em julgado também antes do mesmo decreto. Possibilidade. Recurso especial desprovido" (STJ, REsp 1.953.596/GO, 6ª T., j. 7-12-2021, rel. Min. Laurita Vaz, DJe 16-12-2021).

"'A sentença que tem por objeto o indulto e a comutação de pena tem natureza meramente declaratória, na medida em que o direito já fora constituído pelo Decreto presidencial concessivo destes benefícios' (...) Ordem concedida de ofício para reconhecer a natureza declaratória da decisão concessiva do indulto" (STJ, HC 288.909/SP, 5ª T., j. 17-11-2016, rel. Min. Reynaldo Soares da Fonseca, DJe 28-11-2016).

"Para a concessão de indulto devem ser observados, tão-somente, os requisitos elencados no decreto presidencial respectivo, não competindo ao magistrado criar novas regras ou estabelecer outras condições além daquelas já previstas na referida norma, sob pena de ofensa ao princípio da legalidade, pois é da competência privativa do Presidente da República a tarefa de estabelecer os limites para a concessão da benesse. 3. Agravo regimental desprovido" (STJ, AgRg no REsp 1721009/SC 2018/0019352-9, rel. Min. Joel Ilan Paciornik, j. 2-8-2018, 5ª T., DJe 10-8-2018).

"1. Para fins de concessão de indulto ou comutação de penas, o prazo de 12 (doze) meses a que se refere o decreto presidencial diz respeito ao cometimento da falta grave e não a sua homologação ou eventual aplicação de sanção" (STJ, AgRg no REsp 1593381/MG, 5ª T., j. 16-8-2016, rel. Min. Jorge Mussi, DJe 24-8-2016).

"1. A concessão de indulto aos condenados a penas privativas de liberdade insere-se no exercício do poder discricionário do Presidente da República, limitado à vedação prevista no inc. XLIII do art. 5º da Carta da República. A outorga do benefício, precedido das cautelas devidas, não pode ser obstado por hipotética alegação de ameaça à segurança social, que tem como parâmetro simplesmente o montante da pena aplicada. 2. Revela-se inconstitucional a possibilidade de que o indulto seja concedido aos condenados por crimes hediondos, de tortura, terrorismo ou tráfico ilícito de entorpecentes e drogas afins, independentemente do lapso temporal da condenação. Interpretação conforme a Constituição dada ao § 2º do art. 7º do Decreto 4.495/2002 para fixar os limites de sua aplicação, assegurando-se legitimidade à *indulgencia principis*" (STF, ADI 2795 MC/DF, Tribunal Pleno, j. 8-5-2003, rel. Min. Maurício Corrêa, DJ 20-6-2003).

Indulto antes do trânsito em julgado

"É admissível em tese a aplicação de decreto de indulto coletivo, quando a condenação – embora pendente de recursos de defesa –, já não pode ser exasperada, à falta de recurso da acusação: precedentes do STF. Compete ao Juízo de Execução Penal decidir do pedido de indulto, na pendência de recursos extraordinário e especial, até porque, nessa hipótese, a prisão do réu, independentemente de sua necessidade cautelar – como é da jurisprudência dominante –, constitui verdadeira execução provisória da pena" (STF, HC 71.691/RJ, 1ª T., j. 9-8-1994, rel. Min. Sepúlveda Pertence, *DJ* 30-9-1994).

Indulto em tráfico "privilegiado": possibilidade

"A Terceira Seção desta Corte Superior, ao julgar a Petição n. 11.796/DF, adotou o posicionamento da excelsa Suprema Corte e firmou a tese segundo a qual 'o tráfico ilícito de drogas na sua forma privilegiada (art. 33, § 4º, da Lei n. 11.343/2006) não é crime equiparado a hediondo, com o consequente cancelamento do enunciado 512 da Súmula deste Superior Tribunal de Justiça'. IV – No caso, está configurado o constrangimento ilegal, uma vez que as instâncias de origem indeferiram o indulto ao paciente com base no Decreto n. 9.246/2017, não obstante tenha sido condenado pelo delito de tráfico de entorpecentes na sua forma privilegiada" (STJ, HC 556.273/SP, 5ª T., j. 20-2-2020, rel. Min. Leopoldo de Arruda Raposo).

Medida de segurança: conversão

"1. Se no curso da execução da pena privativa de liberdade sobrevier doença mental ou perturbação da saúde mental do condenado, o juiz poderá determinar a substituição da pena por medida de segurança, a teor do disposto no art. 183 da LEP. A duração dessa medida substitutiva não pode ser superior ao tempo restante para cumprimento da reprimenda. Precedentes do STJ. 2. Assim, ao término do referido prazo, se o sentenciado, por suas condições mentais, não puder ser restituído ao convívio social, o juiz da execução o colocará à disposição do juízo cível competente para serem determinadas as medidas de proteção adequado à sua enfermidade (art. 682, § 2º, do CPP). 3. Ordem concedida" (STJ, HC 31.702/SP, 5ª T., j. 9-3-2004, rel. Min. Laurita Vaz, *DJ* 5-4-2004).

Pena restritiva: conversão e prisão em flagrante

"Constitucional. Penal. Pena restritiva de direitos: apenado que vem a ser preso em flagrante pela prática de outro delito. CF, art. 5º, LVII. CP, arts. 44, § 5º, e 116, parágrafo único. I – Caso em que o recorrente fora condenado à pena restritiva de direitos (prestação de serviços à comunidade), cumprindo essa pena, foi preso em flagrante pela prática de outro delito. Por isso, foi a pena restritiva de direito convertida em privativa de liberdade. Alegação de ofensa ao princípio da presunção de inocência: C.F., 5º, LVII. II – Conhecimento e provimento parcial do RE para o fim de ser aplicado o art. 44, § 5º, do CP: após a superveniência de nova condenação é que decidir-se-á sobre a conversão. No caso, já iniciada a execução da pena de prestação de serviços, o apenado foi preso em flagrante, o que impede a continuidade da execução da pena restritiva de direito, pelo que ficará suspensa, com aplicação, relativamente à prescrição, do art. 116, parágrafo único, do CP" (STF, RE 412.514/RS, 2ª T., j. 29-6-2004, rel. Min. Carlos Velloso, *DJ* 13-8-2004).

Substituição da pena de prisão por restritiva de direitos durante a execução

"Pedido de substituição da pena privativa de liberdade pela restritiva de direitos: o art. 180 da LEP, Lei 7.210/1984, introduziu com incidente de execução o benefício das conversões, e como tal, deve ser originariamente dirigido ao juiz da Vara das Execuções Penais" (STF, HC 71.794/MG, 2ª T., j. 20-9-1994, rel. Min. Paulo Brossard, *DJ* 25-11-1994).

Delação premiada

"4. A partir do momento em que o Direito admite a figura da delação premiada (art. 14 da Lei 9.807/99) como causa de diminuição de pena e como forma de buscar a eficácia do processo criminal, reconhece que o delator assume uma postura sobremodo incomum: afastar-se do próprio instinto de conservação ou autoacobertamento, tanto individual quanto familiar, sujeito que fica a retaliações de toda ordem. Daí porque, ao negar ao delator o exame do grau da relevância de sua colaboração ou mesmo criar outros injustificados embaraços para lhe sonegar a sanção premial da causa de diminuição da pena, o Estado-juiz assume perante ele conduta desleal. Em contrapasso, portanto, do conteúdo do princípio que, no *caput* do art. 37 da Carta Magna, toma o explícito nome de moralidade" (STF, HC 99736/DF, 1ª T., j. 27-4-2010, rel. Min. Ayres Britto, *DJe*-091 21-5-2010).

"*Habeas Corpus*. Corréu beneficiado com a delação premiada. Extensão para o Corréu delatado. Impossibilidade. 2. Descabe estender ao corréu delatado o benefício do afastamento da pena, auferido em virtude da delação viabilizadora de sua responsabilidade penal" (STF, HC 85.176/PE, 1ª T., j. 1º-3-2005, rel. Min. Marco Aurélio).

"HC. Extorsão mediante sequestro. Dosimetria. Delação Premiada. Informações eficazes. Incidência obrigatória. Desconsideração pelo tribunal *a quo*. Constrangimento ilegal evidenciado. Ordem concedida. A "delação premiada" prevista no art. 159, § 4º, do CP é de incidência obrigatória quando os autos demonstram que as informações prestadas pelo agente foram eficazes, possibilitando ou facilitando a libertação da vítima. É viável o exame da dosimetria da pena por meio de *habeas corpus*, devido a eventual desacerto na consideração de circunstância ou errônea aplicação do método trifásico, se daí resultar flagrante ilegalidade e prejuízo ao réu – hipótese dos autos" (STJ, HC 26.325/ES, 5ª T., j. 24-6-2003, rel. Min. Gilson Dipp, *DJ* 25-8-2003).

PROCEDIMENTO JUDICIAL 21

O Título VIII da Lei de Execução Penal trata do "Procedimento Judicial". É evidente que, a partir da normatização da execução no Código de Processo Penal e, posteriormente, com a edição da Lei de Execução Penal, não há mais dúvidas de que a execução é um procedimento judicial, conduzido pelo juiz de direito.

Excetuando-se aquelas medidas de caráter estritamente administrativo e que a própria Lei entrega à autoridade administrativa, todos os demais incidentes e situações que eclodam durante a execução deverão ser solucionados pelo juízo da execução.

Com essa orientação, é nítida a natureza processual da execução, ainda que alguns autores neguem sua subsistência autônoma. E, como todo processo, será banhada pelos princípios constitucionais e legais que regem a matéria (Capítulo 2).

21.1. CÓDIGO DE PROCESSO PENAL E LEI DE EXECUÇÃO PENAL

O Livro IV do Código de Processo Penal, intitulado "Da Execução", regulava a Execução Penal em 111 artigos, que, não se pode negar, influenciaram a atual Lei de Execução Penal. Esta, promulgada em 11 de julho de 1984, sob o número 7.210/84, integrou a reforma penal de 1984, conjuntamente com a nova Parte Geral do Código Penal (Lei n. 7.209/84).

A Lei n. 7.210/84 entrou em vigor sem, no entanto, revogar expressamente o Livro IV do Código de Processo Penal. A maioria da doutrina considera sua revogação tácita, salvando-se alguns artigos que eventualmente não foram tratados pela nova Lei.

Tourinho Filho alega que os únicos vigentes seriam os arts. 743 a 750, que tratam da reabilitação, e o art. 779, matéria não contemplada pela Lei de Execução Penal, e que trata do confisco dos instrumentos e produtos do crime. Francisco Vani Bemfica (*Da lei penal, da pena e sua aplicação, da execução da pena*, p. 213) também roga vigência aos arts. 668, parágrafo único, e 677.

Ainda que o Livro IV tenha sido revogado, outros artigos do Código de Processo Penal continuam servindo como regra geral ao processo de execução.

Durante a execução, poderão ser instaurados incidentes ou determinadas diligências para a resolução de questões. A realização de perícias, oitiva de testemunhas, intimações, notificações seguirão os ditames do Código de Processo Penal.

Será o juiz da execução que apreenderá os documentos capacitadores de exercício de atividade ou direito, nas penas restritivas de direito. Poderá se valer das regras de busca e apreensão previstas no Código de Processo Penal.

Das nulidades previstas no art. 564, o inciso IV é o de maior incidência, por falta de formalidade que constitua elemento essencial do ato. Os elementos essenciais são ditados pela Lei de Execução Penal, Constituições e leis estaduais, bem como os atos administrativos editados para complementação da legislação.

Os recursos seguem a teoria geral do Código de Processo Penal, mas não se permite a participação do querelante ou do assistente da acusação.

É praticamente pacífica a possibilidade de carta testemunhável e correição parcial durante o processo de execução.

O mais importante regramento é o referente ao recurso em sentido estrito, procedimento aplicado na íntegra ao recurso de *agravo em execução*. A Lei de Execução Penal limitou-se a prever o agravo como forma de impugnação das decisões do juízo da execução, mas não regulou a matéria. Alguns entendimentos pendiam para uma interpretação analógica com o recurso de agravo do Direito Processual Civil.

Outra corrente fundamentava que o Direito Processual Penal possuía seu recurso específico para as decisões interlocutórias, com regras próprias, e que o agravo em execução deveria segui-las. Refere-se ao recurso em sentido estrito, disposto nos arts. 581 a 592 do Código de Processo Penal. Essa tese teve a adesão da maior parte da doutrina, e a jurisprudência, recentemente, por meio da Súmula 700 do STF, consolidou esse entendimento afirmando que o prazo para a interposição do recurso de agravo em execução é de cinco dias.

Por fim, não podemos olvidar que as disciplinas do *habeas corpus* e da revisão criminal encontram-se no Código de Processo Penal.

21.2. CÓDIGO PENAL E LEI DE EXECUÇÃO PENAL

Algumas regras da execução encontram-se na Parte Geral do Código Penal. As espécies de pena; o cumprimento da reclusão e da detenção; o regime de cumprimento (fechado, semiaberto e aberto); o rol de penas alternativas e sua forma de substituição; a pena de multa; o trabalho do preso; a superveniência de doença mental; os institutos da detração, do *sursis* e do livramento condicional; as medidas de segurança; todos estão preconizados no estatuto penal, e orientam a regulamentação proporcionada pela Lei de Execução Penal.

21.3. RITO PROCESSUAL

Para a resolução das questões ocorridas durante a execução, o juiz autuará a petição inicial do interessado, que poderá ser um *requerimento* do Ministério Público ou do condenado, ou uma *representação* dos órgãos administrativos como o Conselho Penitenciário ou da autoridade singular. O condenado poderá ser representado por procurador ou por parente, cônjuge ou descendente.

A Lei não contempla a participação do ofendido, titular da ação penal privada ou do assistente da acusação.

Se a instauração partir de iniciativa do juiz, deverá iniciar com a autuação de sua *portaria*.

Atuada a peça inicial, no prazo de 3 (três) dias será ouvido o condenado e, em seguida, o Ministério Público. A Lei não é clara quanto ao prazo, mas a melhor interpretação é pela igualdade dos prazos, sendo 3 (três) dias para o condenado e 3 (três) dias para o Ministério Público.

Quando o procedimento for instaurado por iniciativa de uma das partes, dispensa-se sua oitiva. Assim, se a petição inicial foi apresentada pelo condenado, o juiz, em 3 (três) dias, ouvirá o Ministério Público, e vice-versa (LEP, art. 196).

Após a oitiva das partes, o juiz decidirá também em 3 (três) dias sobre a necessidade da produção de provas. Para a realização, a Lei não preconiza prazo certo. Subsidiariamente, deveriam ser aplicadas as regras do Código de Processo Penal quanto à produção de provas. Entendemos que os prazos e atos devem seguir os previstos para o respectivo rito, conforme a condenação por crime de reclusão ou detenção. Como se trata de atividade instrutória, o juiz poderá requerer qualquer tipo de documento ou informações que entender necessários, ou produzir qualquer outra prova, desde que as submeta ao contraditório (SIRACUSANO; GALATI; TRANCHINA; ZAPPALÀ. *Diritto processuale penale*, p. 618).

Tratando-se de prova exclusivamente documental, o juiz abrirá prazo para a parte contrária contradizê-la. Mantendo-se analogicamente o prazo, deverá ser de 3 (três) dias.

Caso a prova não seja pericial, deverá ser realizada uma audiência para a oitiva das testemunhas, garantida a presença do Ministério Público e da defesa.

Em qualquer caso, será orientada pela ampla defesa e pelo contraditório.

Após a feitura da prova, o juiz decidirá fundamentadamente sobre a questão. Mesmo não havendo previsão, nada impede que as partes possam apresentar memoriais escritos, ou mesmo sustentar oralmente o agravo, em analogia aos procedimentos previstos no Código de Processo Penal.

Se a prova for processada em audiência, poderá, ao término, proferir de plano a decisão. Como vimos, trata-se de um procedimento judicial e sua decisão é terminativa com força de definitiva.

A Constituição Federal impõe a fundamentação de toda decisão judicial em seu art. 93, IX. Como sabemos, todo processo judicial deve ser conduzido sob o foco do devido processo legal, o que não deve ser diferente na execução. Ainda que não se trate de uma decisão com a natureza de sentença, é, sem dúvida, terminativa e com força de definitiva. Não se obriga o juiz ao atendimento à estrutura da sentença de mérito (CPP, art. 381), mas não poderá dispensar a fundamentação e o embasamento legal de sua decisão.

No sentido da exigência de fundamentação, a recente Lei n. 10.792/2003 modificou o art. 112 e seus parágrafos da LEP, e a prevê expressamente para os casos de progressão, indulto, livramento condicional e comutação de penas.

21.4. RECURSOS

21.4.1. Agravo em execução

O único recurso previsto na Lei de Execução Penal é o agravo (art. 197), que, por situar-se na execução, costuma ser tratado com este complemento.

Sua origem remonta ao Projeto de Código de Processo Penal (Projeto n. 1.655/83), que, em seu art. 512, alterava a constituição do atual recurso em sentido estrito, modificando sua denominação para a de "agravo".

O agravo em execução não existia no ordenamento, até a edição da Lei n. 7.210/84. Ao debutar, não recebeu regulamentação, pois a Lei não dispensou mais nenhum artigo em seu favor.

A Lei não tratou do processamento do recurso. Pela sua natureza, depreende-se que servirá a combater as decisões interlocutórias proferidas no processo de execução. No sistema processual penal vigente, o recurso apto para tais impugnações é o recurso em sentido estrito, regrado conforme os arts. 581 a 592 do Código de Processo Penal.

Da leitura do art. 581 do Código de Processo Penal, conseguimos identificar as seguintes hipóteses de agravo em execução, nos casos em que decisão, despacho ou sentença:

- decretar a prescrição ou julgar, por outro modo, extinta a punibilidade;
- indeferir o pedido de reconhecimento da prescrição ou de outra causa extintiva da punibilidade;
- conceder, negar ou revogar a suspensão condicional da pena;
- conceder, negar ou revogar livramento condicional;
- anular o processo da instrução criminal, no todo ou em parte;
- decidir sobre a unificação de penas;
- decretar medida de segurança, depois de transitar a sentença em julgado;
- impuser medida de segurança por transgressão de outra.

Entendemos que a hipótese de cabimento da *anulação do processo* da instrução criminal deve ser analogicamente estendida para a execução penal.

Além das hipóteses do Código de Processo Penal, identifica-se na *Lei de Execução Penal* as seguintes situações passíveis de agravo:

- extinção antecipada da pena;
- progressão e regressão de regime;
- autorização de saída temporária;
- remição;
- verificação da cessação da periculosidade;
- incidentes da execução (conversões, excesso ou desvio, indulto e comutação etc.);
- aplicação da lei mais benéfica;
- detração.

Porção majoritária da jurisprudência tem admitido, para toda decisão judicial durante o processo de execução, o combate via agravo. Mirabete entende que nos casos nos quais a previsão do instituto não derive da Lei de Execução Penal, o cabimento ainda seria do recurso em sentido estrito. Assim, da extinção da punibilidade, aplicação de lei mais benéfica e unificação das penas, o recurso cabível seria ainda o previsto no art. 581 do Código de Processo Penal (*Execução penal*, p. 819). Não enxergamos razão, *data venia*, para a diferenciação, visto que a competência do juiz da execução estende-se a todos os incidentes. Se o recurso é interposto nessa fase, deve ser nomeado agravo em execução.

O art. 197 da LEP afirma que o agravo em execução *não terá efeito suspensivo*, regra de qualquer recurso. Porém, o STJ já decidiu que na desinternação ou liberação do submetido à medida de segurança será concedido o efeito suspensivo, pois a *ordem de liberação somente será emitida após o trânsito em julgado* (STJ, RMS 11.695/MS).

O processamento seguirá a seguinte fórmula. O agravo subirá em apartado (CPP, art. 583), por meio de instrumento formado com o traslado das peças indicadas pela parte na interposição do recurso ou em requerimento avulso (CPP, art. 587).

O traslado será extraído, conferido e concertado no prazo de 5 (cinco) dias, devendo conter:

- a decisão recorrida;
- a certidão de sua intimação;
- o termo de interposição, se por outra forma não for possível verificar-se a oportunidade do recurso.

O recorrente terá o prazo de dois dias para oferecer as razões, contados da interposição do recurso, ou do dia da notificação ou vista. Isso porque se for o Ministério Público, ser-lhe-á concedido vista, e, sendo o condenado, será intimado na pessoa de seu defensor. Em seguida, o recorrido terá o mesmo prazo de dois dias para apresentar as suas razões.

O juiz, dentro de dois dias, poderá reformar (retratar-se) ou sustentar o seu despacho, mandando instruir o recurso com os traslados que lhe parecerem necessários. Reformada a decisão, a parte insatisfeita poderá peticionar pela subida do agravo ao juiz *ad quem*.

Os recursos serão apresentados ao juiz ou tribunal *ad quem* dentro de cinco dias da publicação da resposta do juiz *a quo*, sendo possível o encaminhamento via correio dentro do mesmo prazo. Após o julgamento do segundo grau, os autos serão devolvidos ao juiz da execução no prazo de cinco dias.

21.4.2. Recurso em sentido estrito

A regra atual é pela impossibilidade do recurso em sentido estrito durante a execução da pena. Alguns julgados têm admitido essa possibilidade, nos casos de unificação das penas, extinção da punibilidade ou aplicação de *novatio legis in mellius*. No entanto, não existe razão prática ou teórica para tal posicionamento, já que o art. 197 da LEP é de natureza aberta e abrangente.

A Lei de Introdução ao Código de Processo Penal prevê o cabimento de recurso em sentido estrito para os casos de aplicação da lei posterior ao trânsito em julgado, durante o processo de execução. Com a previsão do procedimento judicial da Lei de Execução Penal, não há mais a necessidade da aplicação do art. 13 da Lei de Introdução ao Código de Processo Penal, pois, na verdade, o procedimento previsto atualmente pela Lei n. 7.210/84 é o mesmo da Lei de Introdução.

21.4.3. Carta testemunhável

É pacífica a aceitação de Carta testemunhável contra decisão que nega o seguimento de agravo em execução. O procedimento a ser adotado é o previsto no Código de Processo Penal, arts. 639 a 646.

21.4.4. Correição parcial

Havendo turbação da ordem dos procedimentos judiciais durante a execução penal, ou mesmo dos incidentes, nada impede a interposição de correição parcial. Atos do juiz como a não expedição da guia de recolhimento, ou a não oitiva do condenado em procedimentos de revogação de direito ou benefício seriam passíveis de correição parcial.

21.4.5. Embargos infringentes

Também é perfeitamente cabível a interposição de embargos infringentes da decisão não unânime que nega o provimento ao agravo em execução.

21.5. MANDADO DE SEGURANÇA

Outra hipótese muito discutida pela doutrina é o cabimento de mandado de segurança para garantir o efeito suspensivo ao agravo em execução. O STJ tem posição consolidada no sentido de não admitir o efeito suspensivo por meio do mandado de segurança.

Nos casos de atos administrativos praticados pela autoridade responsável pelo estabelecimento, se possuírem a pecha de ilegais ou abusivos, sempre poderão ser combatidos pela ação em questão.

21.6. REVISÃO CRIMINAL

A posição majoritária dos tribunais é pela impossibilidade de questionamento dos atos da execução por meio de revisão criminal. Concordamos com a postura de Mirabete que entende ser cabível, em tese, a revisão se após a unificação das penas surgirem provas novas ou circunstâncias que admitam a redução da pena, ou quando a decisão teve por base documentos e provas falsas, em analogia ao art. 621, II e III, do Código de Processo Penal.

21.7. *HABEAS CORPUS*

Não tem sido aceito para o simples apressamento da concessão de um direito, sendo o correto a interposição de agravo em execução.

Mas, tratando-se de um remédio constitucional, a previsão de recurso próprio não é apta a impedir a via do *habeas corpus*, sempre que a ilegalidade ou o abuso de poder estiverem constrangendo o condenado acima do permitido ou decorrente da condenação. Se, por exemplo, o juiz não decretar a extinção da punibilidade e a comprovação do direito não demandar instrução probatória, entendemos absolutamente viável a impetração do *writ*.

21.8. JURISPRUDÊNCIA SELECIONADA

Agravo em execução

"As medidas previstas na Lei de Execução Penal são tomadas no juízo competente, observado procedimento judicial, cabendo das decisões respectivas recurso de agravo, não sendo permitido ao Tribunal proceder de ofício" (STF, HC 63.019, 1ª T., j. 14-6-1985, rel. Min. Mayer, *DJ* 2-8-1985).

Agravo em execução: contrarrazões

"2. A jurisprudência deste Superior Tribunal de Justiça pacificou o entendimento de que se aplica ao agravo em execução o rito previsto no Código de Processo Penal ao recurso em sentido estrito. 3. 'Nos termos da jurisprudência do Superior Tribunal de Justiça, a falta de apresentação de contrarrazões ao recurso em sentido estrito por inércia do paciente ou de seu defensor enseja nulidade absoluta, em obediência aos princípios constitucionais da ampla defesa e do contraditório' (...) 5. No caso, ficou demonstrado o prejuízo concreto ao paciente, uma vez que, levado a julgamento sem a apresentação das contrarrazões, foi o agravo em execução ministerial provido para reconhecer sua reincidência" (STJ, HC 374.616/PR, 5ª T., j. 28-3-2017, rel. Min. Reynaldo Soares da Fonseca, *DJe* 5-4-2017).

Agravo em execução: prazo

"1. Diante dessa falta de previsão em lei sobre o rito processual a ser adotado no trâmite do recurso de agravo em execução penal (LEP, art. 97), tanto a jurisprudência quanto a doutrina majoritária firmaram o entendimento de que procedimento a ser adotado deve ser o do recurso em sentido estrito, estabelecido nos arts. 581 a 592 do Código de Processo Penal" (STJ, AgInt no REsp 1629499/MG, 6ª T., j. 18-4-2017, rel. Min. Rogerio Schietti Cruz, *DJe* 26-4-2017).

"Execução penal: recurso de agravo (LEP, art. 197): aplicação do Código de Processo Penal, legislação subsidiária da lei de execuções penais (LEP, art. 2º): prazo, em consequência, de cinco dias, conforme o art. 586 C.Pr.Pen., aferido, como é da jurisprudência, na data do protocolo no órgão judicial perante o qual deva ser interposto, no caso, o juízo de execução: intempestividade do recurso interposto segundo a nova disciplina legal do agravo no C.Pr.Civ., que induz, por si só, ao trânsito em julgado da decisão recorrida" (STF, RHC 80.563/MG, 1ª T., j. 12-12-2000, rel. Min. Sepúlveda Pertence, *DJ* 2-3-2001).

Agravo em execução: "refomatio in pejus"

"Recurso criminal: preclusão da nulidade: fundado o agravo em execução do Ministério Público em alegado erro de mérito da decisão recorrida – concessiva de progressão de regime de execução de pena aplicada a crime definido como hediondo –, não pode o Tribunal *ad quem* provê-lo, contra o condenado, por nulidade não aventada pela acusação – a falta de exame criminológico: aplicação da Súmula 160" (STF, RHC 80.563/MG, 1ª T., j. 12-12-2000, rel. Min. Sepúlveda Pertence, *DJ* 2-3-2001).

Agravo em execução: sustentação oral

"2. O agravo em execução não possui disciplina própria na Lei de Execuções Penais. Nesse contexto, tem-se que o art. 2º da Lei n. 7.210/1984 remete à aplicação do Código de Processo Penal, entendendo-se, assim, que o agravo em execução deve observar o rito próprio do recurso em sentido estrito, o qual expressamente autoriza a realização de sustentação oral – Art. 610, parágrafo único, do Código de Processo Penal" (STJ, HC 354.551/SP, 5ª T., j. 17-5-2016, rel. Min. Reynaldo Soares da Fonseca, *DJe* 24-5-2016).

Embargos infringentes

"Se o julgamento do agravo, previsto no art. 197 da LEP, for desfavorável ao réu e não unânime, são cabíveis embargos infringentes, face ao que conjugadamente dispõem os arts. 609, parágrafo único, e 581 do CPP" (STF, HC 65.988/PR, 1ª T., j. 8-3-1989, rel. Min. Sydney Sanches, *DJ* 18-8-1989).

"Habeas corpus": cabimento

"*Habeas corpus*. Execução penal. Progressão de regime prisional. Tese de cumprimento dos requisitos legais. Questão não apreciada pela corte de origem. Supressão de instância. Desnecessidade, na espécie, de exame aprofundado da prova. Questão de direito. Viabilidade do *writ* originário. Constrangimento ilegal evidenciado. 1. Não comporta conhecimento a impetração no que diz respeito ao pleito de concessão do benefício da progressão de regime prisional (...) 2. Inexiste qualquer impedimento ao conhecimento do *writ* pelo Tribunal *a quo*, nem se vislumbra, na espécie, inadequação da via eleita, uma vez que a análise da questão *sub examine* prescinde de qualquer incursão na seara probatória, tratando-se de questão de direito (...) 3. *Habeas corpus* parcialmente conhecido e, nessa parte, concedida a ordem para determinar que o eg. Tribunal de Justiça do Estado de São Paulo aprecie o mérito do *habeas corpus* originário, decidindo como entender de direito" (STJ, HC 123.607/SP, 5ª T., j. 16-4-2009, rel. Min. Laurita Vaz, *DJe* 11-5-2009).

"Criminal. HC. Execução. Incidente indeferido atacado via *habeas corpus*. Existência de recurso próprio. Alegada impropriedade do *writ*. Desvio. Condenação em regime semiaberto. Custódia em regime fechado. Constrangimento ilegal. Ocorrência. Ordem concedida. I – Tratando-se de possível lesão ao direito de locomoção do paciente, deve ser conhecida a irresignação, interposta por meio de *habeas corpus* contra o indeferimento de progressão de regime, formulada perante o juízo de execuções, mesmo não tendo sido utilizado o recurso de "agravo", próprio para tanto. II – Reconhece-se a ocorrência de constrangimento ilegal, se demonstrado que o paciente, condenado a regime prisional semiaberto, encontra-se recolhido na Casa de Prisão Provisória da Grande Goiânia, em regime fechado, uma vez que não se pode exceder aos limites impostos ao cumprimento da condenação, sob pena de desvio da finalidade da pretensão executória. Precedentes. III – Ordem concedida para determinar que o paciente cumpra, imediatamente, a pena no regime certo, ou, não sendo isto possível, para permitir que aguarde a abertura de vaga no regime semiaberto em regime aberto, a ser cumprido em Casa de Albergado ou em regime domiciliar, se inexistente Casa de Albergado local" (STJ, HC 15.435/GO, 5ª T., j. 17-4-2001, rel. Min. Gilson Dipp, DJ 13-8-2001).

"*Habeas corpus*. Tendo em vista que compete ao juiz das execuções penais a execução das medidas de segurança e, consequentemente, a libertação do internado, se houvesse, no caso, coação, seria ele o coator. Sucede, porém, que não há sequer a alegação de que, ao término do prazo mínimo de internação, já se tenha ele pronunciado quanto à desinternação para negá-la. *Habeas corpus* não conhecido" (STF, HC 73.724/PR, 1ª T., j. 18-6-1996, rel. Min. Moreira Alves, DJ 22-11-1996).

"O *habeas corpus* tem por finalidade corrigir toda e qualquer ilegalidade ou abuso de poder relacionados com a liberdade do direito de locomoção, daí que, se processo de interesse do paciente tem o seu andamento normal postergado sem causa legal, o *writ* transforma-se no meio apto para afastar o óbice. A passagem de um regime prisional para outro tem a ver com a liberdade de locomoção" (STJ, RHC 884/SP, 5ª T., j. 6-4-1992, rel. Min. Jesus Costa Lima, DJ 4-5-1992).

"Habeas corpus": não cabimento

"1. A jurisprudência desta Corte Superior, aplicando por analogia o enunciado n. 691 da Súmula do Supremo Tribunal Federal, firmou-se no sentido de não conhecer de *mandamus* impetrado contra decisão indeferitória de liminar na origem, excetuados os casos nos quais, de plano, é possível identificar flagrante ilegalidade ou teratologia do referido *decisum*. 2. O manejo do mandado de segurança como sucedâneo recursal, notadamente com o fito de obter medida não prevista em lei, revela-se de todo inviável, sendo, ademais, impossível falar em direito líquido e certo na ação mandamental quando a pretensão carece de amparo legal. Incidência do art. 197 da LEP" (STJ, HC 368.491/SC, 5ª T., j. 4-10-2016, rel. Min. Joel Ilan Paciornik, DJe 14-10-2016).

"Em sede de *habeas corpus* é inviável dirimir incidente de execução, cabendo ao juiz das Execuções adotar as providências previstas no art. 66, VII e VIII da Lei 7.210/1984" (STF, HC 73.913/GO, 2ª T., j. 13-8-1996, rel. Min. Maurício Corrêa, DJ 20-9-1996).

"1. O *habeas corpus* não é a medida cabível para o deferimento de transferências e incidentes na execução de pena provisória ou definitiva, sendo que o órgão competente para decidir acerca desses pleitos é a Vara de Execuções Penais ou outro órgão que o Regimento Interno do Tribunal determinar. 2. A superlotação e as precárias condições dos estabelecimentos prisionais não permitem a concessão da liberdade aos sentenciados ou presos provisórios, visto que foram recolhidos por decisões judiciais que observaram o devido processo legal. 3. Ordem denegada, com recomendação" (STJ, HC 34.316/RJ, 5ª T., j. 28-9-2004, rel. Min. Laurita Vaz, DJ 25-10-2004).

"A discussão pormenorizada a respeito da possível interferência das condições judiciais na vida cotidiana dos condenados, como pretende o Impetrante, demandaria o exame aprofundado de provas, porquanto o Tribunal de origem, ao julgar o recurso de agravo em execução, reconheceu a viabilidade do cumprimento do benefício nos termos em que foi concedido, o que, como é sabido, não se coaduna com a via estreita do *habeas corpus*. Writ denegado" (STJ, HC 30.601/PR, 5ª T., j. 9-3-2004, rel. Min. Laurita Vaz, DJ 5-4-2004).

"O *habeas corpus* não se presta para compelir órgão do Poder Judiciário a apreciar pedidos ou recursos. A apontada demora na apreciação de pedido formulado perante o Juízo das Execuções Penais mostra-se razoável, ainda mais se considerarmos o volume de processos nos gabinetes e o pequeno lapso temporal entre o requerimento e a impetração de *habeas corpus*. Os crimes de extorsão mediante sequestro, cometidos antes da vigência da Lei n. 8.072/1990, não podem ser considerados hediondos para fins de se obstar a concessão de comutação da pena. Precedentes. Quando for examinado o pedido de comutação de pena formulado em favor do paciente, tal análise deve ser realizada sem que os delitos por ele praticados sejam considerados hediondos. Recurso desprovido, concedendo-se *habeas corpus* de ofício, nos termos do voto do Relator" (STJ, RHC 16.496/RJ, 5ª T., j. 5-10-2004, rel. Min. Gilson Dipp, *DJ* 16-11-2004).

Mandado de segurança: ilegitimidade do Ministério Público

Súmula 604 do STJ: "O mandado de segurança não se presta para atribuir efeito suspensivo a recurso criminal interposto pelo Ministério Público".

"1. Dispõe o art. 197 da Lei de Execuções Penais: 'Das decisões proferidas pelo Juiz caberá recurso de agravo, sem efeito suspensivo'. 2. É cabível a impetração de mandado de segurança na esfera criminal, desde que preenchidos os requisitos autorizadores previstos no art. 5º, LXIX, da Constituição Federal. 3. Esta Corte firmou entendimento no sentido que é incabível mandado de segurança para conferir efeito suspensivo a agravo em execução interposto pelo Ministério Público" (STJ, HC 344.698/SP, 5ª T., j. 2-6-2016, rel. Min. Ribeiro Dantas, *DJe* 10-6-2016).

Recurso e delimitação: na interposição

"A extensão temática do efeito devolutivo dos recursos interpostos pelo Ministério Público deriva da maior ou menor amplitude dos limites por ele próprio estabelecidos em sua petição recursal. A limitação material do âmbito do recurso constitui, pois, decorrência do ato formal de sua interposição. Não deriva, assim, das razões ulteriormente produzidas pelo *Parquet* no procedimento recursal (*RTJ* 117/1098). Entendimento contrário, que considerasse possível ao Ministério Público restringir, mediante razões recursais, a plena devolutividade da apelação por ele manifestada, frustraria a norma consubstanciada no art. 576 do CPP, que impede a desistência, mesmo parcial, de recurso interposto pelo órgão da acusação pública. Precedentes" (STF, HC 68.664/DF, 1ª T., j. 13-8-1991, rel. Min. Celso de Mello, *DJ* 26-6-1992).

Revisão criminal: cabimento da unificação das penas

"2. O art. 621, inciso III, do Código de Processo Penal não restringe a revisão criminal à sentença penal condenatória transitada em julgado, logo, desde que atendidos seus requisitos, nada impede manejar ação revisional contra sentença do Juízo das Execuções Penais que indefere o benefício da unificação das penas. Precedentes do Supremo Tribunal Federal" (STJ, HC 134.321/RS, 5ª T., j. 1º-9-2009, rel. Min. Laurita Vaz, *DJe* 28-9-2009).

"O fato de a unificação de penas dizer respeito a sentenças condenatórias prolatadas em processos findos atrai a pertinência, em tese, do disposto no art. 621 do CPP. Inexistência do óbice assentado na premissa de que em jogo ato do Juízo da Vara de Execuções Penais. Precedente: revisão criminal n. 4.744/SP, relatada pelo Ministro Octavio Gallotti, cujo acórdão foi publicado no Diário da Justiça da União de 01 de julho de 1988" (STF, HC 71.999/SP, 2ª T., j. 26-3-1996, rel. Min. Marco Aurélio, *DJ* 3-5-1996).

Revisão criminal e "novatio legis": não cabimento

"2. PENA. Criminal. Prisão. Regime de cumprimento. Fase de execução. Aplicação de lei superveniente mais benigna. Admissibilidade. Existência de coisa julgada material. Irrelevância. Eficácia operante sob cláusula *rebus sic stantibus*. Crime hediondo. Progressão de regime. Direito reconhecido. Aplicação da Lei n. 11.464/2007, que deu nova redação ao art. 2º, § 1º, da Lei n. 8.072/90, tido por inconstitucional. Declaração de inconstitucionalidade que beneficia o réu. Precedentes. HC concedido de ofício. Inteligência do art. 5º, XLVI, da CF, e 65 e seguintes da LEP, e da Súmula 611. O trânsito em julgado de sentença penal condenatória não obsta à aplicação, no processo de execução, de lei superveniente mais benigna sobre o regime de cumprimento da pena, nem *a fortiori* à eficácia imediata de declaração de inconstitucionalidade que do mesmo modo beneficie o condenado" (STF, RE 534.384/RS, 2ª T., j. 21-10-2008, rel. Min. Cezar Peluso, *DJe*-227 28-11-2008).

"A hipótese de aplicação de Lei nova mais benigna não figura no elenco do art. 621 do Código de Processo. Cuida-se de matéria afeta ao juízo de execução, à vista do que dispõem os incisos I-a e III do art. 66 da LEP. Aplicação do verbete 611 da súmula de jurisprudência do STF. Revisão criminal não conhecida" (STF, RvCr 5.010/SP, Pleno, j. 11-11-1994, rel. Min. Francisco Rezek, *DJ* 14-12-2001).

REABILITAÇÃO 22

22.1. NATUREZA

Para Arturo Santoro não há extinção da pena, ainda que o condenado a tenha cumprido. O que se extingue é a relação jurídica de execução, pois a pena permanece enquanto existirem efeitos ou consequências próprias (*Manuale di diritto processuale penale*, p. 720). E a forma que o Direito brasileiro apresenta para a extinção dos efeitos da sentença é a reabilitação.

A reabilitação, no dizer de René Ariel Dotti, conecta-se o poder de graça, pela sua própria história (*Curso de direito penal*. Parte geral, p. 614).

Roberto Lyra a considera uma modalidade de perdão judicial (*Comentários ao Código de Processo Penal*, p. 377).

A reabilitação revela-se como um verdadeiro incidente processual, posterior ao trânsito em julgado. Não possui autonomia para ser considerada uma ação, mas exigirá uma sentença terminativa por possuir mérito próprio. Mas é conveniente esclarecer que não se trata de um incidente do processo de execução, mas sim do processo principal, ou seja, do processo no qual se apurou o fato e a autoria, com a consequente condenação.

A razão política para a reabilitação formal do condenado é que, mesmo cumpridas, as penas acarretam outros tipos de consequências. São as sequelas sociais da pena jurídica, ou repercussões morais e econômicas das consequências do delito (receio, desconfiança, separação do ex-condenado). Na afirmativa de Quintiliano Saldaña, "a pena – como a guerra – engendra escória humana de mutilados e corte de inválidos". A pena – tanto como o delito – é moralmente lesiva pelos reflexos de inibição projetados na sociedade que suscita ao réu (SALDAÑA. *Nueva penología*, p. 226).

O sistema aposta no instituto da reabilitação e em seus beneficiários como consequência lógica da política criminal da Lei de Execução Penal, com o resgate do condenado da "marginalidade social, política e moral a que são arrastados pelos efeitos de uma sentença condenatória que não se pode transformar em eterna maldição" (DOTTI. *Reforma penal brasileira*, p. 329).

Na formulação de Armida Bergamini Miotto, "o Estado, que tem o direito de punir, há de ter também o dever de declarar a emenda; por isso, se a reabilitação, por um lado, é indulgência, por outro lado é justiça (a pena, sendo, por sua natureza ético-jurídica, retributiva, tem como função precípua, ética, a emenda; uma vez, pois, que extinta ou cumprida a pena seja a emenda verificada, é justo que isso seja reconhecido)" (*Curso de direito penitenciário*, p. 328).

22.2. COMPETÊNCIA

A competência para a apreciação do pedido de reabilitação é sempre do juiz de primeira instância, ou seja, do *juiz do processo de conhecimento*, ainda que este processo tenha sido apreciado, em grau de recurso, por tribunal superior. Se a competência for originária dos tribunais, a estes caberá o julgamento da reabilitação (LIMA; PERALLES. *Teoria e prática da execução penal*, p. 176).

Vale lembrar que a reabilitação não é fase ou incidente da execução penal. A sua concessão pressupõe a extinção da pena e por isso não existe competência para o juízo da execução.

22.3. OBJETO E ALCANCE

O objeto principal da reabilitação são as penas aplicadas independentemente de qual tenha sido (prisão, restritiva ou multa). Nesse particular, a reabilitação não comporta restrições e revela-se como direito subjetivo do condenado, assegurando o sigilo dos registros sobre o processo e a condenação (CP, art. 93).

Muito se discute se, atualmente, a reabilitação teria alguma relevância para o egresso. Isso porque o art. 93 do Código Penal, que trata do instituto, assegura o sigilo dos registros, que, por disposição do art. 202 da LEP, já o possuem.

Escrevendo sobre a matéria, René Ariel Dotti assevera que "na conceituação jurídico-penal da reabilitação, deve-se ter em linha de consideração dois aspectos distintos: a declaração judicial de recuperação do exercício de direitos e deveres e da condição social de dignidade; o asseguramento do sigilo dos registros sobre o processo e a condenação. Pode-se afirmar que o silêncio é uma das consequências práticas da sentença declaratória da reabilitação e que com ela não se confunde. Daí porque a compatibilidade entre os textos ora em exame e o disposto no art. 202 da LEP, que teve como fonte imediata o art. 748 do Código de Processo Penal.

Trata aquele dispositivo da vedação de constar na folha corrida, atestados ou certidões, qualquer notícia ou referência à condenação, uma vez cumprida ou extinta a pena" (DOTTI. *Reforma penal brasileira*, p. 324).

O renomado autor esclarece que, "ao declarar que a reabilitação assegura ao condenado 'o sigilo dos registros sobre seu processo e condenação', o art. 93 do CP impede que atos do procedimento como a denúncia e elementos de prova possam ser tornados públicos ou divulgados por meios diretos (como a expedição de certidão ou a prestação de informações) ou indiretos (extração de cópia xerox etc.). O silêncio a que alude o art. 202 da LEP é um complemento natural da sentença declaratória da reabilitação, embora com ela não se confunda e nem dela seja dependente" (Op. cit., p. 325).

Secundariamente, a reabilitação poderá atingir os efeitos da condenação. Aqui, revela-se como uma discricionariedade do juiz e, portanto, uma expectativa de direito, a ser concedido na análise do caso concreto. Se o pretendente demonstrar incapacidade para o exercício dos direitos restritos, como hostilidade ao cargo público, rebeldia quanto aos deveres do pátrio poder, o juiz poderá negar-lhe a reabilitação desses efeitos. Os exemplos são de René Ariel Dotti (*Reforma penal brasileira*, p. 323).

Em verdade, os únicos efeitos que poderão ser alcançados pela reabilitação são: a habilitação para conduzir veículo automotor e o exercício do pátrio poder. Ainda assim, o reabilitado poderá exercer o *pátrio poder*, mas não readquirirá essa condição com relação ao filho contra o qual praticou o delito ensejador da destituição. Poderá exercê-lo, se for o caso, com relação aos demais filhos.

A reabilitação não afetará o efeito do inciso I (perda de cargo), por não ser possível o reingresso do servidor no cargo perdido em razão de sentença condenatória (CP, art. 93, parágrafo único). Outrossim, a redação do art. 92, I, apenas determina a *perda do cargo, função ou mandato*, e não a inabilitação para posterior exercício. Nesse caso, a hermenêutica penal nos impede de interpretar o citado inciso como o equivalente à demissão a bem do serviço público, prevista no Direito Administrativo, pela qual o servidor que perde o cargo estará impedido de retornar à Administração Pública. A perda do cargo anterior não impede seu novo ingresso por meio de outro concurso público. Outras legislações, quando desejam restringir o acesso futuro, expressamente o fazem.

22.4. REQUISITOS

Segundo o art. 94 do Código Penal, a reabilitação poderá ser requerida, decorridos 2 (dois) anos do dia em que for extinta, de qualquer modo, a pena ou terminar sua execução, computando-se o período de prova da suspensão e o do livramento condicional, se não sobrevier revogação, desde que o condenado:

> "I – tenha tido domicílio no País no prazo acima referido;
> II – tenha dado, durante esse tempo, demonstração efetiva e constante de bom comportamento público e privado;
> III – tenha ressarcido o dano causado pelo crime ou demonstre a absoluta impossibilidade de fazê-lo, até o dia do pedido, ou exiba documento que comprove a renúncia da vítima ou novação da dívida".

22.5. PROCEDIMENTO

Após dois anos da extinção da pena (CP, art. 93), a reabilitação poderá ser requerida ao juiz da condenação. Considera-se revogado parcialmente o art. 743 do Código de Processo Penal, que estipulava prazos diversos.

O requerimento, que indicará as comarcas em que haja residido o condenado durante aquele tempo, será instruído com (CPP, art. 744):

> "I – certidões comprobatórias de não ter o requerente respondido, nem estar respondendo a processo penal, em qualquer das comarcas em que houver residido durante o prazo do artigo anterior [art. 93 do CP (dois anos)];
> II – atestados de autoridades policiais ou outros documentos que comprovem ter residido nas comarcas indicadas e mantido, efetivamente, bom comportamento;
> III – atestados de bom comportamento fornecidos por pessoas a cujo serviço tenha estado;
> IV – quaisquer outros documentos que sirvam como prova de sua regeneração;
> V – prova de haver ressarcido o dano causado pelo crime ou persistir a impossibilidade de fazê-lo".

Por meio de certidões negativas judiciárias, o egresso poderá comprovar que não tem contra si *processos penais*, não importando o fato de figurar como réu em ações civis.

Para Roberto Lyra, como prova da "regeneração" não são suficientes provas negativas de atos desabonadores, mas provas efetivas de adaptação. O juiz não deverá exigir o impossível como prova de regeneração, bastando que identifique condutas consideradas particularmente quanto ao reabilitando e, especialmente, quanto às dificuldades da comprovação dessas condutas (*Comentários ao Código de Processo Penal*, p. 380). Parece-nos que, como no processo penal, o ônus da prova caberá a quem faz a alegação.

A prova do **ressarcimento do dano** poderá ser feita juntando-se a quitação. Os tribunais superiores mantêm o entendimento de que o ônus da prova da indenização pertence ao condenado, e deverá ser efetivamente comprovado. Isso significa que, se a família do ofendido não buscar o ressarcimento, caberá ao condenado a iniciativa de utilizar-se dos meios permitidos pela legislação civil para reparar voluntariamente o dano causado pelo delito e livrar-se da obrigação. Não podendo fazê-lo, a prova dessa impossibilidade, segundo Espínola Filho, "deve abranger todos os momentos desde quando foi fixada a obrigação civil até ser pleiteada a reabilitação, pois seria absurdo contemplar, apenas, o último, beneficiando indivíduo que teve oportunidade de cumprir a sua obrigação, mas não o fez, colocando-se, depois, em estado de penúria; quem assim age, evidentemente, não pautou a sua existência pelas normas de irrepreensível conduta, que denota a regeneração" (*Código de Processo Penal brasileiro anotado*, p. 345. v. 8). É importante lembrar que o caráter civil do ressarcimento deve ser mantido e, caso na respectiva esfera o direito à reparação já esteja prescrito, torna-se dispensável a comprovação do ressarcimento para a reabilitação.

Em qualquer caso, o juiz poderá ordenar as diligências necessárias para apreciação do pedido, cercando-as do sigilo possível e, antes da decisão final, ouvirá o Ministério Público.

O procedimento não está discriminado no Código de Processo Penal ou na Lei de Execução Penal. Não possui, portanto, formalidades específicas, devendo seguir a fórmula de um procedimento comum. Apresentada a petição devidamente instruída com as provas requeridas, abre-se vista ao Ministério Público, que poderá contestar as presentes ou oferecer ou requerer outras provas, lembrando-se do respeito ao contraditório. Produzidas, irão os autos à conclusão e decisão pelo juiz da causa (No mesmo sentido: Espínola Filho. *Código de Processo Penal brasileiro anotado*, p. 353. v. 8).

Concedida a reabilitação, transitada em julgado a decisão, o Instituto de Identificação e Estatística será comunicado para registro e decretação do sigilo dos dados. A partir dessa data, a condenação ou condenações anteriores não serão mencionadas na folha de antecedentes do reabilitado, nem em certidão extraída dos livros do juízo, exceto se forem requisitadas por juiz criminal.

Negada a reabilitação, novo pedido poderá ser interposto a qualquer momento, desde que instruído com novos elementos. Essa é a redação do art. 93, parágrafo único, do Código Penal, que revogou o art. 749 do CPP, que determinava o aguardo do decurso de 2 (dois) anos para um novo pedido, salvo se o indeferimento tivesse resultado de falta ou insuficiência de documentos.

A reabilitação atingirá todos os efeitos da condenação. No entanto, fica vedada a reintegração na situação anterior nos casos de destituição de pátrio poder ou perda de cargo, função ou mandato eletivo, como vimos acima.

22.6. REVOGAÇÃO

Como a reabilitação é uma prova de recuperação do condenado, a legislação prevê a possibilidade de revogação, se o reabilitado for condenado, como reincidente, por decisão definitiva, à pena que não seja de multa (CP, art. 95). A revogação poderia ser decretada de ofício ou a requerimento do Ministério Público.

René Ariel Dotti dá destaque ao trecho da Lei que impossibilita a revogação pela condenação à pena de multa. "Para revogação do *status jurídico* da reabilitação, é necessário que a condenação, por decisão definitiva, seja a pena privativa de liberdade ou restritiva de direito. A sanção pecuniária não é indicativa de reprovabilidade suficiente para desconstituir a declaração judicial de dignidade social e de reintegração no exercício de direitos e deveres" (Dotti, *Reforma penal brasileira*, p. 326). Vamos além. A rigor, a decisão que decreta a reabilitação não transitaria em julgado, tendo em vista que após nova condenação poderia ser revogada. Entendemos que o art. 94, que permite a revogação, caracteriza a decisão de reabilitação como uma decisão interlocutória mista terminativa, que tem força de definitiva e, portanto, não poderia permitir a simples revogação, pela força da imutabilidade da coisa julgada. Portanto, entendemos que a reabilitação não poderá ser revogada jamais.

Uma importante omissão da Lei é o prazo para que o Estado possa revogar a reabilitação. René Ariel Dotti compatibiliza o art. 95 com o art. 64, I, que trata do prazo quinquenal da reincidência, e o garante à reabilitação deste à data de sua sentença declaratória. Se após a sentença de reabilitação houver fluído o prazo de 5 (cinco) anos sem que o reabilitado tenha sido definitivamente condenado, a reabilitação não poderá mais ser revogada (Op. cit., p. 325).

A nosso ver, a reabilitação já não mais poderia ser revogada. Ao se permitir tal ato configurar-se-ia um *bis in idem* político criminal inaceitável, já que o condenado cumpriu tanto a pena quanto as condições para fazer jus a uma sentença de reabilitação. Transitada em julgado, não se poderia mais desconstituí-la.

22.7. RECURSOS

Existe a previsão de um recurso "de ofício" da decisão que conceder a reabilitação (CPP, art. 746), algo que não aceitamos devido ao regime constitucional vigente. O Código de Processo Penal não traz a previsão de recurso para o indeferimento da reabilitação.

Concordamos com as ponderações de Câmara Leal. A decisão que concede ou denega a reabilitação tem força de definitiva, e termina com o processo. Trata-se de uma decisão passível de ser combatida por meio de *apelação*, com fundamento no art. 593, II, do Código de Processo Penal (*Comentários ao Código de Processo Penal brasileiro*, p. 368. No mesmo sentido: DOTTI. *Curso de direito penal*. Parte geral, p. 618).

22.8. JURISPRUDÊNCIA SELECIONADA

Ressarcimento do dano

"I – Para fins de cumprimento do requisito objetivo previsto no art. 94, III, do CP, deve o condenado, necessariamente, ressarcir o dano causado pelo crime ou demonstrar a absoluta impossibilidade de fazê-lo ou exibir documento que comprove a renúncia da vítima ou a novação da dívida (Precedentes do STF). II – Se a vítima ou sua família se mostrarem inertes na cobrança da indenização, deve o condenado fazer uso dos meios legais para o ressarcimento do dano provocado pelo delito, de modo a se livrar da obrigação, salvo eventual prescrição civil da dívida (Precedentes do STF)" (STJ, REsp 636.307/RS, 5ª T., j. 18-11-2004, rel. Min. Félix Fischer, *DJ* 13-12-2004).

"Tratando-se de lesão corporal de natureza leve, não há que se exibir prova de reparação para efeito de reabilitação, sendo de se presumir que não houve dano material às vítimas que nada reclamaram" (STJ, REsp 31.964/RN, 5ª T., j. 4-12-1995, rel. Min. Edson Vidigal, *DJ* 12-2-1996).

"O ressarcimento dos danos causados às vítimas ou a incapacidade de fazê-lo deve ser comprovada nos autos, não bastando para tanto a singela alegação de que o condenado é assistido pela Defensoria Pública ou que foi isento das custas processuais. Compete à defesa demonstrar que, no período depurador definido na norma, o reeducando não cometeu falta disciplinar de natureza grave. Inexistindo provas de que o apenado cumpre, cumulativamente, os requisitos previstos no decreto presidencial, não há se falar em concessão de indulto" (TJ-MT, EP 00158715220178110015/MT, rel. Orlando de Almeida Perri, j. 12-2-2019, 1ª Câm. Crim., *DJe* 18-2-2019).

Registros de identificação criminal

"Agravo regimental no recurso especial. Registro de dados criminais. Manutenção pelo instituto de identificação. Sigilosidade. Arquivos de acesso exclusivo via autorização judicial. Inteligência do art. 748 do CPP. 1. É uníssono o entendimento do Superior Tribunal de Justiça no sentido de que, 'por analogia aos termos do art. 748 do Código de Processo Penal, devem ser excluídos dos terminais dos Institutos de Identificação Criminal os dados relativos a inquéritos arquivados, a ações penais trancadas, a processos em que tenha ocorrido a reabilitação do condenado e a absolvições por sentença penal transitada em julgado ou, ainda, que tenha sido reconhecida a extinção da punibilidade do acusado decorrente da prescrição da pretensão punitiva do Estado' (RMS 24.099/SP, Rel. Min. ARNALDO ESTEVES LIMA, 5ª T., DJe 23-6-08). 2. 'Tais dados entretanto, não deverão ser excluídos dos arquivos do Poder Judiciário, tendo em vista que, nos termos do art. 748 do CPP, pode o Juiz Criminal requisitá-los, de forma fundamentada, a qualquer tempo, mantendo-se entretanto o sigilo quanto às demais pessoas' (...)" (STJ, AgRg no REsp 1.361.520/PA, 5ª T., j. 8-2-2018, rel. Min. Jorge Mussi, DJe 19-2-2018).

Recurso de ofício

"1. O recurso de ofício de sentença concessiva de reabilitação, previsto no artigo 746 do Código de Processo Penal, subsiste no ordenamento jurídico pátrio, não tendo sido revogado pelo advento da Lei n. 7.210/84. 2. Atendidas as condições impostas pelo artigo 94 do Código Penal e os requisitos dispostos no artigo 744 do Código de Processo Penal, é de rigor seja concedida a reabilitação" (TRF-4, REOCR 21093 PR 2009.70.00.021093-0, 8ª T., j. 10-2-2010, rel. Paulo Afonso Brum Vaz, DE 17-2-2010).

Competência

"Se o Art. 743 do CPP, manda que o juízo competente para apreciar o pedido de reabilitação, seja da própria condenação, não pode tal preceito ser contrariado por código de organização judiciária, ou qualquer outra norma estadual" (STJ, REsp 67.646/RJ, 6ª T., j. 18-8-1997, rel. Min. Anselmo Santiago, DJ 15-9-1997).

Estrangeiro

"Administrativo. Naturalização extraordinária. Ato vinculado. Requisitos. Condenação penal. Reabilitação. (...) 3. Extinta a pena pelo seu cumprimento e obtida, judicialmente, a reabilitação, a condenação penal deixa de configurar óbice à obtenção da nacionalidade brasileira. Do contrário, ter-se-ia sanção de efeitos perpétuos imputada ao estrangeiro" (TRF-4, AC 5023959-83.2012.4.04.7100, 3ª T., j. 7-8-2013, rel. Vânia Hack de Almeida, DE 12-8-2013).

"Penal e processual penal. Reabilitação. Estrangeiro expulso do País. O instituto da reabilitação alcança também o estrangeiro expulso do Brasil por decreto presidencial, sendo inadmissível, na hipótese. A exigência de fixar residência no País pelo prazo mínimo de dois anos após a extinção da pena" (STJ, REsp 46.538/RJ, 5ª T., j. 21-5-1995, rel. Min. Cid Flaquer Scartezzini, DJ 24-6-1996).

BIBLIOGRAFIA

ABEL SOUTO, Miguel. *La pena de localización permanente*. Granada: Comares, 2008.
ALBERGARIA, Jason. *Comentários à Lei de Execução Penal*. Rio de Janeiro: Aide, 1987.
Albergaria, Jason. *Criminologia. Teoria e prática*. Rio de Janeiro: Aide, 1988.
ANDREUCCI, Ricardo Antunes. *Estudos e pareceres de Direito Penal*. São Paulo: Revista dos Tribunais, 1982.
ANJOS, Fernando Vernice. *Execução penal e ressocialização*. Curitiba: Juruá, 2018.
ARANDA CARBONEL, María José. *Reeducación y reinserción social*. Tratamiento penitenciario. Análisis teórico y aproximación práctica. Madrid: Ministerio del Interior, 2006.
ARAÚJO, Luiz Alberto David; NUNES JÚNIOR, Vidal Serrano. *Curso de Direito Constitucional*. 6. ed. São Paulo: Saraiva, 2002.
ARAÚJO, Luiz Alberto David; NUNES JÚNIOR, Vidal Serrano. *Curso de Direito Constitucional*. 20. ed. São Paulo: Saraiva, 2016.
ARAUJO JÚNIOR, João Marcello de (org.). *Ciência e política criminal em honra de Heleno Fragoso*. Rio de Janeiro: Forense, 1992.
ARAUJO JÚNIOR, João Marcello de. *Privatização das prisões*. São Paulo: Revista dos Tribunais, 1995.
ARROYO ZAPATERO, Luis; BERDUGO GÓMEZ DE LA TORRE, Ignácio. *Homenaje al Dr. Marino Barbero Santos. In memoriam*. Cuenca: Universidad Castilla-La Mancha/Universidad Salamanca, 2001.
AULER, Hugo. *Suspensão condicional da execução da pena*. Rio de Janeiro: Forense, 1957.
BARRA, Rubens Prestes; ANDREUCCI, Ricardo Antunes (coord.) *Estudos jurídicos em homenagem a Manoel Pedro Pimentel*. São Paulo: Revista dos Tribunais, 1992.
Bastos, Celso Ribeiro. *Curso de Direito Constitucional*. 21. ed. São Paulo: Saraiva, 2000.
BATTAGLINI, Giulio et al. *Progetto Rocco nel pensiero giuridico contemporaneo*. Roma: Istituto di Studi Legislativi, 1930.
BAUMANN, Jürgen; HENTIG, Hans von; KLUG, Ulrich et al. *Problemas actuales de las ciencias penales y la filosofía del derecho en homenaje al profesor Luis Jiménez de Asúa*. Buenos Aires: Pannedille, 1970.
BEMFICA, Francisco Vani. *Da lei penal, da pena e sua aplicação, da execução da pena*. Rio de Janeiro: Forense, 1995.

BETTIOL, Giuseppe. *Direito penal*. São Paulo: Saraiva, 1976.
BETTIOL, Giuseppe. *El problema penal*. Buenos Aires: Hammurabi, 1995.
BETTIOL, Giuseppe. O mito da reeducação. *Revista Brasileira de Ciências Criminais,* ano 2, p. 11, n. 6. São Paulo: Revista dos Tribunais, abr.-jun. 1994.
BITENCOURT, Cezar Roberto. *Novas penas alternativas*. São Paulo: Saraiva, 1999.
BITENCOURT, Cezar Roberto. *Tratado de Direito Penal*. Parte geral. São Paulo: Saraiva, 2002. v. 1.
BITENCOURT, Cezar Roberto. *Tratado de Direito Penal*. Parte geral. 23. ed. São Paulo: Saraiva, 2017. v. 1.
BRITO, Alexis Couto de. *Análise crítica sobre o exame criminológico. Temas relevantes de Direito Penal e Processual Penal*. São Paulo: Saraiva, 2012.
BRITO, Alexis Couto de. Direitos humanos, execução penal e a afirmação do Estado Democrático de Direito. In: BRANDÃO, Cláudio (coord.). *Direitos humanos e direitos fundamentais em perspectiva*. São Paulo: Atlas, 2014.
BRITO, Alexis Couto de; FABRETTI, Humberto Barrionuevo; LIMA, Marco Antonio Ferreira. *Processo Penal brasileiro*. 3. ed. São Paulo: Atlas, 2015.
BRITO, Alexis Couto de; FERRAZ JÚNIOR, Jairton. Imputabilidade como elemento da culpabilidade? Agir comunicativo e teoria do delito. *RBCCrim*, São Paulo: Thomson Reuters, n. 201, 2024.
BRITO, Alexis Couto de; VANZOLINI, Maria Patrícia. *Direito penal*: aspectos jurídicos controvertidos. São Paulo: Quartier Latin, 2006.
BRITO, Débora Valle de. *Cooperação jurídica internacional na execução penal*. São Paulo: Revista dos Tribunais, 2023.
BRITO, Lemos. *Os Systemas penitenciarios do Brasil*. Rio de Janeiro: Imprensa Nacional, 1924. Volumes 1, 2 e 3.
BRUNO, Aníbal. *Direito penal*. Parte geral. 3. ed. Rio de Janeiro: Forense, 1967. t. 1.
CÁCERES, Arturo Steffen. *Prisión abierta*. Santiago: Paulinas, 1971.
CAMPOS, Washington Luiz de. *O direito do trabalho nas prisões*. São Paulo: Siqueira, 1952.
CARNELUTTI, Francesco. *El problema de la pena*. Buenos Aires: Europa-América, 1947.
CARRARA, Francesco. *Programma del corso di diritto criminale (parte generale)*. Firenze: Fratelli Cammelli, 1897. v. 2.
CARVALHO, Salo de (coord.). *Crítica à execução penal*. 2. ed. rev., ampl. Rio de Janeiro: Lumen Juris, 2007.
CASTIGLIONE, Teodolindo. *Estabelecimentos penais abertos e outros trabalhos*. São Paulo: Saraiva, 1959.
CENTRO NAZIONALE DI PREVENZIONE E DIFESA SOCIALE. *La legislazione premiale*. Milano: Giuffrè, 1987.
CEREZO MIR, José. *Temas fundamentales del derecho penal*. Buenos Aires: Rubinzal-Culzoni, 2001.
CERVELLÓ DONDERIS, Vicenta. *Derecho penitenciario*. 2. ed. Valência: Tirant lo Blanc, 2006.
CESANO, José Daniel; PICÓN, Fernando Reviriego. *Teoría y práctica de los derechos fundamentales en las prisiones*. Buenos Aires: B. de F., 2010.
CHIOVENDA, Giuseppe. *Principi di diritto processuale civile*. 3. ed. Napoli: Jovene, 1920.
CIONE, Rubem. *Da unificação de penas no Direito Penal*. São Paulo: Pró Livro, 1976.
CONFERÊNCIAS PRONUNCIADAS NA FACULDADE DE DIREITO DA UNIVERSIDADE DE SÃO PAULO. *O novo Código Penal*. São Paulo: Imprensa Oficial do Estado, 1942.
COSTA, Álvaro Mayrink da. *Exame criminológico*. Rio de Janeiro: Jurídica e Universitária, 1972.
CRIMINOLOGÍA CRÍTICA Y CONTROL SOCIAL 1. *El poder punitivo del estado*. Rosario: Juris, 1993.
CRIMINOLOGÍA CRÍTICA Y CONTROL SOCIAL 2. *Orden o justicia. El falso dilema de los intolerantes*. Rosario: Juris, 2000.
CUELLO CALÓN, Eugenio. *La moderna penología*. Barcelona: Bosch, 1958.
DELMANTO, Celso et al. *Código Penal comentado*. 6. ed. Rio de Janeiro: Renovar, 2002.

DELMANTO, Celso et al. *Código Penal comentado.* 9. ed. São Paulo: Saraiva, 2016.

DEMERCIAN, Pedro Henrique; MALULY, Jorge Assaf. *Curso de processo penal.* 7. ed. São Paulo: Forense, 2011.

Demercian, Pedro Henrique; Maluly, Jorge Assaf. *Curso de processo penal.* 9. ed. São Paulo: Forense, 2014.

DOTTI, René Ariel. *Breviário forense.* Curitiba: Juruá, 2004.

DOTTI, René Ariel. *A reforma penal e penitenciária.* Curitiba: Ghignone, 1980.

DOTTI, René Ariel. *Bases e alternativas para o sistema de penas.* São Paulo: Revista dos Tribunais, 1998.

DOTTI, René Ariel. *Curso de Direito Penal* – Parte geral. 5. ed. São Paulo: Revista dos Tribunais, 2013.

DOTTI, René Ariel. *Reforma penal brasileira.* Rio de Janeiro: Forense, 1988.

ESBALQUEIRO JÚNIOR, Mário José. *Lei de Execução Penal.* 2. ed. Indaiatuba: Mizuno, 2024.

ESER, Albin. *Nuevos horizontes en la ciencia penal.* Buenos Aires: Editorial de Belgrano, 1999.

ESPAÑA. MINISTERIO DEL INTERIOR. *Jornadas en homenaje al XXV aniversario de la Ley Orgánica General Penitenciaria.* Madrid, 2004.

ESPÍNOLA FILHO, Eduardo. *Código de Processo Penal brasileiro anotado.* 6. ed. Rio de Janeiro: Editor Rio, 1980.

EXNER, Franz. *Biología criminal en sus rasgos fundamentales.* Barcelona: Bosch, 1946.

FABRETTI, Humberto Barrionuevo; SMANIO, Gianpaolo. *Comentários ao pacote anticrime.* São Paulo: Gen, 2020.

FERRAJOLI, Luigi. *Diritto e ragione.* 7. ed. Roma: Laterza, 2002.

FERRARI, Eduardo Reale. *Medidas de segurança e direito penal no estado democrático de direito.* São Paulo: Revista dos Tribunais, 2001.

FERRÉ OLIVÉ, Juan Carlos; NUÑEZ PAZ, Miguel Angel; OLIVEIRA, William Terra de; BRITO, Alexis Couto de. *Direito penal brasileiro.* São Paulo: Revista dos Tribunais, 2011.

FERRÉ OLIVÉ, Juan Carlos; NUÑEZ PAZ, Miguel Angel; OLIVEIRA, William Terra de; BRITO, Alexis Couto de. *Direito penal brasileiro.* 2. ed. São Paulo: Saraiva, 2017.

FERRI, Enrico. *Princípios de direito criminal:* o criminoso e o crime. Trad. Luiz de Lemos D'Oliveira. São Paulo: Saraiva, 1931.

FERRI, Enrico. *Sociologia criminale.* 4. ed. Torino: Fratelli Bocca, 1900.

FIGUEROA NAVARRO, Maria Carmen. *Los orígenes del penitenciarismo español.* Madrid: Edisofer, 2000.

FLORIAN, Eugenio. *Elementos de derecho procesal penal.* Barcelona: Bosch, 1931.

FONTÁN BALESTRA, Carlos. *Tratado de derecho penal.* 2. ed. Buenos Aires: Abeledo-Perrot, 1995. t. 3.

FRAGOSO, Heleno Cláudio. *Lições de Direito Penal.* 16. ed. Rio de Janeiro: Forense, 2003.

FRAGOSO, Heleno Cláudio; CATÃO, Yolanda; SUSSEKIND, Elisabeth. *Direitos dos presos.* Rio de Janeiro: Forense, 1980.

FRANCO, Alberto Silva et al. *O Código Penal e sua interpretação jurisprudencial.* 4. ed. São Paulo: Revista dos Tribunais, 1993.

FRANCO, Alberto Silva ; LIRA, Rafael; FELIX, Yuri. *Crimes hediondos.* 7. ed. São Paulo: Revista dos Tribunais, 2011.

GARCÍA ALBERO, Ramón; TAMARIT SUMALLA, Josep-Maria. *La reforma de la ejecución penal.* Valencia: Tirant lo Blanch, 2004.

GAROFALO, Raffaele. *Criminologia.* Lisboa: Livraria Clássica, 1925.

Gomes, Luiz Flávio; Cervini, Raul. *Crime organizado*. São Paulo: Revista dos Tribunais, 1995.

Gomes, Mariângela Gama de Magalhães (org.). *Execução penal e direitos humanos de grupos vulneráveis*: estudos no contexto da opinião consultiva OC-29/22 da Corte Interamericana de Direitos Humanos. Belo Horizonte: D'Plácido, 2023.

González Tascón, María Marta. *Pasado, presente y futuro de la pena de arresto de fin de semana*. Oviedo: Universidad de Oviedo, 2007.

Goulart, José Eduardo. *Princípios informadores do direito da execução penal*. São Paulo: Revista dos Tribunais, 1994.

Greco Filho, Vicente. *Manual de processo penal*. 3. ed. São Paulo: Saraiva, 1995.

Grinover, Ada Pellegrini; Busana, Dante (coords.). *Execução penal*. São Paulo: Max Limonad, 1987.

Grispigni, Filippo. *Derecho penal italiano*. Buenos Aires: Depalma, 1948.

Gudín Rodríguez-Magariños, Faustino. *Cárcel electrónica*. Bases para la creación del sistema penitenciario del siglo XXI. Valencia: Tirant lo Blanch, 2007.

Guidi, Guido. *Sulla esecuzione provvisoria con particolare riferimento al diritto penale*. Roma: Mantellate, 1934.

Hammerschmidt, Denise (coord.). *Lei de Execução Penal comentada*. Homenagem a Maurício Kuehne. Curitiba: Juruá, 2023.

Jakobs, Günther. *Derecho penal – parte general*. Fundamentos y teoría de la imputación. 2. ed. Madrid: Marcial Pons, 1997.

Jescheck, Hans-Heinrich. *Tratado de derecho penal – parte general*. Granada: Comares, 2002.

Jesus, Damásio Evangelista. *Penas alternativas*. 2. ed. São Paulo: Saraiva, 2000.

Jiménez de Asúa, Luis. *El estado peligroso*. Madrid: Ed. Juan Pueyo, 1922.

Junqueira, Gustavo Octaviano Diniz; Fuller, Paulo Henrique Aranda. *Legislação penal especial*. 6. ed. São Paulo: Saraiva, 2010.

Kuehne, Maurício. *Execução penal no estado do Paraná*. Curitiba: JM, 1998.

Kuehne, Maurício. *Lei de execução penal anotada*. 4. ed. Curitiba: Juruá, 2004.

Lagrasta Neto, Caetano; Nalini, José Renato; Dip, Ricardo Henry Marques (coords.). *Execução penal*: visão do TACRIM-SP. São Paulo: Ed. Oliveira Mendes, 1998.

Leal, Antônio Luiz da Câmara. *Comentários ao Código de Processo Penal brasileiro*. Rio de Janeiro: Freitas Bastos, 1943. v. 4.

Leone, Giovanni. *Manuale di diritto processuale penale*. 13. ed. Napoli: Jovene, 1988.

Lima, Marcellus Polastri. *O processo penal dos crimes de trânsito*. Rio de Janeiro: Lumen Juris, 2001.

Lima, Roberto Brasileiro. *Manual de execução penal*. 3. ed. Salvador: Juspodivm, 2024.

Lima, Roberto Gomes; Peralles, Ubiracyr. *Teoria e prática da execução penal*. 4. ed. Rio de Janeiro: Forense, 2002.

Lombroso, Cesare. *L'uomo delinquente*. Pavia: Napoleone, 1876.

Lopez-Rey, Manuel. *Criminologia*. Madrid: Aguilar, 1985.

Lozzi, Gilberto. *Lezioni di procedura penale*. 2. ed. Torino: Giappichelli, 1995.

Lyra, Roberto. *Comentários ao Código Penal*. 2. ed. Rio de Janeiro: Forense, 1955.

Lyra, Roberto. *Comentários ao Código de Processo Penal*. Rio de Janeiro: Forense, 1945. v. VI.

Lyra, Roberto. *Direito penal científico*. Criminologia. Rio de Janeiro: Ed. José Konfino, 1974.

Marcão, Renato Flávio. *Curso de execução penal*. 6. ed. São Paulo: Saraiva, 2017.

Marques, José Frederico. *Tratado de direito penal*. Campinas: Millennium, 1997. v. 1.

Martins, José Salgado. *Sistema de Direito Penal brasileiro*. Rio de Janeiro: José Konfino, 1957.

MARTINSON, Robert. What works? – Questions and answers about prison reform. *The Public Interest*, 1974, p. 22-54, n. 35.

MARTINSON, Robert. New findings, new views: a note of caution regarding sentencing reform. *Hofstra Law Review*, 1978-1979. v. 7.

MEDEIROS, Rui. *Prisões abertas*. Rio de Janeiro: Forense, 1985.

MENDRONI, Marcelo Batlouni. *Crime organizado*. Aspectos gerais e mecanismos legais. São Paulo: Ed. Juarez de Oliveira, 2002.

MESQUITA JUNIOR, Sidio Rosa. *Manual de execução penal*. 3. ed. São Paulo: Atlas, 2003.

MESTIERI, João. *Manual de direito penal* – parte geral. Rio de Janeiro: Forense, 1999. v. 1.

MEZGER, Edmund. *Criminologia*. 2. ed. Madrid: Revista de Derecho Privado, 1950.

MIOTTO, Armida Bergamini. *Curso de direito penitenciário*. São Paulo: Saraiva, 1975. v. 1 e 2.

MIOTTO, Armida Bergamini. *Temas penitenciários*. São Paulo: Revista dos Tribunais, 1992.

MIR PUIG, Santiago. *Introducción a las bases del derecho penal*. 2. ed. Montevideo: B. de F., 2002.

MIRABETE, Julio Fabbrini. *Execução penal*. 11. ed. São Paulo: Atlas, 2004.

MIRABETE, Julio Fabbrini. *Execução penal*. 13. ed. São Paulo: Atlas, 2017.

MIRABETE, Julio Fabbrini; FABBRINI, Renato N. *Execução penal*. 16. ed. Leme: Foco, 2023.

MIRANDA, Rafael de Souza. *Manual de execução penal*. Teoria e prática. 7. ed. Salvador: Juspodivm, 2024.

MORAES, Alexandre de. *Direito constitucional*. 16. ed. São Paulo: Atlas, 2004.

MUAKAD, Irene Batista. *Prisão albergue*. 2. ed. São Paulo: Cortez, 1990.

NOGUEIRA, Paulo Lúcio. *Comentários à Lei de Execução Penal*. São Paulo: Saraiva, 1994.

NORONHA, Edgard Magalhães. *Curso de Direito Processual Penal*. 5. ed. São Paulo: Saraiva, 1972.

NUCCI, Guilherme de Souza. *Código de Processo Penal comentado*. 3. ed. São Paulo, Revista dos Tribunais, 2003.

NUCCI, Guilherme de Souza. *Código de Processo Penal comentado*. 16. ed. São Paulo: Gen, 2017.

NUCCI, Guilherme de Souza. *Curso de execução penal*. 7. ed. Rio de Janeiro: Forense, 2024.

NUNES, Adeildo. *Comentários à lei de execução penal*. Rio de Janeiro: Forense, 2016.

NUVOLONE, Pietro. *Corso di diritto penale*. Parte generale. Milano: Cisalpino-Goliardica, 1966.

OLIVEIRA, Edmundo de. *Direito penal do futuro*: a prisão virtual. Rio de Janeiro: Forense, 2007.

OLIVEIRA, Edmundo de. *Direitos e deveres do condenado*. São Paulo: Saraiva, 1980.

OLIVEIRA, Edmundo de. *Polos essenciais da criminologia*: o homem e seu crime. Belém: CEJUP, 1983.

OLIVEIRA, Eugênio Pacelli de. *Processo e hermenêutica na tutela penal dos direitos fundamentais*. Belo Horizonte: Del Rey, 2004.

OTERO GONZÁLEZ, Pilar. *Control telemático de penados*. Análisis jurídico, económico y social. Valencia: Tirant, 2008.

PAGLIARO, Antonio. *Principi di diritto penale* – Parte generale. 7. ed. Milano: Giuffrè, 2000.

PAIVA, Caio. *Execução penal*: na Jurisprudência do STF, do STJ e de órgãos e tribunais internacionais de direitos humanos. São Paulo: CEI, 2022.

PASSARELLI, Eliana. *Dos crimes contra as relações de consumo*. São Paulo: Saraiva, 2002.

PAVARINI, Massimo; GIAMBERARDINO, André. *Curso de penologia e execução penal*. 2. ed. São Paulo: Tirant lo Blanch, 2022.

PENNA, Flávia Chaves Nascimento Brandão. *O espaço mínimo pessoal como critério objetivo caracterizador de tratamento degradante e a aplicação da redução compensatória da pena privativa de liberdade*. São Paulo: Dialética, 2023.

PETROCELLI, Biagio. *Saggi di diritto penale*. Padova: Cedam, 1952.

PIEDADE JUNIOR, Heitor. *Personalidade psicopática, semi-imputabilidade e medida de segurança*. Rio de Janeiro: Forense, 1982.

PIMENTEL, Manoel Pedro. *O crime e a pena na atualidade*. São Paulo: Revista dos Tribunais, 1983.

PIMENTEL, Manoel Pedro. *Estudos e pareceres de Direito Penal*. São Paulo: Revista dos Tribunais, 1973.

PRADO, Luiz Regis. *Curso de Direito Penal brasileiro*. 3. ed. São Paulo: Revista dos Tribunais, 2002.

PRADO, Luiz Regis; CARVALHO, Érica Mendes. *Curso de Direito Penal brasileiro*. 15. ed. São Paulo: Revista dos Tribunais, 2017.

PRADO, Luiz Regis. *Multa penal*. 2. ed. São Paulo: Revista dos Tribunais, 1993.

PRADO, Luiz Regis; HAMMERSCHMIDT, Denise; MARANHÃO, Douglas Bonaldi; COIMBRA, Mário. *Direito de execução penal*. 4. ed. São Paulo: Revista dos Tribunais, 2017.

PRINS, Adolphe. *Ciência penal e direito positivo*. Trad. Henrique de Carvalho. Lisboa: Livraria Clássica Editora de A. M. Teixeira, 1915.

PROJETOS E ANTEPROJETOS DE CÓDIGO PENITENCIÁRIO. Universidade Federal do Rio de Janeiro, 1978.

PYLE, David J. *Cortando os custos do crime*. Rio de Janeiro: Instituto Liberal, 2000.

QUEIROZ, Paulo de Souza. *Direito penal*. Parte geral. 2. ed. São Paulo: Saraiva, 2005.

QUEIROZ, Paulo de Souza. *Funções do Direito Penal*. Legitimação *versus* deslegitimação do sistema penal. São Paulo: Revista dos Tribunais, 2005.

RAMOS, Juliana Sanchez. *Tudo é falta grave*: execução penal e as práticas de administração de conflitos nas prisões do Rio de Janeiro. Belo Horizonte: D'Plácido, 2023.

RAUTER, Cristina Mair Barros et al. *Execução penal*. Estudos e pareceres. Rio de Janeiro: Lumen Juris, 1995.

REVISTA BRASILEIRA DE CIÊNCIAS CRIMINAIS, ano 17, n. 77. São Paulo: Revista dos Tribunais, mar.-abr. 2009. Bimestral.

REVISTA BRASILEIRA DE CRIMINOLOGIA E DIREITO PENAL. Rio de Janeiro. Universidade do Estado da Guanabara. Trimestral.

REVISTA DE DIREITO PENAL. Rio de Janeiro: Forense. Semestral.

REVISTA DO CONSELHO NACIONAL DE POLÍTICA CRIMINAL E PENITENCIÁRIA. Brasília. Ministério da Justiça. Semestral.

RÍOS MARTÍN, Julián Carlos; PASCUAL RODRÍGUEZ, Esther; BIBIANO GUILLÉN, Alfonso; SEGOVIA BERNABÉ, José Luis. *La mediación penal y penitenciaria*. Experiencia de diálogo en el sistema penal para la reducción de la violencia y el sufrimiento humano. 2. ed. Madrid: Colex, 2008.

ROIG, Rodrigo Duque Estrada. *Execução penal*. Teoria e crítica. 7. ed. São Paulo: Saraiva, 2024.

ROSA, Inocêncio Borges da. *Processo penal brasileiro*. Porto Alegre: Globo, 1942. v. 4.

ROXIN, Claus. *Culpabilidad y prevención en derecho penal*. Madrid: Reus, 1981.

ROXIN, Claus. *Iniciación al derecho penal de hoy*. Sevilla: Universidad de Sevilla, 1981.

ROXIN, Claus. *La evolución de la política criminal, el derecho penal y el proceso penal*. Valencia: Tirant lo Blanch, 2000.

ROXIN, Claus. *Problemas fundamentais de direito penal*. Lisboa: Vega, 1998.

SABATINI, Guglielmo. *Istituzioni di diritto penale*. 4. ed. Catania: Casa del Libro, 1946. v. 2.

SALDAÑA, Quintiliano. *Nueva penología*. Madrid: Hernando, 1931.

SALEILLES, M. *L'Individualisation de la peine*. Paris: Félix Alcan, 1898.

SALVADOR NETTO, Alamiro Velludo. *Curso de execução penal*. São Paulo: Thomson Reuters, 2019.

SANTORO, Arturo. *L'esecuzione penale*. 2. ed. Torino: Unione, 1953.

SANTORO, Arturo. *Manuale di diritto processuale penale*. Torino: Unione Tipografico-Editrice, 1954.

Santos, José Carlos Daumas. *Princípio da legalidade na execução penal*. São Paulo: Manole, 2005.
Shecaira, Sergio Salomão. *Criminologia*. 2. ed. São Paulo: Revista dos Tribunais, 2008.
Silva, Haroldo Caetano. *Manual de execução penal*. Campinas: Bookseller, 2002.
Silva, José Afonso da. *Curso de Direito constitucional positivo*. 16. ed. São Paulo: Malheiros, 1999.
Silva, Odir Odilon Pinto da; Boschi, José Antônio Paganella. *Comentários à lei de execução penal*. Rio de Janeiro: Aide, 1986.
Silveira, Alípio. *Prisão albergue e regime semiaberto*. São Paulo: Brasil Livros, 1981. v. 1 e 2.
Silveira, Daniel Prado da; Ozaki, Hideo. *Prática da execução criminal*. São Paulo: Saraiva, 1991.
Simão, Diego de Azevedo. *Lei de Execução Penal comentada e anotada*. 2. ed. Belo Horizonte: D'Plácido, 2023.
Siracusano, Delfino; Galati, A.; Tranchina, G.; Zappalà, E. *Diritto processuale penale*. Milano: Giuffrè, 2001. v. 2.
Smanio, Gianpaolo Poggio; Fabretti, Humberto Barrionuevo. *Introdução ao direito penal. Criminologia, princípios e cidadania*. 4. ed. São Paulo: Atlas, 2016.
Smit, Dirk van Zyl. Humanizing imprisonment: a european project? *European Journal on Criminal Policy and Research*, v. 12, n. 2, 2006.
Soares, Orlando. *Extinção das prisões e dos hospitais psiquiátricos*. Rio de Janeiro: Científica, 1979.
Soler, Sebastián. *Derecho penal argentino*. Buenos Aires: Tipografica, 1951.
Souza, Artur de Brito Gueiros. *Presos estrangeiros no Brasil. Aspectos jurídicos e criminológicos*. Rio de Janeiro: Lumen Juris, 2007.
Souza, Moacyr Benedicto. *O problema da unificação da pena e da medida de segurança*. São Paulo: Bushatsky, 1979.
Stefani, G.; Levasseur, G.; Jambu-Merlin, R. *Criminologie et science pénitentiaire*. Paris: Dalloz, 1970.
Strano, Rafael. *Política pública criminal*. São Paulo: Tirant lo Blanch, 2023.
Sznick, Valdir. *Crime organizado*. São Paulo: Leud, 1997.
Tamarit Sumalla, Josep-María; García Albero, Ramón; Rodríguez Puerta, Maria José; Sapena Grau, Francisco. *Curso de derecho penitenciario*. 2. ed. Valencia: Tirant lo Blanch, 2005.
Thompson, Augusto. *A questão penitenciária*. 2. ed. Rio de Janeiro: Forense, 1980.
Toledo, Francisco de Assis et al. *Reforma penal*. São Paulo: Saraiva, 1985.
Tornaghi, Helio. *Curso de processo penal*. São Paulo: Saraiva, 1980. v. 2.
Tourinho Filho, Fernando da Costa. *Manual de processo penal*. 17. ed. São Paulo: Saraiva, 2017.
Valois, Luís Carlos. *Processo de execução penal e o estado de coisas inconstitucional*. 2. ed. Belo Horizonte: D'Plácido, 2021.
Vassalli, Giuliano. *Scritti giuridici*. Milano: Giuffrè, 1997. v. I. t. 2.
Vitta, Heraldo Garcia. *A sanção no direito administrativo*. São Paulo: Malheiros, 2003.
Von Hirsch, Andrew. *Doing justice*. 4. ed. New York: Hill and Wang, 1980.
Welzel, Hans. *Derecho penal alemán*. Santiago: Andres Bello, 1994.
Zaffaroni, Eugenio Raúl; Pierangeli, José Henrique. *Manual de Direito Penal brasileiro*. 5. ed. São Paulo: Revista dos Tribunais, 2004.
Zagrebelsky, Gustavo. *Amnistia, indulto e grazia*. Milano: Giuffrè, 1974.